百年变局与中国政治学的时代化：清华政治学系的探索

主　编　张小劲　景跃进
副主编　谈火生　杨雪冬　孟天广

中央编译出版社
Central Compilation & Translation Press

图书在版编目（CIP）数据

百年变局与中国政治学的时代化：清华政治学系的探索 / 张小劲，景跃进主编. —北京：中央编译出版社，2023.2

ISBN 978-7-5117-4292-6

Ⅰ.①百⋯　Ⅱ.①张⋯②景⋯　Ⅲ.①政治学-文集　Ⅳ.①D0-53

中国版本图书馆 CIP 数据核字（2022）第 182817 号

百年变局与中国政治学的时代化：清华政治学系的探索

责任编辑	李媛媛
责任印制	刘　慧
出版发行	中央编译出版社
地　　址	北京市海淀区北四环西路 69 号（100080）
电　　话	（010）55627391（总编室）　　（010）55627310（编辑室）
	（010）55627320（发行部）　　（010）55627377（新技术部）
经　　销	全国新华书店
印　　刷	佳兴达印刷（天津）有限公司
开　　本	710 毫米×1000 毫米　1/16
字　　数	505 千字
印　　张	31.75
版　　次	2023 年 2 月第 1 版
印　　次	2023 年 2 月第 1 次印刷
定　　价	128.00 元

新浪微博：@中央编译出版社　　　微　信：中央编译出版社（ID：cctphome）
淘宝店铺：中央编译出版社直销店（http://shop108367160.taobao.com）　（010）55627331

本社常年法律顾问：北京市吴栾赵阎律师事务所律师　闫军　梁勤
凡有印装质量问题，本社负责调换，电话：（010）55626985

政治、比较政治学和政治科学方法论的教学与科研；以实现传递历史经验和政治智慧，推进理论知识和价值思考，开拓科学方法和政策思维，培养知识精英和青年领袖的愿景。

政治学系现有 11 位全职教授，若干名双聘教授，均有丰富的研究积累、教学经验和国际学术经历。其中有获得中组部哲学社会科学"万人领军人才" 1 名、教育部长江学者 1 名、教育部青年长江学者 1 名。政治学系还延聘了一批国内外名校政治学系的资深教授和研究机构的著名学者担任兼职教学工作。在此基础上，政治学系完整建立了从本科生到研究生、从学士和硕士到博士和博士后的人才培养体系。

根据学术发展规律和社会发展需求，政治学系还建立了若干研究中心，以之为平台和枢纽，凝聚本院本校以及海内外著名高校和科研机构的政治学者，在多样化的对话和交流中推进具有重大理论和现实意义的议题研究。

教师简介

（按拼音排序）

胡 悦

清华大学社会科学学院政治学系副教授，美国爱荷华大学政治学博士，兼任清华大学计算社会科学平台、清华大学数据治理研究中心副主任、上海交通大学中国发展研究院"流动的中国"网络研究员、Github Campus Advisor。主要研究领域为政治心理学、社会经济不平等、政治语言学等方面。在国内外知名学术期刊 American Political Science Review、Journal of Politics、Political Psychology、Journal of Contemporary China、《公共行政评论》等发表论文二十余篇。致力于政治科学方法论的研究和推广，兴趣涵盖实验室和调查实验、潜变量分析、文本大数据分析、网络分析、空间分析、数据可视化等；为数个全球十万+下载量 R 开源软件包的主要研发者。

百年变局与中国政治学的时代化：清华政治学系的探索

景跃进

清华大学社会科学学院政治学系教授，第三届全国基层政权建设和社区治理专家委员会顾问委员。研究方向为中国政府与政治、基层治理。主要作品有《当代中国农村"两委关系"的微观解析与宏观透视》（2004 年）；《政治空间的转换：制度变迁与技术操作》（2004 年）；《比较政治学导论》（合著，2008 年）；《理解中国政治：关键词的方法》（主编，2012 年）；《政治学原理》（主编，2015 年）；《当代中国政府与政治》（主编，2016 年）等。

刘 瑜

清华大学社会科学学院政治学系长聘副教授，哥伦比亚大学政治学博士。研究领域为比较政治转型、民主理论与实践、美国政治、中国革命。著有《民主的细节》《观念的水位》《可能性的艺术：比较政治学 30 讲》等，并在国内外期刊发表学术论文多篇。

孟天广

清华大学社会科学学院副院长、政治学系长聘副教授。研究领域包括中国政府与政治、网络与信息政治、计算社会科学等，兼任中国政治学会青年工作专业委员会副会长、中国计算社会科学联盟秘书长、清华大学计算社会科学与国家治理实验室副主任等，入选教育部"青年长江学者"。在国内外知名学术期刊 Comparative Political Studies、Governance、World Development、Social Science Research、《中国社会科学》（英文版）、《政治学研究》等发表过 80 多篇中英文论文，获得多项学术奖励和荣誉。

任剑涛

清华大学社会科学学院政治学系长聘教授，教育部"长江学者"特聘教授（2014—2019）。主要研究领域为政治理论、政治思想史与当代中国政治。出版著作 20 余部，发表论文与评论 300 余篇，主编"当代西方政治学前沿译丛""政治哲学研究丛书""现代书系""现代辑刊"等。

苏毓淞

清华大学社会科学学院政治学系长聘教授。美国纽约市立大学政治学博士,哥伦比亚大学应用统计中心博士后。长期关注政治学定量分析方法的开发与应用,就量化分析中的经典难题即数据信息缺失问题提出了有重大影响的理论创新和实践方案。主要研究方向:比较民主化、比较政治发展、政治学方法论(贝叶斯方法、因果推论、缺失值插补、多层次回归分析、数据可视化)。在定量方法研究上有丰硕的成果,开发的 R 软件包广为国内外学术界使用。

谈火生

清华大学社会科学学院政治学系长聘副教授、系副主任,《政治思想史》杂志编委。主要研究领域:政治思想史、民主理论、中国政治。近年出版主要论著包括:《协商治理的当代发展》(2018 年);《当代中国政府与政治》(副主编,2016);《协商民主的技术》(2014 年);《民主审议与政治合法性》(2007 年)等。

杨雪冬

清华大学社会科学学院政治学系长聘教授、系主任。曾在南开大学、厦门大学、南京大学—霍普金斯大学中美文化中心、北京大学、哈佛大学求学,获全国宣传文化系统"四个一批"人才称号(2012)、国务院特殊津贴(2013)、中组部"万人计划"哲学社会科学首批领军人才称号(2014)。曾任中央党史和文献研究院第六研究部副主任(主持工作)、中央编译局中央文献翻译部主任。目前主要研究方向:中国政府与治理、全球化与治理变革、政治话语构建。

于晓虹

清华大学社会科学学院政治学系副教授;先后毕业于中国人民大学国际关系学院、哥伦比亚大学政治学系;曾任哈佛大学费正清研究中心王安博士后,兼任哈佛大学政府学系客座讲师;主要研究领域为中国政府与政治、比较司法政治、法律实证研究以及司法大数据;相关研究工作发表于 *Journal of Empiri-*

cal Legal Studies、China Review、《政治学研究》《清华法学》《开放时代》《学术月刊》和剑桥大学出版社等国内外权威学术期刊或出版物。

张小劲

清华大学社会科学学院政治学系长聘教授，清华大学数据治理研究中心主任，清华国际与地区研究院培养指导委员会主任。曾担任教育部社科研究基地——欧洲问题研究中心主任，中国人民大学国际关系学院副院长，清华大学政治学系主任。研究方向为中国政治和比较政治、大数据与国家治理、数字政府等。近年来主持国家社科基金重大项目和省部级科研项目十余项，出版《比较政治学导论》《政治学原理》等专著，在《政治学研究》《公共管理学报》《电子政务》等期刊发表学术论文近百篇，荣获民政部 2020 年民政政策理论研究一等奖、北京市第十六届哲学社会科学优秀成果奖二等奖。

张开平

清华大学社会科学学院政治学系副教授，斯坦福大学传播学博士，仲英青年学者，清华大学数据治理研究中心副主任，曾任斯坦福大学协商民主中心研究员。主要研究领域包括协商民主、政治传播、公共舆论与信息政治。研究成果发表于 Political Psychology、Contemporary Politics 等国内外顶尖期刊，主持国家社科基金项目，参与多项省部级课题。

加强实证研究，建构概念体系：
试论中国政治学术话语的发展策略
（代前言）

张小劲

中国改革已经经历了三十多年的发展，并且进入了全面深化改革的全新阶段。概括言之，无可否认的事实就是，在"人类社会的全部历史进程中，从未有过如此之多的人口在如此之短的时间里创新了如此辉煌的经济成就和发展奇迹，也从未在如此规模的共同体内经历如此深刻的社会变迁和现代化转型。中国发展、转型与崛起的宏大历史进程，无疑为人类社会共同面对的诸多关键性挑战和议题，包括经济持续增长、科技造福人类、社会转型与现代化、城镇化等提供了有史以来的最大规模的、独一无二的社会实验场景"[①]。正是在这样的背景下，中国的发展引起了世界各国学者的关注和评析，更向中国学者提出了必须应对的知识挑战：基于中国社会变迁的实际进程，概括中国实现发展的独特经验，进而形成可以与世界经验相比对、与既有知识相对应的新概念、新理论与新方法，推进中国社会科学研究从世界学术研究的边缘走向中心；同时，关注中国转型发展中的重大关键问题，为中国社会的不断前行提供新认知、新知识和新工具，为应对重大挑战提供理论解决方案。

在某种意义上可以讲，近年来有关中国学术话语问题的讨论和争论，实际

[①] 李强：《实验社会科学：以实验政治学的应用为例》，载《清华大学学报》（哲学社会科学版），2016年第4期。

上体现了中国学者面对这一重大知识挑战时所进行的研究尝试、所付出的学术努力，以及所取得的知识成果，同时，也体现了在这一学术发展进程中所弥散的内心焦虑。概括言之，中国社会科学形成和发展的迟滞和曲折，深刻造就了中国学者在推进中国社会科学知识发展中的困顿和尴尬：既有的知识框架、概念体系和理论成果，不能不制约着中国学者在思考学术问题时的前设范式，不能不约束着中国学者与国际学界进行交流和对话时的知识资源和方法技能；而中国发展在时间、空间以及国内和国际结构中所呈现出的集约化和极速化变迁，严重质疑、甚至几乎颠覆了已有社会发展的既有经验和知识概括，中国学者又不能不对之加以跟踪、追随和嵌入式的观察和分析，不能不首先在现象层次上加以认知、理解和描述。这样的双重困境在学者的个体层次上由于学术资源的限制和个人精力的配置不同而造成了学术取向的不同，加之以价值观念的差异，更形成了严重的学术分歧和争议。于是，回到儒家传统价值的呼吁与反思西方话语支配的说法，创设普适知识的选择与遵从特色理论的努力，以错综繁复的方式交织在一起，形成极其庞杂的错位对话局面，其间误解、谬解、偏见与真正意义上的分歧和争论混杂一处，妨害了理性的交流与对话。

然而，与其说是条分缕析各种歧见之缘由和走向，毋宁说以新的超越方式探寻走出困境的出路。就此而论，加强对中国发展的实证研究，从中至少在事实发现和描述的意义上提出有长期知识积累和跨界对话能力的经验概念，从而建构足以概括和刻画中国经验的概念体系，无疑具有重要的意义。而这样的中国学术话语发展进程显然将涉及三个层次的策略问题。

第一个层次显然是与现实世界直接关联的、经验研究的问题，也是生成相对直观的描述性研究成果的问题。对于中国政治研究来说，目前注定是一个大有作为的时代。中国的成功崛起为世界政治发展提供了新的经验形式，同时，也为中国学者的研究工作留下了巨大的发挥空间。中国现实问题的实证研究，所强调的是立基于生活经验和可观察的事实，主张对现实发生的进程展开全面而系统的描述，并在此基础上进行经验概括和理论总结。对于中国现实问题的实证研究，其正当性首先源出于中国近几十年来社会变迁的独特性，源出于中国现实的发展不仅处在特定的情境之下、结构之中和基础之上，而且汇聚和呈现着中国特定的历史文化和政治传统的影响和制约；其次，其合理性又源出于中国的现实发展与世界社会和全球化的紧密关联，较之于欧美的早期发展，中国社会变迁的世界性意义无疑是极其突出的，因而经验材料的搜集整理并从中发现有异于他国经验的事实和逻辑显然具有关键的知识推进意义；最后，其急迫性和必要性还源自中国的改革进程充满着风险和挑战，其间的困难之巨和危险之大远非他国可比，因而分析和评估现实问题、寻找解决方案成为中国学者义不容辞的责任。正是在这个意义上讲，建构中国学术话语的努力，不能不从现实问题入手，不能不以现实问题为节点，不能不以实证研究为首选，亦不能不以实证研究为重点。

第二个层次则涉及中国社会变迁之经验现象的概括与命名问题，也就是构成为学术话语之基石的概念发展问题。应当说，在近十多年里已经充分发展起来的有关中国现实问题的实证研究中，产生了许多指称和概括中国现实的理论概念，并在相当程度上得到了学界的公认，成为进一步展开实证研究的基础性成果。总括而论，这样的概念大体上可以分成三类，第一类是引入国际社会科学的既有知识而补充了中国经验内容的理论概念，从现代化发展理论中的"中等收入陷阱"、大国关系领域的"修昔底德困境"到城市化发展的社会分层和"风险社会"以及政治过程中的审议民主以及宪法司法化等等；这些理论概念所包容的经验内涵提示着中国社会变迁的进程属性和可能风险，其理论内涵也启发着中国学者进一步发掘中国经验的独特性。第二类则是在特定意义上升华和延展了的本土概念，例如群众路线、协商民主、党内民主和党内监督、学习型政党以及国家治理和供给侧改革等等；其中，执政党的政治文件术语与学术研究之间形成了特定意义上的良性互动和对话：执政党的治国理政活动形塑了特定指向的政府行为和公共政策，并由此形成了特定的制度和机制，这不仅成为中国学者在理解和研究中国社会变迁时的脉络和线索，也成为学界进行概念命名时的依据。第三类则是更具尝试性和创新性的概念，其特点是根植于现实却又超越了已有的理论概括和官方话语，压力型体制、"政治锦标赛"、政策主导型改革、治理转型危机、依法抗争、政党调适、公司化地方政府、政治吸纳（行政吸纳政治）、增量民主以及项目治国乃至于更加宏观的"中国模式"等等大体可归为此类。有意思的是，这类概念不仅比较恰当地描述了中国现实而且启发着中国学者用新的进路去理解和分析世界各国的发展经验和经验理论。这三类概念的相互碰撞和对话，实际上就是中国学术话语发展进程中的典型图景。

在上述基础上可以讨论的第三个层次的问题，则是概念发展策略的问题。如果说前面所分类的三类概念也可以归结为"引进—变形""套用—延展"以及"局部创新"三种路径，那么，从中还可以概括出所谓"中层理论"的发展策略①。在这里，"中层理论"是一种定义边界相对模糊、但内涵重点却相当清晰的提法；其模糊性在于，"中层理论"是相对于过度狭化的经验概念和过于宽泛的"宏大概念"而言的，也是区别前两者的问题而成型的，因为前者的狭化强调了独特性或单一性而否定了比较意义上的差异性②，进而限制了比较意义上的理解和跨国对话的空间，而后者的宏大却会过度强调整体性含义而忽略概念内涵的具体经验和精细指向，进而引发价值立场上的肯定或否定式表态和所谓"集体歧义"的持续化③；相对而言，"中层理论"的清晰性则在于其强调既有较高的抽象、概括和普适性的内涵，又能够直接联系经验事实、为实证研究提供受检假说的理论建构工作。在具体的比研究实践中，"中层理论"的概念建构策略，既要求立基于对现实问题的实证研究而非焦虑于理论争论和价值表态，又要求着眼于理论概括的"抽象阶梯"④ 而非归结于宏大叙事和思辨取向。在这个意义上讲，中层理论的概念发展策略，既可以容纳特定对象的具体属性，同时也可以兼顾可能生成的抽象比较，由此既可以建立起一定范围的针对性，又可以在给定的同类对象中进行更为具体的比较研究或确立特定意义上的参照框架；其中，既可以容纳时间维度上的比较如传统中国与现实改革的比较，又可以展开空间维度上的对照即与其他国家社会变迁和转型的

---

① 参见徐湘林：《从政治发展理论到政策过程理论：中国政治改革研究的中层理论建构探讨》，载《中国社会科学》，2004 第 3 期，第 108—120 页。

② 参见 Andrew J. Nathan, "Is Chinese Culture Distinctive? —A Review Article", *Journal of Asian Studies*, 52：4（1993）

③ Sartori, Giovanni, "Guidelines for Concept Analysis", in D. Collier and J. Gerring, (eds.), *Concepts and Method in Social Science: The Tradition of Giovanni Sartori*, Chap IV, London: Routledge 2009, 1984: pp. 111 -113.

④ Giovanni Sartori, "Concept Misformation in Comparative Politics", *American Political Science Review*, December, 1970, pp. 1040 -1045.

比较。从中国学术话语的发展进程来看,"中层理论"无疑是可以串联起可靠的实证研究与扎实的理论思考的策略方法。

建构中国学术话语显然是一个宏伟的工程和漫长的进程,确切地说,本文所讨论的问题仅仅涉及概念建构的三个层次或维度问题。但可以期待的是,随着对中国现实问题研究的不断强化和学术成果的持续产出,我们对于学术话语的建构问题将会有更多更好的体验,并由此得到更多更丰富的认识。

目录

一 巨变的时代 ………………………………………………………… 1

"中西之争"的全球史呈像 ……………………………… 任剑涛 3

内外互动、主体选择与中国道路的百年探索 …………… 杨雪冬 38

第三波民主化浪潮的进展与困境：民主稳固与民主衰退 …… 刘 瑜 69

后现代化与乡愁：特朗普现象背后的美国政治文化冲突 …… 刘 瑜 93

治理绩效、国家合法性外部化与全球化进路 ……… 杨雪冬 杨靖旼 122

二 传统的再认识 ……………………………………………………… 139

家国殊途与家国同构：中西政治思想中的家国观比较

　　——以亚里士多德和先秦儒家为中心的考察 ……… 谈火生 141

一是皆以修身为本：家国天下的个体递归 ……………… 任剑涛 159

《周易程氏传》中的君臣共治

　　——以四、五爻为中心的讨论 …………………… 谈火生 195

三 经典议题的再检验 ………………………………………………… 223

中国农村基层治理的逻辑转换

　　——国家与乡村社会关系的再思考 ……………… 景跃进 225

全面从严治党何以提升中国民众的政治信心：来自 CSGS2015
　　的实证证据 ························· 苏毓淞　汤　峰　褚向磊　243
政府数字化转型的要素、机制与路径
　　——兼论"技术赋能"与"技术赋权"的双向驱动 ······ 孟天广　263
党政体制重构视阈下政法工作推进逻辑的再审视
　　——基于《中国共产党政法工作条例》的解读 ··· 于晓虹　杨　惠　275
公共卫生危机中的网民捐助行为：社会资本、政府信任与
　　渠道选择 ······························· 张开平　孟天广　296
策略性服从：我国法院如何推进行政诉讼 ··················· 于晓虹　327

四　研究路径的更新 ··· 359

将政党带进来
　　——国家与社会关系范畴的反思与重构 ················· 景跃进　361
论计算社会科学的缘起、发展与创新范式 ·········· 张小劲　孟天广　384
计算社会科学与研究范式之争：理论的终结？ ······ 苏毓淞　刘江锐　396

五　研究方法的拓展 ··· 409

政治科学视角下的大数据方法与因果推论 ··················· 孟天广　411
实验方法及其在美国政治研究的应用 ·············· 张开平　汤　峰　427
统计分析方法与美国政治学研究 ·················· 苏毓淞　刘江锐　450
实验室实验：政治学研究的一种有效方法？ ················· 胡　悦　473

编后记 ··· 491

一　巨变的时代

"中西之争"的全球史呈像

任剑涛

在全球视野和不同条件下,今天为国人着紧的中西之争,实际上具有三重意涵:一是限定地域范围内特指的中国一个国家与"西方"所有国家的发展优劣之争。二是在扩展的地域范围内引申出来的,自古至今的东方国家与西方国家发展模式优劣之争。三是在全球化时代中国迅速崛起以后催生出来的中国发展模式与西方发展方式何去何从的争端。说到底,只有在第三阶段,才彻底将中西之争的实质含义凸显出来,也才将中西之争的两个模式与历史走向的真实向度揭示出来。由于人类历史上只有东西之争而无南北之争,因此东西之争关乎人类社会政治生活基本方式的选择问题,绵延数千年的东西之争,由此具有丰富的人类意义。因此,每当东西之争处于胜负立判的关键时刻,人类社会就面临两种前途与命运的严峻决断。当下,东西之争的呈现形式是中西之争,其不仅关系到中西,尤其是中美竞争双方的胜败荣辱,更为重要的是又一次将人类前途与命运问题极具挑战性地呈现在世人面前。

一、"中西之争":虚像与实像

打开任何一部中国人撰写的近代史,尤其是近代文化史著作,都会发现一个近乎格式化的陈述:近代以来的中国历史,就是一部中西碰撞的历史。这一陈述是很难得到历史印证的。因为近代中国根本就没有任何实力与西方国家碰撞,仅仅处在被西方国家碰撞的被动地位。在这样的处境中浮现出来的中西之

百年变局与中国政治学的时代化:清华政治学系的探索

争话题,实际上是一个限于中国国内自己相互争辩的话题,并不是一个跨越国境的世界性话题。直到近期,中国的快速发展或迅猛崛起,才让中西碰撞或中西之争的话题开始具有实质性含义。换言之,中西之争由此才跨出国境,成为国际社会争辩的真实问题。因此可以说,中西之争或中西碰撞的话题,应当被切分为两个具有完全不同含义的论题。

中西之争的话题,是一个十分典型的现代话题。因为,此前并不存在总体意义上的西方,也不存在与西方相对而言的中国。只是在西欧一些国家完成现代转变之后,在拓展国际市场的进程中进入中国,逐渐形成了这些国家自认利益共同体的"西方",以及中国人视为与己不同的他者之"西方"。[①] 而对中国自己来说,究竟是坚持千年自成统绪的传统社会模式,还是学习打上门来的西方国家发展之道,必然出现难以调和的争端。中西之争,因此作为一个中国问题浮现出来。但这不是一个对西方人有丝毫冲击力的问题。因为西方国家的强势崛起与国际扩张,正处在自信心极强的阶段,根本不将打击对象中国放在眼里,遑论选择中国发展模式还是坚持自己发展模式的犹疑难断和久决不下。这是一个由国家强弱极为悬殊的状况所注定的基本态势。

暂且放下国家强弱处境不说,先从历史视角看,中国关于中西之争的历史进程,起自明朝晚期,但被明清交替的政治之手掐断。不过起于明后期的中西之争,不能被视为中西两种文化模式的弃取之争,当时中国遭遇现代早期西方文化,尚未掉入古今中西你死我活的陷阱之中。明代接受与排斥西方文化的举动,算是相对自然的择取,而且没有引起中国是否学习西方的广泛社会政治紧张。[②] 到清中期再一次将中西道路的问题凸显出来时,情形有了很大的不同。这一次,清廷在非情非愿的情况下选择了物质器物的现代化进路。洋务运动电闪雷鸣般的推展,已经证明其时中国人已经意识到自己在物质财富的生产上技

---

① 关于后一意义上的"西方",可参见任剑涛:《典范及其蜕变:中国建构的"西方"》,载《社会科学》,2015年第11期,第3—17页。
② 方豪在《中西交通史》明清之际部分叙述了中西文化广泛交流时期相互发生的影响,从天文学与历学、数学、机械工程与物理学、军器与兵制、生物学与医学、地理学、音乐、图画建筑、语文学、宗教与神学哲学等方面展示了西方文化流播中的历史画面。其中人们可以看到中国援用西方文化的重要举措,如使用西历,但并未引起中国社会明显不适的事实。方豪:《中西交通史》(下册),长沙:岳麓书社1987年版,第691—1045页。

不如人,在西方国家面前甘拜下风。而到晚清启动立宪改革大幕,则进一步证明清廷与国人已经意识到自己在制度设计与运作上落后于西方国家的严峻现实。此时浮现的、由国人身兼中西文化辩护与拒斥两职的中西文化之争,仅限于精神文化与社会风俗上中国还能不能拒斥西方国家的现代价值与生活方式这个高端领域。这是捍卫中国文化的人群退无可退的一个领域了。因为退出这个领域,就意味着中国的全盘西化。只有坚强守卫住这一领域,才能证明中国文化不能被全面替代的存在价值。所谓"保国、保种、保教"的运动,所谓以国学救国救民于水火之中的激烈言辞,在此就具有了坚不可摧的硬核意味。不过人们可以从中轻而易举地发现,这并不是中西方人士之间的争论结果,而是中国人在中西遭遇之后自己单方面面对中西文化得出的结论。①

再从国势强弱的角度看。在中国处于弱势的时候,中西之争不是中国与西方就发展模式弃取展开的争端。因为中国之弱,完全无法与西方国家处在一个对等的竞争位置上,并对西方国家选择发展道路造成犹疑不决的冲击。② 在现代国际体系中,处在明显弱势地位的国家,常常只能诉诸道义性力量,对强国占尽优势的国际地位发出谴责声音。在政治与经济实力上,完全无法抗拒。对此,弱势国家要不取依附发展态度,要不取道义抗拒立场。但其试图有效抵御强势国家的市场进入、政治影响与文化渗透,则是十分困难的事情。在强弱分明的处境中,中国内部存在的中西之争,具有直接性与间接性两层含义。其直接性含义是,中国传统的发展模式不能让自己处在有利竞争者即西方出现之后的有利地位,中国如何寻找适宜的出路。就此而言,实质上根本不存在什么中西之争问题。因为这是中国如何学习西方的问题。由于中国根本对勃兴的西方毫无抵抗之力,只要不是极端保守的人士,都不会否认学习西方的必要。在这

---

① 《翼教丛编》的编者就明确强调,必须拒斥变法之说,倡明儒家圣经大义。苏舆认定康梁"伪六经,灭圣经也;托改制,乱成宪也;倡平等,堕纲常也;伸民权,无君上也"。可见极端保守人士对中国传统曲意捍卫的心态。苏舆:《翼教丛编》,第57—58页。

② 在当下流行的、以 GDP 论国家强弱的思路中,晚清并不能被认为是一个弱势国家。因为当时中国的 GDP 超过世界总量的 30%。中国的弱势,是由其落后的农业生产方式、皇权专制政治和闭锁的文化惯性呈现出来的。(参见侯家驹:《中国经济史》(下册),北京:新星出版社 2008 年版,第746—751页。)这样的落后,根本无法从某个单一的方面,或是物质器物的生产,或是政治制度的改良,或是精神文化的改造来治理。

百年变局与中国政治学的时代化：清华政治学系的探索

一意义上的中西之争，呈现为中国文化内部出现的、究竟是学习西方还是拒斥西方、究竟是按部就班还是有限开放、究竟是局部学习还是全局改变的争端。这是中国文化的内部事件，而不是中西文化之间的外部事件。从"变器不变道"①演进到"能变则存，不变则亡，全变则强，小变仍亡"②，中国内部关乎中西之争的最后结论，还是潜心学习西方的主张绝对占了上风。

中西之争的间接性含义是，中西之争究竟能否成为人类社会两种发展模式的对等选项。这一间接性含义在中国文化内部存在尖锐对立，以至于从未达成共识。在激进主义、保守主义与自由主义的三大流派的不同解释中，激进主义绝对否认其可能性，发誓重造中国、乃至于重造世界；自由主义将问题限制在政经领域学习西方的有限范围内，对传统也不抱友善态度；保守主义或有限承诺学习西方、或完全拒斥学习西方——前者全力守护所谓中国传统文化的根本，后者全方位对传统进行强力辩护。换言之，激进主义从不认为中国文化会成为人类文化的选项，只会认定中国文化被人类先进文化彻底改造。自由主义同样不会相信中国传统文化能为人类未来开辟新境，认为中国的充分世界化才是问题的关键。唯有保守主义坚定地相信中国传统文化能对人类文化做出独特贡献，甚至指引人类文化的未来发展道路。③

对中西文化交流中的西方人群来讲，那些专门研究中国传统文化的学者，对这一问题的回答，可以区分为三种情形：一是那些醉心中国文化的人群，认为中国文化至少在某方面为西方指引了出路，如美国的波士顿儒学派、纽约儒学派对之就进行了深入阐释。④ 二是那些学术性的比较文化研究者，认为中国

---

① 冯桂芬认为改革应"以中国之伦常名教为原本，辅以诸国富强之术。"（《校邠庐抗议》）王韬指出："形而上者中国也，以道胜；形而下者西人也，以器胜。如徒颂西人，而贬己所守，未窥为治之本原者也。"（《弢园尺牍》）。这类言论，在当时颇为流行。

② 康有为："上光绪皇帝第五书"。

③ 其中马克思主义者信守的与两个传统决裂（这就是《共产党宣言》所说的"共产主义革命就是同传统的所有制关系实行最彻底的决裂，毫不奇怪，它在自己的发展进程中要同传统的观念实行最彻底的决裂。"）的原则，堪为佐证。胡适倡导的"充分世界化"直接表明了自由主义者的态度。1958年保守主义者发布的"为中国文化敬告世界人士宣言"最系统表达了相关主张。

④ 南乐山指出，"儒学不仅只是东方民族的意识形态，而且是一种批判哲学。对于我们的晚现代世界哲学发展局面来说，它有许多东西可以提供"。〔美〕南乐山：《波士顿儒学具有讽刺性的几个方面》，见哈佛燕京学社主编：《波士顿的儒学》，南京：江苏教育出版社2009年版，第1页。

文化自有不同于西方文化的优点，这是较为持平的通行见解。自 18 世纪启蒙运动以来，这类主张就为西方学者所不断阐述。三是那些对中国传统文化的现代不利处境加以确认的学者，认为国家方面已经将中国传统文化作为"博物馆中的历史收藏物"处置①，如列文森的相关论述已经流行甚广，毋庸多言。至于西方绝大多数无视中国传统文化的人群，这一问题根本就不存在。从总体上讲，西方学者就中西文化发表的三类看法，远远说不上是中西之争，因为这些汉学家很少进入西方国家学术界的主流圈子，因此不成其为代表西方国家的主流主张。如果说对中国传统文化评价很高的西方学者主要是基于同理心、同情心与道义性发出的相近言说的话，那么基于各有利弊进行的中西文化比较，就是一种学人的书斋论述，志不在影响中西文化的一争高下与人类文化引导力重塑。那些轻视中国文化现实活力的学者意见，属于依据硬实力发出的软实力断言，中国人除了对之表示不满以外，也无法断然否定其结论。可以说，由于西方社会基本缺乏关乎自己社会发展方案优化与前途选择的中西之争，论及中西文化关系时完全没有与中国对等的是否学习西方的相等命题，基本不存在广泛倡导西方学习中国的论断。② 因此，西方学界、政界完全不存在是否学习中国的普遍焦虑与选择紧张，中西之争根本不是一个西方人的问题。

毋庸讳言，在中国国家的硬实力不硬、软实力很软、巧实力有待显现的处境中，所谓近代以来中国面对的最重大问题即"中西之争"，其实是一个限定在国家内部究竟是因循传统还是学习西方的发展道路之争。这一争论没有跨出国界，没有成为中西双方共同作出反应的现代理论与实践方案的争论。换言之，在西方国家关于自己发展前路的争论中，中国仅只在肇始阶段，也就是启蒙运动时期有过成为选项的历史，其余时间里完全没有成为西方国家未来发展的替代方案。这就与近代中国以降学习西方成为自觉的发展基本选项迥然不同，在西方从来没有过对等的主张。所谓中西之争，长期是中国"一头热"

---

① 列文森认为，在革命中国，儒学与孔子是"作为博物馆中的历史收藏物"而存在的。〔美〕列文森：《儒教中国及其现代命运》，郑大华等译，桂林：广西师范大学出版社 2009 年版，第 320 页。
② 在启蒙运动前后，确实有一些学者如伏尔泰等肯定中国皇权治理绩效的言论，但转眼由德国人如黑格尔陈述的中国思想，尤其是中国哲学，已经被放置到"前史"的位置，后者迅速成为西方学界的流行看法。参见忻剑飞：《世界的中国观——近二千年来世界对中国的认识史纲》，上海：学林出版社 1991 年版，第 186—266 页。

百年变局与中国政治学的时代化：清华政治学系的探索

的话题。

就此可以断定，截止改革开放前的"中西之争"，其历史影像不是实像而是虚像。所谓虚像，是说西方在"中西之争"的成像中根本就是一个隐匿的争执者，或者说是一个无须出场但却让中国避无可避地效仿或拒斥的虚化图像。在这张历史图像中，只有中国一方在体会到西方无可争议的强大并起而效仿的情况下，单方面出场并被摄入历史画面之中。要不要学习西方，其实是中国人自己的问题，而不是强力登上中国社会政治舞台的西方人的问题。在当时西方人眼里，中国根本就没有与自己竞争的对等实力，因此完全是以一副同情弱者的姿态看待中国的。一个绝对的弱者，岂能与一个公认的强者竞争？！①

中西之争由虚像演变成实像，始自改革开放，成于中国崛起。历史地看，本来近代以降，中国是有几次机会跻身强国之列，因此有可能将中西之争坐实为真实图像的：洋务运动曾经崭露出工业中国的轮廓，可惜因为清廷的权力短视而好景不长；民国肇建，尤其是1927—1937年所谓的"黄金十年"，再次展现出现代国家的面目，惜乎内外交困，断送国家大好前程；1945年，中国作为二战的战胜国，成为联合国的创始国之一，被人视为当时世界的五大国之一，但在惨烈内战中，国家再次衰败。1949年，中国终于建立起幅员辽阔、人口众多的统一国家，但持续不断的阶级斗争、群众运动，让国家徘徊在贫穷社会主义的低水平上。

让中国崛而不起的尴尬历史终于宣告结束的是改革开放。1978年以来，中国坚持经济建设中心不动摇，尽管间或出现的社会动荡影响了发展绩效，但持续近40年的韧性发展，让中国在物质实力上显著增强。当中国的国内生产总值（GDP）达到世界第二位的时候，中国和世界同时开始正视将会改变全球格局的"中国崛起"这一惊人的人类历史事件。在中国国家综合实力明显增强的情况下，中西之争的态势发生了相应的重大改变：曾经长期对西方人而言

---

① 此时西方国家对中国的态度在实际状态上是复杂的。一方面因为中西接触，激发了西方国家的汉学研究热潮。这自然是一种研究中国的"死学问"，即只把中国视为学术研究对象，而不视为活的竞争者。另一方面由于西方国家对自己实力的自信，而对中国怀抱普遍的轻视甚至于蔑视的态度。广泛流行的"睡狮论"可为佐证。再一方面，少数西方人将中国放置在"黄祸"角度看待，表现出一种莫名的警惕性。参见忻剑飞：《世界的中国观——近二千年来世界对中国的认识史纲》，第9、10章，上海：学林出版社1991年版，第271—331页。

只是悬置的问题开始具有现实性品格，过去限于中国国内的中西之争的范围指涉开始拓展向全球。在这种状态中，中西之争的普世话题开始出现，即便有些话题对中国人来说是正面的、积极的，有些话题则是负面的、消极的。但近代以来"中国"从来没有真正成为中西方人士、甚或是全球各国人士争相议论的全球话题，确定无疑地跨出了国门。这一次开始改写中国人独唱中西之争的窘迫历史。

中西之争成为现实世界图景中的实像，从下属几个方面体现出来：一是这一问题的真实性首次超出中国范围，成为世界范围内的问题。中国模式、中国道路抑或中国经验的提法，不是中国人的自娱自乐，而是世界发展中的适应性广狭不同但却真实的问题。基于现实状态，浮现了"北京共识"是不是会替代"华盛顿共识"的学术话题。① 基于历史情景，福山提出了中国秦朝贡献了现代国家三大支柱的第一大支柱——官僚制国家，且经由汉朝的改良，奠定了中国文明的制度根基，由此垂范世界。② 这类话题及其阐释方式，是中国崛起以前人们不曾设置并讨论的命题。二是这一问题或由中国或由西方国家的学者阐释为中国替西方发展困境解套、或为人类开辟一个新的发展路径的方案。"中国模式"③ 论题的广泛申论，成为标志性事件。在此之前，中国一直被视为西方国家现代模式的跟随者与模仿者，当中国崛起之际，中国自己开辟出一个不同于西方国家的现代"模式"，这样的论断本身即显示出观察中国的视角转向。三是由西方人自己提出了诸如"中国统治世界""韧性威权主义"等论题与议程④，并且一时成为国际学术界讨论国际关系、政体问题、中国模式的热门议题。这类讨论，对中国的评价不尽然是积极的。但重要的不在于对中国的积极或消极评价，而在于对中国的高度重视。这种重视，不是晚清民国时

---

① 参见毛增余：《从"华盛顿共识"到"后华盛顿共识"再到"北京共识"》，载《政治经济学评论》，2006年第2期，第34—53页。
② 参见〔美〕福山：《政治秩序的起源：从前人类时代到法国大革命》，毛俊杰译，桂林：广西师范大学出版社2014年版，第104—120页。
③ 参见潘维主编的《中国模式：解读人民共和国的60年》（中央编译出版社2009年版）所收论及中国模式的诸文。
④ 参见〔英〕马丁·雅克：《当中国统治世界——中国的崛起和西方世界的衰落》，张莉等译，北京：中信出版社2010年版，第287页。另见〔美〕黎安友：《从极权统治到韧性威权：中国政治变迁之路》，何大明译，台北：巨流图书公司2007年版，第10页。

期国际社会对一个弱国倾注同情的关切，而是对一个国际地位迅速攀升的新兴国家的高度关注。不仅中国学者提出了和平崛起这类国际话题，发展中国家慎重对待中国发展模式，西方国家也由此重视中国发展对全球格局的影响。这是一幅实在地呈现给国际社会的画面。自近代以来，长期是中国一头热的"中西之争"，至此开始成为中西两头同时反应的热门话题。过往中西之争呈现的虚像，在当下，由西方学者发起的中西学者之间的相互辩难中，终成实像。

二、"东西之争"：远景与近景

在巨观历史的广阔画面中看①，中西之争不过是类似争端的一个近景而已。一般而言，中西之争，不仅是中国与西方高下、优劣之争，而且是人类社会在面对不同发展方式与前途命运上的选择和选优之争。这样的争论，只能在超出"中西之争"范围的"东西之争"中，才能获得更为全面和准确的理解。这就需要我们对中西之争的近景与东西之争的远景进行交叠审视，才足以穿透中西之争的历史图景，看到更为广阔的东西之争历史画面，并且反过来对中西之争形成一种更为深切和广泛的理解。

在巨观历史的视野中，也就是在万年历史时距与全球范围的"巨观"历史、而非百年时距与中西关系的"大历史"视野中，人们有充分理由认定，中西之争确实不过是东西之争的一个当下组成部分而已。一部人类历史，就是一部东西方的竞合史。东西方的竞合，受双方文明发展水准的牵引与制约——东西之争一直是人类文明发展的引导性力量。从人类历史的总体视角看，从来不存在南北竞合史。因为南方一直缺乏与北方抗衡的文明实体与力量，或者说南方缺乏对北方具有文明启迪的突破性发展，因此完全不能构成与北方诸文明体系分庭抗礼的局面。一直到今天，南北关系仍然被界定为发达国家与欠发展

---

① 法国年鉴史学派提出的"长时段"，黄仁宇强调的"大历史"，都是时距以数百年计的历史理念。从人类长达万年历史的变迁视角进行宏观观察，才足以真正认识清楚人类历史的大趋势。参见任剑涛：《巨观历史、东西竞争与中国的突破》，载《天府新论》，2014年第2期，第1—48页。

国家之间的关系,可以从一个侧面说明这一关系的历史定势。①

在人类文明发展的初始阶段,因东西方文明发展的历史态势显著不同,基本态势的变化是从东强西弱逐渐演进到西强东弱。随着这两种态势的转变,东西竞合的关系也就发生了巨大的逆转。东西关系的竞合史,从东方影响西方的视角看,由近及远,也呈现出不同的近景与远景:最远的历史影像由波斯帝国与古希腊的冲突与融合呈现,较近的影像由中世纪以降伊斯兰国家与基督教国家的对立与交融呈现,更近的影像由欧亚国家苏俄与西方国家的冷战与互融呈现,当下的影像正由中国与西方国家的"贸易摩擦"与互动呈现。

在巨观历史中,中西之争的远期历史先驱是中东国家波斯与西方的争锋。在公元前600年左右,波斯帝国挺立于欧亚非三洲交界的广大地区。波斯是当时世界唯一的强大帝国。今日西方文明发源地的古希腊诸城邦国家,在与波斯帝国相遇的初期,完全没有抵抗能力。如果说波斯向古希腊示范,并直接影响罗马是完全成立的,那么说波斯是兴起中的西方的第一个东方导师就不为过。波斯帝国在居鲁士与大流士几位伟大君主的统治下,成为当时世界极为强大的帝国。波斯之强,一方面是借助军事征服实现了波斯在东方的强有力统治,这主要是通过波斯的东征实现的。在与米底、巴比伦和埃及的战争中,波斯帝国显示出强大的军事征服力量,战胜了这些实力曾经远在波斯之上的东方强大国家。② 另一方面则是借助不断的西征,给兴起中的"西方"即古希腊形成强大的威胁。希波战争以初期波斯压倒性的征服希腊开篇,中间经过双方互有胜负的往复,最后以亚历山大大帝对波斯的制胜宣告结束。值得重视的倒不是希波战争的最后结局,而是在战争过程中波斯对分裂的希腊发挥的作用:古希腊人

---

① 在这里,东西南北的划分,与地理概念有关,但更主要是超出地理意义的社会政治概念。一般而言,在地理上的东西划分以东经160度、西经20度为界,南北划分以赤道为界。而在社会文化、政治经济上,东西之争呈现为一部经由东西碰撞呈现的人类曲折演进史,南北之间则从来没有出现过这样的争端。在今天的政治经济学视野中,北方泛指发达国家,南方泛指发展中国家。南方仍然处在学习、模仿和赶超北方的僵固状态。关于欧亚大陆古代争战对人类历史的深刻影响,参见〔英〕哈·麦金德:《历史的地理枢纽》,林尔蔚等译,北京:商务印书馆1985年版,第49—71页。关于当代南北关系,参见南方委员会的报告:《对南方的挑战》,张小安等译,第五章"南北关系和国际体系的管理",北京:中国对外翻译出版公司1991年版,第189—199页。

② 参见〔伊朗〕阿卜杜·侯赛因·扎林库伯:《波斯帝国史》,张鸿年译,第2、3章相关内容,上海:复旦大学出版社2011年版,第78—79、96—99、104—106页。

百年变局与中国政治学的时代化：清华政治学系的探索

似乎缺乏建立庞大政治体的天赋，以雅典人为首的提洛联盟与斯巴达为首的伯罗奔尼撒联盟之间连绵不绝的战争，并未因波斯人的入侵而改观，相反只是在波斯大军压境同感危机之际偶尔的联盟之外，常常陷入更为剧烈的战争冲突。在马其顿东征之前，希波之间的白热化竞争，可以说由波斯人控制着主动权。

波斯人控制了小亚细亚的希腊人居住区，这激发了波斯人与希腊人之间最直接的冲突，希腊人在投降与抵抗之间的犹疑与反复，表明希波之争中波斯方面占据了上风。在往复的争战中，希波关系不单在争战争输赢，同时也推动了东西文化的广泛交流；这种交流，由于波斯发展程度高于希腊，因此更多的是文化的输出方、选择方与优化方，尤其是在庞大国家的治理方面，波斯人为世界做出了原创性贡献。"阿契美尼德王朝可能是第一个在统一政令下治理一个世界性多民族帝国的政权。为数众多的民族统一在国土广大的国家之中，他们享有政治自由，拥有许多权利，保留本民族的传统的信仰。这一广袤国土上的赋税是在精确核算所有民众的收益的基础上收缴的，这种收税方法在阿契美尼德王朝倾覆以后的许多世纪，大英帝国还在实行。"① 全球性帝国或超大型国家的治理，在波斯人的全球性征服进程中凸显出来，成为他们展现自己高超政治智慧的标志性事件。后来报复性地征服波斯的亚历山大以及后起的罗马，无疑都自觉吸收了波斯人的政治智慧。

希波战争呈现的东西关系画面，不只是雅典代表的西方、波斯代表的东方两方面呈现的画面，同时还有一幅相对远离东方国家的雅典及其同盟军（提洛联盟），与相对接近东方国家的斯巴达及其同盟军（伯罗奔尼撒联盟）之间呈现的希腊内部的东西之争画面。两个同盟之间长期相争不下，最后的结果是，单纯依靠"西方"力量的雅典败给集合东西方力量的斯巴达。② 对立的希腊两大同盟之战的最后结局，与斯巴达实行的专制政治，且借助波斯的经济支持有密切的关系，可以说斯巴达混合了东西方政治力量的优胜性，而雅典缺乏相应的支持力量，并且因为在大敌当前的时候对选择民主政体还是寡头政体迟

---

① 〔伊朗〕扎比胡拉·萨法：《伊朗文化及其对世界的影响》，张鸿年译，北京：商务印书馆2011年版，第12页。

② 参见〔英〕N. G. L. 哈蒙德：《希腊史：迄至公元前322年》，朱龙华译，第四卷第五章"伯罗奔尼撒战争的第二阶段（公元前421—前404年）"，北京：商务印书馆2016年版，第631—660页。

疑不决，战争的最后结局似乎不言而喻。伯罗奔尼撒战争的历史结局，似乎对此后东西之争处在斯巴达同样位置的国家发挥着一种仙人指路般的预制作用。

希波战争与希腊内部双雄之争的交错进行，对希腊整合东西方文化，熔铸具有恢弘气势的新型文化提供了"创造性破坏"的条件。希腊人借助埃及和巴比伦的祭司以及伊朗穆护的思想展开其哲学思维；而希腊化时期希腊思想流布东方，双方相互影响，对这一时期整个人类思想水平的迅速提升发挥了积极作用。随着亚历山大大帝对波斯的征服，这一交融过程，显示出文明综合才是推动文明进步的真正动力。"东方文化与希腊文化结合生成的文化在亚历山大以及继承人所经营的一些作为战略要地的城市中，也就是说，从巴尔马拉海到阿姆河的广大地域，表现得更为显著。希腊文化既已在这一地区，就会与当地文化有所融合，这种融合的结果就是在上述地区出现了一种复合文化。这种文化的半焊接的过程，在某种意义上，与经济的发展进程相伴随，在一定程度上，也是阿契美尼德王朝时期社会发展的延续。的确，希腊和罗马在这一时期吸收了伊朗和印度文化的因素。但是，伊朗文化也不是没有受到希腊文化因素的影响。东西方在贸易、城市建设、农业和工业上都在进行交流。本来就在进行的交流在这一时期更加繁荣发展。在希腊人和阿契美尼德王朝的领地上建立起来的城市中，伊朗与希腊的民族融合渐渐形成趋势。"① 这样的影响，随着西方的希腊与罗马霸权的交替，一直延续进罗马的历史文化变迁之中。扎林库伯的这一论述，是在"东方的胜利"标题下展开的。由此可见，至少在一个当代东方学者的眼里，在人类文明发展早期的东西方之争中，东方对西方还是略胜一筹的。只不过从后续历史发展看，综合东西文明长处的西方文明发展态势不仅不输于东方，而且更胜一筹。

中西之争的中期历史范式是近东与西方之争，更直接讲，就是伊斯兰社会与基督教社会之争。这是中世纪时期最具有显示度的东西之争。在亚历山大大帝征服波斯以后，希波战争的最后结局便浮现出来。波斯被征服以后，一段时期东西之争没有上演令人震撼的大戏。直到伊斯兰力量崛起，与同样以宗教力

---

① 〔伊朗〕阿卜杜·侯赛因·扎林库伯：《波斯帝国史》，张鸿年译，上海：复旦大学出版社2011年版，第260页。同一时期印度文化与西方文化的冲突与交融在剧烈程度或典型意义上不如希波之争，因此不作为第一波东西之争的分析案例。

百年变局与中国政治学的时代化：清华政治学系的探索

量支撑的基督教欧洲成型，才又出现了令人惊叹的东西之争。伊斯兰世界与西方基督教世界的对抗，起源于前者对后者的强势争胜结果。这场旷日持久的竞争，以十字军东征最吸引人们的眼球。十字军东征所具有的、第二次规模浩大的东西之争内涵，也确实堪称这次东西之争的标志性事件。在 11 世纪末期，处在当时东西之争前沿的拜占庭帝国，被皈依伊斯兰的突厥人的军事攻击所困，紧急之中求助于西方世界，希望共同抗击突厥人，从而开启了十字军东征的历史篇章。在此之前，基督教与穆斯林的拉锯战已经持续了两个世纪，前者失去了北非、巴勒斯坦、叙利亚以及西班牙的大部分地区。十世纪下半叶，拜占庭发动了攻势，由于伊斯兰内部的分裂，这场攻势收效明显。但在随后突厥人的进攻面前败下阵来，伊斯兰的声威得以重振。为此，基督教教皇发出"为解放而战"的号召，一个由基督教世界与伊斯兰世界相互间的军事征战展现的互有消长过程因此形成，让长达七个世纪的十字军东征占据中世纪直至现代早期的世界军事政治中心舞台。①

十字军东征史不是我们的重点关注所在。在东西之争的论题中，十字军东征值得关注的理由主要在东西关系的历史态势与力量变化。与希波战争一样，最初西方国家或者说基督教世界在力量对比上并不占优，而东方国家或者说伊斯兰世界总体上处在一个优势地位。这与伊斯兰世界严格的宗教建制与军事组织有着密切关系。但这场由宗教力量支撑的漫长竞争，最后的结果还是基督教世界霸权的确立。这中间容有十分丰富的东西之争内涵：一是中世纪的世界史，其实主要是伊斯兰教与基督教的竞争史。二是东西之争的第二波历史浪潮是由伊斯兰政治力量与基督教政治力量共同掀起的。三是伊斯兰代表的东方社会对基督教代表的西方社会曾经取得过明显的竞争优势，十字军东征是西方处于这种竞争劣势后被迫发起的"为解放而战"的反击。四是基督教社会最终对伊斯兰社会所取得的全面胜利，再次宣告了东西之争中东方的失败结局。这与曾经占尽第一波东西之争优势的波斯，最后被亚历山大大帝征服的结局有异曲同工之妙，让人必须深思第二次东西之争结局与第一次东西之争结局更为深层次的复杂缘由。

---

① 参见〔英〕乔纳森·赖利-史密斯：《十字军史》，欧阳敏译，北京：商务印书馆2016年版，第27—34页。

东西之争在18世纪以十字军东征的结束而走向彻底终结,此时,现代西方社会全面崛起,并以其占据世界霸主地位宣告这次竞争的终局:首先,十字军东征作为基督教社会"抵挡穆斯林蛮族的屏障",对欧洲诸国作为现代国家的兴起发挥了明显的催生作用。尽管欧洲国家加入十字军东征的先后有不同,像英国甚至极少卷入,但从总体上讲,这一时期的东西之争,催生了整个欧洲的现代机制。即便西方国家是在教皇介入的情况下发动十字军东征的,但政治机制演进的趋势却呈现出教权衰落、世俗权力尤其是自由与民主取向的政治体制显著发展起来。① 其次,十字军东征开启了海洋文化新时代。如果说古代时期的东西之争主要发生在欧亚大陆板块的话,中世纪争战中的海洋因素则日益重要起来。欧洲地区的海洋由此连成一片,强有力推动了各民族之间的交往,大大促进了商业活动与竞争力。人类关于海洋的知识明显增长,造船技术有了明显的突破。军事远征打通了新的要道,亚洲商人与欧洲商人仰仗的海陆两条商路更为畅通,促成欧洲诸多城市的繁荣局面。② 再次,十字军东征促进了现代科学的发展,十字军东征加强了东西方世界的交往。一方面,东征人群从东方"带回一些经验、一些概念、一些回忆";另一方面,西向的亚洲人群也"亲眼见证了一个新世界的自然、道德和面貌"。③ 这种双向的交流,提升了人类的智识水平:在地理学上,欧洲人以征服东方的沉重代价换来了对东方的认识;在数学上,阿拉伯数字传到了欧洲,推动了数学的发展;在医学上,阿拉伯医药被大量引入欧洲;在天文学上,东方发达的天文学启蒙了西方国家。从总体上讲,十字军东征在东西之争中大大促进了欧洲各方面的发展,以至于十字军史的研究者米肖明确指出,"十字军东征是欧洲社会的命运走向光明的第一步。"④ 在中世纪和现代早期出现的东西之争第二波高潮,伊斯兰国家成为

---

① 参见〔法〕米肖等:《十字军东征简史》,杨小雪译,北京:北京时代华文书局2014年版,第380—385页。
② 参见〔法〕米肖等:《十字军东征简史》,杨小雪译,北京:北京时代华文书局2014年版,第385—386页。
③ 〔法〕米肖等:《十字军东征简史》,杨小雪译,北京:北京时代华文书局2014年版,第386—387页。这里对现代主要科学的萌芽与发展的枚举亦引自此书这一部分的内容。
④ 〔法〕米肖等:《十字军东征简史》,杨小雪译,北京:北京时代华文书局2014年版,第387页。

百年变局与中国政治学的时代化：清华政治学系的探索

西方国家的第二个导师。但欧洲以远远超过古希腊、罗马融合东西文明的好奇心与技巧能力，催生了超越于古代文明的现代文明。

中西之争的近期历史案例是东欧与西欧之争。东欧与西欧之争似乎应当被认定为欧洲内部的争端，因为无论东欧还是西欧必定都属于欧洲。事实上西方国家内部的争锋确实从来未曾间断过。不过需要指出的是，观察东欧与西欧之争的视角不能单纯从洲际归属上着眼。在欧洲内部，可以说从来就没有实现过中国人所熟悉的大一统。日耳曼、拉丁与斯拉夫三大族群将欧洲"三分天下"。在欧洲内部，这三大族群之间的对峙可以说丝毫不弱于它们与亚洲诸族群之间的争端。如果说西欧在近现代为人类开辟了新的发展道路的话，拉丁民族的后发性酝酿的则是一场场社会动荡，至于斯拉夫族群，更是与两大族群格格不入，成为欧洲社会的另类。俄罗斯是斯拉夫族群的代表性国家，西欧、中欧的一些重量级国家如英国、法国、德国一直视俄罗斯为敌人，以至于有人以"俄罗斯—西方的千年之战"[①]来评价双方的关系。确实，随着基辅罗斯的大举扩张，俄罗斯成为横跨欧亚两洲的巨型国家，在鼎盛时期的苏联，国土面积达到两千多万平方公里。即便苏联崩溃，分裂为十几个国家，今日俄罗斯也仍然保有一千七百万平方公里的国土面积。俄罗斯人的扩张能力，不能不说令人十分惊异。

何以俄罗斯具有如此强大的国家扩张能力呢？原因自然是多方面的。仅就俄罗斯的国家哲学来讲，就完全与西欧国家迥异其趣。俄罗斯从不简单地将自己认定为欧洲国家或亚洲国家，或者说它不愿意将自己限定在这两个洲的任意一个洲的范围内。俄罗斯自认无论在地理上，还是在政治、社会与文化上，都同时属于欧亚两洲。这从俄罗斯国家哲学被命名为"欧亚主义"上就可得到某种印证。"欧亚主义"之自居欧洲亚洲之间，由此引导下的亦东亦西、非东非西的古典方案与现代方案，确实与源自欧洲的社会建构方案有根本的不同。其古典方案，也就是俄国十月革命前长期作用于整个社会的东正教方案。这是一个雄心勃勃的国家建构方案，在基督教的建制中，流布于俄国的东正教即东

---

① 参见〔瑞士〕吉·梅坦：《致命的偏见——俄罗斯—西方的千年之战》，候艾君译，北京：中国政法大学出版社 2018 年版。

方正教,在命名上就可以让人窥见它力压天主教与基督新教的意图。在政治上,俄国人自认自己秉承了罗马政治命脉,自诩为上续第一罗马即西罗马帝国、第二罗马即拜占庭帝国的"第三罗马"。俄国人将东正教的弥赛亚意识,也就是自认自己是被选定来拯救世界的族群(受膏者)的意识,与第三罗马的政治意识紧密勾连起来,因此形成了一种称雄世界的政治行动理念。这也许就是俄罗斯在古代历史上不断扩张的精神支柱,因为它确实促成了俄罗斯人以扭曲而好战的爱国主义理念向外扩张的行动。①

由欧亚主义引导的俄罗斯现代共产主义方案,简而言之,是一种源自西方并超出西方、结合东方并诱导东方、重造俄罗斯并影响全球的现代方案。马克思主义建构理想社会的原创方案,也就是马克思本人对理想社会的构造,在大多理念上属于西方传统的产物,与西方思想家的联系远远比它与东方的政治传统理念的联系要紧密。马克思主义的俄罗斯版本,也就是列宁主义与斯大林主义,其实是列宁与斯大林将马克思主义的东方蕴含大大加以发挥,使其脱离西方传统,而与东方国家的社会政治传统对接的结果。② 很显然,列宁—斯大林主义版本的马克思主义更多呈现出俄罗斯传统的弥赛亚意识加新罗马帝国的混合特色:他们对共产主义的论述充实的更多是俄罗斯拯救世界的内容,他们对共产国际的建构方式也更多地采用的是俄罗斯帝国的做法。这是一种与西方现代社会背道而驰的进路。

无论是俄罗斯的古典方案还是现代方案,无疑都对西方国家造成重大冲击。由于古代时期俄罗斯就自愿选择了与西方国家对立的拜占庭继承者身份,因此也就等于选择了与西方对抗的进路。加之东正教与基督教的恩恩怨怨,加剧了俄罗斯与西方国家的对峙。加上蒙古人的侵入与专断统治,种种因素交合作用,让俄罗斯与欧洲疏离的历史定势呈现出来。在西方国家眼里,俄罗斯东正教的弥赛亚意识就是帝国主义意识,这是一种无法与欧洲其他国家和谐相处的社会文化与政治理念。而俄罗斯的不断扩张,更是被西方国家打上亚洲专制

---

① 参见郭小丽:《俄罗斯的弥赛亚意识》,第二、三章,北京:人民出版社2009年版,第99—217页。

② 汉娜·阿伦特指出,"连接亚里士多德与马克思的这条线,远比从马克思到斯大林的那条线紧密。"([美]汉娜·阿伦特:《马克思与西方政治思想传统》,南京:江苏人民出版社2007年版,第6页。)

百年变局与中国政治学的时代化：清华政治学系的探索

主义的烙印。这就逐渐形成了难以改观的西方民主主义与俄罗斯专制主义二元对立的认知定势。

当十月革命胜利、苏联建立以后，国家意识形态方面与西方国家的直接对垒，就更是固化了西欧与东欧的东西对峙。长达五十年之久的冷战，西方国家完全将苏联视为欧洲机体的体外肿瘤。在这五十年中，意识形态的全面对立、制度的总体对峙、生活模式的绝对不同，让俄罗斯成为西方国家必予除掉的"东方的"专制主义怪物。西方国家的这种认识，不能被简单看作是政治神经质的结果。因为苏联建立起来的、与西方国家对抗的社会主义阵营，主要国家毫无疑问都属于东方国家：从中欧向东推移，德国、匈牙利、捷克斯洛伐克、波兰、南斯拉夫、保加利亚、罗马尼亚、阿尔巴尼亚，均属与西欧相对而言的东部欧洲。① 更为重要的是，社会主义阵营中的亚洲国家，不仅有体量巨大的中国，也有蒙古、朝鲜、越南等东方国家。这无疑会强化社会主义阵营其实就是东方阵营的认知。在西方学者眼里，自己所属的"自由社会"完全与东方国家的专制社会势同冰炭。对此无须反复论证，仅举魏特夫撰写的《东方专制主义》一书，就差可说明苏联（俄罗斯）在西方人眼中的他者定位。尤其是当他强调即便西方国家也有专制主义，但"东方专制主义肯定比西方专制主义来得更为全面，更加暴虐。……'东方专制主义'表现了极权力量最残酷的形式。"② 这样的论证让人存疑。但凸显欧洲内部的东西之争则具有言简意赅的作用。

俄罗斯可以被称为第二斯巴达。古代时期的希腊，除开末梢时期崛起的马其顿以外，长期处在雅典与斯巴达的双峰并立格局中。雅典属于典型的西方模式，而斯巴达与东方的紧密联系，让其带有不同于西方的、明显的东方特征。这让西方国家自发源以来就内在生发一种东西方的紧张。这样的结构实属必然：从世界历史来看，因为东方国家先于西方国家发展，兴起的西方国家要完

---

① 在地理上，人们习惯上将欧洲分为西欧、东欧、北欧、南欧和中欧五部分。在此为了讨论的方便，不计欧洲地理区域的细部差异，将之分为东欧与西欧两大部分。

② 魏特夫此书以"东方专制主义"概观苏俄、中国与土耳其等国家，并将之放置到与西方自由民主国家对立的国家形态上加以描述、分析和抨击。〔美〕魏特夫：《东方专制主义》，徐式谷等译，北京：中国社会科学出版社1989年版，第11页。

全拒绝东方的影响，是绝对不可能的事情。而对处在东西方国家地理接壤前沿的西方国家如斯巴达、俄罗斯而言，那就更是自觉不自觉都在接受东方国家的影响。欧洲国家因此总是存在东方特色鲜明的社会政治体。因此欧洲从古至今也都不缺乏紧张程度不弱于东西方国家之间争端的内部东西之争。在古代，斯巴达成为这一角色；在现代，俄罗斯（苏联）替换上场。无疑，苏联从它建立起，就对西欧的现代理念与制度发出重大挑战，西方国家中部分人心生学习苏俄、实现超高速发展模式的强烈愿望，这足以让"万恶的资本主义"在"美好的社会主义"面前瑟瑟发抖。而西方国家中人对苏联发出的赞叹、心生的艳羡，也足以让西方国家高度紧张、东方国家感到鼓舞。冷战的苏联动因因此扎根，西方肇因由此生成。不过经由冷战的"人心之争"导致苏俄的最后倒台，让人再次得出东方国家输给西方国家的结论。至于真实的争端情形，自然是复杂得多：因为苏俄为西欧发展提供的社会主义对照，无疑对西欧、北美社会的自我修正发挥了不可小觑的矫正作用。流行于比较制度研究中的资本主义与社会主义和平共处、制度趋同之类主张，从一个侧面印证了这一点。① 仅此而言，苏联可以被称为西方的第三个东方导师。

东西之争的当下突出个案是中国与西方（美国）之争。处于远东的中国，长期与激烈的东西之争远隔千山万水。在中东与近东零距离与西方国家上演第一、二波东西之争的时候，远东作为欧亚接壤地区之外的亚洲大陆广阔空间，给中国留足了自主发展的巨大余地。② 在明朝，当西方国家的传教士进入中国的时候，他们被文化间的差异性所吸引，对中国进行了传奇性的描述，从而在西方国家中催生了富裕与文明的中国想象。这种想象大大促使西方国家一些敢于冒险的人群前往中国。明晚期出现的中西交流第一波高潮，正是这种想象促成的事情。明清交替，让这一交流进程变缓。直至清朝中晚期，这一交流过程才再次热络起来：不仅文化上的交流日益广泛，商贸往来更是经常化。但随着经济贸易的展开，中西文化间的巨大差异随商贸摩擦浮现出来。西学东渐的和

---

① 参见〔美〕加尔布雷思、〔苏〕缅希科夫：《资本主义、社会主义与和平共处——从痛苦的过去到较好的未来》，刘绪贻等译，武汉：武汉大学出版社1988年版，第156—175页。

② 中国的东西文化交流自然是从未停歇过的，这里所说的自主发展，是在古代的东西交流未曾影响中国的基本制度选择以及引发结构性挑战的意义上讲的。

平进程，逐渐演变为商贸关系的紧张状态，最后导致了中西战争冲突的悲剧。如前所述，这样的结果催生了"中西之争"的中国内部问题。

中国经过近40年的顽强努力，"国家引导的发展"① 最具挑战性地摆在了西方自由市场经济发展模式的面前，国家治理的绩效对西方国家形成了巨大的冲击力，在中西之争中增添了实实在在的内容，甚至超出西方人的想象。如前所述，"当中国统治世界"的预想性命题出现的时候，东方的荣耀再次浮现在人类社会的地平线上。东西之争由中西之争的近景，鲜活地呈现在世人面前。中国有可能成为西方的第四个导师吗？这是一个需要在东西方社会的广阔背景中才能寻找答案的问题。

三、从东方视角看"中西之争"

东西之争与中西之争次第呈现的历史图像，由近及远、由虚到实地展现给世人，让人知晓这一巨观历史现象的真实性、演进性与复杂性。在漫长的东西之争历史进程中，东西方国家在竞争中展现了经济、政治、社会、文化种种能力，极大促进了人类的发展进程，明显提升了人类的发展水平。在颇显残酷的东西竞争中，介入其中的东西方国家各有胜负。胜出者对文明的进步作出了贡献，失败者同样对文明的交流与融合提供了动能。东西之争的历史表明，正是双方的竞争与交融，才构成一部人类的文明史。可见，东西之争不是一部悲剧史，而是一部正剧史。只不过这样的竞争肯定是会付出代价的，因为人类历史从来没有无代价的进步。代价之一是竞争发生当时偿付的：战争之手摧毁了不同国家与集群长期积累的物质成果，成为战胜者的集群，攻城略地、收掠物资、侵夺他人、彰显气势；成为失败者的集群，城池失守、流离失所、家破人亡、被人征服。代价之二是，这样的无序竞争，无疑减缓了人类文明总体进步的步伐。

但需要及时指出的是，这种竞争恰恰是人类进步的必须。对处于不同态势

---

① "国家引导的发展"一般是用来解释落后国家发展模式的命题。指的是后发的、边缘性国家以国家主义理念推动、依靠政府强力干预而实现的迅速发展。简而言之，"国家的角色对后开发地区的工业化模式起决定性作用。"（〔美〕阿图尔·科利：《国家引导的发展——全球边缘地区的政治权力与工业化》，朱天飚等译，长春：吉林出版集团有限责任公司2007年版，第445页。）

的竞争双方来讲，那些在东西之间的残酷竞争中自觉融汇不同文明力量的集群，有力推动着人类文明的总体进步。即便是利用战争之手、在相对和平的情况下发起战争攻势的集群，也不应放在一味谴责的地位上，将之简单目为侵略者。因为正是它们的主动而为，才让不同集群之间的相对封闭的文明发展果实为外部人群所分享。至于那些被动承受战争，或不得不以战略反攻寻求竞争制胜之道的集群，当然也不能简单地放置在正义行动者的位置以接受人们的一边倒礼赞。因为可能正是他们的故步自封、保守既有、不思进取和畏惧竞争，才让自己陷入战争的危局之中。一部东西竞争的战争与和平史，不是一部需要人们进行单纯善恶评判的道德史，而是一部启发人们思考更为高远的人类发展目标的社会史。必须承认，东西方国家在竞争中无论胜败，双方都是人类文明进步不可或缺的构成方。缺少任何一方面，人类文明进步的动力就大大缺损，甚至根本就没有进步动力。为此，必须对胜者骄纵、败者羞耻的对立思维脱敏，让竞争双方都能在推动人类文明进步的大视野中得到共同肯定。免除东西之争中成王败寇逻辑的干扰，我们便可以相对从容地讨论这一贯穿人类历史的持续性争端对人类发展所具有的伟大意义。

如前所述，东西之争的历史演进迄于当下，已经呈现出中西之争的眼前景象。这一图景，自然经历过中西之争从虚像到实像的演变。在今天，中西之争之作为实像，成为国际学术界与实务界共同争议的话题，自然有其物质实力消长的动力机制。如同此前已经三为西方导师的波斯、伊斯兰和苏俄一样，正是由于中国的迅速崛起，在实力政治思维支配的当代世界，非西方社会才不得不重视中国经验，同时也愿意对中国社会刮目相看。而且由于中国的崛起确实走在一条不同于西方国家现代发展的道路上，是不是中国的发展已经呈现出一个独具特色的中国模式（China Model），便成为人们心中急于求解的疑问。如果设定已经浮现中国模式，那么进一步的问题也就会被提出来，中国模式是不是已经为急于发展的后发国家垂范，从而为人类发展开辟出一条不同于西方现代模式的崭新道路呢？

这是两个有联系更有区别的问题。对前者，有中国学者深怀自信。这种自信首先体现在中国模式的自我系统表述上。"中国模式可以分解成三个子模式。由四个支柱构成的'国民'经济体现独特的经济模式；由四个支柱构成的'民本'政治体现独特的政治模式;由四个支柱构成的'社稷'体制体现独特的生活模式。社稷、民本、国民'三位一体',十二大支柱共同构成独特的中国模式。"① 具体说来,这十二大支柱是:"国民经济:(1)国家对土地(生产资料)的控制权;(2)国有的金融和大型企业及事业机构;(3)(以家庭和社区企业为基础的)自由的劳动力市场;(4)(以家庭和社区企业为基础的)自由的商品和资本市场。民本政治:(1)现代民本主义的民主理念;(2)强调功过考评的官员遴选机制;(3)先进、无私、团结的执政集团;(4)有效的政府分工制衡纠错机制。社稷体制:(1)家庭而非个人构成社会的基本单元;(2)社区和单位,而非分层的市民社会,构成社会网络;(3)社会网络与行政网络重合,在基层彼此嵌入,相互依存,成弹性、开放的'立体网络';(4)家庭伦理观渗透社会组织和行政管理的逻辑。当代中国体制规模宏大,亦可称'鲲鹏模式'。民本政治如首脑,社稷体制如躯干,国民经济如翅膀。如此中国模式,以较低的代价形成,后来居上,前30年迎风破浪'击水三千里',后30年驾着苏联模式和美欧模式两股旋风冲天而上。"② 这是中国学者对中国模式的一个系统和详尽的表述,表述者更认定,"在不过60年的实践里,一个古老独特的文明以强劲的势头复兴,让世界刮目相看,也让世界重新审视此前流行的关于人类进步的知识。中国的成功经验挑战了经济学的'计划与市场两分',挑战了政治学的'民主与专制两分',挑战了社会学的'国家与社会两分'。一个'中国学派'已经呼之欲出。"③ 这一表述,已经不限于论者仅仅在中国范围内总结归纳中国模式的初衷,显然具有直接挑战西方国家实践与理论模式的意欲。对后一问题,也就是中国模式,或者谦逊一点说的中国经验、中国道路是否具有全球示范性的问题,中国学者对西方学者的积极而赞许的说法,初期是持谨慎态度的。当西方学者提出,相对于建立在"华盛顿共识"基础上的新自由主义发展模式而言,基于"北京共识"的中国发展

---

① 潘维主编:《中国模式:解读人民共和国的60年》,北京:中央编译出版社2009年版,第6页。
② 潘维主编:《中国模式:解读人民共和国的60年》,北京:中央编译出版社2009年版,第84页。
③ 潘维主编:《中国模式:解读人民共和国的60年》,北京:中央编译出版社2009年版,第81页。

模式已经展现出一条落后国家的发展新路——信从华盛顿模式的国家不仅没实现经济社会的发展目标，相反付出了沉重的代价；无视华盛顿共识的国家如中国与印度倒取得了惊人成就。对此，中国学者的反应出现两种情形：对之的审慎反应是，模式一类提法不过是小圈子提法，意义不大；① 但也有对之做出积极呼应的学者与政治家，以至于在此基础上提出了中国为人类发展探路、并解决人类发展难题的"中国的"全球方案。

不过中国学者对中西之争中中国所取得的成就给予的自信心满满抑或审慎有加的表述，由于还只是中西之争双方中的一方自我做出的陈述，因此在说服力上可能存在单方说辞的固有欠缺。故此还有必要看看国外人士如何评价中国发展，是否承诺了中国学者所称许的中国模式，以及是否肯定中国发展模式是西方发展模式之外的另一种发展模式，而且具有全球示范性？这样的审视，可以循两条线索进行：一是中西之争成为实像以后，西方学者与政要对中国的崛起与发挥的全球作用的评价。二是在东方的大视野中，重要的东方国家对中西之争中中国的处境与作用的论道。

就第一条线索看，中西之争当局者中的西方国家，对中国在漫长的东西之争的近期结果呈现出来以后，对中国的崛起与可能发挥的全球作用关注日增。西方国家尤其是美国学者对中国崛起及其影响的评价，首先是看到中国崛起对西方世界发出的挑战，包括对国际组织的批评，对国际规则不公的指责，对中国发挥作用的负面归类。"来自中国的挑战从根本上说是全新的，与早期的那些挑战相比，其具有广泛的重要性。这个挑战之所以不同，原因在于，其立足于对非常具体的国家利益的实用主义追求，而不是任何意识形态攻击。这个挑战之所以相当引人注目，原因在于，挑战者拥有规模巨大、增长快速，以及层面多元的经济分量。先前，欧佩克以及日本，向战后全球秩序发起的严重挑战，实际上是在谋求加入而不是改变这个体制，而来自中国的挑战，虽然还处在早期阶段，但其程度有可能要严重得多。"② 以此可见，西方国家学者心存

---

① 参见黄平等主编：《中国与全球化：华盛顿共识还是北京共识》，北京：社会科学文献出版社2005年版，第2页。

② 美国战略与国家研究中心、彼得森国际经济研究所：《美国智库眼中的中国崛起》，曹洪洋译，北京：中国发展出版社2011年版，第19页。

百年变局与中国政治学的时代化：清华政治学系的探索

一种遭遇真正挑战者的心态。其次是看到中国对国际体制所发生的明显影响。"无论如何，中国对公认的国际规范与准则的不断增长的影响不必明言是有效果的。到现在，中国的发展模式之所以已经得到散播，完全是因为中国的明显成功，以及中国不做干预的、不讲规范的政策对极权主义领导人及其某些民众——他们已经疲于感受来自西方援助提供者的苛刻与恩赐——的吸引力。"① 这是一种将中国看做是西方国家作为模式的替代者的看法。再次是看到了中国崛起对西方国家尤其是美国造成的巨大影响，势必危及西方国家的国际主导权。"中国通过对联合国安理会的各种制裁决议行使否决权来坚持其不干涉原则的这种意愿不断增强，将使西方运用这种工具来迫使不同政权遵守国际准则和义务的能力遇到麻烦。中国不断提升的国际形象与自信还意味着：人权活动家得到释放的机会会更少，它对军事发展的公开追求会更不节制，以及当它面对批评时会更加予以蔑视。"② 考虑到美国智库一般不采取决绝表述方式，这样的说法几乎是毫不隐讳地将中西关系放到了此消彼长的对立位置上。

如果说西方学者对中西之争的当下状态的论述还仅仅着眼于提供政策参考的话，那么西方政要对中国崛起产生的世界影响的担忧，便很直接地投射在政治理念与政策制定上了。如果说美国总统特朗普以贸易战的形式对中国采取克制性的遏制举措的话，那么在美国国务院政策研究室主任任上的斯金纳直白地表示："中国与俄罗斯的不同之处在于，与20世纪跟苏联的对抗性不同。倒不是要对冷战和核战争的危险轻描淡写，也不是淡化我们在某些情况下确实曾经接近核战边缘这个事实。但是，当我们考虑苏联时，在某种程度上，它就是西方人家庭内部的一场争斗。"在区分中俄对西方国家关系的根本差异后，她更为直接地指出："对中国而言，这是不可能的。这是一场与真正不同文明和不同意识形态的斗争。而且美国之前也没有如此强大的经济竞争对手。苏联是一个拥有核武器的国家，有一支庞大的红军，但却是一个倒退的经济体。当情报部门的信息相左时，里根的内心坚持认为，看不到它可以在与西方的技术竞赛

---

① 美国战略与国家研究中心、彼得森国际经济研究所：《美国智库眼中的中国崛起》，曹洪洋译，北京：中国发展出版社2011年版，第278页。
② 美国战略与国家研究中心、彼得森国际经济研究所：《美国智库眼中的中国崛起》，曹洪洋译，北京：中国发展出版社2011年版，第280页。

中幸存下来的迹象。而在中国，我们面临的是一个经济竞争对手，一个意识形态的竞争者，它确实寻求一种我们许多人在几十年前没想到的全球影响力。而且我认为令人震惊的还有，这是我们第一次面临一个非白人的伟大的权力争夺者——像亨廷顿的'文明的冲突'，主旨相近，但又有些不同——所有这些都让美国外交政策制定者们感到困惑，我想我们必须摘掉玫瑰眼镜，了解到威胁的本质。"[1] 这一说法尽管没有直接得到白宫的认可，但却可能代表了美国政界的共同看法。一方面，这显示出曾经作为东西之争构成侧面的苏美之争，已经被完全改写为西方文明内部的冲突。因此，东西之争的第三波历史似乎在历史中隐去。另一方面，明显显示出中国的崛起，让东西之争的当下状态明白无误地呈现为中西之争。而且这样的争锋，不仅是最实在的经济利益之争，而且也是最尖锐的政治权势之争，更是悠远而深沉的文明体系之争。这种对抗的广度与烈度，只有对接上希波之争、基督教与伊斯兰教的中世纪之争，才足以知晓其全部含义。如果将之放置在亨廷顿所说的"文明冲突"的框架中理解，并且在伊斯兰教与儒教结盟以对抗基督教的展望中具体定位的话，那么就不难理解今日中美关系确实不是贸易战那么简单。中美之间这一冲突定势，究竟具有什么实际的政经影响，是一个尚需测度的问题。但从中西之争的角度看，崛起的中国被定位在担负新一轮东西之争的东方代表角色位置上，应该是确凿无疑的事情。

从另一条线索看，处在东西之争中的东方国家，对近期凸现出来的中西之争中中国的发展态势与国际作用也做出了积极反应。从此前确立的东西之争四大段落来分别审视，首先，从中东波斯即今天的伊朗的角度看远东中国，这涉及西方的第一导师"中东"代表性国家伊朗对中国处在中西之争目前态势下的看法，比较特殊。准确呈现伊朗对中国的看法，当然只有在中美伊的三角关系中才有可能。美伊关系在巴列维国王统治时期曾经非常热络。但因为"白色革命"与巴列维的专制统治正面冲突，导致伊斯兰革命，并确立起政教合一的政体。从此美伊关系陷入对峙，伊核问题导致美国不断制裁伊朗，美伊关

---

[1] Kiron Skinner：《美中之间是文明的冲突》，http://scholarsupdate.hi2net.com/news.asp?NewsID=26769&from=singlemessage&isappinstalled=0（访问时间：2019年5月8日）。

百年变局与中国政治学的时代化：清华政治学系的探索

系甚至徘徊在战争边缘。在此情况下，伊朗是乐见中国崛起的。"在 2013 年以前，中国对于美伊之间的矛盾，并无牵涉。中国近百年来的目光，始终向着欧美，很少关注中东兴衰。然而，'一带一路'倡议的提出，骤然激活了古代丝绸之路上的两个大国。中国要想重新打通丝绸之路，将自己与中东、欧洲连接起来，打造'人类命运共同体'，就必须经过伊朗。因此，2013 年以后，中伊关系骤然升温。2014 年 5 月，伊朗总统鲁哈尼访问中国；2016 年 1 月，中国国家主席习近平访问伊朗。继政治上密切互动之后，中伊经贸往来迅速升级。长期遭受欧美制裁的伊朗从中国大量进口机电、纺织、化工、钢铁制品等，中国则从伊朗进口石油、矿产、农副产品等。"① 基于此，不仅给西方人以亨廷顿儒家与伊斯兰联盟的遐想，而且伊朗方面像总统鲁哈尼也明确认定，"伊中关系具有长期战略性。伊方高度重视并致力于全方位发展对华关系，愿积极参与共建'一带一路'，挖掘双方在广泛领域的合作潜力。伊方坚决反对美国单方面退出伊朗核问题全面协议的错误行径，积极评价中国在国际事务中发挥的积极作用，愿同中方加强沟通和协调。"② 这无疑显现出伊朗站在中西之争支持中国方面的立场上。

其次，西方的第二导师"近东"即伊斯兰社会对中国抱有一种复杂态度。其实，伊朗也可以作为伊斯兰社会的一员呈现其对中西之争中的中国的态度。但伊斯兰社会并不是铁板一块。就此而言，亨廷顿将儒家社会与伊斯兰社会作为对付西方社会的盟友看待，颇有些鲁莽。因为与伊朗隔海相望、同样是伊斯兰社会重要成员的沙特，由于与美国的盟友关系，对待当下中国的态度似乎就没有伊朗那么明朗。沙特一直试图成为伊斯兰的盟主，但相关努力结果一直与其意图存在距离。审视沙特对中国的看法，当然也少不了美国因素。"美国与沙特阿拉伯长期以来保持紧密的非正式盟友关系，超越两国意识形态、社会制度和宗教信仰的藩篱。宗教因素在美国与沙特关系中地位独特。冷战时期，宗教因素是美沙关系的润滑剂。进入后冷战时期尤其是 911 事件以来，由于沙特

---

① 胡家骏：《中美贸易摩擦背后的"伊朗秘影"》，http：//forex.hexun.com/2018-05-09/192980769.html（访问时间：2019 年 8 月 15 日）。
② 新华社：《习近平会见伊朗总统鲁哈尼》，http：//politics.gmw.cn/2019-06/14/content_32920273.htm（访问时间：2019 年 8 月 15 日）。

国教瓦哈比伊斯兰教与恐怖主义理念、组织和行动之间的复杂关系，以及沙特宗教传统对沙特现代化和民主化掣肘对美国中东民主进程的阻碍，宗教日益成为美沙关系中的不稳定因素。"① 可见，美国与沙特关系尽管存在不稳定因素，但非正式盟友关系还是稳固的。因此，沙特对中国在经贸往来上的态度总体上是积极的，但对中国发挥的国际作用则是警惕的。一方面，这是因为沙特对中国的陌生感所致。"中沙关系在中东甚至远东地区，都有举足轻重的地位，但双方却似乎并不真正了解对方。我们彼此的认知，仅停留在贸易和金融上。如此，是无法在石油和商品价值日益减损的时代里，建立牢固双边关系的。"② 另一方面，则是因为沙特对中国处理伊斯兰事务保有不同看法，尽管其对中国的批评是相当温和的，甚至在中国政府邀请沙特官员赴新疆参观后，与其他国家共同发表了支持中国政府新疆政策的声明，但不能无视双方之间的分歧。③ 至于极端的伊斯兰武装分子，一直对中国怀有强烈的敌意。更广泛地看，活跃于中东地区的宗教极端组织 ISIS 明显敌视中国，加入该组织的青年甚至以视频方式公开威胁要让中国血流成河，该组织的头目巴格达迪甚至将中国列在复仇的首位。④ 这是中东—伊斯兰地区一些国度中国家与社会兀自成为两个世界而对中国态度迥然区别的特殊表现。这与亨廷顿所设想的儒教与伊斯兰教联盟的情形，判若天渊。

再次，西方的第三导师"东欧"尤其是俄罗斯对中国崛起的评价，耐人寻味。在现代转变的一个长时段，苏俄都是中国悉心效仿的典范国家。随着苏联陷入僵化状态并走向崩溃，以及俄罗斯复苏进程的夭折，中国与俄罗斯在国际社会中的国家处境出现了倒置。"20 世纪 70 年代以后，中国慢慢地放弃了集权的计划经济体制，开始转向民族主义的、政府主导的市场经济模式，强调在集体框架内利用个人的企业家精神。改革利用了旧制度的潜在能量，从而开始出现了计划经济体制外的增长的良性循环。中国在国际社会上变得前所未有

---

① 涂怡超：《各怀鬼胎的盟友：美国与沙特的关系史简述》，载《经济观察报》，2018 年 10 月 21 日。
② 新华社：《沙特〈利雅得报〉：中国，我们并不了解的朋友》，http://www.xinhuanet.com/world/2016-01/15/c_128631532.htm（访问时间：2019 年 8 月 15 日）。
③ 参见《外媒：37 国大使力挺中国新疆政策》，载《参考消息》，2019 年 7 月 14 日。
④ 丛培影：《中国如何应对 ISIS 威胁》，载《领导之友》，2015 年第 8 期，第 51—52 页。

百年变局与中国政治学的时代化：清华政治学系的探索

的强大。而在俄罗斯，改革迅速摧毁了旧的政府机构，但是未能建立起一个有效的后续政府；允许创建一个高度不平等并且令人深深迷惘的资本原始积累过程；由此导致的产权不平等将会是决定未来几十年的经济生活的基本参数。改革使得投资和工业产出急遽下降，经济滑坡陷入恶性循环状态。俄罗斯在国际社会上变得前所未有的衰落，事实上俄罗斯的政策是在主要的国际资本机构的直接指导下制定的。在短短的几年时间之后，俄罗斯就出丑了，它已经完全不再是一个强大的国家。"①

俄罗斯与中国国际处境的倒转，让俄罗斯自己首先希望以"中国方案"解决俄罗斯改革的深层问题。同时也使俄罗斯不得不重视中国经验，并且承认中国在全球事务种发挥的作用恰好是当年苏联想到却没有做到的那样。"无论如何，中国都得向世界提供自己的世界体制方案。在不久的将来，我们完全可以看到一幅有趣的图景。共产主义的中国将改写许许多多资本主义的经济要素和民主手段。恰好是手段，而不是原则（可预见的和调整好的最高政权的更迭，以及地区层面上权力的灵活性）。于是，中国将在国际舞台上表明自己的激进原则——解决核心与周边的疏离问题，以及平等分配资源的问题等等。这将符合其官方的意识形态，通过外交政策促进其官方意识形态的巩固与合法化。"② 俄罗斯学者看到中国崛起的物质积累、制度倾向与价值抉择关联着的国家面相，同时也看到中国改写西方现代方案的前景，这是俄罗斯对中国崛起的承认，也是俄罗斯不得不考虑与中国结成"全面战略合作伙伴关系"的缘由。

由于近期俄罗斯在内政外交上一系列政策的失当，让俄罗斯国力进一步衰落。也由于西方国家对俄罗斯的制裁，在欧亚国家的地域倾向性上，曾经长期自认欧洲国家、而忽略亚洲属性的俄罗斯，不得不正视自己四分之三国土面积在亚洲的事实，并且不得不正视亚洲尤其是东亚的中国迅猛发展的事实。基于此，一方面，俄罗斯呼吁结束美国主导的西方全球经济与政治秩序。另一方面，俄罗斯在正视全球大国向亚洲、向东方转移的事实的基础上而试图"转

---

① 〔英〕彼得·罗澜：《中国的崛起与俄罗斯的衰落：市场化转型中的政治、经济与计划》，隋福民译，杭州：浙江大学出版社 2012 年版，第 320 页。
② 〔俄〕米·季塔连科等：《俄罗斯、中国与世界秩序》，栗瑞雪译，北京：人民出版社 2019 年版，第 9 页。

向东方"。① 尽管这种转向的实质性作用有待呈现，但俄罗斯对中国崛起的认可转变已经鲜明显现出来。

可见，在东西之争的历史轴线上看，从古至今居于相关竞争锋线上的东方国家，对中西之争中中国的崛起及其对西方世界版图的改写，基本是持赞许态度的。从某种意义上讲，这是东方国家心怀与西方争胜的历史情结的一个当下投射。中国可能受到"万邦来朝"的天下共主历史理念的激励，同时受到东方国家赞许中国以不同于西方国家的方式取得重大发展成就而期待中国发挥全球领导作用的鼓舞，因此对中西之争、乃至于整个东西之争的中国使命充满信心。在此时，一个要么中国与西方国家继续合作，要么与西方国家分道扬镳都不会影响中国崛起的意念，可能会成为中国新的国家理念、地区理念与全球理念。这是恰当的还是危险的理念？促人慎思。

四、成像遮蔽的呈像

由上可见，中西之争由虚像变成实像以后，促使人们在直接审视中西之争的过去、现实与未来的基础上，进一步激励人们在巨观历史的基点上审视作为中西之争大背景的东西之争。这样的审视，给人们展示了东西之争的宏大历史场景，呈现了东西之争在结构上从宏观到微观，也就是从价值理念、制度机制到物种传播、生活方式诸方面的广泛交流情形，在地域上从中东、近东到远东转移的恢弘历史画面。当然，也让人们看到了东西之争必有的胜败场景。如前所述，只要免除了成王败寇的逻辑，东西之争的胜败结局并不是什么大问题。真正促使人们思考的东西之争大问题是，在人类文明发展的历史长河中，东西之争究竟给整个人类寻求持续发展和健全未来以何种启示。

从东西之争的既成历史角度看，东西方国家各有胜败，因此无法在具体的胜败上分出东西方国家的高下。换言之，东西方国家在相争中没有分出最后胜负之前，胜败不过是历史的一时记录罢了。从逻辑上推断，东西之争虽然已经

---

① 参见〔奥〕波波·罗:《孤独的帝国：俄罗斯与新世界无序》，袁靖等译，北京：中信出版社2019年版，第166—168页。

百年变局与中国政治学的时代化：清华政治学系的探索

从中东、近东转移到远东，似乎有穷尽东方地理资源的危险，中西之争就此似乎含有东西方国家最后一争的意味。其实，稍加分析可知，最后一争的说法便不成立：东方国家难道不会进行不同地域的组合来跟西方国家继续一争高下吗？由于这样的组合可能是无穷的，因此东西之争也就无穷无尽地恶性竞争下去吗？以此可以说，仅仅从东西之争的阶段性胜败上看问题，其实是一种肤浅的历史观作祟的结果。放开历史视界，站在人类历史发展的高度看问题，东西之争的双方，其实都在为人类文明更为健康的发展提供动力。因此，在回顾东西之争历史胜败记录的时候，不是由胜利方津津乐道其胜利，就凸显了这一争锋的全部内涵；当然也不是由失败方的心有不甘，就呈现了这一争端的历史内容。无论是哪个东西方国家，在竞争中之所以获得胜利，抑或之所以遭遇失败，当然需要总结其经验教训。那是让人类或积累更聪明的交往方式、或避免再次跌倒在同一个地方的必须。但单纯追究胜负记录，就很难跳出竞争双方的具体得失，看到胜败之中蕴含的启迪人类更为合理地行动的大意义。

今天的人类，依然划分为不同文明，不同文明依然寄载于相异的国家实体。因此，这些实体之间的冲突与交融，依然在残酷地进行着。仅仅从当下的政治与经济处境上讲，东西之争眼下呈现的中西之争状态，也不会令人鼓舞。在人类还没有学会友善相处，实现永久和平之前，尽量正视这种冲突，寻求化解冲突之道，可能是人类成长的必要条件。历史地看，东西之争的前三波已经成像了，即是说已经被历史固定的显示为既成图像，解释可能会有余地，但结局的改变已无可能。但成像其实际遮蔽了历史真实情景中没有被成像所显示的种种呈像。活灵活现的丰富历史画面，远比成像展示的历史内容要丰富。基于历史与现实的丰富呈像审视东西之争，还是基于历史与现实已经固化的成像来评价东西之争，富有理智的人类当然应当选择前者。

万事总是说来容易做来难。理性地将东西之争看作是人类文明演进的必须，极具挑战性。对西方国家来讲，在历次东西之争中，总是受到实力强大的东方国家的攻击，因此大致是在疲于挨打、被动还击的情况下进入竞争场域的。但因为西方国家一方面与东方国家诉诸激烈而残酷的战争手段，以免自己陷入灭顶之灾；另一方面也积极吸收东方国家的智慧，熔铸更具有竞争力的文明形态。因此，在既定的三波东西之争呈现的结局上，必须承认西方国家的取胜。在18世纪，古老的东西格局被彻底打破，西方国家成为全球霸主。这之后的两个世纪，全球霸主权力是在西方国家内部转移。殖民体系的建构与解构，恰成这一历史局势的注脚。因此，西方国家建构起西方中心论、欧洲中心论、英格兰中心论种种论说，来张扬自己在东西之争的历史性胜利。

20世纪后期，兴起了试图公允对待东方国家历史贡献的"全球史"，其代表性著作之一，副题以"人类共同体史"命名，但正题恰恰命名为"西方的兴起"。作者把一部人类历史看作是东方先起发展，但逐渐移交世界霸权给西方的一个变迁过程。该书作者指出，"世界历史上还从没有一个时代的社会改革步伐迈得如此急促。地球上海洋两岸接触的密切程度保证了人类各种文化之间的相互促进和影响。那些限制或拒绝与外人接触的种种努力——这主要发生在于冷酷无情和贪得无厌的西方人的交往中——是注定要被西欧文化，特别是被西方技术不断改进的事实以及西方人带给世界其他民族的急遽增加压力所最终击败。1500年以来的世界历史实际上应当被看作一部竞争史，一方面是西方不断增长的干扰世界其他地区的力量；一方面是其他民族为赶走欧洲人而进行越来越绝望的努力，这种努力包括比以前更起劲儿地固守自己的文化遗产，或者是在这样做失败以后，接受西方文明的某些成分，主要是技术，希望以此来获得维持独立的手段。"① 在西方人眼里，尽管东方人在历史上对人类文明发展做出了不可磨灭、理当尊敬的巨大贡献，可是在西方国家带给人类的现代文明面前，东方立即失去了光彩，只能在历史的角度被记录下来。

西方国家在建构现代文明上取得东方国家无与伦比的空前成就，但西方国家不是只有胜利后的自得自满。他们也有危机感。亨廷顿在《文明的冲突》中设想的伊斯兰文明与儒家文明携手对抗西方文明的局面，堪为代表。他指出，只要穆斯林人口增长和亚洲经济增长的浪潮持续下去，亚洲势必会出现一场西方国家与亚洲国家之间的冲突。"在这样的形势下，儒教—伊斯兰教国家

---

① 〔美〕威廉·麦克尼尔：《西方的兴起：人类共同体史》，孙岳等译，北京：中信出版社2015年版，第678页。

百年变局与中国政治学的时代化：清华政治学系的探索

之间的联系将会继续，或许还会扩大和加深。这一联系的中心是穆斯林和华人社会在武器扩散、人权和其他问题上反对西方的合作。"亨廷顿还引述到，这一合作，不仅是因为反对西方的利益导向，而且是"这些文化提供了一个能够表达部分是由西方——一个在政治、军事、经济和文化上占统治地位，并越来越为世界人民所痛恨的西方——造成的痛苦的载体，一些国家感到'它们没有必要再忍受'。"[①] 正是政治经济实际利益与文明对立情绪交织，让亨廷顿相信，亚洲两大文明一定会与西方文明发生剧烈的冲突。对此，中国人一般都从文明交流、互动与融汇的角度去批评亨廷顿此说。其实，人们首先应该想一想，亨廷顿为什么会设想亚洲两种文明结盟对抗西方文明？这背后，其实就是东西方文明的悠久历史对抗之局的西方当下弈棋之想。

从当代国际社会的局势来看，亨廷顿对人类面临的实际问题做出的当下描述与远期判断，并不是拒斥者所认定的信口雌黄。但亨廷顿的论述，至少可以说站位不高。因为他因循东西之争需要确定胜负手的思维，一者确实抓住了东西方国家长期冲突的历史事实，抓住了东西方国家在文明基本结构上的巨大差异，抓住了国际社会中抵抗西方人权政治的东方国家的共性，抓住了东方国家在抗拒西方国家方面的明面与暗地的呼应。因之其说有理。二者却根本忽略了西方国家在既成的东西之争中之所以占尽优势的根本理由所在。从表象上看，在前述三波东西之争中，西方国家采取的战略与策略确实胜于东方国家，因此得以占据竞争优势，并让东方国家明显处于下风并最后落败。从实质上看，西方国家之取得竞争胜利，关键还是在文明规范价值的锻造上吸取了东方国家的文明精粹，并结合西方国家的既有文明成果，从而创造出具有高度整合能力的新文明形态。正是这样的创制，让东方国家在东西之争曾经具有显著优势的合众、集权、征服与压制丧失了功能，结果不能不败下阵来。处在东西之争中的东方国家，也在吸收西方文明创新成果，所以才有新一轮的竞争，并且才有屡败屡战的壮举。但东方国家长期无法在东西之争中取得结构优势，遑论置西方国家于大败局的"死地"。究其原因，还是东方国家在冲突中吸收西方国家的

---

① 〔美〕塞缪尔·亨廷顿：《文明的冲突与世界秩序的重建》，周琪等译，北京：新华出版社2010年版，第214—215页。

文明成果并综合创新的能力，相比西方国家在冲突中吸收东方国家的文明成果并创制新型文明体系上要明显疲弱。

可见，处在东西之争大局中的中西之争，如果中国重蹈此前东方国家的覆辙，只是单纯在东西对峙的视角看待这一竞争之局的话，中国也殊难获得突破性的成就。在实力政治思维中，硬实力（hard power）当然是中西之争的物质基础，不能不给予高度重视。软实力（soft power）自然是竞争的价值基础，绝对应当万分看重。巧实力（smart power）肯定直接影响胜败结果，必然需要紧张锤炼。① 在当下中西之争的局势中，中国的硬实力显著增长，但增强硬实力的方式途径尚未脱离西方国家的学生身份；软实力则在形成之中，尚无法与西方国家有效抗衡；巧实力远未显现，在国际舞台上完全无法与西方国家媲美。如前所述，国人乃至世人对中国在中西之争中终将获胜的判断，主要还是基于在不远的一个时段内中国的国内生产总值就会超过美国，进而设定了中国总体上将超过美国且主导世界的结论。这个结论失于简单：既没有看到中国持续增长已经面临的难题，因此有些轻快乐观的成分；同时也没有看到，即便中国实现持续增长，综合国力实际上亟须加强的事实。但根本性的问题是，国人与世人都没有充分意识到，中西之争其实是新文明创制之争。尤其是对中国作为世界霸权挑战者的发展壮大来讲，进而作为引领人类发展前行的国家而言，如果在与西方争锋的时候，无视了中西文明的融汇与创新，无力创制新的文明体系的话，中国是根本无法领先西方国家和引领全球发展的。

文明之间本无高低之分。这是就文明与野蛮具有根本界限的意义上讲的。文明体之间是有发展水平差异的，这是就文明体之间选择的文明发展道路与采取的实际举措有别上讲的。就后者看，对世界上同时存在的文明体来讲，各自秉持什么样的价值理念、创制什么样的制度体系、追求一种什么样的生活方式、如何有效聚集文明发展的资源、怎样在文明发展的关键时刻采取恰当行动、能否想方设法在偶然的机遇中韧性达成发展目的，在起点、过程与结果

---

① 硬实力、软实力与巧实力三个概念，均由美国著名国际政治理论家约瑟夫·奈提出。硬实力无须多解释，软实力被定义为文化实力，巧实力被界定为展示实力的高超技巧。指向有异，但都是实力思维的产物。参见〔美〕约瑟夫·奈：《硬实力与软实力》，门洪华译，北京：北京大学出版社2005年版，引论，第6页。

百年变局与中国政治学的时代化:清华政治学系的探索

上都会有极大的不同。人类历史上的东西之争,一再发生的理由就在其中。而东西之争之所以出现胜败之分,缘由也因此奠定。对任何一个具体的文明体来讲,因为都是在偶然的历史条件下体现竞争优势的,因此也无法夸耀自己一定长盛不衰。希波战争取胜的波斯一方,在同样的战争处境中败给了崛起的马其顿。同样以政教合一的方式争胜,起初基督教社会败给了伊斯兰社会,转而前者又战胜了后者。但就两者的竞争结果看,基督教社会向伊斯兰社会展示力量的政教合一,最后引发了自身的政教分离,进入竞争过程的西方机制也没有成功维持下来。在美苏为首的两个阵营的竞争中,苏联开始表现出的强大精神面貌和发展态势,让西方国家大为吃惊和恐惧,也让西方左翼人群欢欣鼓舞。但长期竞争的结果,苏联败下阵来。取胜的西方国家并不是就此进入高枕无忧的"历史终结"状态,而为身份政治所困,必须进一步探寻文明发展的新路。① 而恰当此时,中国的崛起又让本来就为自身政治问题困扰的美国,遭遇到"国家引导发展"模式的挑战,怎样处置两种不同发展进路的关系,寻找竞争良策,不仅美国需要摸索出路,似乎自认处在"强势"成长状态的中国一方,也需要沉潜思考,以求为自己文明体的持续发展探寻前路。

中西之争,不仅从双方已成实像的争胜中寻求竞争优势,以保持自己不落在竞争的下风。即便两者在具体历史处境中的竞争分出高下,结果也不是处于优势的一方对处于弱势一方的赢家通吃,同时也不是处在弱势的一方对于强势一方的甘拜下风。值得期待的健康状态是双方共同为人类文明的发展提供动力,以双赢结果自觉而有力地提升人类文明发展水平。因此,中西之争,从人类文明的高度讲,争的是中国与西方国家尤其是美国究竟能否对人类文明发展做出更大贡献;争的不是中美之间谁被谁置于惨败之境,从此一个一蹶不振,一个趾高气扬。今天流行于坊间的美国衰败、中国崛起的对峙性论说,因此显得非常幼稚;② 而西方国家的学者在论述中西之争的结局时,总是以"西方将

---

① 参见任剑涛:《在契约与身份之间:身份政治及其出路》,载《当代美国评论》,2019年第2期,第2—27页。

② 参见谢韬:《美国民主的衰败与中国道路的崛起——对福山政治秩序的批判》,载《世界政治研究》,2018年第1期,第164—185页。

主宰多久"设论，也是一种居于低位的说辞。①

需要承认，中西尤其是中美之争，当然有资源之争、制度之争、技艺之争。如前所论，这些既有可能导致悲剧的竞争，虽不可免，但总是低位的胜负之争。在胜负之外的高位看，中西或中美之争另有大内涵在。这就是中西、中美之争是为寻求人类发展所必须的、更为健全的价值之争。从高位看，中西或中美之争的价值，绝对不在于中美的一胜一败，或者是两败俱伤，而在于在双赢中理性综合具有高度内在契合性质的人类共同价值。如果说源自西方国家特定传统的"普世价值"被中国排斥是具有某种历史合理性的话，那么基于中国传统价值精粹并彰显其普适性、且与西方具有共识的"共同价值"则绝对没有任何理由加以否定，相反必须无条件加以肯定。② 与此同时，需要坚决杜绝那种零和游戏思维注定的竞争双方必然一方全输、一方全赢的思维，"要奉行双赢、多赢的新理念，扔掉我赢你输、赢者通吃的旧思维。"③ 确立了中西或中美之争的高起点，那么对中西或中美之争的共识与分歧、摩擦与协议，就不会陷入全输全赢的高度紧张状态，以至于在内政外交上进退失据。进而在彰显共同价值的基点上，以弘扬共同价值而对"人类命运共同体"建构做出贡献。

当然也需要承认，中西或中美之争需要凸显的共同价值规范含义，并不是那么容易为双方所共同承诺。因为在漫长的东西之争进程中，东西方国家之间已经形成了相对固定的价值互认模式，因此人们早已习惯于在东方价值特质与西方价值特质的分离情况下陈述各自的价值特征，进而做出人类社会必须在东西方价值观中二者择一的断言。确实，在中西或中美之争中，各自对规范价值的萃取情形有很大差异。仅就人们一般罗列的比较性价值"对子"如道德对

---

① 伊恩·莫里斯认为，由于地理因素而非生物因素，决定了东西之争的胜负结局。他曾经预测，到2103年前后，由于地理因素的重要性下降，西方国家的领先可能宣告终结。〔美〕伊恩·莫里斯：《西方将主宰多久——从历史的发展模式看世界的未来》，钱峰译，北京：中信出版社2011年版，前言，第XXXIII—XXXIX。

② 习近平指出，"和平、发展、公平、正义、民主、自由，是全人类的共同价值，也是联合国的崇高目标。目标远未完成，我们仍需努力。"《习近平谈治国理政》（第二卷），北京：外文出版社2017年版，第522页。

③ 习近平：《习近平谈治国理政》（第二卷），北京：外文出版社2017年版，第523页。

百年变局与中国政治学的时代化：清华政治学系的探索

宗教、群体对个人、国家对社会、一元对多元、历史对理念、权力对自由、专制对宪政、统制对市场等等，就已经可以看出要么选择前者、要么立定后者的二元相斥趋势。在中西文化的比较研究中，人们习惯于将中西方各自对这些价值的自认与互认概括为简单明了的理想类型。最知名的概述莫过梁漱溟的类似断言：西方文化是向前看的，印度文化是向后看的，中国文化是调和持中的。① 由于这种断定的简单明白，人们常常习焉不察，直接引用，结果这样的断言便成为一种广泛流行且颇具支配力的断言。其实，这种概括相对于一套复杂的文化系统来讲，毋庸多言，人们也心知肚明，当然是失之简单粗率了。

人们不仅习惯于对中西或中美文化、甚或是更为广泛的其他文化类型进行这种简单草率的归纳，而且习惯于在这类完全无视一个文化体系复杂性和取向交错性的基础上，确立陈述者自己所在文化体系的优越性与优胜感。在近代中国处于中西之争明显不利的处境中，由于需要鼓舞民族信心，因此已经形成了一种难以撼动的中西文化比较定势：一是将中西文化安顿在相互对立的价值极点上，二是在价值极点上断言二者的难以调和，三是强调中国传统价值胜于西方、重要过西方、足以战胜西方的独特长处。至今这样的陈述模式还非常流行。近期仍有论者指出，儒家与当代社会的关联在于让人们意识到，"道德比法律重要。社群比个人重要。精神比物质重要。责任比权利重要。民生比民主重要。秩序比自由重要。今生比来世更有价值。和谐比斗争重要。文明比贫穷有价值。家庭比阶级有价值。"② 这种截然二分的比较文化潜在含义不过是，中国文化一定能战胜文化上缺陷更重的西方文化。这与梁漱溟的文化三路向其实是为了确定中国文化的优胜一样，结论是论述之前就已经预设着的。为了简明扼要呈现不同文化体系的特征，二元分类的断定并不为过，但其显然不利于提升中国在中西或中美之争中的价值立意，从而真正将中国推向一个在竞争中助推人类文明迈上更高台阶。论者的爱国之心可鉴，但急功近利的效用理念明显过强。须知，争一时之胜负，岂能与争长远之利病相比?! 更为重要的是，

---

① 参见梁漱溟：《东西文化及其哲学》，北京：商务印书馆1999年版，第62—63页。
② 陈来：《中华文明的核心价值：国学流变与传统价值观》，北京：生活·读书·新知三联书店2015年版，第183—184页。

这完全将文明体系中本来紧密联系在一起的诸基本价值人为地、生硬地切割开来，既完全无法知晓"对子"价值对人类发展的同等重要性，也完全无法实现人类基本价值的融汇，促进人类价值选择的合理合情发展。

在中西之间的当下竞争中，确有催人计较的即时胜负与荣辱。完全不计较这种胜负、荣辱，其实就是对竞争双方共同提升自我、进而提升人类的责任的放弃。但仅仅计较一时胜负、荣辱，也就是对"万国之上犹有人类在"的大责任的无视。如何在东西之争的巨观历史中理性处置二者关系，进而努力从非常容易让人迷失国家大利益、人类大格局的当下利益僵局中跳将出来，促成恢弘的、推动人类文明进步的理念与行动，那才真正能够为人类探出一条文明新路。毋庸讳言，在此前的东西之争进程中，西方的文明融合能力胜于东方，因此在1500年以来，西方占据了世界史进程的引导位置。而在未来的发展中，代表东方出场的中国，如果能形成更加广阔的文明视野，并采取高位的文明融汇举措，就具有开创东西之争东方国家有大贡献于人类的历史新局面。在动人心弦的东西之争、或当下的中西中美之争中，面临此时此刻国家利益的当机立断，与面临人类发展前景的永恒决断之间，中国必须审慎以待。只不过，当下中国必须首先战胜学习西方是对学生身份的愧疚感，转而开放心灵，以"师不必强于弟子，弟子不必不如师"① 的精神，依靠学习并超越西方的坚韧努力，实现其宏大意愿。

在一部东西之争的巨观历史中，不知有多少隐然呈像却未被摄影制作为成像的历史图景。这些呈像，常常是人类历史最深藏不露的秘密所在。一幅一幅摆在人们面前的历史成像，成为人们判断历史得失、总结检验教训的可靠依据。但这常常让人被历史框定的图像所迷惑。人们需要精思明辨，在历史成像中辨认隐藏着的历史呈像，使隐匿在既成历史图像中的根本问题之复杂呈像，显示在人们面前。如此，人们便可以免除当下的患得患失，承载更为高远的文明使命。唯其如是，中西之争也好、东西之争也罢，才能超出对峙的地方史与地域史理念，让人们不再在构图简单、胜者骄纵、败者自卑的历史成像面前裹足不前，从而成功展示出全球史进程美不胜收、错落有次的丰富呈像。

---

① 韩愈：《师说》。

内外互动、主体选择与中国道路的百年探索

杨雪冬

近代以来,中国加速进入了梁启超所说的"世界之中国"的深刻变迁之中。① 随着中国与外部世界的全面接触,自身现代化进程的开启,内外互动成为影响,乃至决定中国社会政治发展进程的基本关系。作为现代化的后来者,中国在内外互动关系中长期处于弱势和被动地位,外部世界为中国内部变化提供了包括追随—模仿对象、干预—支持资源、接受—肯定认同等多重维度的条件,影响着国内力量的平衡,甚至会左右整个国家的现代化路径。然而,由于外部世界的多样化,国内不同主体在内外互动中也具有一定的选择自主性,接近哪种外部力量,获得哪些外部支持,采取怎样的行动策略等不仅直接影响到它们自身的生存发展,而且会改变相互间力量的对比消长。

中国共产党就是在内外互动中产生并成功地将外部条件转化为自身发展动力的一种政治力量。其百年历程验证了:保持和发挥主体性是实现内外互动良性转化的关键因素,只有通过保持主体性、发挥能动性,实现自主性,才能将外部条件创造性地转化为自身发展壮大的有力支撑。主体性指的是行动者对自我使命的认识和坚守;能动性指的是行动者根据内外条件的主动调整;自主性指的是行动者相对于内外部约束进行的独立决策和行动。

本文将以中国共产党百年发展历程为背景,以党的文献为主要材料,以决

---

① 梁启超:《中国史叙论》,见梁启超:《梁启超全集》第二卷,北京:北京出版社 1999 年版,第 448—454 页。

策者在内外互动中的判断和选择为研究对象，分析其在革命时期、建国之后以及改革开放以来不同时期，针对自身地位、外部世界、国内条件的三重变化，如何自我定位，进行选择，自我调整。文章分为五个部分。第一部分简要分析内外互动关系作为国家发展基本条件在近代中国的凸显及其基本特征；第二、三、四部分沿着党发展的百年历程，分别讨论了其在革命时期、建国之后以及改革开放以来三个时期对内外互动关系的判断和进行的战略性选择调整；最后一部分是总结并讨论内外互动的新变化以及对党的可能影响。

一、内外互动关系的近代凸显及其基本特征

内外互动关系的凸显是近代以来的世界性现象，外强内弱的互动也是众多非西方国家面临的新挑战。正如马克思、恩格斯在《共产党宣言》中形象地描写的那样，地理大发现后，资产阶级奔走于全球各地，到处落户，到处开发，到处建立联系，"过去那种地方的和民族的自给自足和闭关自守状态，被各民族的各方面的互相往来和各方面的互相依赖所代替了。物质的生产是如此，精神的生产也是如此。""它按照自己的面貌为自己创造出一个世界"。① 西方国家就是资产阶级在全球各地奔走的政治支撑，是后者给非西方社会创造出抵达那个"世界"的制度路径和未来前景。面对船坚炮利、科技发达、运转高效的西方带来的强烈冲击，非西方社会普遍经历了技不如人、制度不如人、文化不如人的多重深刻反思，长期处于更新本土资源还是服从外部安排的挣扎和纠缠之中，或者因为内部秩序崩溃沦为物质精神制度的长期依附状态，或者依靠主体性的觉醒奋力走出了一条符合本国特点的发展新路。

中国作为一个自我维系、自我更新上千年的庞大国家也难逃内外关系改变带来的冲击。1840年以来，西方列强环伺，接踵侵入，内政不张、秩序动荡，内外互动造成了千年未有之变局。就国家政治而言，一方面，"一统垂裳治天下"的以我为中心的地位被与"列国并立"② 进而殖民地半殖民地处境所替

---

① 马克思、恩格斯：《共产党宣言》，见《马克思恩格斯选集》第1卷，北京：人民出版社1995年版，第276页。

② 康有为：《康有为政论集》（上册），上海：中华书局1981年版，第122页。

百年变局与中国政治学的时代化：清华政治学系的探索

代；另一方面，在各类事务上，陷入"一国生事，诸国构煽"①的连锁效应之中。内忧与外患同生共强，社会政治经济文化等各领域危机联动，聚合而成全面危机。社会政治精英推动的洋务运动、维新变法、新文化运动迭次而出，希望通过富国强兵，立宪改制、文化改造应对"技不如人""制度不如人""文化不如人"的挑战。对西方的态度"由直观而生羡慕，由羡慕而生比较，由比较而生追求，而后才有改革的思潮和实践。"②随着各种尝试和努力的接连失败，忧虑本国本民族在世界中的地位和前景的危机意识弥漫在社会各个层面③，保国保种、救亡图存成为全社会的共识、最迫切的要求。近代中国陷入了陈旭麓先生所说的"变形的历史逻辑"之中，社会变革的动力主要不是来自内部运动，而是外部压力催逼的结果。④内外互动关系成为中国现代化进程的重要基调，影响乃至塑造着现代化的路径和方式。

近代以来形成的外强内弱互动关系具有以下三个基本特征：

首先，由于中国不可避免地进入了由主权国家组成的国际体系之中，国家与国际社会的关系上升到与国家—社会关系同等重要，甚至更为重要的地位。在西方列强主导的国际体系中，中国的国家身份出现了彻底的反转，从居于天下中心的天朝上国转变为主权缺失国力羸弱的半殖民地，从文明古国转变为优胜劣汰中的落后大国，政治权力合法性无法进行自我论证，自我维护。外部力量，特别是西方列强的承认和支持起到了赋予各种政治力量合法性的重要作用。为了自身的生存和实力提升，寻求外部支持成为各种政治力量的普遍选择，国内政治格局深受外部力量的影响，而且是多国影响，国内政治在政权频繁更替的同时也呈现出"多国化"干预介入的特征。国家的外部自主性显得稀缺而珍贵。

其次，在内外互动中，"外强"集中体现为从价值理念、物质资源和制度模式三个方面填补了中国现代化的结构性虚空，导致了国家目标的"外倾"⑤，

---

① 李鸿章：《筹议海防折》，见《李鸿章全集》，吉林：时代文艺出版社1998年版，第1062页。
② 陈旭麓：《近代中国社会的新陈代谢》，上海：上海人民出版社1992年版，第62页。
③ 参见邹谠：《中国革命再阐释》，香港：牛津大学出版社2002年版。
④ 陈旭麓：《近代中国社会的新陈代谢》，上海：上海人民出版社1992年版，第170页。
⑤ 罗志田：《国家目标的外倾——近代民族复兴思潮的一个背景》，载《近代史研究》，2014年第4期，第13—18页。

国家发展在精神、物质和制度选择上的对外依赖。内外互动具体化为对哪个国家的亲近依赖，对哪种制度模式的选择采纳，对哪个阵营的认同加入，使中国成为了外部力量角逐竞争的场所，外部秩序变化的投影，内外秩序紧密关联在一起，外部秩序的调整和重塑推动了中国内部秩序的改造。① 外部世界的分化和变动加剧了中国社会内部的价值分化，政治力量的对抗以及对外关系的阵营选择。

第三，由于外部力量的介入，中国社会政治的主要关系从原来的官—民关系变为了官—民—夷关系，② 内外互动在国内社会政治更微观层次展开，加剧了内部关系格局的复杂化、不平衡化。哪些区域、哪些部门、哪些群体更接近外部世界，就越有可能发生更深刻的改变，工农关系、城乡关系、沿海—内地关系以及各阶层间关系的调整深受外部变化的影响，加速分化。对于国内政治力量来说，不仅要处理深受外部变化影响的内部关系，而且要表明对国际事务的态度③，应对内部关系调整产生的外部影响。

内外互动关系是在三个层次上展开的：国家层次；社会层次以及政治力量层次。国家层次的互动表现为外交关系；社会层次的互动表现为经济文化上的交往与联系；政治力量层次表现为各力量对内外互动关系的判断和交往策略的选择。这三个层次既是结构性的，也是能动性。所谓结构性，就是它们都有赖以形成的制度安排；所谓能动性，就是每个层次都有具体的行为者参与内外互动关系的展开和塑造。而政治力量在诸多行为者中的能动性最强，对其他行为者以及结构的塑造力更突出，甚至是决定性。因此，虽然政治力量受到国家、社会的规范和制约，但通过发挥自主性，对内外互动关系的本质、走向进行判断，对自身在内外互动中的定位、参与内外互动的重点和方式做出选择，从而将内外互动关系转化为自身发展的有利条件，赢得与其他政治力量竞争的优势，并进而影响乃至改变前两个层次的内外互动状态。在政治力量掌握国家政

---

① 王娟：《重建"多民族中国"的历史叙事——20世纪中国民族史观的形成、演变与竞争》，载《社会》，2021年第1期，第43—78页。
② 参见陈旭麓：《近代中国社会的新陈代谢》，上海：上海人民出版社1992年版。
③ 比如民国初期的政党，包括国民党、共和党、进步党等在内的政党纲领中，均有维护国际和平一项。1912年1月1日，以孙中山为首的中华临时革命政府颁布了中华民国国歌，由沈恩孕作词，沈彭年作曲，南京临时政府的国歌中有："我同胞，鼓舞文明，世界和平永保"。（李剑农：《中国近百年政治史》，上海：复旦大学出版社2002年版，第326页。）

权之后，就会将三个层次的互动整合在一起，同时也会由于政治力量的战略判断和优先排序，引发三个层次互动的紧张关系。

因此，在内外互动关系中，能否保持主体性、发挥能动性和自主性，进行合理判断，采取有效选择，既是近代以来千年未有之变局向每一种政治力量提出的时代课题，也是衡量哪一种政治力量识别和把握内外互动产生的机遇，将其转化成自身发展条件的重要标准。

下面，本文将围绕中国共产党这个五四运动之后出现的具有高度能动性的政治力量在不同时期如何识别和掌握内外互动展开论述。

二、革命与以政党为主体的内外互动

中国共产党是在世界力量出现重大分化的背景下成立的。近代以来中国面对的列强环伺、"诸国构煽"的局面随着苏联的建立、第一次世界大战的爆发发生了重大变化。1917 年，俄国十月革命胜利，列宁领导的布尔什维克利用帝国主义链条中的脆弱环节，在具有东方色彩的不发达国家夺取了政权，建立了第一个社会主义国家，并通过 1919 年成立的共产国际开始有组织、有计划地支持不发达国家的革命，以实现马克思理论所设想的世界革命、人类解放目标。苏联不仅要赢得这些国家或民族的道义认同，而且会给后者中的一些政治力量以资金、理论和方法的支持，以扩大阵营。另一方面，第一次世界大战的惨烈，尤其是 1919 年巴黎和会上列强对中国正当诉求的无视，既暴露了西方国家相互间赤裸裸的利益争夺，也破灭了一些中国有识之士对西方的幻想，使他们更加清醒地思考西方制度、西方文化的内在缺陷以及中国的道路选择。在西方列强的矛盾中，他们看到的是一个内部分化的外部世界①，从马克思主义的主张、苏联的兴起，他们洞察到一个不同的现代化路径选择。

正如毛泽东在 1949 年新中国建立前夕，高调回应美国国务卿艾奇逊的批评时所说，"孙先生以大半辈子的光阴从西方资产阶级文化中寻找救国真理，

---

① 恽代英：《中国革命与世界革命》，见恽代英：《恽代英文集》（上卷），北京：人民出版社 1984 年版，第 552—556 页。

结果是失望,转而'以俄为师',这是一个偶然的事件吗?显然不是。孙先生和他所代表的苦难的中国人民,一齐被'西方的影响'所激怒,下决心'联俄联共',和帝国主义及其走狗奋斗和拼命,当然不是偶然的。"① 自从中国人学会了马克思列宁主义以后,中国人在精神上就由被动转入主动。从这时起,近代世界历史上那种看不起中国人,看不起中国文化的时代应当完结了。② 因此,中国共产党对马克思列宁主义的接受不仅体现了近代中国思想界中一部分人从"欧风美雨"中的觉醒,而且通过1922年加入共产国际,找到了连接中国革命与世界革命互动的组织化形式。

这种组织化加入,使得党不仅从共产国际和苏联那里得到了发展所需的资金、物质等支持,而且获得理念、模式、策略等方面的指导,迅速发展成不同于国内其他政党的高度组织化紧密化的新型政党。③ 然而,这些来自外部的支持产生了双重效果:一方面解决了发展过程中资金不足、物质短缺、人员培训等紧迫问题,帮助党在恶劣的国内政治环境下生存下来,④ 另一方面来自外部"遥控指挥"或者"直接指挥"做的组织安排、形势判断、战略部署以及策略指示也容易脱离中国的实际情况,制约和干扰党的客观判断和自主选择,限制其主体性的确立和发挥,并在领导层内部形成了过度依赖共产国际指示的力量,引发路线斗争,破坏内部团结,甚至因为盲目执行共产国际的指示做出战略误判,陷党于生死存亡的边缘。从1921年党成立到1935年长征完成,残酷的事实证明:只有将外部的物质支持与组织、模式指导合理地区分看来,根据面临的实际情况进行战略判断和策略选择,才能确保生存,实现

---

① 《唯心历史观的破产(一九四九年九月十六日)》,见《毛泽东选集》(第四卷),北京:人民出版社1991年第2版,第1515页。

② 《唯心历史观的破产(一九四九年九月十六日)》,见《毛泽东选集》(第四卷),北京:人民出版社1991年第2版,第1516页。

③ 1943年5月,《中国共产党中央委员会关于共产国际执委主席团提议解散共产国际的决定》中说,"中国共产党在革命斗争中曾经获得共产国际许多帮助;但是,很久以来,中国共产党人即已能够完全独立地根据自己民族的具体情况和特殊条件,决定自己的政治方针、政策和行动。""共产国际的解散,将使中国共产党人的自信心与创造性更加加强,将使党与中国人民的联系更加巩固,将使党的战斗力量更加提高。"(中央文献研究室编:《毛泽东年谱(修订版)》(中),北京:中央文献出版社2013年版,第440页。)

④ 杨奎松:《政治独立的前提:有关共产国际对党财政援助问题的历史考察》,见杨奎松:《读史求实:中国现代史读史札记》,杭州:浙江大学出版社2011年版,第112页。

百年变局与中国政治学的时代化：清华政治学系的探索

发展。①

1960年周恩来在党中央于北戴河召开的省、市、自治区委书记会议上专门谈了共产国际与党的关系。他将这种关系分为三个阶段：共产国际的初期（1919年3月—1927年7月）。这个时期，共产国际的工作对于中国革命，有益的多，也有个别的原则问题的错误。共产国际的中期（1927年7月—1935年7月）。共产国际基本上是错误的，对我们中国党影响最大。共产国际的后期（1935—1943年）。这个时期，中国党与共产国际联系少了，但共产国际对我们党的内部事务还是有些干涉，甚至在组织上也还有些干涉。与初期相比干涉的少，比中期更少。②

实际上，在与共产国际的密切互动中，中国共产党也在探索着独立领导中国革命的道路。尤其是在双方互动的中期，经过惨烈的军事政治斗争，党更加清醒地认识到自身的处境和发展的出路。毛泽东在井冈山斗争期间，开始系统思考党如何利用外国势力干预中国造成的军阀分裂而产生的生存空间和发展机会。在他看来，"在四围白色政权的包围中间，产生一小块或若干小块的红色政权区域"，是只有中国才有的事。③ 外国势力的干预加剧了军阀之间的分裂和战争，才有了红色政权生存的可能，只要国内买办豪绅阶级和国际资产阶级继续分裂和战争，革命形势也会继续向前发展。因此，要在远离政权中心、远离外国势力范围（城市、沿海）、敌人力量薄弱且责任模糊的地区——边界进行武装割据，作为"边界党"，要充分利用广阔的山地空间，国内和国际阶级斗争产生的空隙发展自己④，根据敌我实力对比、变动，自主决策，集中力量

---

① 在中共八大期间，刘少奇在会见意大利共产党代表团时谈道：共产国际解散了，我们胜利了；如果不解散，我们还得不到胜利。我们要革命，他们不让我们革命；我们要打蒋介石，他们不让；如果共产国际存在，（我们）不服从，就违犯纪律；如共产国际还存在，我们就没有人民共和国。（转引自，石仲泉等编：《中共八大史》，北京：人民出版社1998年版，第299页。）

② 《共产国际和中国共产党》，见《周恩来选集》（下卷），北京：人民出版社1984年版，第300—312页。

③ 《井冈山的斗争》，见《毛泽东选集》（第一卷），北京：人民出版社1991年第2版，第57页。

④ 毛泽东在总结1928年的"八月失败"时说："完全在于一部分同志不明了当时正是统治阶级暂时稳定的时候，反而采取统治阶级政治破裂时候的战略，分兵冒进，致边界和湘南同归失败。"（《中国的红色政权为什么能够存在》，见《毛泽东选集》（第一卷），北京：人民出版社1991年第2版，第47页。）

打击对方。这样才能掌握斗争的主动权。

日本的全面入侵，使民族矛盾超越阶级矛盾上升为首要矛盾，国际反法西斯斗争优先于世界革命。在经历了艰苦的长征之后，毛泽东的领导地位确立了，党在自主决策上有了组织保障，更加自信自如。1935 年 12 月 17 日瓦窑堡会议的召开，被认为是党成熟起来，创造性进行工作的标志。① 在这次会议上，将动员一切力量争取抗战的最后胜利确定为"最中心的任务"，要发动、团聚与组织"一切革命力量去反对当前主要的敌人——日本帝国主义"，建立最广泛的抗日民族统一战线。由此，党抓住了内外互动的核心内容，明确了全民族先锋队的身份，并且通过"西安事变"彰显了其民族性，从而进入了国内政治的舞台中央，在国内政治中掌握了主动权，提升了话语权。

抗日战争期间，党在延安开始全面思考内外互动关系，并将其运用到十三年在延安的建政实践中。据统计，《毛泽东选集》1—4 卷中收入的 159 篇文章中有 112 篇是在延安时期写成的，占总数的 70% 以上。在此期间，毛泽东对于辩证法的认识和理解进一步全面深化，而内外互动关系的本质就是内外因的转化问题。② 从相关文章中，可以梳理出党对内外互动关系的主要判断：

首先，"世界是一个整体"，世界和平不能分割，这是"现在政治的特点"③，中国是世界的一部分，是反抗法西斯、争取世界和平的正义一方。第二，要取得抗日战争的最后胜利，必须充分利用三个条件：中国抗日统一战线的完成；国际抗日统一战线的完成；日本国内人民和日本殖民地人民的革命运动的兴起。在这三个条件中，中国人民的大联合是主要的。④ 其次，中国要积

---

① 胡绳主编：《中国共产党的七十年》，北京：中央党史出版社 1991 年版，第 118 页。
② 1936 年 11 月到 1937 年 4 月，毛泽东读了西洛可夫和爱森堡等著、李达和雷仲坚译的《辩证法唯物论教程》（中译本第三版）三四遍，写了约一万二千字的批注。较多的批注集中在认识论和辩证法上，尤其集中在辩证法的三大规律部分。其中关于对立统一规律的批注最多，约占批注文字的一半。（见中央文献研究室编：《毛泽东年谱（修订版）》（上），北京：中央文献出版社 2013 年版，第 615、517 页。）
③ 《同世界学联代表团的谈话》，见《毛泽东选集》（第二卷），北京：人民出版社 1991 年第 2 版，第 133 页。
④ 1936 年 7 月，埃德加斯诺访问延安时，毛泽东与他谈话时提到了这些，见中央文献研究室编：《毛泽东年谱（修订版）》（上），北京：中央文献出版社 2013 年版，第 558 页。

百年变局与中国政治学的时代化：清华政治学系的探索

极争取国际援助，尤其是其他国家人民和苏联的支持。① 争取苏联的支持不仅因为它是社会主义国家，而且靠近中国。② 也要争取英美国家的援助，要推动他们转变思想，认识到援助中国，也是援助他们自己。③ 第四，在抗日统一战线中，党要掌握领导权，保持独立自主，不断壮大自己，坚持"有理"、"有利"、"有节"的原则，既遏制顽固势力，又发展进步势力，团结中间势力，确保统一战线的稳固。

密切关注第二次世界大战的发展，尤其是国际战场与国内战场的互动关系。毛泽东在 1940 年 6 月下旬根据截止至 1940 年 6 月 16 日的大量资料，撰写《第二次帝国主义战争的发展》一文，分析了世界范围内掀起反苏高潮引发的国民党政府的反共高潮，指出，国民党搞的"摩擦"直接与国际反苏高潮相关。他说，"摩擦从何而来"呢？许多人不明白从张伯伦到何绍南这样一条垂直的线索。④ 据《毛泽东年谱》所示，毛泽东从 1942 年 11 月到 1943 年 1 月，为联结和研究国际国内形势和有关国家的情况，大量抄录中央社和塔斯社、合众社、路透社、同盟社等一些外国通讯社所报道的中国和其他一些国家的情况，这些国家包括：美国、法国、西班牙、苏联、德国、英国、南斯拉夫、葡萄牙、罗马尼亚、土耳其、芬兰、澳大利亚、瑞士、意大利、匈牙利、日本。⑤

根据世界反法西斯战场的局势变化，尤其是 1940 年后美国参与东方战场

---

① 在毛泽东看来，外部援助主要有三方面：（1）社会主义的苏联；（2）世界各资本主义国家内的人民；（3）世界各殖民地、半殖民地的被压迫民族。他认为，只有这些才是可靠的援助者。此外的所谓外援，即使还有可能，也只能看作是部分的和暂时的。（《苏联利益和人类利益的一致》，见《毛泽东选集》（第二卷），北京：人民出版社 1991 年第 2 版，第 593 页）

② 1939 年 12 月 20 日，在延安庆祝斯大林 60 岁生日的活动上，毛泽东说苏联是中国的兄弟般朋友，然后列举了三个证据：没有一个国家把它在中国的特权废除过，只有苏联是废除了。第一次大革命时期，一切帝国主义者都反对我们，只有苏联援助了我们。抗日战争以来，没有一个帝国主义国家的政府真正援助我们，只有苏联是用了空军和物资援助了我们。（《斯大林是中国人民的朋友》，见《毛泽东选集》（第二卷），北京：人民出版社 1991 年第 2 版，第 657—656 页。）

③ 《抗战与外援的关系——〈论持久战〉英译本序言》，见《毛泽东文集》（第二卷），北京：人民出版社 1993 年版，第 145—146 页

④ 中央文献研究室编：《毛泽东年谱》（修订版，中），北京：中央文献出版社 2013 年版，第 196—197 页。

⑤ 中央文献研究室编：《毛泽东年谱》（修订版，中），北京：中央文献出版社 2013 年版，第 415 页。

的举动，党不断调整对英美国家的态度，更加主动地筹划与西方社会有针对性交往，以争取更广泛的国际支持。毛泽东提出"应与英美作外交联络"，指示着手加强与美国的外交联络。1940年8月2日，党中央致电南方局和新华日报社，要求他们在宣传工作中不要在英美改变对日对华政策后反对与英美的外交。12月25日，党中央发出《关于对待英美籍新闻记者态度的指示》，要求对前来接洽采访的英美记者，应采取欢迎与招待之态度，以便通过他们形成党与英美之间一定程度的外交关系。

陆续采取的措施主要有：邀请英美记者访问延安、报道党和党领导人①，有组织地将毛泽东著作翻译成英文出版、新华社开设英文广播、动员海外华侨捐款捐物、在英美国家募捐等多种措施。② 通过这些活动，向国际社会传达出一个完全不同于国统区的解放区形象，完全不同于国民党的共产党形象，完全不同于蒋介石的毛泽东形象，让一些西方人在延安和共产党身上看到了中国的新希望。

与美国的联系和交往，也推动了党"外交"工作的开展，这是与国际统一战线立场、原则、性质和内容不同的内外互动方式。1944年7月22日和8月7日，美军观察组一共18人分两批到达延安考察，毛泽东宴请接待，亲自大篇幅地修改了《欢迎美军观察组的战友们》的社论，将美军观察员称为"战友们"，称观察组的到来"是中国抗战以来最为令人兴奋的一件大事"。

1944年8月18日党中央发出《关于外交工作指示》，指出接待美军观察组是"我们外交工作的开始"，尽管在当时的条件下是"半独立性的外交"。办外交"首先必须站稳我们的民族立场"，反对百年来在民族问题上存在的排外和惧外媚外两种错误观念。一方面，要加强民族自尊心自信心；另一方面，要学习人家的长处，善于与人合作。这不仅是"正确的民族立场"，"也就是

---

① 自1936年底至1937年初，斯诺先后发表了30余篇报道，1937年10月英国戈兰茨公司出版了《红星照耀中国》，该书先后被译为20多种文字传遍世界。斯诺的成功吸引了更多西方记者来到"红色中国"，和毛泽东等领导人一起续写"延安故事"，代表作有《早晨的洪流》（韩素音）、《来自红色中国的报告》（福尔曼）、《红色中国的挑战》（根瑟·斯坦因）、《中国未完成的革命》（爱泼斯坦）、《续西行漫记》（尼姆·韦尔斯）等。

② 先后翻译了《论持久战》《新民主主义论》《论联合政府》等重要著作向海外发行，在法国和美国创办发行了《救国时报》和《纽约华侨日报》。

新民主主义中国的新人典型。"在这个文件中，办好"外交"与重塑近代以来形成的民族心态、国民形象联系在一起。

1945 年，毛泽东在党的七大上作了《论联合政府》的书面报告，其中第十部分是"外交问题"，提出党外交政策的基本原则：互相尊重国家的独立和平等地位，互相增进国家和人民的利益及友谊，保持世界和平。特别提出，中国欢迎外国政府废除对中国的不平等条约，但中国要追求的是真正的而不是给予的平等地位，因此，要努力把中国在政治上经济上文化上建设成一个新民主主义的国家。① 毛泽东在会议的结论中，分析了党可能遇到的十七条困难，其中有两条涉及内外互动关系，分别是"第一条，外国大骂""第十六条、国际无产阶级长期不援助我们"。针对这些困难，毛泽东提出的学会吃亏、学会自力更生。独立、平等、自力更生、增进国家和人民间的物质和友谊，维护世界和平等理念，也成为新中国成立后外交工作的基本理念和原则。1947 年 5 月 1 日，党成立了中央外事组，开始有组织、有目的地开展对外交往工作。

三、建国与政党—国家双主体的内外互动

抗日战争胜利不久，以美苏两国为首的冷战就开启了。② 国际格局的变化必然加速国内格局的改变。中国共产党携抗战中积蓄的组织、军事、空间等力量以及国内国际上的道义优势，迅速在与国民党的对抗中赢得胜势，迫使美国在国共两个政权之间进行明确选择。显然，冷战格局的形成，必然会使党明确选边站队，与美国对抗的明显化，也意味着与苏联集团的交往将成为新中国建立后内外互动的主要内容。只不过内外互动的主体从政党扩展到国家政权层面，互动的内容除了已经持续了几十年的革命之外，还增加了国家建设的新内容。外强内弱的格局在精神观念上首先被打破。

---

① 中央文献研究室编：《毛泽东在七大的报告和讲话集》，北京：中央文献出版社 1995 年版，第 82—83 页。
② 1946 年 3 月 5 日，英国前首相温斯顿·丘吉尔在美国富尔顿发表"铁幕演说"，正式拉开了冷战序幕。1947 年 3 月 12 日，美国杜鲁门主义出台，标志着冷战开始。1955 年华沙条约组织成立标志着两极格局的形成。

政党与国家、革命与建设构成了新中国建立后内外互动的复式内容。在革命中产生并发展起来的中国共产党，天然地在理念、组织以及运行上具有生存优先、区分敌我、集中优势、重视运动、灵活变通等特点。而国家的现代化则需要共同发展、综合协调，实现各项工作的制度化、程序化、规范化。因此，革命与建设必然产生紧张关系，政党的内在组织优势，也会成为国家现代化进程的干扰因素。当国际环境的对抗性明显而激烈的时候，政党的逻辑就会压倒国家建设的逻辑。

为了避免美国卷入即将全面爆发的中国内战，中国共产党试图将美国在华代表的行为与美国政府、美国人民区别看来。1945年7月，毛泽东在给新华社写的评论中说，将造成中国内战危机的美国政策称为"赫尔利式的危险的对华政策"，提醒说，这种赞助中国反人民势力和以如此广大的中国人民为敌的政策，如果继续不变的话，就将给美国政府和美国人民以千钧重负和无穷祸害。①

针对党内面对美国强大力量产生的悲观情绪，毛泽东提出了"一切反动派都是纸老虎"的著名判断（1946年），分析了只有坚决斗争才能争取对方的妥协，只有团结人民群众才能取得最终的胜利，才能克服精神上的害怕，"如果我们表示软弱，表示退让，不敢坚决地起来用革命战争反对反革命战争，中国就将变成黑暗世界，我们民族的前途就将被断送。"②

随着美苏对抗的明确化，党更加主动地向苏联靠拢，与美国拉开距离。1946年11月21日在中共中央会议上，毛泽东在听取了周恩来关于国共谈判情况和国民党统治区情况的报告后说，战后的世界变为美国反动派与世界人民的对立，在中国也反映这种对立，因此中国的斗争与世界有密切的联系。世界在进步，苏联在高涨，美国在面临危机。③ 1947年12月25日，毛泽东在《目前形势和我们的任务》的报告中指出，"以苏联为首的反帝国主义阵营，已经形

---

① 《评赫尔利政策的危险》，见《毛泽东选集》（第三卷），北京：人民出版社1991年第2版，第1114—1115页。
② 《目前形势和我们的任务》，见《毛泽东选集》（第四卷），北京：人民出版社1991年第2版，第1245页。
③ 中央文献研究室编：《毛泽东年谱（修订版）》（下），北京：中央文献出版社2013年版，第150页。

百年变局与中国政治学的时代化：清华政治学系的探索

成"。次年11月，他在欧洲共产党和工人党情报局机关刊物上发表纪念十月革命三十一周年的文章，歌颂"十月革命的光芒照耀着我们"，批判美国帝国主义及其在各国的走狗们。中国革命要取得胜利，必须加入到以苏联为首的世界民主阵营中去。

在1949年纪念共产党成立28周年的文章中，毛泽东将中国选择马克思列宁主义、倒向苏联解释为近代历史发展的必然结果。一方面，帝国主义的侵略打破了中国人学西方的迷梦，"为什么先生老是侵略学生呢？"中国人从马克思列宁主义那里找到了"观察国家命运的工具"，找到了"放之四海而皆准的普遍真理"；另一方面，从苏联那里找到"平等待我的民族"，"联合苏联，联合各人民民主国家，联合其他各国的无产阶级和广大人民，结成国际的统一战线"，是中国人民取得的"主要和基本的经验"之一。因此，只有向苏联、向社会主义的"一边倒"，"骑墙是不行的，第三条道路是没有的。"①

在"一边倒"原则的指导下，中国共产党随着全国解放进程的加快，急切地希望向苏联全面学习国家建设经验。毛泽东从1947年就开始筹划访问苏联，由于各种原因，并未成行。但1949年1月，斯大林派苏共政治局委员、部长会议副主席米高扬访问了西柏坡。根据沈志华对解密的苏联档案的研究，在1月30日—2月8日，米高扬与包括毛泽东在内的党领导进行了12次正式会谈。会谈的内容涉及多个方面，尤其是对于新中国成立后，如何治理大城市、管理外国企业、应对通货膨胀的控制、进行行业垄断等问题，中方非常希望得到苏联方面的帮助。② 在毛泽东看来，"国家建设这个课题，对我们来说是生疏的，但是可以学会的。有苏联走过的道路可资借鉴。"③ 刘少奇还提到了希望苏联和其他人民民主国家提供帮助的具体形式：提供社会主义经济改造的经验；提供相应的文献资料，派出经济顾问和技术人员；提供资金等。④ 显

---

① 《论人民民主专政 纪念中国共产党二十八周年》，见《毛泽东选集》（第四卷），北京：人民出版社1991年第2版，第1470—1473页。
② 沈志华：《冷战的转型》，北京：九州出版社2012年版，第47—49页。
③ 毛传清：《中国共产党对苏联经济模式认识过程的考察》，载《党的文献》，1991年第6期，第36页。
④ 这些想法后来写成了"关于新中国的经济建设方针"（刘少奇：《刘少奇选集》上卷，北京：人民出版社1981年版，第426—431页）。

然，党迫切希望从苏联那里获得治理一个大国，快速实现工业化的经验。

在"一边倒"原则的指导下，新中国的外交开始"打扫干净屋子再请客""另起炉灶"①，一方面收回近代以来丧失的、对国家主权影响最大的海关管理权、驻军权和内河航行权，管制西方国家在华的各种活动，处理各类资产，彻底清理国民党时期的外交关系，"凡属被国民党政府所承认的资本主义国家的大使馆、公使馆、领事馆及其所属的外交机关和外交人员，在人民共和国和这些国家建立正式外交关系以前，我们一概不予承认。"另一方面以苏联和东欧国家为首要对象建立新的外交关系。新中国成立后第一个月（1949年10月）就先后与苏联、保加利亚、罗马尼亚、匈牙利、波兰、朝鲜、蒙古等国建交。1949年12月16日至1950年2月17日，毛泽东访问苏联，签订了《中苏友好同盟互助条约》。1950年10月，抗美援朝战争爆发，中国与以美国为代表的西方国家的对抗关系明确化，深度嵌入到冷战格局之中。

1949年9月29日通过的第一个治国纲领——《中国人民政治协商会议共同纲领》贯彻了上述原则精神。纲领规定："必须取消帝国主义国家在中国的一切特权"（第三条）。"中华人民共和国联合世界上一切爱好和平、自由的国家和人民，首先是联合苏联、各人民民主国家和各被压迫民族、站在国际和平民主阵营，共同反对帝国主义侵略，以保障世界的持久和平。"（第十一条）第七章专门规定了"外交政策"，外交政策的原则是"为保障本国独立、自由和领土主权的完整，拥护国际的持久和平和各国人民间的友好合作，反对帝国主义的侵略政策和战争政策。"②

在冷战时代，如何在外部不确定长期存在的条件下建设一个新国家，平衡内外关系、革命与建设的关系，找到一条适应国情和世情的发展道路，对革命经验丰富但治理国家经验缺乏的党来说，是一个严峻考验。牛军曾评论："冷战早晚会全球化，中国的命运将不可避免地同国际冷战的进程纠结在一起，未

---

① 1949年11月8日，在外交部成立大会上，周恩来说，新中国外交任务"分成两个方面"：一方面是"同苏联和人民民主国家建立兄弟友谊"；另一方面就是"反对帝国主义"。这是对"另起炉灶""打扫干净屋子再请客"的具体概括。（中华人民共和国外交部、中央文献研究室编：《周恩来外交文选》，北京：中央文献出版社1990年版，第1—7页）

② 全国人大常委会法制工作委员会宪法室编：《中华人民共和国制宪修宪重要文献资料选编》，北京：中国民主法制出版社2021年版，第431—439页。

百年变局与中国政治学的时代化:清华政治学系的探索

来中国的对外关系必定要面对'冷战'这个战后世界的基本格局,在同冷战的互动中发生和发展。……从这个意义上说,所谓'新中国外交'就是革命和建国相互重叠时期的外交。"[1]

尽管党明确提出,在国家建设中要"争取一切国际朋友的支援"[2],坚持独立自主、自力更生,但是在一穷二白、百废待兴的大国快速启动现代化建设,必然要从向更为熟悉、更为亲近的苏联学习,乃至模仿开始。由此,"一边倒"原则也贯彻到国内建设的道路选择上,开启了充满感情地全面"向苏联老大哥"学习的运动。1953年2月,毛泽东在人民政协第一届全国委员会第四次会议闭幕会上说,我们进行伟大的国家建设,经验不够,"无论共产党内、共产党外、老干部、新干部、技术人员、知识分子以及工人群众和农民群众,都必须诚心诚意地向苏联学习。"他号召在全国范围内掀起学习苏联的高潮。[3]

向苏联学习涉及国家建设的各个层面、各个领域、各个行业,以及各个群体,1953年一直持续到1958年中苏关系破裂。在此期间,新中国第一部宪法颁布、根本政治制度和基本政治制度确立、第一个五年计划制订并实施、社会主义改造完成,整个国家各项事业出现了欣欣向荣的面貌。通过向苏联全面学习,支撑这个超大国家的赶超型现代化道路的理念原则、制度结构、运行机制、管理方法以及人才队伍基本成形[4],苏联模式也在中国落地扎根。[5]

当中国的国家建设进入正轨,党的工作重点向社会主义建设转移的时候,中国"一边倒"的对象——苏联却在发生重大变化,内外互动的内容也随之

---

[1] 牛军:《冷战与新中国外交的缘起(1949—1955)》(修订版),北京:社科文献出版社2013年版,序言。

[2] 1952年,周恩来在一次外交时节会议上,将中国的外交方针,在"另起炉灶""一边倒""打扫屋子再请客"基础上,又增加了"礼尚往来""互通有无""团结世界人民",这些方针组成了中国的和平外交政策。要辩证地区分敌我,"资本主义世界并不是铁板一块,我们应该区别对待"。(周恩来:《周恩来选集》(下卷),北京:人民出版社1997年版,第87—89页)

[3] 中央文献研究室编:《建国以来毛泽东文稿》(第4册),北京:中央文献出版社1990年版,第46页。

[4] 孙其明:《评50年代全面学习苏联的运动》,载《同济大学学报》,1999年第1期,第38—43页。

[5] 正如薄一波所说:"一五计划是在苏联的帮助下拟订的,156项骨干建设工程也是苏联援建的。当时,我们自己在经济建设的各个方面都缺乏经验,很自然要搬用苏联管理经济的一些办法,这就更进一步强化了中央权力过分集中的体制。"(薄一波:《若干重大决策与事件的回顾》(下卷),北京:人民出版社1997年版,第807页)

从"以苏为师"向"以苏为鉴"逆转。1956年2月苏共二十大全盘否定了斯大林，并对国际形势做出了"三和"判断（即"和平共处"，"和平竞赛"，"和平过渡"）。当年，波匈事件爆发，苏东集团其他各国与苏联的矛盾公开化，苏联在国际共运中的形象和地位受到严重削弱。这些变化一方面提升了中国在国际共运中的地位和影响，中苏开始了长达十年的论战，中国向第三世界国家的援助开始增加；另一方面，苏联的问题也推动党对斯大林模式弊端的反思①，坚定了探索自身道路的自信，加快了实现现代化赶超的步伐。然而，党对国内外敌我矛盾的基本判断没有改变，反而因为国际形势的变化，国内一些事件的发生，将阶级斗争极端化和泛化，阶级斗争压倒了经济建设，继续革命的逻辑压倒了国家建设的逻辑，反思斯大林模式转变为更有力地维护斯大林模式。"在国内外双重因素的作用下，一种不符合中国国情和当代社会主义改革潮流、比斯大林模式更'左'的模式的轮廓逐渐清晰起来。"②

正如《关于建国以来党的若干历史问题的决议》所说："苏联领导人挑起中苏论战，并把两党之间的原则争论变为国家争端，对中国施加政治上、经济上和军事上的巨大压力，迫使我们不得不进行反对苏联大国沙文主义的正义斗争。在这种情况的影响下，我们在国内进行了反修防修运动，使阶级斗争扩大化的迷误日益深入到党内，以致党内同志间不同意见的正常争论也被当作是所谓修正主义路线的表现或所谓路线斗争的表现，使党内关系日益紧张化。"③

尽管如此，党取得执政地位后，在领导这个国家的建设过程中，也积累了许多经验，逐渐形成了一系列符合国情的理念或主张。④ 就内外互动关系的认识而言，毛泽东在《论十大关系》中对"中国和外国关系"的论述，以及他对"三个世界"的分析，具有重要战略意义，并一直主导着党后来对内外互

---

① 1956年后东欧各国开始改革"斯大林模式"，我党的八大提出了中国社会主要矛盾的转变，改革的浪潮第一次席卷了多数社会主义国家。

② 郑谦：《中国改革的是哪个苏联模式——中国、苏东改革研究中一个应当注意的问题》，载《党史研究》，2016年第9期，第36页。

③ 《关于建国以来党的若干历史问题的决议》，北京：人民出版社1981年版，第38页。

④ 《关于建国以来党的若干历史问题的决议》对党建设社会主义的有关经验和认识做了梳理，涉及毛泽东、刘少奇、周恩来、陈云、邓小平、朱德、邓子恢等人。

百年变局与中国政治学的时代化：清华政治学系的探索

动的认识。

毛泽东在苏共二十大召开后，经过两个月的密集调研，在1956年4月政治局扩大会议上作了《论十大关系》的报告。这个报告带有强烈的"以苏为鉴"的色彩。他说，"最近苏联方面暴露了他们在建设社会主义过程中的一些缺点和错误"，我们要引以为戒，少走一些弯路，过去是这样，如今更要这样。要把中国建设成一个社会主义强国，就要调动党内外和国内外一切积极因素。①

毛泽东谈的十个关系中，第十个就是"中国和外国的关系"。他以近代以来中国与外国关系发展的历史为背景，辩证论述了：每个民族有长处，也有短处，因此要有分析有批判地学，不能盲目地学，不能一切照抄，机械搬用。对于苏联和其他社会主义国家如此，对于资本主义国家也如此。要学习资本主义国家的先进的科学技术和企业管理方法中合乎科学的方面。他还透彻分析了中国人在对外上的优缺点，优点和缺点是一体两面，相互转化的。缺点有二：一个是作为殖民地半殖民地，历来受人欺负，腰直不起来，民族自信不足；另一个是"我们的革命是后进"，要仰望苏联。二者归纳起来就是中国革命和建设的起点低，但毛泽东自豪地说："从发展的观点看，这并不坏。穷就要革命，富的革命就困难。……我们是一张白纸，正好写字。"②

毛泽东对内外互动关系的分析，既是对近代以来中西关系讨论的延续，也是对其突破，即将后发劣势转为后发优势，而转化的核心机制是"革命"和区分"敌我"，革命是为了动员国内积极因素，区分敌我是为了利用国外积极因素，因此处理对外关系就又回到了"统一战线"思路，"在国际上，一切可以团结的力量都要团结，不中立的可以争取为中立，反动的也可以分化和利用。"③

---

① 中央文献研究室编：《毛泽东文集》（第7卷），北京：人民出版社1999年版，第23页。
② 中央文献研究室编：《毛泽东文集》（第7卷），北京：人民出版社1999年版，第43—44页。这种论述逻辑在邓小平1981年会见美国参议院共和党副领袖史蒂文斯和美国总统出口委员会副主席陈香梅时的谈话中也体现出来。他说，我们有"块头大"这个好处，还有就是不信邪。中国人向来是根据自己的见解行事的。中国是很穷，但有一个长处，就是中国本身的生存能力比较强，还有就是穷日子过惯了。（《邓小平文选》第二卷，第375—378页）
③ 中央文献研究室编：《毛泽东文集》（第7卷），北京：人民出版社1999年版，第23—24页。

尽管如此，毛泽东对内外互动关系的分析，成为改革开放后处理对外关系的基本依据。延续毛泽东的思路论述，邓小平确定了先从学习国外先进经验，利用国外资金技术入手的对外开放路径。他说："对外开放具有重要意义，任何一个国家要发展，孤立起来，闭关自守是不可能的，不加强国际交往，不引进发达国家的先进经验、先进科学技术和资金，是不可能的。"① 这个认识后来进一步具体化为"利用国内国外两种资源""开拓国内国外两个市场""学会组织国内建设和发展对外经济关系两套本领"② 以及"统筹国内国际两个大局"③ 的判断和政策。

毛泽东对"三个世界"的分析是在1960年代世界范围民族独立解放运动高潮中④，从"中间地带"判断发展而来的。在某种意义上说，毛泽东提出的"中间地带"判断既突破了近代以来形成的"以夷制夷"认识，也摆脱了简单地从阶级关系划分世界力量格局的做法，发展了"国际统一战线"思想。⑤ 依据这个判断，中国打破了冷战形成的两极对立格局对中国国际定位和行为的结构性约束，找到了实现战略生存和发展的第三条路径，即在美苏之间的众多国家中拓展战略空间。

早在1946年8月毛泽东会见美国记者安娜·路易斯·斯特朗时，提出了处于美国和苏联两个大国之间的"极其辽阔的地带"判断，这个地带的存在避免了美国立刻进攻苏联。⑥ 新中国成立后，随着新中国外交关系的展开，党领导人越来越多从国家间关系，而非政党间的关系来思考外交问题。"中间地

---

① 《邓小平文选》（第三卷），北京：人民出版社1993年版，第117页。
② 中央文献研究室编：《十一届三中全会以来重要文献选编》，北京：人民出版社1987年版，第1037页。
③ 2007年党的十七大报告提出科学发展观，根本方法是统筹兼顾，其中包括"统筹国内国际两个大局"，提出"树立世界眼光，加强战略思维，善于从国际形势发展变化中把握发展机遇、应对风险挑战，营造良好国际环境。"
④ 1960年被称为非洲独立年，有17个国家实现独立。此后，整个60年代陆续有近20个国家实现独立。
⑤ 有学者认为，毛泽东"三个世界划分"理论孕育在1840年以来中国与世界关系的历史逻辑之中，诞生于战后国际社会动荡、分化、改组的深刻的历史变革之中。（姜安：《毛泽东"三个世界划分"理论的政治考量与时代价值》，载《中国社会科学》，2012年第1期，第4—26页）
⑥ 《和美国记者安娜·路易斯·斯特朗的谈话》，见《毛泽东选集》（第四卷），北京：人民出版社1991年第2版，第1191—1196页。

百年变局与中国政治学的时代化：清华政治学系的探索

带"认识的发展就说明了党在继续坚持以意识形态和制度来划分国际力量的同时，也在考虑国家利益和国家关系的多样性，以及国家间共同利益达成的其他路径。在某种意义上，这个认识是 1953 年中国提出的和平共存五项原则以及 1955 年周恩来在万隆会议提出的"求同存异"原则的地缘政治分析基础，"中间地带"的存在也是这些原则能够实践的前提。

毫无疑问，"中间地带"就是新中国以及党在冷战格局下的发展空间和缓冲地带，避免了战争在中国与美国之间的直接爆发。毛泽东在会见包括英国工党代表团在内的外国客人时谈到，美国的目的不是进攻苏联和中国，而是占领"中间地段"。① 进入 60 年代后，毛泽东对于"中间地带"的分析更为具体②，不仅指出了组成"中间地带"国家的多样性，分析了西方国家之间的矛盾，而且细分出了分别由发达国家和不发达国家组成的中间地带，即"亚洲、非洲、拉丁美洲是第一个中间地带；欧洲、北美加拿大、大洋洲是第二个中间地带"③，他认为二者的共同点是都反对美帝国主义。

新独立的国家通过组织起来的方式在国际社会中不断提升影响力，使冷战形成的清晰明确的两极对立格局呈现出多极化趋势。1960 年代以来，出现了多个由第三世界国家组成的目标诉求不同的地区性、洲际性和国际性组织，如石油输出国组织（1960 年）、不结盟运动（1961 年）、非洲国家统一组织（1963 年）、七十七国集团（1964 年）、阿拉伯国家首脑会议（1964 年）、伊斯兰国家首脑会议（1969 年）、安第斯条约组织（1969 年）。这些国际组织也成为主要大国争夺的战略对象。

然而，"第三世界"概念不是中国人的创造，而是法国人的发明，④ 并且成为戴高乐执政时期对包括前法属殖民地国家在内众多亚非拉国家的统称。1964 年，法国发布了"让内委员会报告"，提出要通过援助的方式，与这些第

---

① 中华人民共和国外交部、中央文献研究室编：《毛泽东外交文选》，北京：中央文献出版社、世界知识出版社 1994 年版，第 159—160 页。
② 参考姜安：《毛泽东"三个世界划分"理论的政治考量与时代价值》，载《中国社会科学》，2012 年第 1 期，第 4—26 页。
③ 《毛泽东选集》（第八卷），北京：人民出版社 1991 年版，第 343—346 页。
④ 1952 年 8 月法国人口学者 Alfred Sauvy 在左翼党团的机关刊物《新观察家》（*Le Nouvel Observateur*）中首先使用概念。

三世界国家保持合作关系，以对抗美国在这些地区的扩张。① 1973 年 9 月不结盟国家在阿尔及尔通过的《政治宣言》中正式使用了"第三世界"这个概念，从而使"第三世界"成为独立后殖民地半殖民地国家自我承认的统一身份。

几乎在同一时期，中国将对外援助的范围从社会主义国家扩展到第三世界国家。1956 年，中国开始向非洲国家提供援助。1964 年，中国政府宣布以平等互利、不附带条件为核心的对外经济技术援助八项原则。② 随着与非洲新独立国家的陆续建交，1960 年代以来，中国对非洲和拉美国家的援助显著增加。有统计显示，在 1960—1965 年的 40 次对外人道主义援助中，对非洲和拉美国家的援助有 14 次，占 35%。③ 这体现了中国把第三世界放在其对外关系"'基本立足点"或"出发点"的位置。④

1974 年 2 月 22 日，毛泽东在会见赞比亚总统卡翁达时对第三世界做了中国式的表述，"美国、苏联是第一世界。中间派，日本、欧洲、澳大利亚、加拿大，是第二世界。""亚洲除了日本，都是第三世界。整个非洲都是第三世界，拉丁美洲也是第三世界。"⑤ 1974 年 4 月 10 日，邓小平代表中国政府在联合国第六届特别会议发言中阐述了这个划分。

正是由于毛泽东准确分析并及时握住了 1960 年代国际格局的变化，中国拓展并深化了与第三世界国家的关系，建交国数量不断增加⑥，造成了外交关系上的"一大片"局面。在第三世界国家的支持下，中国 1971 年重返联合

---

① 于民：《从让内报告看法国对"第三世界"的"合作"政策》，载《国际问题研究》，1965 年第 2 期，第 27—37 页。
② 1963 年 12 月，党中央外事小组、中央宣传部就关于加强研究外国工作给中央起草了报告。
③ 转引自殷晴飞：《1949—1965 年中国对外人道主义援助分析》，载《当代中国史研究》，2011 年第 4 期，第 93 页。
④ 张清敏：《对众多不同国家的一个相同政策——浅析中国对发展中国家的政策》，载《当代中国史研究》，2001 年第 1 期，第 36—46 页。
⑤ 中华人民共和国外交部、中央文献研究室编：《毛泽东外交文选》，北京：中央文献出版社、世界知识出版社 1994 年版，第 600—601 页。
⑥ "文革"期间中国的外交关系由于受阶级斗争扩大化影响，出现巨大挫折。当时已经与中国建交或正在谈判准备建交的 50 多个国家中就有 30 多个国家与我国发生了外交纠纷，中国驻外领事馆由原来的 14 个减少到 5 个，外国驻华领事馆由原来的 30 多个减少到 6 个。1969 年"五一"国际劳动节，毛泽东专门在天安门城楼上会见了一些国家的驻华使节，向世人发出了中国愿意同世界各国改善关系的重要信息。随后，在一定的场合，主动承担了因我而起的外交纠纷的责任，逐步恢复并发展了与一些国家的友好关系。

国，这也直接推动了中国与包括西方国家在内的更多国家恢复外交关系或提升外交关系①，形成了外交上的"一条线"。这种外交局面的改变既得益毛泽东在第三世界国家中的革命声望和中国的影响力，也得益这些国家以及西方国家对苏联认识和态度的改变。

到1979年改革开放之初，中国的建交国达到了120个，为对外开放的快速全面展开创造了条件。在与发达国家关系改善的背景下，技术方面的对外开放已经展开，1973年启动了被称为"四三方案"的大规模设备引进、经济交流活动。这是"文革"期间最大的引进工程，也是继"一五"计划后第二次引进外国先进技术设备规模最大、种类最多的方案。这些举措蕴含着对外开放的理念，被视为对外开放战略的先声。曾经直接参与这项工作的陈锦华评价说，这个工作"使我们较早地从苏联、东欧国家转向西方发达国家，转向积极全方位地参与经济全球化。"②

四、改革开放与多重主体的内外互动

1978年改革开放的启动代表着执政党和整个国家的中心工作转移到经济建设上，革命逻辑让位于国家建设逻辑③，从此，围绕经济发展、以重塑政社关系、政企关系、党政关系以及中央地方关系为内容的各项改革陆续展开，打破现有关系为主题的阶级斗争。④ 内外互动关系围绕国家建设这条主线展开，增加了社会这个内部更为多样的主体群，外强内弱的格局进一步被打破。随着国家放松管制和市场经济的发展，社会不断壮大并分化，出现了政党、国家以及社会多主体复合式参与的内外互动格局。

---

① 自1970年起，中国先后同意大利、奥地利、比利时、希腊、联邦德国、冰岛、卢森堡、西班牙、葡萄牙、爱尔兰等西欧国家建立了外交关系。中英、中荷关系升格为大使级外交关系。1975年，中国还同欧共体建立了正式关系。与此同时，中国还同加拿大、澳大利亚、新西兰、美国实现了关系正常化。

② 陈锦华：《国事忆述》，北京：中共党史出版社2005年版，第39页。

③ 1992年党的十四大报告在总结了1978年以来十四年改革开放经验的基础上，再次确认经济建设在1990年代各项工作的"中心"地位，并给予了历史和现实的证明，因为"我国近代的历史和当今世界的现实都清楚表明，经济落后就会非常被动，就会受制于人。"

④ 1979年，邓小平同志在中央省、市、自治区委员会第一书记座谈会上讲话说：经济工作是当前最大的政治，经济问题是压倒一切的政治问题。要用经济办法解决政治问题、社会问题。参见《邓小平文选》（第二卷），北京：人民出版社1993年版，第194—202页。

比较而言，开放是先于改革启动的，从 1976 年开始对外交往活动大幅度增加，西方发达国家和改革中的社会主义国家成为主要的交往对象。根据黄一兵对 1976 年 7 月 1 日—1980 年 6 月 30 《人民日报》关于国家派团出访报道的统计，在出访目的地国上，除了继续保持与传统友好国家的往来外，出访发达国家的年均增长率为 57%，排在第一位，出访正在改革中的社会主义国家的年均增长率 41%，位居第二位。在发达国家中，排在前五位的是西德、英、美、日、法，排在社会主义国家的首位是南斯拉夫。① 邓小平在 1978 年 1 月到 1979 年 2 月，出访了 7 次，访问了 8 个国家，迎来了一生中最后一个出访高峰。②

对外开放之所以能够快速取得成效，除了以邓小平为代表的最高决策层的高度共识和果敢高效决策外，还在于内外部存在的客观条件以及决策者对这些条件的把握和转化。就外部而言，1979 年中美正式建交后，加之苏联对阿富汗的入侵，中国与整个西方世界的关系迅速回暖。同时，西方国家的经济滞胀，西方资本迫切需要寻找新的投资地点，拥有潜力巨大的市场和高质量劳动力的中国，成为全球劳动分工转移的新目标地。决策者清晰地认识到并把握住了这些国际形势的变化；就内部而言，尽管经历了包括"文革"在内的多次政治运动，中国依然有以荣毅仁等为代表的一批熟悉市场经济运行规律并有广泛海外联系的"原工商业者"③，以及大量家乡情结浓烈、具有资本和管理经验的海外侨胞。他们不仅成为对外开放初期最为活跃的主体，而且也使有着丰富华侨资源的东南沿海地区成为中国改革开放的前沿，特区、沿海开放城市的陆续设立，为国际资本的转移提供了落脚点，中国与世界通过点的对接，线的联系、面的拓展，逐步发展为全面的交流互动。④

改革开放，延续的是近代以来中国通过开放自己，融入世界来实现自我变

---

① 黄一兵：《徘徊与觉醒：改革开放的酝酿和启动》，石家庄：河北人民出版社 2017 年版，第 470—472 页。
② 邓小平甚至因为在 1979 年 11 月访问泰国、马来西亚、新加坡，错过了中央工作会议开幕。见周锟：《邓小平两次外事谈话与 1978 年历史转折》，载《党的文献》，2012 年第 5 期，第 46—50 页。
③ 1979 年 1 月，党的十一届三中全会闭幕不久，邓小平会见了荣毅仁、胡厥文、胡子昂、古耕虞、周叔弢等工商界领导人，希望他们在经济建设中发挥更大作用。
④ 关于对外开放的发展过程，可以参考杨雪冬：《从自我改造到相互改造：对外开放 40 年再审视》，载《浙江社会科学》，2018 年第 8 期，第 4—15 页。

百年变局与中国政治学的时代化：清华政治学系的探索

革自我发展的使命。但与近代不同的是，这次改革开放是在一个具有丰富革命经验的强大执政党主导下的主动式全面开放，执政党始终牢牢把握住改革开放的主动权，将其视为"中国的第二次革命"，① 努力使各个领域的改革开放能够按照其设定的框架、设计的路径、把握的节奏推进。这也是中国的改革与前苏东国家的改革出现路径分途和结果分异的根本原因。因此，尽管中国声称自己的改革是"摸着石头过河"的渐进改革，但在本质上，却是有着明确价值理性和革命底蕴的改革。而执政党对改革开放进程的塑造、规定以及干预，必然会与在改革开放过程中快速发展分化的社会经济力量的期待和诉求产生紧张关系。随着改革开放的深入，如何整合社会、定位国家、变革自己成为执政党面临的新课题。在这个意义上，改革开放必然是一场深刻的革命。②

改革开放本质是社会经济诸领域引入新的力量和机制，进行快速变革的过程，因此维护稳定始终与之伴生同步。党的辩证治国思想中增加了"两手抓，两手都要硬"的新内容，并不断具体丰富：一手抓改革开放，一手抓打击经济犯罪；一手抓经济建设，一手抓民主法制；一手抓物质文明，一手抓精神文明；以及统筹改革发展稳定、统筹国内国际两个大局、统筹发展和安全等。这种认识的发展体现了党自我反思和自我调整能力。而要真正做到这些，并不容易，因为内外部环境都在发生剧烈变化，更加需要执政党发挥主体能动性，利用国家权力和国家制度建设，加强与社会、市场这些新兴领域的制度性互动，并将互动延展到国际层面，以构建出新条件下主体多样、层次丰富、相互增强的互动关系。

在改革开放之初，邓小平就对国际形势做出了不会发生大的战争，和平和发展将是"现在世界上真正大的问题，带全球性的战略问题"的判断。③ 基于

---

① 《改革是中国的第二次革命》，见《邓小平文选》（第三卷），北京：人民出版社1993年版，第113—114页。

② 胡锦涛在2008年庆祝改革开放30年讲话中，将改革开放定义为近代以来中国经历的第三次革命，前两次分别是孙中山先生领导的辛亥革命，推翻了统治中国几千年的君主专制制度，为中国的进步打开了闸门。中国共产党领导的新民主主义革命和社会主义革命，推翻了帝国主义、封建主义、官僚资本主义在中国的统治，建立了新中国，确立了社会主义制度，为当代中国一切发展进步奠定了根本政治前提和制度基础。

③ 《和平和发展是当代世界的两大问题》，见《邓小平文选》（第三卷），北京：人民出版社1993年版，第105页。

此，党积极改善与兄弟党以及其他国家政党的关系，确立了"决不能对人家发号施令"的重要原则①。1982年9月，党的十二大政治报告中正式提出了处理党际关系的"四项原则"。② 1987年10月，十三大报告不再将"在马克思主义的基础上"作为发展政党关系的前提，同时扩充了"四项原则"的适用范围，表述为："按照独立自主、完全平等、互相尊重、互不干涉内部事务的原则，发展同外国共产党和其他政党的关系。"1992年10月，十四大政治报告提出："我们将按照独立自主、完全平等、互相尊重、互不干涉内部事务的原则，同各国政党建立和发展友好关系，本着求同存异的精神，增进相互了解与合作。"至此，在党际交往中，不再区分"外国共产党和其他政党"，而平等地表述为"各国政党"。中国主动扩大开放的范围，"对世界所有国家开放，对各种类型的国家开放。"③ 由此，在国际交往中，国家间关系超越政党间关系占据了首位，为国际关系的理性化提供了前提。

为了让国际社会更信任和支持中国的对外开放，1979年全国人大高效率地制订并颁布了《中外合资经营企业法》，初步满足了外国投资者对于法律支持的要求。1980年，中国恢复了在世界银行、国际货币基金组织的合法席位，并开始利用世界银行贷款。1982年对外开放政策写入新制订的宪法中。1984年党的十二届三中全会把实行对外开放定为基本国策。1987年党的十三大提出，"当今世界是开放的世界"，"今后，我们必须以更加勇敢的姿态进入世界经济舞台。"

针对改革开放战略引发的各种质疑和猜想，改革开放伊始，邓小平就提出要在思想政治上坚持四项基本原则④，从而确定了中国改革开放的性质、目标、领导方式，并为日益活跃的社会经济主体划出了行为的边界和底线，也表明了党作为执政党的革命底色。1981年6月，十一届六中全会决议规定：四

---

① 《处理兄弟党关系的一条重要原则》，见《邓小平文选》（第二卷），北京：人民出版社1994年第2版，第319页。
② "我们党坚持在马克思主义的基础上，按照独立自主、完全平等、互相尊重、互不干涉内部事务的原则，发展同各国共产党和工人阶级政党的关系。"
③ 《改革的步子要加快》，见《邓小平文选》（第三卷），北京：人民出版社1993年版，第237页。
④ 参见《邓小平文选》（第二卷），北京：人民出版社1994年版，第158—184页。

百年变局与中国政治学的时代化：清华政治学系的探索

项基本原则，是全党团结和全国各族人民团结的共同的政治基础，也是社会主义现代化建设事业顺利发展的根本保证。1982年，坚持四项基本原则写入宪法。1987年，坚持四项基本原则作为社会主义初级阶段基本路线，形成了"一个中心、两个基本点"的表述（以经济建设为中心，坚持四项基本原则，坚持改革开放，自力更生，艰苦创业）。此后，坚持四项基本原则被写入党章，称为"立国之本"。

每当遭遇内外部重大顿挫，党都会重申坚定地执行1978年以来确立的改革开放战略。邓小平在1989年5月31日的一次谈话中，指出，改革开放政策不变，几十年不变，一直要讲到底。要继续贯彻执行十一届三中全会以来的路线、方针政策，连语言都不变。① 1992年，邓小平在南方谈话时，明确提出，"基本路线要管一百年，动摇不得"。胡锦涛在2008年庆祝改革开放30周年的讲话中，将改革开放界定为：改革开放是决定当代中国命运的关键抉择，是发展中国特色社会主义、实现中华民族伟大复兴的必由之路。习近平在2018年庆祝改革开放40年的讲话中，对改革开放做了更全面的定位："改革开放是党和人民大踏步赶上时代的重要法宝，是坚持和发展中国特色社会主义的必由之路，是决定当代中国命运的关键一招，也是决定实现'两个一百年'奋斗目标、实现中华民族伟大复兴的关键一招。"

随着中国与世界关系的日益紧密，中国在国际社会中"革命国家"的身份逐步淡化，主动参与和遵循规则的意识更为清晰。研究发现，从1982年下半年起，中国在对外方针方面不再公开提及三个世界的战略，政府文件中也对该词的使用频率大大减少。② "第三世界国家"这个政治性更强的身份认知开始淡化，中国开始突出"发展中国家"这个经济性更强的身份。1992年十四大报告首次将中国定位为"发展中国家"。

随着综合国力的提升，党进一步明确了中国在国际社会中的姿态，即"永远不称霸、永远不当头"，但要有所作为，推动国际秩序的变革。③ 2002年

---

① 中央文献研究室编：《邓小平年谱》（下），北京：中央文献出版社2004年版，第1277页。
② 杨晓萍：《中国外交中的观念》，中央党校博士论文，2009年，第61页。
③ 《善于利用时机解决发展问题》，见《邓小平文选》（第三卷），北京：人民出版社1993年版，第363—365页。

党的十六大将中国的外交宗旨确定为维护世界和平、促进共同发展。提出要建立公正合理的国际政治经济新秩序，维护世界多样性。2007年十七大明确中国要"始终不渝走和平发展道路"，奉行"互利共赢的开放战略"。中国还提出要为发展中国家提供力所能及的援助，参与多边事务，承担相应国际义务。由此，中国更加深入全面地参与到国际事务之中。

2011年，胡锦涛在庆祝中国加入世界贸易组织10周年的讲话中，提出，"中国将坚定不移做和平发展的实践者、共同发展的推动者、多边贸易体制的维护者、全球经济治理的参与者"。① 这是中国官方第一次系统表述中国在国际事务扮演的不同角色、承担的主要责任。2012年十八大报告提出，要树立"人类命运共同体意识"，共同应对风险，实现共同发展。中国会更加关注全球性问题，"以更加积极的姿态参与国际事务，发挥负责任大国作用"，坚持"权利和义务相平衡"的原则，参与全球经济治理，支持联合国体系下的主要国际组织的运行。2017年，十九大报告将十八大提出的"人类命运共同体意识"从观念层面提升到"推动构建人类命运共同体"的实践层面，强调中国"始终做世界和平的建设者、全球发展的贡献者、国际秩序的维护者，"积极推动"一带一路"建设和以"亚投行"为代表的国际机制创新。在随后的党章修订和宪法修正中，将"人类命运共同体""一带一路"写入党章和宪法，以表明中国积极参与国际事务，承担国际责任的决心。

在国内，随着经济社会发展中产生的不稳定因素增多，稳定逐渐进入决策者的考虑议程上，并赋予与改革、发展同等重要的位置。② 1980年代末前苏东国家出现巨大变化后，邓小平在多种场合都强调，最关键的问题是稳定。这不仅是中国的问题，亚洲、太平洋地区的问题，还是整个世界的问题。③ 实现中国的稳定，不仅是对中国自己负责，也是对全世界全人类负责。④

---

① 《在中国加入世界贸易组织10周年高层论坛上的讲话》，载《人民日报》，2011年12月12日，第2版。
② 《在八届全国人大二次会议上海代表团讨论会上的讲话》（1994年3月11日），见《江泽民论有中国特色社会主义（专题摘编）》，北京：中央文献出版社2002年版，第211页。
③ 中央文献研究室：《邓小平年谱》（下），北京：中央文献出版社2004年版，第1314页。
④ 中央文献研究室：《邓小平年谱》（下），北京：中央文献出版社2004年版，第1318页。

百年变局与中国政治学的时代化：清华政治学系的探索

实现稳定要依靠制度建设，因为制度具有"根本性、全局性、稳定性和长期性"等特点，①"不因领导人的改变而改变，不因领导人的看法和注意力的改变而改变"。② 同时，能否实现社会稳定也是衡量制度建设水平的标准。1987年，邓小平在会见喀麦隆总统比亚时提出了评价一个国家的政治体制、政治结构和政策是否正确的三条标准：第一是看国家的政局是否稳定；第二是看能否增进人民的团结，改善人民的生活；第三是看生产力能否得到持续发展。③

由此，制度化、法治化成为国家建设的目标。1997年中国共产党十五大确立了"依法治国，建设社会主义法治国家"的方略，并于1999年将"依法治国，建设社会主义法治国家"写入宪法。2004年《全面推进依法行政纲要》提出"全面推进依法行政，经过十年左右坚持不懈的努力，基本实现建设法治政府的目标"。2008年颁布的"关于深化行政管理体制改革的意见"提出，到2020年建立起比较完善的中国特色社会主义行政管理体制。十九大提出，到21世纪中叶，实现国家治理体系和治理能力现代化，十九届四中全会对实现国家治理现代化作出了明确规划。

随着经济的快速增长，收入差距开始拉大，社会内部出现明显分化，与公平正义相关的经济社会问题凸显出来。在社会政治发展议程上社会建设的优先地位逐步明确。2004年，十六届四中全会作出了《党中央关于加强党的执政能力建设的决定》，首次明确提出要"加强社会建设和管理，推进社会管理体制创新"，提高党构建社会主义和谐社会的能力。2006年，十六届六中全会作出的《关于构建社会主义和谐社会若干重大问题的决定》，将公平正义列为社会主义和谐社会追求的目标和基本特征，提出要在经济发展的基础上，更加注重社会公平。2007年，十七大首次把社会建设纳入中国特色社会主义"四位一体"建设格局中。"和谐"成为国家发展的目标，并写入宪法。

---

① 《党和国家领导制度的改革》，见《邓小平文选》（第二卷），北京：人民出版社1994年版，第333页。
② 《解放思想、实事求是，团结一致向前看》，见《邓小平文选》（第二卷），北京：人民出版社1994年版，第146页。
③ 《怎样评价一个国家的政治体制》，见《邓小平文选》（第三卷），北京：人民出版社1993年版，第213页。

针对经济发展带来的政治参与诉求的增长，从新世纪开始，扩大公民有序政治参与作为政治发展的重要目标得以强调并有了更多样的制度支持。十六大报告强调："健全民主制度，丰富民主形式，扩大公民有序的政治参与，保证人民依法实行民主选举、民主决策、民主管理和民主监督。"十七大报告明确指出："扩大公民有序的政治参与"，是坚持和完善社会主义民主制度的有效途径，是建设社会主义政治文明的重要内容。2011年，作为公民政治参与的主要制度形式的基层群众自治制度被确立为国家的基本政治制度。

在民主政治发展路径的选择上，十八大后赋予协商民主优先发展的位次，从制度上凝聚社会共识，画好"同心圆"。在习近平看来，一方面"民主不是装饰品，不是用来做摆设的，而是要用来解决人民要解决的问题的。"另一方面，协商有深厚的中国传统，"有事好商量，众人的事情由众人商量"是人民民主的真谛。2015年，党中央印发《关于加强社会主义协商民主建设的意见》，将协商民主确立为中国民主政治特有形式。提出在发挥人民政协作为专门协商机构作用的同时，逐步推进政党协商、人大协商、政府协商、政协协商、人民团体协商、基层协商以及社会组织协商。

改革开放的四十年波澜壮阔，内外互动更为丰富复杂，但总体上为中国的发展争取到了长期稳定的内外部环境，有效整合了国内外积极因素，支撑了"世所罕见的经济快速发展奇迹和社会长期稳定奇迹"[①]。这个发展过程既超出了许多国人对于生活的期盼，也使国际社会上关于中国的崩溃论、转型论预测不断延迟、破产。中国在一步一个脚印地走向世界舞台中央的同时，也按照自己的节奏推进了国内制度建设，并且不断通过令人震撼的物质成就证明着这条制度道路的合理性和有效性，强化着对自我选择的信心。

五、总结和讨论

内外关系是中国进入近代以来面临的基本关系，也是党实现生存和发展

[①] 《中共中央关于坚持和完善中国特色社会主义制度 推进国家治理体系和治理能力现代化若干重大问题的决定》，载《共产党员》，2019年第23期，第4—14页。

百年变局与中国政治学的时代化：清华政治学系的探索

必须把握好处理好的基本条件，既是结构性约束条件，也是实现突破和变革的前提。在百年历程中，内外关系虽然经历过断裂、顿挫和扭曲，但是始终能连续起来，回归常态，形成互动，从而使中国与世界没有相互封闭、相互排斥，反而不断对接、共生、交融、互构，从结构性约束转变为发展的支撑。因此，中国在遭遇了三千年未有之变局后，又迎来了世界百年未有之变局。

在内外互动中，中国共产党已经从一个成立之初党员不过半百的小党发展为一个今日党员过9000万的大党，从一个割据执政探索治国理政经验的革命党发展为一个掌舵中国70余年顺利通过多次"赶考"的执政党，从一个以外国为师求索中国发展道路的现代化追随者发展成一个具有理论自信、道路自信、制度自信、文化自信的现代化引领者，整个中国的面貌随之发生了根本性改变，整个世界的格局也随之发生在深刻变化。

在内外互动中，虽然参与主体的类型、数量、相互间的关系以及互动发生的层次、场景都在发生着变化，但是中国共产党一直是其中最有能动性的主体，不仅在革命时期，利用内外互动提供的资源和机会发展壮大了自己，而且在取得政权后，利用内外互动提供的条件，实现了国家和社会的发展，并通过国家权力，规范、塑造着多元社会主体的行为和选择，从而确保了在与外部世界全面接触过程中，保持了内部的一致性和整体性。在这个意义上，从物质和精神层面全面逆转了近代以来外强内弱的内外关系，使当下的内外关系更趋均衡。

之所以能保持主体性，根本原因在于党能够始终保持主体的独立性。这是经过丧失独立性遭受惨重代价获得的，并且与近代以来整个国家和民族的记忆紧紧联系在一起。① 由此，外部压力越大，内部追求独立自主的冲动越强烈。邓小平1990年会见泰国正大集团董事长谢国民等，在谈到西方国家对中国的

---

① 1982年彭真在五届全国人大第五次会议上做的《关于中华人民共和国宪法修改草案的报告》中，专门就"关于独立自主的对外政策"做了说明。他说，之所以坚持这个原则是由中国的国家和社会性质决定的。新中国成立前的一百年苦难历程说明，"没有国家的独立，就不可能有人民的民主权利，不可能建设一个富强的国家"。全国人大常委会法制工作委员会宪法室编：《中华人民共和国制宪修宪重要文献资料选编》，北京：中国民主法制出版社2021年版，第111页。

经济封锁时说，我是一个中国人，懂得外国侵略中国的历史，这是中国发展的一个精神动力。①

之所以能发挥能动性，则由于党在革命和战争中形成的自我革命的组织品格。在外部环境恶劣、发展资源短缺、敌我差距巨大的情况下，党必须审时度势，通过自我调整、自我变革，集中力量，才能把握内外互动中出现的转瞬即逝的机会，突破薄弱环节，求得生存和发展。由此也形成了深刻的危机意识和把握时机的意识。利用国外势力间的矛盾、国内军阀间的对抗，寻找生存和壮大的空间；利用冷战两极对抗留出的中间地带，集中力量发展自己；抓住西方经济滞胀带来的全球劳动分工转移加速对外开放进程；以及利用全球金融危机带来的国际力量格局调整争夺制度性话语权，都体现了党把握时势的能力。然而，这种组织品格的革命性发挥，是有限度的。如果不顾客观条件和发展阶段放大革命的范围，强化革命的手段，则会带来巨大的动荡和灾难。②

在内外互动中，能动性的发挥体现为党对内对外的双重自主性。就对外而言，就是在获得必要的外部支持的同时，能够保持与外部脱钩的勇气、能力和智慧，不使自己成为外部力量的附庸。党在处理与共产国际、苏联、美国主导的国际体系的关系的过程中，展现了这种保持独立自主的努力；就对内而言，就是能够尽可能多地团结国内力量，整合不同利益，形成更大的共识和更有效的行动，不使自己被某种力量擒获。党对先锋队性质的坚持，对政党代表性的拓展、对公民有序政治参与的主导，以及对统一战线、基层民主、协商民主等制度的建构、持续深入的反腐败斗争，都显示出其面对日益多元社会所做的自身调整和国家制度建设的努力。

当今世界正处于百年未有之变局，国际环境日趋复杂，不稳定性不确定性明显增加，内外部的变化交织叠加，正处于现代化后半程的中国面临着前所未有的挑战、稍纵即逝的机遇。党自我革命的组织品格在内外部挑战中已经被激发出来，提出要增强自我净化、自我完善、自我革新、自我提高能力，开展伟

---

① 《振兴中华民族》，见《邓小平文选》（第三卷），北京：人民出版社1993年版，第357—358页。

② 参见《关于建国以来党的若干历史问题的决议》，北京：人民出版社1981年版。

百年变局与中国政治学的时代化：清华政治学系的探索

大斗争，勇于变革、勇于创新，永不僵化、永不停滞。① 这种自我革命的组织品格、"在危机中育新机于变局中开新局"的能动性，将在构建以国内大循环为主体、国内国际双循环相互促进的新发展格局中，在社会革命和自我革命同步推进中得到新的验证。

---

① 《在庆祝中国共产党成立 95 周年大会上的讲话》，载《先锋》，2021 年第 4 期，第 4—13 页。

第三波民主化浪潮的进展与困境：
民主稳固与民主衰退

刘 瑜

起始于 1970 年代中期的第三波民主化浪潮是一个举世瞩目的政治现象。1973 年，地球上竞争性民主国家的数量是 42 个。2018 年，根据政体评估数据库 Polity IV，这个数字变成 120 个。① 这是一个壮观的变化。如果将古代两河流域文明视为人类文明的起点，那么，人类用了五六千年发明了大规模疆域上的代议民主制——1789 年美国宪法的生效标志着这一政体形式的诞生。之后，用了近两百年时间将这一发明传播到 40 余个国家，但是再之后，仅仅用了 40 多年时间，就将这一制度扩散至约 120 个国家，也就是 70% 左右的国家。把这个加速度的变化视为世界政治史最重要的现象之一，并不为过。任何一个试图理解世界政治图景和趋势的人，不管其政治价值观如何，都必须直面并思考这场巨变。

当然，这个变化不是线性的。根据学者亨廷顿在《第三波：20 世纪后期的民主化》中的总结（亨廷顿，1993）②，民主的扩散往往呈现"波浪式前进"的方式，并且往往呈现出"进两步、退一步"的特点。他总结了三波民

---

① 由于计算标准不同，不同政体数据库的数据未必完全相同。1973 年 42 个代议民主国家这个数字取自于 Polity IV，该数据库给每个国家的政体进行年度评估，分值从 −10（最威权）向 10（最民主）分布，本文将分值 1—10 的政体视为民主政体。据此标准，2018 年 Polity IV 中的民主政体为 120 个。当然，从 1973 年到 2018 年，国家的数量也在增长，在 Polity IV 数据库中从 136 个增至 167 个。如果以 Freedom House——另一个政体数据库为依据，2018 年的民主政体则为 116 个，与 Polity IV 略有出入。以 V-Dem（Varieties of Democracy）这个数据库为准，则数据为 97 个。

② Samuel P. Huntington, *The Third Wave: Democratization in the Late 20th Century*, Norman, Okla.: University of Oklahoma Press, 1993.

百年变局与中国政治学的时代化：清华政治学系的探索

主化浪潮：第一波起始于 1828 年美国的"杰克逊革命"①，终结于 20 世纪 20 年代法西斯主义和斯大林主义的兴起；第二波起始于二战结束后，终结于 20 世纪 60 年代初威权政体的重新抬头；第三波民主化则始于 70 年代中期，波及南欧、拉美、东亚、苏东以及阿拉伯地区。根据一些研究，从 2006 年左右开始，也开始出现了第三波的民主衰退，其间有显著的民主崩溃、倒退以及民主的"劣质化"现象。这些 1974 年之后卷入民主化进程的国家或地区被称为"第三波国家/地区"，也常被称为"新兴民主"。

本文试图对新兴民主的民主发展现状做一个类型学意义上的实证分析。第三波转型浪潮发展至今已近半个世纪，对人类政治史上如此重大的现象做一个阶段性总结十分必要。新兴民主的稳固状况到底如何？在多大程度上走向民主稳固、多大程度上出现民主倒退甚至崩溃？具体而言，本文试图回答梳理四个问题：第一，第三波民主化浪潮的概貌如何？第二，新兴民主国家或地区中，哪些走向了阶段性的民主稳固，哪些走向了民主倒退甚至崩溃？第三，就新兴民主而言，被广泛讨论的"民主衰退"是否存在？在何种意义上存在？第四，第三波民主衰退是否意味着新兴民主的终结？本文的四个部分将分别讨论这四个问题。

一、第三波转型浪潮概貌

本文以政体数据库 Polity IV 为政体变化信息的来源。具体来说，"新兴民主"指 Polity IV 中 1974 年以来政体分值曾经从负值（包括零）转向正值的国家或地区。尽管还存在其他颇具影响力的政体数据库，Polity IV（马歇尔等，2019）是目前比较政治学界最具权威性和最被广泛使用的政体数据库。② 经过近半个世纪的发展，它现在涵盖了世界各国 1800—2019 年政体类型的评估，

---

① 所谓"杰克逊革命"，是指美国总统安德鲁·杰克逊在任时期（1829—1837）美国政治的"平民化"过程：选举权的显著扩大，竞选的公开化和动员化，大众政党的出现等。

② Marshall, Monty and Ted Gurr, Keith Jaggers, "Polity IV Project: Political Regime Characteristics and Transitions, 1800–2018", in Vienna, VA: Center for Systemic Peace, 2019. 有不少具有相当影响力的政体数据库，比如 Freedom House 中有对"选举式民主"与否的分类，《经济学人》杂志也有政体分类数据库。近年，一批学者推出了一个新的 V-Dem 项目也颇受瞩目。但是，这些数据库或者覆盖年份有限（比如 Freedom House 和《经济学人》），或概念过于复杂，不合乎本文的概念界定（比如 V-Dem 的民主概念包含 5 个维度）。此外，V-Dem 数据库本身是一个新数据库，其分析效力有待更长时间的检验。

其评估分值从 -10 向 10 分布。在本文中，笔者把 Polity IV 中所有在 1974 年后政体分值曾经从负值①转为正值的国家/地区视为"第三波案例"。根据这一标准，有 105 个国家/地区在这一阶段进入过第三波民主化进程——当然，这并不意味着它们能始终维持民主政体。② 为捕捉相对重要的信息，本研究将其中 8 个人口 100 万以下的国家从这个名单中剔除，从而得到 97 个国家/地区。③

相比使用"自由之家"或者 V-Dem 等政体数据库，Polity IV 所提供的案例范围更加宽泛庞大。即使是那些转型后"民主崩溃"或"政体震荡"的国家、那些进入了"及格线"但是民主质量低劣的国家，以及那些"蜻蜓点水式的"民主转型国家都被囊括其中。④ 这种宽泛界定的理论意义在于，它帮助我们超越"优胜者偏见"，正视并分析那些转型的"失败案例"。同时，它也帮助我们获得一个第三波民主化的全景式图景，从而理解这波民主化浪潮所包含的多样性。

就第三波民主化浪潮的概貌而言，具有以下几个特征。第一，这是一场席卷全球的巨大政治变化；第二，这一进展在过去 40 年里并非线性展开，而是有快有慢、有进有退，总体而言呈一种减速化趋势；第三，这一浪潮在空间分布上具有不均匀性。

首先，如前所述，这是一场史无前例、席卷全球的政治变化。这一点或许没有什么能比图 1 带来更直观的感受，如图所示，1800 年世界上权威国家和民主国家的比例是 20:0（当时国家数量较少，被纳入数据库的更少），此后，民主国家的数量大大上升，威权国家的数量在波状起伏后大大下降。这个变化最关键

---

① 分值"0"本身是一个问题。因为 Polity IV 将 0 分划入"封闭型中间政体"，更偏向于威权一端，因此本文也将"0"视为威权政体的一个分值。

② 国家的数量是一个问题。过去 40 年间，涌现出大量的新国家，也有一些国家消失了。本文以 2018 年为截面，将当前仍然存在的国家作为分析对象。对于那些新国家，判断它是否进入了第三波民主化进程，本文会将其母国历史也纳入考虑。比如，尽管立陶宛这个冷战后的新国家的政体分值起点就是 10 分，但它仍然被视为进入了第三波，因其母国苏联 1974 年之后很长一段时间内仍是威权政体。

③ 特别说明一点，在 Polity IV 数据中，部分案例的民主转型经历被一些"模糊分值"所掩盖了，需要通过具体案例分析抽取出来。所谓"模糊分值"，是指三种特殊分值，分别是：-66 = 被占领状态；-77 = 无政府状态；-88 = 过渡状态。如果不去追问这些特殊符号背后有没有发生过"自由和公正的竞争性选举"，而是忽略其存在，将导致大量重要信息的流失，比如埃及、布隆迪等国的民主转型尝试就被忽略。为防止信息流失，笔者通过案例分析将遗漏的信息补足，标准是分析这些国家是否发生过相对公正自由的选举。根据这一原则，有 8 个国家列入第三波案例或其转型年份被修正。

④ 所谓"蜻蜓点水式民主化"，是指那些在这 40 余年时间里，只有过一两年甚至几个月民主实验的国家，比如 1992—1993 年的阿塞拜疆、1993 年的布隆迪、2012—2013 年的埃及等。

百年变局与中国政治学的时代化：清华政治学系的探索

的转折点是20世纪70年代中期。正如图1所显示，虽然此前的世界政体趋势也存在着变化，但是70年代中期后，这一变化急剧加速：对于民主国家是陡升，而对于威权国家是陡降。在人类历史的长河中，这一政治变化非常地突兀。

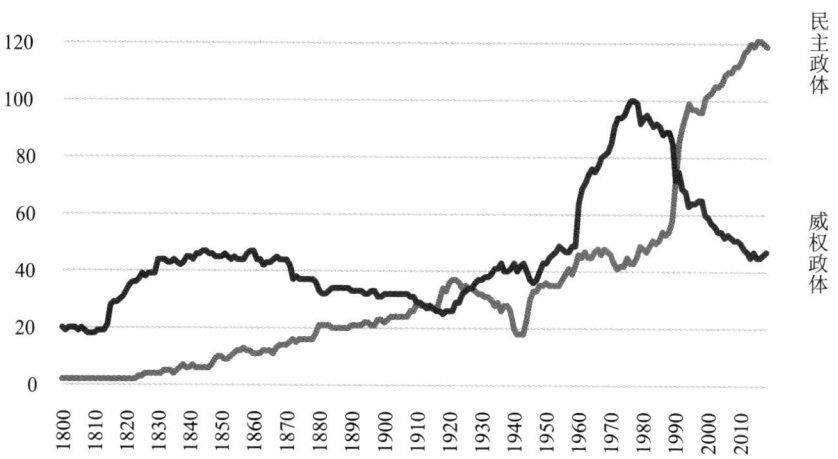

图1　世界政体类型变化趋势（1800—2018）

数据来源：Polity IV.

第三波民主化浪潮在时间上是非线性发展的。图2对1974—2018年民主化和民主崩溃次数进行了分时段的总结（由于一个国家可能多次民主化并多次民主崩溃，所以民主化的次数大于民主化国家的数量）。图中数据显示，民主化浪潮的高峰期是80年代末90年代初，即冷战结束前后这个阶段。在此阶

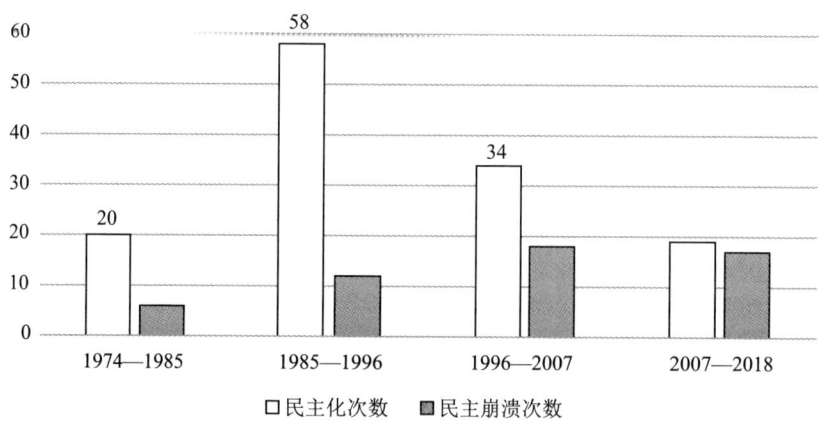

图2　第三波民主化的分时段进展（1974—2018）

数据来源：Polity IV.

段，第三波案例中共出现了 58 次民主转型，但只有 12 次民主崩溃。此后的 20 年，民主化的次数逐渐减少，而民主崩溃的次数显著增加，到 2007—2018 年，民主化次数（19 次）和民主崩溃次数（17 次）几乎相当。也就是说，第三波民主化浪潮在前 20 年处于明显的爬升状态，而后 20 年则进入了平台期——相当程度上，这被视为"第三波民主衰退"的表现。

第三波浪潮的这种减速化趋势不难理解：越早步入这一进程的，越是所谓"挂得比较低的果实"，易于摘取，而且"熟得比较透"。这种条件下的国家，一般民主化不但倾向于发生得早，而且较易走向稳固，比如几个南欧国家，虽然今天在经济上倍受挑战，但并没有民主体制本身会走向崩溃的迹象。第三波浪潮越向后发展，"果实"就挂得越高，越来越难以"采摘"。很多时候，转型国家并没有支撑民主转型的经济、社会或观念基础，选举往往是统治者摆脱危机、缓解压力的权宜之计，或干脆是"被民主化"的，这种"创可贴"式的民主很容易"脱落"，也是情理之中。

第三波民主化的第三个基本特征，是其发展在地区上的不均匀分布。图 3 总结了第三波民主化的地区分布情况[①]，如图所示，卷入第三波民主化进程最成功的地区是欧洲与拉美。在欧洲，第三波民主化如此之彻底，截至 2018 年，欧洲已经没有非民主国家。拉美的民主化成就同样令人瞩目：截至 2018 年，只有一个拉美国家没有卷入第三波（古巴），而 17 个第三波国家除了委内瑞拉，在 2018 年都维持了民主政体。亚太地区也出现了相当的变化：截至 2018 年，有 13 个国家/地区卷入民主化进程，7 个尚未卷入；但是，在 13 个新兴民主政体中，4 个截至 2018 年已经民主崩溃（阿富汗、泰国、孟加拉国和柬埔寨）。欧亚内陆和非洲的景象则比较复杂。在欧亚内陆，一共 8 个进入第三波，但有 6 个置身事外；在 8 个第三波国家中，有两个已经民主崩溃（阿塞拜疆和白俄罗斯）。撒哈拉以南非洲也呈现出这种复杂性：第三波浪潮将 33 个国家卷入其中，但有 15 个不在其列；在 33 个第三波国家中，有 8 个截至 2018 年民主已经崩溃。中东北非显然是最失败的：绝大多数国家并没有卷入第三波

---

① 哪个国家归属于哪个地区，标准参照"自由之家"的划分方式，唯一例外的是土耳其。该国在"自由之家"的分类中被划入欧洲，但是笔者按照更常见的方式，将其划入中东北非地区。

浪潮，只有 8 个卷入这一进程，而在这 8 个国家中，5 个民主已经崩溃。

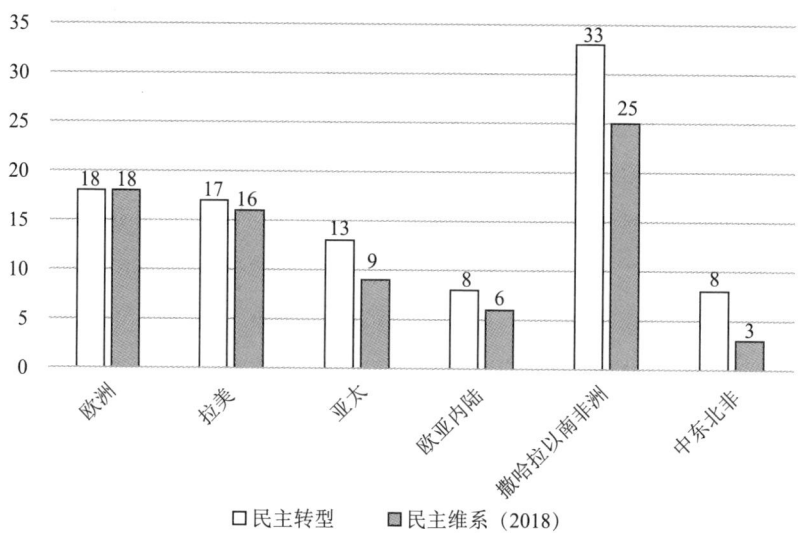

图 3 第三波民主化的地区分布（1974—2018）

数据来源：Polity IV

二、新兴民主的稳固状况

接下来的问题是，这些第三波浪潮涌现出来的新兴民主中，有多少走向了民主稳固？显然，民主化从来不是一劳永逸之事，无论是早发还是后发民主国家皆是如此。90 年代的民主化高峰期过去之后，新兴民主的种种问题很快开始凸显，其中最经常被提及的问题有两个。一是民主倒退问题，即，一些新兴民主国家在转型不久就出现民主的倒退甚至崩溃的现象（比如埃及和白俄罗斯），有些则反映为民主与威权政体之间的反复震荡（比如泰国和巴基斯坦）；二是劣质民主问题，即，一些新兴民主转型后无法实现民主的深化，陷入一个介于威权与民主的灰色地带（比如俄罗斯）——正如经济上可能存在着所谓"中等收入陷阱"，政治上也存在着一个类似的"中间政体陷阱"。

那么，近半个世纪过去之后，到底新兴民主在多大程度上走向了民主稳固？笔者通过对 Polity IV 数据的分析来判断"民主稳固"与"民主受挫"的状况。具体而言，笔者把前述 97 个新兴民主分为五类：民主稳固型；民主脆弱型；民主崩溃型；政体摇摆型；有待观察案例。这里分类的标准是：（1）如果一个新兴民主最近一次民主化之后，Polity IV 政体分值处于 6 分或之上且持续 15 年以上，① 它被归入"民主稳固型"；（2）如果一个新兴民主在最近一次民主化后保持了民主政体，但是 Polity 分值从未抵达 6 分、跌落至 6 分之下（0 分之上）、或 6 分之上未超过 15 年，这个国家被视为"民主脆弱型"；（3）如果一个新兴民主最近一次民主化之后，民主分值跌落至零或负分且截至 2018 年仍然停留在零或负分，这个国家被视为"民主崩溃国"；（4）如果一个国家在此期间（1974—2018）经历了民主化和民主崩溃，但又重新民主化，并且最近一次民主化尚未满 15 年，有理由怀疑这个国家还可能出现民主再次崩溃，该国被列为"政体摇摆国"。（5）如果一个国家最近一次民主转型之后没有出现民主崩溃，但还没有过 15 年的观察期，它被归入"有待观察案例"。

显然，上述分类标准具有相当的主观性，使用不同标准或不同数据库可能得出不同的结论。严格来说，即使一个国家走向民主已经两个世纪（比如美国）或大半个世纪（比如印度），民主也未必完全稳固，仍然有倒退甚至崩溃的可能性。当古代雅典的民主被崛起的马其顿帝国吞没时，如果从梭伦改革算起，已经过去了两个多世纪，即使从克里斯蒂尼改革算起，也过去了一个半世纪左右，然而时间的长河无法保证民主的持续稳固。但是，寻找差异、进行分类带来信息量，而分类必须借助于一定的标准，因此笔者根据尽量合理的标准进行判断。鉴于本研究是在一个 45 年左右的时间尺度里讨论民主稳固或倒退，并且其中许多政体启动转型的时间可能短至十几年或甚至几年，我们只能使用一个相对短的时间尺度去进行分析。之所以选择"15 年"作为"民主稳固"与否的标准，是因为 15 年能够涵盖绝大多数转型国家的前三次大选，而这恰恰是民主最容易崩溃的时期。如果一个新兴民主能够历经三次选举周期而民主程度稳定维持在 6 分之上，视这个国家实现了民主的阶段性稳固并不为过。如果将"民主稳固"时间标准定得过高，绝大多数案例将被排除出考察范围，进入"有待观察类型"，而这将大大减少本研究可能产生的信息量。

---

① 在 Polity IV 的分值连续谱上，-10 到 -6 被视为威权政体，-5 到 5 被视为中间政体，6 到 10 被视为民主政体，因此本研究取 6 为"稳固民主"的起点线。

百年变局与中国政治学的时代化：清华政治学系的探索

当然，正因为本研究是基于理解现实的迫切性而在一个相对短的时间尺度进行分析，其观察将不可避免地具有阶段性特点。此外，还需提请注意的是，本研究中的"民主稳固"并不是指这个国家没有重大治理问题了，而是指这个国家的治理问题没有危及其民主政体本身的存亡。也就是说，本文中的"民主稳固"概念仅仅衡量民主政体本身的存续，而非民主政体的治理绩效。

表1描述第三波民主化的稳固状况。如表所示，根据上述标准，在97个新兴民主中，截至2018年，有47个可归为民主稳固类型，9个是民主脆弱类型，20个为民主崩溃类型，9个是民主摇摆类型，12个为有待观察类型。这些数据显示，民主相对稳固的案例占整个新兴民主近一半。民主崩溃案例（20）、民主摇摆案例（9）、民主脆弱案例（9）可以被归纳为不同程度的民主受挫国，总数为38个。如果把12个"有待观察国家"视为灰色地带，那么，稳固案例、灰色案例和受挫案例的比例为47∶12∶38，大致为4∶1∶3，这一比例是新兴民主稳固状况的大致图景。

表1 新兴民主的民主稳固状况分类（1974—2018）

民主稳固	民主脆弱	民主崩溃	民主摇摆	有待观察
阿尔巴尼亚	阿尔及利亚	阿富汗	布基纳法索	埃塞俄比亚
阿根廷	亚美尼亚	安哥拉	中非	加蓬
贝宁	厄瓜多尔	阿塞拜疆	科特迪瓦	冈比亚
巴西	莫桑比克	孟加拉国	几内亚-比绍	几内亚
保加利亚	尼日利亚	白俄罗斯	马达加斯加	伊拉克
玻利维亚	俄罗斯	布隆迪	马里	吉尔吉斯斯坦
波斯尼亚	塞拉利昂	柬埔寨	尼泊尔	利比里亚
智利	乌克兰	刚果共和国	尼日尔	缅甸
克罗地亚	赞比亚	刚果民主共和国	巴基斯坦	索马里
捷克		埃及		坦桑尼亚
多米尼加		海地		突尼斯
东帝汶		伊朗		津巴布韦
萨尔瓦多		利比亚		
爱沙尼亚		毛里塔尼亚		
加纳		苏丹		
希腊		泰国		
格鲁吉亚		土耳其		
危地马拉		乌干达		
洪都拉斯		委内瑞拉		
匈牙利		也门		

(续表)

民主稳固	民主脆弱	民主崩溃	民主摇摆	有待观察
印度尼西亚				
肯尼亚				
拉脱维亚				
莱索托				
立陶宛				
马其顿				
马拉维				
墨西哥				
摩尔多瓦				
蒙古				
尼加拉瓜				
巴拿马				
巴拉圭				
秘鲁				
菲律宾				
波兰				
葡萄牙				
罗马尼亚				
塞内加尔				
塞尔维亚				
斯洛伐克				
斯洛文尼亚				
韩国				
南非				
西班牙				
乌拉圭				

数据来源：Polity IV.

需要注意的是，如果把人口大国从第三波案例中单独"拎"出来，失败、成功、灰色案例的比例将会更倒向"悲观"方向。以2000万人口为过滤线[1]，第三波案例将从97个变成38个，它们在五个"转型类型"中分布比例如下

---

[1] 人口数据来自世界银行报告：http：//databank.worldbank.org/data/download/POP.pdf 虽然从中国的角度而言，2000万不算人口众多，但是在世界银行所列举的216个国家中，只有58个国家人口在2000万以上，故在世界范围内，这一标准并不为过。

(表2),按前述方式计算相对稳固、灰色和受挫案例,那么这一比例将从之前的47:12:38变为13:4:21,即,相对成功案例的比例将从近50%下降为34%,而受挫的案例则从39%左右上升为55%。也就是说,在人口大国中,只有三分之一的国家走向相对的民主稳固国,而大多数案例都是受挫或者灰色案例。如果以人口5000万为分界线,总案例数进一步降至19个,上述比例则变化为7:3:9,相对稳固案例和受挫案例的比例分别为37%和47%,与以2000万人口为界所得出的结果相差不大。这是一个令人瞩目的发现。

表2 新兴民主中人口大国的民主稳固状况(1974—2018)

民主稳固	民主脆弱	民主崩溃	民主摇摆	有待观察
阿根廷	阿尔及利亚	阿富汗	科特迪瓦	埃塞俄比亚
巴西	莫桑比克	安哥拉	马达加斯加	伊拉克
加纳	尼日利亚	孟加拉国	尼泊尔	缅甸
印度尼西亚	俄罗斯	刚果民主共和国	巴基斯坦	坦桑尼亚
肯尼亚	乌克兰	埃及		
墨西哥		伊朗		
秘鲁		苏丹		
菲律宾		泰国		
波兰		土耳其		
韩国		乌干达		
南非		也门		
西班牙		委内瑞拉		

数据来源:Polity IV.

这些数字显示了过度乐观主义或悲观主义的不足。它们传达的信息是,既不能断言新兴民主在民主稳固方面毫无建树,也不能说它已经大功告成。一个相对客观的说法是:这是一个带有显著不确定性的有限进展。一方面,97个新兴民主里有47个,也就是近一半,在最近一次民主化后能够保持相对高水平的民主15年以上,说明民主政体在这些地方相对稳固,这是第三波民主化的重大成果。与历史上第一波、第二波民主化经历相比,这已经构成某种意义上的"奇迹"。另一方面,新兴民主政体所面临的巨大挑战也毋庸置疑。如果把第三波案例中所有经历过民主崩溃的案例加总起来(包括崩溃后又重新民主化的案例①），总数为 38 个，约第三波的 39%，也就是说，新兴民主中约 2/5 经历过民主崩溃。这是一个相当高的比例，民主如此高度的脆弱性，恐怕也是许多"民主乐观主义者"在转型之初未曾预料的。尤其引人注目的是，人口大国的状况格外不容乐观，一半左右经历过不同类型的民主严重受挫（民主崩溃、倒退、低水平）。由于人口大国的状况对更多人产生影响，这一信息将对民主乐观主义投上更大的阴影。

三、新兴民主中的民主衰退现象

近年，"民主衰退"现象引起广泛关注。如前所述，亨廷顿在《第三波》中曾提及早先两波民主化之后的民主化回潮现象。从上个世纪末开始，有学者就开始讨论第三波民主衰退是否已经出现。近年，许多学者将"第三波衰退"的分水岭视为 2006 年左右。此前被视为民主增长期，此后被视为民主衰退期。根据 Freedom House，从 1974 到 2006 年，世界各国的"自由平均值"不断提高。但是，拐点在 2006 年左右到来。从 2006 年起，民主国家的数量不再增长，并且世界平均自由度甚至开始连年下降——虽然下降幅度不大，但是这种方向性的变化仍然令人瞩目。（戴蒙德，2015）②

当然，这种民主衰退论也受到质疑。一种质疑是通过数据说话：尽管 2006 年之后自由民主制的扩张趋势上出现变化，但是，无论是民主数量还是自由程度，倒退程度都非常有限，"总体而言，倒退的趋势反映的是其进步变得缓慢，而不是衰亡"。（贝尔梅奥，2016）对于习惯于并期待"民主不断扩张"的人而言，可能构成一种"相对衰退"，但是，这种期待本身或许不切实际，其基础是对西方国家历史与非西方国家现实的双重误解。③

---

① 某些案例虽然在最近一次民主化之后经受了 15 年的考验（进入阶段性的民主稳固行列），但此前也经历过民主崩溃，比如阿尔巴尼亚、莱索托、亚美尼亚、柬埔寨、加纳、尼日利亚、塞拉利昂、秘鲁等。
② Larry Diamond, "Facing Up to the Democratic Recession", in *Journal of Democracy*, Vol. 26, No. 1, 2015, pp. 141 – 155.
③ Nancy Bermeo, "On Democratic Backsliding", in *Journal of Democracy*, 2016, Vol. 27, No. 1, pp. 5 – 19.

另一种质疑的观点则认为,新兴民主中并不存在"民主衰退"浪潮,原因是很多所谓"新兴民主国家"根本就没有真正民主化过——既然它们从未真正民主化过,又谈何"民主衰退"?列维茨基(Steven Levitsky)和韦(Lucan Way)认为,很多人在20世纪90年代之初过于乐观,将"威权崩溃"直接等同于"民主转型",而实际发生的情况是,很多国家威权政体崩溃后,取而代之的是另一个威权政体或无政府战乱,将此类混乱状态都称为"民主衰退",是一个根本性误区。"民主的天空在塌陷或者威权复兴之狼已经到来,这样的观点缺乏证据。过去十年左右,全球民主的水平保持了稳定,相比1990年代其实还有显著进步。民主衰退的观感,我们认为,根源于对1990年代早期事件的误解。冷战结束的初期,过度乐观和唯意志论流行一时,导致了不切实际的预期,而这一预期一旦受挫,又导致了夸张的悲观主义和灰暗情绪。事实上,尽管近年全球问题越来越多,新兴民主表现出醒目的韧性"(列维茨基和韦,2015)①。

显然,两种看法都有其道理。新兴民主中是否存在广泛、显著的"民主衰退",取决于我们如何理解"民主衰退",以及用什么指标去衡量"民主衰退"。就新兴民主而言,笔者认为,从民主政体的数量来看,尽管存在民主扩散的减速化、民主崩溃的加速化,但是并不存在清晰的民主总体数量的下降趋势。在这个意义上,并不存在显著的新兴民主衰退浪潮。但是,从民主政体的质量来看,新兴民主中,民主衰退的浪潮却是真实存在的。这可以从两方面看出:第一,新兴民主政治自由度的变化,即民主质量的变化;第二,新兴民主自身"民主程度"的不足,即"中间政体陷阱"的扩散。这两个现象有相当的重合之处,但是衡量指标不尽相同——前者以"政治自由度"变化为依据,后者以"民主分值"变化为依据。

(一) 政治自由度的变化

对于民主的"质量",不同学者理解或许不同。不过,通常而言,"自由

---

① Steven Levitsky and Lucan Way, "The Myth of Democratic Recession", in *Journal of Democracy*, Vol. 26, No. 1, 2015, pp. 45–58.

且公正的选举"被广泛视为民主的核心标准,那么将选举的"自由与公正"程度作为民主质量的衡量标准则有其理据。关于这一点,相较于 Polity IV 数据库,Freedom House 能提供更清晰的信息。① 不妨以新兴民主中的前 10 个人口大国为例说明。Freedom House 的自由度分值从 1—7 分布,分值越大越不自由,F 意味着"自由",PF 意味着"部分自由",NF 意味着"不自由"。从表 3 可以看出,在这 10 个大国中,截至 2018 年,除了巴西保持了其转型以来的所抵达的最高分值以外,② 其他所有国家都从一度到达的最高分值跌落,其中 8 个涉及类型意义上的跌落(从"自由"到"部分自由",或者从"部分自由"到"不自由")。

表 3　新兴民主大国的政治自由度变化(1974—2018)

	Freedom House 分值	
	转型后峰值	2018
印尼	2.5 (F)	3 (PF)
巴基斯坦	3 (PF)	4.5 (PF)
巴西	2 (F)	2 (F)
尼日利亚	2.5 (F)	4 (PF)
孟加拉国	2.5 (F)	4 (PF)
俄罗斯	3 (PF)	6.5 (NF)
墨西哥	2 (F)	3 (PF)
埃塞俄比亚	4 (PF)	6.5 (NF)
菲律宾	2 (F)	3 (PF)
埃及	5 (PF)	6 (NF)

数据来源:Freedom House.

这是一个令人不安的发现,再次彰显民主转型之路的坎坷,也符合近年许多新兴民主大国所传来的各种时事观感。或许可以以印尼和墨西哥这两个背景

---

① Polity IV 更加聚焦于官员产生方式的竞争性,它对政治自由微小的波动并不敏感,而 Freedom House 则有指标专门测量一个国家"公民自由"和"政治权利"的变化,这两个维度对于评估民主质量非常契合。

② 即使是巴西,随着 2018 年被视为极右的博索纳罗总统上台,许多人开始担心巴西的民主质量是否会就此滑坡。

完全不同的案例稍作说明。以印尼为例：作为一个宗教、族群成分极其复杂的大国，其转型道路可以说是相对平稳。1998年苏哈托政权倒台以来，并没有发生大规模战乱或灾难性经济危机，选举和权力交接都相对平稳，正是因此，印尼在21世纪初一度被Freedom House评定为"自由国家"。但是，一些重要的变化使得印尼的政治自由程度出现下滑，被归为"部分自由"国家。首先是在西爪哇地区，穆斯林内部对其少数派阿赫莫迪亚教派（Ahmadiyah）、穆斯林对基督徒的骚扰和打压从2010年代开始加剧，而政府在制止这些迫害方面十分被动无力。然后是近年印尼社会和法院越来越热衷于使用亵渎法来对付异己，引起国际社会高度关注。此外，对巴布亚和西巴布亚的分离分子，哪怕和平示威政府也大举抓捕，引起国际关注。正是这些方面的倒退，使印尼民主的质量变得可疑。

墨西哥民主则面临另外的挑战。与许多刚刚走出内战的邻国相比，墨西哥的民主转型一开始比较平稳。然而，失控的暴力组织，尤其是毒品黑帮，成为墨西哥社会的一个顽疾，为解决这个问题，墨西哥总统卡尔德龙从2007年左右开始，发动了一场"缉毒战争"，然而缉毒战争不但没能消灭黑帮，反而演变成了一场近似于内战的僵局。一方面，警察力量的军队化成为一种趋势，过度抓捕、过度使用暴力、血腥打压成为常态，另一方面，为报复政府，黑帮展开越来越多的无差别袭击，其行为的恐怖主义色彩越来越显著，结果是成千上万人在夹击中丧生。正是因为这种双方的过度暴力，墨西哥的政治自由和公民权利也受到侵蚀。

（二）"中间政体陷阱"的扩散

在新兴民主国家中，风调雨顺地走向民主稳固的是少数，但是干脆利落地实现威权复兴的也是少数，更多的国家陷入灰色地带——笔者称其为"中间政体陷阱"。"中间政体陷阱"可以表现为"不自由的民主"的常态化（比如俄罗斯），也可以表现为"政体振荡"现象，即政体反复在民主与威权之间摇摆（比如泰国）。

不同学者用不同的名称描述中间政体：不自由的民主（扎卡里亚，1997）[①]、

[①] Fareed Zakaria, "The Rise of Illiberal Democracy", in *Foreign Affairs*, Vol. 76, 1997, p. 22.

竞争性威权政体（列维茨基和韦，2002）①、委任式民主、混合政体（《经济学人》）、Anocracy（Polity Ⅳ）……但其所指却大同小异。"中间政体"最典型的特征，就是它仍然保留民主选举的形式，并且其选举甚至具有一定的竞争性，但是通过限制言论自由、结社组党自由、控制司法系统、控制市民社会等方式，该国政治竞争在"倾斜的擂台"上展开，统治者得以在竞争的外壳下实现权力的稳固化甚至永久化。

近年的俄罗斯经典地体现了"不自由民主"的特征。在今天的俄罗斯，选举是真实存在的，甚至有一定的竞争性。2018年的总统选举，普京赢得了76.7%的选票，也就是说，不但有其他政党的候选人参选，而且这些小党的候选人加起来还赢得了20%多的选票（其中共产党候选人赢得了11.8%选票，构成最大反对派）。2000年以来的历次总统选举结果大同小异，普京都是赢得了百分之六七十的选票（除了一次梅德韦杰夫出任总统），但某些小党仍有一席之地。然而，鲜有国际观察者将俄罗斯政体视为毫无争议的民主体制。事实上，Freedom House已不把俄罗斯视为选举式民主政体，而Polity Ⅳ虽然仍然给予俄罗斯政体正分值，但是长达十多年的"4"分更确切地说归属于"中间政体"。何以如此？因为俄罗斯政治自由受到质疑。在"记者无国界"组织的"新闻自由度"排名中，俄罗斯被列在180国家中的149位（2019年）。反对派政治候选人的竞选资格被取消则是家常便饭，比如2018年大选中，著名反对派纳尔瓦尼以及与其有关联的政党不但被禁止参选，其本人还数次被捕，其数百个核心支持者也被调查拘捕。

"不自由的民主"并非仅仅是俄罗斯现象，在查韦斯和马杜罗的委内瑞拉、埃尔多安的土耳其、欧尔班的匈牙利、亚努科维奇的乌克兰、穆加贝的津巴布韦、杜特尔特的菲律宾……相似的模式不断浮现：一个克里斯马型的领袖通过选举赢得权力，再通过限制政治自由来扩大其民意基础，于是又有了下次选举的胜利，再次胜选给了政治强人限制自由更强的底气，由此形成一轮又一轮"自由侵蚀—民粹强化"的恶性循环。在此，民主不但没能约束独断的领

---

① Steven Levitsky and Lucan A. Way, "Elections Without Democracy: The Rise of Competitive Authoritarianism", in *Journal of Democracy*, Vol. 13, No. 2, 2002, pp. 51–65.

百年变局与中国政治学的时代化：清华政治学系的探索

袖，反而成为其打压对手的合法性工具。民主转型没有走向民主稳固，而是在一片灰色地带"安营扎寨"。

Polity IV 中将 –5 到 5 分称为"中间政体"（Anocracy），表4列举97个新兴民主中在2018年处于 –5 到 5 分之间的国家——显然，其中有些是从正值跌落至此。如表所示，在 97 个新兴民主中，有 29 个在 2018 年这一年处于"中间政体"状态，也就是近30%。尽管这并非新兴民主的主体，但是由于其中包括俄罗斯、土耳其、埃及、乌克兰、阿富汗等战略性大国，这一类型在整个新兴民主中仍然分量很重。

表4 新兴民主中的中间政体（2018）

国家（Polity 分值）	
阿富汗（–1）	土耳其（–4）
安哥拉（–2）	乌干达（–1）
阿尔及利亚（2）	乌克兰（4）
布隆迪（–1）	委内瑞拉（–3）
柬埔寨（–4）	津巴布韦（4）
刚果共和国（–4）	
刚果民主共和国（–3）	
科特迪瓦（4）	
厄瓜多尔（5）	
埃及（–4）	
埃塞俄比亚（1）	
加蓬（3）	
冈比亚（4）	
几内亚（4）	
海地（5）	
马里（5）	
毛里塔尼亚（–2）	
莫桑比克（5）	
尼日尔（5）	
俄罗斯（4）	
索马里（5）	
苏丹（–4）	
坦桑尼亚（3）	
泰国（–3）	

数据来源：Polity IV.

"政体震荡"则指向新兴民主的另一种常见中间政体困境：新兴民主在民主和威权之间来回摇摆，既无法实现长期的民主稳固，也难以实现长期的威权稳固。这或许是因为该国既没有发展出能够支撑民主稳固的经济、文化条件，但是又失去了可以"容忍"威权体制的经济、文化基础，因此无论在哪种状态都难以实现均衡。表5列举新兴民主中在1974－2018年间至少有过两次政体转型的国家，第一列是有过两次政体转型的国家（即有过一次民主转型和一次民主崩溃），第二列是有过三次政体转型的国家（一次民主化，一次民主崩溃，又一次民主化），第三列则是有过四次之上政体转型的国家。如图所示，一共有38个新兴民主有过政体振荡现象，占97个新兴民主的近40%，其中有过三次或更多政体转型的也有23个，占新兴民主近1/4。这是一个相当高的比例，不但说明民主稳固之艰难，而且说明一旦民主稳固难以实现，摇摆有可能会形成一种"惯性"。

表5 新兴民主中的"政体震荡"国家（1974—2018）

两次政体转型	三次政体转型	四次或以上转型
阿富汗	阿尔巴尼亚	孟加拉国
安哥拉	亚美尼亚	布隆迪
阿塞拜疆	布基纳法索	柬埔寨
白俄罗斯	中非共和国	几内亚-比绍
刚果共和国	科特迪瓦	海地
刚果民主共和国	埃塞俄比亚	尼日尔
埃及	加纳	泰国
冈比亚	马达加斯加	
伊朗	马里	
利比亚	尼泊尔	
毛里塔尼亚	尼日利亚	
苏丹	巴基斯坦	
乌干达	秘鲁	
也门	塞拉利昂	
津巴布韦	土耳其	
	委内瑞拉	

数据来源：Polity IV.

泰国是"政体振荡"的典型案例。自1970年代中期以来，泰国民主已经

百年变局与中国政治学的时代化：清华政治学系的探索

有过"四上四下"。1947—1973 年，泰国一直是军人当政。1973 年由学生领导的"10 月 14 日抗议"导致了军人政权垮台，然而，尽管这次革命催生了选举政体，它所带来的政治成果是极其短暂的——1970 年代中期越南、柬埔寨、老挝等国红色政权的胜利引发了泰国的反共热潮，1976 年军队再次掌权。1978 年新宪法的制定，以及 1980 年代军人向平民政府移交权力的做法，标志着又一次民主转型发生，然而 1991 年又一次发生军事政变，这次是以"反腐"的名义。不过，在遭遇巨大的抗议示威，即所谓"黑色五月"之后，军队允许了大选，带来了这个阶段泰国的第三次民主转型。这次民主转型是泰国历史上维系最久的一次：从 1992 年到 2006 年，泰国历经了数轮和平选举和权力交接——当 2001 年当选总理的他信在 2005 年重新当选时，他成为泰国历史上唯一一个顺利完成任期、并重新当选的民选总理。至此，人们几乎有理由认为泰国终于走出其历史上的"政变诅咒"、开始走向民主稳固了。然而好景不长，代表农村力量的红衫军和代表精英力量的黄衫军陷入了撕裂性的政治斗争，与黄衫军联盟的军队于 2006 年再次政变，推翻了被视为红衫军代言人的他信政府。2008 年，自以为已经稳定局势的军队还政于民，推动了该阶段的第四次民主转型，然而历史再次重演：他信虽然已经流亡他国，但是他妹妹英拉代表泰国农民与贫民力量再次赢得大选。于是，黄衫军和红衫军持续的街头对抗再次开始，直到 2014 年军队又登上历史舞台，不堪重负的民主体系再次崩溃。

泰国的"政体震荡"现象并非孤例。相当一批国家都具有这种"泰国症候"：既无法构建民主运转所需要的政治信任，又缺乏稳固威权政体所需要的国家能力，于是，进入威权政体时，威权政府因缺乏合法性而不断被推翻，进入民主政体时，民主政府又因为无法维持秩序而垮台。可以想象，随着社交媒体时代的政治动员成本越来越低，而人们对政府合法性的认知标准越来越高，这种"政体震荡"现象很有可能在新兴民主进一步扩散。

"不自由民主"的兴起，加上"政体振荡"频繁，构成新兴民主中的"中间政体"挑战。把这两个类型的新兴民主加起来，去除其中重叠的案例，得到 48 个国家，也就是 97 个新兴民主中有约一半以不同方式陷入"中间政体陷阱"。很多人对转型的预期是转型走向稳固、稳固走向深入，似乎从零分到 60

分、80分、100分是一个自然而然的过程，一切问题都只是"过渡期"的"阵痛"，然而，"过渡期"成为"新常态"，"阵痛"成为"长痛"，是相当一批新兴民主所面临的真实困境。

四、新兴民主的转型终结？

民主扩散减速化、民主崩溃加速化、民主质量在下降，这些现象结合起来，显示新兴民主所面临的严峻挑战。但是，能否因此判断新兴民主进入了难以逆转的衰退，以至于走向转型的终结？下此结论或许为时过早，原因有二：第一，民主观念的韧性。任何制度变迁的根本性动力是观念。正如英格尔哈特（2005）所论证，观念对于制度变化的方向，具有一种"引力作用"——它将"超前的制度"拉回来，也将"落后的制度"拉上去。在新兴民主中，民主的观念显示出强健的韧性[①]。第二，历史的比较。民主转型以"进两步、退一步"的方式发生，似乎是历史常态，而非仅仅是当代现象。历史上的民主衰退浪潮，或许提醒我们对新兴民主的未来保持观望。

（一）民主观念的韧性

新兴民主世界中民主观念的韧性，世界观念调查有所揭示。该调查的最新一轮（2010—2014）问卷中，有一组四个问题是这样的："我将形容不同的政治体系，并分别询问你对每一种治国体系的看法"，然后问卷列举了四种政治体系："强有力但无所谓议会和选举的领袖治国""专家治国""军队治国"以及"民主政体治国"，每一个问题下面，答案在4个选项分布之间分布（非常好、比较好、不好、非常糟）。不妨比对新兴民主中十个人口大国对这4个问题的回答。由于世界观念调查缺失一批国家数据，表6中的人口大国只能是有观念调查数据的前十个大国，与前面所列举的人口大国有所不同。

表6的第二列将所有"强有力领袖"问题答案分布于"非常好""比较

[①] Ronald Inglehart and Christian Welzel, *Modernization, Cultural Change, and Democracy: The Human Development Sequence*, Cambridge University Press, 2005.

好"的比例进行了加总,第三列将所有"专家治国"问题答案分布于"非常好""比较好"的比例进行了加总,以此类推,第三列和第四轮分别是"军队治国"和"民主体系"正面答案的加总。如表所示,尽管相当一批民众对"强有力领袖治国""专家治国"或者"军队治国"也表示了认同,但是所有这十个国家观念调查中,民众对"民主治国"的认同感仍然是最高的。

表6 十个新兴民主大国的政体价值观念(2010—2014)

	强有力领袖治国	专家治国	军队治国	民主治国
巴基斯坦	44.8%	64.2%	59.1%	76.2%
巴西	64.8%	76.6%	32.1%	79.6%
尼日利亚	42.2%	67%	39.8%	91.8%
俄罗斯	67%	55.1%	14.3%	67.3%
墨西哥	57.4%	69.3%	51.4%	82.3%
菲律宾	59.1%	54.8%	51.4%	74.8%
埃及	93.7%	87.7%	/	98.7%
土耳其	49.8%	49.8%	27.1%	83.2%
泰国	30.7%	33%	34.6%	91.8%
南非	56.1%	62.9%	46.6%	68.3%

数据来源:World Value Survey (2010—2014).

一个可能的质疑是,尽管这些国家的民众认同民主价值,但是他们所理解的民主未必是西式"程序民主",而更可能是体现治理绩效的"绩效民主"——他们可能只是用"民主"一词来指代"民生表现"而已。但这并非事实。在世界观念调查2010—2014的问卷中,有一组问题的设计恰恰用来检测人们对民主的理解,这组问题是这样的:"很多事物都是令人向往的,但不是所有这些事物都是民主的本质特征。针对下述事物,请告诉我你认为它对于民主来说有多重要",然后问卷分别询问了人们对于"政府向富人征税、资助穷人""宗教领袖最终诠释法律""人们在自由选举中选择其领导人""人们在失业时得到国家救济""政府无能时军队接管""公民权利保护公民不受国家侵害""政府促使人们收入平等""人民服从领袖""女性与男性平权"等问题的看法,每个问题下面,答案在1—10之间分布,其中"1"为"完全不重要"、"10"为"绝对重要"。显而易见,在上述问题中,最能体现对民主的"程序性理解"的是这个问题:"人民在自由选举中选择其领导人",而最能体现对民主的"绩效性理解"的几个问题是:"向富人征税、资助穷人""政府使人们收入平等",以及"人民在失业时得到国家救济"——由于难以判断这几个问题中哪个最能体现"治理绩效",不妨以其平均数作为参考指标。

表7列举十个大国民众对这4个问题正面回答的比例,即,答案分布于6—10的人群比例,同时对民主的"绩效性理解"比例取均值。如表所示,尽管这些国家民众对民主的"程序性理解"和"绩效性理解"都高度认可,但是除了巴基斯坦的某些指标以外,对民主的"程序性理解"的比例仍然高于"绩效性理解"。也就是说,即使在这些民主质量出现倒退的国家,人们对民主的理解依然主要是程序性的。可以说,对民主的"达尔式"理解已不仅仅是学者们的观念,也不仅仅是西方人的独特观念,而是一种在诸多发展中国家也深入人心的大众观念。

表7 十个新兴民主大国对民主内涵的理解(2010—2014)

	程序性理解	绩效性理解			
	自由选举	征富济贫	失业救济	收入平等	均值
巴基斯坦	84.6%	90.6%	88.4%	71.2%	83.4%
巴西	76.7%	31.4%	67.1%	48.3%	48.9%
尼日利亚	78.9%	49.4%	67.9%	49.5%	55.6%
俄罗斯	80.2%	67.3%	78.4%	68.8%	71.5%
墨西哥	70.7%	41.7%	56.5%	49.1%	49.1%
菲律宾	79.5%	61.4%	65.5%	55.1%	60.7%
埃及	94.9%	76.8%	75.4%	76.8%	76.3%
土耳其	86%	76.5%	84%	78.1%	79.5%
泰国	83.4%	62.2%	80.1%	62.5%	68.3%
南非	70%	66.6%	68.1%	66.3%	67%

数据来源:World Value Survey, 2010—2014

无论是对不同政体的偏好,还是对民主的理解,都指向一个结论:到21世纪初,不管政体本身如何不稳定,就观念而言,民主的价值在新兴民主已经非常深入人心。这是一个非常重大的、任何一个政治现实主义者都必须关注的"社会事实",是 300 年启蒙运动的成果。正是因为这一人心之变,新兴民主表现出非同寻常的制度沉淀力趋势。

(二) 转型历史的参照

历史地看,民主转型的过程从未一帆风顺,即使在发达国家也是如此。当人们感慨自由式民主在西方和非西方国家"淮南为橘、淮北为枳"时,显然遗忘了民主转型在西方历史上有多么艰难。无论是法国大革命,还是魏玛共和国,无论是美国内战,还是日本的明治维新,都显示,当专制的遗产积重难返,政治的每一点进步都可能代价惨重。当新观念冲击旧观念、新利益团体威胁旧利益团体、新的权力主体驱逐旧的权力主体,当一个全新的游戏规则出现、所有的游戏参与者尚在摸索如何适应新规则,痛苦和混乱几乎是必然。令人惊讶的不是新兴民主的转型如此艰难,而是人们居然认为它不应如此艰难。

事实上,和历史相比,当代的民主转型过程"水花"较小。和法国大革命所激起的狂热战争相比,苏联这样一个庞大帝国的解体和转型几乎无声无息;和 30 年代惨烈的西班牙内战相比,西班牙 70 年代末的这次民主转型也是相当平稳;和日本历史上脱轨的民主化道路相比,东亚数国的民主转型也算是和平过渡;相比美国的独立战争和内战,巴西、智利、阿根廷 80 年代的转型都没有引发战争……当然,第三波民主化浪潮中也有战火,像伊拉克、阿富汗之类,但是,经历战火的毕竟是少数,并且基本上都是内战或地区性战争。

和历史上常常是跨越百年的血雨腥风相比,第三波浪潮中的"民主沉淀"相对迅速。以拉美为例,第三波民主化之前,拉美地区的民主体制极其脆弱,频繁被军事政变推翻,但 1970 年代中后期以来,拉美民主却开始出现扎根迹象。根据梅因沃林(2013)的看法,该地区竞争性政体的崩溃率已经从 1945—1977 年的 9.3% 下降到 1978—2005 年的 0.8%,也就是说,1970 年代中期之前的民主崩溃率是之后的十倍以上。[①] 拉美的情况并非特例。中东欧以

---

① Scott Mainwaring and Aníbal Pérez-Liñán, "Lessons from Latin America: Democratic Breakdown and Survival", in *Journal of Democracy*, Vol. 24, No. 2, 2013, pp. 123 – 137.

及苏联各国自 1989 年走向民主化以来,至今已超过四分之一个世纪,除了中亚数国 90 年代就很快回归威权政体,大多中东欧国家都维系了民主政体。东亚和东南亚地区同样如此。虽然有泰国这样的"困难户",但无论是东亚的韩国或是东南亚的印尼或者菲律宾,80 年代后期开始民主转型后,尽管危机不断,都迄今尚未出现民主崩溃。

过去半个世纪左右政治变化之"非同寻常"性,可以从世界各国政变次数的变化看出。根据鲍威尔(Powell)和泰恩(Thyne)的全球政变数据库(泰勒,2016),随着第三波民主化浪潮扩散,世界各国政变的次数,已经从 60 年代的顶峰期开始大大下降。[①] 1966 年是政变最高峰,这一年全世界就发生了 19 场政变,其中 12 场获得成功,此后无论是成功还是不成功的政变,数量总体下降,到 2015 年只发生了两起政变。最显著变化的地区或许是拉美,作为一个曾经的政变"重灾区",21 世纪政变在该地区几乎绝迹,除了 2009 年的洪都拉斯政变,该地区 21 世纪以来还没有发生过成功的政变。[②] 在撒哈拉以南非洲,20 世纪 60 年代大约一半权力更替是通过政变发生的,到 90 年代则降至四分之一,到 21 世纪(截至 2012 年)则进一步下降到约 13%(卡本,2014)[③]。正如贝尔梅奥(2016)所言,当下即使政变仍然在发生,其性质越来越从"结果开放性的政变"变成"约定式的政变"(promissory coups),即,承诺即将引入民主选举的政变。这些变化显示,世界各国的主要政治力量,已经越来越习惯于以选举而非暴力的方式实现权力更替。

民主制度在经济危机冲击面前的抗压能力似乎也在增强。经济危机冲垮民主制度的情况历史上非常常见,其中最典型的案例莫过于魏玛共和国的崩塌——1920 年代的超级通货膨胀给了本已摇摇欲坠的魏玛共和国致命一击。第三波民主化以来,经济危机引发政治危机的情况也常见到,比如阿根廷 2001 年的政治危机、2011 年以来希腊欧债危机引发的持续动荡,但是,与历

---

① Taylor Adam, "Map: The World of Coups Since 1950", in *The Washington Post*, Jul. 22, 2016.
② 2019 年,玻利维亚的前总统莫拉尔斯被抗议推翻,其支持者称之为"政变",但其反对者不这样认为。
③ K. Carbone, "Elections and Leadership changes in Africa: How do Political Leaders (Take and Leave) Power in Africa", in *Consultancy Africa Intelligence*, Johannesburg, 2014.

百年变局与中国政治学的时代化：清华政治学系的探索

史上常见的情况不同，在诸多新兴民主，经济危机引发的政治危机没有进一步演化为民主崩溃。事实上，在阿根廷、希腊、西班牙、葡萄牙、巴西等国家，恰恰是民主制度所提供的选举机会给政治危机提供了一个出口，使政治压力有一个释放的阀门，也为调整政策方向提供了一个制度途径，从而将可能暴力化的冲突降温成和平的政党竞争。

1970年代中期以来的民主化浪潮，是人类历史上前所未有的巨变，本文试图给这一巨变的成就和困境做一个全景式的概括。尽量准确、系统、全面地描述这一巨变非常重要，因为它帮助我们突破意识形态的偏见和新闻报道带来的"印象"，在一个恰当的比例感下理解现实。"比例感"意味着"历史意识"，即，把当下时事放入历史的坐标系中，通过历史长河中的参照物进行长线及短线的观察；"比例感"也意味着尊重多样性，发现转型进展的连续谱以及不同国家在这个连续谱上的不同位置。

对新兴民主的系统观察显示，极端的乐观主义或悲观主义都缺乏现实依据。第三波民主化浪潮40余年的发展到今天，展现的是一个极其复杂的画卷。一方面，其成就非常显著：在民主"既非自然、亦未必道德"的政治文明史背景下，新兴民主在半个世纪内大量涌现，越来越多的国家借助于和平权力交接而不是暴力夺权来实现航向调整，乃至这种"奇怪的"政体形态成为人类政治形态主流，这在历史的长河中，构成了某种意义上的奇迹。此外，一半左右新兴民主走向阶段性稳固，民主观念在诸多发展中国家越来越深入人心，人们对民主的理解越来越注重程序与权利，这种"人心之变"是理解这场巨变的一把钥匙，相比之下，各国政局本身的波动更像是这一历史之"势"的枝节。

但是，另一方面，新兴民主的转型困境也有目共睹。第三波早期的民主"大跃进"之后，不但新的民主化变得举步维艰，而且之前的民主化成果也开始出现消化不良、"排异反应"，2/5左右的新兴民主遭遇过民主崩溃，没有崩溃的也大量出现民主倒退，几乎所有新兴民主大国都出现了民主质量下降。同时，与很多人预期的线性发展不同，"不自由的民主"和"政体震荡"现象开始蔓延，构成越来越常见的"中间政体陷阱"。对于大多数国家，转型的根本挑战已不再是如何走向民主，而是如何消化民主，而这是更加艰巨的挑战。

后现代化与乡愁：
特朗普现象背后的美国政治文化冲突*

刘 瑜

美国政治的两极化有目共睹。特朗普现象与其说是这种两极化的原因，不如说是它的结果——当然，特朗普的个人风格又进一步加剧了这种趋势。政治两极化在美国各个政治领域都有呈现：在国会，共和党与民主党之间的僵持局面严重影响了立法效率。第80届国会（1947—1948）的重大议题中只有30%无法实现立法，到了112届国会（2011—2012），则有71%的重大议题无法实现立法；① 在最高法院，近年的每一次大法官提名都成了政治斗争的焦点，诸多重大判决以五比四的微弱优势通过，显示出司法高度政治化的后果。此外，在普通民众当中，两党支持者对彼此的敌意逐渐加深。1994年，对共和党人抱有"负面"和"非常负面"印象的民主党人分别占比57%和16%；到2017年，这两个比例已分别上升至81%和44%。同样，1994年，对民主党人抱有"负面"和"非常负面"印象的共和党人分别占比68%和17%；到2017年，这两个比例分别上升为81%和45%。②

任何一个对民主崩溃的历史有所了解的人，都会对这种两极化趋势感到担

---

* 本文的研究得到清华大学自主科研计划的资助，项目名称为"制度如何影响文化"（项目编号：20165080061）。本文原载于《美国研究》2018年第6期。

① Christopher Ingraham, "Congressional Gridlock Has Doubled since the 1950s", in *The Washington Post*, May 28, 2014. https://www.washingtonpost.com/news/wonk/wp/2014/05/28/congressional-gridlock-has-doubled-since-the-1950s/?utm_term=.2add9f2c28f1

② Pew Research Center, "The Partisan Divide on Political Values Grows Even Wider", Oct. 2017. http://www.people-press.org/2017/10/05/the-partisan-divide-on-political-values-grows-even-wider/

百年变局与中国政治学的时代化：清华政治学系的探索

忧。远至 20 世纪上半叶的魏玛共和国、西班牙第二共和国，近至 21 世纪的埃及、泰国，都显示出尖锐的政治两极化很可能诅咒民主的前景。而美国作为世界头号强国，其政治走向更会对世界政治产生巨大的多米诺骨牌效应。

为什么美国政治会出现这种两极化的现象？对这个问题众说纷纭。大体而言，人们倾向于认为，由于一大批美国底层右翼白人被全球化进程所抛弃，其经济上的失意导致排外主义、种族主义和保守主义情绪高涨，其激进化推动了特朗普的当选以及美国政治的两极化。

这个思路有一定道理，但也有漏洞。与这种"经济全球化"的视角相对，本文强调从政治文化冲突的视角来阐释美国政治的两极化现象。具体而言，本文试图论证：（1）美国政治的两极化在更大程度上由政治文化的两极化，而非经济因素引发；（2）这种政治文化的两极化，主要由左翼自由派政治观念"自由化加速"所推动；（3）为应对左翼观念幅度的巨大变化，右翼诉诸观念强度的变化，即在情感上更加愤怒、行为上更为激烈——至少在特朗普当选前如此。多个因素所导致的"被围困心态"，进一步加剧了这种愤怒。

为论述上述观点，本文分为四个部分。第一部分分析美国政治两极化的常见视角——经济视角和制度视角——及其不足；第二部分切入文化视角，展示 20 世纪六七十年代以来美国"权利革命"的内涵；第三部分分析为什么权利革命会成为政治文化两极化的动力，并指出文化撕裂的主要动力是左翼的"自由化加速"；第四部分分析为什么右翼以观念强度的变化来应对左翼观念幅度的变化。

一、既有视角及其不足

为理解美国政治的两极化现象，很多人从经济视角出发，强调经济全球化所带来的一系列后果；或者诉诸制度视角，着眼于美国政治制度设计上的一些缺陷。这些观察为解释美国的政治两极化现象带来很多洞见，但其解释力有限。

一种常见的看法是，经济全球化给美国带来了诸多不良后果，诸如不平等的加剧、制造业岗位的外移、移民（尤其非法移民）对国内工作机会的抢夺等，这些后果刺激了右翼民粹主义的崛起。这种看法有一定的道理，但是也会遭遇一些解释困境。譬如，第二次世界大战结束以来，美国贫富差距上升最快的时段是 20 世纪 70 年代末到 90 年代末，但这一阶段并没有出现右翼民粹主义显著抬头的迹象。根据世界银行的数据，从 20 世纪 90 年代末至今的近 20 年时间里，美国的基尼指数没有明显变化，始终在 40—42 之间浮动①，而恰恰是在这个时段里，美国政治两极化的现象明显加剧。可能有人会说，重要的不是不平等的上升，而是不平等的绝对程度，长期的高度不平等是滋生民粹主义的土壤。但是，如果不平等的绝对程度是右翼民粹主义崛起的根本原因，那么就很难解释为何在北欧、中欧和东欧等几乎是全世界财富最平等的地区，也出现了右翼民粹主义抬头的趋势。根据世界银行的数据，法国 2015 年的基尼指数是 33，瑞典的是 29，荷兰的是 29，奥地利的是 31，波兰的是 32，匈牙利的是 30；瑞士 2014 年的基尼指数是 33；英国 2013 的基尼指数是 33……②然而，这些收入水平差距相对不大的国家都是右翼民粹主义的"重灾区"。可见，以经济的不平等或上升来解释右翼民粹主义的复兴，说服力是有限的。

又比如，如果全球化引发的失业或工资被抑制造成了广泛的民怨，那么应该能够观察到右翼民众对贸易和移民普遍上升的敌意，但事实并非如此。盖洛普（Gallup）进行的民意调查显示，从 2001 年到 2017 年，美国民众认为"贸易是美国经济的机会"的比例普遍上升，其中民主党支持者的比例从 51% 上升至 80%，共和党支持者的比例从 55% 上升到 66%，独立党派者的比例从 49% 升至 71%，说明不同派系民众都没有表现出明显的反贸易倾向。③ 当然，认同该观点的共和党支持者的比例曾经下跌，2008—2012 年达到谷底，2012 年一度跌至 40%。这可能是 2008 年金融危机带来的经济和心理后果所致，但

---

① 参见世界银行数据库网站的基尼指数部分，网址：https://data.worldbank.org/indicator/SI.POV.GINI? locations=US。
② 参见世界银行数据库网站的基尼指数部分，网址：https://data.worldbank.org/indicator/SI.POV.GINI? locations=US。
③ Art Swift, "In U.S., Record High 72% See Foreign Trade as Opportunity", Feb. 16, 2017, https://news.gallup.com/poll/204044/record-high-foreign-trade-opportunity.aspx

百年变局与中国政治学的时代化：清华政治学系的探索

是这之后又重新出现上升趋势。就移民问题而言，右翼对移民的态度的确更有敌意，但是这种敌意也并非呈现为一条清晰可见的上升曲线。盖洛普调查显示，从 2001 到 2018 年，美国民众对外来移民水平"非常或有点不满"的比例，在共和党人中从 69% 升至 70%，在民主党人中从 57% 降至 50%，都并非戏剧性的巨大变化。① 的确，共和党支持者的这种敌意在 2016 年，也就是特朗普当选的这一年，曾升至 86% 的巅峰，但是之前和之后的这几年，这一比例都明显低于这个峰值水平，显示出这种敌意有可能是当年选举政治动员的结果，而非一个长期的发展趋势。② 总之，无论是贸易问题还是移民问题，都只能部分地解释特朗普现象，鉴于相关数据的波动性和复杂性，很难将其作为一个核心的解释因素。③

就"制度视角"而言，一种常见的看法是，由于"政治活跃分子"更倾向于去投票、捐款和游说，美国独特的初选制度和选举筹款制度给予了"政治活跃分子"更大的政治表达权重。又由于两党"政治活跃分子"往往更加激进，美国政治的两极化其实是政治家的两极化，而不是政治文化的两极化。政治学者莫里斯·菲奥里纳（Morris Fiorina）在《文化战争？》和《失去联系》两本书里都表达了类似的看法。④ 如果这个说法是对的，那么政治制度的安排就要为美国政治的两极化负主要责任，而政治文化冲突的因素并不显著。

的确，美国政治制度的设计很可能以一种夸大的方式表达了政治两极化的程度。但是，这不意味着美国的政治文化冲突不显著，只有政治精英之间存在观念冲突。美国政治文化本身的两极化——而不仅仅是政治精英的两极化，是

---

① Zac Auter and Justin Lall, "Republicans' Dissatisfaction with Immigration Down, Democrats' Up", Jan. 23, 2018, https://news.gallup.com/poll/226175/republicans-dissatisfaction-immigration-down-democrats.aspx

② 当然，盖洛普调查也显示，美国民众对外来移民的敌意程度与本国的失业率通常有着某种关联——失业率越高的年份，对外来移民越仇视。这说明从经济视角分析可以在很大程度上阐释"排外主义"。参见 Jeffrey Jones, "Positive Attitudes Toward Foreign Trade Stay High", March 1, 2018, https://news.gallup.com/poll/228317/positive-attitudes-toward-foreign-trade-stay-high.aspx

③ 笔者没有看到各州的民意调查数据，不排除在某些州，右翼的排外主义和种族主义情绪大幅上升，并促成了该州的选举结果。

④ Morris Fiorina and Samuel Abrams, *Cultural War: The Myth of a Polarized American*, London, U.K.: Longman, 2010; Morris Fiorina and Samuel Abram, *Disconnect: The Breakdown of Representation in American Politics*, Oklahoma, U.S.: University of Oklahoma Press, 2009.

一个被各种民调所捕捉到的事实，这一点不应该被"政治精英更加两极化"所遮盖。皮尤研究中心（Pew Research Center）的调查结果显示，两党支持者在十个政治价值观念上的差距已经从1994年的15个百分点扩大至2017年的36个百分点，这是一个必须正视的现实。① 政治价值观念谱系两端具有"意识形态一致性"的人口比例明显增加（从1994年的10%上升至2014年的21%），也是一个重要的事实。② 并且，如前所述，右翼民粹主义的崛起不仅仅是一个美国现象，而且是西方世界的普遍现象。众所周知，欧美各国民主制度的设计千差万别，因此，要考察和捕捉各国同时出现的右翼民粹主义上升现象，不能仅仅立足于美国政治制度设计的独特性。

二、权利的革命

相比经济视角和制度视角，文化冲突的视角更有力。概括而言，西方世界自20世纪60年代以来发生了一场文化巨变，这场巨变被心理学家斯蒂芬·平克（Steven Pinker）称为"权利的革命"，被世界观念调查组织首任主席罗纳德·英格利哈特（Ronald Inglehart）称为政治文化的"后现代（post-modern）转型"或"后物质主义（post-materialist）转型"。不管如何命名，这一文化巨变推动了西方世界的政治两极化。这是因为，这一进步主义变革主要发生于西方左翼阵营，而右翼或拒绝这一变化，或接受这一变化的速度相对缓慢，于是西方世界逐渐呈现出一种一方奔跑、一方缓行所造成的文化撕裂态势。长期以来，这种文化撕裂以一种量变的方式在发生，但到了21世纪初，量变的积累引发质变，加上新兴经济体带来的挑战，移民和难民问题日益凸显，伊斯兰极端主义兴起，文化差异终于引爆了一场整个西方世界内部的"文化战争"。这是包括美国在内的西方的政治极化的重要成因。

---

① 皮尤研究中心调查的"两党支持者"不仅指狭义上的自我宣称党派属性的人，而且包括具有一定政党倾向的人（republican leaners 或 democratic leaners）。其分析的对象覆盖整个社会，而不仅限于处于两端的民众。

② The Pew Research Center, "Political Polarization in the American Public", June, 2014, http://www.people-press.org/2014/06/12/political-polarization-in-the-american-public/.

百年变局与中国政治学的时代化：清华政治学系的探索

尽管很多人早已注意到美国自由派和保守派之间的文化冲突，但对这一冲突的性质存在着诸多误判。很多分析着眼于一个相对短期的时间框架，描述了这样一幅画面：一群经济地位被边缘化的"白人垃圾"试图寻找个体失败的替罪羊，在政客的煽动下，其种族主义、排外主义和保守主义情绪高涨，最终将特朗普推上了总统的位置。在这种短期视野里，右翼保守派是观念变化的"进攻方"，左翼则处于一个相对稳定的位置，被动而惊骇地观望着一场文化海啸的发生。

有趣的是，短期视野里的画面如果放到"权利的革命"这个相对长期的视野里，角色却正好互换：西方左翼成为文化变化的"进攻方"，右翼则处于一个相对稳定的位置，被动而惊骇地观望一场文化海啸的发生。作为对这场"海啸"的反应，他们诉诸一系列激烈的姿态来表达其怨恨，包括将特朗普这样极受争议的政治家选上台去。换言之，右翼以观念强度的变化来应对左翼的观念幅度的变化。这也是为什么在这场文化冲突中，右翼保守派比左翼自由派常常显得更加激愤的原因。

也就是说，"权利的革命"是理解当今西方世界政治撕裂现象的一把钥匙。在本文中，"权利的革命"意指不同群体权利意识的"多米诺骨式"觉醒和深化，包含"权利主体的扩散"和"权利内容的扩展"两个维度。权利主体的扩散，是指以往唯有白人男性享有的权利，逐步向女性、有色人种、同性恋、移民、儿童甚至动物扩散；权利内容的扩展，则是指以往聚焦于政治自由的权利，逐步向社会和经济权利、福利主义、环境权利、文化权利等方向深化。

众所周知，普通民众权利意识的觉醒可以追溯到启蒙运动。但是，20世纪六七十年代左右以来，权利观念在上述两个维度上的变化出现了加速化趋势，以至于诸多政治文化研究者认为出现了一场"革命"。比如，平克在其经典著作《人性中的善良天使》中专用一章介绍"权利的革命"，以大量数据展示第二次世界大战后"权利主体"的扩散现象，即平等权利的主张者不断从白人男性向女性、有色人种、同性恋、移民、儿童甚至动物扩散。[1] 政治学者

---

[1] 参见〔加〕斯蒂芬·平克：《人性中的善良天使》，北京：中信出版社2015年版。

斯科特·弗拉纳根（Scott Flanagan）则以"威权主义到自由主义的转型"来概括西方世界的文化变化。

关于为什么这场观念革命会在近半个世纪内发生，不同学者提出过不同看法，其中最有影响力的观点来自英格利哈特和政治文化学者维尔泽尔（Christian Welzel）。他们认为，过去半个世纪左右以来经济的迅猛发展和模式转型，是爆发"权利革命"的根本原因。根据他们的观点，经济发展改变了人类的价值排序——随着物质和资源越来越丰富，"宽容的成本"逐渐降低，人们越来越愿意接受权利和资源的"分享"，于是，物质主义开始让位于一种后物质主义的人本主义观念。同时，经济模式的转型也会重塑人类社会的价值结构。工业经济模式要求劳动力具有集体主义精神和纪律性，而知识经济模式则对人的个体性、创造性有更高的要求。加上交通通信技术的发展极大地拓展了人类的认知和组织资源，使得权利观念的传播和实践大大加快。所有这些结构性因素叠加起来，成为权利革命的动因。在《发达工业社会的文化转型》《现代化与后现代化》《现代化、文化变化与民主》等著作中，① 英格利哈特及其合作者根据不断更新的"世界观念调查"数据，逐步发展、完善其看法，最终形成了上述文化变迁理论。在不同的著作中，英格利哈特描述这种变迁的语言不尽相同，包括"后现代转型""后物质主义转型""自我表达的价值上升""文化规范的女性化"等等，但是其核心观点大致稳定。② 政治学者阿兰·阿博拉莫维茨（Alan Abramowitz）则强调，教育程度的提升会增强思维的"意识形态一致性"（ideological consistency），这种"一致性要求"是进步主义思潮的动力之一。当然，也正是这种对"意识形态一致性"的追求使得对立双方达成妥协的可能性降低，从而导致文化撕裂。③

---

① 参见〔美〕罗纳德·英格利哈特：《发达工业社会的文化转型》，张秀琴译，北京：社会科学文献出版社 2013 年版；罗纳德·英格利哈特：《现代化和后现代化》，严挺译，北京：社会科学文献出版社 2013 年版；Ronald Inglehart and Christian Welzel, *Modernization, Culture Change and Democracy*, Cambridge, U. K.：Cambridge University Press, 2005。

② Ronald Inglehart and Christian Welzel, *Modernization, Culture Change and Democracy*, Cambridge, U. K.：Cambridge University Press, 2005, Chapter 1 – 2.

③ Alan Abramowitz, *The Disappearing Center*, New Haven, U. S.：Yale University Press, 2011.

百年变局与中国政治学的时代化：清华政治学系的探索

本文更关注的是文化巨变的结果而非其原因。右翼民粹主义的崛起，很大程度上恰恰是对这场权利革命的反弹。英格利哈特正是从这一角度去分析西方右翼民粹主义的崛起的。在《特朗普、英国退欧以及民粹主义的崛起》一文中①，他和哈佛大学政治学者皮帕（Norris Pippa）以"文化反弹"（cultural backlash）来诠释当下的右翼崛起现象，并以定量分析的方式论证了"文化反弹说"比"经济不满说"更有说服力。但是，该文分析的对象主要是欧洲而非美国；并且英格利哈特的分析常常被批评"测量指标之间缺乏概念上的一致性"。比如，当他和维尔泽尔在《现代化、文化变化和民主》一书中将"快乐、宽容、信任和参与"组合成为一个"自我表达的价值"（self-expression values）概念时，人们有理由怀疑这四个指标能否有机地合成为一个概念。事实上，他们不得不发明一个新词"自我表达的价值"来描述这种组合，本身就说明了概念一致性面临的困境。在《特朗普、英国退欧以及民粹主义的崛起》一文中，英格利哈特再次以一个"大杂烩"的方式，从排外程度、对全球治理的信任程度、对国家级政府（相对于地方政府）的信任程度、对威权主义的态度、左右谱系上的自我认知等维度，来衡量文化上的"后物质主义"程度。这种衡量方式固然能够增加模型的解释力，但这五个概念内在联系的薄弱削弱了其理论的明晰程度。比如，在何种意义上，对地方自治的信任与对威权主义的信奉构成了一个可以融会贯通的概念？信任地方自治是否恰恰是信奉民主的一种方式？有鉴于此，本文虽然认同英格利哈特/皮帕的"文化反弹"说，但更愿意用"权利的革命"这个理论上更清晰的概念来描述西方政治文化的巨变，并试图从这个视角来分析当代美国政治的走向。②

各种调查显示，"权利的革命"是真实的、持续的和影响显著的。由于本

---

① Ronald Inglehart and Pippa Norris, "Trump, Brexit and the Rise of Populism: Economic Have-nots and Cultural Backlash," working paper, https://papers.ssrn.com/sol3/papers.cfm?abstract_id=2818659.

② 需要指出的是，本文中"权利的革命"与平克所说的"权利的革命"意涵不完全相同。他所描述的"权利的革命"主要指向"权利主体"的扩散，而本文所指的"权利的革命"既包括权利主体的扩散，也包括权利内容的深化。

文聚焦于美国，故以下分析将以美国的经验材料为依据。① 从权利主体的扩散而言，不妨以美国主流社会对同性恋、黑人和女性的态度作为三个观察点。图1展示的是美国公众对同性恋婚姻看法的变迁。在短短20余年（1996—2018）时间里，美国公众接受同性恋婚姻的人口比例从27%上升至67%，反对的比例则从68%下降至31%。

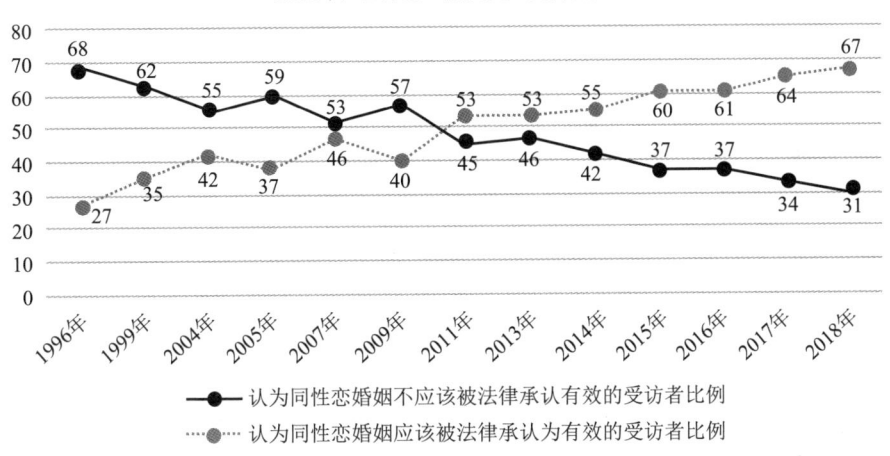

图1 美国人对同性恋婚姻支持和反对比例的变化（1996—2018）②

资料来源：盖洛普网站，Justin McCarthy, "Two in Three Americans Support Same-Sex Marriage", May 23, 2018, 参见：https://news.gallup.com/poll/234866/two-three-americans-support-sex-marriage.aspx.

图2展示的是美国公众接受黑人和白人"跨种族婚姻"比例的变化。1959年接受黑人和白人联姻的人口比例只有4%，但是到2013年，已经上升至87%。实际的跨种族婚姻人数显然要少得多，毕竟美国的黑人和白人比例失衡，而且还受阶层、文化差异等因素的影响，但是调查显示③，1980—2015

---

① 尽管忽略了欧洲的文化变迁，但是笔者认为美国和欧洲的变化具有同构性，可以说是同一场"文化革命"的不同组成部分。
② 本文的图表皆根据资料来源中的图表数据自行制作。由于原文没有提供原始数据，只有图表数据，故本文制作的图表会比原文图表的内容更加模糊。我的研究助理江文路协助制作了这些图表，在此表示感谢。
③ The Pew Research Center, "Intermarriage in the U.S. 50 years after Loving vs. Virginia", May 2017, http://www.pewsocialtrends.org/2017/05/18/intermarriage-in-the-u-s-50-years-after-loving-v-virginia/.

年，黑人的跨种族婚姻比例已经从5%上升至18%，白人的跨种族婚姻比例也从3%上升至11%。这说明无论是观念上还是行动上，美国人的种族主义观念都处在一个淡化的过程中。

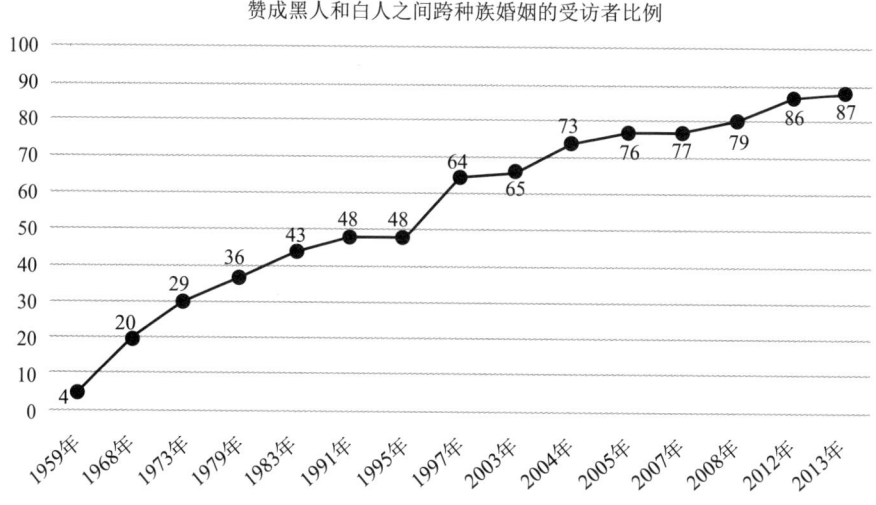

图2 美国人接受黑人和白人跨种族婚姻的比例变化（1959—2013）

资料来源：盖洛普网站，Frank Newport,"In U.S., 87% Approve of Black-White Marriage, vs. 4% in 1958", July 25, 2017, 参见：https://news.gallup.com/poll/163697/approve-marriage-blacks-whites.aspx.

图3则反映了美国人对女性态度的变化。盖洛普民意调查的一个问题是，"如果找到一个新工作，你更希望老板是男人还是女人"，从1953年到2017年，男性对这个问题的回答发生了显著的变化，表示"无所谓男人还是女人"的比例从21%升至68%；表示希望是女性的从2%升至13%；表示希望老板是男性的男性则从75%跌至19%。这说明越来越多的男性不再认为女性应当是弱小、温顺的从属物，而可以是强势、自主的职业领导。

就权利内涵的深化而言，在一百年前的"洛克那时代"①，美国社会还在为政府是否有权干涉劳资关系、提供社会保障、资助教育医疗等公共服

---

① "洛克那时代"是指美国历史上的经济保守主义时代（1897—1937）。在这个阶段，以"洛克那诉纽约"（Lochner v. New York）案为标志，美国最高法院通过了一系列判决，阻止政府调解劳资关系，干预市场活动。

务而犹疑。一百年后的今天,尽管公众仍然在为这些服务的尺度而斗争,但是,民众有权在各个领域享受公共服务这一基本原则已经牢不可破。这是罗斯福"新政"和约翰逊"伟大社会"运动的遗产。2015 年的一项调查显示,绝大多数美国人对政府资助的主要公共福利和服务项目都表示支持。①

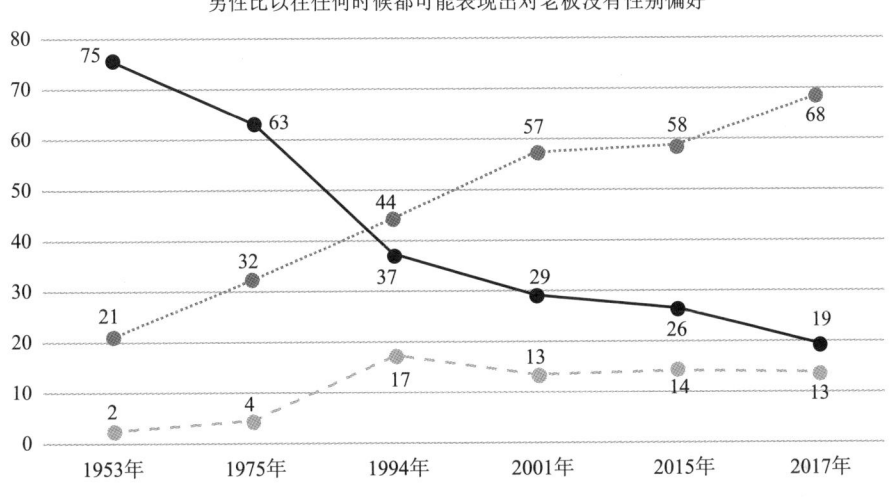

图 3　美国男性对上司性别偏好的变化 (1953—2017)

资料来源:盖洛普网站,Megan Brenan, "Americans No Long Prefer Male Boss to Female Boss", Nov. 16, 2017, 参见: https://news.gallup.com/poll/222425/americans-no-longer-prefer-male-boss-female-boss.aspx.

这种变化的表现之一,是权利已不再仅仅意味着政治权利,也包括经济和社会权利。关于这一点,近年的变化尤其明显,公众对贫困扶助和医疗保障的态度即是证明。就对贫困的态度而言,尽管政府在贫困扶助方面的人均开支呈总体上升趋势,但认为政府做的仍然不够的公众比例却逐年上升。从 1994 年至今,支持"穷人生活困难,是因为政府资助不够"这一判断的民众比例已从 39% 升至 53% (见图 4)。

---

① Mira Norton etc., "Medicare and Medicaid at 50", Kaiser Family Foundation, July 2015, https://www.kff.org/medicaid/poll-finding/medicare-and-medicaid-at-50/.

百年变局与中国政治学的时代化：清华政治学系的探索

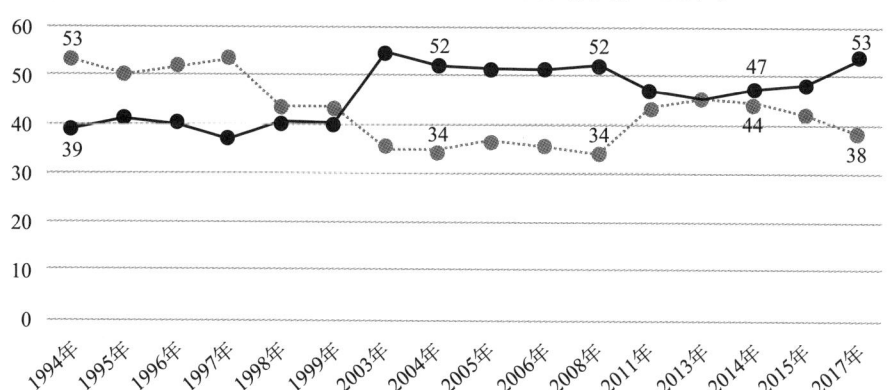

图 4　美国公众对政府贫困补助力度的看法

资料来源：皮尤研究中心网站，"The Partisan Divide on Political Values Grows Even Wider"，Oct.，2017，参见：http：//www.people-press.org/2017/10/05/the-partisan-divide-on-political-values-grows-even-wider/.

同样，在医疗保障问题上，21 世纪之前的公众意见出现过相当一段时间的僵持和反复，显示出美国个人主义政治文化的韧性。但是，近年来却出现了进步主义观念加速发展的趋势。根据盖洛普民意调查，2010 年支持"政府运行的医疗系统"的民众比例是 34%，支持"私人保险系统"的比例是 61%，二者之间差了 27 个百分点；但是到 2017 年，支持"政府运行的医疗系统"的民众比例升至 47%，而支持"私人保险系统"的比例则降至 48%，二者只差了 1 个百分点。不到十年时间发生了 26 个百分点的变化，不可谓不显著（见图 5）。

观念的代际差异，最直观地说明了"权利的革命"的真实性。在几乎所有重大议题上，美国人都表现出越年轻越自由化的倾向。这一点被无数民意调查结果所证实。或许有人会将观念的代际差异理解为生命周期导致的变化，但正如英格利哈特的研究所显示的，这种代际变化是真实的观念变迁，而不仅仅是生命周期所造成的观念转变。[①]

[①] 参见〔美〕罗纳德·英格利哈特：《发达工业社会的文化转型》，张秀琴译，北京：社会科学文献出版社 2013 年版。

图 5　美国公众对政府运营的医疗系统的看法（2010—2017）

资料来源：盖洛普网站，Frank Newport，"In U.S., Support for Government-Run Health System Edges Up"，Dec. 1, 2017，参见 https://news.gallup.com/poll/223031/americans-support-government-run-health-system-edges.aspx.

如图6所显示的，对于"歧视是黑人进步的主要障碍"这种看法，"沉默的一代"认同的比例是28%，"婴儿潮一代"认同的比例是36%，"X一代"认同的比例是40%，而"千禧一代"认同的比例则高达52%，这彰显出不同

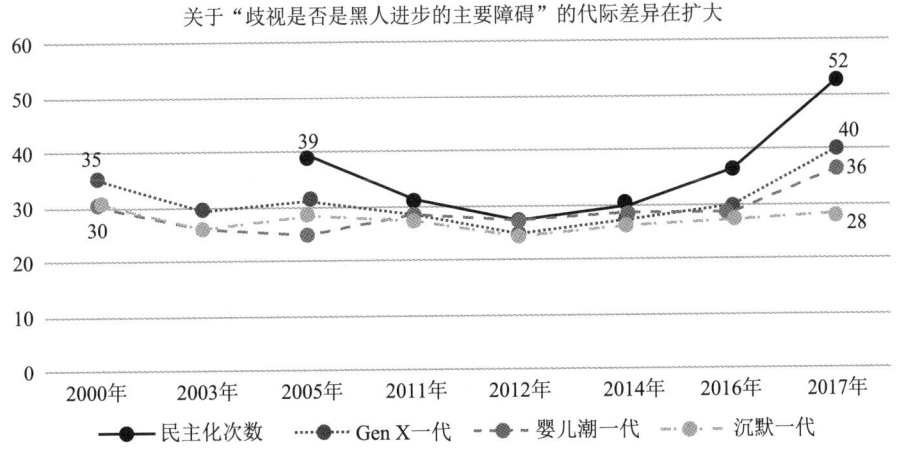

图 6　种族歧视的代际观念差异（2000—2017）

资料来源：皮尤研究中心网站，"The Generation Gap in American Politics"，March 1, 2018，参见：http://www.people-press.org/2018/03/01/the-generation-gap-in-american-politics/.

百年变局与中国政治学的时代化：清华政治学系的探索

代际对于维护少数族裔权利的不同态度。① 图 7 显示，不同代际的人对移民的态度与此类似，尽管总体上都在变得更加正面，但显然越年轻的人对移民的认同感越强。根据 2017 年的统计数据，47% 的"沉默一代"认为"移民使国家变得更加强大"，而在另一端，多达 79% 的"千禧一代"同意此判断。

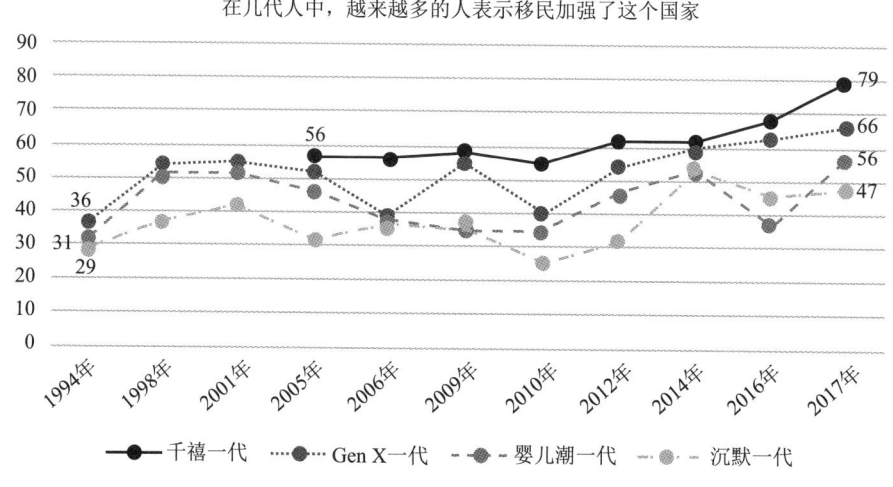

图 7 对移民态度的代际观念差距

资料来源：皮尤研究中心网站，"The Generation Gap in American Politics," March 1, 2018, 参见：http://www.people-press.org/2018/03/01/the-generation-gap-in-american-politics/.

在对"权利的内涵"的理解上，代际差异也十分明显。根据 2017 年的调查结果，对于"希望更大的政府提供更多的服务"的表述，30% 的"沉默一代"表示认同，"千禧一代"的认同比例则高达 57%（见表 1）；对"政府有责任为所有美国人提供医疗覆盖"这个判断，"沉默一代"和"千禧一代"的认同比例分别是 52% 和 67%（见图 8）。事实上，在已登记的选民中，"沉默一代"的民主党支持者和共和党支持者的比例是 43∶52，共和党比民主党多出 9 个百分点；而到了"千禧一代"，民主党支持者和共和党支持者的比例是 59∶32，民主党比共和党多出 27 个百分点。这说明美国的代际观念更替清晰地

---

① 根据皮尤研究中心的解释，"沉默一代"是指出生于 1928—1945 年的人群；"婴儿潮一代"是指出生于 1946—1964 年的人；"X 一代"是指出生于 1965—1980 年的人；"千禧一代"是指出生于 1981—1996 年的人。

朝着"自由派"的方向位移。

表1 关于政府规模的代际观念差异（1980—2017）

倾向于一个更大规模的政府提供更多服务的受访者比例								
	1980 %	1989 %	1996 %	1999 %	2007 %	2011 %	2014 %	2017 %
总数	32	48	30	43	43	41	42	48
千禧一代	—	—	—	—	68	56	54	57
X一代	—	—	53	54	51	45	46	50
婴儿潮一代	45	52	24	41	33	35	35	43
沉默一代	25	35	19	34	30	25	27	30

资料来源：皮尤研究中心网站，"The Generation Gap in American Politics," March 1, 2018, 参见：http://www.people-press.org/2018/03/01/the-generation-gap-in-american-politics/.

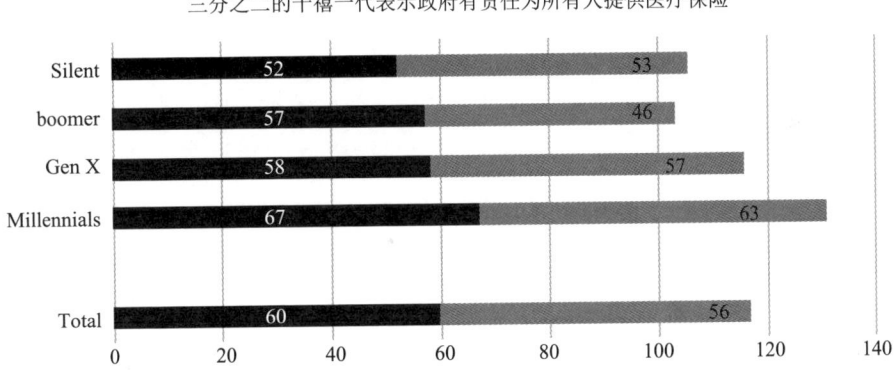

图8 关于政府医保责任的代际观念差异（2017）

资料来源：皮尤研究中心网站，"The Generation Gap in American Politics"，March 1, 2018, 参见：http://www.people-press.org/2018/03/01/the-generation-gap-in-american-politics/.

三、权利的革命与政治两极化

无论是观察整体民意的变化，还是观察观念的代际更替，都可以看到

百年变局与中国政治学的时代化：清华政治学系的探索

"权利的革命"在真实地发生。为何这一趋势导致美国政治文化的两极化？原因在于，这一"革命"在人群中的分布是极不均匀的——一部分美国人大步流星，另一部分人则踌躇不前，从而引发了文化的撕裂。换言之，美国政治文化的两极化过程主要不是处于中间位置的人群各自向两极扩散所致，而是自由派大步流星地向进步主义方向迈进、保守派没能"跟上"所致。当然，保守派在某些议题上也表现为进一步的"保守化"或阶段性的"保守化"，但总体而言，其政治观念位移的距离小于自由派，并且其变化方向不像自由派那么具有一致性。

比如，就对同性恋的看法而言，以"社会是否应该接受同性恋"这个问题作为观测窗口，皮尤研究中心的调查结果的确显示两党支持者的观念差距拉大了，但这并非因为共和党支持者变得更保守了，而是因为民主党支持者变得更自由化了，且变化的速度明显快于共和党支持者。事实上，共和党支持者认同"社会应该接受同性恋"的观点的比例也在增长，从1994年的38%上升至2017年的54%，但是同一时期，民主党支持者的这一比例则从54%上升至83%，因此，尽管两党支持者变化方向一致，最后结果反而是他们观念更加两极化了（见图9）。

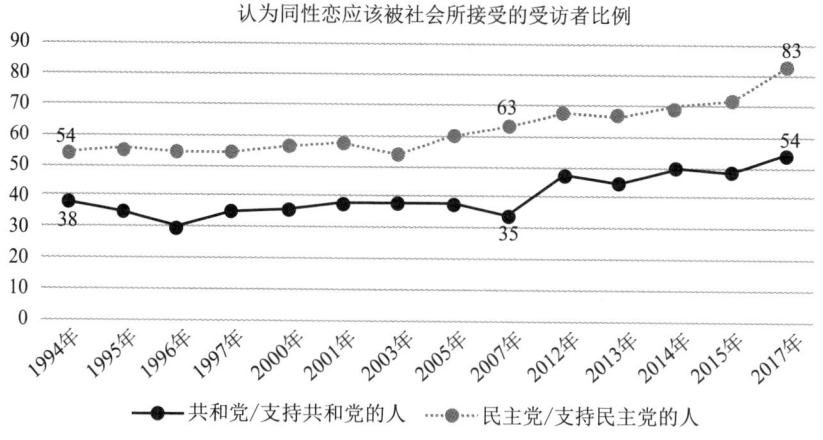

图 9　两党支持者对同性恋接受度的差距（1994—2017）

资料来源：皮尤研究中心网站，"The Partisan Divide on Political Values Grows Even Wider", Oct. 2017, 参见: http://www.people-press.org/2017/10/05/the-partisan-divide-on-political-values-grows-even-wider/.

就对移民的看法而言,对"移民通过勤劳工作和才干使国家更加强大"这一表述,共和党支持者的认同比例从1994年的30%上升至2017年的42%。也就是说,在这一阶段,共和党支持者事实上总体变得对移民更加包容了,而且变化幅度并不算小(12个百分点)。但是,同一时期认同这一表述的民主党支持者的比例却从32%升至84%,上升了52个百分点,可以说是极其显著的变化。结果,两党支持者在移民问题上的观点也是更加两极化了(见图10)。

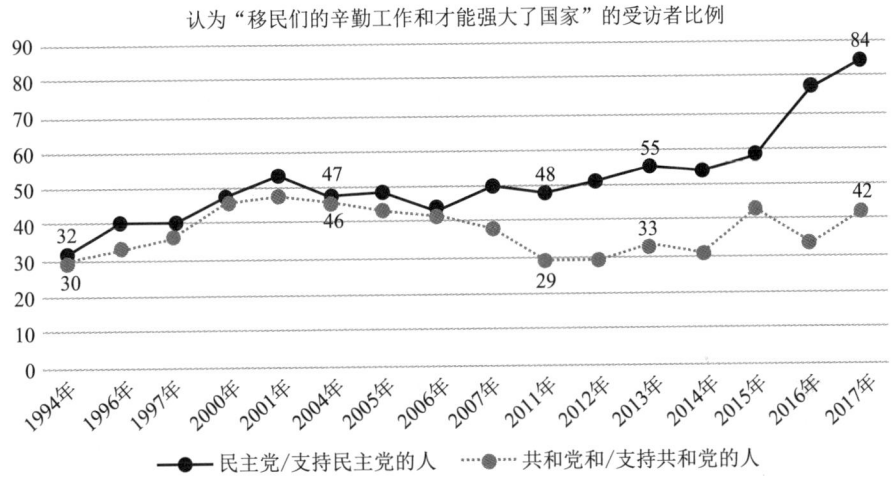

图10 两党支持者对移民接受度的差距(1994—2017)

资料来源:皮尤研究中心网站,"The Partisan Divide on Political Values Grows Even Wider",Oct. 2017,参见:http://www.people-press.org/2017/10/05/the-partisan-divide-on-political-values-grows-even-wider/.

皮尤中心的这一调查中还包含了对种族问题的看法。对"国家应当继续改变,赋予黑人和白人平等权利"这个判断,2009—2017年持赞同意见的共和党支持者从30%上升至36%,但同一时期民主党支持者的这一比例则从57%上升至81%(见图11)。同样,民主党支持者在这一问题上观念变化的幅度(24个百分点)远远大于共和党支持者的变化(6个百分点)。尽管近年来,共和党支持者在这个问题上也发生了趋于自由化的变化,却无法缓解政治越来越两极化的态势。

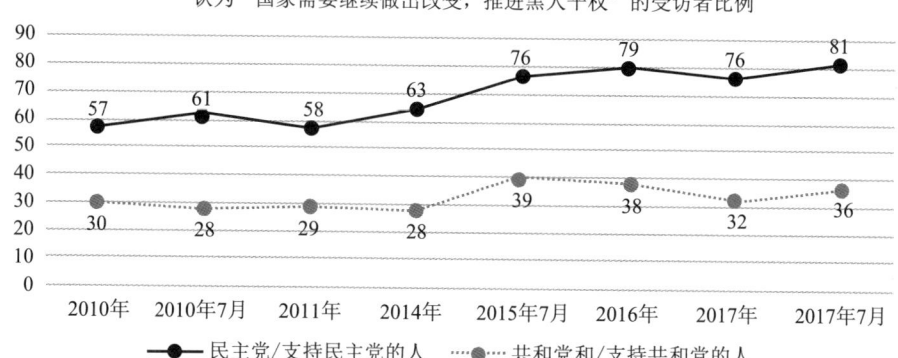

图 11　两党支持者支持黑人进一步平权的比例差距（2009—2017）

资料来源：皮尤研究中心网站，"The Partisan Divide on Political Values Grows Even Wider", Oct. 2017, 参见：http://www.people-press.org/2017/10/05/the-partisan-divide-on-political-values-grows-even-wider/.

在宗教问题上趋势类似，民主党支持者同样比共和党支持者发生了更加显著的变化。2002—2017 年，对"就建立道德和良好价值观而言，宗教并非是必须的"这一论断，共和党支持者的认同比例从 50% 降至 47%，是一个趋于保守化但是温和的变化；民主党的认同比例则从 52% 升至 64%，是更为显著的趋于自由化的变化。[1] 在"伊斯兰教与暴力的关系"问题上，两党支持者的观点也出现了幅度相似但方向相反的变化。针对"伊斯兰教比其他宗教更倾向于鼓励暴力"这一判断，表示认同的民主党支持者比例从 2002 年的 40% 降至 2017 年的 25%，表示认同的共和党支持者比例则从 51% 上升至 65%。可以说，至少在这个问题上，双方的变化是基本对称的。[2] 所以，前述变化趋势并非发生在每一个观念维度上，只是一个大致趋势。

同样，在"权利的内涵"问题上，如果从 20 世纪 90 年代中期算起，总体

---

[1] The Pew Research Center, "The Partisan Divide on Political Values Grows Even Wider", October 2017, http://www.people-press.org/2017/10/05/the-partisan-divide-on-political-values-grows-even-wider/.

[2] The Pew Research Center, "The Partisan Divide on Political Values Grows Even Wider", Oct. 2017, http://www.people-press.org/2017/10/05/the-partisan-divide-on-political-values-grows-even-wider/.

而言，双方观点的变化并不对称。皮尤研究中心的调查里有多个问题涉及对福利国家的看法，其中之一是"穷人之所以生活艰难是因为政府福利不够吗"，同意这个看法的共和党支持者比例从 1994 年的 28% 降至 2017 年的 25%，是一种温和的趋于保守的变化。同一时段认同这一看法的民主党支持者的比例则从 49% 上升至 76%，也就是 27 个百分点的变化，可以说是一个相对激烈的变化（见图 12）。

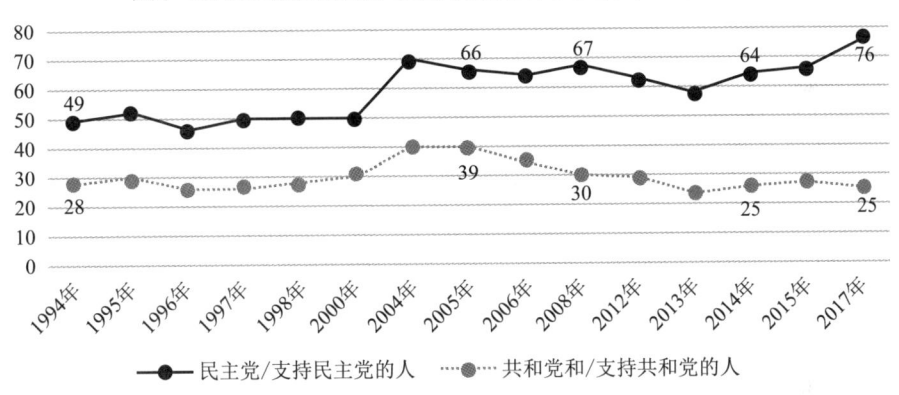

图 12　两党支持者对政府扶贫力度的看法差异（1994—2017）

资料来源：皮尤研究中心网站，"The Partisan Divide on Political Values Grows Even Wider", Oct. 2017，参见：http://www.people-press.org/2017/10/05/the-partisan-divide-on-political-values-grows-even-wider/.

一个有关政府和市场关系的表述是，"政府管理市场对于保护公共利益是必要的"。1994—2017 年，认同这一看法的共和党支持者的比例从 33% 降至 31%，变化温和但趋于保守化；认同这一看法的民主党支持者的比例则从 49% 升至 66%，是一个相对显著的变化（见图 13）。①

---

① 关于政府与市场的关系有若干问题，其中只在一个问题上，共和党支持者的观念的变化幅度超过了民主党支持者，即对"即使债务继续增加，政府也应该在帮助贫困美国人方面做得更多"这一判断，共和党支持者的赞同比例 1994—2017 从 38% 降至 24%（14 个百分点），民主党支持者的赞同比例则从 58% 升至 71%（13 个百分点），但这是唯一例外，而且 14 个百分点和 13 个百分点的差异并不那么明显。参见：http://www.people-press.org/2017/10/05/the-partisan-divide-on-political-values-grows-even-wider/.

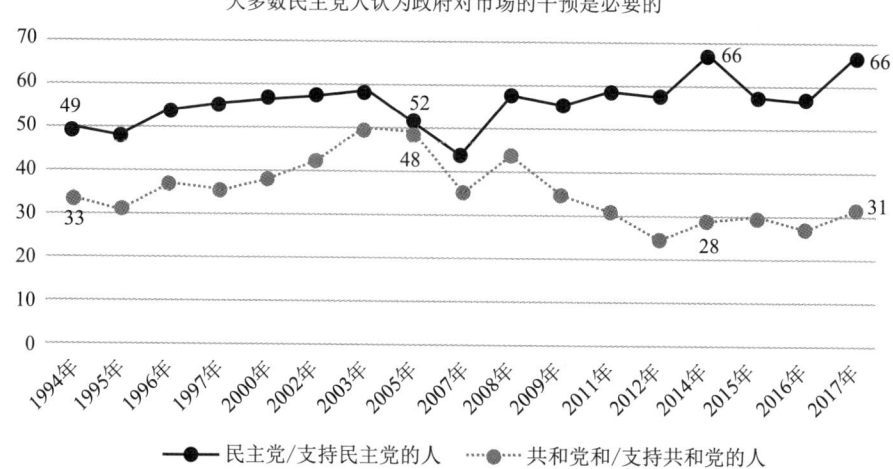

图 13 两党支持者对政府干预市场必要性的认识差距（1994—2017）

资料来源：皮尤研究中心，"The Partisan Divide on Political Values Grows Even Wider"，Oct. 2017，参见：http：//www.people-press.org/2017/10/05/the-partisan-divide-on-political-values-grows-even-wider/.

对经济不平等的看法，同样是民主党支持者的变化幅度明显大于共和党支持者的变化幅度。针对"如果人们愿意努力工作，他们就能够前进"这一说法，1994—2017 年，表示认同的共和党的比例从 73% 升至 77%，温和地趋于保守化；表示认同的民主党的比例则从 65% 降至 49%，更明显地趋于自由化。观念的两极化同样主要因为民主党人的观念变化幅度更大（图 14）。

不过，有必要指出，共和党支持者在某些议题上保守化的趋势更为明显。比如在环保问题上，1994—2017 年，认同"更严格的环境立法和管控是值得的"这一说法的共和党支持者的比例从 58% 跌至 36%，相比之下，民主党支持者的认同率则从 66% 升至 77%。在这个问题上，共和党支持者的态度位移距离更大。① 因此，"自由派位移距离更大"这个判断是就总体而言的，并不严格适用于每一个议题。

---

① "The Partisan Divide on Political Values Grows Even Wider"，October 2017，http：//www.people-press.org/2017/10/05/the-partisan-divide-on-political-values-grows-even-wider/.

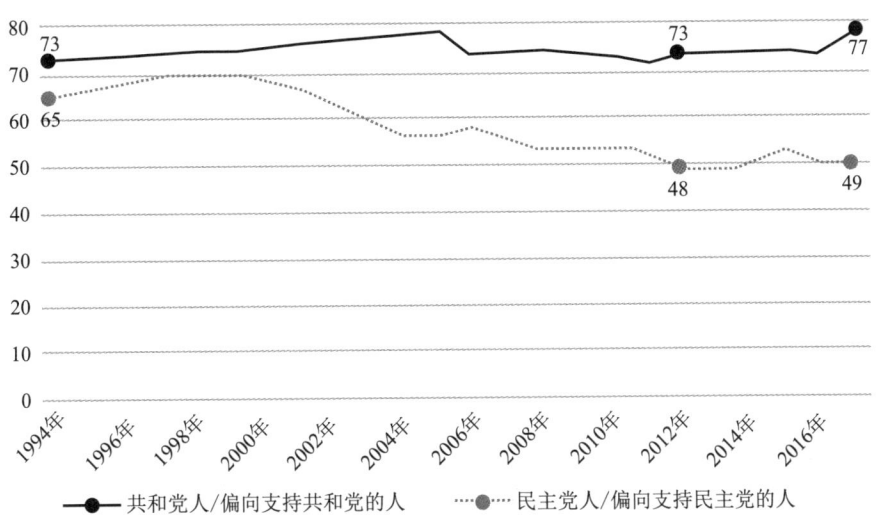

图 14　两党支持者对"努力就能前进"的看法差异（1994—2017）

资料来源：皮尤研究中心网站，"The Partisan Divide on Political Values Grows Even Wider", Oct. 2017，参见：http://www.people-press.org/2017/10/05/the-partisan-divide-on-political-values-grows-even-wider/.

　　政治观念的两极化主要由"进步"所驱动，这可能有违很多人的直觉，但民主党和共和党两个阵营在民调方面的变化轨迹大体支持这一结论。当然，右翼中存在一些极端的种族主义者和排外主义者①，有可能历经了观念的激进化变化，但这并不代表两党支持者观念的总体变化趋势，不能反映美国政治文化变迁的全貌。

　　进一步分析共和党支持者的观念变化趋势，可以发现在涉及同性恋者、黑人、移民和女性的身份政治议题上，保守派的观念表现出更大的弹性；而在政府的经济角色议题上，其观点则表现出更强的刚性。就对同性恋的态度而言，共和党支持者认同"社会应当抑制同性恋"立场的比例从 1994 年的 58% 降至 2017 年的 37%；持"移民是我国的负担"立场者的比例，也从 1994 年的 64% 降至 2017 年 44%。尽管"进步"幅度不如民主党支持者大，但确实在向进步的方向变化。相比之下，对"政府管控企业弊大于利"这一论断，共和党认同者的比例从 1994 年的 64% 降至 2017 年的 63%，几乎没有变化；同一

---

① 2017 年夏天发生在弗吉尼亚的"夏洛特维尔惨剧"即由极端主义者挑起。

百年变局与中国政治学的时代化：清华政治学系的探索

时期对于"政府今天已经没有余力更多地帮助穷人"的说法的支持率，甚至从58%上升至69%，可见其经济保守主义立场之坚定。① 尽管在经济问题上，共和党支持者的看法往往随着执政党轮替而历经明显的起落，但是从过去几十年的变化来看，几番起落之后，其观念位置最终往往回归一个长期的均值。相比之下，保守派在身份政治议题上的立场却不断演化，并在一个新的"台阶"上实现相对的稳定。

对比美国保守派公众在跨种族婚姻（作为"身份政治"的一个指标）和政府的医保责任（作为"政府经济角色"的一个指标）问题上的观念演化路径，可以看出美国保守主义的重心何在。盖洛普关于是否接受"黑白跨种族婚姻"的民意调查显示，1959—2013年，美国白人接受黑人和白人联姻的比例从17%升至84%，并且这一上升趋势一直没有逆转——2000—2013年，从60%上升到84%。尽管这一调查并没有区分保守派和自由派的态度的演变，并且有理由相信自由派的变化幅度大于保守派，但全民在此问题上的变化如此显著，保守派的变化显然起了重要的作用。换言之，这一变化幅度显示，保守派在"跨种族婚姻"问题上变得更加自由化了。② 至少从这个指标来看，保守派更远离种族主义了。相比之下，保守派对政府经济角色的态度却没有出现这样的变化趋势。在1975年到2013年这个相对长的时段里，认为"政府应该帮助支付医疗费用"的保守派比例虽然起起落落，但大体围绕着30%左右变化。③ 到了2017年，支持这一判断的民主党比例已高达85%，而共和党的比例仍然只有32%。④

认识这一点非常重要，因为谈论保守主义的时候，应认清保守主义者在"保守"什么。将族群身份问题和政府经济角色问题混为一谈，无助于认识美

---

① "The Partisan Divide on Political Values Grows Even Wider", October 2017, http://www.people-press.org/2017/10/05/the-partisan-divide-on-political-values-grows-even-wider/.

② Frank Newport, "In U.S., 87% Approve of Black-White Marriage, vs. 4% in 1958", July 25, 2013, https://news.gallup.com/poll/163697/approve-marriage-blacks-whites.aspx.

③ The Roper Center, "A Brief History of Public Opinion on the Government Role in Heath Care", https://ropercenter.cornell.edu/a-brief-history-of-public-opinion-on-the-governments-role-in-providing-health-care/.

④ The Pew Research Center, "More Americans Say Government Should Ensure Health Care Coverage", January 2017, http://www.pewresearch.org/fact-tank/2017/01/13/more-americans-say-government-should-ensure-health-care-coverage/.

国文化冲突的根源。从保守派在身份政治问题上的相对弹性和政府经济角色问题上的相对刚性来看，将西方民粹主义崛起的原因简单地归结为底层的种族主义和排外主义是不妥的。西方右翼民粹主义的成因既有族群观念元素，也有经济观念元素，甚至从本质上和长远来看，经济保守主义是保守派更坚硬的"内核"。

四、保守派的"反击"

随着观念差异不断加大，量变逐步积累为质变，一只脚迈出去很远，另一只脚却踌躇不前，政治撕裂迟早会发生，而 21 世纪初正是爆发这种撕裂的一个时间点。何以 21 世纪初尤其是 21 世纪头十年会成为这个爆发点？一些国际因素，如 21 世纪初伊斯兰极端主义的兴起和中国等新兴经济体的崛起，起到了很大的助推作用。但是，国际因素只是加速了国内文化战争的爆发，美国乃至整个西方内部的文化变迁才是美国政治两极化的主因。

如果说自由派与和保守派之间的文化战争在 20 世纪看起来更像是一场"拉锯战"，那么到了 21 世纪初，保守派越来越像是这场文化战争的"必败方"。这种逐渐清晰的失败意识使得保守派开始激进化。不过，这里所说的激进化并不是指其观点的位置发生了系统性巨变，而是指其观点的强度在显著增加。换言之，他们用偏好强度的变化来对抗左翼偏好位置的变化。

哪些因素促使保守派成为文化战争的"必败方"？首先是权利革命的累积和加速效应；其次是文化产业的"自由派偏向"及其引发的社交媒体反弹；最后，也可能是最重要的，是人口结构走向和观念代沟相互叠加所造成的未来趋势。在这几个因素的相互作用下，右翼保守派陷入一种"被围困心态"（siege mentality），而这种心态也强化了其内部的情绪极化。

就权利革命的累积和加速效应而言，文化冲突并非仅仅是观念之争，更表现为政治斗争和政策斗争。在保守派与自由派的政治斗争中，尽管保守派赢得了某些"战役"，但从历史轨迹来看，他们是在输掉这场"战争"：同性婚姻已被最高法院认可；黑人民权自 20 世纪 60 年代以来不断稳固，其经济和社会权利也受到平权法案的保护；女性在政治、经济等领域的地位得到提升；联邦政府的各项社会支出占国内生产总值的比例自 20 世纪六七十年代以来呈上升态势，逐

百年变局与中国政治学的时代化：清华政治学系的探索

渐远离经济保守主义……①固然，关于这些发展变化的程度和速度是否令人满意，尚存在很多争议，但就总体和长期而言，政策是朝着自由派支持的方向变化的，对这一点没有太大争议。换言之，无论就权利主体还是权利内涵的扩展而言，自由派理念的政策转化率都高于保守派理念的政策转化率。保守派的抵制可能减缓了这一变化的速度，但是在绝大多数问题上却无力改变变化的方向。

就文化产业的"自由派偏向"而言，美国的主流媒体、大学、好莱坞等影视产业总体而言倾向于自由派，并且这种"一边倒"的倾向近年来呈加速趋势。这强化了保守派在公共领域代言人不足的印象，从而加深了其政治怨恨。以哈佛大学为例，83%的文理学院教职员工自我认定为"自由派"或"倾向于自由派"，15%自我认定为"温和"的中间派，只有不到2%的人自我认定的标签是"保守派"或"倾向于保守派"。② 这一比例分布相较于整个社会的政治倾向分布而言，是明显一边倒的。近年来美国大学校园内的保守派发言人被驱逐甚至被暴力驱逐的案例频繁发生，即是这种一边倒的校园政治文化的体现。影视娱乐产业的情况类似。据统计，在2016年的选举中，影视和音乐产业的竞选捐款有80%流向了民主党。③ 在传统媒体方面，固然还有福克斯新闻（FOX News）这种明显倾向于保守派的媒体，但是传统主流媒体更加且越来越倾向于民主党，这一点为历史追踪性调查所佐证。1971年，自我认同为民主党人和共和党人的记者分别占美国记者总数的36%和26%左右，相当于1.4∶1，但是到了2017年，这个比例变成了28%和7%，相当于4∶1。④ 综

---

① The Pew Research Center, "What Does the Federal Government Spend Your Tax Dollars on? Social Insurance Programs, Mostly", 2017, April 4. http://www.pewresearch.org/fact-tank/2017/04/04/what-does-the-federal-government-spend-your-tax-dollars-on-social-insurance-programs-mostly/.

② Lucy Wang and Luke Xu, "Eighty-Eight Percent of Surveyed Harvard Faculty Believe Trump Has Done a 'Very Poor' Job as President", in *Harvard Crimson*, May 2, 2018, https://www.thecrimson.com/article/2018/5/2/faculty-survey-part-2/.

③ Neil Gross, "Why Is Hollywood So Liberal?", in *New York Times*, Jan. 27, 2018, https://www.nytimes.com/2018/01/27/opinion/sunday/hollywood-liberal.html.

④ 参见Chris Cillizza, "Just 7 Percent of Journalists Are Republicans. That's Far Fewer Than Even a Decade Ago", in *The Washington Post*, May 6, 2014, https://www.washingtonpost.com/news/the-fix/wp/2014/05/06/just-7-percent-of-journalists-are-republicans-thats-far-less-than-even-a-decade-ago/?utm_term=.20f3b05b77b2. 不过，该调查显示，最大的变化是"中间派"和"其他类"记者的崛起。但是，亦有人指出，在此"中间派"和"其他类"的政治位置未必处于民主党和共和党之间，其中相当一部分很可能是处于比民主党更左翼的位置。

合这些趋势，美国的文化保守派逐渐发现，自己在主流媒体、影视界和知识精英所掌握的话语体系里，不但声音越来越"小"，而且形象越来越负面，进而产生出一种被主流文化抛弃甚至妖魔化的怨恨。这种积蓄已久的怨恨在社交媒体时代终于找到了一个爆发口。这就是社交媒体成为特朗普的政治动员"主战场"的背景，也是社交媒体上各种"假新闻"满天飞的心理土壤。

保守派陷入"被围困心态"的最后（可能也是最重要的）原因，是美国政治文化的未来趋势。如前所述，政治观念的代际差异在美国已经非常明显：总体而言美国人一代比一代更加自由化，这似乎已成为一个加速的、不可逆的趋势。另一个令保守派感到雪上加霜的趋势，是少数族裔人口的比例不断加大，而少数族裔的政治倾向总体而言同样更倒向自由派。尽管在白人当中，共和党的支持者超过民主党的支持者，但是白人占美国人口的比例逐年下降，预计将从1965年的82%左右降至2065年的46%左右。[1] 这一人口结构的变化将产生重大的政治后果。2017年，白人支持民主党和共和党的人口比例分别是43%和51%——这是美国唯一一个支持右翼多于左翼的族群；黑人支持民主党和共和党的人口比例分别是84%和8%；西班牙裔的这一比例分别是63%和28%；亚裔的分别是65%和27%。[2] 因此，有理由认为，随着人口结构的变化，如果保守派不对其政纲做大幅调整的话，它将走向衰落。结合人口结构的变化趋势和代际观念的差异，可以想象，对于很多视保守主义为美国灵魂的人来说，这意味着几代人之后，美国将不再"美国"。

正是由于上述因素，美国保守派陷入一种"被围困心态"，其表现是愤怒情绪的高涨和政治动员的白热化。特朗普竞选动员大会上支持者群情激奋地不断高喊"把她关起来！把她关起来！"（Lock her up! Lock her up!）的狂热画面[3]，即

---

[1] The Pew Research Center, "10 Demographic Trends That Are Shaping the U. S. and the World", March 31, 2016, http://www.pewresearch.org/fact-tank/2016/03/31/10-demographic-trends-that-are-shaping-the-u-s-and-the-world/.

[2] The Pew Research Center, "Wide Gender Gap, Growing Educational Divide in Voters' Party Identification", March 20, 2018, http://www.people-press.org/2018/03/20/wide-gender-gap-growing-educational-divide-in-voters-party-identification/.

[3] "把她关起来！"（Lock her up!）是特朗普竞选动员大会中常见的一个口号，意指政府应因"邮件门"事件而逮捕希拉里·克林顿。

是这种愤怒的缩影。当然，愤怒是双向的，两党支持者，尤其是其中的积极分子，对彼此都充满了敌意，这种敌意的程度为第二次世界大战以来所罕见。但是，至少在特朗普当选前[①]，共和党支持者的愤怒更加显著。2015年的一项调查显示，61%的共和党支持者表示，过去一年的新闻令其更加愤怒；相比之下，42%的民主党支持者持同一看法。[②] 在2016年的另一项调查中，3/4的共和党人表示对政府的运作方式感到愤怒，而只有18%的民主党支持者有同样的感受。[③] 皮尤研究中心2016年的调查结果显示了不同候选人支持者的愤怒程度。其中，特朗普的支持者中，对联邦政府感到"愤怒"或者"挫败"的比例分别是50%和48%，加起来高达98%；希拉里支持者中感到"愤怒"和"挫败"者的比例则分别为6%和57%，加起来是63%（见表2）。

表2 2016年大选主要候选人支持者的情绪倾向

半数特朗普的支持者对联邦政府感到愤怒						
	对联邦政府的感受			对当今政治的感受		
	基本满意（%）	挫败（%）	愤怒（%）	基本满意（%）	挫败（%）	愤怒（%）
所有选民	17	59	22	9	67	23
共和党阵营及偏向共和党政策者支持共和党候选人的比例						
特朗普	1	48	50	3	56	40
克鲁兹	8	62	30	7	69	24
卡西奇	10	72	18	4	77	18
民主党阵营及偏向民主党政策者支持民主党候选人的比例						
希拉里	34	57	6	18	63	18
桑德斯	21	65	13	9	74	14

资料来源：皮尤研究中心网站，"Campaign Exposes Fissures over Issues, Values and How Life Has Changed in the U. S.", March 31, 2016, 参见：http://www.people-press.org/2016/03/31/campaign-exposes-fissures-over-issues-values-and-how-life-has-changed-in-the-u-s/.

---

① 特朗普当选总统一段时间之后，愤怒的程度发生了逆转，民主党人变得更加愤怒。参见Cameron Easley, "Democrats' Anger May Retake the House", in *Morning Consult*, July 23, 2018, https://morningconsult.com/2018/07/23/democrats-anger-may-retake-the-house/.

② Nick Gass, "Who's Angry? White, Female Republicans", in *Politico*, Jan. 3, 2016, https://www.politico.com/story/2016/01/poll-anger-217295.

③ Susan Milligan, "Another Year of the Angry Voter", in *U. S. News*, Feb. 23, 2018, https://www.usnews.com/news/the-report/articles/2018-02-23/angry-voters-got-trump-elected-now-anger-may-help-democrats.

另一个佐证两党支持者不同愤怒程度的,是双方对政治妥协的态度。特朗普当选之前的调查数据显示,相比共和党支持者,民主党支持者对妥协的态度更加开放。2010年盖洛普进行的一项调查显示,民主党支持者强烈认同政治妥协的比例是39%,强烈认同、比较认同和态度中立的比例,加起来高达81%;相比之下,共和党支持者的这两个比例分别是19%和57%。即使在特朗普上台后初期,共和党支持者仍然比民主党支持者更拒绝妥协。对"是否接受当选官员向意见相左者妥协"这一问题,69%的民主党人表示可以接受这种妥协,而只有46%的共和党人持同一立场(见表3)。[①] 有研究显示,相比于其他情绪,愤怒更容易导致政治参与。[②] 这或许正是特朗普竞选动员大会上出现狂热场景的原因。

表3 两党支持者对政治家"妥协"和"坚持"的不同态度(2010)

问卷说明:政治领导人坚持信仰更重要还是学会妥协更重要?接下来,我们对政治领导人在华盛顿应采取的最佳做法提出疑问。你将选择1到5的等级,其中1表示政治领导人为了达成目标而妥协更加重要,5意味着政治领导人坚持自己的信念更重要,即使目标很少达成。

	所有美国人(%)	民主党人(%)	独立选民(%)	共和党人(%)
5 坚持自己的信念更重要	14	10	12	23
4	13	8	12	18
3	24	22	25	25
2	16	20	16	13
1 学会妥协更重要	31	39	33	19
平均	2.6	2.3	2.5	3.1

资料来源:盖洛普网站,Jeffrey Jones,"Democrats, Republicans Differ in Views of Compromise in D.C.", Nov. 10, 2010,参见: https://news.gallup.com/poll/144359/democrats-republicans-differ-views-compromise.aspx.

[①] 参见 The Pew Research Center, "The Public, the Political System and American Democracy", April 26, 2018. http://www.people-press.org/2018/04/26/the-public-the-political-system-and-american-democracy/. 不过,2018年情况发生了变化,表示愿意妥协的民主党人从69%陡降至46%,与44%的共和党人相差无几,大约是"特朗普上台效应"最终开始呈现。

[②] Nicholas A. Valentino etc., "Election Night's Alright for Fighting: The Role of Emotions in Political Participation", in *Journal of Politics*, 2011, Vol. 73, No. 1.

结　语

综上所述，自20世纪六七十年代以来，权利的革命——很大程度上即英格利哈特所说的"西方文化的后现代转型"——带来了进步主义观念爆炸式的发展，但这一发展的分布是不均匀的。一部分人迅速接受了权利主体的扩散和权利内涵的深化，另一部分人则对这一变化感到难以接受。这种不均衡变化的后果，就是政治文化的冲突和两极化。换言之，政治文化两极化的主要动力是左翼自由派的大幅"进步化"。右翼保守派虽然在某些议题上也有保守化的倾向，但政治立场总体而言相对稳定，甚至在诸多议题上跟随着左翼向"左"移动。更确切地说，相关民调显示，保守派在族群身份政治议题上表现出相对的弹性，在经济议题上则表现得更为刚性，甚至表现出阶段性的强硬化。可以说，经济保守主义是保守派更顽固的堡垒。

在很大程度上，保守派以观念强度的变化，或者说愤怒的升温，来应对自由派观念幅度的变化。三个因素导致了保守派的"被围困心态"：从长时段的趋势来看，自由派观念的政策转化率高，并且形成越来越难以逆转的趋势；传统文化产业中的保守派逐渐被边缘化甚至妖魔化，激化了其心理上的怨恨，并激发保守派在社交媒体上聚集；人口族群结构的变化和代际观念的变迁，使得保守派的衰亡成为可预见的未来图景。保守派的"被围困心态"在奥巴马时代达到沸点，在这一阶段，相比民主党支持者，有更多的共和党支持者表达其政治上的愤怒与受挫感，他们也因此更加反对政治上的妥协。愤怒带来的激情，正是特朗普现象背后的助推力。

或许英格利哈特的一段话恰当地总结了很多保守派的心态："这些人最可能在他们的国家感到自己已经沦为主流价值的陌生人，已经被他们无法共享的进步主义文化变迁潮流抛在了后面……眼见他们的主导权力和优越地位日渐衰落。20世纪70年代寂静的革命如今似乎已经酿成一股愤怒和怨恨的反革命反弹。"① 在

---

① Ronald Inglehart and Pippa Norris, "Trump, Brexit and the Rise of Populism: Economic Have-nots and Cultural Backlash", working paper, https://papers.ssrn.com/sol3/papers.cfm?abstract_id=2818659.

2015年的一项民意调查中，针对"今天发生的很多事情让我觉得不安，我在自己的国家感到无所适从"这个表述，7/10 的共和党支持者表示认同，而只有 3/10 的民主党支持者表示认同。这一反差反映了保守派人士对在价值观方面沦为"祖国的陌生人"感到焦虑。[①]

　　文化的两极化推动着政治的两极化，反过来政治的两极化又加剧文化的两极化，因此，在可见的未来，美国政治很可能进一步撕裂。另一方面，正如英格利哈特和皮帕所说[②]，在很大程度上，自由派和保守派之间的观念鸿沟以代际观念差异为载体，随着老一代逐渐退出历史舞台，人口族群结构不断变迁，教育水平不断提高，这种撕裂也有可能最终被弥合。也就是说，政治斗争无法弥合的矛盾，时间或许可以。届时自由派与保守派之间的裂痕或许将被不同程度的自由派之间的裂痕所取代。至于这是好事还是坏事，只能交由时间去回答。

[①] Jim Tankersley, "This New Poll Gets to the Bottom of Why Republicans Seem So Angry in This Election", in *The Washington Post*, 2015, Nov. 4, https://www.washingtonpost.com/news/wonk/wp/2015/11/04/this-new-poll-gets-to-the-bottom-of-why-republicans-seem-so-angry-in-this-election/?utm_term=.4d55d02c99fd.

[②] Ronald Inglehart and Pippa Norris, "Trump, Brexit and the Rise of Populism: Economic Have-nots and Cultural Backlash", working paper, https://papers.ssrn.com/sol3/papers.cfm?abstract_id=2818659.

治理绩效、国家合法性外部化与全球化进路

杨雪冬　杨靖旻*

2008 年全球金融危机爆发后，全球化进程就进入了深刻盘整时期。特朗普当选美国总统后以"美国优先"名义在国内外采取一系列"去全球化""逆全球化"举措，给全球化的前景带来了更多的不确定性，动摇了人们推进全球化的信心。2020 年的新冠肺炎疫情及各国的治理反应，更使人们对全球化的信心降至"冰点"，悲观情绪弥漫，出现了"大停摆"（Great Lockdown）[①]、"新冷战"、全球化"熔断"[②] 等多种判断。尽管对全球化前景的具体描绘有所不同，但普遍性的共识是：我们进入了一个更不确定、更不安宁、更加动荡的世界。

那么，第二次世界大战后已经持续大半个世纪的全球化进程会就此中断，或者改弦易辙吗？还是会在各国共同努力下，走出这段漫长的"平台期"后进入新的阶段？这显然是一个迫切需要回答的时代课题。本文将从国家合法性外部化角度，回溯全球化与民族国家在第二次世界大战后的互动演进过程，讨论全球化如何通过强化国家合法性的外部来源来影响国家的内部治理过程，同时，国家的内部治理变化又会如何影响、塑造全球化的行进路线，以尝试探寻全球化进一步深化发展的动力机制。

本文第一部分是理论分析，讨论随着国际体系的发展和全球化的推进，各

---

* 杨靖旻，深圳大学城市治理研究院研究员。
① "World Economic Outlook, April 2020: The Great Lockdown", IMF, April 14, 2020.
② 刘贞晔：《全球化"熔断"及其历史大转折》，载《国际政治研究》，2020 年第 3 期，第 138—146 页。

国更加重视协调内外部关系的整体治理绩效,合法性外部化的重要性由此凸显。第二部分是历史分析,讨论第二次世界大战以来各国对待全球化的姿态变化,分析各国如何有选择地运用合法性外部化以提高其整体治理绩效,哪些因素促成了这种选择性调整,以及这些战略选择对全球化的发展产生了怎样的影响。第三部分是结论和进一步的讨论,分析在当下合法性外部化急剧变动条件下,全球化推进的可能路径。

一、全球化、治理绩效与合法性外部化

在民族国家初创时期,马克斯·韦伯提出了合法性来源的经典三分法,与之相比,当代各国的合法性生成机制是在国际体系逐步建立和全球化不断深化的双重背景下展开的,更为复杂多样。自17世纪威斯特伐利亚体系建立以来,经过数百年的发展,民族国家已经成为现代国家的普遍形式[1],从西方发展而来的现代国家制度构件伴随着全球化的扩展已在各国普遍建立[2]。当前,各国面临的合法性问题首先不再是权威如何授予和获得,而是在现有的国际体系和全球化背景下,制度如何运行产生治理绩效。

第二次世界大战后,随着各国国内社会经济的发展,国家早已不再是职能单一的"守夜人",而是广泛深入地参与到各个领域运行之中,成为承担诸多责任的"治理者"。在国际层面,随着国际格局的逐步稳定和全球化的日益推进,和平与发展成为时代主题,各国处于共同的发展平台之上,国家之间的竞争从战争冲突转化为治理绩效竞赛。由此,治理绩效成为合法性的首要来源,使制度有效运行起来,回应社会需求,促进经济社会发展,直接决定着国家合法性的稳固和提升。[3]

---

[1] 《论民族自决》,见《列宁选集》第2卷,北京:人民出版社1995年版,第371页。
[2] 〔英〕塞缪尔·E. 芬纳:《统治史》(卷三),马百亮译,上海:华东师范大学出版社2014年版,第451页。
[3] 〔美〕西摩·马丁·李普塞特:《政治人——政治的社会基础》,张绍宗译,上海:上海人民出版社1997年版,第55页;L. Pye, "The Legitimacy Crisis", in L. Binder et al. (eds.), *Crisis and Sequences in Political Development*, Princeton: Princeton University Press, 1971, p.135;〔美〕塞缪尔·P. 亨廷顿:《变化社会中的政治秩序》,王冠华等译,上海:上海三联书店1989年版,第1页。

百年变局与中国政治学的时代化：清华政治学系的探索

在绩效合法性的重要性日益凸显的同时，合法性来源向外部大大拓展。在国家建构过程中原本就存在着"国际动力"①，对外联系的发展又使各国身处国内大局与国际格局的交界面上，因此在"国内合法性"的基础上，来自国际社会的承认、支持和认同，对于维护合法性的作用也更为突出。伊恩·克拉克认为任何国内合法性都包含了国际方面的内容，并归纳了国际合法性的双重内涵，即"身份正当"（rightful membership）和"行为正当"（rightful conduct）②。国家要获得来自国际社会的认同，不仅要加入各类国际组织，获得成员身份，还要遵守国际规范，回应国际舆论，承担国际责任和义务。即使是大国也要"虚伪"地接受国际社会提出的要求③。然而，国际合法性概念的解释力存在两个不足：

第一，这个概念是单向的，不能展现国家作为合法性主体对自身国际合法性的构建。无论是"身份"还是"行为"，其"正当性"的评判者、赋予者都来自外部，但实际上国家并不是被动接受的，国家也会主动地争取适合自己的"身份"，实现自己意图，建构自身"行为"的"正当性"，以争取国家发展可利用的外部资源，赢得更为有利的国际环境以及外部支持，从而提升制度运行绩效，强化国内的支持和认同④。一些大国还会通过推广、提升本国形象，尤其是制度影响力，将国内合法性的认知模式提升到国际层面，从而影响、塑造国际合法性的衡量和评价标准。

第二，这个概念是中性的，没有显示出国际合法性也是一种制约，会产生负面效应。国际社会通过国际规范、舆论以及直接干预等方式不同程度地影响、约束着国家主权的绝对性以及决策行动的自主性，由此出现了"共享主权"（shared sovereignty）⑤、"有限国家状态"（limited statehood）⑥等现象。发

---

① 郭忠华、谢涵冰：《民族国家建构的方式与轨迹——基于联合国会员国的分析》，载《探索与争鸣》，2018年第11期，第73—86页。

② Ian Clark, *Legitimacy in International Society*, New York: Oxford University Press, 2005, p. 5.

③ Martha Finnemore, "Legitimacy, Hypocrisy, and the Social Structure of Unipolarity: Why Being a Unipole Isn't All It's Cracked Up to Be", *World Politics*, Vol. 61, No. 1, 2009, pp. 58 - 85.

④ 杨雪冬：《论现代合法性及其实现》，载《中国人民大学学报》，2007年第3期，第93—103页。

⑤ Thomas Risse (ed.), *Governance Without a State? Policies and politics in areas of limited statehood*, NY: Columbia University Press, 2011, p. 3.

⑥ Stephen Krasner, "Sharing Sovereignty: New Institutions for Collapsed and Failing States", *International Security*, Vol. 29, No. 2, 2004, pp. 85 - 120.

展中国家受到的影响尤其明显，一些国家要根据国际组织或该组织的主要捐助国提出的要求来调整国内政策；一些国家的政权是在外部力量支持下建立或移植而来的，需要外部资源输入才能维持运行。虽然这些国家暂时拥有了明显的国际合法性，但是需要通过改善国内治理才能得到国内社会的承认。① 更重要的是，外部因素的参与和介入并没有促使可持续内生发展机制的形成，反而加剧了原来的国内矛盾，国际合法性就与国内合法性产生了冲突。

因此，本文使用"合法性外部化"来指代在全球化进程中，国家合法性外部来源的增多及国家做出的回应、调整以及参与建构。这是一个国际社会与国家在塑造国家合法性时的双向互动过程。合法性外部来源的增加不能自动转化为国家合法性的提升，必须得到国家这个主体的接受，应用于治理绩效的提升之中，才能成为国家合法性的有机组成部分。由于在全球化进程中所处位次、国家发展对外部要素的需求以及国内治理结构等方面有所不同，各国的"合法性外部化"程度、方式也不同，采取的立场态度和选择的回应路径也存在着差别。

"合法性外部化"在内容上主要包括：第一，治理理念的外部化，即评判国家治理模式、治理行为及其效果的价值理念深受外部影响，主要表现为治理理念从外部直接移植而来（内嵌），拒绝接受外部的评价（脱嵌），凭借国家实力的绝对优势将国内的价值理念向国际社会推广（输出）三种情况。第二，治理集团的外部化，即治理集团的成员有密切的外部联系或受到外部的支持，甚至是外部力量的代理者。治理集团既可能主动建立外部联系，争取外部支持，也可能是被动卷入，强制施加的。第三，治理资源的外部化，即经济发展以及制度运行所需要的资源依靠外部提供、援助甚至保障，可以是经济、技术与制度扶持等方面的外部援助，也可以是主权认可、和平协议、市场准入、法治与规范等确保外部化顺利进行的保障。同样地，这类支持和保障可能是主动索取的，也可能是被动接受，亦可能是处于两种过程之间。这些"合法性外部化"在运行方式上可以分为三种类型：自主型外部化、依附型外部化和反

---

① Lars Brozus and Thomas Risse（ed.），*Governance Without a State? Policies and politics in areas of limited statehood*, NY: Columbia University Press, 2011, p. 3.

向外部化。具体来说，自主型外部化指的是国家根据本国发展所需，以主权为基础自主地形成治理理念，自主地开展与国际社会的交流互动，自主地寻求国际社会的支持和认可。由于各国在国际体系中的地位、综合国力、国际影响力等存在差别，自主型外部化表现为两种情况：一是发展中国家以本国发展为主要目的，寻求外部资源、支持、认同的行为；二是发达国家以影响和塑造国际合法性为目的，将自己的理念、制度向国际社会推广，使之国际化，从而获得其他国家"主动"认同的国际合法性，这也可以称为"国内合法性的外部化"。

依附型外部化指的是国家政权的存在、运行和国家的发展高度依赖于外部资源供给和力量支持，可以表现为前文所述的治理理念、治理集团、治理资源各个方面的外部化。因此，国际社会对于此类国家的行为能够形成强有力的制约，可以直接干预其国内治理的运行，国家被迫接受国际社会提出的要求、设定的规则，以获得有限的治理资源维持合法身份和发展空间。依附型外部化缺乏可持续性，很容易引起国内公众的抗议和抵制。在这种情况下，如果不能提高国家治理绩效，合法性的外部化甚至国内合法性都可能因外部条件的变化而受到影响。相关国家也会随着内外部条件的变化，主动谋求摆脱依附地位，转而选择其他形式的合法性外部化。

反向外部化是指国家对现有外部联系的反动和重构，以努力构建一种适应自己目的的外部化状态。国家是目前最完备的政治经济单位，有着稳定的治理边界和对强制力的垄断权，是抵抗外部风险冲击最后的制度化堡垒。正如丹尼·罗德里克所说，"国家还是政治身份和归属感的中心，政治社区的组织形式更多的是当地化而不是全球化"[1]。因此，当国家无法从"合法性外部化"中获得预期收益时，会停止"外部化"或者屏蔽"外部化"的影响。在这个意义上，任何国家都有为了维持国内秩序而采取"去全球化""逆全球化"的内在倾向，但只有少数强势国家才有将这种倾向转化为行动的能力。而从本国利益出发，对全球化既有进程的干扰、阻滞乃至对抗的极端举措，虽然会引发

---

[1] 〔美〕丹尼·罗德里克：《全球化的悖论》，廖丽华译，北京：中国人民大学出版社2011年版，第193页。

国际社会的不安和动荡，削弱其国际合法性，但也会在一定阶段起到稳定乃至提升国内合法性的作用。

上述不同类型的合法性外部化都没有绝对的纯粹状态，在现实中经常是以混合的形式出现的。同一个国家也会在不同领域中采取不同倾向的外部化，或者是有意为之，或者为形势所迫。同一国家在同一领域的外部化也可能随时间推移发生转化，或从依附型转变为自主型外部化，或从自主型转为反向与重构的外部化。而不同类型外部化的结合运用既可能形成互补支撑之势，也可能导致对冲抵消的结果。

根据合法性外部化的方式，我们提出国家行为影响全球化进路的三个判断：

第一，在合法性外部化问题上，当大部分国家能够谋求自主型外部化时，全球化进程就会呈现多元参与—共同推动的状态，各领域的全球化就会取得较大发展。当大部分国家都采取反向外部化时，全球化进程会呈现阻滞状态，一定时期内将陷入持续冲突、动荡，甚至可能彻底反转。

第二，当较多国家的合法性要通过依附于少数关键国家的支持来维持时，全球化进程就会呈现单方主导推进的状态。尽管全球化能在各个领域不断发展，但因为依附关系的存在，在一段时期内，这种发展会处于较稳定但不均衡的状态。一旦这些国家中断依附型外部化，无论其转为自主型还是反向外部化，这一过程中出现的混乱状态都会使全球化进程出现动荡。

第三，当某些关键国家从自主型外部化转为反向外部化时，全球化进程也会遭遇波折甚至陷入停滞，其持续的时间、发生的强度以及全球化转向的可能，由既有全球化进程的抗冲击韧性，以及采取反向外部化的国家的意愿、能力等多种因素共同决定。下文将以第二次世界大战以来各国参与全球化进程的行为选择为分析对象，讨论在各国追求治理绩效的过程中，三种类型的合法性外部化是如何发挥作用，进而如何影响全球化进程的。

二、治理绩效竞赛与合法性外部化的选择运用

第二次世界大战后，尽管出现了长达四十多年的冷战对抗，局部冲突和有

百年变局与中国政治学的时代化：清华政治学系的探索

限战争不断，并几度出现千钧一发的危急时刻，但是世界和平的整体进程一直得以持续，发展一直是各国国内治理的核心议题，而各国的发展努力也为全球化的推进提供了必要条件。尤其是，在战后民族解放和独立运动中建立起来的一大批新的主权国家也开启了现代化进程，从而使原来囿于西方发达国家之间的治理竞争扩展到全球范围。这些后发国家在谋求自身发展的过程中成为全球化进程的重要参与者，其合法性外部化的选择受到既有国际体系的制约，但也从形式和内容上改变了一直由西方国家推动的全球化进程。

第二次世界大战结束初期，为建立和平稳定的国际新秩序、迅速恢复国内秩序与复兴经济，联合国（1945年）、国际货币基金组织（1944年）、国际复兴开发银行（1945年）和关税及贸易总协定（1946）孕育而生。这些制度设计为积极开展战后复兴的众多国家提供了合法性自主外部化的条件，也为全球化的发展奠定了国际制度基础，多元参与的自主型外部化出现短暂萌芽。然而，西方国家与苏联的矛盾急剧升级，铁幕落下，冷战开始，各国自主参与的全球化戛然而止。

（一）冷战与双轨—依附型外部化的推进

第二次世界大战后形成的两大阵营，也代表了两种现代化发展模式的分野与对抗，这种情形对于亟待通过合法性外部化获得复兴资源的国家而言，既是选项也是限制。这一时期，基于国家能力与治理绩效的考量，不同国家在合法性外部化上的不同选择使全球化进程呈双轨—依附式推进。

对于新独立国家而言，从一开始其合法性的维持就与国际社会紧密联系在一起。其中，一些国家借助双边协议、多边国际会议和国际组织的决议或行为等来获得主权国家身份①，另有相当数量的国家其独立就是在外部力量的直接参与和支持下完成的。这些国家的主权在国际上获得公认，也会使合法性在国内得到巩固和增强。然而，政治独立并不会自动转化为自主的经济发展。由于

---

① 基于《联合国宪章》中关于成员国之间"主权平等"原则，加入联合国的成员国即被国际社会承认其主权国家身份，因此，各国以联合国成员国身份为其主权合法性的外部来源。1945年联合国刚成立时，有50个创始会员国，到1955年，会员国增加到76个会员国，1960年增加到100个会员国，1971年增加到132个，1980年增加到154个，1991年增加到166个。

国内治理结构不完善，治理资源匮乏，这些长期处于落后状态的国家对发展道路的选择深受外部资源和条件的限制。在战后相当长的时期里，这些国家的合法性外部化具体表现在两个层面上：一是与前宗主国的非对称性联系，二是与冷战两大阵营，尤其是美苏两个大国（及其主导的各领域国际机制）的关系。因此，各国发展道路的选择远不止于经济意义上的，更是政治和意识形态意义上的，各国取得的发展成就不仅体现了本国的治理绩效，而且折射、体现了国际范围内不同制度体系和意识形态之间的竞争。在这种条件下，这些新独立国家的合法性都必须"外部化"，而无论何种选择都具有依附性。这种依附型外部化的选择虽然迫于形势，但也有相对的自主性，正如印度前总理尼赫鲁所说："我们认为自己的目标是社会主义，不仅因为它看起来适合我们，并对我们有用，还因为我们别无他途来解决我们的经济发展问题。"[1]

就美苏两个超级大国来看，冷战开始后，他们主动输出治理理念，吸引乃至强制更多的国家选择他们所推崇的发展道路，用自身主导的价值理念评判其他国家的治理状况；同时，提升本国的综合影响力，壮大本阵营的力量，掠夺式索取国际资源，以夺取国际霸权地位。[2] 美苏两国在第二次世界大战后都开始有意识地实施对外援助，甚至将对外援助与对外干预结合在一起，力图控制发展中国家，导致形成两极对抗的国际格局，加剧了国际政治经济关系的不平等性。

随着两极格局的演变和发展，大量处于"中间地带"的国家[3]开始从冷战初期的依附型外部化转而积极探索运用国家的力量来维护发展的独立性和自主性，利用国际格局和外部资源来减弱外部力量的制约和影响。在各国为争取发展自主性的自主型外部化过程中，形成了四种基本做法：

第一种是中断依附，实施独立自主的发展战略。拉美国家在1950年代施行的进口替代型发展战略，就是为了打破国际经济体系中不平等的"中心—

---

[1] 转引自杰里米·弗赖德曼：《60年代苏联对发展中世界的政策与中国的挑战》，刘磊译，载《冷战国际史研究》，2010年第1期，第107—131页。

[2] 刘国柱：《从第四点到和平队：美国对发展中国家援助理论与实践的转变》，载《史学月刊》，2005年第8期，第71—74页。

[3] 《毛泽东外交文选》，北京：中央文献出版社1994年版，第59页。

百年变局与中国政治学的时代化：清华政治学系的探索

边缘"结构，通过主动与"中心"脱钩，发挥国家的作用推动内部自主的工业化，并实行政治社会改革。① 中国的独立自主发展是另一种典型，也是某种形式的"反向外部化"，即摆脱两大阵营尤其是霸权大国的控制，保持主权独立和发展的自主性。这种做法缘于外部环境急剧变化后，中国不愿意受外部力量的干预或控制，国家自身有能力、决心和足够的内部空间来动员国内力量和资源构建其独立的经济体系，寻求独立自主的发展。尽管这种发展方式遭遇了来自外部的压力和制约，但外部挑战也会成为提升内部合法性的动因。这也是中国一直强调坚持独立自主的和平外交政策的重要原因。

第二种做法是主动建立经济政治联盟。面对美苏两个大国及其势力影响，一些国家因地缘接近、发展水平类似、政治诉求一致等，积极加强经济联系、协调政治立场，通过建立国际组织，提升本地区或者本群体的国际影响力，从而维护本国利益。从 1950 年代开始，陆续出现了欧洲煤铁共同体（1952 年，1958 年发展为欧洲经济共同体）、不结盟运动组织（1961 年）、非洲统一组织（1963 年）、东南亚联盟（1961 年，1967 年发展为东南亚国家联盟）、77 国集团（1967 年）等。这些功能不同的联盟组织涵盖了美苏之外的绝大多数国家，不仅对两大霸权国家形成了制约，而且推动了经济区域化、政治多极化发展，也为全球化的发展提供了坚实的基础。借助这些国际组织，各国的对外交往更具有了层次性和回旋空间，合法性的外部来源也更为多样化、具体化。

第三种做法是利用联合国平台提出发展主张，推动国际经济关系的调整。1948 年成立的拉美经济委员会作为联合国经社理事会的五个区域性分支机构之一，从 1950 年代开始积极倡导通过国际合作改善不利于发展中国家的外部环境。1964 年联合国贸易与发展会议成立后，积极推动建立一种针对发展中国家的普遍的、非歧视的、非互惠的关税优惠体制，并陆续取得制度性成果。②

第四种做法是充分利用本国在国际经济体系中的比较优势，采取出口导向

---

① 参见〔美〕杰拉尔德·迈耶、达德利·西尔斯编《发展经济学的先驱》，谭崇台等译，北京：经济科学出版社 1988 年版，第 195 页。
② 〔英〕马克·威廉姆斯：《国际经济组织与第三世界》，张汉林译，北京：经济科学出版社 2001 年版，第 185 页。

战略。鉴于进口替代战略的不成功,一些国家和地区在1960年代中期抓住西方国家产业转型、资本转移、居民消费升级等带来的机遇,采取更加开放的贸易战略,利用国际市场提供的空间,发挥比较优势,积极推动出口发展,促进国内的工业化,从而实现了经济的快速发展,由此出现了以日本和亚洲"四小龙"为代表的"东亚奇迹"。①

尽管上述四种做法侧重点不同,但有两个鲜明的共同特点:一是都围绕国家在新的国际环境中实现快速发展这个目标而展开。"发展"成为各国治理绩效评价的标准。联合国在1961年启动了"发展十年"国际发展战略,此后每隔十年,都会制定这样的战略,对世界发展状况和存在的问题进行评估,为各国发展提供导引,并推动相关的行动计划。二是都对如何发挥国家的内外职能做了积极探索②。这些探索远远超出了自由主义和苏联模式对国家作用的理解和界定,说明不同的国情必然对国家的职能定位和作用发挥方式提出不同的要求。国家作用的发挥效果集中体现为各国治理绩效的分化。有的国家和地区借助产业政策,成功地实现了经济的增长,例如日本加入发达国家行列,韩国、新加坡等成为新兴工业化国家;有些国家(如海湾国家)利用资源优势,实现了经济增长,国际影响力大大提升;有些国家(如拉美国家)经历了一段时期的经济增长后,政治经济困境交织在一起,陷入"中等收入陷阱";还有国家(如非洲国家)的经济发展一波三折,政治局面动荡不安。

1970年代初期美元—金本位制终结,主要西方国家开始实施本国货币对美元的"浮动汇率制",由此获得了更大的自主性,而美国维系西方阵营的负担也得到分担。同时,从1970年代中期开始,苏联模式陷入困境,综合实力衰落,对外控制力收缩,其发展模式的影响力也大为减弱,苏东集团内部进一步分化,集团内依附型关系出现松动,一些国家开始显现出自主型外部化的趋势,权力真空地带陷入乱局。这一时期,美国的综合国力和影响力则相对大幅度提升,两极格局开始向西方倾斜。

---

① The World Bank, *The East Asian Miracle: Economic Growth and Public Policy*, New York: Oxford University Press, 1993.

② Atul Kohli, *State-directed Development: Political Power and Industrialization in the Global Periphery*, Cambridge University Press, 2004, p. 1.

（二）冷战结束后单轨—自主型外部化的勃兴

随着冷战的结束，在美国的引领下，资本管制被打破，资本流动的步伐越来越快①，束缚全球化推进的制度性壁垒也随之解除，全球化迎来了"超级全球化"阶段②。国际资本、国际市场对于各国，尤其是广大发展中国家的重要性日益突出，越来越多的国家转向自主型外部化。各国普遍把对外开放作为国家发展的必要条件，拥抱全球化，实现经济增长和繁荣，逐渐成为全球共识。而中国的对外开放、新兴经济体的发展，进一步释放了经济全球化的活力。

但这一时期的"自主"也是相对的。首先，全球化的单轨推进使各国的自主性受到限制。各国在更加深入、全面地嵌入美国主导的国际体系的同时，发展的自主性也受到该体系内设的规则、规范、决策程序、评估标准等各方面的更深刻的约束。从这个角度来说，合法性外部化的方式更趋单一化，美国成为很多国家稳定国内政治经济秩序的主要依靠对象，也成为许多国家合法性外部化的主要来源，为这些国家提供国家治理的方案、人才以及维持政权合法性所需的其他资源。"华盛顿共识"就是美国干预其他国家经济发展提出的指导性准则。

其次，全球化的深入发展从两个方面对国家治理提出了挑战。一方面，全球化的发展导致了诸多跨国问题和全球风险，国家治理能力的局限性日益暴露，安全和秩序在国家治理议程中占据越来越重要的位置。③ 有三类问题尤其突出地反映了治理集团与治理资源外部化问题。一是跨国问题乃至全球性问题。应对这类问题需要国家具有国际合作的意愿并能达成相应的合作机制。二是需要集中大量资源、采取大规模集体行动予以应对的问题。处理这些问题要

---

① 美国和原西德在 1970 年代中期解除资本管制，英国在 1979 年开始解除资本管制，日本则在 1980 年代初期完成了这个任务。在 1976 年，经合组织 19 个成员国只有 5 个国家开放资本市场，在随后的 10 年间，其他国家陆续开放了资本市场。与此同时，越来越多的新兴市场陆续开放资本账户（Joseph P. Quinlan, *The Last Economic Superpower*, NY: The McGraw Hill, 2011, p. 12）。

② "超级全球化"是指 1990 年代后期到 21 世纪初这一时期，在规模、范围与速度上，全球化发生了巨大变化，主权国家与要素自由流动的经济全球化之间的冲突开始显现（参见〔美〕丹尼·罗德里克：《全球化的悖论》，廖丽华译，北京：中国人民大学出版社 2011 年版）。

③ Ulrich Beck, *World at Risk*, trans. by Ciaran Cronin, Polity Press, 2009, pp. 53 – 65.

求国家拥有雄厚的财政实力和社会号召力。三是涉及多个主体,尤其是其他主体能够抗衡国家权力,甚至发挥主导作用的问题。有效应对这些问题需要国家与其他主体建立对话与合作的平台,并能够说服或者强制其他主体采取共同的、具有长远眼光的行动。原本国际合作可以增强国家的外部合法性,但由于这些问题的解决需要有长远眼光、长期投入,难以在短期内取得效果,往往引起国内民众的不满,反而削弱了国内合法性。

更为重要的是,全球化的发展还影响到对治理实践的评判,使"国家怀疑论"进一步发展和扩散,民族国家存在的理由受到质疑,"国家终结论"与"全球化"一样成为流行词汇。按照自由主义的逻辑,只要解除国家对贸易、投资等方面的管制,把权力交给市场、资本和社会,就会自然形成良好的经济社会秩序,良好的治理就是"不需要政府的治理"。在这种潮流的推动下,各国开始解除管制,采取单一化的资本优先的治理方案,主动弱化国家的社会职能,在劳资关系上向资本倾斜。对经济高速增长的单一追求,对资本的过度放纵,大大削弱了国家制定政策的自主性,导致社会收入差距不断扩大,各种长期掩盖的社会问题日益发酵,为后来各国的治理危机和信任危机埋下了隐患。

(三) 后2008年的多轨—自主型外部化的演进

2008年爆发的全球金融危机标志着全球化全面进入高风险阶段。一方面,由于各方面联系的紧密化,不确定事件产生的影响具有高度扩散性,"蝴蝶效应""黑天鹅事件""灰犀牛事件"频频出现,各国应对失措。另一方面,国际格局不断调整,西方国家的经济实力和影响力相对衰颓,其治理模式也进入了明显的无效期。对此,库普钱归纳了三个原因:一是全球化已经使这些国家的许多传统政策工具失灵;二是西方国家民众要求政策解决的许多问题都需要一定程度的国际合作;三是其国内社会公众情绪低落并且分裂严重,无法形成有效的公众参与、社会竞争以及制度制衡。[①] 有研究显示,包括美国在内的许

---

① Charles A. Kupchan, "The Democratic Malaise Globalization and the Threat to the West", *Foreign Affairs*, Vol. 91, No. 1, 2012, pp. 62 – 67.

百年变局与中国政治学的时代化：清华政治学系的探索

多发达国家，由于去工业化，中下阶层受到重大冲击，成为全球化黄金时代（1988—2008年）的最大输家①，社会公众对政府的信任度呈下降趋势。

与此同时，社会的网络化发展，为公众权利意识和自组织能力的增强提供了新的基础和技术条件，在很多国家都发展出更为灵活的、更易摆脱既有体制约束、吸纳的运动形式。而且各国的抗议运动相互学习、模仿，充分利用网络技术，不断升级流变，挑战着各国政府的权威，削弱其治理的合法性。随着社会差距的拉大，多样化的认同从文化生活领域扩展到政治领域，甚至走向激进化。这些经济社会问题的出现，暴露了国家在解决复杂社会经济问题时能力不足、手段有限，进一步助长了极端民粹主义和怀疑国家的情绪，加剧了国家权威的弱化。

西方治理模式是在全球化过程中率先成熟稳定下来的治理模式，与后发国家相比，长期占据制度竞争优势、掌握着治理的话语权以及道德评价的制高点，成为世界许多国家学习和模仿的样本。但是在全球化过程中，经济不平等的拉大使西方社会中民众选举参与的意愿大大降低，进而削弱了西方民主制度的活力和代表性，动摇了西方国家合法性的根基。② 面对全球化带来的、激化的各类问题，西方国家内部认知分歧严重，难以形成有效的合作应对机制。

实际上，从各国应对全球化风险和冲击的效果来看，正是那些能够保持和发挥自主性的国家更能取得良好的治理绩效。有研究显示，从1970—2008年，全球共发生了124起银行危机、208起货币危机、63起国家主权债务危机，无论发展中国家还是发达国家都遭遇过金融危机，在历次金融危机过程中，哪些国家能够更好地发挥国家自主性，构建社会安全网，延缓资本的自由流动，哪些国家就能够更有效地应对全球化带来的金融危机的冲击③，并在新的竞争中取得更优的治理绩效。随着国际社会对新自由主义、"华盛顿共识"展开批判，出现了"后华盛顿共识""北京共识"等强调社会建设、国内治理能力提

---

① Branko Milanovic, *Global Inequality, A New Approach for the Age of Globalization*, Cambridge: Harvard University Press, 2016, p. 20.
② 韩冬临、杨端程：《经济不平等与西方民主社会中的选举参与》，载《世界经济与政治》，2019年第11期，第55—77页。
③ 〔美〕丹尼·罗德里克：《全球化的悖论》，廖丽华译，北京：中国人民大学出版社2011年版，第90页。

升的改革方案。国家的多轨自主式外部化趋势显现，显而易见的是，要有效实施这些方案，端赖于国家自主性的发挥，而自主性又深受国际体系和全球化进程的约束，这就形成了国家自主性与全球化相互牵制，但又相互需要的悖论。

（四）特朗普当选与关键国家反向外部化倾向加剧

2017年特朗普就职美国总统后，开启了一系列"美国优先"的单边主义行动，采取各种"逆全球化""去全球化"举措，表现出明显的反向外部化倾向。美国作为霸权国家，本可以利用其地位组织有效的集体行动，但面对内部深层次的社会政治危机①，却开始推卸责任，用"安全优先"替代"发展优先"。为了转移国内治理矛盾，美国大肆渲染中国等国家对其利益和安全造成威胁，力图建构出冷战后的"新对手""新敌人"。在国际事务中高举"捍卫美国利益"大旗，以分担责任、补偿损失为理由，频繁挑起纷争，在各个重要领域推动"脱钩"，退出世界卫生组织等，迫使一些重要的国际机制停摆。新冠疫情爆发后，美国以阻断疫情扩散，维护国家安全为理由，推动全球产业链、价值链的重组，要求高度全球化的资本回归本土，强硬干预重要产业的运行，破坏现有经济全球化格局，企图构建一个新的以自我为中心的国际体系，实现国内合法性的反向外部化。这些举措严重干扰和阻碍了全球化的进程，一度高歌猛进的全球化进入至暗时期。

作为国际体系的塑造者和特权的占有者②，美国在第二次世界大战后一直是全球化的推动者和倡导者，并将自己的愿景、想象以及国内制度模本投射到全球场景之中，以更全面有力地维护自己的利益，但现在却成为"去全球化"

---

① 福山认为，2008年全球金融危机之后，西方国家，尤其是美国出现了政治衰颓趋势，由于受到国内利益集团的干扰、制度之间的相互制约，许多关系到未来以及更多公众利益的重大决策无法做出，形成了一种"否决体制"（vetocracy）。美国政治中的三个主要结构性特征现在都出现了问题：司法和立法部门影响力过大，导致行政成本增加，效率低下；利益集团影响力在增强，扭曲了民主进程，侵蚀了政府有效运行的能力；联邦政府在意识形态上出现两极分化，两党之间缺乏共识，导致重大决策无法做出（Francis Fukuyama, "The Decay of American Political Institutions", *The American Interest*, Vol. 9, No. 3, 2014, p. 6.）。

② Michael Mastanduno, "System Maker and Privilege Taker: U. S. Power and the International Political Economy", *World Politics*, Vol. 61, No. 1, 2009, pp. 121 – 154.

"逆全球化"的引领者。这种急剧的"反向外部化"充分说明了当下世界格局的变化与美国国内治理问题交织在一起,导致了美国治理体系的系统性反应。更为关键的,由于定期大选,美国政府的合法性与选民结构变化高度相关。在公众对政治高度冷淡、政治参与不足的情况下,为了巩固、争夺和动员基础性选民,竞选者不惜动用各种方式激化选民情绪,加剧社会对立,动员和塑造政治认同,以强化对选民的吸引力。美国对待全球化的态度,彻底沦为国家主义。

总之,第二次世界大战结束以来,全球化已经走过了70多年的发展历程。民族国家经过几次构建浪潮之后,其数量、内部治理体系及其与外部的关系等都已经稳定下来,合法性外部化成为各国取得良好治理绩效的基本条件。尽管外部化的方式在自主性和依附性之间摇摆,但基本上没有极端为"反向",从而确保了全球化进程的稳步推进。然而,随着新冠肺炎疫情的蔓延,全球化的推进速度陡然放缓,全球经济体系的内部结构急剧变化,并与国际格局震荡调整交织在一起,各国合法性的外部化不仅无法按照原来的方式顺利实现,而且还与国内合法性的巩固方式形成矛盾,甚至对冲抵消。这迫使各国优先考虑本国利益和需求,甚至将维护本国利益推到极致。世界从美国一国的反向外部化显现多国反向的端倪,一旦反向国家增多,基于合作的全球化面临动荡甚至反转挑战。

三、结论和讨论:国家合法性重塑与深层次全球化可能

围绕"合法性外部化"这个概念,我们构建了一个分析框架,将国家合法性外部化运行方式与全球化进程的互动关系的区分为四种类型:(1)当大部分国家选择自主型外部化时,全球化呈多轨推进;(2)当较多国家陷入依附型外部化时,全球化呈单轨推进;(3)当关键国家主导反向外部化时,全球化将出现停滞或波折;(4)关键国家与大部分国家均选择反向外部化时,全球化在动荡中反转,甚至被彻底逆转。依据这个分析框架,二战后不同时期不同国家合法性外部化的选择与全球化进程的关系可区分为五种状态:多元—

自主型外部化、双轨—依附型外部化、单轨—自主型外部化、多轨—自主型外部化,以及目前关键国家的反向外部化。

事实上,全球化并不总能给各国合法性的巩固提供有力的外部支持。冷战结束后,全球化一度高歌猛进,但很多国家的政策选择深受美国主导的国际体系的约束,只有少数国家才能实现自主,而国家自主性的差异则成为全球化进程中各国国家治理绩效分异的根本原因。

随着各类全球风险事件频发,国际因素对国内社会经济发展的影响日益深入和复杂,各国的治理体系和能力都面临着如何平衡国内与国际两个大局的严峻挑战。2008 年以来,美国一直努力平衡"国内"与"国际"的关系,但收效不大,新冠肺炎疫情进一步加重了美国国内治理危机。但是美国依靠其霸权地位和国际影响力,以反向外部化的方式,一方面将国内矛盾向国际范围转移,攻击、破坏现有的国际体系;另一方面策动相关国家,力图推动全球化的转轨变向,构建更为封闭的、均质化的新体系,导致了国际社会的持续动荡。

以美国为代表的合法性反向外部化,充分暴露了在高度不确定性条件下,国家合法性来源的褊狭化,即正在从治理绩效、制度体系等制度性来源向对外塑造敌人、对内依靠强人这样的手段性、个人化来源转化。[1] 因此,强人政治、对抗政治、分裂政治以及政治的非理性化成为当下世界政治的突出现象。在新冠疫情带来的治理危机下,若美国持续策动更多国家选择反向外部化,很可能导致全球化的反向与重构。联合国秘书长古特雷斯在 2019 年 9 月第 74 届联合国大会一般性辩论时就强调要警惕出现"大分裂"的情形[2]。

有研究指出,随着新冠肺炎疫情在全球的蔓延,各国治理绩效的竞赛不能

---

[1] 国际民调机构益普索 2016 年针对全球 22 个国家开展民调显示,除了瑞典、德国和日本,其余 19 个国家都有超半数受访者认同政治强人可以带领国家重新富强。即使在瑞、德、日三国,对强人政治表示反对的民众也仅占 31%、39% 和 32%。强人政治在欧洲有相当的民意基础,英国、法国、意大利、西班牙、匈牙利五国受访者对政治强人寄予厚望的比例分别达到 67%、70%、67%、72% 和 72%。数据显示,不仅在发达国家,在秘鲁、南非、巴西、印度等发展中国家,民众对现行政府和政治体制的失望也正转变为对敢于"打破常规"的政治强人的支持,对政治强人寄予厚望的比例分别占 74%、60%、68% 和 71%(参见 Ipsos MORI, https://www.ipsos.com/sites/default/files/migrations/en-uk/files/Assets/Docs/Polls/globaladvisor-politicaluncertainty-dec-2016-tables.pdf)。

[2] António Guterres, "Address to the 74th Session of the UN General Assembly", 联合国官网, 2019 年 9 月 24 日。

百年变局与中国政治学的时代化：清华政治学系的探索

再继续沿用 20 世纪和 21 世纪初的意识形态模式，以"自由"和"不自由"来衡量各国的治理绩效。一方面国家的重要性更为凸显，另一方面也不能单纯依靠国家，必须进一步推动国家与社会的协调配合，这是提升国家治理绩效的前提。① 由于国内治理是国家合法性的决定性来源，因此即便在全球化快速发展的时期，国内治理依然处于优先地位。② 但是，在全球化这个客观前提下，任何国家的国内治理都不可能闭门造车，其合法性的稳固和提升必然要求与外部世界产生互动，获得支持，合法性外部化选择的重要性不言而喻。

对于包括中国在内的努力推动全球化向着更加开放共赢的方向发展的国家来说，一方面，要客观地对待目前包括美国在内的许多国家的政策内向化趋势，深刻理解其采取的各种"本国优先"措施的内在动因，放弃幻想，面对现实，做好各种应变的准备，加快本国国内治理体系的改革完善和治理能力的提升；另一方面，要团结更多可以团结的力量，寻求和扩大共同利益基础，努力遏制美国等国家反向外部化对国际秩序造成的破坏，维护和改革现有国际体系，为推动全球化更快走出平台期，提升到新阶段，提供更坚实的观念基础、更可行的方案选择，并利用全球化发展提供的资源和条件，将合法性外部化的效能发挥得更好。

---

① 谢尔盖·卡拉加诺夫等：《俄罗斯外交政策新思想》，郭小丽、王旭译，载《俄罗斯研究》，2020 年第 4 期，第 89—117 页。
② 杨雪冬：《准确把握"百年未有之变局"中的"不变者"》，载《探索与争鸣》，2019 年第 1 期，第 17—20 页。

二 传统的再认识

家国殊途与家国同构：
中西政治思想中的家国观比较
——以亚里士多德和先秦儒家为中心的考察*

谈火生

对于熟悉"修身、齐家、治国、平天下"的中国人来讲，当他翻开亚里士多德的《政治学》时可能会受到强烈的冲击。因为《政治学》一开篇就提出，"家"和"国"是不同的（1252a8—17）。① 亚里士多德花了整整一卷的篇幅来讨论为什么家和国是不同的，并以此作为全书的立论基础。在本文看来，中西方轴心时代关于家国关系的不同想象对后来的政治思想甚至政治实践的发展都产生了很重要的影响。

应该说，家国关系并不是一个新问题，无论是在西方还是在中国，关于家国关系都有比较丰厚的研究积累，而且，有不同的学科参与其中，尤其是历史学、社会学和政治人类学的研究，为我们提供了丰富的洞见。② 从政治思想史

---

* 本文曾在 2017 年 5 月举办的"国家理论与国家治理现代化"学术研讨会上报告过，在成文过程中，得到杨阳、刘训练、庞金友、任锋、翁贺凯、郭忠华、樊鹏、袁贺等师友的批评和指正，特此致谢！

① 亚里士多德：《政治学》，吴寿彭译，北京：商务印书馆 1965 年版，第 3—4 页。以下凡《政治学》引文均出自该译本，不再一一注明，仅随文注明标准页码。

② 比较有代表性的成果包括：库朗热：《古代城邦：古希腊罗马祭祀、权利和政制研究》，上海：华东师范大学出版社 2006 年版；〔日〕尾形勇：《中国古代的"家"与国家》，张鹤泉译，北京：中华书局 2010 年版；岳庆平：《中国的家与国》，长春：吉林文史出版社 1990 年版；马克垚：《论家国一体问题》，载《史学理论研究》，2012 年第 2 期，第 25—35 页；张丰乾："家""国"之间——"民之父母"说的社会基础与思想渊源》，载《中山大学学报》（社会科学版），2008 年第 3 期，第 127—133 页；沈毅：《"家""国"关联的历史社会学分析——兼论"差序格局"的宏观建构》，载《社会学研究》，2008 年第 6 期，第 155—173 页。

百年变局与中国政治学的时代化：清华政治学系的探索

角度对西方思想家关于家国关系的研究成果较多，相关研究分别对西方不同历史时段的代表性思想家如亚里士多德、奥古斯丁、洛克、卢梭、罗尔斯等人的家国关系思想进行了探讨。① 但是，从政治思想史角度对中国思想家关于家国关系的论述进行梳理的专著尚不多见②，对中西思想家家国关系的学说进行比较研究的成果就更少了。林安梧先生在其著作中辟有专章对此加以讨论，但是，他将西方家国关系置于近代以来社会契约论的背景下来加以考察，这种处理方式过于化约，不仅抹杀了西方思想传统内部的复杂性，而且以西方近代思想来对勘中国传统思想，未免有时代措置之嫌。③ 本文试图从政治思想史的视角，以中西方轴心时代的思想家为例来审视二者对关于家国关系的不同想象及其影响。

作为一项比较政治思想史的研究，有几点方法论方面的考虑需要提前说明。

一、在研究对象的选择上。本文将比较的对象限定为亚里士多德和先秦时期的儒家。这是因为中西政治思想内部各自都存在着丰富多彩的思想传统，亚里士多德和先秦儒家在各自的文化传统中都占有举足轻重的地位并对后世的政治思考产生了重要影响，而且二者之间确实存在可比性。④ 就具体的文本而

---

① 如 D. Brendan Nagle, *The Household as the Foundation of Aristotle's Polis*, Cambridge: Cambridge University Press, 2006；孙帅：《社会的动物——奥古斯丁思想中的家国问题》，见李猛主编：《奥古斯丁的新世界》，第36—108页，上海：上海三联书店2016年版；Laurence B. Reardon, *The State as Parent: Locke, Rousseau and the Transformation of the Family*, The Catholic University of America, Ph. D. Dissertation, 2007; Maxine Eichner, *The Supportive State: Families, Government, and America's Political Ideals*, New York: Oxford University Press, 2010.

② 就笔者有限的阅读，林安梧先生的著作可能是唯一的一本专著，林安梧：《儒学与中国传统社会之哲学省察——以"血缘性纵贯轴"为核心的理解和诠释》，上海：学林出版社1998年版。当然，很多论著有相关的章节涉及这一主题，如刘泽华：《中国的王权主义》，上海：上海人民出版社2000年版。

③ 林安梧：《儒学与中国传统社会之哲学省察——以"血缘性纵贯轴"为核心的理解和诠释》，上海：学林出版社1998年版，第117—140页。

④ 余纪元：《德性之镜：孔子与亚里士多德的伦理学》，北京：中国人民大学出版社2009年版，导论。儒家是中国政治思想的主流，这一点毋需赘言。亚里士多德的《政治学》是西方政治学的开山鼻祖，对后世政治学学科的发展影响深远。在其身后有逍遥学派继承其衣钵；在中世纪晚期，托马斯·阿奎那将《政治学》中的许多主张披上了天主教的外衣；在近代，霍布斯在与亚里士多德的对话中发展出自己的政治学说。以阿拉斯代尔·麦金泰尔、玛萨·纳斯鲍姆等人为代表的新亚里士多德主义（neo-Aristotelianism）的兴起表明，时至今日亚里士多德仍是西方政治学发展的重要思想资源。

言,本文对亚里士多德文本的运用相对集中,主要是《政治学》和《尼各马可伦理学》。儒家的文本则主要集中在四书,兼及《尚书》《孝经》等。

二、在研究方法上,比较政治思想研究需留意思维的空白点和分叉处。留意空白点是指,我们不仅要关注思想家说了什么,更要关注有哪些内容是思想家没有说的。就本文的论题而言,我们需要关注,为什么在中国传统的政治话语中基本上看不到关于政体问题的讨论,而它在西方却是政治思考的核心?为什么君臣关系在中国传统政治话语中留下了丰富的材料,但在西方政治思想中基本不见踪迹?留意分叉处是指,有些议题双方都进行了讨论,但讨论的方式却差别很大。例如,先秦儒家有"圣王",柏拉图有"哲人王",亚里士多德也讨论过如神一般的君主,但是,他们运思的方向差别很大。这些空白点和分叉之处,正是比较政治思想史研究需要着力的地方。

三、在研究视角上,本文主张内在视角和外在视角相结合。内在视角强调每一特定的思想传统本身都有自己特定的问题意识和内在逻辑[①];而外在视角则强调政治思想与政治实践之间的互动。本文认为,在比较政治思想的研究中,这两种视角不可偏废。例如,只有通过内在视角,我们才能理解为什么忠孝一体会成为中国古代政治思想的一个核心观念;只有通过外在视角,我们才能理解为什么忠孝一体在先秦时期是孝优先于忠,而到秦汉以后则逐渐变为忠优先于孝。因此,在研究过程中,我们必须在政治思想与政治实践的互动过程中来把握思想发展的曲折历程。

由于本文是政治思想研究,落脚点在政治思想,而不是政治实践。这意味着中西方的政治实践和家庭形态不是本文关注的重心,它们只有在有助于我们理解思想家关于家国关系的思考时才会进入我们的视野;本文也不拟处理思想传统本身如何对政治实践构成约束,甚至被人利用来对外在的政治环境进行塑造的问题。与此同时,本文的研究主要限定在轴心时代的政治思想,尚无力处理思想传统内部的张力在后世的展开问题。

本文分为三个部分。第一节勾勒中西方政治思想中的"家国殊途"和"家国同构"这两个基本预设;第二节分析为什么"家国殊途"的预设有利于

---

① 余英时:《戴震与章学诚》,北京:生活·读书·新知三联书店2000年版,第252页。

打开政体设计的想象空间,而"家国同构"的基本预设则趋向于以君主制为唯一的政体选项;第三节考察为什么儒家会移孝作忠,将家庭伦理中的孝扩展到社会和政治领域,而亚里士多德是以朋友之间完善的友爱作为原型来思考公民间的关系。在结论部分,我们将探讨在"国"中如何安放"家",才能更好地推动政治的健康发展。

一、基本预设:家国殊途与家国同构

亚里士多德认为家和国是两种不同性质的事物,而先秦儒家则认为家和国是同构的,甚至是一体的。

在《政治学》一开篇,亚里士多德就树了一个靶子:"有人说城邦政治家和君王或家长或奴隶主相同,这种说法是谬误的"(1252a8-9)。这里的"有人"指的是柏拉图《政治家篇》中的"爱利亚来的客人"[①],他认为大家庭和小城邦之间没有实质性的差别,政治家和家长"只是在其所治理的人民在数量上有多寡之别而已"(1252a10)。这一观点与中国传统的观点非常相似:家是小国,国是大家。

但是,亚里士多德显然不能同意这种观点,他认为家与国之间存在质的差别,它们是两种不同类型的共同体,《政治学》第一卷的主题就是讨论它们之间的差别。为此,亚里士多德提出了两个论证:第一个是发生学的论证。人类社会的产生首先是由于男女同主奴这两种关系的结合组成了家庭,再由若干家庭联合组成了村坊,等到若干村坊组合而为城邦,社会就进入了高级而完备的境界(1252b10-29)。发生学论证显示了家庭和城邦之间的联系,如果我们仅仅限于发生学论证,就很容易得出一个结论:城邦不过是家庭的扩大。但是,紧接着,亚里士多德又给出了第二个论证:目的论的论证。他指出,城邦(虽在发生程序上后于个人和家庭),在本性上则先于个人和家庭(1253a19-20)。目的论的论证要说明的是,城邦不仅在规模上要大于家庭,家庭只是城

[①] 柏拉图:《柏拉图全集》(第三卷),王晓朝译,北京:人民出版社2002年版,第88—89页。家国同构在当时是一种流行的观点,在色诺芬的《回忆苏格拉底》中亦有所反映。

邦的一个组成部分，而且它在性质上异于家庭。正是目的论论证将亚里士多德与爱利亚来的客人区别开来。

亚里士多德的目的论论证可以从两个方面来加以理解：

（1）城邦是政治性的，这意味着城邦的性质迥异于前政治（pre-political）的家庭、村坊。尽管人被称为"政治动物"，生性喜好群居，但他的群居性必须达到城邦而后止。作为一种外在善，城邦以促进公民的德性为目的（1280b5－7）。它与家庭的区别在于，家庭的目的只是为了"生活"（life），而城邦的目的则是"好生活"（good life）（1252b29－30）。那么，城邦为什么能实现这一目的？这是因为城邦是由平等而自由的公民组成，城邦的政治统治是自由公民之间轮番为治。城邦让人人有机会参与政治、砥砺德性。只有在城邦中，通过参与审议和裁决等政治性活动，人的政治性（理性言说的机能）才能得到充分的运用，人的德性才能在理性沟通的过程中得到圆满的实现。①

反观家庭，家庭中包含三种关系：主奴、夫妇和父子（1253b3－5）。亚里士多德指出"政治家所治理的人是自由人；主人所管辖的则为奴隶。家长对家务的管理类似于君主制，因为一个家中只有一个统治者；至于政治家所执掌的则为平等的自由人之间所付托的权威"（1255b17－20）。这段话有两点值得注意：

其一，此处所言"家务"，除了主奴外②，兼及夫妇、父子，三者都由"家长"一人主治。在家庭中，男性和女性在地位上存在一定差异，"就天赋来说，男性比女性更适合做主导"（1259b1　2）；在《欧台谟伦理学》中，亚里士多德甚至说"夫妻关系是治者与受治者的关系"（1238b25）。与此同时，"父权对于子女就类似于王权对于臣民的性质"（1259b10－11），他们之间也不是一种平等的关系。换言之，等级成为亚里士多德赋予家庭最主要的特征。

---

① 关于亚里士多德的"政治"概念，中文文献可参考：江宜桦：《"政治是什么？"——试析亚里士多德的观点》，载《台湾社会研究季刊》，1995年第19期，第165—194页。英文文献可参考：Bernard Yack, *The Problems of a Political Animal: Community, Justice, and Conflict in Aristotelian Political Thought*, Berkeley: University of California Press, 1993.

② 此处不拟讨论亚里士多德关于自然奴隶的观点，相关论述可以参考：Richard Kraut, *Aristotle: Political Philosophy*, New York: Oxford University Press, 2002, chapter 8.

亚里士多德给出的理由是，只有作为成年男性的家长具备完全的理性，奴隶完全不具备理性，妻子虽有理性但不充分，子女具备理性但不成熟，因此，奴隶听从主人的指挥、妻子服从丈夫、儿子听父亲的话，也就合乎自然了（1260a12－19）。

其二，家长的家务管理和君主对国家的管理被等同起来，但二者都区别于政治家的政治统治。亚里士多德指出，"君王正是家长和村长的发展"（1252b19－22），君主制的统治方式与家长对家务的管理一样，都是一种前政治的形态，是等级式的，家长或君王具有绝对的权威。只有当社会发展到城邦之时，统治的方式才由君王的个人统治转变为政治家凭城邦政制的规章加以治理。而且，权力掌握在全体公民手中，全邦人民轮番为统治者和被统治者，政治家不是像君王那样高高在上，而是人民的一员，仅仅在当值的年月执掌政权（1252a14－15）。

（2）城邦在逻辑上先于家庭，这意味应该按照国来定义家，而不是以家来想象国；家只有在国的框架中才能获得自身的意义。作为国的一部分，家的目的必须与国的目的协调起来，家庭的功能——人类"生活"的发展——是为了更好地实现城邦的功能——人类的"好生活"，不能误认家务管理的目的就是聚财（1257b38－1258a1），家务"重在人生的善德，不重家资的丰饶"（1259b20）。与此同时，要按照国的规范来重塑家庭关系。作为一家之主，要根据城邦治理的原理来教育儿童和妇女（1260b15　17）。即便是主奴之间，也要遵循正义的原则，主人的责任"不仅在于役使群奴从事各种劳务，他还得教导群奴，培养他们应有的品德"（1260b4－5）。

与亚里士多德不同，先秦儒家则认为家和国是同构的，甚至是一体的，这一点在"修身、齐家、治国、平天下"的公式中得到了集中的体现。① 具体言之，先秦儒家的家国关系包含三个方面的含义：

---

① "修齐治平"公式包含多重政治关系，本文处理的主要是家与国的关系，其余不论。关于身与国的关系，请参考：詹石窗：《身国共治——政治与中国传统文化》，厦门：厦门大学出版社2003年版；刘畅：《心君同构——中国古代政治思想史的一种原型范畴分析》，天津：南开大学出版社2009年版。关于家与天下的关系，请参考：〔日〕尾形勇：《中国古代的"家"与国家》，张鹤泉译，北京：中华书局2010年版，第5、6章，第178—231页。

（1）家国同构。家与国是一个同心圆的结构，家是微缩版的国，国是放大版的家，它们在性质上是一样的，在结构上是相同的。众所周知，周制一直是孔子心目中理想的政治制度和社会制度。事实上，西周时期周公制礼作乐就是以礼乐方式构筑"家天下"的政教结构，封建不过是将天下分由天子的兄弟伯叔甥舅共同治理。① 尽管秦汉之际封建制转为郡县制，但是，家国同构的基本架构并没有改变，钱穆先生指出，在秦汉"化家为国"的历史进程中，家宰一变而为国家的政治领袖，家臣一变而为朝廷的重臣，汉代九卿均由过去的家臣转化而来。②

（2）家国一体。家国不仅是同构的，而且是一体的。皇帝之家自不待言，皇帝的家务即是国事。同时，国事也常常被当做家事来对待，这就是为什么外戚在中国历代政治中常常为祸的原因。③ 即便是普通百姓家，也具有政治性。有人问孔子："子奚不为政？"孔子答道："书云：'孝乎惟孝，友于兄弟'。施于有政，是亦为政，奚其为为政？"（《论语·为政篇》），明确肯定在家孝悌，做事恰如其分，将家治理得井井有条，那就是从政。齐家等于治国，行孝等于尽忠。

（3）以家拟国。按照家的形象来想象国的结构、运行和治理，将家内秩序原理运用于政治秩序之中。其中，最重要的模拟主要有三个方面：一是官民关系，被比拟为父母与子女的关系。早在《尚书·洪范》中就有"天子作民父母，以为天下王"的说法。二是统治集团内部，君臣亦同父子。孟子曾将这一转换表达得十分清楚："内则为父子，外则为君臣，人之大伦"（《孟子·公孙丑下》）。父子之亲是齐家的原理，君臣之义则是治国的根本。三是政治行为，君、臣、民之间以家庭成员相待。朱熹在解释《论语·学而篇》"其为人也孝弟而好犯上者，鲜矣"时，引用北宋理学家游酢的话发挥道："若是者，其事君必如其亲，忧国必如其家，爱民必如其子"。④

综上，亚里士多德和先秦儒家对于家和国的关系有不同的构想。作为西方

---

① 陈赟：《"家天下"与"天下一家"：三代政教的精神》，载《安徽师范大学学报》（人文社会科学版），2012年第5期，第535—542页。
② 钱穆：《中国历代政治得失》，北京：生活·读书·新知三联书店2001年版，第610页。
③ 邢义田：《天下一家：皇帝、官僚与社会》，北京：中华书局2011年版，第165—166页。
④ 朱熹：《论孟精义》，见朱熹《朱子全书》（修订版）第7卷，上海古籍出版社、安徽教育出版社2010年版，第32页。

百年变局与中国政治学的时代化：清华政治学系的探索

政治学鼻祖的亚里士多德强调家国分途，认为它们是两种性质完全不同的事物，家庭是前政治性的，城邦则是政治性的；等级是家庭的主要特征，自由而平等的公民关系则是城邦的基础；因此，不能用治理家庭的方法来治理城邦。而先秦儒家则认为家与国没有本质区别，只是规模大小不同，家是小国，国是大家，因此，家的治理和国的治理不仅道理相通，而且互摄互融。

本文认为，亚里士多德和先秦儒家关于家国关系的不同构想对中西后世的政治思考均产生了重大的影响。无论是讨论政体问题还是讨论政治伦理问题，家国观都是一个基本参数，它引导了政治思考的基本方向。

二、政体设计：异彩纷呈与囿于一隅

中国人在阅读《政治学》时经常浮现出来的一个疑问是：为什么政体问题在西方政治思想史上是一个历久弥新的永恒主题，而中国传统政治思想关于政体问题基本上囿于一隅，几乎所有的思想家都是在君主制的框架下展开自己的思考。

我们起码可以从两个不同的角度来思考这一问题：一是从实践与理论互动的角度来观察政治实践对政治思想的约束作用。古典希腊世界不同城邦确实存在各式各样的治理模式，这为当时的思想家思考政体问题提供了丰富的素材。而在孔子生活的时代，各诸侯国采取的都是国君制，这在一定程度上限制了先秦儒家在治理形式上的想象力。当然，在春秋时期也确实有几个诸侯国（如晋、郑、鲁）曾经被强权贵族结成的联盟把持，君主被边缘化，甚至遭到驱逐。但是，没有人胆敢将这种寡头政治形式制度化，思想家们也没有人提出君主制的替代方案。[①] 为什么春秋时期寡头制的政治实践没有催生出政体理论的发展？这就涉及第二个观察角度：理论自身的约束作用。具体言之，家国同构的政治想象对思想家在思考治理形式时所构成的约束。按照儒家"修齐治平"的公式，"欲治其国者，先齐其家"，"家齐而后国治"（《大学》）。这一公式

---

① 尤锐：《展望永恒帝国：战国时代的中国政治思想》，上海：上海古籍出版社2013年版，第24页。

不仅预设了家与国的同构，而且规定了致思的顺序，必须先家后国，以家拟国，将家的原理应用于国的治理。因此，本文认为，儒家政治思想形成之时的政治实践和家国同构、以家拟国的逻辑起点，二者共同挤压了先秦儒家关于国家治理形式的运思空间，使君主制成为最有可能的一个选项。

有人可能会反驳道，亚里士多德曾经说过，在家庭中也可以看到与政体相似的形式。父子关系类似君主制，夫妻关系类似贵族制①，兄弟关系类似资产制（1160b22－1161a5）。② 这似乎暗示着即使以家拟国，也有可能构想出不同的政体形式。但是，这样的质疑需要考虑两个问题。

其一，亚里士多德此处的类比是在了解城邦所具有的不同政体形式的前提下，从家中找出与各政体形式类似的元素。它是一个以国拟家的过程，而不是以家拟国的过程，这与先秦儒家的思考路线正好相反。

其二，即使我们承认，以家拟国也有可能想象出不同的政体形式，我们也需要解释为什么先秦儒家选择了父子关系，而不是夫妻关系或兄弟关系作为原型来想象"国"的治理形式。

从发生学的意义上来讲，父子关系和兄弟关系都是后起的，夫妻关系才是家的起点，先秦儒家为什么没有选择夫妻关系作为原型来想象"国"的治理形式？这可能有两个方面的原因。一是从政治实践的角度来看，儒家思想形成之时，中国社会早已越过母系氏族阶段，进入男权社会，男尊女卑的格局已然形成。二是与中国传统的阴阳理论有关。《系辞传上》一开篇就是"天尊地卑，乾坤定矣。卑高以陈，贵贱位矣"。乾为阳为尊为贵，坤为阴为卑为贱。金景芳先生认为，这两句话把握了《周易》的要害和关键。《周易》与殷代的《归藏》不同，卦序由首坤次乾变为首乾次坤，这一变化构造了当时人们整个的思维模式，影响中国数千年的思想发展趋势。中国传统思想，尤其是儒家思想，其源头可以追溯到这里。夫尊妻卑、父尊子卑、君尊臣卑的思想都由首乾次坤发展而来。③ 在阴阳思想的指导下，先秦儒家只会选择男权原则而不可能

---

① 在《政治学》中，亚里士多德认为夫妻关系类似于共和制（1259b1）。
② 亚里士多德：《尼各马可伦理学》，北京：商务印书馆2003年版，第248—249页。以下凡《尼各马可伦理学》引文均出自该译本，不再一一注明，仅随文注明标准页码。
③ 金景芳、吕绍刚：《周易全解》，长春：吉林大学出版社1989年版，第435页。

百年变局与中国政治学的时代化:清华政治学系的探索

是男女平等原则,夫妻关系不可能成为以家拟国的原型。

那么,在男权原则的指导下,为什么没有选择兄弟关系,而是选择了父子关系作为原型来想象"国"之治理呢?这与西周所建立的宗君合一的"宗法封建制"国家形态有关。按照周制,作为政治组织的封建制度是以血缘宗法关系为基础,宗统与君统是合一的,天子和诸侯都是以"宗族领袖"兼为"政治领袖"。① 宗法封建制最重要的特点就是嫡长子继承制,它在权力继承问题上彻底确立了父死子继的原则,由此导致在政治意义上父子的重要性超越了兄弟。② 在宗法制度下,大权操于家长之手,男女上下、长幼之间,尊卑有序,各安其位,整个制度就是以父子为中轴建立起来的。因此,在男权原则之下,孔子选择了父子关系而不是兄弟关系作为原型来想象"国"的治理形式。按照"父子中轴"原理,先秦儒家排除了共和制或贵族制的制度选项,将君主制作为政制的不二选择。③

与之相反,希腊古典时期的政治实践和家国殊途的逻辑起点,拓展了西方思想家关于国家治理形式的运思空间,为政体理论的发展创造了条件。古希腊丰富多彩的城邦治理实践为思想家思考政体问题提供了丰富的素材,亚里士多德本人就是在广泛收集了 158 个城邦的资料基础上写出《政治学》这本传世名著的。但是,丰富的政治实践本身还不足以保证思想家能据此提出对后世产生深远影响的政体理论,更不能保证政体问题成为后世政治思考的重心。在很大程度上这要得益于亚里士多德做出的一个创造性的理论工作:区分家与国。当家国殊途、"家"不是"国"之原型时,制度安排的想象空间就被打开了。由于国是由没有血缘关系的自由而平等的公民组成,因此,公民之间如何相处

---

① 管东贵:《从宗法封建制到皇帝郡县制的演变》,北京:中华书局 2010 年版,尤其是其中《周人"血缘组织"和"政治组织"间的互动与互变》一文。

② 父死子继的权力继承方式并非始于西周,在殷商末期即已出现。但是,在商代兄终弟及是常态,商代 17 世 29 王(据甲骨文"周祭谱"中所排的商王世系)中兄终弟及的有 19 王。一世兄弟数人为王时,最后一位弟死后,其王位应回传给长兄之子。从汤到阳甲的 10 世 19 王中,这一制度基本保持完好。只是到康丁之后的最后 5 王。才行一世一王,确立嫡长子继承制。西周王朝在建立以前,周方国也没有确立较为明确的嫡长子继承制。武王之后,在周公等重臣的全力维护下,嫡长子继承制才作为一项制度确立下来。相关情况可以参考:王宇信、杨升南:《中国政治制度通史》(第二卷),北京:人民出版社 1996 年版,第 175—176、217—219、320 页。

③ 此处强调家国关系对政体设计的影响,并不排除其他因素对此的影响,如天道观、宇宙观对王权的论证。相关论述可以参考:王爱和:《中国古代宇宙观与政治文化》,上海:上海古籍出版社 2011 年版。

就具有了多种可能性,而不是像在家中那样,成员之间的关系和结构是不可更改的。如果说家的治理因其自然的规定性而选择空间有限的话,那么,国的治理则因其成员的平等性而可以有不同的设计。

当君主制成为政体的唯一选项时,圣王理想也就成为先秦儒家政治思想的核心论题①,因为君主是整个政体的核心,政体能否有效运转,端赖君主的状况。因此,儒门之论治,其有望于天子,必期天子为"圣王"。②圣是一种规范性理想,王是一种政治事实。圣王理想期待由德行最高同时也最智慧的人来掌握最高权力。③正是在圣王思想的引导下,中国在政治实践中发展出非常丰富的制度安排,努力实现"圣"与"王"的合一。例如,东宫制度,对太子进行系统的政治教育;经筵制度,即使当了皇帝,还要接受终生教育;谏议制度,兼听则明,防止君主独断。④

尽管柏拉图也提出过与圣王有诸多相似之处的"哲人王"思想,但哲人王和圣王还是有很大的不同。儒家的圣王理想主张的是德化,柏拉图的哲人王思想主张的是知识的统治。⑤儒家的德化模式强调政治的主要工作在于化人,非以治人,更非治事,⑥为政就是政治领袖以自身的德性来感召他人。柏拉图哲人王的原理则是:统治从本质上来讲是一种知识的统治。尽管家庭、王国和城邦在规模上有差异,但是,其统治有一个共同点:它们都是专家统治,即适当的人在实施统治。作为专家的哲人王的统治合法性源于他掌握了关于善的理念的知识(473c-e,502d-541b)。⑦

---

① 圣王不仅是先秦儒家的理想,也是诸子百家的共同理想。见邓国光:《圣王之道:先秦诸子的经世智慧》,北京:中华书局2010年版,第157—158页。
② 邓国光:《圣王之道:先秦诸子的经世智慧》,北京:中华书局2010年版,第170页。
③ 传统政治思想关于圣王的论述经历了"圣人最宜做王"到"帝王最有资格当圣人"的变迁过程。张分田:《中国帝王观念》,北京:中国人民大学出版社2004年版,第245页。关于圣王理想更详细的论述可以参考:王文亮:《中国圣人论》,北京:中国社会科学出版社1993年版,第4、5章,第215—345页。
④ 张分田:《中国帝王观念》,北京:中国人民大学出版社2004年版,第509—538页。
⑤ 萧公权先生指出:"柏拉图之哲君为一尚智之哲人,孔子之君师为一尚德之仁者。君师以德化人,哲君以智治国,其为人与操术俱不相同"。萧公权:《中国政治思想史》,北京:中国人民大学出版社2014年版,第43页。
⑥ 萧公权:《中国政治思想史》,北京:中国人民大学出版社2014年版,第43页。
⑦ 关于哲人王和知识的统治更详细的讨论,可以参考:Malcolm Schofield, *Plato: Political Philosophy*, New York: Oxford University Press, 2006, chapter 4.

亚里士多德并不认为只有在圣王的统治下才能获得善治，尽管他也希望能有才德超群的君主或贵族群体，以便建立君主政体或贵族政体，但是，他深知儒家式的圣王是可遇不可求的。因此，他认为更应该设想"最适合于一般城邦而又易于实行的政体"（1288b37-39）。在这个意义上讲，圣王理想，无论是儒家还是亚里士多德都有，尽管他们对于圣王的理解可能有所不同。但是，在没有圣王的情况下如何治理？双方存在巨大差别。在没有圣王的条件下，儒家强调君臣共治，通过贤臣来弥补君的不足；而亚里士多德从来没有讨论过君臣关系，他强调城邦的治理靠的是法治。他在批评民主制或寡头政治时，总不忘法治这个背景，他最严厉的批评就是，政体脱离了法治，简直就不成其为一个政体（1292a30-35）。

三、政治伦理：友爱与忠孝

无论是在中国还是在西方，政治伦理都是非常重要的议题。但是，有意思的是，先秦儒家和亚里士多德在政治伦理问题上所重视的具体德目差别很大。在先秦儒家那里，忠孝被置于核心位置；在亚里士多德那里，与忠孝对应的关系性政治伦理是友爱。

"孝"在儒家思想中占有重要的地位。从孔子开始，孝就被认为是整个德性修养的基础："孝弟也者，其为仁之本与"（《论语·学而篇》）。孟子进一步将孝作为政治原理："尧舜之道，孝悌而已"（《孟子·告子下》）。在春秋晚期至战国晚期，甚至出现了一本专门论述孝的《孝经》，孝被提升到"天之经也，地之义也"（《孝经·三才章》）的高度，并在此基础上发展出"孝治天下"的主张。①

与先秦儒家相比，在专门论述德性的《尼各马可伦理学》中，亚里士多德讨论了三组共十多种具体的德性。其中，友爱占的篇幅最大，亚里士多德花了整整两卷的篇幅来讨论友爱，却没有专门讨论过"孝"这个在中国传统思想中最重要的德性，他将"孝"的相关内容融入友爱之中，作为友爱的一

---

① 李隆基注、邢昺疏：《孝经注疏》，上海：上海古籍出版社2009年版。

种——家室的友爱——来加以讨论。

那么，儒家对"孝"的重视和亚里士多德对"友爱"的重视，对于各自文化系统的政治思维究竟意味着什么？

儒家提出了五伦：君臣、父子、夫妇、兄弟、朋友，作为人在处理社会关系时最重要的五个方面。如果让亚里士多德来回答这个问题，他可能会加上一伦：公民。从性质上看，父子、夫妇和兄弟属于家庭关系，朋友、君臣、公民属于家庭之外的社会和政治关系。其中，在父子、夫妇和兄弟这三组家庭关系中，父子是最自然、最纯粹的家庭关系。① "孝"针对的是父子伦，"友爱"针对的则是朋友伦，朋友之间的爱是友爱的原型（1155a4－5）。

儒家的伦理图示以父子伦为中轴，将家庭伦理中最本质的要求"孝"扩展到其他领域，成为诸德的基础和起点，"百善孝为先"即是其最经典的表述。表现在政治领域，在家为孝，在国为忠，"父子之道，天性也，君臣之义也"（《孝经·圣治章》）。作为家庭伦理的孝与作为政治伦理的忠之间的关系有两个层次：（1）忠孝相通、孝导致忠。当季康子问孔子，如何使民忠其上时，孔子告诉他"孝慈则忠"（《论语·为政篇》），这可能是后世忠孝相通观念的源头。孔子还明确地指出孝可以向政治领域延伸："其为人也孝弟而好犯上者，鲜矣；不好犯上而好作乱者，未之有也"（《论语·学而篇》）。与忠相比，孝是更为根本的伦理要求，也是忠得以形成的基础，东汉时期出现的"忠臣出于孝子之门"的谚语集中体现了这种忠孝相通、孝导致忠的观念。（2）忠孝一体、忠即是孝。忠孝混同的观念出现于战国晚期，《荀子》将"忠臣孝子"连称，开启了忠孝一体的先河。在《礼记》和《孝经》中都可以见到孝道政治化和忠孝混同的表述。《礼记》"事君不忠，非孝也；莅官不敬，非孝也；朋友不信，非孝也；战阵无勇，非孝也"（《礼记·祭义》），明确指出家之外的各种规范均是孝的延伸，从本质上讲都是孝的变体，事君之忠本身即是孝。《孝经》更明确地提出"以孝事君则忠"（《孝经·士章》）。成书于五代北宋之间的《忠经》进一步发挥《孝经》"移孝作忠"的思想，提出

---

① "五伦中惟父子一伦，乃纯以天合，故孔门特重言孝"。钱穆：《论语新解》，北京：三联书店 2012 年第 3 版，第 97—98 页。

百年变局与中国政治学的时代化：清华政治学系的探索

"以忠保孝"，孝以忠为贵，无忠则无孝，故先忠而孝道尽。①

如果说将孝扩展至政治领域在先秦儒家那里还只是停留在思想层面的话，那么，到了秦汉，它则进一步进入制度层面，汉代皇帝号称以孝治天下，自惠帝起皆以"孝"入谥号，并与郡国学校遍设《孝经》师。东汉以后，孝廉成为政府用人最主要的标准。② 一直到明清，孝治天下的传统都在帝国的文化秩序中扮演了重要的角色。③

与儒家不同，亚里士多德决不能同意将家庭统治关系和家庭伦理扩展到政治领域，以之来比拟政治统治或公民之间的友爱。④ 也许在他看来，移孝做忠会掩盖政治的基本性质，"孝治天下"等于取消政治，因为政治是自由而平等的公民轮番为治的过程。与先秦儒家将父子之间的孝作为标准来衡量君臣关系不同，他是以朋友之间完善的友爱作为标准，试图对政治领域的公民友爱进行提升，从而将城邦打造成为一个友爱的共同体，促进城邦的团结，促进公民德性的完善。

按照亚里士多德的分类，友爱分为三种类型：完善的友爱、实用的友爱和快乐的友爱。"完善的友爱是在德性上相似的好人之间的友爱"（1156b7），它完全是因朋友自身之故而愿意并尽力去做于他是善的事，它超越了任何功利的目的，是很少见的（1156b24）；因有用而爱的人是为了对自己有好处，因快乐而爱的人是为了使自己愉快，他们的爱都不是因对方自身之故（1156a11-15），因而属于低等的友爱。

---

① 陈玮芬：《近代日本汉学的"关键词"研究：儒学及相关概念的嬗变》，上海：华东师范大学出版社2008年版，第154页。当我们说中国传统政治思想将忠与孝视为一体时，也不能忽视忠与孝之间可能存在的冲突。早在孔子和孟子那里，就多次遭到诘难，孔子"子为父隐"（《论语·子路篇》）和孟子"窃负而逃"（《孟子·尽心上》）的公案就将二者之间的冲突尖锐地凸显出来。同时需要指出的是，如果说先秦儒家的基本立场是"孝"优先于"忠"的话，那么，秦汉以后，随着皇帝制度的建立，体制要求将"君臣"置于优越的地位，并将"父子"纳入整体的秩序之中，"忠"优先于"孝"的立场逐渐占据主导地位。相关论述可以参考：〔日〕尾形勇：《中国古代的"家"与国家》，张鹤泉译，北京：中华书局2010年版，第143—149页；甘怀真：《皇权、礼仪与经典诠释：中国古代政治史研究》，上海：华东师范大学出版社2008年版，第217—222页。

② 邢义田：《天下一家：皇帝、官僚与社会》，北京：中华书局2011年版，第37、165页。

③ 吕妙芬：《孝治天下：〈孝经〉与近世中国的政治与文化》，台北：联经出版事业股份有限公司2011年版。

④ May Sim, *Remastering Morals with Aristotle and Confucius*, Cambridge University Press, 2007, p. 170.

作为城邦团结纽带的公民友爱属于实用的友爱，与完善的友爱相比，实用的友爱和快乐的友爱都是不稳定、不持久的，这一方面意味着城邦团结的脆弱性，另一方面也意味着公民友爱需要提升。为此，需要从公民和政体两方面着手。从公民角度来讲，应使他们认识到，所有其他公民，甚至那些他几乎或完全不认识的公民，都自愿支持共同的制度，并自愿提供社会公共产品；而所有公民都将从这些制度和产品中受益。这样，公民们将本着相互友善的精神进行交往，并按照友爱的要求，为共同利益而牺牲自己的直接利益。① 就政体而言，政体形式对友爱与公正的昌行与否影响甚大。在正常政体中，充满友爱；但在变态的政体中，就少有友爱。在最坏的政体中，友爱就最少（1161a10－31）。一个城邦要使友爱与公正昌行，成为牢固的联系纽带，立法者就要设计好的适合城邦公民社会的政体，并使德性得到最大的尊敬。② 公民友爱的提升不仅能使城邦的团结建立在坚实的基础之上，而且也使公民自身的卓越成为可能，因为通过公民友爱，一个人可以养成对他人的友善与同情，而这正是完善的道德自我所要求的；③ 通过共同生活的朋友之间分享谈话和思想，它一方面是我们的政治自然（本性）的实现，同时又是我们的理性自然（本性）的表达。④

值得注意的是，当孝与友爱这两种伦理要求被应用于政治领域时，其所带来的后果是不一样的。

一方面，当基于父子关系发展出来的"孝"被扩展到政治领域，以之来处理君臣或官民关系时，它需要突破自然的障碍。父子关系是一种血缘关系，它是天然的，不可改变的。但是，君臣关系和官民关系则不是。那么，基于血缘关系发展起来的孝如何在非血缘关系中转化为政治形式的孝（即，忠）呢？这显然不是一个简单的平移过程，它需要一种飞跃，而实现这种飞跃的手段就是模拟血缘关系。所以，我们在儒家的政治论述中经常会读到诸如"为民父

---

① John M. Cooper, *Reason and Emotion*, Princeton, N. J. : Princeton University Press, 1999, p. 333.
② 廖申白：《亚里士多德友爱论研究》，郑州：河南人民出版社2000年版，第170页。
③ John M. Cooper, *Reason and Emotion*, Princeton, N. J. : Princeton University Press, 1999, p. 335.
④ 〔美〕伯格：《尼各马可伦理学义疏——亚里士多德与苏格拉底的对话》，柯小刚译，北京：华夏出版社2011年版，第282—293页。

母""义为君臣、恩犹父子"之类的表述。① 但是，这种拟制所造成的结果是，无法构造出"公"家。也就是，即使"家"的规模扩大了，但其活动仍被限制在"私"的范围之内。② 与此不同，当朋友之间完善的友爱被当做标准应用于政治领域，以之来提升公民友爱时，则不会遭遇类似的困境，也不会产生拟制的负面作用，因为无论公民还是朋友，都是基于后天因素关联起来的。

另一方面，无论是孝所处理的父子关系，还是忠所处理的君臣或官民关系，都是一种垂直关系，因此，在中国传统政治思想中几乎没有讨论过水平形态的民与民之间的关系。结果，本来应该是水平形态的政治伦理被想象成为垂直形态的伦理关系，本来应该是相互之间的敬与爱被扭曲为人身依附关系。在极端的情况下，君臣关系竟变成了主奴关系。③ 与此不同，朋友之间的友爱和公民之间的友爱都是水平形态的，因此，亚里士多德在讨论政治伦理时，几乎没有涉及过在中国传统政治话语中占核心地位的君臣关系。

四、结论：安"家"以兴"邦"

在追溯了亚里士多德和先秦儒家关于家国关系的思考以及它们对各自文化系统所产生的影响之后，我们需要思考的一个问题是，如何在"国"中安放"家"，才能更好地推动政治的健康发展？

第一，家国殊途比家国同构更有利于政治的健康发展。如前所述，亚里士多德严格区分家与国，为制度安排的多样性敞开了大门，政体理论成为西方政治思想的核心内容；先秦儒家以家拟国，对政体问题的思考被局限于君主制的窠臼之中，对规则之治的热情远远低于对圣王的期待。在家国殊途的前提下，自由而平等的公民观念得以确立；而在以家拟国的过程中，移孝作忠，极易形成流弊，造成人身依附和君、国不分。在公民模式下，公民之间的友爱与对国

---

① 在《三国志》中，刘晔形容刘备和关羽的关系，用的就是"义为君臣、恩犹父子"。甘怀真：《皇权、礼仪与经典诠释：中国古代政治史研究》，上海：华东师范大学出版社2008年版，第216页。
② [日]尾形勇：《中国古代的"家"与国家》，张鹤泉译，北京：中华书局2010年版，第177页。
③ [日]尾形勇：《中国古代的"家"与国家》，张鹤泉译，北京：中华书局2010年版，第176页。我们在清宫戏中经常听到的"奴才在"就是典型。

家的爱是重合的；但是，在君臣模式下，对君的忠与对国家的爱可能会发生错位。只有当君是明君时，忠君与爱国才是合一的；当君是昏君时，忠君就与爱国背道而驰，变成了愚忠。① 相比较而言，家国殊途的基本预设可能更有利于我们对政体问题的思考和政治伦理的健康发育。

第二，家与国各归其位、各安其位。"家"不是"国"，家的组织原理不应该成为国模仿的对象，应将国建立在自由平等的基础之上。同时，"国"也不是"家"，国乃天下公器，非一家一姓之私产，亦非某个利益集团的囊中物，既要破除"家天下"的思维定式，也要防止国侵入家，让社会领域的家保持其自主性。社会的归社会，政治的归政治，各自按照自己的法则运行，这可能是一幅比较健康的"家—国"图景。

第三，在政治中为家留出适当的空间。这一点非常重要，结合中西方政治思想的历史，我们发现在中西方都有过对家进行贬斥、甚至否定的经验。这一点在柏拉图那里表现最为明显，他在《理想国》中竟然提出彻底废除家庭，由城邦来承担家庭的抚育和教育功能（457c－466d）。中国近代以来，在西方思想的冲击下，家族制度作为君主制的原型遭到严厉批判，许多知识分子批评儒家的家庭伦理对于个体发展的压抑，并指责孝道为专制政治的温床。② 连新儒家的代表人物熊十力也认为"家庭是万恶之源，衰微之本……无国家观念，无民族观念，无公共观念，皆由此"。③ 尽管他们对家的批评是出于不同的立场，但其结果都是取消了家在政治中的合法性，这就从一个极端走到了另一个极端，本来是要纠偏，结果却将孩子和洗澡水一起泼出去了。

---

① 需要指出的是，愚忠只是"忠"观念的流弊所致的一种状态。按照孔子和孟子的看法，"忠"是有条件的，它必须以"义"为根据，否则即为"妾妇之道"（《孟子·滕文公下》）。事实上，"君臣义合"在宋代作为大原则被重新确立起来，后来甚至产生出将家庭伦理和社会政治伦理进行区分的思想。例如，清代的吕留良就认为父子与君臣是两种不同类型的事物，应按照不同的原则来加以规范："五伦中，惟父子兄弟从仁来，故不论是非。若君臣朋友二伦，却从义生，义则专论是非"，"合则为君臣，不合则可去，与朋友之伦同道，非父子兄弟比也"。吕留良：《吕留良全集》，北京：中华书局2015年版，见第5册第25页、第6册第626页。在此，我们可以观察到儒家思想内部的张力。

② 吴虞：《家族制度为专制主义之根据论》，见吴虞：《吴虞文录》，合肥：黄山书社2008年版，第1—7页；陈独秀：《东西民族根本思想之差异》，见林文光编：《陈独秀文选》，成都：四川文艺出版社2009年版，第61—64页。

③ 熊十力：《现代新儒家的根基——熊十力新儒学论著辑要》，北京：中国广播电视出版社1996年版，第336—337页。

百年变局与中国政治学的时代化：清华政治学系的探索

本文认为，尽管不宜以家为原型来思考和安排政治，但是，我们应该在政治思考和政治实践中给家留出适当的空间，因为家具有重要的社会和政治功能。一方面，家作为社会的细胞对于政治稳定具有重要的作用；另一方面，家在公民教育方面具有不可替代的功能。毕竟，家是一个人最初的社会化场所，也是一个人最初和最重要的政治社会化场所。一个人基本的社会体验均来自家，孔子说孝为"仁之本"是有道理的，家是一个我们乐于置身其中的温暖场所，尽孝对一个人修养其人性是本质性的。① 尽管孝本身不能直接地转化为公民之间的友爱，但它对人性的培养确实能为公民德性的养成奠定良好的基础。从这个意义上讲，家庭应该在公民教育中占有重要的地位，一方面，我们要以"情"为基础，培养个体成员的人性，首先将一个婴儿培养成"人"；另一方面，我们要按照"国"的原理来规范"家"，让家成为公民教育的场所，为"人"成长为"公民"奠定良好的基础。例如，引入政治领域的自由、平等原则，将自由、平等的精神灌注于家庭成员的日常生活之中。在父母和子女的关系上，要尊重子女的人格和独立，以平等的方式对待他们；在夫妻关系上，要破除男尊女卑的传统观念。通过"情"与"理"的结合，让自由、平等的精神以更自然的方式植入儿童幼小的心灵。只有在这样的家庭氛围中，儿童才能更好地成长为未来的公民。

---

① 余纪元：《德性之镜：孔子与亚里士多德的伦理学》，北京：中国人民大学出版社2009年版，第200页。

一是皆以修身为本：家国天下的个体递归

任剑涛

近期，以"家国天下"标题的回归传统叙事，广泛见于各种书籍报刊。其指向大致有三：一是解释中国传统的精神立意，二是寄载知识分子的人文情怀，三是阐发中国当代的人类关怀。这是几种扩展性的家国天下叙事。试图准确理解"家国天下"的内涵，需要回到儒家原典的语境之中，从原意出发，清理其延伸意义，缕清其扩展指向，才能将泛泛使用的家国天下还其本来意旨。在清理家国天下完整意涵的基础上，方才能够夯实在现代处境中挪用家国天下传统叙事的价值与知识根基。倘若执意遵从家国天下的进路，而拒绝返回天下、国家、家庭之基于修身的个体递归逻辑，进而，不将之安顿在三纲八目的儒家伦理总体结构中审视其关联性，家国天下的当下叙事就必然陷入误解历史与现实的双重困境之中。人们调用家国天下传统叙事的现代举动，就只会误导由此展开的广泛运思。

一、抽离的"家国天下"

在时下流行的"家国天下"叙事中，基于血缘关系的家，由此推演出的、建立在归属感基点上的家园，成为国家认同与天下情怀的坚强依托。在相关表述中，有论者对家国天下的期许非常之高。"'家国天下'是一个四位一体的伟大修辞，含括'文明时空、政治想象、世界图景和道德理想'。……从另一角度看，其将'个人抱负、集体寄托、民族理想和公民憧憬'同样结集成簇，

百年变局与中国政治学的时代化：清华政治学系的探索

构成了又一个四位一体。凡此四位一体，登高自卑，经由生民身心的成长进程和五伦五服的伦理扭结，既是小我身心的栖息之所，集苑集枯，映衬于家国为本的普天之下，却又构成了古往今来，无远弗届，将文明时空和道德意义，俱涵其中。其中，尤其是家国结构，具象有形，搭建起中心—边缘的一方水土，套连上一个个同质结构，生民起居其中，劳生息死，世界因此而获得了世界性。因而，有限此在的时空和文明，经此连缀，通达无限而有形的政治想象，致臻超越性的道德想象，即需要个体终生践履，同时意味着全体人类世世代代的不懈践履。换言之，'家国天下'本身就是一种文明格局，同时又是此种文明格局中的文教本质性和典范性价值真实。由此，一方面，如古人言，'天下事譬如一家，非我为则彼为，非甲为则乙为'；另一方面，则'天下之事，非一家私议，愿公平气以听'，而引领出下达的兴亡概念与忧患意识。"① 在这段提纲挈领的论述中，家国天下被定位为"伟大修辞"，自然就将中国文明的古今精粹悉数纳入其中，其完美性也就顺理成章地浮现出来。

诚然，将家国天下置于中国文明的理想层次来审视，上述断定完全是可以成立的。但家国天下的言说不尽显现为理想的面相，尤其是现实形态的家国天下，其中绝对容有种种令人不满的成分。为此，有论者持一种撤除传统积弊、光大现代意涵的家国天下论述立场，借以凸显家国天下的新秩序。他们认为，中国传统中个体自我的观念是不清晰的，但到了现代，中国与西方一样出现了横空出世的、大脱嵌的原子式个人。为此，需要在传统与现代的两端展开运思。"在过去，人的自我理解与自我认同，与家国天下共同体有关，但在世俗化时代，变成经济学、政治学知识中的概念，成为财富与权力的主体，人的本质属性与占有和控制有关。而世俗化的社会，便是一个以权力和金钱为轴心、由占有性的'经济理性人'组成的市场社会。世俗化时代的原子化个人，既没有社群，也没有历史，只是一个充满了物欲和追求的经济理性人。他孤独地面对整个世界，而这个外部世界，是一个以利益为轴心的

---

① 许章润：《论家国天下——对于这一伟大古典汉语修辞义理内涵的文化政治学阐发》，见许章润等主编：《家国天下》（历史法学第十卷），北京：法律出版社2015年版，第69页。该书所收论及家国天下诸文，均发表于不同的学术刊物，为了读者检索方便，这里集中引述收集在该书中的诸文。

市场世界,缺乏温情,也没有意义。个人与这个市场世界的联系,只是物欲的和功利的关系,也就是由各种交换、占有和控制形成的非人格化关系。……于是,与家国天下'大脱嵌'的个人,成为赤裸裸、孤零零、无所牵挂、无所依傍的自我。而一个个彼此隔绝、相互对象化、工具化的自我,为了形成一个共同的世界,不得不依赖一个'必要的恶'的政府,虽然这个政府也是工具化的存在。……对于当代中国人来说,要想走出原子化个人的迷失,就只能在重建的家国天下新秩序之中获得自我的认同。原子化个人是权利自由主义的基本预设,但这样的自由主义是不完备的,必须补充社群主义以建立社会的自我,引入共和主义和文化民族主义以重新理解个人与国家的关系,强化世界主义让个人从普世文明中获得真正的自我。"① 这是对论者自己设定的、现代社会"大脱嵌"催生的原子式个人主义加以纠偏的中国关怀之表现,其关心的问题是家国天下之作为孤立无依的个人有所归属的现代价值。其言说进路与许章润明显不同,但高度重视家国天下指引的现代出路之意趣,显然非常一致。

有论者试图将家国天下的言说与元典论述联系起来,并强调元典论述是人们在现代条件下准确阐释家国天下问题的前提条件。当然,他们也承认家国天下的现代指向所具有的崭新内涵。其中,有论者指出了家国天下言说的不完整结构特点,强调只有在修齐治平的结构中,家国天下相对完整的言说结构才凸显出来。其讨论从"修身为本"出发阐述相关问题,指出儒家观念中身体问题与心性问题是"一体之两面",修身就是一个"以心控身"的问题,从而实现精神对欲望的融摄并达到身心的合一。以此为起点,儒家递进性地处理齐家、治国、平天下的问题。其在个人与社会的视角审视共同自我与家国天下的递进关系,认为"在家庭为基本社会单位的传统中国社会,儒家的自我观念及由此建立的社会秩序并无很大的缺陷,问题是在以个体为基本成分的现代社

---

① 许纪霖:《"大脱嵌"之后:家国天下之新秩序与自我认同》,见许章润等主编:《家国天下》(历史法学第十卷),北京:法律出版社2015年版,第189—190页。该作者另著《家国天下——现代中国的个人、国家与世界认同》(上海人民出版社2017年版)对"家国天下"进行了系统的叙述与分析。但因为涉及内容太多,无法在此进行重述与辨证,因此仅以他这篇纲领性的文章,作为他的代表性意见。

百年变局与中国政治学的时代化：清华政治学系的探索

会中,这样的人我关系,既丧失了社会秩序建立的基本因子,同时也会干预到别人的权利。"基于此,论者强调,"如何在保障个人的基本权利的基础上保存社群主义的温情,的确是新儒家的一个重要的使命。"① 这是一种将家国天下区隔在中国传统社会与现代社会两个世界的言说进路,在各有其理的基点上为身—家—国—天下的传统言说自洽性进行辩护。同时试图在社群主义视角为家国天下的传统言说所具有的现代价值申言。

还有论者特别强调家国天下论说的有欠完整,认为必须确立身—家—国—天下这一源自传统却又现代针对的言说模式。一方面,他们着重指出身家国天下结构中身与家在传统社会和现代社会关联中的结构变化:在传统社会,身是家的附庸;在现代社会,身成为家的基础。家国天下的集体主义表述,就此转换为由身演进到家国天下的个体主义表达。另一方面,在家国天下话语模式中,家—国不具有恒久的意义;在国族时代,比家更具社会主体意义的是身;在超国族时代,国家不再具有主体意涵,但个体性的身依然是社会主体。据此,论者指出,"常见的'家国天下'话语模式造成了一种误解,而且这种误解竟然由一种似是而非的实然事实判断推展为一种想当然耳的应然价值判断,似乎中国伦理向来都是,因此现在和未来仍然应当是以家为本的。这不仅是对生活情势的误判,也是对中国传统话语的误读。"② 基于此,论者对身、家、国、天下在中国传统社会与现代社会中的不同意义,进行了辨析,并着力强调家国天下传统含义的现代转换,以及未来可能发生的复杂变化。

上述家国天下的言说,都是言之有理、持之有故之说。从总体上讲,这些言说都是在传统与现代的关联性上论述家国天下问题的,都希望在传统的家国天下话语中发现当下中国安顿现代价值、确立现代制度的进路。无论是基于理想化的政治期待、还是基于现实性的政治转型、抑或是基于光大传统的价值信念,上述言说都具有关切中国古今关联性、甚至是一贯性的特点。其不约而同

---

① 干春松：《儒家思想中的个人、家庭、国家与天下》，见许章润等主编：《家国天下》（历史法学第十卷），北京：法律出版社2015年版，第30页。
② 黄玉顺：《"以身为本"与"大同主义"——"家国天下"话语反思与"天下主义"观念批判》，见许章润等主编：《家国天下》（历史法学第十卷），北京：法律出版社2015年版，第152页。

的论述共性是，大家都认为传统的家国天下话语无法直接贯通到现代社会，需要基于现代社会变迁加以重构。分歧出在重构家国天下话语的时候，究竟是着重于继承传统呢，还是着重于承接现代？这对现代中国确实是一个大问题：因为中国是以传统的断裂为前提，开启其现代进程的；同时，又是以现代的输入为先决条件，重新审视传统的。这是传统与现代的一种双重错位：传统未能直接贯通到现代，现代必须以终结传统为代价。所有上述关乎家国天下的言说，都无法规避这样的言说张力。取决于这种张力，上述种种论断从言说类型上讲，要么是一种复述理想化元典语境的现代论说，要么是一种挪用传统言说但重在张扬其现代价值的申辩。于是，两种挑战便浮现在人们的面前：一者，如果将家国天下还原到元典之中，并以此作为言说家国天下的经典依据的话，那么家国天下的论说进路就有重大修正的必要，而它的现代适应性或效用性很可能因此成为言说者的主观加载。二者，如果将家国天下的传统修辞视为贯通古今的伟大修辞，那么，理想化的赋值与其现实中的表现之严重的错位，就会被遮蔽起来。因此，让人无法透观家国天下言说的古今差异与古今一贯之不同层面的构成面相。一种混合性的言说，必然将家国天下话语置于云遮雾障的境地，其伟大的命意与惨淡的实像都无法得到有效的描述与阐释，相关言说的价值就此大打折扣。

按照上述种种论说的指引，需要将家国天下话语先期还原到它的经典语境之中，从而将八目作为总体的审视框架，在社会起源论的基点上将之还原为身—家—国—天下的原初结构，从而寄望于家国天下经典含义的披露；同时，需要对家国天下的理想表述与实际运行的古代情形进行甄别。在此基础上，对家国天下话语的现代遭遇与重构进行清理，以期有力勾画家国天下话语的现代适应性与未来适用性。据此，家国天下也好，身家国天下也好，都不是完整结构，而只是儒家伦理总纲即（三纲）八目的抽离结构。

家国天下话语的系统表述，源于《礼记·大学》。完整的表述，被安顿在八个条目紧密关联的回转性结构中。"古之欲明明德于天下者，先治其国；欲治其国者，先齐其家；欲齐其家者，先修其身；欲修其身者，先正其心；欲正其心者，先诚其意；欲诚其意者，先致其知。致知在格物。物格而后知至，知至而后意诚，意诚而后心正，心正而后身修，身修而后家齐，家齐而后国治，

百年变局与中国政治学的时代化：清华政治学系的探索

国治而后天下平。自天子以至于庶人，一是皆以修身为本。其本乱而未治者否矣，其所以厚者薄，而其所薄者厚，未之有矣！此谓知本，此谓知之至也。"①循此表述思路可知，《大学》作者对家国天下话语的表述，有几个必须重视的基本要点：一是它本来就是托古之辞，因此具有超越现实社会政治实际情形的理想化指向。二是家国天下话语的陈述是基于终极目标的反推：阐明盛大道德并行之于天下的人，需要以六个次第关联的"优先"为前提条件。缺少任何一个优先环节，预设的终极目标就可能根本无以实现。三是在致力实现终极目标的过程中，从初始起点出发，以七个"然后"为递进序列。如果任何一个环节出现问题，都可能引导不出后一个环节，八目在任何一个环节上都可能夭折或中断，以至于终极目标无以浮现。

在《大学》对家国天下的直接而完整的陈述中，无论是六个优先、还是七个然后，都是过程性的进展或回溯，其过程的顺畅展开所依赖的关键环节，是给予明确强调的，那就是"自天子以至于庶人，一是皆以修身为本"。这句话对人们理解儒家的"三纲八目"，具有至关重要的作用。之所以修身具有如此重要的核心地位，是因为它在儒家社会起源/结构论中开始解决社会成员的平等资格问题；由此后推，儒家八目致力解决的是社会成员获得资格的前置条件；往前推，才直接处理社会起源和社会从家国同构，推进到政治社会自身的建构，进而再推进到国际社会或天下社会的建构。惜乎解释者长期在凸显"家国天下"理念的递进性关系时，基本上都从家出发，并给予了"家"以绝顶重要的位置。因此，便将"修身"环节的重要性弃之不顾。其实，自"平天下"回溯，可以发现一种与八目的递进关系互补的递归关系。唯有同时呈现两种关系，才足以真正理解八目的丰富含义。

理解八目的前导性理念，无疑是"三纲"，即"明明德，亲民，止于至

---

① 〔清〕朱彬撰、饶钦农点校：《礼记训纂》（十三经清人注疏），北京：中华书局1996年版，第866页。朱熹的《四书章句集注》将最后一句"此谓知本，此谓知之至也。"移至明德新民止于至善章尾部。见〔清〕朱熹编撰：《四书章句集注》，北京：中华书局1983年版，第3—4、6页。朱彬本对大学一章所解甚略，并附朱熹考订大学篇。元代陈澔所注的《礼记》（上海古籍出版社2016年版，第668页）、清代孙希旦的《礼记集解》（中华书局1989年版，第1410页）干脆将大学章省去，仅示"朱子章句"四字。可见朱熹章句影响之大。

善。"三纲八目是儒家完整/完备的道德学说。① 如前所引，八目之为八个连贯的道德节目，从总体上来讲，宗旨就是"明明德于天下"，即是彰显光明德性于天下。这个天下，是由天子与庶人共同构成的。因此，"明明德于天下"，不只是针对天子、也就是古代国家最高权力的人格载体而言的，同时是针对不担任任何国家权力职位的普通人而言的。不过，随着八目递进过程的展开，道德节目的主体担负者队伍中，庶人逐渐剥落，天子显著凸显。因为治国、平天下事务中，庶人承担的只是行动责任，而士人与君王（帝王）承担的则是组织、实施的事务。故而，突出庶人与天子在八目中的共同责任的，便是"修身"。在从己身外推的德行延伸过程中，庶人止于"齐家"，而士人与天子直接承担"治国，平天下"的重任。如果将庶人与天子都放在八目的序列中审视，他们以"修身"为关联环节，以此将八目对天下所有人的针对性连接起来。除开这一连接，齐家、治国、平天下的庶民与天子两种走向之分流，就难以呈现，儒家的道德节目之丰富内涵，就得不到呈现。"家国天下"表述格式中"身"的失落，就不足以完整呈现八目从微观到宏观的具体内涵。

在流行的"家国天下"表述中，身与家的位置发生了严重的错置："家"替代"身"，成为儒家伦理向上递进的起点与依托，而"身"在家国天下的递进结构中完全隐而不彰。这就将八目的完整结构、其实也就是八目的完备结构肢解开来了。从而给解释者楔入其主观想象提供了空间：由于无须"身"连接格致诚正与家国天下，家国天下的言说就成为从"家"出发的思路。于是，家就成为儒家完整/完备的道德/政治体系的一个绝顶重要指标。今日之脱开儒家完整/完备道德体系的"家"之论述，这是这么成立起来的。在八目中，究

---

① 完整（whole）与完备（comprehensive）不是一个概念，前者主要指一个德性体系构成部分紧密联系在一起的整体性，后者则用来指一个德性体系的无所欠缺及可以解决所有的德行问题。在这里，用完整/完备来定位儒家三纲八目，尤其是八目的完整性与完备性，主要是强调这一体系聚集了德行修为的各个要素（因而完整），同时又指这一体系所呈现出包揽一切的宗教性、世俗性与排斥性特质。它是一种仅仅与中国古代社会相宜的文化结构，它是一种完备性学说（the comprehensive doctrines）；且因其在纳入德行要素上的巨细无遗，它是完整性学说。所谓完备性学说，恰如约翰·罗尔斯指出的，"所有各类完备性学说——宗教的、哲学的和道德的——都属于我们可以称之为的市民社会的'背景文化'。这是社会文化，而不是政治文化。它是日常生活的文化，是其许多联合体——简单列举几个：如教会和大学、知识和科学团体、俱乐部和球队——的文化。"（〔美〕约翰·罗尔斯：《政治自由主义》，万俊人译，南京：译林出版社2000年版，第14页。）

竟是"家"、还是"身",才是决定八目递进与递归的关键环节呢?抑或说,究竟是"齐家",还是"修身",才是八目得以从"格物"递进到"平天下",翻转过来,从"平天下"递归至"格物"的决定性要目呢?这就涉及八目的递进与递归的双向分析,就是借助"家"还是"身"才足以稳固地建构起顺畅通道的问题。

但无论怎么讲,"家国天下"都是八目的完整/完备结构的一个抽离结构。就此而言,前引黄玉顺与干春松的分析,是一种局部还原八目完整结构的尝试。即便如此,脱离开格致诚正四个环节,已经不足以准确理解身家国天下的后起四个环节。八目之为八目,任何一个环节都不可缺少。缺少任何一个环节,后一个环节的承转启合就变得不可理解。如果从修辞手法上讲,"家国天下"是符合突出重点且朗朗上口的修辞习惯的。但如果仅仅是为了突出八目中展现政治情怀的"家国天下",尤其是"家"园寄托与心怀"天下"的深厚情感,这一表述也未尝不可。但那不是对八目所表述的完整/完备理念的展现,而是抽离这一完整结构的一个局部表述。如果进一步对"家国天下"注入解释者的传统寄托与现代愿景,那就更是疏离八目的一种随意性挪用。基于此,将"家国天下"重新还原到八目的结构中,尝试凸显它的各个环节之不可缺少,以及凸显八目的关键环节究竟何在,就成为相对准确理解八目深刻意蕴的必须。以此观之,即便是将"家国天下"还原为"身家国天下",似乎较为尊重八目表述的原意,比之于"家""天下"或"家国天下"的几种流行表述要相对完整。但就八目的完整理解来看,仍然是不足够的。只有在八目的完整结构表述中理解它的意旨,才能杜绝一切抽离结构——即抽取八目中一个或几个环节所做出的、有欠准确和可靠的表述。

二、完整结构:递进与递归

儒家八目,既是相对独立的八个道德节目,也是紧密联系在一起而不能随意切割开来的八个道德环节。就前者言,八目的任意一个环节都因其相对独立的意义,而可以被抽离出来加以讨论。就后者言,八目任何一个环节被抽离了整体结构,都很难被准确理解。八目各自的相对独立性,是其得以构成八目的一个环节的理由，人们可以仅限于某一个环节讨论它对前后环节，甚至在总的八目中的地位与功能。由此可以理解当下针对八目中"家"或"天下"展开的丰富多彩的论述。但八目既为八个相互关联的道德节目，便意味着它们的不可分离，因此，在对八目做抽离性论述成为流行思路的情况下，有必要将八个环节的紧密关联凸显出来，以呈现儒家伦理的总纲，而不致满足于对其八个具体环节和内涵的分别理解与把握。

如何理解八目不可分离的完整/完备性呢？简而言之，一种双向的关联特质应予强调：八目是具有递进与递归双向推导性质的整体结构。所谓递进，按照日常语言的表述即可明了其意，其义项有二：按一定顺序推进；作为修辞手法，指按大小、轻重、本末、先后等一定的次序，对两种或两种以上的事物依次层层推进。① 递进关系（progressive relationship）是表示在意义上进一层关系的，以一定逻辑词语标出。递归（recursion）则是对数学词汇的借用。递归的含义较为复杂。"递归 recursion 是递归论 recursive theory 中的一个术语，而递归论亦称'递归函论'或'能行性理论'，却是数理逻辑中研究可计算理论的分支。它研究问题类是否存在解的算法；如果不存在，那么不可解的程度如何，其主要方法是通过对数论的研究，深刻揭示能行过程的本质，从而有力地解决许多重要的数学问题，它对函数值的计算往往回归到已知值而求出，故名递归论。递归论在计算机科学里主要应用于计算复杂性理论。……递归这一数学概念是通过生成语法学引入语言学研究的，它是指反复使用相同的规则来生成无穷的短语或句子的一种语法手段。"② 广而言之，就是对一个过程所遵循的先导性基本规则的揭橥。

在近代哲学史上，莱布尼茨的单子论，是递归论的思想源头之一。那是一种追问复合物的单纯实体的理念。单子，"不是任何别的东西，只是一种构成复合物的单纯实体，所谓单纯，就是没有部分的意思。"③ 这恰恰是一种与递

---

① 参见中国社会科学院语言研究所词典编辑室编：《现代汉语词典》，"递进"词条，北京：商务印书馆2012年版，第287页。
② 这是对周海中看法的归纳。转引自钱冠连：《语言的递归性及其根源》，载《外国语》，2001年第3期，第8—14页。
③ 〔德〕莱布尼茨：《莱布尼茨后期形而上学文集》，段德智译，北京：商务印书馆2019年版，第251—252页。

百年变局与中国政治学的时代化：清华政治学系的探索

进关系逆反的思路：递进是呈现事物从简单结构向复杂结构的推进关系，递归则是呈现事物从复杂结构向简单实体的还原。递归，不可能无限还原，因为涉及可分不可见的微观物质世界的观察问题；递进，也不可能无限扩展，因为关系到广袤无垠的宇宙无法达到边界的限度。一般而言，挪用自然科学的成果，应用于社会领域的研究，递进与递归都有其限定性的含义：所谓递进，是从一个设定的具体事物推进到影响人类社会政治生活的可能广度；所谓递归，也是从一个设定的宏大且复杂的事务向构成它的基本要素的回归。因此，无论是递进还是递归，都因其限度而呈现为限定的起点与终点之间的诸环节关系。递归，具有目的性递归与过程性递归等类型。前者主要追究的是终极目的，后者则致力凸显一个趋向于复杂事务的过程之先导原因、原初起点何在的问题。在八目的互为因果的链条中，其关联性以因果序列呈现出来。犹如康德所说，"因果结合就其只是通过知性被思维而言，就是一种构成（原因和结果的）一个不断下降的序列的联结；而那些作为结果的事物是以另一些所谓原因的事物为前提条件的，它们不能反过来同时是后一些事物的原因。人们把这种因果结合称为作用因的结合（nexus effectivus）［效果的联系］，但与此相反，毕竟也可以设想一种按照（关于目的的）理性概念的因果结合，这种因果结合当人们把它视为序列时，会既带有一种下降的，也带有一种上溯的依赖性，在其中一度被表明为结果的事物，仍然上溯而理应得到它是其结果的那个事物的一个原因的称号。"① 循此，可以很好地理解八目中的递进与递归关系双向呈现的因果继起性。

分析八目关联性所使用的递进与递归两个词汇，前者用以表述儒家八目从格物起始进至平天下的发展关系态势，后者用以呈现从平天下以降返归格物的前置关系结构。一般而言，人们涉论八目，更为注重递进关系。这正是当下人们更乐意谈论"家国天下"论题的原因。因为递进关系演变到最后阶段，它呈现的正是递进序列最后所包含的该序列的目的性。如果人们关注结果甚于留意起点与过程的话，这样的论述进路也是无甚苛求之处的。但如果人们试图弄清楚最后的结果是如何演变而来的话，那么就必须逐步递归，去寻找一个因果

---

① ［德］康德：《判断力批判》，见李秋零主编：《康德著作全集第 5 卷 · 实践理性批判 判断力批判》，李秋零译，北京：中国人民大学出版社 2007 年版，第 387 页。

序列继起的最终结果呈现出来以前,是怎么一步一步或一个环节一个环节呈现一个因果序列的最终结果的。就此而言,对八目的审视,不能只因循递进线索,同时必须在递归线索中,同时进行。这样才足以理解把八目作为一个因果继起链条的前因后果,以及起点与终点之间浮现的各个环节的必不可少,而某个环节是否在其中是需要格外注意的关键点的全面意涵。在递进与递归的双向分析中,八目之作为一个儒家道德修为的总纲,之所以由八个环节组成,而且前者构成后者的原因,后者构成前者的结果,其因果继起的总体面目才会展现出来;进而,也才足以凸显八目之作为德性修炼而臻于理想境界的扎实起点与中间环节,由此在过程性的理解中对其目的性,了然于心。

稍微拓宽一下视野看,在儒家道德的总体结构中,八目与三纲是紧密联系在一起的。三纲是八目的先设理念,是儒家伦理的目的性表述;八目是三纲的具体展开,是儒家伦理的过程性表述。"大学之道,在明明德,在亲民,在止于至善。知止而后有定,定而后能静,静而后能安,安而后能虑,物有本末,事有终始,时所先后,则近道矣。"① 这段提纲挈领的话,有三个值得分析的问题:一者,"大学"的教育目的是什么呢?朱熹明确指出,"自天子之元子、众子,以至公、卿、大夫、元士之适子,与凡民之俊秀,皆入大学,而教之以穷理、正心、修己、治人之道。"② 在"大学"的教育对象上,针对的是王子、官宦子弟与民间精英;教育的内容是个人修养与国家治理。可见,"大学"并不是一般的普及教育,而是对社会政治精英进行系统训练的学问。因此,"大学"当具的德性,不是公众道德,而是精英德性。二者,大学的教育基本理念如何确立?朱熹将"明明德、亲民,止于至善"定位为"大学之纲领"。③ 在"大人之学"中,全面了解与实践超越人欲的根本道德,并推己及人,立定于至善之境,彻底以天理战胜人欲,是三个内嵌在一起的目标。三者,大学教育基本理念、也就是三纲之间的基本关系当是如何?简而言之,"明德为

---

① 〔清〕朱彬撰、饶钦农点校:《礼记训纂》(十三经清人注疏),北京:中华书局1996年版,第866页。朱熹:《四书章句集注》,北京:中华书局1983年版,第3页。
② 朱熹:《四书章句集注》,北京:中华书局1983年版,第1页。
③ 朱熹讲,"而此篇者,则因小学之成功,以着大学之明法,外有以极其规模之大,而内有以尽其节目之详者也。"朱熹:《四书章句集注》,北京:中华书局1983年版,第1页。

百年变局与中国政治学的时代化：清华政治学系的探索

本，新民为末。知止为始，能得为终。本始所先，末终所后。"① 三纲的本末、先后、始终关系，因此被规定得清清楚楚、明明白白。三纲与八目的关系，最简明扼要的表述，就是"明明德于天下者"的具体德目。在此，"明明德"作为三纲的根本，成为八目连贯作用而最终可以将"明德"推展于天下的终极目的。八目，也就成为明德通行于天下的道德实践全过程。

八目之服务于三纲，尤其是在终极目标上实现"明明德于天下"的目的，必然要求八个道德节目各自发挥出自己的作用。这种作用的发挥，不是相互隔绝的，而是紧密贯通的；不仅是相互贯通的，而且是连贯作用、顺畅继起的；不仅是顺畅递进的，而且逆向递归的。这在"大学"中得到了明确的阐述。于是，八目的递进与递归关系就以两种运动模式呈现在人们面前：首先，八目的完整递进关系，是从格物出发，经由致知、诚意、正心、修身、齐家、治国而最终落实于平天下。这就是"大学"所说的"物格而后知至，知至而后意诚，意诚而后心正，心正而后身修，身修而后家齐，家齐而后国治，国治而后天下平。"需要强调的是，八目的这一递进关系，不是一种简单的环节罗列，而是一种环环相扣的逻辑递进链接。如果缺乏其中任何一个环节，或者说其中任何一个环节没有发挥它起承转合的作用，那么，八目之作为一个完整的德性实践链条，就会中断，以至于根本无法实现德行实践的最终目标。八目的递进关系，凸显的是德性实践之八个道德节目的前一环节所发挥的奠基性作用。其次，八目的递归关系，是从平天下反转过来，经由治国、齐家、修身、正心、诚意、致知而还原为格物。这就是"大学"所指出的，"古之欲明明德于天下者，先治其国；欲治其国者，先齐其家；欲齐其家者，先修其身；欲修其身者，先正其心；欲正其心者，先诚其意；欲诚其意者，先致其知。"这种递归关系，凸显了格物作为德性省思的起点，平天下作为德性实践的终极目标，由最终目标返归原初起点的回溯全过程。如果八个德性实践环节在终极目标上展现它的宗旨，因此人们意欲立于终极目标，就以为可以直接实现德性实践目标的话，那就大谬不然了。因为八目必须以递归关系的环环相扣，次第以它的前一阶段的奠基，作为后一阶段的提升的前提条件。

---

① 朱熹：《四书章句集注》，北京：中华书局1983年版，第3页。

"大学"以一种双向关系的同时表述,明确了八目的递进与递归关系的顺向与逆向运行的相倚性与通畅性。在格物与致知之间,"所谓致知在格物者,言欲致吾之知,在即物而穷其理也。盖人心之灵莫不有知,而天下之物莫不有理,唯于理有未穷,故其知又不尽也,是以《大学》始教,必使学者即凡天下之物,莫不因其已知之理而益穷之,以求至乎其极。至于用力之久,而一旦豁然贯通焉,则众物之表里精粗无不到,而吾心之全体大用无不明矣。此谓物格,此谓知之至也。"① 这一段对格物致知关系的解释,是朱熹借程子之意所做的增补。但揣摩"大学"之意,可以说这段增补是合乎其宗旨的。人们要想获得知识,需要借助外物。人的心灵具有可知性,万事万物具有可识性,物的性质有一个呈现过程,因此知也就呈现为一个发展状态。"大学"将人的德性之知放置在牢靠的物质认知基础上,并指出随着人们以可知性对可识性的感知,也就是人对物的认识的系统和深入,久久为功,一定能发现事物的根本道理,将人的认识能力提升到极高的程度,而不会再有任何蔽塞。这是一种递进与递归双向相倚性关系呈现出来的关联性:格物,构成致知的前置条件;致知,正是格物的必然结果。缺少格物的奠基,就不可能致知,因此致知必须递归到格物,才能达成目标;而缺少致知,就无法理解何以格物,因此格物必须递进到致知,才能凸显格物的进取性。取决于这样的知识态度,人们自然就会生发一种以真诚态度对待认知的要求。诚意、正心的两个进阶,就浮现出来。

"诚意"的重要性不言而喻。"所谓诚其意者,毋自欺也。如恶恶臭,如好好色,此之谓自谦。故君子必慎其独也。小人闲居为不善,无所不至,见君子而后厌然,掩其不善,而著其善。人之视己,如见其肺肝然,则何益矣。此谓诚于中,形于外,故君子必慎其独也。曾子曰:'十目所视,十手所指,其严乎!'富润屋,德润身,心广体胖,故君子必诚其意。"② 诚意,就是不要自己欺骗自己。这就像人厌恶腐恶的气味,喜欢漂亮的女孩一样,这就是心安理得的道理。一个君子,即儒家所称许的理想人格,必须在独处的时候保持谨慎。因为只有以真实的面目示人,才不会像恶人那样对人躲躲闪闪,才会身心

---

① 朱熹:《四书章句集注》,北京:中华书局1983年版,第6—7页。
② 朱熹:《四书章句集注》,北京:中华书局1983年版,第7页。

百年变局与中国政治学的时代化：清华政治学系的探索

康泰。这里其实强调的就是以本真性（authenticity）的方式对待自己。① 唯有如此，才能上接诚恳认知外物而达致的认识，下接端正心意的种种修炼，从而将诚意作为八目的一个必不可少的环节。

就修身与正心关系而言，"所谓修身在正其心者，身有所忿懥，则不得其正，有所恐惧，则不得其正，有所好乐，则不得其正，有所忧患，则不得其正。心不在焉，视而不见，听而不闻，食而不知其味。此谓修身在正其心。"② 正心，是为诚意的后起环节。意念端正，保持本真，便可以为正心奠定可靠基础。而正心上接诚意，下启修身。那么正心环节要解决好的问题是什么呢？就是要克制愤怒、偏好、忧虑。如果心不正，那就会视而不见、听而不闻、食而无味。可见，端正心思上对诚意，也就是面对本真所具有的奠基性功用；接下来对修身，也就是达到身心一致所具有的方向性指引。八目的一环扣一环关系，在递进与递归的双向度得到很好的呈现。

就修身与齐家的关系而言，"所谓齐其家在修其身者，人之其所亲爱而辟焉，之其所贱恶而辟焉，之其所畏敬而辟焉，之其所哀矜而辟焉，之其所敖惰而辟焉。故好而知其恶，恶而知其美者，天下鲜矣。故谚有之曰：'人莫知其子之恶，莫知其苗之硕。' 此谓身不修不可以齐其家。"③ 这是对"齐家"前置条件的"修身"进行解释。修身，就是要做到一个人对其亲爱或厌恶的人，都不偏爱；对其同情或轻视的人都不偏好。从而保证喜爱一个人而知其缺点，讨厌 个人而知其优点。即使是面对自己的孩子，也知其缺点；满足于自己庄稼的好。只有做到身心修养完全克制住偏见、偏好，同时知晓优点、缺点，就可以为自己管理好家庭与家族奠定良好的基础。在此，修身是对人的德性根基的修葺，以保证德性判断的不偏不倚、若合符节。从而，保证八目能从修身的

---

① 面向个人责任的本真性概念是现代产物，但八目中的修身环节，已经蕴含有本真性的含义。现代的本真性含义，已为查尔斯·泰勒道出："本真性的伦理规范是某个相对新颖的东西，它是现代文化独有的。它滥觞于 18 世纪末，以个人主义的雏形为基础。例如笛卡尔首创的超然合理性（disengaged rationality）的个人主义，要求每个人自负其责地为他或她自己思考，或者洛克的主张个人主义，试图使人及其意志先于社会责任。"〔加〕查尔斯·泰勒：《本真性的伦理》，程炼译，上海：上海三联书店 2012 年版，第 32 页。

② 朱熹：《四书章句集注》，北京：中华书局 1983 年版，第 8 页。

③ 朱熹：《四书章句集注》，北京：中华书局 1983 年版，第 8 页。

一己之功开始向外推展。

再就齐家与治国的关系而言，"所谓治国必先齐其家者，其家不可教而能教人者，无之。故君子不出家而成教于国。孝者，所以事君也；悌者，所以事长也；慈者，所以使众也。《康诰》曰：'如保赤子。'心诚求之，虽不中不远矣。未有学养子而后嫁者也。一家仁，一国兴仁；一家让，一国兴让；一人贪戾，一国作乱。其机如此。此谓一言偾事，一人定国。尧、舜帅天下以仁，而民从之。桀、纣帅天下以暴，而民从之。其所令反其所好，而民不从。是故君子有诸己而后求诸人，无诸己而后非诸人。所藏乎身不恕，而能喻诸人者，未之有也。故治国在齐其家。"① 治理一个国家，必依托垂范的家庭。在家国同构的环境中，这似乎是一个不证自明的关系。但稍加分析，发现问题并不那么简单。因为家庭与国家的同构，必定是两者在结构上的同一，而不是在实体上的合一。因此，治国建立在齐家的基础上，就必须给出相应的理由。治国之所以需要以齐家为前提条件，就是因为一个人如果不能教育家人，他怎么可能教育外人呢？在家教育家人，就是训练人去有效处理人际关系。处理好人际关系的起始关系、也就是家庭成员之间的关系，能够以树立德行楷模的方式，让家人达成德行共识，那么，再往外推于治国事务上，就能收到相应效果：忠孝关联、顺悌相通，道理就在这里。而齐家与治国在正反两方面的比较效果也就呈现出来：一家仁爱、礼让，一国就会仁爱、礼让；一家贪婪暴戾，一国就会犯上作乱。这种一言兴邦、一言丧邦的道理，在尧舜与桀纣的天渊之别上呈现出来。试想，一个人严于律己、宽以待人，他治国时确实会对人行宽恕之道；一个人宽以对己、苛刻待人，他治国时怎么会不对人冷漠相待、残酷以对呢？这是一种基于移情（empathy）的论证，② 确实为治国必先齐家提供了情感意义上的支持。

---

① 朱熹：《四书章句集注》，北京：中华书局1983年版，第9页。
② 经由移情的作用，一个个体与多个个体之间出现内在同构。"我们自己的个体和复述的'我'是在陌生肉体进行感知的基础上被构造的，在陌生肉体中我们（通过移情）发现了一种意识生活。当我们已经学会通过他人的'类比'来看待我们自己时，我们实际上首先把自己看成了一个个体，看成了多个'我'之中的一个'我'。"（〔德〕艾迪特·施泰因：《论移情问题》，张浩军译，上海：华东师范大学出版社2014年版，第100页。）这可以被视为一个温润敦厚的人在掌握国家重器时善待治下人群的情感基础。

百年变局与中国政治学的时代化：清华政治学系的探索

最后，就治国与平天下的关系而言，"所谓平天下在治其国者，上老老而民兴孝，上长长而民兴悌，上恤孤而民不倍，是以君子有絜矩之道也。所恶于上，毋以使下，所恶于下，毋以事上；所恶于前，毋以先后；所恶于后，毋以从前；所恶于右，毋以交于左；所恶于左，毋以交于右；此之谓絜矩之道。"①之所以天下可以太平，是因为治国者在治国时以身作则、榜样垂范。治国者尊重老人、长辈、恤孤，百姓就会影从，孝顺父母、尊敬兄长、同情弱者。所谓"絜矩之道"，就是基于治国与平天下的移情机制而确立起来的伦理原则：上下级之间、人我之间，只要以同一方式相待，就完全可以在治理一个国家的基础上收到平定天下的效果。因为治国者的道德垂范，会让他以德治国、重义轻利、戒骄戒躁、凝聚民心。

"大学"对八目关系的递进与递归双向验证，完整呈现了"明明德于天下"的全过程，而且在递进中展现了八目的层层推进关系，在递归中展现了八目的层层回溯关系。因此，正推与逆推、递进与递归的推演，将八目的各个环节之不可缺少展示给人们，同时将八目的的各个环节相倚性凸现出来，并且将八目的的过程性之完整面目呈现出来。可以说，如果要理解儒家道德修为的全过程，八目不经格物到平天下的递进过程，就不足以展现"明明德，新民，止于至善"的升华过程；而不经平天下向格物的递归过程，就不足以展现"止于至善"的坚实基础。

不过需要指出的是，"大学"对八目递进与递归关系的推导，不是一个无缝论证，而只是一个关联展示。而且中间的缺环是显而易见的：一者，在递进线索中，继起性的关系是直接表述出来的，而不是真正推导出来的。因此，它借助的是日常生活感受的相似性描述，而不是针对道德节目的内在关系之不可断裂。二者，在递归线索中，回溯性的关系是奠基性的，而不是凸显结构元素或因果关系的。因此，它依靠的是递归的先后关联关系的类同性，而不是基于递归环节的初始性质。从总体上讲，八目之所以成为儒家德性修为全过程的八个环节，格物的起始性还不足证实，而平天下的终极性目标仍有待确证。格物的起始性不足，是因为所格何物的物性还缺乏规定，因此很难凸显莱布尼茨那

---

① 朱熹：《四书章句集注》，北京：中华书局1983年版，第10页。

样追原万事万物最基本构成要素的单子理念。故而,八目的递归,是一个限定范围内的回归。而平天下的终极性有待确证,是因为天下太平的机理不清,因此很难将平天下的政制状态展现出来。尽管有这些局限,但在八目自成一相对完整的德行修为结构的设定情况下,它呈现了一个需要慎重对待的递进/递归的相对自足性链条。随意抽取其中一个环节或几个环节,都不足以完整理解儒家的总体道德规划。

三、群体的个体递归

问题接踵而至。如果说儒家八目的递进与递归双向运行机制告诉人们,构成八个道德节目的须臾不可缺少,故而哪个环节都不能抽离出来而孤立无援地存在并发挥作用。那么,这八个环节是不是就成为平列的八个德行修为环节,既没有层次划分,也没有主次之别了呢?答案是否定的。简而言之,八目的焦点在修身。这正是"自天子以致庶人,一是皆以修身为本"之"本"所明确揭示的八目核心。"修身"是为八目的根本,是决定八目可否全面贯通的关键环节。就这句话本身来讲,至少有三个含义值得高度重视:一是修身之作为八目根本的地位所得到的明确表述,二是作为修身主体的天子与庶人,提示人们天下所有人展开修身之必须,三是对身份地位加以忽略的修身平等性所做出的明确强调。以修身环节为标志,八目出现一个重大的转折,这就是朱熹明确强调的,"修身以上,明明德之事也。齐家以下,新民之事也。"① 而在八目的德性序列中,"正心以上,皆所以修身也。齐家以下,则举此而措之也。"②

朱熹的两个区分,可以说是对"修身"在八目中的地位与关键转折作用的两个重要说明:就前者讲,是针对三纲与八目的关系做出的解释。格物、致知、诚意、正心,都是明明德的环节。换言之,都是人致力于提高道德修为的尝试方式。结合之前的递进与递归分析可知,试图知晓并实践光明达德,不以格物作为起始环节,是不足以将可知之物与能知之心相结合,从而让外部世界

---

① 朱熹:《四书章句集注》,北京:中华书局1983年版,第4页。
② 朱熹:《四书章句集注》,北京:中华书局1983年版,第4页。

百年变局与中国政治学的时代化：清华政治学系的探索

与内在心灵发生道德共振的。倘若一个人的意念不够真诚，心意没有端正，那么他是不可能知晓并实践光明达德的。就此而言，明明德并不是治理天下的达官贵人、王公贵族或君主皇上的专门事务。它需要社会每一个成员，即不论是天子、还是庶人，都要竭心尽力去尝试的事情。在此，明明德是针对所有社会成员个体而言的道德实践。因此，格致诚正便成为明明德的前置条件。而"修身"是表明人人概莫例外，均需在格致诚正功夫的基础上才有望修得道德正果的指标。身之为本，构成道德修为的主体；心之为灵明，是身体的主宰；身心合一，克制灵与肉两方面的偏失、绝不自欺，故而得以知晓与实践光明达德。因此，从"齐家"开始，主要目的不再是道德修为，而是自新、新民。前者属于个体的道德修养范畴，后者属于社会政治事务处置的领域。

就后者论，是朱熹针对八目之间的相互关系做出的解释。在修身以前的四个环节，都是处于人与自我范围的道德修为。从齐家开始，便从格物致知、心性修养转而为行动范畴，进展到德性修养个体之外的范围，在人己之间的社会与政治世界中，体现修身之从自新到新人的效果。这是德行修为从人与自己的关系到人与他人的关系的一次飞跃。与三纲和八目关系的解释相关，都是以新革旧的道德实践。但此时的以新革旧，不再是个体的事务、内心的事务，而是推己及人的社会政治过程。此如朱熹所说，"新者，革其旧之谓也，言既自明其明德，又当推以及人，使之亦有以去其旧染之污也。"[①] 这是一个社会共同体成员相互激荡的事务，相互影响的过程。可见，修身，在三纲中具有从"明明德"到"新民"，也就是从道德修养转进到政治行动的关键地位，在八目中同样具有标示从格致诚正到家国天下决定性跃迁的关键性位置。

作为提升个体修为功夫、且作为儒家伦理总纲的八目之中坚环节的"修身"，反而在"大学"篇中没有得到实质性阐述。它只是作为正心与齐家的中间环节得到了环节性定位。在修身与齐家之间，修身的特质被凸显，即瑕瑜互见、深知优劣，但修身理念的实践模式尚待披露。因此，仅仅限于"大学"对修身的描述性规定，还不足以帮助人领悟修身何以成为三纲八目的转捩点。从结构上讲，修身的内涵得到呈现，需要从身心关系、修身基准与社会规则三

---

① 朱熹：《四书章句集注》，北京：中华书局1983年版，第3页。

方面下功夫，如此这样才足以将修身的丰富蕴含披露出来。后两者在早期儒家如荀子那里已经有了比较系统的论述；而身心关系上的论述，则在宋明理学家那里才得到深入系统的论述。

从前者看，荀子对修身基准设定得非常清楚明白，一个字，那就是善。"见善，修然必以自存也；见不善，愀然必以自省也；善在身，介然必以自好也；不善在身，菑然必以自恶也。故非我而当者，吾师也；是我而当者，吾友也；谄谀我者，吾贼也。"① 以善为基准，"见善思齐，足以扬名不朽。闻恶能改，庶得免乎大过。"② 一个人对自己身上的善恶分辨得清清楚楚，对善恶的持存与厌恶界限明明白白，对别人于己的恰当赞扬和批评的清醒把握，成为修身需要确立的基本准则。在这里，君子与小人的修身态度刚好相反；在这里，修身之善与不善的界限清晰划分出来。"以善先人者谓之教，以善和人者谓之顺；以不善先人者谓之谄，以不善和人者谓之谀。是是、非非谓之知，非是、是非谓之愚。伤良曰谗，害良曰贼。是谓是、非谓非曰直。窃货曰盗，匿行曰诈，易言曰诞。趣舍无定谓之无常，保利弃义谓之至贼。多闻曰博，少闻曰浅；多见曰闲，少见曰陋。难进曰偍，易忘曰漏。少而理曰治，多而乱曰秏。"③ 荀子这段话将善的德行与不善的德性，颇具行为指引意义的划分开来，对修身起到区分边际界限的实际作用。人们在确立修身的善之导向的基础上，进而可以把握住善与恶的行为界限。

在荀子看来，修身的社会指向就在于合于社会规则即礼。"扁善之度，以治气养生则后彭祖，以修身自名则配尧、禹。宜于时通，利以处穷，礼信是也。凡用血气、志意、知虑，由礼则治通，不由礼则勃乱提僈；食饮、衣服、居处、动静，由礼则和节，不由礼则触陷生疾；容貌、态度、进退、趋行，由礼则雅，不由礼则夷固僻违，庸众而野。故人无礼则不生，事无礼则不成，国家无礼则不宁。《诗》曰：'礼仪卒度，笑语卒获'。此之谓也。"④ 让人处处都合于道德的法则，就是以礼的规则修身：洁身自好、顺逆坚守，时时处处、

---

① 楼宇烈主撰：《荀子新注》，北京：中华书局2018年版，第19页。
② 《贞观政要·卷四·教戒太子诸王》。
③ 楼宇烈主撰：《荀子新注》，北京：中华书局2018年版，第22页。
④ 楼宇烈主撰：《荀子新注》，北京：中华书局2018年版，第21页。

百年变局与中国政治学的时代化：清华政治学系的探索

方方面面，循礼而为。循礼而为，一切顺畅；逆礼而为，粗鄙不堪。这是因为，礼是人生存的法则，是做事的规矩，是安邦治国的要道。在这里，修身何以成为儒家八目的根本，从三个方面即为人、做事与治国上提供了理由。

修身，可以让人不为外部力量所动，虔信内心的道德召唤。"志意修则骄富贵，道义重则轻王公；内省而外物轻矣。传曰：'君子役物，小人役于物。'此之谓矣。身劳而心安，为之；利少而义多，为之；事乱君而通，不如事穷君而顺焉。"① 物质上的富贵、权位上的王公、外物的诱惑，经由修身，都会显得微不足道。经由修身，成为君子，就会心安理得、立于道义。可见，修身对于一个人做出合于道义的行为选择，具有多么重要的意义。简而言之，修身促成的君子人格，让人能够在公义与私欲之间做出恰当选择，实现"以公义胜私欲"② 的德行修为目标。

荀子对修身的论述，揭示了修身在伦理决断与服从规则方面的观念与行为特征。修身，是格致诚正之后的一个具有转折意义的道德节目，涉及的不仅是荀子所触及的道德决断与利害判断问题，同时也关乎身心关系的恰当处置。换言之，身之所修，是要达到以心驭身，身心合一，成为君子，"从心所欲不逾矩"。③ 对此，宋明理学家的论述显得系统而深入。朱熹讲，"心之为物，至虚至灵，神妙不测，常为一身之主，以提万事之纲，而不可有顷刻之不存者也。一不自觉而驰骛飞扬，以徇物欲于躯壳之外，则一身无主，万事无纲。虽其俯仰顾盼之间，在己不自觉其身之所在矣。"④ 身乃是由心主宰的身心合一之体，心在则身在，心不在则身无主。心让身具有自觉，身乃是心的寄载客体。以心控身，身心俱在；放失人心，万事失序。可见，修身、或身之所以得修，是因为心的决定性作用。修身，其实就是一个人对自己心意的端正，以保证意诚、心正。修身的这一特定含义，正是从修身递归于诚意、正心而呈现出来的。但此"身"，已经不是芸芸众生致力于修明德性的努力，而是需要将之付诸道德理念与伦理行动的社会实践，即经由个体一己的伦理修为，向齐家、治国、平

---

① 楼宇烈主撰：《荀子新注》，北京：中华书局2018年版，第24页。
② 楼宇烈主撰：《荀子新注》，北京：中华书局2018年版，第30页。
③ 《论语·为政》，见皇侃撰、高尚榘校点：《论语义疏》，北京：中华书局2013年版，第26页。
④ 朱杰人等编：《朱子全书》（第二十册），上海：上海古籍出版社等2002年版，第669—670页。

台下的一个一个愈来愈广泛的社会政治圈层推导出去。就此而言，个体格致诚正的"明明德"努力，经由修身环节，转而为社会政治事务上的"亲民"阶段。

王阳明对此也有精到的论述。他的"心之灵明"说很好诠释了以心驭身而发见道德本真的道理。"问，'人心与物同体，如吾身原是血气流通的，所以谓之同体。若于人便异体了。禽兽草木益远矣，而何谓之同体？'先生曰：'你只在感应之几上看，岂但禽兽草木，随天地也与我同体的，鬼神也与我同体的。'请问。先生曰'你看这个天地中间，什么是天地的心？'对曰：'尝闻人是天地的心。'曰：'人又甚么叫做心？'对曰：'只是一个灵明。''可知充塞天地中间，只是这个灵明，人只为形体自间隔了。我的灵明，便是天地鬼神的主宰。天没有我的灵明，谁去仰它高？地没有我的灵明，谁去俯它深？鬼神没有我的灵明，谁去辩他吉凶灾祥？天地鬼神万物离却我的灵明，便没有天地鬼神万物了。我的灵明离却天地万物鬼神，亦没有我的灵明。如此，便是一气流通的，如何与他间隔得！'"① 这段对话对人们理解身心关系，以心驭身的"修身"特质，具有极为重要的指引作用：对天地万物鬼神而言，心是赋予其有意义存在价值的主宰；对人的身体而言，心是身的主宰；对人的认知来讲，心是通体透明地关照万事万物与人自身的一个灵明。由此推导可知，所谓修身，其实就是个体自我的正心。修身之正心，是正一己之心，对针对还未向外推展的个体一己之"明明德"的功夫。

就八目的全过程看，作为明明德转向新民的中介环节之修身，必然是个体化的，它既不是关系化的，也不是集体化的，更不是国家化的。但从修身转进到家国天下，就此存在一个转变困难。一方面，"自天子以致庶人，一是皆以修身为本"是一个共同的个体行动，但并不是一个关系结构，人与人相通已经存在困难，尤其是很难由修身直接通向国家天下建制。这是一个修身环节必须借助国家基础建构才能通达国家与天下的结构性限制。在家国天下的构造结构中，家通向国不存在什么障碍，这是由家国同构的结构特质所注定了的。同时，国通向天下也不存在什么障碍，这是由治国的伦理感通对天下人同样有效所注定了的。家国天下，在八目序列中，不需要做出结构调整，就可以因为结

---

① 吴光等编：《王阳明全集》（第三卷），上海：上海古籍出版社1992年版，第124页。

构上的内在一致性展现其递进关系,即从家递进到国,再由国递进到天下;反过来又呈现其递归机制,即由天下递归到国,由国递归到家。这是"明明德于天下"的后半段进程呈现的递进性与递归性。但在天子与庶人共同的个体修身上,它要呈现其递归于正心、诚意、致知、格物上,与递进到齐家、治国、平天下上的连贯性,则需要经过一个重大转变才行得通。在这一递归过程中,个体之格致诚正不至于遭遇重大的理论与实践挑战。因为无数个体都可以在同样的递进机制中完成这一进程;也可以在无数个体的实践中从修身递归到格物。问题出在从个体"推己及人",先是齐家、然后治国,进而平天下,出现了一个极具挑战性的共同自我与他人、国家与天下的道德共感与一致实践的难题。之所以说这是一个难题,是因为从齐家开始,有一个修身的个体自我如何激发并获得他人积极响应与同气共求的问题。这一结果,不是修身的个体自我可以单方面保证的事情。因为其他同样处于格致诚正修齐治平进程的道德自我,尽管存在着天经地义的呼应可能,但实际的呼应结果究竟会是如何,还是一个需要进一步从平天下结局呈现出来以后才能验证的。如果平天下还只是一个追求目标,那么在递归中就可能出现治国、齐家与修身不能顺畅连贯的八目进程之"新民"事务的中断或夭折情形。

另一方面,天子与庶人的修身,最终目的是完全相同的,那就是要将他们均放置在八目的进程中安顿下来,一者同样接受相类过程的递进与递归的相互性验证,二者同样接受八目的伦理道德在八目相对独立环节上的承上启下考验。在这里,天子与庶人的身份性是被遮蔽起来的。他们之间都具有一种道德实践的自主性与平等性特征。不过,问题还有另一面。天子与庶人在伦理道德与社会政治实践上的最终目标尽管相同,但其实践八目的具体、实际目的是相当不同的。天子虽是八目道德节目的实践个体,但是在社会政治身份上肯定不同于庶人;庶人虽然同样是八目实践的个体,但是在社会政治身份上肯定不能与天子相提并论。在一般道德实践节目上讲,天子与庶人都可能贯通八目。但在社会政治实践上,天子与庶人的贯通方式大为不同:前者重在"德位相配",后者落在人之为人。换言之,天子是作为治国与平天下的主动行为方——权力掌握者、政策制定者与道德垂范者而出现的;庶人更多是治国与平天下的受众,为之提供德性氛围和政治要求的人群而出现的。这就是一种寓差异于平等的"一是皆以修身为本"的不平等结构。

不过,即使在"自天子以至于庶人,一是皆以修身为本"的修身主体,它一定是共同化、平等化的个体。仅从"亲民"即社会政治事务上看,"身家国天下"的递归结果是"身"。从这一特定视角看,儒家设定的"亲民"诸道德节目中,家国天下这样的大小集体,最后都是在个体的"身"这里得到定位的。这是家国天下的集体论说在递归结构中依托于德性个体的一个显著证据。这也是不能将儒家简单定位在集体论说类型上的一个重要证据。这一个体,上承"明明德"诸环节的个人心证,下启"亲民"诸环节的群体治理。如果说在"修身"之前的格致诚正四环节中,还可以作为儒家由个体溯源"明明德"的话,那么,儒家其实具有明确的个体导向的思想倾向。如果说在"修身"以下的家国天下三环节中,三者的社群属性的认知与定位都得递归个体之身的话,那么,也可以说明儒家的集体论说是建基于个体基础之上的。前一个个体,是道德自主的个体;后一个个体,是导向社会的个体。

一个非常流行的说法是,儒家的个体不是像西方那样孑然孤立的个体,而是关系中的个体。因此,从严格意义上,个体是属于西方文化的产物;而儒家的个体实际上是社会群体属性的一个反映,故而应当归于集体范畴。循此思路,所谓儒家集体主义论说与西方个人主义论说,便成为一个中西比较的基本立论。这是一个需要进一步分析的说法。所谓关系中"个体"的命名,究竟是以集体归宿的个体,因此完全消弭了个体的存在价值与社会政治功用,变成集体的同义词呢?抑或是它仍然是集体不可消解的个体?一个体现于复杂的社会关系结构中的"个体",不应为它存在且发挥效用的集体环境而改变其"个体"属性。在八目中,格致诚正四个环节中,因为是以个体"修身"即"明明德"为旨归的。因此,其个体属性尚可以为人们所承诺。当递进到"家国天下"即"亲民"阶段时,那确实是在小社群即家庭中、大社群即国家、天下中定位"修身"的,如此能否将所"修"之"身"确定为集体性质的存在呢?显然不能。这与个体自我的双重属性有关。但个体是连接两个自我的环节,不能将连接格致诚正的"修身"之独立自我视为独立个体,而将连接"家国天下"的"修身"个体直接视为社会群体存在。正如涂尔干指出的,"可以说,在我们每个人的心中都隐藏着两个'自我',它们无法'各自为

百年变局与中国政治学的时代化：清华政治学系的探索

政'，只能通过抽象化的过程来实现彼此的整合。其中，第一个'自我'源于与我们自身和个人生活经历密切相关的所有精神状态：借此可以把它称作'独立自我'。第二个'自我'则是我们表现出来的一系列思想、情感和行为习惯，它们展现的不是我们个人的性格，而是集体关系或我们所从属的各种社会连接。"① 修身之身的个体属性，便具有这种两面性。不能以其中任何一面就草率地断定它的个体属性或集体属性。

这里需要进一步分析的问题是，究竟存不存在原子式"个人"？如果人们在原子式个体与抽象化集体两端之间来思考社会"集体"建构究竟依托于谁的问题，无疑，就会将儒家传统的"身"归之于集体的范畴。这样的理解似乎更为合理：既合于中国传统社会重视家国天下之理，又合于恰当定位个体与群体关系的理性社会思维之理，还合于人们期待中的兼顾个人、集体与国家关系之理。但事实上，所谓原子式的个体是一个凭空虚构。这样的虚构，既是脱离开集体行动如何可能的社会思维，草率地将古希腊德谟克利特的原子论以及莱布尼茨的单子论挪用到社会建构的解释中的结果；也是为了确立先天优先的抽象集体的至上性而树立的靶子，因此仅仅是个体与群体对峙性思维的产物。其实，原子论不是要将世界视为互不相关的独立原子，而是要依照事物递归的终极因素，将原子视为理解万事万物的构成元素。同理，莱布尼兹的单子论，不是要将万事万物化为毫无关联的孤立单位，而是要借此追踪经已存在的万事万物的构成要素。换言之，原子论、单子论都旨在凸显"一种构成复合物的单纯［不再可分］实体"。这其实是一种解释性的、凸显事物构成最初成分的说法，而不是一种离开事物整体的、执意强调独立单位的断言。在这个意义上，所谓原子式的个人，其实是崇尚抽象整体或集体主张的人，对追究整体或集体每一个构成单位的人在理论上的一种恶意归类。

但不能否认，在八目的抽离解释中，"家国天下"的集体话语之流行和固化，为时久矣。修身的失落，可以说是儒家重视个体思想的失落。如此一来，便有必要追问，修身的个体化是如何蜕变为家国天下的集体化呢？这中间具有

---

① 转引自〔法〕达尼罗·马尔图切利等：《个体社会学》，吴真译，北京：商务印书馆2020年版，第222页。

内外两大变动因素：从内部因素来讲，修身的个体是一个个体自我的修养事务，而且这一个体是克制性、内向化的个体定位，它与张扬性的个体迥然有别，它是推向你、我、他的社会关联结构的一个环节，尽管是一个决定性的环节。本来，按照儒家创始人孔子最初的说法，这个个体的独立自主性是非常显著的。"克己复礼为仁，一日克己复礼，天下归仁焉！为仁由己，而由人乎哉？"① 但从齐家起始，八目结构进入一个外推的状态。于是，人己关系便遮蔽了自主个体，成为引导人们理解"家国天下"的一个基本框架。久而久之，这个框架的集体属性，就取代了修身的个体属性，并且彻底被摒除在集体话语的范围之外。所谓"家国天下"的习惯性表述，就成为对个体无所寄托的游荡过程。甚至直接鼓励人们从"家"起始，去思考治国与平天下的事务。今日所谓家哲学的流行，动力在此。②

从外部动因上讲，"修身"之作为平等的个体德行活动转变为集群的社会政治活动，是因为八目的理想社会依托，在后来发生了不可逆转的变化。简言之，由于春秋战国时期，君政废坠，帝制兴起，使治国平天下的事务不可能再以"修身"为本。这也是"家国天下"话语兀自凸起的重要社会政治原因。在尧、舜、禹三代，中国的古代政治是为君政时代，君王事事亲力亲为、身先士卒、率先垂范。此时，对权力，并无私有观念。因此禅让制度才得以延续。但到春秋战国的晚近阶段，"天下为公"的君政变而为"天下为私"的帝制，帝王建构起专权的官僚机制，他着力掌握的是不可挑战的决策权，即所谓"事无巨细皆决于上"，而行政执行权则按照层级制度层层下贯。在这种情况下，"自天子以至于庶人，一是皆以修身为本"便成为高悬天空的政治理想，尽管依然可以对帝王权力发挥些微限制作用，但实际上已经无法有效限制"打天下者坐天下"的专断权力。于是，完整的身家国天下之"亲民"关联结

---

① 《论语·颜渊》，见皇侃撰、高尚榘校点：《论语义疏》，北京：中华书局2013年版，第297—298页。
② 笑思指出，中国人对西方的盲目崇拜，是因为美欧看到中西文化发展的各自优势。"一旦把人类的家纳入视野，一旦为家建立了观念价值上的地位和领域，一旦把家文化的成败、家哲学的有无、对家的认识深浅当作判断文明正常与否、理解人性是否到位的标准，则情况会发生根本性的改变。"笑思：《家哲学——西方人的盲点》，北京：商务印书馆2010年版，第64页。另见孙向晨：《论家：个体与亲亲》第一部分的相似论述，上海：华东师范大学出版社2019年版。

构，在递归过程中，便归于家，而不再归于身。修身的个体性、共同性与平等性，就此失落。而家国同构、国治天下平的关联表述，就此确立起来。尽管在"亡国，而非亡天下"的政治思虑中，还保有某种对国家权力或帝王权力的矫正理念，但天下与庶人被放置在同一个水平线上审视的政治思维，则基本坏死。社会政治集体（或社群）向个体的递归，也就寿终正寝。

四、八目的现代切口

三纲八目是儒家伦理的总纲。三纲凸显儒家伦理的一个目标、两个指向。一个目标是止于至善，两个指向是明明德、亲民。基于此，八目在总体上循"格致诚正修齐治平"的递进线索，翻转过来循"平治齐修正诚致格"的递归线索，以一个往复的机制，既呈现了"明明德"与"亲民"的两个阶段性特征，也呈现了递归于格物和递进于天下的总体线索。本来，"明明德"以四个环节（格致诚正）构成，"亲民"也以四个环节（身家国天下）构成，而两个四大环节共同构成总体上不应区隔的八目总体结构。但既然"明明德"与"亲民"可以作为两个不同的递进/递归过程来理解，对前者，格致诚正起于格物，人的道德认知与实践不能离外物而悬空想象，而格物不进至正心就丧失了认知外物的伦理道德目标。对后者，修身是为平天下打下最扎实的基础，平天下是为修身展现最宏大的德性目标。比较而言，"明明德"四个环节的主体，是为"修身"之个体。因为到齐家环节，才浮现人己关系结构。按这一关系出现之前的主体定位，势必是个体。由"身家国天下"构成"亲民"的四个环节，这是从个体推向家庭、国家和天下的过程，亲民的主体愈来愈集群化、范围愈来愈大、伦理层次愈来愈高、目标愈来愈宏伟。正因为八目还可以划分为两个子结构，因此，人们就有理由对格致诚正进行递进与递归的分析，同样有理由对身家国天下进行递进与递归分析。而且，为了对各个环节加以深入细致的辨析，人们甚至有理由将八个环节拆解开来，分为八个问题分别处置。于是，三纲八目之作为儒家道德的总体结构，在逻辑上就可以离析出十一个抽离结构。就八目而言，所离析出来的抽离结构，相对于三纲，更为众多、也更为流行，并且贯通古今，成为中国思想史上的一道瞩目风景。

在八目的抽离结构中,除开前述"家国天下"的抽离结构以外,还有三个堪称典型的结构形式:一是古典时代陆九渊、王阳明的"心"学结构,二是在家国同构论中凸显的"家"理论,三是特殊处境中超越国家论的"天下"构想。后两者经常以合体形式,也就是以"家国天下"的结构形式,呈现在人们面前。在中国古代思想史上,三纲八目的儒家伦理总纲,发源自孔子,但自孟子阐扬"恻隐之心"、荀子阐释"王者之制"之后,个体心性修养与社会政治论说,就裂变为儒家两大支系。以这一态势,一直延续到中国古代社会中期。在这一时期,三纲八目的儒家伦理总体建构,之所以受到极端重视,并且对之后的中国伦理/政治思维发生巨大影响,则与朱熹对"大学"的极力张扬具有密切关系。一者,朱熹认定"大学"是伏羲、神农、黄帝、尧、舜"继天立极"、设典立章的重要典籍,在春秋乱世之中,由孔子以素王承继和光大,其意"外有以极其规模之大,而内有以尽其节目之详者也"①,因此有必要加以表彰,予以发扬。二者,由于朱熹在宋以后影响极大,其撰著的《四书章句集注》成为科举考试的范本,受到国家权力推崇的同时,也对广大科考士子发生了广泛、深刻和长久的影响。② 因此,三纲八目被认为是儒家伦理的一个完备表述。但朱熹对儒家伦理的完备陈述,体系既然庞大、内容极为丰富,反而显得支离破碎。于是,八目的第一个重要抽离结构,也就是南宋的陆九渊与明代的王阳明阐释的心学结构,对朱熹的完备结构进行了颇富革命性的颠覆。就朱陆之争来讲,他们二人在儒与禅儒、太极与无极、简易与支离、尊德性与道问学、性理与心理等方面分歧巨大。简而言之,朱熹重视儒家的系统理论,不愿意仅仅强调哪一个环节的决定性作用。而陆九渊坚决突出心的作用,以"吾心即是宇宙、宇宙即是吾心"③的理念来"立其大者",并讽刺朱熹将德性修为的诸环节都纳入儒家体系,是"支离事业",非得以"易简功夫"才足以确立儒家伦理根本。

---

① 朱熹:《四书章句集注》,北京:中华书局1983年版,第1页。
② 关于朱熹对中国近世以后发生的重大影响,可参见邝士元:《中国学术思想史》第九章第三节"朱陆对当代、后世的影响",上海:上海三联书店2014年版,第286—287页。
③ 陆九渊著、钟哲点校:《陆九渊集》,卷二十二《杂说》,北京:中华书局1980年版。

百年变局与中国政治学的时代化：清华政治学系的探索

到王阳明那里，对朱熹的反动更为强劲。如果说王阳明对朱熹的反拨，是一个在此无法详述的复杂理论争议的话，那么王阳明格竹的故事，可以很好说明王阳明如何从信从朱熹格物之说，却证得心外无物、心外无理的反朱熹结论。他对朱熹所讲的格物穷理颇不以为然，认定圣人之教有一个突出的核心。"其教之大端，则尧、舜、禹之相授受，所谓'道心惟微，惟精惟一，允执厥中'。而其节目则舜之命契，所谓'父子有亲，君臣有义，夫妇有别，长幼有序，朋友有信'五者而已。唐、虞、三代之世，教者惟以此为教，而学者惟以此为学。当是之时，人无异见，家无异习，安此者谓之圣，勉此者谓之贤，而背此者虽其启明如朱亦谓之不肖。下至闾井、田野、农、工、商、贾之贱，莫不皆有是学，而惟以成其德行为务。何者？无有闻见之杂，记诵之烦，辞章之靡滥，功利之驰逐，而但使之孝其亲，弟其长，信其朋友，以复其心体之同然。是盖性分之所固有，而非有假于外者，则人亦孰不能之乎？"① 显然，王阳明将"复其心体之同然"作为圣人之教、也就是"大学"的核心，而不假外求。他对那些假借外物的教人之法，自然是嗤之以鼻了。这是陆九渊、王阳明与朱熹迥异其趣的地方。尽管前两人对三纲八目的关联性并不忽视，但因为突出心的核心作用，因此，实际上将之作为圣人之教的重中之重。这就事实上成为一种脱开八目递进/递归完整结构的抽离结构。

因为八目的"齐家"开启了"三纲"的"亲民"阶段，因此"家"很容易成为脱离"修身"之本，而成为"明明德"的个体修德转向"亲民"的平治天下的独立节目。如前所述，在中国历史上，由于古代国家是家国同构的，国家伦理直接建立在忠孝直通的基础上。故而，家之作为国家原型，也很容易被认作具有绝对独立意义的德行修为节目。在忠孝直接贯通的机制中，"家"与"齐家"携手，成为"亲民"的第一环节据以广泛而深刻地影响中国古代国家建构与社会政治心理的八目之抽离结构。这中间，"孝经"的广泛流行与上升为古代国家意识形态的高度，发挥了强大的驱动力。孝之为基本德性，首先，是因为它在自然人的生理结构与社会人的扬名立万上的内在一致关系。"身体发肤，受之父母，不敢毁伤，孝之始也。立身行道，扬名于后世，以显

---

① 王守仁著、王晓昕等点校：《王文成公全书》（卷一），北京：中华书局2015年版，第67页。

父母，孝之终也。"① 孝道始终，与生理授受和社会功名相伴随。因此，它便成为所有其他的德性所不可取代的至上伦理。其次，孝悌直接与忠诚伦理贯通，成为社会政治伦理建构的深厚来源。"君子之事亲孝，故忠可移于君；事兄悌，故顺可移于长。居家理，故治可移于官。是以行成于内，而名立于后世矣。"② 在这里，社会伦理与政治伦理高度合一，不唯事父与事君、事兄与顺长，而且居家与官治，均显现出内在直通的关系。孝，不仅成为个人生存与立身行事的根本伦理，而且成为人们处置社会关系与国家治理的基本准绳。如此，家的地位只得到鲜明凸显，也就在情理之中。不宁唯是，家甚至取得了社会建构与国家运行的至上性地位。据此，在朱熹所谓八目中的"亲民"阶段，即家国天下阶段，家获得它的核心位置与绝顶重要的功能，就完全是意料之中的事情。

正因为如此，当代人论及中国传统伦理体系的时候，取决于珍惜传统的立场，会自然而然地将家置于一个相当显著的突出地位。这不仅是因为它在中国传统社会与国家的体系中占据了中心位置，而且还因为西方文化强势切入中国现代转变进程，人们亟于辨认中西文化差异，因此也推动人们在古代家庭、社会与国家贯通伦理机制中，发现与家庭现代转变之后的西方之家的结构功能迥异的文化特质。于是，这两大动力驱使人们将"家"拈出来，以建构独特的、绝对不同于西方现代方案的中国现代方案。"'家'在中国文化传统中扮演的角色，绝不是一个社会组织的概念所能涵盖的。不仅像人类其他文明一样，'家'是人类繁衍的一种基本机制；更重要的是，在中国文化传统中，'家'据以一种本体论地位，基于'家'而延展出一种蔚为大观的文明。因此，我们必须非常严肃地对待'家'，不回避其在中国文化传统中扮演的关键角色。要让哲学真正面对自己的生活，由此我们才能谈传统文化的现代转化，'家'作为理解世界的一种基本模式才有可能站得住。这是我们重新理解'家'之问题的一个根本出发点。"③ 循此基本思路，论者清理了西方哲学史中对家的不同论述，批评了"五四"以降国人对家的拒斥与重构，试图在家哲学中构

---

① 简朝亮撰、周春健校注：《孝经集注述疏》，上海：华东师范大学出版社2011年版，第10页。
② 简朝亮撰、周春健校注：《孝经集注述疏》，上海：华东师范大学出版社2011年版，第96页。
③ 孙向晨：《论家：个体与亲亲》，上海：华东师范大学出版社2019年版，第1—2页。

百年变局与中国政治学的时代化：清华政治学系的探索

造一个兼综西方重个体与中国重家庭的优势的理论，从而提供一个新的世界蓝图。这一尝试值得肯定。但如果放置到八目的儒家伦理总纲之中来看，可能基于"家"来理解中国社会政治建制以及循此重构现代世界的进路，也是一种偏失的抽离结构。

八目中的"天下"被抽离出来，与两个因素具有密切关系：一是中国古代的国家变局，促使人们在国家权力之上，去激活君政时代的"天下"理念，以解释国家灭亡而天下不会灭亡的政治建构原理。对此，顾炎武对亡国与亡天下的比较，可以说将八目中治国与平天下的反面含义鲜明地凸显出来。"有亡国，有亡天下。亡国与亡天下奚辨？曰：'易姓改号，谓之亡国；仁义充塞，而至于率兽食人，人将相食，谓之亡天下。是故知保天下，然后知保其国。保国者，其君其臣肉食者谋之；保天下者，匹夫之贱与有责焉耳矣。'"① 中国古代的国家权力机制，是姓族权力体制，它的运行或自保，主要依赖于君臣这些政治权势集团；而社会的文明机制，以及对野蛮行径的拒斥，仰赖于社会每一个成员，所谓"天下兴亡，匹夫有责"正是此理。在这里，治国与平天下、亡国与亡天下经由尖锐对比，凸显了它们之间的根本差异。这是对八目的积极递进面相恰好相反的消极面相的一个揭示。与此同时，顾炎武的论述，也极富张力地展现了治国与平天下递进关系的政治复杂性。这让"平天下"具有了远远高出"治国"政治权力取向的一般道德含义。

在反思民族国家的国际体系利弊之际，有论者将天下理念作为拯救时弊的一个备选方案。"曾经支配世界的英国和正在支配世界的美国从来都只有国家理念，从来都只考虑了自己的国家利益。它们在管理世界方面从来都没有政治上的合法性，更没有哲学上的合法性，因为它们的'世界思维'只不过是推广自己的特殊价值观，把自己的价值观给予普遍化，而既然它们无法证明他者是不值得考虑的，它从根本上就失去了合法性。问题不在于西方国家不思考世界，事实上它们总是在思考世界，但是'思考世界'和'从世界去思考'是完全不同的思想境界。在关于世界政治的问题上，中国的世界观，即天下理论，是唯一考虑到了世界秩序和世界制度的合法性的理论，因为只有中国的世

---

① 严文儒等点校：《顾炎武全集》（18卷），上海：上海古籍出版社2011年版，第527页。

界观拥有'天下'这个级别上高于/大于国家的分析角度。"① 在这里，基本的方法论支撑，依然是西方与中国是两种完全不同的体系。因此，面对民族国家的种种弊端，不是因循民族国家的生成逻辑去矫正，而是改弦易辙，在中国找到矫正这一体系弊端的天下体系。这样的尝试，同样值得肯定。但天下似乎已经能成为疏离八目的一个抽离结构。而这样抽离的结果，是否与中国传统伦理总纲还有关系，就成为疑问了。

儒家八目的完整/完备性毋庸多言。但八目在儒家思想史上却出现了一个又一个的抽离、甚至是支离结构。这与儒家创始人孔子分别强调个体道德修为与忠孝链接机制，具有密切关系。他所说的"吾日三省吾身""为仁由己""孝悌，其为人之本""博施济众"等等，分别从不同的方面呈现了儒家伦理体系中不同要素的社会政治针对及其实际功能。但他并没有将儒家伦理体系化，或者说一个体系化的阐释尚待来者。后继者如孟子，明确强调了家在国家结构中的重要地位与作用具有直接关系。但他已经对涉及治国安邦的连贯机制有了自觉，"国之本在家，家之本在身"。但孟子对四端七情的伦理心理论述，与身家国天下之间的对接关系，论之不详。《大学》对儒家伦理所做的完整性/完备性论述，可以说是对此前儒家伦理的理论创制所做的一个系统归纳。在宋明理学的理学派宗主朱熹那里，八目的递归结构，下归结到格物的极端重要性，上递进到天下的绝顶紧要性。但在心学派陆九渊、王阳明那里，"心"的重要性在排序上上升到首位，成为决定其他各目状态或情形的关键环节。这就将早期儒家大致呈现的八目方面性含义和《大学》做出的总体归纳，再次离析为抽离结构。这正是朱熹批评陆九渊以心收摄一切而流于禅学的理由所在。在"明明德"的四个环节与"亲民"的四个环节被分别处置的情况下，从"修身"做进一步的下移或上行，都对八目的递进与递归双向运行所寄托的焦点，聚焦不准：在递归的下移过程中，"正心"常常被视为关键点。在递进的上行线上，齐家之"家"正是家国天下叙事的核心寄托。这两种思路，都将八目的关键点错置了。

---

① 赵汀阳：《天下体系：世界制度哲学导论》，北京：中国人民大学出版社2011年版，第2—3页。

百年变局与中国政治学的时代化：清华政治学系的探索

陆、王将心的地位显著凸显出来的抽离结构，还呈现出以心统摄其余儒家道德节目的意欲。但流风所及，也就是在阳明后学那里，"满街都是圣人"的承诺，让规则的地位遭到彻底消解。这一方面自然对挣脱宋明理学太过推崇的礼教绳索有解放作用，但另一方面也体现出单纯凸显心之地位与作用的八目之抽离结构，所具有的解构古代规则体系的消极作用。

至于对家的极度重视，当然具有很充分的古典理由与现代依据。但作为家国同构机制中家的社会作用与政治功能，与八目完整/完备结构中"家"的亲民奠基性效用，是需要进行认真区分的。前者是熟人社会伦理与国家权力机制建构中对家的借重，后者是从个体道德修为进展到家庭成员认同、国家有效治理与天下长久太平的一个重要环节。在前者那里，家是修身的天然良性空间，但不是个体修身之后外推的空间；在后者那里，家是个体修身最具理想性地臻于"仁人无敌"境界后的心同、理同的认同兑现，因此它的后置性特点非常显著，但它不是在建构国家权力机制时创造性模仿的对象。这是两种具有结构性差异的"家"，不能在无视两者根本差异的情况下，将"家"笼统处置。

同理，天下观也不能从八目序列中单独抽离出来。因为，缺乏了前七个道德节目，天下与平天下，也就是天下的本质属性与天下太平的保障条件与机制，就会成为无源之水、无本之木。天下的理想性内涵与经由格、致、诚、正、修、齐、治七个环节而导致的"平天下"的总体结构，就会处于一个互不相关的脱节状态。相应地，如顾炎武对平治"天下"正反面含义的揭橥，也就很难被完整把握。

需要指出，《大学》的三纲八目对儒家伦理的完整/完备性归纳与总结，是人们准确理解儒家传统伦理整体内涵不可随意抽离或切割的一个结构。这在儒家的两种结构中，都是应当采取的审慎态度。中国传统儒学是具有两个结构面：一是与中国传统社会相宜的既定结构，那是一个限于传统社会时空条件中的历史化结构。二是与中国社会变迁同在的活性结构，那是一个超越具体时空条件限制的开放性结构。这种开放性，来自儒家思想的特殊性针对与普遍性思考。无疑，在前者的既定性方面，知识性的重新理解与解释是可欲的，但脱离传统社会的跨时空解释是需要抱持警惕的。在后者的灵活性方面，所有关于八目总体结构之一个或几个环节上的抽离结构，都具有其解释的跳跃空间。但如果相关的抽离结构以一种对抗现代变迁、无条件捍卫传统的方式浮现，那它的正当性与合理性程度就会缺乏保障。

在八目的整体结构中，八个环节一个不可缺少。从这一特定的角度讲，必须在相倚性的基点上去理解八个道德节目之间的关系，或定位八目之一目或几目的抽离结构的相互性关系。基于此，一些关于儒家伦理的现代定位，便会受到挑战。譬如长期且广泛流行的所谓儒家群体化、集体化定位，就需要修正。基于"明明德"之格致诚正的"修身"归宿，与"亲民"之家国天下的"修身"递归，就可以说是儒家对个体在道德修养与社会/国家建构中关键作用的肯定。所谓儒家集体主义，仅仅是在国家权力建构进程中降低了修身的个体位置，甚至是忽略了个体修身的基础性功能的情况下，才出现的一个概念。在这里，所谓西方国家孑然孤立的、或原子式的个体，与中国所谓关系中的个体之比较论说，有一种似是而非的性质。因为，即使是关系中的个体，如果它保持着个体性，那它就不会被关系所消解。中国传统复杂的社会政治关系，确实是具有强大影响力且强势挤压个体的环境性因素，但这些集群性因素并没有将修身的个体改变为集体。换言之，关系中的个体依然是个体，这一个体并不被关系改造成集体。个体修身之外，齐家、治国、平天下，才进入群体或集体的解释范畴。须知，只要在社会中思考群体的形成、集体的行动，就不能没有个体的预设与中心性作用。否则，集体就是抽象集体。但集体永远是具体的集体，它只能是个体的集合。在"集体行动逻辑"的解释中，个人主义方法就正是循此而得到确认的。① 如果就抽象集体谈论集体行动，事实上不可能存在任何可能的行动，也不可能存在抽象的行动者。因为行动者一定是个体的。就此而言，在身家国天下的社会政治机制推进中，修身的个体必然在哲学上必然是递

---

① 曼瑟尔·奥尔森断然指出，"认为从理性的和寻求自我利益的行为这一前提可以逻辑地推出集团会从自身利益出发采取行动，这种观念事实上是不正确的。如果一个集团中的所有个人在实现了集团目标后都能获利，由此也不能推出他们会采取行动以实现那一目标，即使他们都是有理性的和寻求自我利益的。实际上，除非一个集团中人数很少，或者除非存在强制或其他特殊手段以使个人按照他们的共同利益行事，有理性的、寻求自我利益的个人不会采取行动以实现他们共同的或集团的利益。"（〔美〕曼瑟尔·奥尔森：《集体行动的逻辑》，陈郁等译，上海：上海三联书店1995年版，第2页。）从个体出发看集体的共同利益是如此，而从抽象集体出发看个体利益更是如此。只有在相容性的集体利益机制中，才能驱使个体去实现集体的共同利益；而排斥性的集体利益机制，则不可能引导个人去实现所谓集体利益。

百年变局与中国政治学的时代化:清华政治学系的探索

归的原子或单子。

可以说,在儒家与古代社会相宜的特定意义上,对八目进行历史性理解,以修身凸显的中国古典个体,具有串连其余七目的中心环节意义。但因为这样的个体,是在道德意义上存在的,有必要落实到社会政治领域之中,它才是一个完整而真实的个体。因此,儒家对于道德个体重视的理念,需要在现代转型中对其强力注入政治法律蕴含,从而真正激活道德个体的修身所具有的社会政治效用。一方面,在儒家八个道德节目的递进与递归的双向阐释中,让人们有理由提出儒家个体主义、或者说儒家个人主义的概念。但这只是道德意义上的儒家个体或个人主义,而不是政治法律意义上的个体或个人主义。另一方面,需要确认,现代意义上的个体自我,只能是现代变局的产物。任何传统文化——文明体系,都没有制造出这样的个体自我。这与三个独特的现代社会条件相关。一是中世纪高度紧张的政教关系催生的个人理念,二是现代政治与经济发展凸显的个体,三是现代政治经济思想着力刻画的个人。① 就此而言,儒家八目中修身个体不是现代的个体,就不是什么令人惊怪的事情,也不必去强行将之解释成为现代的个体。但这个个体之具有诠释家国天下集体机制的递归意义,则是确定无疑的。这就使得它具有贯通古今的普遍意义。至于对八目中的家、国家与天下,能不能以现代理念直接代换,或能不能直接解释为现代替代性的理念,已如前述,不再赘言。

基于此,前述干春松、黄玉顺吁求的,将"家国天下"还原为"身家国天下",就具有正当的理由。但仍嫌不够的是,离开"明明德"对"亲民"的规导,以及达到"止于至善"的目的性的阐扬,即便是身家国天下,也就会因其抽离结构而成为不可理喻的伦理论说。在这个意义上,三纲对八目的总体规定,八目之间的相互连接机制,是不可以随意抽离出来讨论的。以此,就八目的递进关系而言,一定得遵循格、致、诚、正、修、齐、治、平的进路;就八目的递归关系而言,也一定得遵循平、治、齐、修、正、诚、致、格的回路。而作为八目最为重要、极之关键的修身环节,是必须予以高度重视,不可

---

① 参见〔英〕拉里·西登托普:《发明个体:人在古典时代与中世纪的地位》,贺晴川译,桂林:广西师范大学出版社 2021 年版,第 404—408 页;〔法〕达尼罗·马尔图切利等:《个体社会学》,吴真译,北京:商务印书馆 2020 年版,第 48—71 页。

随意降低其地位,甚至忽略这一环节。就此而言,前述干春松、黄玉顺的主张,还需要再进一步,以免将"明明德"的四个环节省略,而只讨论"修身"以上、关联"亲民"的三个环节。试想,在"明明德"的高位德性阙如的情况下,"亲民"的社会政治进程依据什么展开呢?即今而言,这就是一个由儒家提供的高位法与低位法、自然法与人定法的关系框架。因此,以为在审视传统儒家伦理总纲时致力将"家国天下"话语还原到"身家国天下",就能够呈现出完整的儒家传统伦理面目,便有些反讽意味了。

那么,既然从八目的完整/完备结构中单独抽离或部分抽离道德节目,都不足以准确理解儒家伦理的话,我们是否只能限定在八目的陈述框架中理解八目?抑或,如果我们试图阐扬八目的现代价值,是否只能在八目的递进与递归关系中"述而不作"?答案是否定的。如此一来,需要进一步追问的就是,在八目中挖掘其现代价值的切口在哪里呢?真正珍视八目的儒家伦理总纲这一遗产的态度,首先,需要肯定它的普世性与普适性。挪用前述康德说法,儒家的德性修为因果序列,并不是被中国传统社会规定死了的过去结构,而是触及了德行修为的人类普遍模式。这就是陆九渊明确强调的"心同"、"理同"原则,"东海有圣人出焉,此心同也,此理同也。西海有圣人出焉,此心同也,此理同也。南海、北海有圣人出焉,此心同也,此理同也。千百世之上有圣人出焉,此心同也,此理同也。千百世之下有圣人出焉,此心同也,此理同也。"[①]这是一种跨越时空限制的普遍主义论述,在揭示八目所具有的这些内涵的基础上,它的现代性蕴含,就成为一个无须辩护的问题。

其次,人们也可以在八目的各个环节上发现它的现代性蕴含。这是八目处理了相关于人类道德实践的诸环节、诸要素、诸关联所注定的事情。只要人们从物我、自我、人己、内外、家国、天下等进路去思考人类生存与发展的问题,就可以从三纲八目的相类思考汲取精神灵感和思想资源。由于三纲八目囊括了社会政治思考的基本要素,现代处境中的人们完全可以到其中寻求古典答案的现代启迪。就此而言,对八目所做的单一抽离或多环节抽离阐释,自有其价值。但如果试图对人类道德—社会—政治生活进行连贯思考,那么八目的递

---

① 陆九渊著、钟哲点校:《陆九渊集》,卷三十六《年谱》,北京:中华书局1980年版。

进与递归双向运行机制,总会对其有整体上的重大启示。

再次,人们可以在中国、乃至于世界的现代化进程中揭示它的实践有效性。自近代以来流行的中西差异性思维定式,是不足以揭示并解释三纲八目的现代意涵与实践针对的。差异性比较仅仅是文化比较的浅层次尝试,趋同性比较才是文化比较的深层次努力。更为重要的是,趋同性比较有利于维护人类生活的宽容性、和平性与理想性,差异性比较更有可能展现出对立性、零和性与悲剧性。同时需要指出,这样的实践有效性,不是从八目的古典解释中离析出来的,而是在现代实践中展现出来的。长期流行的那种以解释进路呈现儒家传统的现代价值的做法,可以休矣!因为以解释方式展现儒家传统的现代价值的尝试,常常只是学者的书斋幻想,它经常只会窒息儒家传统的现代生机,而不是激活儒家传统的现代张力。只有结合鲜活的道德实践与政治治理,儒家才有希望扎根于社会的丰厚土壤之中,获得它蓬勃生长的必须养料。

《周易程氏传》中的君臣共治
——以四、五爻为中心的讨论

谈火生

君臣关系是中国传统政治思想的一个重要主题。在中国的政治著述中,几乎所有的作品都或多或少地会涉及这一主题,而且一般都会将其安排在比较重要的位置。[①] 相比之下,君臣关系在西方的政治论述中处于一个比较次要的位置,在《政治学》中,亚里士多德在专门论述君主制的第三卷第14—17章中,对君臣关系基本未置一辞;即使是在《君主论》中,马基雅维利也是到了全书快结束的第22—23章,才花了几页纸的篇幅来讨论君臣关系,而且只从君的视角来观察,根本没有考虑臣的视角。由此可见,君臣关系是中国传统政治思想中的一个非常有特色的论题。

在传统君臣关系的论说中,有两个基本的范式:"乾纲独断"的绝对主义范式和"君臣共治"的相对主义范式。前者以法家为代表,后者以儒家为代表。[②] 从历史的发展来看,这两种范式长期以来处于相互竞争的状态。在先秦时代,儒家论君臣关系完全是对待性的,正如孟子所言:君臣义合,否则即为"妾妇之道"(《孟子·滕文公下》)。在义的前提下,君臣共同参与宇宙秩序和社会政治秩序的构建和维续。但是,到了秦汉以后,由于受到法家

[①] 例如,先秦时期的《孟子》《荀子》《韩非子》、汉代的《淮南子》《春秋繁露》、唐代的《贞观政要》、明代的《大学衍义补》、清代的《明夷待访录》均将君臣关系作为重要的主题来加以论述。

[②] 余敦康:《易学与中国政治文化》,见载氏:《中国哲学论集》,沈阳:辽宁大学出版社1998年版,第456—470页,此处第459页。

百年变局与中国政治学的时代化：清华政治学系的探索

君尊臣卑和阴阳家扶阳抑阴观念的影响，君权日益高涨，而有了"君为臣纲"的讲法，于是，君臣关系转变为一种绝对的服从关系。唐宋转型之际，宋代理学重新回归先秦"君臣义合"的思想传统，强调君和臣均需统摄于道义之下，不可片面地强调臣对君唯命是从，"君臣共治"重新成为政治论说的基调。

在关于君臣共治问题的研究中，《周易程氏传》没有得到应有的重视。事实上，小程子作为宋代理学兴起的关键人物，在君臣共治思想的发展中发挥了极为重要的作用。作为程颐唯一的一部著作，《周易程氏传》在其中的地位是不应被忽视的。他的弟子尹焞曾言："先生平生用意，惟在《易传》，求先生之学者，观此足矣"。① 但是，从既有的研究来看，相关研究非常薄弱。据笔者有限的阅读，只有余英时的《朱熹的历史世界》、余敦康的《汉宋易学解读》、唐纪宇的《程颐〈周易程氏传〉研究》、李璐楠的《〈周易程氏传〉之"中"与"正"》和姚季冬的《程颐君臣观的治道意蕴》对此有专门的讨论。② 但这几项研究均未注意到《周易》这一文本的特殊性在阐述君臣关系时所具有的优势，因而没有充分考察程颐在充分利用这一优势来进行阐释时所展示出来的丰富性。余英时和姚季冬通过对文本的解读梳理出君臣共治的基本逻辑，但是，他们没有注意到不同的爻位关系所构成的各种复杂的情境；唐纪宇和李璐楠注意到程颐利用二、五爻的关系来阐释君臣关系，但是，他没有注意到程颐在阐释君臣关系时并没有局限于二、五爻，而是将六个爻均纳入考量。据笔者初步统计，《周易程氏传》在对 64 卦的解释中，约有 45 卦涉及君臣关系。其中，涉及二、五爻的有 20 卦，涉及四、五爻的有 24 卦，涉及三、六爻的有 10 卦。很多的时候，他会将几个爻放在一起来加以讨论。因此，仅以二、五爻为中心来概括程颐的君臣共治思想是有很大局限的。

---

① 程颢、程颐：《二程遗书》，潘富恩点校，上海：上海古籍出版社 2000 年版，第 404 页。
② 余英时：《朱熹的历史世界》，北京：生活·读书·新知三联书店 2004 年版，"绪说" 5.5 "程氏《易传》中的政治思想"，第 157—172 页；余敦康：《汉宋易学解读》，北京：中华书局 2017 年版，第 14 章 "程颐的《伊川易传》"，第 523—611 页；唐纪宇：《程颐〈周易程氏传〉研究》，北京：人民出版社 2016 年版，第 6 章，第 230—260 页；李璐楠：《〈周易程氏传〉之"中"与"正"——从"道"与"势"、"德"与"位"及君臣关系的角度看》，载《河北学刊》，2015 年第 4 期，第 211—216 页；姚季冬：《程颐君臣观的治道意蕴》，载《政治思想史》，2018 年第 3 期，第 34—49 页。

本文拟以四、五爻为中心来讨论《周易程氏传》中的"君臣共治"思想，这一方面是由于此前没有人从这个角度切入来加以讨论，另一方面也是因为四、五爻在君臣关系中处于特殊的地位，因为五爻为君位，四爻则为宰辅大臣之位。如果说二、五爻反映的是一般意义上的君臣关系的话，那么，四、五爻反映的则是宰辅大臣与君主之间的关系，它是君臣共治中最为重要的内容。如果我们考虑到程颐"天下治乱系宰相"的基本立场的话，四、五爻的关系就更为重要了。本文的讨论分为五个部分：第一至四部分从四、五爻不同的组合，分类考察在不同的情境下君臣共治如何可能；在论文的最后，本文将在前面讨论的基础上，对程颐君臣共治思想的基本特点进行总结。

众所周知，《周易》文本的特殊性就在于，它透过六十四卦和三百八十四个爻，形成了一套错综复杂的体系，不同的卦之间、同一卦不同的爻之间构成了一个个具体的情境。因此，君臣共治的大原则在具体的情境之中如何加以运用就是一个大问题。这一特殊的文本形式，也使得程颐在讨论君臣共治的理想时将很多现实的因素纳入考量，从而形成了一个丰富的解释传统。

《周易程氏传》中共有24卦在讨论四、五爻时涉及君臣关系，由于爻有阴阳之分，因此，从理论上讲，四、五爻之间的关系就存在以下四种可能的组合，每一种组合都代表了特定类型的君臣关系。在下面的四节中，我们就分别就这四种组合的君臣共治形态进行分析。

《周易》中君臣共治的四种理想类型

		四爻	
		阳爻	阴爻
五爻	阳爻	1. 圣君贤臣	3. 圣君明臣
	阴爻	2. 庸君贤臣	4. 弱主常臣

一、圣君贤臣：君臣协力与君臣之分

第一种类型为阳阳组合，即四爻和五爻均为阳爻。从理论上讲，出现这种情况有两种可能性,即上卦为乾卦或兑卦。但是,检视《周易程氏传》的文本,上卦为乾卦的八个卦中,程颐在阐释四爻和五爻时,均未涉及君臣关系。而在上卦为兑卦的八个卦中,有四个卦在阐释过程中涉及君臣关系,它们分别是大过、革、随、萃。其中,《大过卦》和《革卦》主要涉及政治变革时期君臣如何同心协力;《随卦》和《萃卦》则讨论了一个很特殊的问题:能力超群的贤臣可能功高盖主,如何处理君臣关系方能保持政治团结。

(一)君臣协力

《大过卦》和《革卦》所面临的形势是一种"非常时刻",程颐用"尧舜之禅让、汤武之放伐"来形容这种"世人所不常见"的"大过于常"的历史时刻。①

《大过卦》的形象是栋梁不堪重负而弯曲,整座大厦面临倾覆的危险。在此艰难处境之下,如何挽大厦于将倾?这就需要有大过人之才能与德性,方能力挽狂澜。在《大过卦》中,代表君的九五以中正居尊位,承担着转化局势的主要责任,可惜,由于受特定条件的限制,成效不大,非不为也,是不能也。② 因为与之相应的九二为阳爻,"下无应助","不能成大过之功"。③ 而代表臣的九四"居近君之位,当大过之任者也",其"以刚处柔",正得其宜。九四要协助九五力挽狂澜,就必须心无旁骛,全力以赴。程颐结合爻辞中的"有它吝"解释道:"有它谓更有它志","四与初为正应,志相系者也。九既居四,刚柔得宜矣,复牵系于阴,以害其刚,则可吝也"。④ 也就是说,当大过之时,九四牵系初六,尽管二者为正应,但这种牵系也会对九四力挽狂澜的任务形成干扰。后来,清代的《日讲易经解义》对此进行了发挥:"四能胜大过之任,而不可昵于私应也","夫所贵大臣者,以其正色立朝,不可攀援,而后能仔肩天下之重;苟悦小人之柔媚而亲比之,其不为所累而自损功名者,

---

① 程颐:《周易程氏传》,王孝渔点校,北京:中华书局2011年版,第157页。
② 余敦康:《周易现代解读》,北京:中华书局2016年版,第150页。
③ 程颐:《周易程氏传》,王孝渔点校,北京:中华书局2011年版,第161页。
④ 程颐:《周易程氏传》,王孝渔点校,北京:中华书局2011年版,第161页。

罕矣"。① 笔者以为,《解义》以"私"对之进行定位是准确的,但所举"小人攀援"的例子则不是很恰当。因为九四与初六为正应,也就是说,此"应"本身是有其合理性的。这种正应不一定是"小人"所为,完全有可能是家人、宗室或同僚的合理要求。但是,当大过之时,对于承担政治改革重任的九四而言是不合时宜的。九四在此非常时刻,必须摆脱各种因素的干扰,一心一意辅佐君王,方能共济时艰。

有意思的是,在解释《革卦》九四时,我们看到了类似的情形。按照《周易》的理解,"汤武革命,顺乎天而应乎人"(《革卦·彖辞》),程颐的解释是:"王者之兴,受命于天","顺理时行,非己之私意所欲为也","稽之众论(或公论)"。② 在此过程中,"九五以阳刚之才,中正之德,居尊位,大人也。以大人之道,革天下之事,无不当也,无不时也","天下蒙大人之革,不待占决,知其至当而信之也"。③ 在《革卦》中,作为君的九五的作用比《大过卦》大得多。此时,无论是作为九五正应的六二,还是"得近君之位"的九四,均当"进而上辅于君,以行其道"。其中,九四的作用尤其重要,因为九四当"革之胜",在时、势、任、志、用等各方面均得其宜。和《大过卦》形成对比的是,程颐在解释九四爻辞时,特别强调"下无系应,革之志也"。④ 所谓"下无系应"是指作为九四正应的初爻为阳爻,因此,九四和初九不存在牵系和连累的问题,也就是不会出现《大过》九四的"志相系"的问题,使之能专心从事革弊的事业,"上信而下顺",不仅得到君王的信任,而且赢得民众的拥护。从《大过卦》和《革卦》九四的对比阐释中,我们可以体会到,程颐在处理君臣关系时,特别强调君与臣的共治需以大公无私为其前提,否则,君臣的互信和共治的前景就堪忧了,这一点在非常时刻表现尤为明显。

(二) 君臣之分

如果说《大过卦》和《革卦》处理的是政治变革的问题,那么,《随卦》

---

① 牛钮等撰:《日讲易经解义》,李升召标点注释,海口:海南出版社2012年版,第248页。
② 程颐:《周易程氏传》,王孝鱼点校,北京:中华书局2011年版,第281、283—284页。
③ 程颐:《周易程氏传》,王孝鱼点校,北京:中华书局2011年版,第284页。
④ 程颐:《周易程氏传》,王孝鱼点校,北京:中华书局2011年版,第284页。

百年变局与中国政治学的时代化：清华政治学系的探索

和《萃卦》关心的则是政治信任的问题。从君臣关系的角度来观察，这两卦均讨论了一个共同的主题：大臣如何消除君臣之间可能的猜忌，维护政治共同体的团结。之所以有此问题产生，根本原因在于九四为阳爻，能力很强，又身居高位，很容易产生民心所向的局面，甚至功高盖主。

在《随卦》中，九四"以阳刚之才，处臣位之极"，下据二阴，六三又来追随自己，此时的九四"于随有获，虽正亦凶"。① 为什么"虽正亦凶"？所谓"正"是指九四能持守正道，并未主动结党营私、拉帮结派，其"有获"也是人来随己，非以己随人。但是，即便如此，"得天下之心随于己"有违"为臣之道"，因为"为臣之道，当使恩威一出于上，众心皆随于君"。现在众心皆随于己，威望凌驾于君王之上，无疑是"危疑之道"。② 怎么办？只有"孚诚积于中，动为合于道，以明哲处之"，方能"下信而上不疑，位极而无逼上之嫌"。下信而随，这一点不用解释，为什么上能不疑？关键在于，"其得民之随，所以成其君之功，致其国之安"。③ 程颐这里所强调的"明哲处之"其实是提醒九四要严君臣之分，作为大臣一定要将功劳归之于君主，处处需以国家安危为重，不能有丝毫私心掺杂其中。当然，这是非常困难的一件事情，"非圣人大贤，则不能也"。程颐还援引故事，区分了两种情况：其一是以伊尹、周公和诸葛亮为代表，几乎是完美的典范，"其所施为无不中道"；其次是以唐代名将郭子仪为代表，虽不完美，但也能做到"威震主而主不疑"。④

在《萃卦》中，我们也看到类似的警示。《萃卦》谈的是人类社会的组织问题，如何通过有效的手段将天下人聚合起来。在整个卦中，只有两个阳爻，就是九五和九四。从这一点上讲，《萃卦》和《比卦》形成了对比，《比卦》只有九五一个阳爻，五个阴爻皆与九五亲比；但是，《萃卦》有两个阳爻，四

---

① 程颐：《周易程氏传》，王孝渔点校，北京：中华书局2011年版，第99页。
② 程颐：《周易程氏传》，王孝渔点校，北京：中华书局2011年版，第99页。
③ 程颐：《周易程氏传》，王孝渔点校，北京：中华书局2011年版，第100页。
④ 程颐：《周易程氏传》，王孝渔点校，北京：中华书局2011年版，第100页。明来之德以汉初故事来阐释明哲，也颇能说明问题："汉之萧何、韩信皆高帝功臣。信既求封爵，复求王楚，可谓有获矣，然无明哲，不知有获贞凶之义，卒及大祸"。"何拜为相国，封五千户，何让不受，悉以家财佐军用，帝又悦，卒为汉第一功臣"，诚明哲之至也。来之德：《周易集注》，上海：上海古籍出版社2000年版，第108页。

阴聚于二阳。于是，问题来了："四当萃之时，上比九五之君，得君臣之聚也；下比下体群阴，得下民之聚也，得上下之聚，可谓善矣"。"得君臣之聚"当然没有问题，但是，九四无尊位而"得下民之聚"就有问题了，与《随卦》一样，这种情况极易得咎，有僭越本分威逼至尊的嫌疑。① 所以程颐解释说："四以阳居阴，非正也"。② 他还举了春秋时期齐国的田常和鲁国的季氏为例，来说明"非理枉道而得民"的情形。怎么办？六四的爻辞给出的出路是：必得大吉，方能无咎。大者，周遍。九四处事必须无所不周，无所不正，鞠躬尽瘁，至诚不贰，此之谓"大吉"，只有做到大吉，然后可以无咎。③

上面，我们是从臣的角度来进行的分析，那么，从君的角度来讲，又该如何做呢？在《随卦》九五中，《周易》塑造了一个理想君王的形象。"九五居尊得正而中实"，所谓"中实"是从阳爻引申而出，具体的内容程颐将之界定为"诚"，并进一步解释为"随善"，即从善如流。如果说九四展示的形象是人来随己，那么，九五所展示出来的形象则是以己随人。九五之吉，在于它以至诚之心，任贤纳谏，从善如流。程颐在解释这一爻时，认为此处所随之善专指六二，但笔者更赞同余敦康先生的意见，它应该包括六二和九四。尽管六二疏远九五而亲近初九，犯了错误，但九五仍以至诚之心，积极争取；九四权重，众望所归，九五也毫不猜忌，信任有加。④ 在《萃卦》九五中，程颐强调了德位相应。九五"居天下之尊，萃天下之众，而君临之，当正其位，修其德"。即便如此，总是有"不信而为归者"，对待这些人，君王不应该以武力征伐之，而"当自反"，"修德以来之"，通过德性的修养，感化昏冥。⑤

在《随卦》和《萃卦》中，我们看到，德是君臣共治的基础。君要修其德，对臣从善如流；臣要时时刻刻注意与自己的位相应的职分，千万不可僭越。

---

① 余敦康：《周易现代解读》，北京：中华书局2016年版，第228页。
② 程颐：《周易程氏传》，王孝鱼点校，北京：中华书局2011年版，第261页。
③ 《日讲易经解义》在解释这一问题时还将其具体坐实为不植党，不徇私，虚公（即公正无私）寅畏（即恭敬戒惧），并举伊尹、周公为例。见牛钮等撰：《日讲易经解义》，李升召标点注释，海口：海南出版社2012年版，第370页。
④ 余敦康：《周易现代解读》，北京：中华书局2016年版，第102页。
⑤ 程颐：《周易程氏传》，王孝鱼点校，北京：中华书局2011年版，第261—262页。

二、庸君贤臣：得君行道与士大夫的政治主动性

第二种类型是五爻为阴爻，四爻为阳爻。从理论上讲，出现这种情况有两种可能性，即上卦为离卦或震卦。检视《周易程氏传》的文本，上卦为离卦或震卦的十六个卦中，有五个卦在阐释过程中涉及君臣关系，它们分别是鼎、离、豫、解、丰。作为阴爻的五爻可能有两种含义：它既可能取其柔弱的内涵，代表"庸君常主"（如《丰卦》），也可能取其虚心、明智之义，代表睿智的明君（如《鼎卦》）。与之类似，作为阳爻的四爻也可能有两种含义：它既可以取其阳刚的内涵，代表贤臣（如《丰卦》《豫卦》），也可以取阳居阴位、位不当之义，代表强臣或德薄位尊之人（如《离卦》《鼎卦》）。这样，五爻为阴爻、四爻为阳爻就有四种组合关系：（1）明君常臣（如《鼎卦》《解卦》）；（2）弱君强臣（如《离卦》）；（3）明君贤臣（此处五卦没有这种情况）；（4）庸君贤臣（如《丰卦》《豫卦》）。其中，第（1）种情况类似于第三节的分析，不过在这里，程颐是从反面立论。他认为《鼎卦》九四不明用人之道，所用之人"不胜任而败事"，没有发挥大臣应有的作用；对于《解卦》九四，程颐警告道，"居上位而亲小人，则贤人正士远退矣"，因此，必须"斥去小人"，"则君子之党进"。第（2）种情况则是我们第四节将详细加以分析的情形，在解析《离卦》时程颐警告世人，弱主强臣非理想的君臣关系。第（3）种情况与我们第一节的分析有类似之处，此处不论。只有第（4）种情况是我们此处论述的重点。尽管与第一种圣君贤臣的状态相比，庸君贤臣并不理想，但是，从实际的政治实践来看，庸君贤臣的格局其实还算是比较好的状态。因为圣王在现实政治中出现的概率其实很低，在绝大多数情况下，君王均为中常之人，在这种情况下，如果有贤臣相辅，已经非常难得。在对《丰卦》和《豫卦》的解释中，程颐提出两个比较重要的问题：一、即使是庸君，在政治运作中也承担着非常重要的功能，离开了君，即使是贤臣，也不能有大作为；二、在庸君的情况下，贤臣的地位愈显突出。

（一）得君行道

程颐在《丰卦》的解释中将宋儒得君行道的观念进行了阐释。他在解释九四时自我设问："如四之才，得在下之贤为之助，则能至丰大乎？"他给出的答案是否定的。为什么？我们来看看其推理过程。

"丰"的含义是无与伦比的盛大，《丰卦》要处理的问题是如何使天下财物至富至有，天下人口至繁至庶，天下土地至广至大。① 在《丰卦》中，君乃"阴暗柔弱"之君，但臣为贤臣。在这种情况下，君臣如何自处，方能实现丰盛的理想？程颐给出了两个方面的思考：第一，必须得君，才能行道。这就是他在解释九四时自我设定的问题。程颐的回答是："致天下之丰，有君而后能也"，如果君不"虚中巽顺下贤"，"下虽多贤，亦将何为？"② 在《丰卦》中，代表臣的初至四爻均堪称贤臣。《丰卦》上震下离，震为动，离为明。"明"指清醒务实的理性，对事物的发展明若观火；"动"指行动能力、执行能力。"明动相资，致丰之道"。据此，初九位于离卦之中，为"明之初"，具"离明之德"；六二为"明之主"，"有文明中正之德，大贤之在下者也"；九三"居明体之上，阳刚得正，本能明者也"；九四位于震卦之中，为"动之主"，以阳刚居大臣之位。按理说，他们是可以有所作为的。程颐指出，"贤智之才，遇明君则能有为于天下"。六二明则明矣，可惜所应之六五"阴柔不正，非能动者"，因此，在明动相资之时，六二"独明不能成丰"；九三的情况更糟，其所应之上六，"无位而处震之终"，完全没有行动能力；九四"得在下之贤（初九）为之助"，同舟共济，明动相资，情况最为有利，于致丰之道不无裨益。但是，"遇阴暗柔弱之主"，六五"无虚已下贤之义"，九四和初九也只能徒唤奈何。③ 因此，处丰之时的核心任务是争取六五的支持，得君行道。

第二，如何得君行道？程颐认为，关键在于"诚"。在解释六二时，程颐指出，六二"所遇乃柔暗不正之君，既不能下求于己，若往求之，则反得疑

---

① 金景芳、吕绍纲：《周易全解》，长春：吉林大学出版社1989年版，第388页。
② 程颐：《周易程氏传》，王孝鱼点校，北京：中华书局2011年版，第320页。
③ 程颐：《周易程氏传》，王孝鱼点校，北京：中华书局2011年版，第317—320页。

猜忌疾"。① 怎么办呢？程颐的建议是，"不得其心，则尽其至诚，以感发其志意而已"。他还以管仲之相桓公，孔明之辅后主为例，指出古人为我们做出了榜样，"事庸君常主，而克行其道者，己之诚意上达，而君见信之笃也"。② 程颐相信，自诚而明，在贤臣的诚意感动之下，庸君之昏蒙可开，"虽柔弱可辅也，虽不正可正也"。③ 对于九四，则是另一番情形。六二作为离卦主爻，有离明之德，其主要问题在于有明而无动；九四处震卦之初，有震动之性而无离明之德，其主要问题是以阳居阴，"位不当"也。按照丰卦明动相资的总体原则，九四必须与具有离明之德的初九联合才能克服自身的弱点，并与之"同心协力，共匡君德"。《解义》对此的解释是，君心未明，一人正之则不足，众贤辅之则有余。④ 程颐相信，只要六五虚己下贤，则群贤毕至，团结一心，以贤臣之明助君王成就丰大之事业。

值得注意的是，即便对于庸君贤臣的情形，程颐（包括其他的思想家）似乎从未想过，群贤可以起来废掉阴暗柔弱之主，以贤人制的方式来进行有效治理。这一方面固然是由于政治伦理的约束（如诸葛亮），另一方面也是由于中国君主政体本身的结构性特征，从而导致思想家的致思方向朝着强化君主权威的方向发展。

（二）士大夫的政治主动性

对于庸君贤臣的政治结构，程颐尤其强调士大夫集团在政治运作中的作用。这一点在程颐对《豫卦》九四的解释中体现尤为明显。

豫者，安和悦乐之义。《豫卦》下卦为坤为顺，上卦为震为动，"顺以动"，顺应万物的本性和自然的节律而动，这样才能形成安和悦乐的局面。但是，豫有两种：天下之豫和一身之豫。天下之豫不可无，要让天下百姓像体现地万物那样调适畅达、安和悦乐；一身之豫不可有，所谓"逸豫可以亡身"。从卦而言，它要通过"顺以动"来实现天下之豫；从爻来说，它又通过警示，

---

① 程颐：《周易程氏传》，王孝渔点校，北京：中华书局2011年版，第318页。
② 程颐：《周易程氏传》，王孝渔点校，北京：中华书局2011年版，第318页。
③ 程颐：《周易程氏传》，王孝渔点校，北京：中华书局2011年版，第318页。
④ 牛钮等撰：《日讲易经解义》，李升召标点注释，海口：海南出版社2012年版，第440页。

告诫人们不要耽于享乐。整个《豫卦》五阴一阳，作为阳爻的九四"为动之主"。相反，六五"以阴柔居君位，当豫之时，沉溺于豫，不能自立者也"。因此，在《豫卦》中，九四任天下之事。

但是，任天下之豫的九四处境却很艰难，对上，他要获得六五的信任；对下，他要获得下面三个阴爻的支持。就前一个问题来讲，"四居大臣之位，承柔弱之君，而当天下之任"，以强臣事弱主，"危疑之地也"。① 九四必须竭其诚信，消除六五的猜疑。即便能做到这一点，九四仍面临严峻的考验，"独当上之倚任，而下无同德之助"，② 下面三阴除六二外，均为不守正道之小人。初六"鸣豫"，本来是"不中不正之小人"，③ 因为与九四相应就自鸣得意、忘乎所以，如同一个纨绔子弟，耽于豫乐；六三"盱豫"，"阴而居阳，不中不正"，④ 本来并无豫乐的条件，因靠近九四，就趋炎附势、谄媚逢迎。如何得到他们的支持，并对他们进行合理的引导，这是一件非常困难的事情。程颐给出的建议仍然是"至诚"，"夫欲上下之信，唯至诚而已"。⑤ 只要"尽其至诚"，不违反"顺以动"的行为准则，就能将上下五阴团结成为一个整体，就像簪子把头发聚合成束一样。⑥ 可见，在致天下之豫的过程中，九四发挥着主导性的作用。在此，有两个问题需要略加辨析。

第一，如果说九四发挥着主导性作用的话，这是否与得君行道的理想和严君臣之分的前提相冲突？在程颐看来，二者并没有冲突。他在解释六五时指出，"若五不失君道，而四主于豫，乃是任得其人，安享其功，如太甲、成王也"。⑦ 当年伊尹辅太甲、周公辅成王之时，伊尹、周公是严守君臣之分的。尽管太甲耽于淫豫，成王年幼，伊尹、周公仍然是在君臣共治的框架下恪守为臣的本分，不仅自己要做好自己的本职工作，而且想尽各种办法帮助太甲、成

---

① 程颐：《周易程氏传》，王孝鱼点校，北京：中华书局2011年版，第94页。
② 程颐：《周易程氏传》，王孝鱼点校，北京：中华书局2011年版，第94页。
③ 程颐：《周易程氏传》，王孝鱼点校，北京：中华书局2011年版，第92页。
④ 程颐：《周易程氏传》，王孝鱼点校，北京：中华书局2011年版，第93页。
⑤ 程颐：《周易程氏传》，王孝鱼点校，北京：中华书局2011年版，第94页。《解义》对此做了进一步发挥，认为九四必须具备知人之哲，一方面要能聚合同道君子，另一方面又能不惑于同利之小人，不溺于谄媚之徒。牛钮等撰：《日讲易经解义》，李升召标点注释，海口：海南出版社2012年版，第166页。
⑥ 余敦康：《周易现代解读》，北京：中华书局2016年版，第97页。
⑦ 程颐：《周易程氏传》，王孝鱼点校，北京：中华书局2011年版，第95页。

百年变局与中国政治学的时代化：清华政治学系的探索

王走向成熟。所以，程颐引太甲、成王的故事来说明，九四所为"不失为臣之正也"。① 从君臣关系上讲，"任得其人，安享其功"才是主弱臣贤条件下理想的君臣关系形态。

第二，与第一问题相关，九四究竟是"贤臣"还是如《离卦》九四那样的"强臣"？在解释六五时，程颐对此进行了辨析。在《离卦》中，九四"以阳居离体而处四，刚躁而不中正"，对六五阴柔之君呈"刚盛陵烁之势，气焰如焚然"。所以，程颐就九四象辞评论道："上陵其君，不顺所承，人恶众弃，天下所不容也"② 那么，《豫卦》九四是这样吗？正好相反！九四作为一卦之主，最能体现全卦的宗旨——"动而顺"，它要顺天而为，顺理而动，以至诚之心，获上下之信。那么，为什么会产生"贤臣"、"强臣"的疑问呢？这是由六五爻辞引起的。六五爻辞是"贞疾，恒不死"，王弼的解释是："四以刚动为豫之主，专权执制"，六五"不敢与四争权"，故贞疾。程颐在一定程度上继承了这一传统解释："柔弱不能自立之君，受制于专权之臣也，居得君位贞也，受制于下有疾苦也"。③ 这似乎与贤臣的形象相距颇远。程颐意识到这一问题，他马上解释道，"人君致危之道非一，而以豫为多。在四不言失正，而于五乃见其强逼者，四本无失，故于四言大臣任天下之事之义，于五则言柔弱居尊，不能自立，威权去己之义，各据爻以取义"。注意，九四"强逼"的形象是"各据爻以取义"的结果，并非九四本身的问题，九四本身是没有过失的，问题在于六五，自己不能自立，而认为九四对自己构成威胁。换言之，从九四自身的行止来看，他是"贤臣"；但从六五的感受而言，九四则成了"强臣"。所以，程颐接下来指出："若五不失君道，而四主于豫，乃是任得其人，安享其功"。一个"若"字表明，程颐是从反面批评此时的六五有失君道，不仅耽于逸豫，而且错误地将"贤臣"视为"强臣"，将九四对自己沉溺豫乐行为的校正视为一种"强逼"，这就不是一种理想的君臣关系了。

---

① 程颐：《周易程氏传》，王孝渔点校，北京：中华书局2011年版，第94页。
② 程颐：《周易程氏传》，王孝渔点校，北京：中华书局2011年版，第172页。
③ 程颐：《周易程氏传》，王孝渔点校，北京：中华书局2011年版，第95页。余敦康先生更明确地将"疾"解释为心病，而不是身体之病，是柔弱之君在阳刚强臣的威逼之下所产生的巨大心理压力。余敦康：《周易现代解读》，北京：中华书局2016年版，第98页。

如果这样，即使自己"恒不死"，君臣同心共致天下之豫的理想也是无法实现的。

从《豫卦》来观察，与前面圣君明臣的情况不同，在弱君的情况下，士大夫集团尤其需要发挥更大的主动性。而且，与圣君明臣不同的是，居大臣之位的贤臣应该在其中发挥更为重要的作用。如果说在圣君明臣条件下，居大臣之位六四值得赞赏的地方在于其有自知之明、下顺贤才，那么，在弱君贤臣条件下，居大臣之位的九四值得赞赏的地方则在于其既具备独担大任的能力和勇气，又具备至诚无私的高尚品格和与上下合作的善巧方便，从而将整个士大夫集团团结起来，共同辅佐弱主，实现天下豫乐的宏伟事业。

三、圣君明臣：上巽于君、下顺贤才

第三种类型是五爻为阳爻，四爻为阴爻。从理论上讲，出现这种情况有两种可能性，即上卦为巽卦或坎卦。检视《周易程氏传》的文本，上卦为巽卦或坎卦的十六个卦中，有七个卦在阐释过程中涉及君臣关系，它们分别是坎、屯、比、蹇、小畜、观、涣。在这一组卦中，由于四爻为阴爻，其能力、德性均有所不足，因此，这一组卦的一个共同关怀就是，在自身能力不足的情况下，身居高位的大臣应该如何自处，方能实现君臣共治的理想。①

（一）上巽于君

前文已述，君臣共治的基本原则是君主臣辅。但是，在君臣共治的过程中，根据君臣的不同情况，如何有效实现这一原则需要高超的政治技巧。在上

---

① 在这七卦中，有两个例外：《比卦》和《涣卦》。在解释《比卦》六四时，程颐既没有强调六四能力不足的问题，也没有强调君臣共治，只是指出，六四"阴柔不中之人，能比于刚明中正之贤"，"君臣相比"，"亲贤从上，比之正也，故为贞吉"。程颐：《周易程氏传》，王孝渔点校，北京：中华书局2011年版，第50页。《涣卦》面临的挑战是"天下离散"，需重新"收合人心"。在解释《涣卦》六四时，程颐从功能的角度立论，"四，巽顺而正，居大臣之位；五，刚中而正，居君位。君臣合力，刚柔相济，以拯天下之涣者也"，"非大贤智，孰能如是？"程颐：《周易程氏传》，王孝渔点校，北京：中华书局2011年版，第337页。

百年变局与中国政治学的时代化:清华政治学系的探索

面一节,我们分析了在圣君贤臣的情况下程颐强调君要从善如流;在这一节中,我们碰到的情况是,君仍然是圣君,但臣却相对较弱。在这种情况下,程颐强调作为辅弼大臣的六四要"顺",上顺圣君,下顺贤才。

这一点尤其体现在上卦为巽卦的几个卦中,因为巽的含义就是顺。在解释《观卦》六四时,程颐指出:"五以阳刚中正,居尊位,圣贤之君也","圣明在上,则怀抱才德之人,皆愿进于朝廷,辅戴之以康济天下"。六四"虽阴柔",但居巽体(巽者,顺也),且居正(四爻为阴爻),"切近于五",不仅能目睹"人君之德",而且能观察"国家之治",据此,程颐对六四的定位是"观见而能顺从者也"。他受到人君的礼遇,"上辅于君,以施泽天下"。① 在对六四象辞进行解释时,程颐又进行了一番发挥:"君子怀负才业,志在乎兼善天下",但是,很多时候,他们只能"卷怀自守",因为"时无明君,莫能用其道"。而在《观卦》之时,圣君在上,国家盛大光辉,程颐感叹道:"此古人所谓非常之遇也"!君子自当"宾于王朝",追随圣君,"以行其道"。② 从他的这番发挥中,我们不难体会到北宋士人对得君行道的殷切期待。在《益卦》中,程颐同样强调,六四,"大臣",乃"巽顺之主,上能巽于君,下能顺于贤才(初九)也","上依刚中之君而致其益,下顺阳刚之才以行其事"。③ 单从君臣关系上讲,尽管六四"处近君之位,居得其正",但是,六四为阴爻,本性柔弱,缺乏阳刚特行之才,所以,他应该"以柔巽辅上"。请注意程颐此处的用词:以"柔巽"的姿态辅佐君上。④ 具体的表现是什么呢?举凡大事,都应该向君上请示汇报,要"依附于上",而不能自专。

与此同时,顺上是有条件的,不是绝对的。代表君的五爻为阳爻,这既可能代表圣君(阳刚中正),也可能代表过刚之君(阳刚居阳位)。⑤ 在前一种情况下,作为臣的六四应该"柔巽辅上";在后一种情况下,六四则应该发挥自己的政治智慧,对有弊之君进行校正。我们可以从《小畜卦》和《坎卦》中

---

① 程颐:《周易程氏传》,王孝渔点校,北京:中华书局2011年版,第115页。
② 程颐:《周易程氏传》,王孝渔点校,北京:中华书局2011年版,第115页。
③ 程颐:《周易程氏传》,王孝渔点校,北京:中华书局2011年版,第239、242页。
④ 程颐:《周易程氏传》,王孝渔点校,北京:中华书局2011年版,第242页。
⑤ 燥君是我自己发明的一个术语,我不愿意直接采用"暴君"这样的表述。

体会到这层用意。

在《小畜卦》中，程颐对六四的解释是，"四于畜时处近君之位，畜君者也"。但是，六四为阴爻，本质阴柔，势单力薄，"以人君之威严，而细微之臣有能畜止其欲者"，不可"以力畜之"，因为"一柔敌众刚，必见伤害"，因此，只能用"孚诚以应之"，"孚信以感之"。① 这段话很值得琢磨。第一，畜君，畜什么？程颐的解释是畜止君之欲。这就涉及宋学中非常重要的一个命题：天理与人欲的问题。在程颐看来，君臣关系必须建立在理的基础上，当君偏离理的轨道，臣有责任将其校正过来，革君心之非，使之回到正确的轨道上。在《大畜卦》六四，程颐将这一点讲得更明白："大臣之任，上畜止人君之邪心，下畜止天下之恶人"。② 第二，如何畜？程颐明言不可"以力畜之"，只可以诚感之。③

在《坎卦》六四中，程颐在强调"至诚"的同时，借助对爻辞"纳约自牖"的解释，提出了臣劝谏君王的策略："自古能谏其君者，未有不因其所明者也"。④ 也就是说，臣在劝谏君王时要讲究策略，不可直谏，应从君王已经明白的道理作为突破口，引导君王认识其所弊。他还举了历史上汉高祖时的"四老"和战国时期触龙的故事来说明这一策略。

（二）下顺贤才

六四在上能巽于君的同时，还需下顺贤才。这一点在上卦为坎卦的诸卦中表现尤为明显，因为坎为艰险，上卦为坎卦的坎、蹇、屯等卦的处境均为艰难险阻，此时尤需君臣协力，方能摆脱困境。在《蹇卦》九五，程颐着重强调了君臣共治的必要性："自古圣王济天下之蹇，未有不由贤圣之臣为之助者，汤、武得伊、吕是也；中常之君，得刚明之臣而能济大难者则有矣，刘禅之孔明，唐肃宗之郭子仪，德宗之李晟是也。虽贤明之君，苟无其臣，则不能济于

---

① 程颐：《周易程氏传》，王孝渔点校，北京：中华书局2011年版，第58页。
② 程颐：《周易程氏传》，王孝渔点校，北京：中华书局2011年版，第148页。
③ 唐纪宇先生将其解读为对君主权力的限制或约束，这恐怕是一种误解。唐纪宇：《程颐〈周易程氏传〉研究》，北京：人民出版社2016年版，第249—250页。程颐明确强调臣畜君，不可"以力畜之"，只能以诚感之，否定了以力量来制衡的思路。
④ 程颐：《周易程氏传》，王孝渔点校，北京：中华书局2011年版，第166页。

百年变局与中国政治学的时代化：清华政治学系的探索

难也"。① 幸运的是，六四"以阴居阴，为得其实"，能够以"诚实"对待下面的三个爻，"与下同志"，故"能与众合"，和下面的三个要联合起来，共同辅佐九五之君，共济塞难。②

在《屯卦》中，程颐对下顺贤才又进行了较为充分的论述。屯者，屯难之时，六四，"居公卿之位"，己之才"不足以济时之屯"。这时该怎么办呢？程颐的解释是，"若能求在下之贤，亲而用之"，"则可济矣"。那么，此处的"贤"是谁呢？指初九。初九"阳刚之贤"，如果能求此阳刚之贤，与之共同辅佐"阳刚中正之君，济时之屯，则吉无所不利也"。在对六四象辞进行解释时，程颐对六四赞叹道："知己不足，求贤自辅而后往，可谓明矣"！③ 也正是从这个意义上讲，程颐对于圣君常臣条件下臣的要求是"明"，有自知之明，知己不足；又能明理，团结同僚，共同辅佐君王。在解释《益卦》六四时，程颐同样也强调六四应下顺初九"刚阳之才"，"作大益天下之事"。④

但在《坎卦》中君臣的处境就更为艰难了，六四想下顺贤才都做不到。程颐对《坎卦》的描述是一种典型的君臣均处险中，君、臣均无力济世的局面。尽管从坎卦的卦义而言，处险之时，当"君臣协力"，方能"济天下之险难"。⑤ 但就全卦观之，"君臣协力"却无法实现。尽管"以九五刚中之才，居尊位，宜可以济于险"，但是，"人君虽才，安能独济天下之险"？⑥ 还需君臣协力，问题在于，人君没有可与协力之臣，"下无助也"。程颐还具体分析了各爻的情况，与五爻正应的九二本来具备济世的才能，但是它"陷于险中未能出"，无法帮助五爻。"余皆阴柔，无济险之才"。此处的"余"主要指六二和六四，六三不仅阴柔，而且不中不正，完全不可用；此时的六四，"阴柔而下无助"，想联合其他各爻也做不到，"非能济天下之险者"。当此之时，能做的"唯至诚见信于君"，并努力尽到为臣的本分，通过进谏的方式"开

---

① 程颐：《周易程氏传》，王孝渔点校，北京：中华书局2011年版，第223页。
② 程颐：《周易程氏传》，王孝渔点校，北京：中华书局2011年版，第223页。
③ 程颐：《周易程氏传》，王孝渔点校，北京：中华书局2011年版，第24页。
④ 程颐：《周易程氏传》，王孝渔点校，北京：中华书局2011年版，第239、242页。
⑤ 程颐：《周易程氏传》，王孝渔点校，北京：中华书局2011年版，第168页。
⑥ 程颐：《周易程氏传》，王孝渔点校，北京：中华书局2011年版，第167页。

明君心"。①

在程颐看来，通过上巽于君，下顺于贤，作为辅弼大臣的六四将政治体系中的有生力量团结起来，共同辅佐君王，如此方能在相对不利条件下实现有效的治理。

四、弱主常臣：止君之恶与下顺贤才

第四种类型是四爻、五爻均为阴爻。从理论上讲，出现这种情况有两种可能性，即上卦为坤卦或艮卦。检视《周易程氏传》的文本，上卦为坤卦或艮卦的十六个卦中，有八个卦在阐释过程中涉及君臣关系，它们分别是谦、临、复、明夷、升、艮、颐、大畜。作为阴爻的五爻可能有两种含义：它既可能取其柔弱的内涵，代表"弱主"，乃至"暗君"（如《明夷卦》），也可能取其虚心、明智之义，代表睿智的明君，力量虽弱，但明晓事理（如《临卦》）。与之类似，作为阴爻的四爻也可能有两种含义：它既可以取其爻位得正之义，代表明臣或贤臣（如《复卦》《临卦》），也可以取阴爻居阴之象，代表阴邪小人（如《明夷卦》）。这样，四、五爻均为阴爻就有四种组合关系：（1）明君明臣（如《临卦》《复卦》《大畜卦》）；（2）明君邪臣（在这八个卦中没有出现这种组合）；（3）暗君贤臣（如《升卦》）；（4）暗君邪臣（如《明夷卦》）。其中，在第（1）种情况下，除《大畜卦》比较特殊外，《临卦》《复卦》均强调居大臣之位的四爻与初九相应，以正确的方式处理与下属的关系，任用贤人，其义与第三节所论下顺贤才类似，但均未提及与五爻的关系；在第（3）种情况下，程颐在《升卦》中对严君臣之分的讨论是十分值得关注的，在解释六四时，程颐面对"王（文王）用享于岐山"的爻辞，明确指出"近君之位，在升之时，不可复升，升则凶咎可知"。尽管当时纣王无道，居天子之位，文王三分天下有其二，得众人拥戴，但"不可复升"，再升就僭越天子之位；第（4）中情况则是本节所要重点处理的独特处境。

面对弱主乃至暗君，君臣共治如何可能？这是本节关心的问题。六五、六

---

① 程颐：《周易程氏传》，王孝渔点校，北京：中华书局2011年版，第165—166页。

四居坤体和艮体之中，坤为地为顺，艮为山为止，故多以顺、止取义。具体而言，这八个卦从以下两个方面对相对不利条件下的君臣共治问题进行了论述。

（一）止君之恶与自止其身

代表君的五爻为阴爻，此时的君不仅可能是"庸君""弱主"，甚至可能是"暗君"。在上一节，我们分析了"庸君"条件下大臣的应对之道。在这一节，我们继续分析面对"暗君"大臣该如何自处。一般而言，在这种情况下居于四爻的大臣有几种可能的选择：1. 推翻无道的"暗君"，取而代之，尽管这一选项在历史上不乏其例，但在思想家的政治思考中似乎从来没有当做真正的选项；2. 止君之恶，校正君王的思想和行为，使之符合为君之道；3. 独善其身，洁身自好；4. 为了自己的地位和利益，投其所好，推波助澜。程颐在《大畜卦》《艮卦》和《明夷卦》中分别对后面三种情况进行了讨论。

严格来讲，《大畜卦》六四并没有止六五之恶的含义，六五也非"暗君"。因为《大畜卦》上艮下乾，艮为止，乾为大，所谓"大畜"，即"艮止畜乾也"。因此，乾卦的三个爻都是取"被止"之义，它们是"止"这个动作的接受者；而艮卦的三个爻都是取"止"之义，它们是"止"这个动作的发出者。因此，四爻和五爻都是"止"别人，按照周易的爻位相应原则，四止初，五止二。四爻并不"止"五爻。但是，程颐在解释六四时，借题发挥："概论畜道，则四艮体居上位而得正，是以正德居大臣之位，当畜之任者也"。① 请注意，程颐借六四"概论"大畜之道，而不仅仅局限于四爻的爻义了。那么，当畜之时，大臣之任的内容是什么呢？程颐认为："上畜止人君之邪心，下畜止天下之恶人"②，他将本来是对下（初九）进行畜止的任务扩展到对上对下两手抓。程颐发挥孟子"唯大人为能格君心之非"的思想，将格君心之非看做大臣最主要的职责。在程颐看来，"中常之君，无不骄肆"，如不对君主的邪恶之心进行校正，国之根基可能会随之动摇。

处暗君之时，"止君之恶"相对来说是一个比较高的要求，但自止其身则

---

① 程颐：《周易程氏传》，王孝渔点校，北京：中华书局2011年版，第148页。
② 程颐：《周易程氏传》，王孝渔点校，北京：中华书局2011年版，第148页。

是大臣起码应该做到的,在《艮卦》中,程颐着重论述了自止其身的道理。《艮卦》的形象为山,"安止之义,止其所也"。① 六四居大臣之位,就其职责而言,应当"止天下之当止者也"。但是,它自身阴柔,力量不足,又"不遇阳刚之君",因此,"止天下之当止"的理想很难实现。在这种情况下,只有"自止其身",也就是独善其身,而不能兼善天下。对于普通人而言,独善其身当然不错,但对于肩负重任的大臣而言,程颐不免要予以批评:"在上位而仅能善其身,无取之甚也"!②

在《明夷卦》中,程颐则分析了另外一个极端:邪臣之事暗君。《明夷》"昏暗之卦,暗君在上,明者见伤之时",君子处此,当如箕子,"藏晦其明,而自守其正志"。但是,六四"以阴居阴,而在阴柔之体,处近君之位,是阴邪小人居高位,以柔邪顺于君者也",邪臣之事暗君,"必以隐僻之道,自结于上","先蛊其心,而后能行于外"。③ 这样的邪臣不仅不能止君之恶,相反,他是"以柔邪顺于君",以各种"奸邪之见"蛊惑君心,使得人君在恶的道路上越走越远。这种阴邪小人德不配位,当然要遭到程颐的摒弃。

(二) 下顺贤才

复、临、谦、颐四卦中代表臣的四爻为阴爻,此时的六四为常臣,自身能力有所不足。临、复二卦六四,均取坤顺之义,强调下应阳刚初九,"守正而任贤",但与第二节的相关论述相比,此二卦没有提供新的思想。但是,谦、颐二卦有所不同,此二卦将六四、六五置于一个更为开阔的背景下来加以考察,并为"下顺贤才"注入了新的内涵。

《谦卦》一阳五阴,唯一的阳爻是九三,它"以阳刚之德而居下体,为众阴所宗","众阴"不仅包括下面的初六、六二,而且包括上面的六四、六五,所以,九三为成卦之主,"上为君所任,下为众所从",承担着主持大局的重

---

① 程颐:《周易程氏传》,王孝鱼点校,北京:中华书局2011年版,第298页。
② 程颐:《周易程氏传》,王孝鱼点校,北京:中华书局2011年版,第302页。对于九四的解释,很少有人像程颐这样批评的,一般均从正面立论,认为四、五两爻从行为和内心两个方面体现了《艮卦》"止于至善"的宗旨。只有《程传》因将其置于君臣关系中来加以考察,才对六四提出了更高的要求。
③ 程颐:《周易程氏传》,王孝鱼点校,北京:中华书局2011年版,第205页。

任。同时，九三也最圆满地体现了谦德，程颐直接以周公为其代表："古之人有当之者，周公是也"①。关键的问题是，在《谦卦》中，六四和六五该如何自处？六四最难办，它出在六五和九三之间，"六五之君又以谦柔自处，九三又有大功德，为上所任，众所宗，而己居其上"，稍有不慎，动辄得咎。好在六四以柔爻居阴位，内怀柔顺，外行谦道，"恭畏以奉谦德之君，卑巽以让劳谦之臣"，一举一动，不违法度。六五以柔居尊位，是在上而能谦者。此处六五阴爻的取义就不是弱或暗，而是柔顺、谦和，"五以君位之尊，而执谦顺以接于下，众所归也"②。如果我们结合程颐给出的周公的例子，则在《谦卦》所设定的情境中，无论是居大臣之位的六四还是居至尊之位的六五，都应该以九三为中心，在政治运作中充分尊重九三的意见。这种情况和《升卦》之六五下顺九二不同，在《升卦》中，六五和九二是正应；但在《谦卦》中六五和九三并非如此，六五之所以下顺九三，是因为九三为一卦之主，因此，即便六五居尊位，也要充分尊重九三的意见。这一点在前面开列的下顺贤才的诸卦中是没有体现的。

从君臣关系角度来观察，程颐在《颐卦》中强调"圣人则养贤才，与之共天位"③，可以说将君臣共治提升到一个非常崇高的地位。更有意思的是，他再一次使用了伊尹、周公的故事，不过这次是在上九。在解释六四时，程颐指出，"四在人上，大臣之位；六以阴居之，阴柔不足以自养，况养天下乎？"怎么办呢？"求在下之贤而顺从之，以济其事，则天下得其养"。至此，与复、临、塞、屯诸卦所言之"下顺贤才"并无不同。但是，接下来程颐借爻辞"虎视眈眈、其欲逐逐"讲出了另外一番道理："夫居上位者，必有才德威望，为下民所尊畏，则事行而众心服从"。但是，现在六四"顺动从刚"，尽管从自身来讲是"不废厥职"，但从他者的眼光来观察，则是"赖人以养"，因此，很容易为人所轻，并由此导致"政出而人违，刑施而怨起"的恶果，此之乱之由也。程颐建议，作为大臣"必养其威严，眈眈然如虎视，则能重其体貌，

---

① 程颐：《周易程氏传》，王孝渔点校，北京：中华书局2011年版，第88页。
② 程颐：《周易程氏传》，王孝渔点校，北京：中华书局2011年版，第89页。
③ 程颐：《周易程氏传》，王孝渔点校，北京：中华书局2011年版，第151页。

下不敢易"。① 在此，程颐提出了一个很重要的问题，作为宰辅大臣的六四在下顺贤才的过程中如何保持自身的权威，从而保证政令的有效执行？程颐的建议是在养贤、礼贤和维系权威之间保持平衡。

针对六五，程颐一方面指出其处"颐之时，居君位"，"养天下"是其职责，但是，"其阴柔之质，才不足以养天下"；另一方面，又不是像《萃卦》、《随卦》那样，通过二、五爻来阐释君臣关系，而是从五、六爻来阐释君臣关系，这一点和《谦卦》类似。程颐指出，"上（指上九）有刚阳之贤，故顺从之，赖其养己以济天下"。② 这里有几点需要注意：其一，颐之六五之"下顺贤才"，从爻位上讲，是指其上面的"刚阳之贤"上九，而不是下面与之相应的六二，因为六二自己都是"阴柔，不能自养，待养于人者也"。③ 但是，从君臣关系上讲，上面的上九仍然是臣，从这个意义上讲，六五之顺从上九仍然是"下顺贤才"。其二，"赖其养己以济天下"如何理解？如果自己都靠别人养，如何可能"济天下"呢？对此，程颐有一个解释："自三以下，养口体者也；四以上，养德义者也。以君而资养于臣，以上位而赖养于下，皆养德也"。④ 在这个意义上讲，上九尽管是臣，但对于六五而言，有"师傅"之实。故程颐指出："既以己之不足顺从于贤师傅，上，师傅之位也"，六五必须"居贞守固，笃于委信"，充分信任上九，才能使上九"辅翼其身，泽及天下"。⑤

从君的角度讲，要充分信任；从臣的角度讲，则需"尽忠"。对于上九，程颐首先指出了其任之重："上九以阳刚之德，居师傅之任，六五之君，柔顺而从于己，赖己之养"，这是"当天下之任，天下由之以养也"！接着，他强调为臣的本分："得君如此之专，受任如此之重"，如果不能"竭其才力，济天下之艰危"，"何足称委遇而谓之贤乎"？他警戒道："以人臣而当是任，必

---

① 程颐：《周易程氏传》，王孝鱼点校，北京：中华书局2011年版，第154页。关于"虎视眈眈"的解释，各家分歧很大，程颐从大臣权威与政治运行角度进行阐释，体现了他在解易过程中对政治的高度敏感。
② 程颐：《周易程氏传》，王孝鱼点校，北京：中华书局2011年版，第155页。
③ 程颐：《周易程氏传》，王孝鱼点校，北京：中华书局2011年版，第153页。
④ 程颐：《周易程氏传》，王孝鱼点校，北京：中华书局2011年版，第155页。
⑤ 程颐：《周易程氏传》，王孝鱼点校，北京：中华书局2011年版，第155页。

常怀危历则吉也"。程颐还举伊尹、周公为例来加以说明:"如伊尹、周公,何尝不忧勤兢畏?"①

通过程颐的解释,我们在《颐卦》中看到了一幅在弱主常臣条件下所能实现的比较理想的君臣共治图景。一方面,君充分信任贤臣,贤臣竭尽全力辅佐君王,共济天下;另一方面,身居大臣之位的宰辅下顺贤才,以济其事;同时,大臣又能在礼贤下士和维系权威之间保持适当平衡,以保证政令畅通。

五、程颐君臣共治思想的基本特征

正如余英时先生所言,在 11 世纪上半叶,士大夫的政治主体意识逐步凸现,"以天下为己任"成为士人的追求。也正是在这一背景下,皇帝与士大夫同治天下成为当时的政治共识。② 但是,君臣共治到底应该以何种形态呈现?仍是一个需要进一步探究的问题。从以上对《周易程氏传》四、五爻的梳理,我们发现,程颐的君臣共治思想起码具备以下四个方面的特征。

(一) 君臣共治的形态具有多样性

尽管就其理想形态而言,君臣共治应如《泰卦》所示:"君推诚以任下,臣尽诚以事君",小往大来,"上下之志通"。③ 但是,在政治实践中,无论是君还是臣,都有不同的类型,这也决定了君臣共治的形态也会千差万别。那么,在不同情况下,君臣共治应如何展开,这正是《周易程氏传》希望解答的问题之一。程颐试图通过经典的诠释对君臣关系加以规范,使之尽量符合君臣共治的理想。

程颐非常清晰地意识到,君臣共治可能呈现出各种不同的形态。在《蹇卦》的解释中,程颐明确地对君臣共治的不同形态进行了区分:"凡六居五、

---

① 程颐:《周易程氏传》,王孝鱼点校,北京:中华书局2011年版,第156页。
② 余英时:《朱熹的历史世界》,北京:生活·读书·新知三联书店2004年版,第 3 章,第 210—230 页。邓小南也持类似的看法。邓小南:《祖宗之法》,北京:生活·读书·新知三联书店2006年版,第 417—420 页。
③ 程颐:《周易程氏传》,王孝鱼点校,北京:中华书局2011年版,第63页。

九居二，多由助而有功。如蒙、泰；九居五、六居二，则其功多不足，如屯、否。臣不及君，仅赞助而已。"即便是在六居五、九居二（即"臣贤于君"）的情况下，也是"助"而有功，臣可以"辅君以君所不能"；在九居五、六居二（即"臣不及君"）的情况下，臣所发挥的作用仅仅是"赞助"而已。① 在明夷、颐等卦中，他甚至设想到弱主常臣或暗君邪臣的局面。但是，无论在何种情况下，他从来也没有放弃过士大夫"以天下为己任"的理想。在程颐的思想世界中，士大夫的政治主动性不仅体现在士大夫要积极主动地投身于政治治理过程，而且体现为根据具体的情况采取适当的方法，以达成共治的目标。欣逢圣君，当然要"上巽于君"，尽心辅佐；适遭暗君，也要尽心竭力"止君之恶"。自己德位相应当然好，自己德薄而居高位，则要"下顺贤才"。除了圣君贤臣这种理想状态之外，程颐一再强调，无论是人君还是辅弼大臣，都要礼贤下士，积极引荐贤才，并对之充分信任。只要能下顺贤才，即便在《颐卦》这样弱主常臣的不利条件下，亦有可能实现比较理想的共治。

（二）严君臣之分是君臣共治的前提

余英时认为，程颐向往的是一种虚君制度，君主是以德居位而任贤的象征性元首，无为而治，一切"行道"之事操于士大夫之手。② 尽管这一观点有一定的文本依据，但考之程氏的著述，则未免失之简单。从程颐的理想而言，当然还是"圣君贤臣"式的五帝之治，尽管虞舜已不可及，但三代之治仍可期，程颐曾明言："为治不法三代，苟道也。虞舜不可及已，三代之治，其可复必也"。③ 与此同时，程颐也清醒地意识到，在绝大多数的时候，人们不得不面对的是"中常之君"，甚至"暗君"。在这种情况下，虚君式的君臣共治成为一种不得已的选择。除此而外，还要考虑臣的情况，不是所有的大臣都能德位相应，多数情况下，恐怕也是"中常之臣"居多，此时就如《益卦》六四所示，臣不可自专，需"柔巽辅上"。纵观《周易程氏传》，程颐努力在不同的君臣组合下寻找较为妥帖的解决方案，而不是只提供一种最佳的选择。尽管我

---

① 程颐：《周易程氏传》，王孝鱼点校，北京：中华书局2011年版，第223—224页。
② 余英时：《朱熹的历史世界》，北京：生活·读书·新知三联书店2004年版，第162—163页。
③ 程颢、程颐：《二程集》（下），北京：中华书局2004年版，第1211页。

们可以说虚君制可能是一种较为理想的君臣共治形态，但在程颐这里，它是有条件的，这个条件就是"中常之君"搭配"贤臣"。

从君臣关系的处理上，不同的判断可能导致不同的行为策略。如果认为虚君制是程颐的理想的话，那么，作为臣，应该将大小事务均操于自己之手。如果我们认为虚君制只是一种不得已的选择的话，那么，一切"行道"之事操于士大夫之手就是在"暗君"条件下的被动应对，在正常情况下，还是应该在君臣共议的基础上作出决定，而且会强调君在共治中的主导性作用，其具体表现就是"严君臣之分"。事实上，在《周易程氏传》中，程颐一方面强调臣在政治生活中应该积极发挥作用，另一方面，又一再强调要严君臣之分，臣的职分是辅佐君王。在解释《革卦》六二时，程颐写道："如二之才德，所居之地，所逢之时，足以革天下治弊，新天下之治"。但是，程颐并没有说六二行变革之事，而是认为它应当"进而上辅于君，以行其道"，这就是宋儒所说的必须"得君"以"行道"。如此，"则吉而无咎"。[1] 与《革卦》九五的"圣君"不同，《丰卦》六二和九四面对的则是"暗君"，在这种情况下，程颐仍然要求他们积极争取六五的支持，即"得君"。"得君"之后如何"行道"？首要的恐怕不是虚君，而是相反，要严君臣之分。严君臣之分是中国式君主制的必然要求，因为整个政体就是以君主为核心来运转的，一旦君主这个核心坍塌，整个体系就面临着崩溃的危险。

严君臣之分，首先是维护君的核心地位。即便弱主，也不能取而代之，无论在什么情况下，臣都不能有僭越之举。《升卦》六四的爻辞直接使用文王的故事，"王用亨于岐山"。在解释该爻辞时，程颐指出，尽管"德则当升"，但"分"则当止，再次强调了严君臣之分的要求。[2] 其次，严君臣之分要上巽于君，在第三、四两节中，我们分析不同情境下上巽于君的要求。如《随卦》，面对圣君，当"明哲处之"；如《小畜》《大畜》，当"止君之恶"。再次，严君臣之分要求臣不可以贪功。在解释《坤卦》时，程颐强调："义之所当为者，则以时而发，不有其功耳"，"为下之道，不居其功，含晦其章美，以从

---

[1] 程颐：《周易程氏传》，王孝鱼点校，北京：中华书局2011年版，第282页。
[2] 程颐：《周易程氏传》，王孝鱼点校，北京：中华书局2011年版，第226页。

王事，代上以终其事而不敢有其成功也"，"有善则归之于君，乃可常而得正"；① 通过将功劳归于君，可以保持君在整个政治秩序中的神圣性和权威性，从而维持政治秩序的有效运转。对于这一点，程颐反复申说。在《随卦》九四中，程颐指出："为臣之道，当使恩威一出于上，众心皆随于君"。② 这是从反面进行的解读，强调只有将功劳归于君，才能消除君主的疑虑之心，并由此巩固君臣合作共治的基础。否则，君臣相互猜忌，所谓的共治就没有了根基。程颐对君臣之分不厌其烦地强调说明，在君臣共治的结构中，君主臣辅是必须予以维持的基本原则。程颐如果真的主张"虚君"，一定会引起君的猜忌从而导致共治结构的破裂。从这个意义上讲，我们很难想象程颐会认为君臣共治应该是一种"虚君"制度。

（三）君臣义合是君臣共治的基础

前文已述，在君臣关系问题上，宋代回归先秦时期的"君臣义合"的传统，这一点在《周易程氏传》中表现非常明显，程颐明言："君臣朋友，义合也"。③

在解释《姤卦》彖辞时，程颐指出："君得刚中之臣，臣遇中正之君，君臣以阳刚遇中正，其道可以大行于天下"。④ 君臣相遇的比较理想的状态是"阳刚"和"中正"，这一要求在其他的诸卦中也有所体现，例如，在解释《蒙卦》九二时即强调其"刚中之德"："二居蒙之世，有刚明之才，而与六五之君相应，中德又同，当时之任者也"。⑤

从君的角度讲，人君自身需具备"中正之德"，才能吸引"刚中之臣"前来。在《姤卦》九五的解释中，程颐认为："内蕴中正之德，充实章美，人君如是，则无有不遇所求者也"。如果"其德不正"，即使人君"屈己求贤"，贤者也不屑与之为伍，只有"内蕴中正之德"，并"内积至诚"之心，则贤人来附"有陨自天"。他还举高宗感于梦寐和文王遇于渔钓的例子来说明自己的观

---

① 程颐：《周易程氏传》，王孝鱼点校，北京：中华书局2011年版，第15、16、19页。
② 程颐：《周易程氏传》，王孝鱼点校，北京：中华书局2011年版，第99页。
③ 程颐：《周易程氏传》，王孝鱼点校，北京：中华书局2011年版，第274页。
④ 程颐：《周易程氏传》，王孝鱼点校，北京：中华书局2011年版，第251页。
⑤ 程颐：《周易程氏传》，王孝鱼点校，北京：中华书局2011年版，第28页。

点。① 也正是基于这样的考虑，程颐特别强调"正君"的意义，在《大畜》等卦中提出"止君之恶"的主张，发挥孟子"格君心之非"的大义。

从臣的角度讲，臣需"竭其忠诚，致其才力"，但是，在与君合的过程中，"不可阿谀奉迎，求其比己也"。② 因为君臣以"义"合，以"道"合，"道合而进，乃得正而吉也。以中正之道应上之求，乃自内也，不自失也。汲汲以求比者，非君子自重之道，乃自失也"。③ 程颐在解释《比卦》六二时的这一段话可以说将君臣之合的原则和方法都进行了很好的分析。从原则上讲，二者的合作必须建立在道义的基础之上，而不是利益的基础之上，需"道合而进"，才能得吉。对此，程颐在解释《临卦》六五时再次强调："人君之于贤才，非道同德合，岂能用也?"④ 从方法上讲，二者的合作应该始于人君的求贤，尽管在《比卦》中，二与五为正应，而且都得中得正，但是，作为臣的六二不能主动逢迎，他只能"应上之求"。

余敦康先生曾将程颐的贤人政治与法家的专制主义进行对比，认为法家片面强调尊君卑臣的秩序原则，完全排斥君臣同心的和谐之义，认为权力结构的正当合理性在位不在德。而程颐则认为权力结构应以人心悦服为本的政治理念，强调德位相应、相互亲辅的君臣关系。⑤ 这一观察是很有见地的。确实，在程颐的笔下，无论是君还是臣，他们合作的基础就是"至诚"，以及在此基础上所发展出来的"互信"。在丰、豫、颐、随、萃诸卦中，程颐一再强调"诚"在君臣共治中的极端重要性。

（四）抽象的政治论说背后有深厚的实践经验为其底蕴

已有论者注意到程颐在解易过程中大量运用历史典故，援史入易，将易学

---

① 程颐：《周易程氏传》，王孝鱼点校，北京：中华书局2011年版，第254—255页。
② 程颐：《周易程氏传》，王孝鱼点校，北京：中华书局2011年版，第51页。
③ 程颐：《周易程氏传》，王孝鱼点校，北京：中华书局2011年版，第49页。
④ 程颐：《周易程氏传》，王孝鱼点校，北京：中华书局2011年版，第111页。在解释《困卦》九二时，程颐也使用了"道同德合"的表述，见第271页；在解释《革卦》六二时，程颐则用"同德相应"来形容君臣之间的关系，见第282页。
⑤ 余敦康：《汉宋易学解读》，北京：中华书局2017年版，第460—461页。

的义理建立在历史经验的基础之上。① 其实，程颐解易还有一个特点，那就是他将自己实际的政治经验融入义理之中，使抽象的义理不仅具备了历史的底蕴，而且具备了实践经验的底蕴。与西方思想家不同的是，中国的政治思想家几乎全部都是政治实践者，他们不仅从事政治著述，而且从事政治实践，并以实践为主、著述为辅。从这个意义上讲，其政治著述在很大程度上是其实践经验的总结。即使面对《周易》这样抽象的文本，解释者的阐释中也会将大量的实践智慧凝聚其中。在《周易程氏传》中，这一特点表现是很明显的，兹举两例予以说明。

程颐在《周易程氏传》中多次提到"君臣道合"，强调君子"自重"，反对"阿谀奉迎"。这一主张背后是有大量的政治实践作为经验支撑的。当年王安石就以道自重，在神宗没有表示完全信任他之前，绝不肯轻出。另一方面，司马光因反对新法，也坚决不肯奉神宗之召。王安石"以道进退"，司马光"义不可起"。如果皇帝不接受他们的原则，他们是绝不会为做官之故招之即来的。② 他们的所作所为，同朝为官的程颐对此应该是很熟悉的，当程颐写下"汲汲以求比者，非君子自重之道，乃自失也"时，心中浮现出来的可能就是王安石、司马光的形象。事实上，他自己也有类似的经历。元祐年间，程颐被任命为崇政殿说书，这是一个给皇帝当老师的机会。对于一直主张"君德成就责经筵"的程颐来说，这无疑是一次很好地实现自己抱负的机会。但是，程颐接到任命后，既未允诺，也未力辞，而是上了一份奏疏，他要根据朝廷对其经筵主张的态度决定去留。③

在《颐卦》中，程颐再次以周公为例比拟上九，这一看似平常的引证背后蕴含着程颐对君臣共治的深入思考和自身的政治经验。程颐在《周易程氏传》中经常引用周公，但这一次的引用是颇具深意的。在程颐眼中，周公是一身而兼师、相，他既是成王德性养成的辅导者，又是王朝具体政务的主持者，④ 可以说，周公将程颐"天下治乱系宰相，君德成就责经筵"这两项最重

---

① 这一解释路径对于后来以李光、杨万里为代表的"参证史事"学派产生了直接的影响。
② 余英时：《朱熹的历史世界》，北京：生活·读书·新知三联书店2004年版，第224—225页。
③ 姜鹏：《北宋经筵与宋学的兴起》，上海：上海古籍出版社2013年版，第209—210页。
④ 姜鹏：《北宋经筵与宋学的兴起》，上海：上海古籍出版社2013年版，第211页。

要的政治功能集于一身。而在《周易》六十四卦三百八十四爻中，能很好地将这两种形象统一起来的就只有《颐卦》上九这一爻了。

总之，通过对《周易程氏传》四、五爻的分析，我们可以体会到中国传统政治思想中"君臣共治"这一命题的丰富内涵。当然，正如文章开头所言，四、五爻只是这一命题的一个侧面，要全面理解程颐的乃至宋代的君臣共治思想，不仅需要进一步考察二、五爻的关系和三、六爻与五爻的关系，而且还要进一步深入宋代的政治实践中，才能深刻把握程颐的这些论述所针对的究竟是什么问题。只有将文本分析和政治史有机结合，才能真正理解小程子的良苦用心。

三 经典议题的再检验

中国农村基层治理的逻辑转换

——国家与乡村社会关系的再思考*

景跃进

新世纪以来,农业税费改革、取消农业税以及城乡统筹发展战略的实施,对于中国乡村社会的治理结构和治理过程产生了重大而深刻的影响。从现代化长程角度看,目前中国乡村社会所发生的变化不但具有根本性,而且具有定型性——当下正在经历的过程及其形成的结果在很大程度上将成为中国乡村现代化的样本。这些变化一方面为学术研究提出了诸多新的议题,另一方面又突显了对既有研究进行反思的必要。

本文围绕村干部行政化和村民自治这一话题,尝试理解这些变化对于乡村治理所蕴含的政策和学理意义。标题采用"逻辑转换"这样的表述是想突显这一新趋势之重要性和转折性;① 副标题则说明了讨论的切入视角——国家与

---

* 本研究得到北京大学社会与发展研究中心(教育部社会学基地)2016 年重大项目"社会治理:理念、知识与方法比较"的资助,是其中的一项阶段性研究成果。在论文写作过程中,张丽娜和徐明强两位博士生在资料收集方面提供了很多的帮助,在此谨表谢意。本文在成稿过程中先后以不同方式在复旦大学举办的"比较中国政治:历史、制度与现代国家"(哈佛燕京—复旦国务学院联合高级研修班,上海,2017 年 6 月 18 日)、吉林大学举办的"'发展路径比较:中国、东亚与世界'国际学术研讨会"(长春,2017 年 11 月 4 日)以及华东师范大学主办的"'田野中的国家'研讨会暨'治理与国家'工作坊"(上海,2017 年 11 月 18 日)做过专题发言。会议期间的交流对笔者的写作帮助极大。在此对陈明明教授、周光辉教授、王向民教授和陶逸骏博士表示由衷的感谢。

① "中国农村基层治理的逻辑转换"这一命题至少包含着以下四个维度的重要变化:(1)国家权力对乡村社会的大规模"回归",而且这种"回归"具有高度制度化、技术化和程序化的特征;(2)村级组织建设的重心从村民自治转向党组织建设,以基层党建来统领村级组织建设和所有乡村工作;(3)村民自治的实践探索从行政村沉降到自然村;(4)国家权力与传统文化的关系由对立/对抗转向包容共处。考虑到主题及篇幅限制,论文没有涉及政党的维度。这并不意味着这一变化不重要,恰恰相反,笔者认为需要以专文方式来进行讨论。

百年变局与中国政治学的时代化：清华政治学系的探索

社会关系曾是笔者研究村民自治的基本分析范畴，如今则构成了反思的对象和工具。在结构安排上，第一节以扼要方式说明宏观层面的基本变化，以作讨论之铺垫；第二节分析作为宏观变化之结果的国家权力"回归"与村干部行政化。在此基础上，第三节讨论村民自治的新探索及乡村治理结构的未来前景。

一、城乡资源分配关系的历史性变革及其意义

近代以还，中国国家与乡村社会的关系很大程度上是在"国家政权建设"与"市场经济建设"的双重旋律中得到阐释的。① 作为现代化进程中的一个后来者，中国现代化的"第一桶金"在缺乏海外来源的情况下，只能依赖于本国的农业剩余。从清末开始，国家政权建设与农业剩余分配构成了中国现代化建设的一个基本矛盾，所谓的"政权建设内卷化"便是这一矛盾的一种特定表现形态。新中国成立后，在土地集体化、统购统销和人民公社的基础上实行计划经济，以剪刀差的方式将农业资源转向工业和城市，由此形成了城乡二元格局。改革开放以来，虽然取消了人民公社制度，但是在农业剩余的分配方面延续了既往模式，而且在 1994 年实行分税制之后，地方和基层围绕着资源分配的博弈更加尖锐。各地此起彼伏的农民依法抗争便发生在这一时期，八九十年代开始推行的村民自治实践并不影响这一基本格局。

然而，这一延绵长久的基本矛盾，在 21 世纪初得到了根本性的改观。改革开放以来，中国经济高速发展，综合国力迅速提高，农业在国民经济中所占的比重日益减少，农业剩余对于经济发展的支撑作用已经失去了当初的意义。在经历了百余年现代化探索之后，我们迎来了一个历史性的时刻：工业与农业、城市与乡村的资源配置关系终于发生了逆转。21 世纪初中央政府在各地试点农业税费改革，2006 年全面取消农业税，征收了两千多年的"皇粮国税"进入了历史博物馆，"黄宗羲定律"赖以成立的根基亦不复存在。由此，城

---

① 参见杜赞奇：《文化、权力与国家：1900—1942 年的华北农村》，南京：江苏人民出版社 2003 年版。

乡关系的格局从资源汲取转向资源输送：工业反哺农业，城市支援乡村，公共财政覆盖乡村，各类支农惠农项目纷纷下乡。中国城市化过程也由此进入了城乡统筹的发展阶段，以下的实践虽然有的早已出现，但在新的语境下获得了不同的意义——撤县改区、变乡镇为街道、乡镇合并、村改居、村庄合并（合村并组）及自然村的大批消失。① 在新农村建设和美丽乡村建设的口号下，村庄第一次被称为"（农村）社区"②，第一次被纳入国家城乡发展规划。③

中国现代化的历史经验表明，在乡村治理结构和治理绩效方面，农业剩余的分配方式和城乡经济关系的因素更为基本。政治—行政结构可以在相当短的时间内发生较大的变化，但若资源配置方式没有发生相应的改变，上层变革所产生的影响是有限的，也是短期的。为便于理解新世纪以来所发生的巨变之意义，我们有必要区分两种不同的国家渗透乡村社会的能力：一是资源汲取能力，一是乡村建设能力。对于乡村社会的治理而言，两者具有颇为不同的影响。在资源汲取的权力进路中，国家力量是一种"外在"的强制，乡村社会是征收的对象，资源被优先使用于城市和工业。用今天的话来说，是让一部分地区（城市）和一部分产业（工业，尤其是重工业）先发展起来。在这种模式下，乡村的存在本身不是目的，而是手段。围绕着乡村治理而采取的各种举措都要服从于这一国家现代化的整体目标和发展策略。

正是在这个意义上，取消农业税以及城乡关系的大调整对于中国乡村治理

---

① 据官方媒体提供的数据，2000 年全国拥有 360 万个自然村，2010 年缩减到 270 万个。在十年时间内减少 90 万个，相当于平均每天有 240 多个自然村消失。资料来源：盛玉雷：《10 年减少 90 万村庄：留住我们的根》，人民日报微信客户端，2017 年 12 月 8 日。

② 将"社区"概念运用于乡村是城乡统筹发展思路的产物，首先在江西开始探索，后为民政部所肯定。2006 年 10 月，中共中央十六届六中全会通过的《中共中央关于构建社会主义和谐社会的若干重大问题决定》正式使用了"农村社区"概念，提出要"积极推进农村社区建设，健全新型社区管理和服务体制，把社区建设成为管理有序、服务完善、文明祥和的社会生活共同体"。

③ 2007 年 10 月全国人大常委会通过了《城乡规划法》，其中规定："在确定区域内的乡、村庄，应当依照本法制定规划，规划区内的乡、村庄建设应当符合规划要求。""乡规划、村庄规划的内容应当包括：规划区范围，住宅、道路、供水、排水、供电、垃圾收集、畜禽养殖场所等农村生产、生活服务设施、公益事业等各项建设的用地布局、建设要求，以及对耕地等自然资源和历史文化遗产保护、防灾减灾等的具体安排。乡规划还应当包括本行政区域内的村庄发展布局。"对于许多人来说，关于村庄的这些规划即使在 20 世纪末也是不可思议的。

产生了并将继续产生长期而深刻的影响。由资源汲取向资源输入的转型意味着国家权力以一种全新的方式切入乡村社会,意味着乡村治理革命的到来。在新的模式下,乡村不再是实现国家现代化的(阶段性)手段,而是发展目标本身。从城乡一体化的农村社区建设、实现共同富裕的扶贫攻坚战,到留住乡愁的美丽乡村建设以及各种乡村振兴规划,都以不同的方式显示了这一点。一如国家用战略规划的方式来发展城市和工业,现在国家以同样的方式来发展乡村地区。

本文所述的"村干部行政化"① 便是发生在这一语境下的一种新现象。

二、国家权力的"回归"与村干部行政化

所谓国家权力的"回归"并不意味着国家权力在乡村社会的"缺位",而是相对于下一过程而言——人民公社解体之后,乡村实行村民自治,学界将这一进程概括为国家权力在乡村社会的"撤退"。与建立和实行人民公社制度时期不同,国家权力的这次"回归"是携带资源而来。这意味着国家具有更大的能力按照自身的意志来改变乡村社会。如果说当年实行村民自治,国家权力开始从乡村社会的全面"撤退"乃是一种历史的无奈,那么当国家从资源汲取转向资源反哺时,改造乡村社会的动力机制又变得十分强劲。在这个意义上,资源下乡与权力扩张可谓是同一硬币的两个方面。对此,有学者敏锐指出,"资源的输入深刻地改变了现有的乡村治理格局。这一时期虽然继续沿用乡政村治的自治结构,但是以项目制和财政转移支付为标志的乡镇体制改革,极大地改变了基层组织运作的逻辑。"② 需要补充的是,也极大地改变了村庄治理的过程和逻辑。③

---

① 在本文的语境中,如无特殊说明,所谓"村干部行政化"中的"村干部"是指行政村党支部和村民委员会的领导人。

② 参见高万芹:《中农治村:传统农业村庄的权威与秩序——基于川西林镇村民自治的案例分析》,武汉大学博士论文,2016年,第148页。

③ 作为一个一般陈述,这一说法是站得住的。但以下因素——经济发展程度不均衡、村庄形态丰富多样、人口流入和流出的反差、城市化格局中的区位差异及各地政策的不同等,对任何试图建构关于中国乡村治理的普遍性命题提出非常严峻的挑战。因此在撰写这篇文章时,笔者经常提醒自己,不妨用理想类型的观点来看待所叙述的文字。根据实际情况人们可以发现不同类型和不同程度的"偏差"。

作为这一转向的一个重要构成,同时也是这一转向的组织—人事保证,党和政府通过各种组织技术和制度安排加强村级组织建设,尤其是农村党支部建设。由此导致的一个结果是全国农村程度不同地出现了新一波的村干部行政化趋势。① 作为农村治理的一个特定群体,村干部正日益成为国家权力向乡村社会下渗的抓手。这一变化在村干部人事—管理维度和基层行政权力网络建构这两个方面表现得尤其突出。

(一) 村庄人事—管理维度的变化

1. 村干部基本报酬由政府财政支出

城乡分离的二元结构给中国农村的公共品供给方式打上了制度化的烙印。在人民公社时期,大队(村)干部的报酬来自村级提留中的"管理费"项目,以误工补贴的方式支付。实行村民自治之后,村干部报酬的来源和方式开始多样化,且成为干群关系紧张的一个来源,但基本格局没有发生变化,所谓"羊毛出在羊身上"。税费改革之后,党和政府开始考虑新的制度安排,农民自我提供公共物品的局面得到了根本改变。2008年10月,《中共中央关于推进农村改革发展若干重大问题的决定》指出:"通过财政转移支付和党费补助等途径,形成农村基层组织建设、村干部报酬和养老保险、党员干部培训资金保障机制。"2009年党的十七届四中全会决定提出,"通过财政转移支付等建立稳定规范的基层组织工作经费保障制度。""切实解决农村基层组织负责人基本报酬和社会保障问题。"事实上,财政比较富裕的省份在此之前就已经做

---

① 对于这一阶段村干部行政化的研究可参见:赵树凯:《乡村关系:在控制中脱节——10省(区)20乡镇调查》,载《华中师范大学学报(人文社会科学版)》,2005年第9期,第2—9页;宁泽逵、柳海亮、王征兵、柴浩放:《村干部向何处去——关于村干部'公职化'的可行性分析》,载《中国农村观察》,2005年第1期,第58—65页;欧阳静:《村级组织的官僚化及其逻辑》,载《南京农业大学学报(社会科学版)》,2010年第10卷第4期,第15—20页;贺雪峰:《村干部收入与职业化》,载《中国党政干部论坛》,2015年第11期,第64—66页;杜园园:《村干部职业化的内在逻辑及其后果》,载《中共宁波市委党校学报》,2015年第2期,第89—93页;张雨霖:《村干部公职化建设的困境及其超越》,载《西南大学学报(社会科学版)》,2016年第2期,第44—50页;李祖佩:《"新代理人":项目进村中的村治主体研究》,载《社会》,2016年第3期,第167—191页;Jing Yuejin & Zhang Lina, "The Changing Institutional Space Regarding Roles and Behavior of Village Leaders: An Evolution from Villagers' Autonomy to the Power List", in *Journal of Chinese Governance*, 2017。

出相关的安排了。"三提五统"制度被取消，村干部的报酬由各地财政支出。

在村干部报酬的财政支付方面，中央给的是政策，做出的是原则性规定："按照不低于当地农村劳动力平均收入水平，确定村党支部书记的基本报酬。在此基础上，建立村党支部书记业绩考核奖励制度，具体办法由各地根据实际情况确定。"① 浙江的做法是："全面落实村党组织书记、村民委员会主任基本报酬，建立健全正常增长机制，确保不低于上年度所在乡镇农民人均纯收入两倍。"②

2. 对村干部的行政化管理

从财政盘子中分出一块蛋糕给村干部，是为了更好地发挥他们的作用。作为"契约"的一部分，村干部被纳入到了与乡镇干部相似的管理模式之中。这主要体现在以下几个方面：

岗位目标责任制。在压力型体制下，岗位目标责任制早已成为各地普遍采用的得力举措。如今这一做法不但被继承下来，而且加以发扬光大。这方面各地的做法高度类似：在征求村民意见的基础上，村党支书/村主任提出任期目标、年度目标和每年要办的实事，报经乡镇党委审核同意后向党员和群众公开作出承诺。这些承诺反过来又成为村党支部书记/村主任的考核依据。他们的履职情况和考核结果将成为业绩奖励和其他激励措施的主要依据，奖惩分明。

村干部坐班或值班制度。例如，浙江省要求"建好用好联系服务群众阵地，建立完善社区服务设施，加强村服务场所规范化建设，以县（市、区）为主全面改造提升村级组织活动场所。充分发挥村级便民服务中心作用，全面落实村干部坐班或值班制度，全面实行为民服务全程代理制，方便群众办事。"③

对村干部的系统培训。各地党委组织部要求，把村党支部书记培训纳入整

---

① 参见中共中央组织部 2009 年印发的《关于加强村党支部书记队伍建设的意见》（中组发〔2009〕7 号）。
② 《中共浙江省委关于全面加强基层党组织和基层政权建设的决定》，2015 年 6 月 28 日《浙江新闻》。
③ 参见中共浙江省委办公厅、浙江省人民政府办公厅《关于认真落实"三真"要求切实加强基层干部队伍建设的意见》（浙委办〔2005〕40 号）。

个干部培训规划，并制定村党支部书记年度培训计划。按照分级负责的原则，有计划地组织实施培训工作，浙江省要求确保村党支部书记每年至少参加一次县或县以上的集中培训，累计集中培训时间不少于7天。

村支书县级备案管理。村党支部书记虽然不是正式的国家干部，但鉴于其角色和作用的重要性，对他们的培养和管理是一项重要的工作。县级备案管理既是提升村党支部书记政治地位的一种象征，又是选拔优秀村支书为乡镇领导干部的一种人才储备。

对村干部权力的监督。国家资源的下乡，使得涉农和扶贫领域的职务犯罪概率大幅度提高。惩治和预防惠农扶贫领域职务犯罪成为检察院的重要工作，在五种重点目标人群中，村级"两委"干部、村民小组长、会计等农村基层组织人员占了三项。① 浙江宁海探索对"小微权力"的监督制约，制定了村级治理的36条。村干部成为自上而下的权力监督的目标，这在以前是不可思议之事，亦从反面论证了本文所要表达的主旨。

除了一般意义上的村干部行政化之外，各地政府也加大了从外部输入村干部的做法，诸如乡镇干部任职村党支部书记和代理村委会主任，大量向村庄下派第一书记。② 在新的时代脉络下，实行多年的大学生村官制度也获得了新的意义。③ 在某种意义上，可以将这些做法视为村干部行政化的一种特定形式。

（二）基层治理权力网络的重构

村干部的行政化趋势还体现在基层权力网络重构的维度。在有关村民自治

---

① 彭波：《2013年至今年5月，全国检察机关查办涉农和扶贫领域职务犯罪2.9万人》，载《人民日报》，2015年7月22日，第11版。

② 据学者估计，目前全国有将近20万名第一书记奋战在脱贫攻坚第一线。参见李张光：《扶贫攻坚，布局"第一书记"》，载《民主与法制时报》，2016年11月10日；杨芳：《驻村"第一书记"与村庄治理变革》，载《学习论坛》，2016年第2期，第52—55页。

③ 一个新的趋势是，大学生村官开始介入实质性的村庄治理。例如，2017年湖北省兴山县按照"县里出钱，村里用人"的思路，由县委统一公开招聘80名大学生，分配到各村任"特派村官"。县财政每年拿出600万元，比照新招公务员待遇，确定每人每年薪酬大约为5—6万元，并统一缴纳五项社会保险费。"特派村官"与县委组织部签订聘任合同，工作在村组一线，任期3年。期满后可考核续聘、竞选村"两委"干部、考录公务员或事业单位编制人员、定向招聘享受以钱养事待遇、创业享受扶持政策等，村与村之间，还可调剂使用。参见周琦、万嘉琳：《村级组织后继乏人，湖北兴山年投六百万招80名村官"补血"》，http://www.thepaper.cn/newsDetail_forward_1854565（访问时间：2017年11月7日）

百年变局与中国政治学的时代化：清华政治学系的探索

和基层政权建设的研究中，诸多学者揭示了存在于乡镇与村庄之间的结构性关联。这种关联是如此之深，以至于学者用"乡村利益共同体""乡村精英联盟"之类的术语来加以描述。① 为了便于叙述，本文称之为"乡村共同体"。在压力型体制下，乡镇政府对于村庄维稳、乡村治理、社会秩序承担着"兜底"的责任。这种自上而下的责任承包制迫使乡镇政府将村干部视为乡村治理的有机组成部分。如果说相对于上级政府，乡镇干部的感受是"上面千条线，下面一根针"；相对于村庄治理，乡镇干部的感受则是"基础不牢、地动山摇"。

随着维稳压力的加大以及各种入村惠农项目的监管需要，一些地方的"乡村共同体"出现了两个方向的演化：（1）通过引入网格化技术，乡村管理朝着精细化的方向发展。如今你进入任何一个具有一定规模人口居住的农村社区，都可以发现网格技术的综合运用，每个网格都有相应的管理资源和权责安排。通过这种方式，乡镇以及上级政府部门对村庄的管控能力得到了极大的提升。（2）新的权力主体进入乡村治理共同体。新世纪以来一些地方的城市化过程步入了快速道，征地拆迁、道路修建、并村、土地流转等工作相当繁重且难度很大，既有的乡村治理共同体对此显得力不从心。在发展速度和绩效压力无法改变的情况下，解决问题的一个出路是投入更多的治理资源。于是，治理网格向上扩展到县（市）层次，乡村治理共同体演化为县乡村三级治理共同体。② 在这一治理体中，县（市）委办局的领导干部担任乡镇层级的网格长，乡镇干部担任由若干行政村组成的片网格长，以村第一书记和村党支书为骨干，党员为节点，形成一个所谓横向到边、纵向到底的治理网络。原有的各种制度安排被整合进一个以村党支部为核心、以县乡控制为框架的治理结构中去。

无论是村庄人事—管理维度的变化，还是基层权力网络结构的重构，皆说明了一个基本事实：国家资源对乡村的输入极大地增强了县（市）乡镇对村

---

① 参见贺雪峰：《试论二十世纪中国乡村治理的逻辑》，见《中国乡村研究》，福州：福建教育出版社 2007 年版。

② 关于县乡镇村三级组织关系的讨论可参见张英洪：《三级利益共同体与农民问题》，载《湖南公安高等专科学校学报》，2004 年第 2 期，第 8—13 页；张英秀：《利益共谋：县乡村关系研究》，南开大学周恩来政府管理学院博士论文，2013 年。

庄干部的控制和支配能力。①

三、行政化与自治能否兼容？乡村治理结构的再思考

21世纪以来的村干部行政化现象为我们思考国家与乡村社会关系提供了新的视角，其中最显著也最具挑战性的问题是：（1）如何理解村干部行政化过程？相比于税费改革之前的村干部行政化现象，它具有哪些新的特点？（2）这一趋势对村民自治造成了怎样的影响？（3）村干部行政化与村民自治在未来的乡村治理结构中能否兼容以及如何兼容，能否实现政府行政管理与村民自治良性互动的目标？本节将依次讨论这些问题。

（一）新世纪村干部行政化的新特征

广义而言，村干部行政化并非一个新的现象，学界在这个问题上的讨论已倾倒了许多的墨水。② 但可以肯定的是，新世纪以来的村干部行政化现象具有自身的鲜明特征。我们可以从以下几个方面的区别来理解这一点。

1. 区分村干部的角色行政化与身份行政化

村干部的角色行政化典型地反映在徐勇教授关于村干部身兼"代理人"与"当家人"双重角色的表达之中。③ 由于各种原因及体制性障碍，村民自治的制度设计及其理念在实施过程中并没有得到充分落实，规范意义上的"乡政村治"格局在实际的乡村关系中演变为行政主导和村委会的附属地位。村

---

① 参见周飞舟：《财政资金的专项化及其问题：兼论"项目治国"》，载《社会》，2012年第32卷第1期，第1—37页；李祖佩、钟涨宝：《分级处理与资源依赖——项目制基层实践中矛盾调处与秩序维持》，载《中国农村观察》，2015年第2期，第93—97页。

② 关于村干部角色的研究和争论可参见徐勇：《村干部的双重角色：代理人与当家人》，载《二十一世纪》，1997年8月号；吴毅：《"双重角色""经纪模式"与"守夜人""撞钟者"——来自田野的学术札记》，载《开放时代》，2001年第12期，第114—117页；吴毅：《双重边缘化：村干部角色与行为的类型学分析》，载《管理世界》，2002年第11期，第78—85页；申静、张静：《村庄的弱监护人：对村干部角色的大众视角分析——以鲁南地区农村实地调查为例》，载《中国农村观察》2001年第5期，第53—61页。

③ 徐勇：《村干部的双重角色：代理人与当家人》，载《二十一世纪》，1997年8月号。

百年变局与中国政治学的时代化：清华政治学系的探索

干部的双重角色之间呈现出严重的不平衡状态，村干部在很大程度上成为乡镇党委和政府的行政工具。就此而言，村干部的行政化从一开始就伴随着村民自治的实践。

新世纪的村干部行政化现象明显超越了"角色—行为"的领域，而进入到"身份"的层面。除了"工资"收入之外，"近年来，中部各省开始对村干部实施养老金制度和假期公费旅游等福利待遇，进一步强化了村干部乡镇的依附关系与'国家干部'的身份认同。也正因此，村干部很满意地说，'我们现在是享受国家干部待遇，上面是按国家干部的标准给我们发工资的，是财政拨款。"① 当然，并非所有的村干部都对自己的收入表示满意。笔者遇到的一位东部地区的村书记表示，虽然现在的收入要比误工补贴时期高出不少，但是谈不上满意。因为镇里现在拿他当（乡镇）干部来使唤，要求坐班/值班，各种考核，还要帮助镇里干活，但是他的工资收入只是乡镇国家干部的一半。② 这一抱怨说明了一个重要的事实：村干部的行政化过程已经深入到了改变村干部自我认同的程度了，而且他们自己非常明确地意识到这种变化。

在这一背景下，当初所谓的"代理人"与"当家人"的双重角色的冲突基本不复存在，村干部的角色认同已经制度性地偏向于"代理人"。如果用可检验的经验命题来表述的话，可以得到的一个假设是：政府财政支出越多，村干部的行政化程度越高，村干部角色越是倾向于"代理人"（执行上级政策）。③

2. 区分村干部行政化与村庄管理行政化/专业化

与村干部行政化相比，村庄管理行政化是一个全新的概念。两者之间存在

---

① 欧阳静：《村级组织的官僚化及其逻辑》，载《南京农业大学学报（社会科学版）》，2010年第10卷第4期，第16页。

② 2017年夏天，笔者利用暑假跑了浙江中部和东部的几个县，其中一位村党支部书记对笔者谈了自己的看法。

③ 村干部身份变化的同时，村干部队伍本身也在发生重要的变化。2009年中组部印发《关于加强村党支部书记队伍建设的意见》（中组发［2009］7号），要求"从本村优秀现任村干部、致富能手、农民经纪人、农民专业合作组织负责人、复原退伍军人、外出务工返乡的农民党员中选拔村党支部书记。鼓励优秀民营企业经营管理人员，县乡机关和企事业单位退居二线、提前离岗或退休干部职工中的党员回原籍担任村党支部书记，本村暂时没有合适人选的，也可以从县直部门和乡镇机关党员干部中选派。积极探索村党支部书记跨村任职，采用强村带弱村、大村带小村的办法建立联合党组织，从中择优选拔村党支部书记。"相关的实证研究参见李祖佩：《"新代理人"：项目进村中的村治主体研究》，载《社会》，2016年第3期，第167—191页。

着紧密的关系，但在逻辑上必须加以明晰的区分。通常情况下，村干部行政化的渊源和动力源自村庄外部（国家公权力系统），对于村庄治理而言，这是一种"外生行政化"；而村庄管理行政化则源于村庄内部，是一种内源型的行政化或官僚制化。

在城乡统筹和乡村发展的背景下，村庄的内部治理已今非昔比，在发达地区尤其如此。村庄合并、产业发展、外来人口集聚、新农村建设和社区建设的推进、治安维稳、环境卫生和公共服务的提供……来自不同维度的动因都促使传统的村庄管理向专业化方向转变。在东部沿海地区，一些乡村明确提出了建立村庄专业化管理队伍的要求。① 从理论角度看，村干部行政化涉及的是国家与乡村社会的关系，村庄管理行政化涉及的是村庄内部的管理问题。当然在现实生活中，两者之间存在着复杂的交织关系，例如村办公室/党群服务中心、坐班制、值班制、出勤考核既是村干部行政化的象征，也是村庄组织官僚制化的标志。

3. 区分两种不同的村庄官僚制化

就逻辑而言，村庄管理行政化/专业化/官僚制化与村民自治不相矛盾，张小劲等人关于浙江慈溪村干部专业化的研究亦试图说明这一点；但村干部行政化与村民自治之间确实存在着紧张之处，因为村干部行政化有可能导致村级组织的行政化。在《村级组织的官僚化及其逻辑》一文中，欧阳静将这种可能性直接转化为现实性："如果说税费时代的村干部只是在行为角色上属于乡镇的正式官员，在身份上仍然是'不带薪酬的半正式官员'，从而使村级组织在形式的官僚化特征仍不明显，那么，后税时代的工资制、考核制、考勤制和退休养老金制等官僚化的制度表明，村级组织无论在形式上还是实质上均已经发展为具有显著官僚制特性的行政组织。"②

---

① 村干部队伍的职业化/专业化的观点来自于乡镇实践的基层干部。浙江慈溪的杨利登在北大政府管理学院读 MPA 硕士期间，从"政治与行政"的二分法中得到启发，认为民主选举村委会干部是"政治"，村庄的日常管理是"行政"（专业），基此提出村干部队伍的专业化/职业化。学界的相关研究可参见张小劲等：《农村治理体系和治理能力现代化——慈溪农村专职干部制度研究》，北京：中国社会出版社 2006 年版。

② 欧阳静：《村级组织的官僚化及其逻辑》，载《南京农业大学学报（社会科学版）》，2010 年第 10 卷第 4 期，第 18 页。

注意，与村庄内部管理意义上的官僚制化不同，作者在此表达的是这样一种观点：由于村干部行政化，村委会如今亦已变成与乡政府一样的行政组织了。如何看待这一判断？在此，我们有必要区分两种不同类型和性质的村庄官僚制化：一种是村庄作为组织本身的官僚制化，一如公司或学校。此处，官僚制是一个广义的概念（韦伯也是在这个意义上使用官僚制一词的）。一种是村庄日益变成政府行政组织的官僚制化，这里的官僚制是一种特定的组织类型。目前中国发达地区的村庄正在同时经历着这两种变化。虽然两者紧密地联系在一起，但在分析层面应当将它们分解开来。

一旦做出这样的区分，相关的表述就需要做出审慎的修正。笔者理解上述判断所赖以存在的经验基础，当名实分离成为一种普遍现象时，术语/概念的完整表达能力受到了极大的限制。尽管如此，笔者以为这是一个过于激进的判断，至少到目前为止，村干部行政化依然是一种"选择性行政化"——在维持行政村组织法律性质不变的前提下，在局部领域注入政府官僚制的因子。对于政府而言，这是一种非常重要而又简便易行的人事管理技术和治理策略。在逻辑类型上，"选择性行政化"可以视为"政权下乡"的一个特殊变体，是一种不完整的政府官僚制化过程。①

（二）空间挤压与下沉：自然村层面的村民自治实践

就宏观趋势而言，当下中国乡村社会所发生的诸种变化不但折射出历史发展的路径依赖性，而且也具有现实层面的合理性，在目前的治理格局中尚无法摆脱它的必然性。② 在这种情况下，村民自治如何找到自身的生长空间？

---

① 综合而论，我们应当将村干部行政化视为更大历史进程的一个组成部分。社会学者将改革开放以来国家治理进路的变化概括为从"总体性支配"到"技术治理"。项目制为标准化、制度化和统一化提供了一整套标准化的操作程序。在某种意义上，村干部行政化也是这种治理逻辑延伸到乡村社会的一种表现形式。参见渠敬东、周飞舟、应星：《从总体支配到技术治理——基于中国30年改革经验的社会学分析》，载《中国社会科学》，2009年第6期，第104—127页。

② 不管在价值判断上存在何种分歧，从经验层面考量，这种发展模式是中国现代化的一个基本特点。当年格申克龙指出，后发现代化国家政府在经济发展过程中扮演了火车头的角色；现在看来需要将这一命题进行拓展。与一般意义上的后发国家不同，中国还面临着如何维持和巩固大一统的政治共同体之历史任务。由此，中国的集权体制（举国体制）既有经济维度之使然，亦有政治维度的动因。基于自由主义原则的经济学和政治学在解释中国问题时之所以经常遭遇困境，这是一个根本性的原因，因为这是两种迥然不同的现代化道路。

国家权力在乡村社会的扩张和下沉对村民自治造成了某种形态的空间挤压，这是一个不争的事实。这种挤压一方面导致村干部身份转化和双重角色的失衡，另一方面也为村民自治的实践创新提供了契机——自上而下的行政力传递迫使村民自治的探索转向行政村下面的自然村。在这方面，全国各地已有不少的案例。2011年广东云浮市在村民小组（自然村）建立村民理事会，取得了良好的效果。2012年，清远市在此基础上向前一步，在试点乡镇将行政村改制为片区/党政服务站，作为乡镇政府的派出机构，将村民自治的单元明确落实在自然村。2014年肇庆探索在自然村成立村民（乡贤）理事会。这三地的探索除了成立各种理事会之外，还有一个共同特点——加强自然村的党组织建设。① 广东的做法对全国其他地方产生了相应的示范性影响，不少省市也出现了类似的探索。

　　在自然村层面探索村民自治的实践得到了党和政府的充分肯定。从2014年到2017年，中央涉农一号文件连续四年反复强调这一主题。② 2016年10月1日，中共中央办公厅、国务院办公厅印发《〈关于以村民小组或自然村为基本单元的村民自治试点方案〉的通知》（厅字〔2016〕31号），就相关问题做出了具体的安排。与此同时，学界也做出了积极的回应。尽管存在争论，多数学者倾向于肯定这一实践，并打造了一个专门词汇——"微自治"③；徐勇将这一转变称为村民自治的3.0版，亦可视为村民自治的第三波。④

---

① 宁雪兰：《进一步扩大以自然村为基本单元的村民自治改革试点——广东以自然村为基本单元的村民自治的实践探索》，载《广东经济》，2017年第5期，第24—27页。

② 2014年中央涉农一号文件指出，"探索不同情况下村民自治的有效实现形式，农村社区建设试点单位和集体土地所有权在村民小组的地方，可开展以社区、村民小组为基本单元的村民自治试点。"之后的一号文件持续肯定了这一提法。

③ 参见肖立辉：《"微自治"的有效性及有限性》，载《中国社会报》，2014年7月28日；赵秀玲：《"微自治"与中国基层民主治理》，载《政治学研究》，2014年第5期，第51—60页；胡平江：《自治重心下移：缘起、过程与启示——基于广东省佛冈县的调查与研究》，载《社会主义研究》，2014年第2期，第128—134页；刘国成：《微自治：乡村治理转移的实践与反思》，载《学习与实践》，2016年第3期，第102—110页。陈明对此提出了不同的观点，主张"单元上移"，参见陈明：《村民自治："单元下沉"抑或"单元上移"》，载《探索与争鸣》，2014年第12期，第107—110页。项继权、王明为在《村民理事会：性质及其限度》（《福建论坛（人文社会科学版）》2017年第9期）一文中也表达了不同的意见。

④ 徐勇、赵德健：《找回自治：对村民自治有效实现形式的探索》，载《华中师范大学学报》（人文社会科学版），2014年第4期，第1—8页。肖滨和方木欢在《寻求村民自治中的"三元统一"——基于广东省村民自治新形式的分析》（载于《政治学研究》，2017年第3期，第77—90页）一文中，对此解释提出了不同的观点。在梳理既有分析框架的缺陷后，他们提出了"'五权'结构平衡论"，认为广东等地村民自治新形式的实质是把村民自治有机整合到以党政体制为基础的国家治理体系中，以实现"三元统一"，即将政党执政的权威性、国家治理的有效性、村民自治的参与性有机统一于中国共产党在乡村执政的合法性。对于中国乡村治理研究而言，肖滨等人的观点具有非常重要的"矫正"作用。如何将政党因素纳入乡村治理的分析框架中来，是一个必须正视的问题。

百年变局与中国政治学的时代化：清华政治学系的探索

在某种意义上，在自然村层面探索村民自治的新实践是村民自治组织单元的一种复归。众所周知，作为村民自治的组织载体，村民委员会最初起源于广西宜州的自然村。1987年制定的《村民委员会组织法（试行）》，对村委会的设置单位做了一个宽松的规定："村民委员会一般设在自然村；几个自然村可以联合设立村民委员会；大的自然村可以设立几个村民委员会。"这一表达方式在当时显然是对村民自治设置单元之争的一个折中。但在实践中遭遇的一个结构性难题是：人民公社体制包含了公社、大队和生产队三层组织。将人民公社转制为乡镇，这一点没有任何障碍。但是，如果在生产队（自然村）一级实行村民自治，那生产大队（行政村/建制村）怎么办？当时主要存在两种观点：一种主张将生产大队转化为乡镇政府的派出机构，设置村公所/管理区；与之对立的观点则主张实行群众（村民）自治。这一争论最终以后一观点占据上风而终结。在实践中全国绝大多数省份采取了在生产大队设置村委会的做法（只有广西、广东和云南三地除外）。就此而言，发源于自然村的村民自治为解决生产大队的转制提供了制度样板。1998年全国人大修订《村民委员会组织法》时删除了关于村委会设置单位的上述文字，全国统一在生产大队层次建立村民委员会。

然而，争论背后所体现的现实张力并没有因为制度选择的落实而终结。在行政村层次实行村民自治只不过是将这一张力内部化了。实际上村民自治与行政化之间的矛盾伴随着村民自治实践的整个过程。总的来说，博弈结果是行政化占据上风。就此而言，村民自治的重心逐渐转向自然村实际上是一种"战略退却"，从肯定的方面说，则是一种制度性的补偿。①

自然村层面的实践探索以螺旋上升的方式回到了村民自治的起点，于是我们再次面临当初的问题：如何理解村民自治的平台和根基？什么是合理的乡村治理结构？

---

① 在自然村层面探索村民自治的实践带来了一个新问题：如何理解"村民自治单元下沉"？这里存在的一个重要争论是，究竟应该将村委会设置在自然村呢？还是在既有村委会设置的条件下，在自然村建立各种形式的社区自治组织（协会和理事会）？本文对村民自治单元下沉做广义的理解，同时包含两者。在政策取向上，笔者对于改变村委会设置现状的探索持审慎立场。

（三）行政化与村民自治的共栖：乡村治理结构的再造？

如果我们拓展一下视野，将新世纪所发生的变化置于清末以来"国家政权建设"的脉络下来加以审视，那么可以提出的一个问题是，百余年来国家权力对乡村社会的持续下渗是否达致了历史和结构的双重平衡？

大致而言，近代以还国家权力对乡村社会的渗透有三种主要方式：（1）突破皇权不下县的传统，在县以下设置政权；（2）打破国家与社会之间的相对隔绝，通过法律和公共政策，将国家意志贯彻到乡村社会；（3）在党政体制的背景下，通过政党下乡（基层党组织建设）来改造和治理乡村社会。三者皆以不同方式致力于一个共同目标：在乡村社会建构迈克尔·曼（Michael Mann）所谓的"基础性权力"。

在这一过程中，政府组织边界的确立是一个重要的结构性变量。民国时期在县和村庄之间建立了"乡"这一新的行政单位，以后虽有波折但这一格局大致稳定下来。接下来的问题是如何处置行政村？如上节所述，在村公所与村民自治之间国家选择了后者。这意味着在正式的制度层面，行政村不是法律意义上的行政单位。新世纪村干部行政化过程尚未改变或没有改变这一基本事实。然而，作为"选择性行政化"一种特定类型，"村干部行政化"的高妙之处在于，它采取了一种后现代策略，将历史上政权下乡的整体战略化解为局部的、碎片的技术策略。这一方面有助于实现政府改造和治理乡村社会的诸种目标，另一方面又不至于引起结构性的震荡。考虑到"选择性行政化"这一现象的广泛性①，本文倾向于将其视为一种相对独立的权力策略，与政权下乡（在乡村社会设置新的行政单位）、政党下乡、政策下乡和法律下乡等治理实践构成了一个有机的系列。

这一新的变量的加入以及村庄本身的变化，使我们有必要重新审视村庄政治。

从横向角度看，行政村是一种体现了双重逻辑的复合结构。在组织维度，

---

① 在政府干部管理实践中，有一种选择性资源分配的做法。例如，资深厅局级官员在满足一定条件之后，可以选择享受1—2项副部级的福利待遇，以缓和由于晋升空间有限而导致的压力。又如，中组部规定教育部直属高校的党政负责人享受副部级待遇，诸如此类。

百年变局与中国政治学的时代化：清华政治学系的探索

村民委员会在法律上是村民自治组织，但它有法定义务协助政府的相关工作；在人事维度，村干部不是真正意义上的国家干部，但他们的报酬又由国家财政负担，基层政府亦以乡镇干部的角色和要求来对待他们。在这样一个复杂的交叠空间中，国家通过一系列复杂的治理技术来塑造村干部的身份、角色和认同，通过权力网络、正式关系和非正式关系来驾驭和控制村干部，使他们成为基层政府的代理人和改造乡村的骨干力量；与此同时又避免了村委会组织的行政化（保留了自治的外壳）。

从纵向观之，在新的历史条件下，尤其是经济发达地区，村庄已经演化为一个复杂的立体结构，行政村和自然村之间的差别日益显化。行政村与自然村的双层结构对于我们认识国家与乡村社会关系具有重要的意义。通常情况下，国家权力对乡村社会的渗透主要集中在行政村层面。随着村干部行政化以及村庄内部的非熟人化，村民自治实践正在向自然村沉降，村民自治的关键主体也从行政村干部转向自然村干部。如果说以前国家与乡村社会关系的分析重点是乡镇与村庄的关系，那么如今的分析重点正在转向行政村与自然村的关系。

同样重要的是，国家权力下渗的过程不再以铲除传统文化权力网络为代价。随着执政党对传统文化态度的转变，新世纪以来现代与传统的新型关系正在农村社会得以建构，各地修建的"文化礼堂"以及"乡贤"观念的复活或许可以视为一个重要的标志。从实际情况看，在自然村层面可以发现乡村社会的诸多底色和残存的传统资源。行政村与自然村的双层结构或许能为两者之间的"和平共处"和良性互动提供适当的空间。

这是我们当下遭遇的一种全新局面，其情形极大地超越了当初实施村民自治时政府的规划和学者的想象。在这幅图景中，既可以看到国家权力对乡村社会渗透的制度化的一面，又可以发现大量的半正式和非正式的实践。从历史视角看，制度化举措与非正式实践之间的边界不是凝固的，而是动态变化的；从结构维度看，居于村庄不同层次的村干部在角色认同和行为方式等方面表现出显著的差异。在某种程度上，村庄的上下结构以及行政村干部与自然村干部之间的角色分化，有助于缓解国家与社会关系的张力。在这一结构中，行政村（建制村）的村干部更多地扮演了国家代理人的角色，而自然村的村干部更多地代表了村民的利益诉求（当家人的角色）。① 换言之，在政府组织和自然村之间有行政村作为中介，当年行政村村干部的双重角色困境或许可转化为不同主体之间的角色分工。在这一意义上，村干部行政化与村民自治的关系并非必然不可兼容。当然，到目前为止，这只是一种逻辑上的可能性。

（四）未来村庄治理结构的想象

当今中国乡村正在发生的历史性变革意味着我们离实现乡村现代化的目标从未如此之近。有一点可以事先肯定：不管城市化进程如何快速和深入，中国依然有相当多的人口生活在乡村社会。当然从发展眼光来看，有些村庄注定会从中国的地理版图上消失，有些村庄将发展成为新型城镇或既有城镇的组成部分，有的村庄将维持下来，转化为从事现代农业兼观光旅游的生态村庄等等。

在这些保存下来的村庄中，其治理结构将会呈现何种形态？虽然我们无法进行具体的描述，但对这一问题的思考已不再是乌托邦的想象，因为乡村治理的基本原则和结构性要素在实行村民自治的三十年实践中已经大体显现，它们可以通过以下四组的变量关系来加以表达：

1. 村庄层面政治与经济关系的变量

对此存在着两种不同的建构性想象：一种采取一系列的分离策略，诸如将村两委组织与村级集体经济组织分开，将农村居民的社会成员身份和经济成员身份分开等等。在分离的基础上，鼓励乡村各种资源的自由流动，将村庄转化为一个城乡人口对流的开放社区，将村民自治转化为更具包容性的社区居民自治。如果说当年实行家庭联产承包责任制是对人民公社体制的一种解构，那么分离策略和资源流动则是对传统村庄蜂巢的一种解构。② 与此对应的另一种想象则是维持村庄政治组织与经济组织的结合，保持村庄的相对稳定性和封闭

---

① 这并不是说村民小组的组长对于行政化过程具有天然的免疫功能。事实上许多地方的自然村/村民小组组长很在意自己的补贴。目前来看，各地做法不一，很大程度上取决于经济情况。即使在发放财政补贴的情况下，通常数额也不大，更具象征意义。此外，在项目下乡的过程中，自然村/村民小组越过行政村直接和乡镇干部打交道的情况也时有发生。天底下没有免费的午餐，在这种情况下，如果乡镇工作需要村民小组的协助，通常也会得到相应的回报。

② 项继权秉持这一愿景。参见项继权、李增元：《经社分开、城乡一体与社区融合——温州的社区重建与社会管理创新》，载《华中师范大学学报（人文社会科学版）》，2012年第6期，第1—9页。

性，维持乡村社区与城市社区之间的既有差异。

2. 村庄内部个人权利与传统文化关系的变量

一种想象是按照现代公民的形象来改造传统小农，将现代性建构在个人权利的基础之上；与此形成对照的是，尊重和利用传统文化资源，肯定宗族、家族和传统组织的治理功能。

3. 村庄内部行政村与自然村关系的变量

目前至少存在着三种不同类型的设想：一种是重组村民委员会，对较大的行政村进行拆解，在一个或几个自然村的基础上，选举村委会和党支部，实行村民自治，这可视为对并村扩村的一个反动。一种是在自然村层面探索多种形式的自治实践（成立各种理事会和协会），与此同时，将原先的行政村转化为乡镇政府的派出机构。一种是维持既有的行政村格局不变，在自然村层面探索新的自治形式。

4. 行政村与乡镇政府关系的变量

在维持村委会既有法律地位的同时，存在着两种不同的做法：一是鼓励两者之间的合作与融合，基于公共服务的提供而形成一种共治结构；一是保持两者之间的相对独立性，在此基础上形成一种良性互动的关系。

上述四个维度及其内部变量的交叉匹配，可以得到乡村治理结构的不同组合形态。其中有些只是逻辑样式，无法在现实生活中找到它的经验匹配；但有些则具有程度不同的现实可能性。这种想象实验虽然与政策制定的实际过程相距甚远，但它揭示了一个基本事实：未来中国农村/村庄的治理结构将是丰富多彩的，国家与乡村社会的关系类型亦是如此。面对这样的复杂性，我们应当力戒简单化的齐一思维，避免用一把尺子去衡量村庄治理结构的现代化程度。应当鼓励和允许各地根据自身的条件，采取不同的、适合本地情况的治理结构。从央地关系/府际关系的角度来看，也应当适度下放乡镇和行政村设置的管理权限，尽量减少体制层面的一刀切。笔者以为，村庄治理结构的多样性应当成为留住"乡愁"的一种内在关切。

全面从严治党何以提升中国民众的政治信心：来自 CSGS2015 的实证证据

苏毓淞　汤　峰*　褚向磊**

党的十九大明确提出，在中国特色社会主义进入新时代，必须推动全面从严治党向纵深发展，力争夺取反腐斗争的压倒性胜利。① 作为全面从严治党的关键内容②，未来反腐败在我国仍将继续保持高压态势。事实上，中国共产党一贯重视党风廉政建设、坚决与腐败行为做斗争。早在革命斗争时期，我们的党便颇为重视革命队伍纯洁性，制定了严格的组织纪律；新中国成立后仍继续重视廉政建设，取得了显赫成绩。③ 自 2012 年党的十八大以来，在党中央的坚强领导下，我国以前所未有的姿态推进反腐工作。反腐败成为影响广泛、最引人注目的社会现象之一。例如，伴随着反腐如火如荼地进行，新闻媒体对其报道络绎不绝，诸如"打老虎""拍苍蝇"等与反腐相关词汇成为社会大众的流行用语。这无疑引发我们思考，以反腐为核心内容的全面从严治党开展数年来，对中国公众的心态有何影响？

众所周知，反腐败的重要目的是赢得民心、提升人民群众对政治体制的信

---

* 汤峰，清华大学社会科学学院政治学系博士研究生。
** 褚向磊，清华大学社会科学学院政治学系博士研究生。
① 习近平：《全面建成小康社会夺取新时代中国特色社会主义伟大胜利》，载《人民日报》，2017 年 10 月 28 日，第 1 版。
② 肖贵清、杨万山：《全面从严治党的时代意义及基本途径》，载《山东社会科学》，2015 年第 7 期，第 17—23 页。
③ 亓光：《论中国共产党的反腐廉政建设》，载《政治学研究》，2011 年第 3 期，第 47—55 页。

百年变局与中国政治学的时代化：清华政治学系的探索

心。正如习近平总书记强调，"为政清廉才能取信于民，秉公用权才能赢得人心"①，"民心是最大的政治，正义是最强的力量……反腐败增强了人民群众对党的信任和支持"②。相关研究亦肯定了全面从严治党显著提升了中国民众的政治信心③。因而，本研究将重点探究全面从严治党以来，反腐败何以提升中国民众的政治信心？

事实上，学界已从多方面探讨了腐败和反腐败对社会经济与民众心态的影响④，可是却鲜有实证研究对反腐如何提升中国民众政治信心的影响过程详加考察。更为重要的是，政治信心作为公众对政府的一种政治态度和评价，在逻辑上理应从主观解释模式来分析政治信心的差异。因此，利用微观层面的个体评价来澄清反腐败对政治信心的影响极具理论和现实意义。不过，目前学界从个体主观认知的角度解答反腐败对公众政治信心影响的机制研究还相对匮乏，该领域存在较大探讨空间。毋庸置疑，反腐败对公众政治信心的影响无疑是一个复杂的心理作用过程。基于上述内容考量，本文将从个体认知的微观层面着手，利用"公众对政府清廉感知"这一因素来探究反腐对公众政治信心的作用过程。

概括来说，本研究的核心问题是：全面从严治党以来，反腐行动如何显著提升了中国公众的政治信心？为解答上述困惑，文章拟使用2015年中国城乡社会治理调查（CSGS）的数据进行实证分析。

---

① 中央纪委监察部网站：《十八届中央纪委第二次全会公报》，http://www.ccdi.gov.cn/xxgk/hyzl/201307/t20130719_114166.html（访问时间：2013年8月28日）。

② 《在第十八届中央纪律检查委员会第六次全体会议上的讲话》，载《人民日报》，2016年5月3日，第2版。

③ 陈旻、邱新有：《反腐信息对政治信任的影响——基于制度反腐与网络反腐路径差异的实证研究》，载《江西社会科学》，2016年第10期，第215—223页；Zhu J, Huang H, Zhang D, "'Big Tigers, Big Data': Learning Social Reactions to China's Anticorruption Campaign through Online Feedback", *Public Administration Review*, Vol. 79, No. 4, 2017, pp. 500 – 513.

④ 参见但不限于，季程远、孟天广：《反腐败与政治信任：结构偏好与规模偏好的影响差异》，载《上海交通大学学报（哲学社会科学版）》，2020年第2期，第99—112页；吴进进：《腐败认知、公共服务满意度与政府信任》，载《浙江社会科学》，2017年第1期，第43—51、156页；Graeff P, Svendsen G. T., "Trust and corruption: The influence of positive and negative social capital on the economic development in the European Union", *Quality & Quantity*, Vol. 47, No. 5, 2013, pp. 2829 – 2846；Morris S. D., Klesner J. L., "Corruption and Trust: Theoretical Considerations and Evidence From Mexico", *Comparative Political Studies*, Vol. 43, No. 10, 2010, pp. 1258 – 1285; Seligson M. A., "The Impact of Corruption on Regime Legitimacy: A Comparative Study of Four Latin American Countries", *The Journal of Politics*, Vol. 64, No. 2, 2002, pp. 408 – 433.

一、概念与文献回顾：政府清廉感知与政治信心

（一）反腐败对政治信心的提升

1. 政治信心的基本含义

对政治信心的理解离不开对信任的认识。在某种程度意义上，信任是伴随人类社会历史发展全过程的一个重大问题。正如社会学家齐美尔（Georg Simmel）所言："离开了人们之间的一般性信任，社会自身将变成一盘散沙。"[1] 针对政治领域的各种信任而言，公民对政府以及整个政治系统的信任在其中占据颇为关键的位置。从学术研究的历史脉络来看，1962 年，美国学者唐纳德·斯托克（Donald Stokes）最早将政府信任（Trust in government）话题引入到美国的选举政治研究（National Election Survey）。其基于调查对象对政府的赞成性评价或否定性评价，将相关研究数据进行分类。[2] 自 20 世纪 70 年代以来，多项关于美国民意的社会调查结果显示：美国民众对联邦政府的信任和支持水平呈现明显的下降趋势，因而信任问题开始不断吸引美国政治学众多研究者的注意力。在此之后，与政治信任有关的一系列问题在全世界范围内受到普遍关注，并得到政治学领域更系统的研究。

什么是政治信任？学界对此概念已有较丰富的讨论。概括来说，既有研究对政治信任的理解大体形成了两种基本的看法。其一，将政治信任理解为民众主观层面的政治心理现象，其体现为社会公民对政治体系的特定态度、评价或信念；其二，将政治信任视为公民与政治体系之间的政治关系。[3] 从发生学和

---

[1] 〔德〕西美尔：《货币哲学》，陈戎女等译，北京：华夏出版社2002年版，第111页。

[2] Stokes, Donald E., "Popular Evaluations of Government: An Empirical Assessment", In Harlan Cleveland and Harold D. Laswell (ed), *Ethics and Bigness: Scientific. Academic. Religious. Political. and Military*, New York: Harper, 1962.

[3] Easton, David, *A System Analysis of Political Life*, Chicago: Wiley, 1965; Kenneth Newton, "Trust. Social Capital Civil Society. and Democracy", *International Political Science Review*, Vol. 22, No. 2, 2001, pp. 201–214; Miller, Arthur H. and Ola Listhaug, "Political Parties and Confidence in Government: A Comparison of Norway. Sweden and the United States", *British Journal of Political Science*, Vol. 20, No. 3, 1990, pp. 57–356; Shi, Tianjian, "Cultural Values and Political Trust: A Comparison of the People's Republic of China and Taiwan", *Comparative Politics*, Vol. 336, No. 4, 2001, pp. 401–409.

百年变局与中国政治学的时代化：清华政治学系的探索

演变过程而言，政治信任是公民与政治系统互动的产物，它涉及公民、政治系统与特定价值观念间的复杂关系，是"民众基于理性思考、实践感知、心理预期等对政治制度、政府及政策、公职人员行为的信赖"。① 尽管对政治信任在概念的具体表述与研究视角上还千差万别，不过学界大致都认同，政治信任是公众对政府以及整个政治系统所作出与其期待相一致结果的信念或信心。② 在此意义上，借助政治信任来理解政治信心这一概念似乎也无可厚非。同时，心理学相关研究对信任的概念界定与信心亦紧密相连，两者含义颇为相似。例如，社会心理学家莫顿·多伊奇（Morton Deutsch）便将信任界定为：互动过程中交往者共同秉持的、对双方都不利用对方弱点的信心。③ 知名社会学家安东尼·吉登斯（Anthony Giddens）更是直言不讳地指出："信任是信心的一种特殊类型，而不是与之截然不同的什么东西。"④ 基于此，本文认为政治信心便是政治信任，其属于民心的一种类型，指公众对国家和政治体制作出符合其期望结果的信心或态度。本文在行文中将对两个概念不加区分的使用。

2. 腐败对政治信心的危害

如前所述，促使美国学界对政治信心研究产生兴趣的契机是公众政府信任水平的显著下降。根据丹尼尔·扬克洛维奇（Daniel Yankelovich）的研究，有三项正当性危机可能会导致民众对政府信任水平的降低。其一是道德的正当性危机，即对政治领导者的廉洁与品德的质疑；其二是意识形态上的正当性危机，即对政治系统核心价值的怀疑；其三是功能的正当性危机，即对政府运行效率的不满。⑤ 而学界普遍认为，公众的政府信任是一项受到由政治因素、经

---

① 刘昀献：《当代中国的政治信任及其培育》，载《中国浦东干部学院学报》，2009 年第 1 期，第 57—60 页。

② 胡荣：《农民上访与政治信任的流失》，载《社会学研究》，2007 年第 3 期，第 39—55、243 页；Miller A. H., "Political Issues and Trust in Government: 1964 - 1970", *The American Political Science Review*, Vol. 68, No. 3, 1974, pp. 951 - 997.

③ Deutsch M., "Trust and Suspicion", *The Journal of Conflict Resolution*, Vol. 2, No. 4, 1958, pp. 265 - 279.

④ 〔英〕安东尼·吉登斯：《现代性的后果》，田禾译，南京：译林出版社 2000 年版，第 28—29 页。

⑤ Yankelovich D., *Coming to Public Judgement: Making A Democracy Work in A Complex World*, N. Y.: Syracuse University Press, 1991.

济因素、社会与文化等因素相互作用而产生的社会心理现象;其中,不论是发达国家还是发展中国家,腐败蔓延被公认为民众政治信心下降最重要政治因素之一。①

腐败通常可以理解为滥用公共职位权力以牟取私利。政治领域内的腐败不仅意味着政府官员直接背叛了公众加诸于政府的信任,而且也必然违背诸如责任、平等、公开等与政治制度合法性相关的基本政治原则。因此,腐败对每一项正当性危机都起着直接的触发作用,最终将降低公众对政府信心。除此之外,米切尔·塞利格森(Mitchell Seligson)②、斯蒂芬·莫里斯(Stephen Morris)基于不同国家的资料也在实证上检验了腐败侵蚀政治信心这一观点。吴进进等人基于中国背景下的实证资料,通过多层线性回归模型研究亦发现,腐败显著降低中国公众对地方政府的政治信心。③ 基于上述研究发现的结论,我们有充分的理由相信腐败对公众的政治信心产生负面影响。与之相反,反腐败能否促进民众对政治信心的积极评价?

基于中国的反腐实践,相关研究在学理层面肯定了反腐败对中国公众政治信心的提升作用。例如,季程远等人借助实证资料的研究便发现,全面从严治党以来,大规模查处不法官员能显著提升中国公众的政治信心④。此外,在经验层面,国内主流新闻媒介的报道也表明反腐败显著提升了中国公众的政治信心。不过,学界对反腐败提升政治信心的实证研究以及作用机制的系统讨论还相对匮乏。鉴于政治信心属于个体心理认知的范畴,本文将尝试从公众对政府清廉感知着手,以揭示出反腐败提升公众政治信心的复杂作用过程。

---

① Blind, Peri K., "Building Trust ini Government in the Twenty First Century: Review of Literature and Emerging Issues", 2001, URL: http://unpan1.un.org/intradoc/groups/public/documents/UN/UNPAN025062.pdf

② Seligson M. A., "The Impact of Corruption on Regime Legitimacy: A Comparative Study of Four Latin American Countries", *The Journal of Politics*, Vol. 64, No. 2, 2002, pp. 408 - 433.

③ 吴进进、刘炯言:《腐败与政治信任——基于中国省级政府的多层次分析》,载《公共管理评论》,2017年第3期,第92—108页。

④ 季程远、孟天广:《反腐败与政治信任:结构偏好与规模偏好的影响差异》,载《上海交通大学学报(哲学社会科学版)》,2020年第2期,第99—112页。

（二）政府清廉感知对政治信心的影响

政治信心作为一种主观心理评价。逻辑上，直接影响公众政治信心并非客观的反腐绩效，而是个体对政府的清廉感知。因国家高强度的反腐行动，社会上的腐败现象被大力整肃，影响公众对政府清廉的感知，进而影响其对政治信心评价。当政府清廉感知程度较高时，公众对政治信心的评价较好。直接经验和间接经验是公众获取政府清廉感知的两种主要来源，基于此，本文将政府清廉感知区分为两类：直接经历和间接评价。不同来源的政府清廉感可能会对政治信心产生截然相反的效果，因而在后续研究中将分别讨论其对政治信心的影响。

政府清廉感知的直接经验是指公众本人或身边亲朋有过与腐败相关的客观经历。那么腐败经历对政府清廉感知以及政治信心有何影响？朱江南等学者的研究发现，在日常生活中有腐败经验的个体更易产生较低的政府清廉感知；[1]不过，伦敦大学国王学院的萨拉夫特迪诺娃（Sharafutdinova）进行的跨国研究却发现，在控制政治制度这一重要变量之后，腐败经历对政府清廉感的影响并不显著。[2] 然而，李辉和孟天广的研究指出，受访者在调查中会倾向隐匿个人的腐败经历。他们利用列举实验的方法对此类社会期望偏差加以修正后，经实证分析发现，有直接腐败经历的人们有着更低的政府清廉感[3]。此外，袁柏顺基于中国 C 市的调查资料分析也发现，遭遇过腐败经历的民众会降低他们对政府清廉程度的评价。[4] 尽管，公众的腐败经历对政府清廉感知的影响在学界目前尚未能完全达成一致。基于中国实证研究发现的相关结论，我们有充分的理由相信，中国公众的反腐败经历将降低其对政府的清廉感知，进而降低其政治

---

[1] Zhu, Jiangnan, Jie Lu and Tianjian Shi, "When Grapevine News Meets Mass Media: Different Information Sources and Popular Perceptions of Government Corruption in Mainland China", *Comparative Political Studies*, Vol. 46, No. 8, 2012, pp. 920-946.

[2] Sharafutdinova, Gulnaz, "What Explains Corruption Perceptions? The Dark Side of Political Competition in Russia's Regions", *Comparative Politics*, Vol. 42, No. 2, 2010, pp. 147-166.

[3] 李辉、孟天广：《腐败经历与腐败感知：基于调查实验与直接提问的双重检验》，载《社会》，2017年第6期，第194—215页。

[4] 袁柏顺：《公众腐败感知与腐败的民间传说——基于 C 市城区公众腐败感知调查的一项研究》，载《公共行政评论》，2016年第3期，第56—69、187页。

信心的水平。换言之，腐败经历将降低公众的政治信心。

而腐败的间接经验则是指民众通过新闻媒体了解到腐败现象，进而产生的个人评价。美国宾夕法尼亚大学传播学教授迈克尔·德利·卡皮尼（Michael X. Delli Carpini）的研究指出，传媒对政治信心影响最主要的理论范式是"媒体抑郁论"（media malaise）。该范式强调媒体的负面报道或恶意攻击是造成公众对政府机构和政治人物不信任的关键因素之一[1]。受上述传播学机制影响，人们主观认识与客观现实间甚至会产生很大程度的背离。例如，对新西兰民众一项调查研究便发现，在新西兰大约有超过 10% 的民众认为大部分或几乎全部政府官员都有受贿或腐败行为[2]。而与此认知截然相反的是，透明国际的清廉指数 CPI 却显示新西兰一直是世界上腐败最少的国家之一。李辉等学者在分析亚洲、非洲、拉美舆情数据后便发现，正是由于民主对公众腐败感知具有"严厉"和"慈祥"的双重作用，处于民主程度越高国家的社会公众，具有更低政府清廉感知的间接评价[3]。既有研究对反腐败与公众政府清廉感知的间接评价间关系还莫衷一是。例如，朱琳和宫伏佳基于中国实证数据的研究发现，政府反腐力度显著地提升了公众对政府清廉感知的间接评价[4]。不过，孙宗锋等人基于广东省两市的研究则发现，政府加大反腐力度反而可能降低民众对政府清廉感知[5]。然而，倪星和孙宗锋在分析中国 G 省的数据却发现，两者间并不存在显著的关系[6]。尽管如此，考虑到在我国，政府出台各项公共政策始终坚持以人民为中心的立场，积极维护人民群众的根本利益、响应民众的诉求。

---

[1] Michael X. Delli Carpini, " Mediating Democratic Engagement: The Impact of Communication on Citizens' Involvement in Political and Civil Life", in Lynda L. Kaid. (ed). *Handbook of Political Communication Research*, N. J.: Lawrence Erlbaum Associate Inc, 2004.

[2] Perry, Edward and Alan Charles Webster, *New Zealand Politics at the Turn of the Millennium: Attitudes and Values about Politics and Government*, Auckland: Alpha Publications, 1999.

[3] 李辉、呼和那日松、唐敏：《民主、主观经济评论与腐败感知——基于亚洲、非洲与拉美舆情表合并数局的多层分析》，载《经济社会体制比较》，2015 年第 3 期，第 162—174 页。

[4] 朱琳、宫伏佳：《腐败主客观测量结果差异性研究》，载《经济社会体制比较》，2015 年第 15 期，第 66—80 页。

[5] 孙宗锋、杨丽天晴：《"打老虎"如何影响公众腐败感知差异？——基于广东省的准实验研究》，载《公共行政评论》，2016 年第 3 期，第 89—107、188 页。

[6] 倪星、孙宗锋：《政府反腐力度与公众清廉感知：差异及解释》，载《政治学研究》，2015 年第 1 期，第 71—85 页。

同时结合相关实证研究的发现，本文认为，来自国家反腐败运动的间接经验降低中国公众对政府腐败状况的间接评价，使其更容易产生较高程度的政府清廉感知，进而提升公众的政治信心。循此逻辑，政府清廉感知的间接评价理应对政治信心产生积极的影响。

总而言之，目前，学界对腐败清廉感影响公众政治信心已有一定的讨论，为本文的进一步分析有所启示，不过其仍存在一定的局限之处。相对而言，现有研究中，公众对政府的清廉感知常常被作为解释变量，却鲜有研究将其作为解释变量来阐释反腐对公众政治态度的复杂影响过程。此外，虽然在应然层面，政府清廉感知对公众政治信心的积极影响在社会各界得到广泛认同，不过这并非不证自明。在实然层面，系统地探讨特别是利用经验数据检验公众清廉感知对中国公众政治信心作用的研究还较罕见。不仅如此，间接评价和客观经历对政治信心的作用截然相反。然而，大部分实证分析却未能区分上述公众清廉感知的不同来源，这无疑削弱了相关研究的解释力。有鉴于此，本研究将政府清廉感知细分为间接评价与客观经历两个部分，并分别检验其对政治信心的影响。

（三）政治信心的相关影响因素

在理论上，个体层面的人口社会学特征，诸如性别、年龄、文化程度、政治面貌、经济水平以及价值偏好等因素，往往会对公众的政治信心和支持产生重要影响，即政治信心具有鲜明的群体差异。[1] 例如，肖唐镖等学者在对中国农民政治信任的研究中便发现，年龄越大的农村居民，其对政府信任的水平越高。而女性居民的政治信任度显著高于男性居民。此外，党员身份对农民的政治信任有积极推动作用，就农村居民对国家和政府的信任程度而言，党员群体要高于非党员群体；而农民的文化程度对政治信任的影响则不显著。[2] 因此，在对政府清廉感与政治信心的关系进行系统研究时，也需要对个体经济地位以及政治价值观等个体层面的关键变量加以考察，否则我们将难以呈现两者间复

---

① 郑振清、苏毓淞、张佑宗：《公众政治支持的社会来源及其变化——基于 2015 年"中国城乡社会治理调查"（CSGS）的实证研究》，载《政治学研究》，2018 年第 3 期，第 51—61、127 页。

② 肖唐镖、王欣：《民心何以得或失——影响农民政治信任的因素分析：五省（市）60 村调查（1999—2008）》，载《中国农村观察》，2011 年第 6 期，第 75—82、96 页。

杂的关系。

此外，作为政治信心的客体，政府以及政治系统是一个具有相当复杂性的多层次体系。根据李连江的分析，在当下的中国社会中，民众眼中的"中国政府"并非铁板一块。社会公众对中央政府和地方政府（尤其是基层政府）的信任度有着十分明显的差异，借鉴费孝通"差序格局"的提法，香港中文大学李连江教授把这一现象表述为"差序政府信任"（Hierarchical Trust in Government）。[①] 这一概念在研究中国政治信任的相关文献被广泛接受，基于此，对中国公众政府清廉感与政府信心的关系进行研究时，有必要将中央政府与地方政府作为不同主体加以分析。

二、本文的基本逻辑和研究假设

综上所述，本文围绕"全面从严治党何以提升中国公众的政治信心"这一核心问题，从"公众对政府清廉感"着手以揭示出反腐败提升中国民众政治信心的复杂作用过程。本研究将公众对政府的清廉感知分为两种：间接评价和客观经历。本文认为，自十八大以来的全面从严治党，我国政府以前所未有的力量展开反腐败行动，对腐败行为零容忍。不仅如此，党和国家进行的反腐运动始终坚持以人民为中心，积极回应人民群众的诉求。[②] 正如习近平总书记在2018年中央纪委第二次全会上讲话所要求的，"及时发现和深入查处群众身边腐败问题"。[③] 毫无疑问，我国开展的反腐运动始终以人民的根本利益为工作的出发点，积极维护人民群众的根本利益。[④] 因而，全面从严治党以来，反腐运动显著提升了人民群众对中国政府清廉感知的间接评价，公众易获得较高水平的政府廉洁程度的感知，进而正向影响到政治信心。与之相反，公众对政府清廉感的客观经历（直接来源）则会降低其对政府清廉程度的感知，进而

---

① 李连江：《差序政府信任》，载《二十一世纪》，2012年第131期，第108—114页。
② 《反腐败契合人民群众心理诉求》，载《中国领导科学》，2014年第6期，第28页。
③ 吴泰国：《严厉整治群众身边腐败问题》，载《中国纪检监察报》，2018年3月8日，第6版。
④ 齐卫平：《全面从严治党的基本思想和主要特点》，载《新疆师范大学学报（哲学社会科学版）》，2015年第36卷第5期，第13—18、2页。

降低对政治信心的评价。不过，这些问题尚未得到实证数据的检验。当然，考虑到"差序格局"，在分析中还需要对中央政府和地方政府区分讨论。

因此，为解决上述疑惑，本研究将对以下具体研究问题进行实证分析。第一，反腐败是否显著提升中国公众的政治信心？即公众对反腐败绩效的积极评价是否会提高其政治信心？第二，不同来源的公众政府清廉感是否对政治信心存在截然相反的作用结果？第三，考虑到"差序格局"的客观存在，政府清廉感知对中国公众政府信心的作用是否在层级上相互独立？基于前文对文献综述部分的讨论，本文进而提出以下研究假设：

假设1：反腐败对政治信心的促进效应。中国大力推动的反腐败，积极回应公众的的诉求，维护其切身利益。如果公众对中国政府反腐工作的绩效评价越高，那么其政治信心的水平就越高。

假设2：政府清廉感知的直接来源和间接来源对政治信心的影响存在相反效应。基于此，进而提出以下两个分假设：

——假设2A 公众政府清廉感的直接经验—腐败经历对公众政治信心存在削弱作用。如果公众的腐败经历越丰富，则其对政治信心的评价水平将更低；

——假设2B 公众政府清廉感的间接经验—间接评价对公众政治信心存在提升作用。如果公众对政府清廉感的间接评价越高，则其政治信心的水平越高。

假设3：政府清廉感知对公众政治信心（中央）的作用并不影响其对政治信心（地方）的效果，公众的政府清廉感对相应层级政府信心的影响相互独立。如果，公众对中央的清廉评价越高，其对中央的政治信心也越高，不过并不会提升对地方的政治信心；若公众对地方政府的清廉感越低，则其对地方的政治信心评价也越低，但却并不会降低中央的政治信心。

三、研究设计：数据与变量

（一）数据来源

本文使用2015年中国城乡社会治理全国调查数据（CSGS2015）进行实证

资料的分析。2015年中国城乡治理全国调查数据是全国范围内首次就城乡社会治理问题所展开的专项问卷调查。调查由清华大学、西南交通大学和南京大学等高校联合设计；来自清华大学、西南交通大学和上海交通大学等大陆12所大学的师生实施了相关调查活动。调查于2015年7月启动，历时5个月，涵盖全国26个省市区，共随机抽取125个县级单位，完成有效样本4068份，有效完成率67%。调查严格按照社会科学规范操作，所获数据具有较高的质量。满足了本文分析的数据要求，笔者根据研究需要选取相关变量并进行处理（详见表1）。

（二）变量定义与操作

1. 因变量

政治信心是本文研究的因变量。考虑到"差序格局"可能会存在，我们选取问卷中的两道问题来分别测量公众对中央政府和地方政府的政治信心："请问您对于下面中央政府（地方政府）的信任程度怎么样？"答案选项分为六个等级，从"1：完全不可信；2：相当不可信；3：有点不可信；4：有点可信；5：相当可信；6：完全可信"。从表1的描述性统计来看，受访者对于中央政府的信任信心（均值5.11）明显高于地方政府的信任信心（均值3.96），符合"差序政府信任"理论所描述内容。因此，在研究中，分别讨论中央和地方层面政府清廉感知对公众政治信心的影响非常必要。

表1 变量描述性统计

变量名称	样本量	均值	标准误	最小值	最大值
政治信心（中央）	3695	5.11	0.90	1	6
政治信心（地方）	3741	3.96	1.27	1	6
政府清廉感知（中央—间接评价）	4068	0.75	0.62	0	3
政府清廉感知（地方—间接评价）	4068	1.04	0.76	0	3
认为腐败程度改善了	3602	3.94	0.39	1	5
认为政府努力打击腐败	3513	3.14	0.61	1	4
政府清廉感知（客观经历）	3656	0.19	0.88	0	1
男性	4051	0.49	0.50	0	1

(续表)

变量名称	样本量	均值	标准误	最小值	最大值
年龄	4043	48.27	16.31	17	94
城乡变量（1：城市）	4019	0.34	0.47	0	1
受教育年限	4038	7.24	4.61	0	22
自我社会地位评价	3645	5.10	2.06	1	10
党员	4016	0.10	0.30	0	1
当前经济状况评价	3699	3.62	1.00	1	5
父权主义价值观	4068	0.00	0.85	−2.51	1.82
经常阅读政治新闻	4025	1.00	6.00	3.65	1.79
对政治感兴趣	3958	1.00	4.00	2.17	0.88

资料来源：根据 CSGS2015 作者自制。

2. 自变量

自变量为政府清廉感，根据前文所述本文将其区分为两种：间接评价和客观经历。我们选择2道问题来测量源于间接经验的政府清廉感（即间接评价）；分别是"在您看来中央官员（地方官员）有多少人腐败"，答案选项分为4级，"0：完全没有人；1：有些人；2：大部分人；3：几乎所有人"。根据表1，政府清廉感知的间接评价也存在中央与地方的"差序格局"；民众认为中央官员腐败的程度（均值0.75）低于地方官员腐败程度（均值1.04），即中央清廉程度超过地方。为便于研究，将赋值进行反向调整，赋值越高表明公众清廉感的间接评价越高，对政府的清廉感知程度越高。

而政府清廉感的直接经验变量（本文称之为"客观经历"），我们选取问卷中1道题"您自己、家人或熟人近几年来亲身经历过干部的腐败行为吗?"凡是经历过的受访者赋值1，不曾经历过的受访者赋值0。从表1来看，大约20%的受访者曾经经历过干部的腐败行为。赋值越高，则表明公众清廉感知的评价越低。

此外，公众对政府反腐绩效评价也是本文研究的重要自变量，其包含两方面的公众主观评价：腐败改善程度和政府努力打击腐败的情况。对"公众认为腐败改善程度"的测量将根据问卷中,"您认为在过去 3 年中,我国的腐败的状况是 1:改善了很多;2:改善了一些;3:没有变化;4:恶化了一些;5:恶化了很多"。而对"公众认为政府努力打击腐败"的测量根据问卷中,"您认为在过去 3 年中,我国政府有没有付出足够的努力来打击贪污腐败、杜绝贿赂?1:尽了最大努力;2:有努力做一些事情;3:没有努力做什么事情;4:完全没做什么"从不同维度分别测量主观反腐感知。我们将这 2 道的取值进行倒置处理,使之对政治信心有着正向关系。从表 1 结果来看,民众普遍认可过去 3 年政府在打击腐败上做了一些努力(均值 3.14),腐败程度有一些改善(均值 3.94)。

3. 控制变量

为避免遗漏变量偏差,额外加入相关控制变量:性别、年龄、受教育年限、党员、城乡变量(1:城市)、主观社会地位评价("您觉得您家庭的社会地位在 1—10 哪一个位置上:1:很低、10:很高")、对于当前经济状况评价("您觉得我们国家目前整体经济情况怎么样?1:非常好;2:比较好;3:不好不坏;4:不太好;5:非常不好")。[①]

此外,公众的价值观也可能影响政治信心,本文使用因子分析对问卷中包含价值观的下述四道题进行测量。第一道题,"我们可以相信,政府领导人所做的决定总是正确的";第二道题,"不管一个国家如何不好或是做错了什么,作为一个国家的公民都应该保持对国家的忠诚";第三道题,"政府的领导人就像大家庭的家长,他们关于国家事务的决定,人民都应该服从";第四道题,"只要有道德高尚的领导人,我们就可以让他们决定一切"(1:非常同意;2:同意;3:不同意;4:非常不同意),从中提取出公因子[②],本文将其命名为父权主义价值观(paternalist value)[③]。根据既有研究的

[①] 将这道题的取值进行倒置,使之对政治信任有正向关系;对当前经济评价越高,政治信任程度越高。

[②] 我们将这四题的答案进行倒置处理,使之与政治信任有正向关系。这四道题的克隆巴赫值 α = 0.66,KMO 值为 0.7,说明具有好的信度和效度,累计解释变异量为 0.35。

[③] 马得勇和王正绪(2012)将该因子命名为威权主义价值观,该因子采用的"世界价值观调查"对于 Paternalist Value 的测量题组,本文译作父权价值观。

发现，越是认同父权价值观的民众，越不容易对政府产生不信任感，因而其政治信心的水平越高。①

四、实证分析结果

（一）实证结果

表2呈现了对中央与地方政治信心的多层次回归分析结果，在模型分析过程导入抽样权重②，对研究问题进行实证检验。为进行不同自变量对因变量影响强度的直观比较，在研究过程中将所有自变量和控制变量进行标准化处理。除二元变量减去均值外，其他变量均再除以2倍该变量标准误③。根据对实证数据分析的结果，我们发现以下内容。

第一，反腐败显著提升了中国公众的政治信心。即公众对政府反腐绩效评价的程度越高，其对中央或地方的政治信心评价越好。首先，公众主观认为腐败程度得到改善情况，对中央的政治信心回归系数为0.12，在1%水平上统计显著，而对地方的政治信心的回归系数为0.22，在1%水平上统计显著。即公众越是对政府的反腐效果具有较高的评价，其对地方和中央的政治信心水平越高。其次，公众认为政府努力打击腐败这一因素，对中央的政治信心回归系数为0.14，在1%水平上统计显著；对地方的政治信心作用系数为0.2，亦在1%水平上统计显著，即公众对政府反腐力度越认可，其对政治信心的评价程度越高。由此说明，假设1通过了检验，反腐败显著提升了中国公众对中央和地方的政治信心。

第二，根据表2的结果可知，如果公众腐败的直接经验越丰富（即政府清廉感的客观经历），则会显著降低其对中央或地方的政治信心。客观经历对政

---

① Chang, Eric C. C. and Yun-han Chu, "Corruption and Trust: Exceptionalism in Asian Democracies?", *The Journal of Politics*, Vol. 68, No. 2, 2006, pp. 259–271.

② Carle, Adam C., "Fitting Multilevel Models in Complex Survey Data with Design Weights: Recommendations", *BMC Medical Research Methodology*, Vol. 9, No. 1, p. 9.

③ Gelman, Andrew, "Scaling Regression Inputs by Dividing by Two Standard Deviations", *Statistics in Medicine*, Vol. 27, 2008, pp. 2865–2873.

治信心（中央）的作用系数为-0.16，对政治信心（地方）的作用系数为-0.39，方向均为负且在1%水平上统计显著。由此说明，客观经历削弱公众的政治信心，假设2A通过了检验。而对中央的政府清廉感知（间接评价）对中央政治信心的作用系数0.24，地方的政府清廉感知（间接评价）对地方政治信心的回归系数为0.87，作用方向均为正且在1%水平上统计显著。由此说明，间接评价对政治信心具有促进作用，假设2B通过了检验。因而，假设2得到了实证数据的支持，即政府清廉感的不同来源对政治信心存在相反的作用效果。

不仅如此，对中央政治信心的影响中，客观经历的作用系数绝对值为0.16，而间接评价影响系数为0.24；而对地方政治信心影响中，客观经历的作用系数绝对值为0.39，而中央政府清廉感的间接评价影响系数高达0.87。由此表明，相比客观经历，公众清廉感知的间接评价对政治信心的作用效果更突出。

第三，公众对中央和地方官员清廉感知与政治信心的影响相互独立。根据表2结果可知，首先，就公众对中央政治信心而言，公众的中央政府清廉感越高，则政治信心水平越高，其作用系数为0.24，在1%水平上统计显著。然而，如果公众的地方政府清廉感越高，反而会降低对中央政治信心的水平，其作用系数为-0.06，不过并不具有统计显著性。其次，就公众对地方政府的政治信心来说，公众的地方政府清廉感越高，则政治信心评价越高；然而公众中央清廉感知越高，反而将降低其对地方的政治信心评价，其作用系数为-0.17，在1%水平上统计显著。此外，客观经历对中央和地方的政治信心影响都为负，相比中央政府，其对地方政治信心的削弱作用更为突出。由此说明，公众政府清廉感分别独立对中央和地方的政治信心产生作用，假设3通过了检验。不过，这种效应仅存在于公众清廉感知的间接评价，尚缺乏充足的实证证据表明客观经历也有类似效应。

此外，根据表2相关控制变量的回归结果可知，反腐败对政治信心的影响过程中存在鲜明的群体特征。公众对当前经济的评价、社会地位的评价和父权价值观强烈地影响他们对中央政府和地方政府的信心。（1）在控制年龄、性别、收入等其他变量情况下，个体的经济状况评价对中央政治信心的回归系数为0.27，对地方政府的信心作用系数为0.24，且均在1%水平上统计显著。即公众对于当前经济状况的评价越高，对于政府的信心程度也就越高。（2）个体社会地位的自我评价对中央的政治信心作用系数为 0.07，对地方政治信心为 0.22，且均在 1% 水平上统计显著。这表明公众对社会地位的主观评价越高，其对政治信心的评价就越高。（3）父权价值对中央政治信心的回归系数为 0.36，对地方政治信心的作用系数为 0.41，且均在 1% 水平上统计显著。即越认同父权价值观的公众，对各级政府的政治信心评价越高。

表 2　对中央与地方政治信心的多层次回归模型分析结果

	政治信心（中央）		政治信心（地方）	
	β	SE	β	SE
政府清廉感知（中央—间接评价）	0.24**	(0.03)	-0.17**	(0.06)
政府清廉感知（地方—间接评价）	-0.06	(0.04)	0.87**	(0.05)
认为腐败程度改善了	0.12**	(0.03)	0.22**	(0.06)
认为政府努力打击腐败	0.14**	(0.05)	0.20**	(0.05)
政府清廉感知（客观经历）	-0.16**	(0.05)	-0.39**	(0.04)
男性	0.09**	(0.03)	0.01	(0.04)
年龄	0.15**	(0.04)	-0.12	(0.07)
城乡变量（1：城市）	-0.10**	(0.03)	0.11**	(0.05)
受教育年限	0.05	(0.04)	0.11	(0.07)
党员	0.04	(0.04)	0.18**	(0.07)
社会地位（自评）	0.07**	(0.04)	0.22**	(0.05)
当前经济状况（自评）	0.27**	(0.04)	0.24**	(0.05)
父权主义价值观	0.36**	(0.04)	0.41**	(0.05)
常数项	5.14**	(0.03)	0.01	(0.01)
省层次方差	0.01	(0.01)	0.001	(0.001)
R^2	0.21		0.26	
样本量	2706		2737	

注：β 为标准化系数；SE 为稳健标准误；** 代表系数通过 0.01 水平的显著性检验
资料来源：根据 2015 年中国城乡社会治理调查数据作者自制。

（二）稳健性检验

然而，表 2 的两个模型在方法上存在两个潜在的问题。第一，自变量多为受访者的主观评价，可能彼此会互相影响。在对政府信心的模型估计中，可能存在共线性问题，回归系数有所偏差。不过，从方差膨胀因子（Variance Inflation Factor, VIF）来看，两个模型中所有变量对应的 VIF 最大仅 1.66，说明可以排除对模型可能存在共线性问题的担忧。

第二，由于因变量——政治信心同属受访者的主观评价，与相关自变量，诸如认为中央官员的清廉程度（即政府清廉感知—间接评价）、认为地方官员清廉程度（即政府清廉感知—间接评价）、认为腐败程度改善、认为政府努力打击腐败、主观社会地位评价、对当前经济状况评价等变量的属性相似，因而可能存在内生性问题。

此类内生性问题会使模型估计的回归系数存在偏差[①]。为解决该问题，本文将进一步使用三阶段最小二阶方程（Three-Stage Least Squares, 3SLS）来重新估计公众对政府清廉感知与政治信心间关系，以便对表 2 中部分模型的结果进行稳健性检验。表 3 为稳健性检验的模型估计结果。

表 2 模型的分析结果表明，相比客观经历，公众清廉感知的间接评价（中央和地方）对政治信心有更突出作用。因此，为聚焦分析，我们仅针对政府清廉感知的间接评价（中央和地方）与政治信心进行稳健性检验，以排除对可能存在内生性问题的担忧。为使得联立方程模型 A 和联立方程模型 B 可以识别，本文加入"经常阅读政治新闻"和"对政治感兴趣程度"等两个变量作为工具变量来估计公众对政府清廉感的间接评价；公众对政治高度感兴趣，或者经常阅读政治新闻，便越容易接触到国家反腐和官员腐败的相关信息，因而更可能对政府清廉感（间接评价）进行具体而有意义的评判。

表 3 呈现了三阶段回归模型的分析结果[②]。即便公众对政府清廉感知的间接评价与其对政府信心间存在内生性问题，整体来看，与表 2 的结果相比，表 3 的结果仍然没有太大的差异。首先，政府清廉感的间接评价对政治信心的作用仍在不同层级政府间相互独立。公众认为中央官员清廉感程度越高，则对中央政治信心的评价越高，认为地方官员清廉感程度越高，则反而会降低对中央

[①] Hausmen 检验证实了表 2 两个模型自变量与因变量存在内生性的问题。表 2 两个模型的残差加入原模型当成自变量，残差的系数均具有统计显著性，表示模型存在内生性的问题。

[②] 原表 2 中性别、年龄、教育程度、党员、城乡变量均当成外生变量模型，表 3 省略呈现这些回归系数。

政治信心的水平。相应的，认为地方官员清廉感程度越高，则对地方政治信心的评价越高，认为中央官员清廉程度越高，反而会降低对地方政府的政治信心评价。其次，公众对政治信心评价越高，则他们对中央和地方官员腐败程度的评价就越低（即清廉感知程度越高）；换言之，当公众的政治信心提升时，则主观上认为中央和地方官员的腐败程度减少了（即清廉感知增加）。最后，从标准化系数看，相比实际经历，间接评价对政治信心的作用效果仍更强，这一结果与表2一致。因此说明，假设2通过稳健性检验。

表3 稳健性检验：三阶段回归模型分析结果

	联立方程模型 A			联立方程模型 B		
	政治信心（中央）	中央腐败度	地方腐败度	政治信心（地方）	中央腐败度	地方腐败度
政府清廉感知（中央—间接评价）	0.57** (0.25)			-3.00** (0.28)		
政府清廉感知（地方—间接评价）	-0.72** (0.23)			3.53** (0.26)		
父权主义价值观	0.30** (0.05)			0.27** (0.05)		
当前经济状况评价	1.12** (0.13)			0.26 (0.15)		
政府清廉感知（客观经历）	-0.27** (0.06)	0.06** (0.02)	0.20** (0.02)	0.15 (0.08)	0.05* (0.03)	0.07** (0.03)
政治信心（中央）		-0.29** (0.03)	-0.24** (0.03)			
政治信心（地方）					-0.12** (0.02)	-0.27** (0.02)
经常阅读政治新闻		0.08** (0.02)	0.06** (0.02)		0.08** (0.02)	0.06** (0.02)
对政治感兴趣程度		0.05** (0.02)	0.06** (0.02)		0.03 (0.02)	0.03 (0.02)
省层次固定效用	YES	YES	YES	YES	YES	YES
样本量	2871			2909		

注：系数为标准化系数；括弧内数字为标准误；*、**分别代表系数通过0.05、0.01水平的显著性检验；分析过程导入抽样权重。

资料来源：根据2015年中国城乡社会治理调查数据作者自制。

五、结论与讨论

自2012年党的十八大进行的全面从严治党以来,党和国家以前所未有的决心和实际行动开展反腐败行动,坚决打击各类腐败行为。在反腐败运动中,国家既"打老虎"又"拍苍蝇",赢得了民心,得到了人民群众的广泛支持和拥护,对公众的政治态度产生深刻影响。根据既有研究和实际经验,本文认为全面从严治党以来,反腐败显著提升了中国公众的政治信心。不过,学界还鲜有实证研究从作用机制上揭示出为何反腐败提升了中国公众的政治信心。同时考虑到政治信心是个体主观评价的复杂内容之一,因而本文主要从政府清廉感知这一主观评价的内容着手,分析其如何影响政治信心。在具体研究中,本文将政府清廉感知分为两部分:公众间接经验产生的政府清廉感知(即政府清廉感的间接评价)和公众直接经验产生的政府清廉感(即客观经历),并分别探讨其对政治信心的影响。此外,将政府清廉感的间接评价区分为中央政府和地方政府,同时也将政治信心区分为中央和地方层面。利用2015年中国城乡社会治理调查数据(CSGS2015),本文讨论了全面从严治党提升中国公众政治信心的复杂过程,对相关问题进行实证检验。

本研究的主要发现是:第一,实证上进一步证实,反腐败显著提升了中国公众的政治信心。公众对反腐绩效的评价越高,其政治信心的水平越高。第二,政府清廉感的不同来源对政治信心存在完全相反的作用效果,客观经历会削弱政治信心,而间接评价能够提升政治信心。此外,在作用效果的强度上,相比政府清廉感知的实际经历,政府清廉感知的间接评价对政治信心的作用效果更为明显。第三,全面从严治党对政治信心的提升过程中,政府清廉感知对不同层级政府的政治信心有独立影响。公众对中央政府清廉感知的间接评价能提升对中央的政治信心,却未提升对地方政治信心的评价;公众对地方政府清廉感的间接评价提升了地方的政治信心,却没有增强对中央的政治信心。当然,这种独立效应仅存在间接评价的影响中。此外,本文还发现政府清廉感对公众政治信心影响过程中,存在鲜明的群体差异性特征。具体而言,个人社会地位、经济状况的主观评价越高,其政治信心的水平越高;同时,对父权价值

百年变局与中国政治学的时代化：清华政治学系的探索

观越认同，公众的政治信心水平越高。

本文发现具有重要的理论和现实意义。理论意义在于，本文在实证上检验了中国反腐败行动对提升政治信心的积极作用。尽管既往研究在应然层面肯定了反腐败对中国政治信心的积极效果，不过这一结论在学界鲜有被实证数据加以证实。本文一定程度上弥补了现有文献的不足。同时，文章从公众对政府的清廉感知入手，对政治信心展开分析，并比较了客观经历与间接评价对政治信心的作用强度，丰富了对全面从严治党提升公众政治信心影响过程的认识。政策启示在于，首先，公众对反腐败绩效的正面评价能提升政治信心。因此，在未来，国家仍应继续坚持全面从严治党，保持高压反腐态势。在反腐败行动的作用下，中国公众的政治信心仍将不断提升。本研究为国家继续坚持从严反腐提供了一定的学理支持。其次，相比腐败的实际经历，政府清廉感知的间接评价对政治信心作用效果更明显。因此，在未来应充分利用互联网、电视、广播等新闻媒介，广泛向社会各界传播国家大力反腐的决心等相关信息。同时，还要积极宣传国家的反腐成绩，以便提升公众对政府清廉感知的间接评价，进而提升政治信心。此外，鉴于政府清廉感知对政治信心的影响具有鲜明的群体差异。在未来，国家应不断促进经济发展，提升广大人民群众的生活水平，促进社会公平与正义，从而更有助发挥反腐败提升公众政治信心的积极作用。

当然，本研究也存在一定的不足之处。囿于本文采用的单一横截面数据，本文无法深挖连结公众对政府清廉感知和政治信心间复杂的因果机制以及其作用过程的全貌。此外，本文也难以修正测量公众清廉感知的间接评价和政治信心可能存在的社会期望偏差[①]。不过，文章通过"政府清廉感知"这一核心变量入手，利用较为严谨的研究设计和方法，部分程度上揭示了全面从严治党对政治信心作用的过程，仍有重要价值。对上述可能存在的问题，需要未来的研究能不断完善研究设计，利用更高质量的数据进一步深化对相关问题讨论，以便发现与完善其中的因果机制解释。

---

① 李辉、孟天广：《腐败经历与腐败感知：基于调查实验与直接提问的双重检验》，载《社会》，2017年第6期，第194—215页。

政府数字化转型的要素、机制与路径
——兼论"技术赋能"与"技术赋权"的双向驱动*

孟天广

一、数字时代的国家治理现代化与政府数字化转型

进入21世纪,人类社会迈入第四次工业革命,互联网、大数据、人工智能等新兴科技驱动着人类社会的快速演化。第四次工业革命给我们创造了百年未有的大变局,新兴科技的快速迭代和快速渗透,引起全社会快速地信息化和数字化。全球范围内第四次工业革命浪潮扑面而来之际,恰逢我国处于推进治理现代化的全面深化改革期。国家治理体系和治理能力现代化,是中国共产党领导的继农业、工业、国防和科技现代化之后的"第五个现代化",是非物质层面的国家治理制度、体制和机制的现代化。

在人类政治文明的重大转型进程中,科技革命始终是举足轻重的动力源。科技革命驱动着生产力质的飞跃,由此驱动着上层建筑——即社会经济制度的变革和国家治理体系的转型。第一次工业革命以英国为社会试验场,形成了以工具理性为基础的准科层制组织,相应的政府组织形式亦成为世界性的早期治理现代化模板。第二次工业革命产生了新的动力系统,驱动专业化分工和流水

---

* 本文为2018年度国家社会科学基金重大项目"基于大数据的智能化社会治理监测、评估与应对策略研究"(项目编号:18ZDA110)的阶段性成果。

百年变局与中国政治学的时代化:清华政治学系的探索

线式生产模式的形成,促使巨型科层制成为政府和企业共同的组织形式,韦伯意义上的科层制成为全球政府组织的主流形式。以计算机技术为标志的第三次工业革命促进了服务型经济和电子政务的产生,以无间隙政府、新公共管理等政府改革为标志对传统科层制组织形式进行了自我调适。前三次工业革命塑造了工业社会的政府形态,我国在此期间始终居于"追赶"和"学习"地位。而以大数据和人工智能为代表的第四次工业革命,则离不开强烈的"中国印记"。我国积极参与第四次工业革命的技术变革浪潮,通过实施科技驱动战略加速了在数字和智能技术创新中的引领作用,在国际社会率先探索适应于数字与智能技术的新兴产业、商业模式和治理模式,这促使我国在数字经济、数字政府领域走在世界前列。

  大数据、区块链、人工智能等新兴技术快速经历了从科技创新到应用扩散的转型,深刻地影响着社会经济生活以及国家治理,以数据驱动和数字化治理为核心特征的政府数字化转型,成为近年来全球政府治理改革的核心议题。[①] 各国数字化治理向纵深推进,一个前所未有的大变革时代已然来临。党的十九届四中全会重申了"推进国家治理体系和治理能力现代化"的深化改革总目标,强大新颖的数字技术和未来可期的智能技术为推进治理现代化提供了不可或缺的科技驱动力。近年来,我国运用数字技术驱动治理现代化已产生了丰富的实践进展,发挥着激发市场创造活力、激活社会参与热情、激励政府自我改革等积极作用。[②] 在刚刚经历的新冠疫情期间,数字与智能技术在疫情防控、风险研判和复工复产等方面的创新应用,为我国有效应对疫情风险提供了坚实的技术支撑。十四五规划明确提出加快"数字化发展",其中数字政府要成为经济与社会数字化发展的基础保障。概言之,以获取、共享和分析数据为基础,以面向、基于和经由数据的治理为机制,数字技术重构着政府、企业、媒体和社会大众等主体的行为模式及其互动关系,为政府数字化转

---

  ① 郁建兴、黄飚:《超越政府中心主义治理逻辑如何可能——基于"最多跑一次"改革的经验》,载《政治学研究》,2019年第2期,第49—60页;黄璜:《数字政府:政策、特征与概念》,载《治理研究》,2020年第3期,第6—15页。

  ② 翟云:《整体政府视角下政府治理模式变革研究——以浙、粤、苏、沪等省级"互联网+政务服务"为例》,载《电子政务》,2019年第10期,第34—45页。

型准备了充分条件。

二、数字时代国家治理现代化的挑战与机遇

(一) 数字时代的治理转型及其挑战

近年来,我国快速进入数字时代,经济和社会生活日益数字化。电子商务、社会交往、移动支付等新兴业态和生活方式的普遍扩散,驱动着政务服务、政府监管和政府运行的快速数字化。互联网+政务服务、互联网+监管、互联网+督察成为各级政府数字化治理的必备基础设施,与此同时,网络空间的公众参与、政民互动、政治传播愈加活跃,成为政府感知社会偏好、吸纳并回应民意的新生渠道。然而,数字时代的到来向传统治理模式提出了若干挑战,进而驱动着公共部门的组织形态、治理技术和治理机制的调适。

数字时代政府治理面临下列挑战。首先是治理理念面临挑战。随着数据爆炸,传统的政务信息化、信息公开已经不适应时代要求,须更大程度地整合和公开政府数据资源。新兴技术促使公众参与意识上升,重视对政务信息的知情权和民意表达权,以及对公共治理的过程参与。数字时代国家治理应倡导公众参与、政社协同、政民互动等治理理念,政府要打破其与市场、社会等其他组织的传统边界,促进数据流通、公开以保障治理过程透明化运行。[1] 其次是治理方式面临挑战。传统上,政府治理强调自上而下的治理方式,决策权、评价权和监督权集中在上位政府,注重管理规制而弱化服务职能,追求结果导向而忽视治理过程的质量。社会治理强调社会动员多于社会参与,重视宣传引导多于民意回应。进入数字时代,公众获取和生产的信息量越来越大,政府不再垄断信息资源,因而需要形成政治沟通和民意回应的有效治理方式。既有决策模式注重依靠经验决策、小数据决策,而数字时代政府必须依赖采集多源异构数据,基于理论模型和数据分析加深对治理问题和场景的理解和判断,形成

---

[1] 孟天广、张小劲:《大数据驱动与政府治理能力提升——理论框架与模式创新》,载《北京航空航天大学学报(社会科学版)》,2018 年第 1 期,第 18—25 页。

科学决策模式。再次是新生数据治理体系还不健全，譬如个人隐私和政府数据开放问题。数据已经成为重要的生产要素，然而，我国数据开放和个人隐私保护的制度尚不完善，目前尚缺乏对数据安全、隐私数据进行规制的法规。政府数据公开也缺乏强有力的政策，制约着政府数据的公开程度和数据价值的开发。

（二）政府数字化转型的新机遇

进入数字时代，政府数字化转型成为治理现代化的必由之路。国家治理的理念、制度和技术体系迫切需要数字化再造，而科技革新为政府数字化转型提供了科技驱动力，驱动着治理制度、组织形态和治理技术体系的变革。

首先，现阶段我国存在政府数字化转型的政策机会。党中央和国务院高度重视大数据、人工智能、区块链等新兴技术与治理现代化的关系，在国家层面形成多个顶层设计以推进政府治理、经济治理和社会治理数字化转型，尤其强调数字技术对于政务公开、公共服务、政府监管的重要价值。2015年9月，国务院在里程碑式文件《促进大数据发展行动纲要》中明确指出，信息技术与经济社会的交汇融合引发了数据迅猛增长，数据已成为国家基础性战略资源。此后国办陆续推出互联网+政务服务、互联网+监管、互联网+督察等政务服务改革以推进数字政府建设，使其成为推进国家治理体系和治理能力现代化的重要部署。

其次，数据是重要生产要素，也是数字时代的关键治理资源。大数据时代，基于大数据的数字政府应用不仅应用场景丰富，而且不断丰富着政府治理技术工具箱。2017年12月，习总书记在十九大以来政治局第二次集体学习时指出，要"运用大数据提升国家治理现代化水平"，"利用大数据平台，分析风险因素，提高感知、预测、防范能力"，"运用大数据促进保障和改善民生，利用'互联网+N'推进教育、就业、社保、医药卫生、住房、交通等领域大数据普及应用"。这充分说明了数字技术创新国家治理的丰富内涵和全景图式。

再次，政府数字化转型是信息技术驱动政府改革的新阶段。1990年代以来，我国政府历经办公自动化、政务电子化、政务移动化三个阶段，逐步迈入数字政府建设阶段①。我国政府从1990年代启动电子政务系统建设，历经90年代注重自动办公系统和信息化系统的建立，进入21世纪初强调政府上网工程普及政府门户网站，2010年以来进入政务移动化阶段，在全国范围内建设一体化网上服务平台、网络问政平台以及政务新媒体等。②2015年以来，我国逐渐在政府信息化工程基础上推进数字政府建设，强调利用数字技术推进政务服务、政府监管、决策支撑和政治传播③，构建政府主导、社会协同、公众参与的新型治理模式。

三、政府数字化转型的理论框架：概念、要素与理论基础

（一）数字政府：政府数字化转型的治理模式

社会快速转型与信息化、数字化、智能化时代的重叠，向政府治理提出巨大挑战的同时，也为政府数字化转型准备了有利条件。数字政府理念历经20世纪90年代开始的"数字地球""数字城市""智慧地球""智慧城市"概念演变，以及习近平总书记任职福建时提出"数字福建"，至十九大提出"数字中国"，其中数字政府成为政府数字化转型的新兴治理模式。21世纪初，我国学者已开始探讨数字治理与数字政府，袁文艺等在2003年提出，数字政府的意蕴不仅限于技术层面的突破，更重要之处在于推动政府理念的革新、政府职能的转变和政府体制的重塑。数字政府的目标是将巨型科层组织变革为适应信息经济的无缝隙的、网络化的服务型政府。④徐晓林等提出数字治理广义上指在电子技术的支持下整个社会运行和组织的形式，狭义上指政府与市民、企业

---

① 戴长征、鲍静：《数字政府治理——基于社会形态演变进程的考察》，载《中国行政管理》，2017年第9期，第21—27页。
② 孟天广、郑思尧：《信息、传播与影响：网络治理中的政府新媒体——结合大数据与小数据分析的探索》，载《公共行政评论》，2017年第1期，第29—52页。
③ 翟云：《整体政府视角下政府治理模式变革研究——以浙、粤、苏、沪等省级"互联网+政务服务"为例》，载《电子政务》，2019年第10期，第34—45页。
④ 袁文艺、毛彦洁：《数字政府与网上政治文化入侵》，载《社会主义研究》，2003年第2期，第82—84页。

互动以及政府内部运行中技术应用的程序。①

十九大以来，随着数字政府建设提上顶层设计，学界围绕数字政府展开了系统研究。戴长征等从社会形态演变过程视角，强调政府基于数字化思维、数字化理念、数字化战略、数字化资源、数字化工具和数字化规则等提供政府服务、增强公众服务满意度的过程。② 鲍静等提出应从技术、行为、组织三个层面推进数字治理体系框架建设，分别聚焦于数字社会形态下的基础设施治理、个体行为治理、集体行为以及组织形态变迁。③ 黄璜认为不能将数字政府仅视为政府治理的技术化替代，而应利用数字技术帮助政府获得和传递更多的数据、信息和知识，为政府治理目标服务。④ 概言之，学界普遍认为数字政府是政府数字化转型的未来方向。数字技术普及为治理理论发展提供了重要契机，技术赋能和技术赋权成为数字技术影响治理过程的两大关键机制，前者强调新兴技术对公共部门的赋能作用，后者强调新兴技术赋权社会主体提升其参与和协同能力的价值。

（二）政府数字化转型的要素

政府数字化转型的核心特征是全社会的数据互通、数字化的全面协同与跨部门的流程再造，进而形成"用数据说话、用数据决策、用数据管理、用数据创新"的治理体系。作为数字时代的全新治理模式，政府数字化转型包含三个要素：

一是面向数据的治理。进入数字时代，治理对象从物理世界渗透到虚拟世界，"数据""信息""数字"本身成为重要的治理对象，即"对数据的治理"。面向数据的治理既是政府内部治理的应有之义，也是面向数字经济与数

---

① 徐晓林、周立新：《数字治理在城市政府善治中的体系构建》，载《管理世界》，2004 年第 11 期，第 140—141 页。

② 戴长征、鲍静：《数字政府治理——基于社会形态演变进程的考察》，载《中国行政管理》，2017 年第 9 期，第 21—27 页。

③ 鲍静、贾开：《数字治理体系和治理能力现代化研究：原则、框架与要素》，载《政治学研究》，2019 年第 3 期，第 23—32 页。

④ 黄璜：《数字政府的概念结构：信息能力、数据流动与知识应用》，载《学海》，2018 年第 4 期，第 158—167 页。

字社会的治理形态。从经济角度而言，数据成为新的生产要素之后，对于数据的所有权、使用权以及数据安全等均称为政府数字化转型的制度基础，这迫切需要建立适用于数据要素治理的法规制度。从社会角度来说，对数据的治理还涉及隐私保护、政务数据与社会、经济数据的边界，以及围绕数据采集与处理的伦理价值。

二是运用数字技术进行治理，即引入新兴治理技术。运用数字技术提升治理能力进而提升治理效能，即"经由数据的治理"。运用大数据、人工智能等新兴技术，可以进行全方位的"技术赋能"，从技术上改进治理方式、治理技术，提升政府的信息汲取、数据治理、数字规制、回应服务和濡化能力。[①] 同时，依托数字技术也有助于构建政府、市场和社会多主体协同的治理结构，从而将不同主体所占有的治理资源——数据、算法、算力等充分激活，构建共治共享格局。

三是治理场域的拓展，随着越来越多的经济社会活动数字化运行，虚拟空间的治理成为政府数字化转型的重要场域，即对"数字空间的治理"。数字技术赋权社会大众，人们越来越多地在数字空间开展经济社会活动，甚至在数字空间与政府互动，这迫切需要形成"数字空间的治理"体系，对电子商务、移动支付、在线直播等数字融合世界的新生事物进行有效治理。围绕数字空间的新生公共问题，譬如假信息、数字劳工关系、数据产权、在线集体行动等进行有效治理。

四、技术赋权：数字技术驱动的社会协同能力

随着数字革命的兴起，以数据、信息、知识为代表的新兴社会资源一定程度上重塑着不同社会主体的行动模式，并对既有治理格局产生颠覆性影响。作为社会治理的关键，数字技术对个人和组织发挥着显著的"赋权"功能。依靠数字技术，人们通过获得信息、参与表达和采取行动等行为方式实现自我

---

① 孟天广、张小劲：《大数据驱动与政府治理能力提升——理论框架与模式创新》，载《北京航空航天大学学报（社会科学版）》，2018年第1期，第18—25页。

百年变局与中国政治学的时代化：清华政治学系的探索

增权。

一是数字技术赋权公众参与。数字技术革命带来了信息自由，普通人在公共议题上拥有了选择、制作和传播信息的能力。政府与知识精英在话语权上的垄断地位受到了挑战。在新世纪初，网络论坛和博客首先成为传统媒介之外分享信息的新平台。与报纸、电视等传统媒体相比，互联网无边界、去中心的特点，无疑增强了人们表达诉求的权利。① 普通人对网络信息的阅读、分享和评论等个体化表达行为，成为社会舆论的重要成因。随着移动互联网的发展，短视频平台更进一步地提升了普通人的参与能力和话语平权。② 移动短视频极大地降低了创作内容的难度，并且传播推荐算法和激励措施的去中心化，也使得用户具有较为平等的传播权利。③ 随着5G等移动互联网技术延伸到普通人的日常生活之中，因数字鸿沟而导致的社会分割将逐渐减少，社会公众的话语权和影响力也将持续提升。

二是数字技术赋权社会组织。数字技术的更新促进了组织内部自治能力提升、组织形态虚拟化和边界模糊化，提升了各类社会组织在社会治理中发挥积极价值。在商业组织中，信息革命对企业内部的组织形态产生了重大影响。传统企业也基于互联网思维，向以网络化生态、全球化整合、平台化运作、员工化用户、无边界发展、自组织管理为特征的智慧型组织方向进行再造。④ 数字技术在虚拟社群构建中发挥着重要作用⑤，为虚拟社群的"组织化"、边界确立、资源动员和集体行动能力塑造发挥着支撑作用，组织功能从要素集聚和组织赋权转变为资源整合与组织赋能，以平台化支撑和虚拟自组织方式参与社会治理。

三是数字技术驱动政社协同。数字技术有利于推进社会与政府互动与合

---

① 王四新：《表达自由：媒体与互联网——以美国为例》，载《国际新闻界》，2007年第5期，第52—55页。
② 张林：《自媒体时代社会话语生态变迁：生成模式、主体形式与权力结构》，载《理论导刊》，2019年第12期，第68—72页。
③ 金文婧：《移动短视频内容生产与传播的去中心化研究——以快手短视频为例》，载《新媒体研究》，2019年第10期，第19—20页。
④ 李海舰、田跃新、李文杰：《互联网思维与传统企业再造》，载《中国工业经济》，2014年第10期，第135—146页。
⑤ 李振锋、张弛：《城市社区治理中的虚拟社群参与——基于对城市更新中虚拟社群的考察》，载《治理研究》，2020年第4期，第135—146页。

作，形成个人、组织与政府三者协作共治的社会治理新局面，提升社会协同能力。越是复杂的系统，系统协调的要求越高，协同效应也就越显著，传统由政府主导的线性管理模式不能对复杂社会问题给出有效的解释和应对方案。[①] 在现代社会中，无论是非盈利组织还是企业组织都是社会治理主体，这些组织既是社会治理的重要参与力量，又是市场经济体制运行的必需支撑体系。数字技术的发展一方面对内加强了社会组织力量，另外一方面对外构建着协同政府的社会治理能力。

五、技术赋能：数字技术驱动的政府治理能力

国家治理现代化迫切需要构建全新治理模式以适应时代变革，厘清数字时代的政府、市场和社会间关系。当前我国治理能力现代化涉及理念创新、体系变革、机构调整和职能优化等多个方面。近年来，数字技术驱动治理能力的维度引起了学界热烈讨论。现阶段存在三个技术赋能政府变革以提升治理能力的维度。

一是重构政府治理能力的构成。政府数字化转型是新兴技术革新所创造的政府变革新机遇，是一种集数据驱动、技术嵌入、社会协同为关键机制的新型治理能力。数字技术对治理能力的驱动首先反映在数字技术驱动的认识论上，数字技术驱动意味着治理能力必须要"直接面对数字技术、全面基于数据治理和创新应用数字技术"，超越既往经验驱动、危机驱动和理想驱动等认识论。其次，数字政府转型拓展了政府治理的领域。在"一切皆可量化"的数字化浪潮中，数字空间逐渐成为现实世界的"镜像"，数字社会与现实社会日益融为一体，国家治理不再局限于物理世界，而是拓展到数字空间，要求治理主体掌握数字空间与物理空间的社会运行规律，实现线上线下充分联动、协同共治。第三，数字政府转型丰富了政府的治理工具。运用数字技术，可从更宽领域、更长时段、更精细度对公共事务和政策过程进行分析，更加准确、及

---

① 范如国：《复杂网络结构范型下的社会治理协同创新》，载《中国社会科学》，2014年第4期，第98—120页。

百年变局与中国政治学的时代化：清华政治学系的探索

时、深入地把握多元诉求，预测研判社会发展趋势及潜在社会风险，提升决策、监管和服务能力。

二是赋能政府自身治理。该层次强调数字技术对政府内部运作与政府自身治理的意义，认为数字技术可以改善政府的决策流程，优化决策目标，提升决策质量，诊断施政效果，精准化施政评估。互联网及大数据对政府治理的功能边界、基本能力和主导机制等形成重要影响，进而推进在线政府、政府数据开放、数据流动与数字权利等发展。孟庆国①、马亮②等认为受到信息技术进步和政府改革实践双重推动的电子政务，已对变革政府管理过程和手段产生巨大影响。郑磊③、郑跃平等④聚焦于政府数据开放问题，对政府数据开放的历史、进展、意义、关键因素和互动关系和趋势等进行了阐述和考察。黄璜等将数据视为连接技术创新与政府治理的分析框架⑤，认为电子政务等技术驱动的"电子"理论无法为"数据流动"提供社会理论支持，进而将"数据流动"划分为数字机器、应用系统、数据网络和信息空间四个层次，为数据驱动的新议题和技术驱动的传统议题之间提供了相互连通的理论基点和分类框架。

三是赋能政府的经济与社会治理。这一视角关注数字技术对政府"对外"施政的影响。数字技术可以改善公共服务的水平和质量，便利政府履行监管和审批职能，提高政府应对社会危机和自然灾害的反应速度和敏捷程度，可以为"精准施政""精准激励"提供坚实的治理机制。⑥ 数字技术改善了政府与公众、社会组织和市场主体之间的互动，包括程序公开、规则公开、结果公示和

---

① 孟庆国、关欣：《论电子治理的内涵、价值与绩效实现》，载《行政论坛》，2015年第7期，第33—38页。
② 马亮：《公共部门大数据应用的动机、能力与绩效：理论述评与研究展望》，载《电子政务》，2016年第3期，第62—74页。
③ 郑磊：《开放政府数据研究：概念辨析、关键因素及其互动关系》，载《中国行政管理》，2015年第11期，第13—18页。
④ 郑跃平、刘美岑：《开放数据评估的现状及存在问题——基于国外开放数据评估的对比和分析》，载《电子政务》，2016年第8期，第84—93页。
⑤ 黄璜、赵倩、张锐昕：《论政府数据开放与信息公开——对现有观点的反思与重构》，载《中国行政管理》，2016年第11期，第13—18页。
⑥ 谈婕、高翔：《数字限权：信息技术在纵向政府间治理中的作用机制研究——基于浙江省企业投资项目审批改革的研究》，载《治理研究》，2020年第6期，第31—40页。

信息发布等在内的政务公开,涉及网上办事、意见征询、网上投诉、实时反馈等在内的在线政务,可以超越传统治理方式的时滞、空间和资源限制。此外,数字技术正在塑造新型政治互动的空间和机制,为政府治理降低信息不对称和信息碎片化提供了关键的信息收集、处理和利用的公共性平台。回应制度的建立促使政府对公众需求进行精准定位、及时应对以提升政府回应能力,进而提升精准决策能力。

六、数字政府:未来政府演进的必然路径

数字政府转型已然成为全球浪潮,其发展速度之快、遍及国家之广、涉及领域之多,在人类治理转型的历史上都值得瞩目。中国在这场全球浪潮中紧跟技术革新的步伐,将政府数字化转型作为国家治理现代化的重要机制。由数字技术和治理理论结合所催生的数字治理新模式,为政府组织形态变革、职能结构整合、运作方式优化、治理主体协同、无缝隙服务等,提供了理论源泉与实践路径。

数字技术的快速发展与普及推广为政府数字化转型提供了科技驱动力,通过技术赋能和技术赋权双重机制推进国家治理体系与治理能力现代化。伴随着社会生活"网络化"和"数字化"进程的持续推进,数字政府成为未来政府形态。[①] 作为数字时代国家治理的新形态,数字政府旨在运用前沿数字技术,协同社会主体,通过政府数字化转型重塑治理结构、优化政府职能、革新治理理念,以同时提升政府治理能力和社会协同能力。[②] 数字技术嵌入政府内部引发传统政府向数字政府的转变,在政府治理的实践中通过数据融合化、业务协同化、线上线下一体化的数字化转型提升治理能力。数字技术嵌入社会运行机制,驱动数字经济与数字社会的演化,推进各类创新应用进而塑造社会成员的

[①] 戴长征、鲍静:《数字政府治理——基于社会形态演变进程的考察》,载《中国行政管理》,2017年第9期,第21—27页;郁建兴、黄飚:《"整体智治":公共治理创新与信息技术革命互动融合》,载《光明日报》,2020年6月12日,第11版。

[②] 孟天广、赵娟:《大数据驱动的智能化社会治理:理论建构与治理体系》,载《电子政务》,2018年第8期,第2—11页。

数字习惯和数字素养。总之，政府数字化转型不仅包括数字技术嵌入政府科层制内部所带来的内部结构再造、业务流程重塑和政府公共服务方式变革等，还包括新治理模式所引发的政府与社会关系、政府与市场关系的变革，以及由此产生的数字社会建构及数字经济发展。

党政体制重构视阈下政法工作推进逻辑的再审视
——基于《中国共产党政法工作条例》的解读

于晓虹 杨 惠*

2019年1月，中共中央正式印发了《中国共产党政法工作条例》（下称《条例》），这是建党以来首个针对政法工作的党内法规。《条例》对"党领导政法工作立规矩，定方圆，对谁来领导、领导什么、怎么领导"等重大问题作出全面规定。①《条例》的出台引发了实务界与学术界的普遍关注。中央政法委召开全体会议，强调《条例》在政法工作发展史上的里程碑式意义。② 最高人民法院与最高人民检察院表态强调将党的领导贯彻到工作的全过程各环节。③ 各省市地方政法机关也纷纷召开会议学习、宣传并贯彻《条例》。张文显、卓泽渊等学者也相继发声，从党的政治地位、政法工作的政治属性，以及实践经验等方面阐释与论证党领导政法工作的正当性。④ 李林、陈卫东等从条例的实际效用出发，指出条例对政法工作规范化、制度化的突进，有助于加快政法领域全面深化改革的推进。⑤ 秦前红等在肯定了《条例》对新时代政法工

---

* 杨惠，清华大学社会科学学院博士研究生。
① 周斌：《党旗引领新时代政法事业谱写新篇章》，载《法制日报》，2019年1月30日，第1版。
② 《郭声琨强调增强政治自觉强化责任担当切实将习近平总书记重要讲话精神落实到位》，载《人民日报》，2019年1月27日，第4版。
③ 周强：《最高人民法院工作报告》，载《人民日报》，2019年3月20日，第6版；张军：《把党的绝对领导贯穿检察工作全过程各环节》，最高人民检察院网，https://www.spp.gov.cn/tt/201902/t20190222_408978.shtml。
④ 周斌：《党旗引领新时代政法事业谱写新篇章》，载《法制日报》，2019年1月30日，第1版。
⑤ 刘子阳：《完善监督制约体系提升执法司法公信力》，载《法制日报》，2019年2月1日，第1版。

作的推进之余,认为部分内容仍停留在制度设计层面,具体的实施细节仍需进一步明晰。① 目前各界对《条例》的回应主要见诸报端,尚缺乏从历史和理论的角度更系统的研究。

一、党管政法与政法系统

"系统",又称"口",是指职能相近的一组党政机构组成的体系。"归口管理"是20世纪50年代后期,经历了新中国成立初期党政"适度分离"的摸索,党政关系紧密联系后,党通过党内职能部门对国家和社会事务实行有效管理和控制。② 党对政法系统的归口管理,是指政法机关(公检法司安,即两院三部)在党的领导下行使审判权、检察权、侦查权和执行权。政法委员会是党领导政法工作的职能部门。新中国成立以来,党对政法领导的"度"与具体的组织抓手也在不断调整。随着改革开放的推进,政法系统内两院三部之间的关系日益复杂,各政法单位之间的权力既分散又相互制约、监督。这种"小权分散"的碎片化运作态势一方面强化了党管政法原则,另一方面又随着改革的进展,因为党的领导的多重代理关系而难免陷于进一步的冲突状态。

(一)党管政法的"度"与组织抓手

党管政法的"度"与组织抓手历经数次反复。在党管政法的程度方面,新中国成立初期曾有一段党委决案时期,1979年中央64号文明确取消了党委审批案件的制度,但在实践中,党委仍可以过问重大案件。③ 在党管政法的组织抓手方面,党委政法委逐渐明确为党领导政法工作的职能部门,归口管理逻

---

① 晓峰:《学者看法:秦前红解读〈中国共产党政法工作条例〉》,https: // mbd. baidu. com/news-page/data/landingsuper? context = % 7B% 22nid% 22% 3A% 22news_9828207516283866146% 22% 7D&n_type = 1&p_from = 3.

② 参见赖静萍:《当代中国领导小组制度变迁与现代国家成长》,南京:江苏人民出版社2012年版,第128—130页;周望:《中国"小组机制"研究》,天津:天津人民出版社2010年版;景跃进、陈明明、肖滨、谈火生、于晓虹:《当代中国政府与政治》,北京:中国人民大学出版社2016年版,第23页。

③ 参见周永坤:《论党委政法委员会之改革》,载《法学》,2012年第5期,第3—13页;侯猛:《"党与政法"关系的展开》,载《法学家》,2013年第2期,第1—15、176页。

辑日益清晰，特别是20世纪90年代以来，政法委的职责日益扩大，关于政法委存废的争议也成为学界热议的主题。也因此，我们以政法委的历史发展为脉络，探讨党管政法演变背后的政治逻辑。

学界对政法委的发展脉络已经作了极为细致的描述，我们无须赘述。① 根据既有论述，我们大致可以将政法委的发展分为三个阶段（如表1），1949—1958年可以看作是政法委发展初期，政法委从最初的政务院下设的政治与法律委员会，到1954年修宪后先后成立的国务院第一办公室和中共中央书记处第一办公室，1958年6月，中共中央成立财政、政法、外事等五大领导小组，明确规定各领导小组"对大政方针和具体部署，政府机构及其党组有建议之权，但决定权在党中央"。② 同时，这也是政法系统地方建制初步发展时期，从1958年起，县以上的各级党委都成立了政法小组，政法小组不仅协调公检法的关系，而且逐步形成了重大案件要由党委审批的惯例。第二个阶段是改革开放伊始到80年代末，这是政法委的重建恢复期。政法委建制在"中央政法小组""中央政法委员会"之间经历了两次组织与制度上反复，体现了"党管政法"与我国党政关系探索与发展的紧密联系。1978年中央成立政法小组，1980年中央撤销政法小组，成立中央政法委员会，经由1979年中央64号文的方向性调整，这个时期的政法委对个案参与的程度显著降低，政法委的职责偏向"研究""协助""协调"。但同时，1980年中央政法委开始设立常设办公室，政法委也从"议事协调机构"转向"工作部门/职能部门"。③ 1990年3月，中共中央决定撤销原中央政法领导小组，恢复中央政法委员会，恢复原有

---

① 参见周永坤：《论党委政法委员会之改革》，载《法学》，2012年第5期，第3—13页；侯猛：《"党与政法"关系的展开》，载《法学家》，2013年第2期，第1—15、176页；刘忠：《"党管政法"思想的组织史生成（1949—1958）》，载《法学家》，2013年第2期，第16—32、176页；周尚君：《党管政法：党与政法关系的演进》，载《法学研究》，2017年第1期，第196—208页。

② 通常认为1949年政务院的政治法律委员会是党委政法委在新中国的源起，参见侯猛：《"党与政法"关系的展开》，载《法学家》，2013年第2期，第1—15、176页；周永坤则认为政法委制度直接发端于1956年的中共中央法律委员会，参见周永坤：《论党委政法委员会之改革》，载《法学》，2012年第5期，第3—13页。在此，本文采用学界通说。

③ "工作部门"的表述最早见于1982年《关于加强政法工作的指示》，而"职能部门"的表述则见于1994年的三定方案，即《政法委员会机关职能配置、内设机构和人员编制方案》；参见刘忠：《"党管政法"思想的组织史生成（1949—1958）》，载《法学家》，2013年第2期，第16—32、176页；周尚君：《党管政法：党与政法关系的演进》，载《法学研究》，2017年第1期，第196—208页。

百年变局与中国政治学的时代化：清华政治学系的探索

的建制与功能。政法委步入了全面发展阶段。在这一时期，一系列中央文件逐步扩大了政法委的职责，1990 年通知赋予政法委五项职责，1994 年三定方案将政法委的职权扩大到了七项，而 1994 年中办 28 号文件将政法委职责进一步细化为十条，从而在规范、组织和实践层面上显著扩张了政法委的权威。① 其一，1994 年三定方案和 1995 年 28 号文都赋予了政法委协助党委组织部门考察管理政法干部的权力，从而赋予了政法委"协管干部权"。当然，政法委协管政法干部的力度在各地实践程度不一，学界的相关表述也不无矛盾之处。② 其二，赋予政法委"维护社会稳定""指导社会治安综合治理"职能。90 年代以来，中央政法委与中央综合治理委员会合署办公。自此，依托乡镇级综治委，政法委的组织机构也从原有的县级延伸到乡镇一级，编制也相应扩大。同期，政法委也与中央其他议事协调机构合署办公，如维护稳定工作领导小组，防范和处理邪教问题领导小组，打黑除恶专项斗争协调小组，司法体制改革领导小组，依法治省、市、县领导小组等。合署办公增加了政法委员会的工作事务和人员编制，使得政法委原有的务虚职能得以务实强化。③ 最后，28 号文件赋予中央政法委"指导下级政法委工作的职能"，并进一步规定"各级政法部门应当认真落实党委政法委执法监督意见，对无正当理由拒不落实的，应当追究有关人员的责任"，有学者认为，中央政法委由此确立了政法委执法监督对公检法各机关的绝对权威性。④

表1 党委政法委历史发展

时间	机构名称	定位与职责
1949 年	政务院 政治与法律委员会	指导政务院内的政法部门（内务部，公安部，司法部，法制委，民委等） 联系并指导最高人民法院、最高人民检察署，政务院人民检察委员会

---

① 参见表1。
② 左卫民认为在地方法院的人事任免中，绝大多数业务型普通法官及法院内部职能部门领导的实际任用权主要由法院内部掌握。外部主体，例如同级党委、组织部门及政法委一般都尊重法院内部党组所提出的意见，很少实质性地影响最终任免。而刘忠则认为，地方法院院长的任命权主要在上级党委与本级党委与拟任法院的上级法院之间。参见左卫民：《省级统管地方法院法官任用改革审思——基于实证考察的分析》，载《法学研究》，2015 年第 4 期，第 23—40 页；刘忠：《条条与块块关系下的法院院长产生》，载《环球法律评论》，2012 年第 1 期，第 107—125 页。
③ 侯猛：《"党与政法"关系的展开》，载《法学家》，2013 年第 2 期，第 1—15、176 页。
④ 参见表1。

(续表)

时间	机构名称	定位与职责
1954 年	国务院第一办公室	内部协调，不负责协调最高法院与最高检察院
1954 年	中共中央书记处第一办公室	主管政法
1956 年	中共中央法律委员会	办理中央交办工作，研究法律工作的方针政策，和各部门的分工制约等问题，不受理具体案件
1958 年	中央政法领导小组	对大政方针和具体部署，政府机构及其党组有建议之权，但决定权在党中央 直接隶属于中央政治局和书记处，向它们做报告
1978 年	中央政法小组	协助中央处理最高法、最高检、公安部、民政部的一些政策方针问题；研究工作中带有方针、政策性的重要问题；协调四个部门的工作；审核四个部门报请中央批准或转发的文件；审核应由中央批准的死刑案件，并向中央提出处理意见；协调最高法与省、市、自治区和中央有关部门有不同意见的案件
1980 年	中央政法委员会	负责指导并联系政法各部门的工作；研究处理全国政法工作中的重大问题，并向中央提出建议；协助中央处理各地有关政法工作的请示报告；协调政法各部门工作，对政法各部门共同的有关全局的问题，根据中央的方针、政策、指示统一认识，统一部署，统一行动；调查研究贯彻执行中央方针、政策和国家法律、法令的情况；调查研究政法队伍的组织情况和思想情况；办理中央交办的其他工作
1988 年	中央政法领导小组	一般不开政法工作会议，不发文件，组织与职能大为削弱
1990 年	中央政法委员会	五项职责：对政法工作进行宏观指导和协调，当好党委的参谋和助手；根据党中央的路线方针政策与总的部署，全局性部署一定时间内的政法工作；维护社会稳定；探讨政法工作的改革、研究加强政法队伍建设的重大问题；指导社会治安综合治理，对极个别有重大影响的，政策性特别强的或者有重大争议的疑难案件，协调有关部门的意见，具体办案由各部门依法各司其职；办理党中央交办的其他事项
		1994 年《中共中央政法委员会机关职能配置、内设机构和人员编制方案》规定了七项职权，包括：研究和讨论有争议的重大疑难案件；组织推动社会治安综合治理工作；研究、指导政法队伍建设和政法各部门领导班子建设
		1995 年《中共中央政法委员会关于加强各级党委政法委员会工作的通知》（厅字〔1995〕28 号文件）：政法委是"党领导政法工作的职能部门"，在职能方面增加了：组织、协调、指导维护社会稳定的工作；协助纪检、监察部门查处政法部门领导干部违法犯罪案件；指导下级政法委的工作

百年变局与中国政治学的时代化：清华政治学系的探索

新中国成立以来，政法委的组织和职责经历了几起几落，而这又与中央对"党政关系"的思考息息相关。值得注意的是，在这一反复摸索的历史过程中，"党管政法"的理念始终如一，但在不同时期，党对如何领导和管理政法系统似乎有再三考量。即便在特殊时期政法委撤销建制期间，政法系统内仍存在某种形式的协调机构，但协调力度的大小，以及是否建立专门机构，以何种方式建构这种机构则是不同历史条件下多方角力的结果。虽然20世纪90年代以来，在中央政策层面，政法委在各方面进入了稳定发展期，但多位学者指出，政法委的权力运作仍带有强烈的个人特质。政法委作为党的职能部门，其权威的多寡往往与政法委书记本人在党内的排名相关，因此，政法委的权威带有很强的不确定性与较大的地方差异性。① 在实践运作中，地方党委、政法单位党组也常常构成对党委政法委运作的制度性约束。侯猛指出："在现实中，当政法委的倾向性意见与公检法部门不一致时，地方公检法部门往往可以绕开政法委直接向上级部门请示，或者先请示地方党委，提前定好调子"。② 这可以看作是党的领导的竞争代理问题，在地方党委、党委政法委、政法单位党组之间构成了竞相代表党的意志的局面，这在相当程度上限制了党委政法委的发展。另外，90年代虽然是政法委稳步发展时期，也同时是法治建设蓬勃发展期，政法委的个案协调职能一度广受质疑与诟病，被认为是诸多冤假错案的根源，政法委"存废"问题一时间受到学界的广泛关注。③ 2014年10月的党的十八届四中全会决定明确规定，"政法委员会是党委领导政法工作的组织形式，必须长期坚持"，这才为相关争论画上了休止符。④ 但上述实践中出现的

---

① 参见侯猛：《司法改革背景下的政法治理方式——基层政法委员会个案研究》，载《华东政法大学学报》，2003年第5期，第99—106页；段瑞群：《党委领导政法工作法治化的路径选择》，载《法学》，2016年第3期，第87—97页。
② 侯猛：《"党与政法"关系的展开》，载《法学家》，2013年第2期，第1—15、176页。
③ 参见周永坤：《论党委政法委员会之改革》，载《法学》，2012年第5期，第3—13页；郭道晖：《实行司法独立与遏制司法腐败》，见信春鹰、李林主编：《依法治国与司法改革》，北京：社会科学文献出版社2008年版，第57—74页；严励：《地方政法委"冤案协调会"的潜规则应该予以废除》，载《法学》，2010年第6期，第40—44页；陈永生：《冤案的成因与制度防范——以赵作海案件为样本的分析》，载《政法论坛》，2011年第6期，第3—23页。
④ 《中共中央关于全面推进依法治国若干重大问题的决定》，载《人民日报》，2014年10月29日，第1版。

党的竞争性代理等问题、党委政法委职责的进一步厘清与规范，仍需制度化解决方案。

（二）政法系统内的小权分散

政法系统的另一特点是各政法单位之间的小权分散状态。这是新中国成立初期，我国比照苏联的刑事诉讼模式规定的公检法机关互相配合与制约关系的体现。改革开放后，公检法机关在刑事诉讼中"分工负责，互相配合，互相制约"的原则写入《刑事诉讼法》，并在1982年修宪时，作为"我国司法工作中长期行之有效的一项好经验"写入宪法，以根本法的形式加以确认。①

具体说来，政法系统内的小权分散表现在侦查权分散、检警关系和检法关系等多个方面。首先，在侦查权方面，我国采取根据案件类型分类配置侦查权的模式，普通刑事案件的侦查和预审由公安机关负责，职务违法与职务犯罪案件原属检察机关的自侦范围，由检察院立案侦查，监察体制改革后由监委调查，但检察院仍保留一定的侦查权；此外，间谍、特务案件的侦查权由国家安全机关行使；军队保卫部门与监所也都有一定的侦查权。由此引发的负面后果是，一旦侦查权交叠，会引发相关部门之间的龃龉，侦查机关之间可能会互相推诿过于敏感或过于边缘的案件，也可能会争夺有实际利益的案件。② 其次，在检警关系中，检察院有监督公安机关立案、侦查、预审的权力，监察体制改革后也有审查监察机关移送起诉的案件并作出退补侦查决定或不起诉决定的权力。公安机关与监察机关依法可以提请复议复核。由于各机关内部绩效考核的相关规定，被退补侦查或检察机关不批捕不起诉的决定，对侦查机关来说是办错案的标志。因此，在实践中经常会出现检警之间多次复议复核，请求政法委

---

① 参见韩大元、于文豪：《法院、检察院和公安机关的宪法关系》，载《法学研究》，2011年第3期，第3—26页。

② 以基层自治组织管理人员的调查监督为例，这属于公安和检察院受理的共管范围，前者负责职务侵占罪，后者负责贪污罪，但在实践中由于基层情况复杂，定罪难度大等因素，加上相当一部分人员是非党员，导致基层组织管理人员常成为阳光照不到的阴暗面。因此，这部分群体常常游离于法制监督之外。参见《〈中华人民共和国监察法〉案例解读》，北京：中国方正出版社2018年版，第135—139页；刘宝锋、张向东：《征地补偿款案中的定罪分析》，载《法制与社会》，2015年第25期，第80—81页；刘忠：《"从华北走向全国"——当代司法制度传承的重新书写》，载《北大法律评论》，2010年第1期，第6—26页。

百年变局与中国政治学的时代化：清华政治学系的探索

协商的情况。最后，在检法关系中，法检两院宪法关系对等，但改革以来两院在机构、编制甚至改革方案中都有一定的竞争与攀比。① 在诉讼制度中，一方面法院与检察院在刑事诉讼中是决定权与请求权的关系，有主辅之分。② 另一方面，我国宪法赋予检察院法律监督的职能，在实践中，检察院以抗诉的方式反击法院的情况也时有发生。③ 过去几十年来，法检两院围绕法律监督多次角力，20世纪八九十年代，法检两院的冲突达到了顶点，双方都试图通过单方面司法解释来限制对方，如最高法院曾单方面规定了一次抗诉、上级抗诉原则，并始终排斥检察机关对法院调解和执行的监督。④ 2008年以来，检察监督的范围大幅扩张，手段更为丰富，逐渐确立了全面全程监督的基本原则，法检双方的角力仍然是我国司法实践的日常。

在权责分立，互相监督的态势下，政法机关之间的利益纠纷与权力摩擦日益增多，一方利益的实现通常是以牺牲另一方的利益为代价。特别90年代中期以来，改革开放进入"再集权"时期，政府部门包括法检两院都相继实施绩效考核制度，强化对下级部门的考核监督。同时，随着司法改革的逐步推进，法检两院的人财物制度都发生了一些变化，两院也日益强调积极创造良好的司法环境，主动争取党和人大对其工作的支持。新中国成立初期乃至改革初期的"公安独大"现象不再，三机关的冲突与龃龉加剧，在这种情况下，地方党委与政法委充任居间协调的角色，领导政法工作也就成为必然选择。换言之，政法机关的小权分散与党管政法之间存在紧密的组织联系与促进关系，小权分散促进了党对刀把子机关的掌握。值得注意的是，政法机关间小权分散的格局同时也进一步诱发和加剧了前述"党的领导"的竞争性代理问题。党委、党委政法委以及政法机关党组之间的权力架构很大程度上也决定了政法系统内

---

① 参见刘忠：《规模与内部治理——中国法院编制变迁三十年（1978—2008）》，载《法制与社会发展》，2012年第5期，第47—64页。
② 参见许永俊：《多维视角下的检察权》，北京：法律出版社2007年版。
③ 例如在量刑建议的采纳问题上，量刑建议采纳率往往被认为是衡量公诉人业务能力的一个重要标志，因而一旦量刑建议不被法院采纳，有可能会引发检察机关的抗诉。参见陈光中、彭新林：《我国公诉制度改革若干问题探讨》，载《法学研究》，2011年第4期，第169—182页。
④ 参见汤唯建：《民事诉讼法的全面修改与检察监督》，载《中国法学》，2011年第3期，第71—81页；谢康、蔡荣荣：《论民事检察抗诉制度的修改与完善——以2007年〈民事诉讼法〉的修改为视角》，载《西南农业大学学报》，2010年第1期，第56—59页。

部冲突的解决结果。

二、《中国共产党政法工作条例》与新时代的政法工作

作为第一部专门对政法工作进行规范的党内法规，《条例》于 2018 年 2 月列入党内法规二五规划，由中央政法委牵头起草，中央政法单位参加，经过多方征求意见，数易其稿，最终才达成共识，于 2018 年 12 月通过审议，2019 年 1 月正式印发。① 《条例》共九章三十九条，除第一章总则和第九章附则外，其他七章对中国共产党领导下的政法工作作出了具体规定。

(一)《政法工作条例》中的党管政法

为落实与贯彻"党管政法"原则，《条例》明确了党对政法工作的绝对领导，并进一步规定了党管政法的"上下左右"路线图：不仅明确了党中央对政法工作的绝对领导，也规定了地方党委、政法委以及政法单位党组领导政法工作的主体责任。②

1. 党对政法工作的绝对领导

《条例》开宗名义，表明制定条例的目的是"坚持和加强党对政法工作的绝对领导，做好新时代党的政法工作"。在政法工作应遵循的原则中，也进一步阐明政法工作应当"坚持党的绝对领导，把党的领导贯彻到政法工作各方面和全过程"。值得注意的是，在现有的归口管理体制中，"绝对领导"是一个非常罕见的提法，作为一套发端于南昌起义，奠基于三湾改编，定型于古田会议的根本原则与制度，过去仅用于描述党军关系。③ 时至今日，党对其他"系统"的领导，仍然以"全面领导"而非"绝对领导"描述。在 2015 年 5 月发布的《中国共产党统一战线工作条例》（下称《统战条例》）中，强调的

---

① 周斌：《党旗引领新时代政法事业谱写新篇章》，载《法制日报》，2019 年 1 月 31 日，第 1 版。
② 周斌：《党旗引领新时代政法事业谱写新篇章》，载《法制日报》，2019 年 1 月 31 日，第 1 版。
③ 参见景跃进、陈明明、肖滨、谈火生、于晓虹：《当代中国政府与政治》，北京：中国人民大学出版社 2016 年版。

是党对统一战线的领导。在与干部管理、纪律检查相关的工作条例中，强调的也是坚持和加强党的全面领导或集中统一领导。① 也就是说，政法系统是目前军队系统之外，唯一由党"绝对领导"的工作系统。这一方面，在逻辑上与新中国成立之初将政法系统视为"掌握生杀予夺大权的刀把子"的表述一脉相承；也与《条例》第3条中强调的政法工作的"专政职能"相应和。②

当然，细数党的文件中相关表述，"绝对领导"的提法早在2004年的全国政法工作会议中就已出现，时任中央政法委书记罗干在发言中指出："坚持党对政法工作的绝对领导，是政法工作始终沿着正确方向前进的根本政治保证，是我们必须长期坚持的重大政治原则，是我国司法体制的政治优势和重要特征。"③ "绝对领导"的表述在之后的政法工作会议中反复出现。从这个意义上讲，《条例》中的绝对领导条款仅仅是这一原则在新时代的制度性表述。

2. "党管政法"的上下左右关系

党的绝对领导在组织上又是如何体现的？《条例》史无前例地以大半篇幅区分了党中央与地方党委、政法委和政法单位党组对政法工作的领导，确认了"党管政法"的"上下左右"关系。第二章确立了党中央对政法工作的绝对领导，第三章到第五章规定了地方党委、政法委与政法单位党组领导政法工作的主体责任。《条例》的第7、8条明确了党中央对政法工作的绝对领导职权，包括决定政法工作大政方针、决策部署事关政法工作全局和长远发展的重大举措，管理政法工作中央事权和由中央负责的重大事项等。第三、四、五章分别规定了地方党委、政法委、各政法单位党组的领导——而非"绝对领导"。概言之，各方共享的一般性职责包括贯彻落实中央关于政法工作的大政方针、组织实施政法改革方案，加强政法队伍建设等。相较于政法委的十项职责，地方党委的职责更具有统筹性与协调性，强调地方党委对政法工作与其他领域工作的协调、对政法舆情动态的分析掌握等。而政法单位党组（党委）的领导主体

---

① 《中国共产党统一战线工作条例（试行）》，载《人民日报》，2015年5月26日，第1版。
② 刘忠：《"党管政法"思想的组织史生成（1949—1958）》，载《法学家》，2013年第2期，第16—32、176页；周尚君《党管政法：党与政法关系的演进》，载《法学研究》，2017年第1期，第196—208页。
③ 罗干：《罗干谈政法综治工作》，北京：中国长安出版社2015年版，第196页。

职责主要包括在本单位内贯彻落实党的政法工作部署，推动本单位的深化改革，加强政法队伍建设等。

值得注意的是，这种"上下左右"的区别性表述也同样未见于同期或后来的党内法规中。以《统战条例》为例，条例规定了党对统战工作的领导，以及中央与地方各级党委开展统战工作的职责，明确规定了统战部是党委主管统战工作的职能部门，但并没有区分党中央、地方各级党委以及统战部之间的职权。① 那么，为何在政法系统中必须明晰党的领导的"上下左右"关系，并作出党中央的绝对领导与其他主体的领导职责之分？一方面，这种"上下左右"关系是"民主集中制"原则以及由此衍生的"四个服从"关系在政法系统的制度性体现。具体说来，就是"下级组织服从上级组织，全党各个组织和全体党员服从党的全国代表大会和中央委员会"②。另一方面，这也与我们在之前所探讨的政法系统的小权分散态势，以及由此引发的党的领导的竞争性代理问题有关。这既是对政法系统内部各主体间碎片化运作的制度性回应，也是对改革以来纵向上的权力分散，即长期困扰我国司法实践的地方保护主义问题的回应。

（二）党委政法委的定位与职能

《条例》第3条将政法工作定位为"党和国家工作的重要组成部分，是党领导政法单位依法履行专政职能、管理职能、服务职能的重要方式和途径"，也明确政法委作为"党委领导和管理政法工作的职能部门，是实现党对政法工作领导的重要组织形式"。进而在第12条，《条例》列举了政法委的十大职责，与20世纪90年代以来政法委逐步扩张的职责比较，《条例》既是对过去政法工作经验的总结与再次确认，更是对政法委职责与运作的重新规范。在一定程度上，其规范意义甚至高于确认意涵。

《条例》第四章以"政法委的领导"为题，规定了政法委的领导主体责任。较之于政法委创建初期的"指导与联系"职能，这一定位显然更进一步。

---

① 《中国共产党统一战线工作条例（试行）》，载《人民日报》，2015年5月26日，第1版。
② 《中国共产党章程》，第10条1款，中国共产党第十九次全国代表大会部分修改，2017年10月24日通过。

百年变局与中国政治学的时代化：清华政治学系的探索

然而细究《条例》规定的十项职责，政法委对政法工作的领导仍然是偏向"协调""统筹"和"督促"。一方面，《条例》第12条确认了政法委90年代以来通过合署办公扩张的职能，如统筹协调社会治安综合治理、维护社会稳定、反邪教、反暴恐等有关国家法律法规和政策的实施工作，也确认了颇受争议的政法委的人事协管权。但另一方面，在个案协调、请示报告和决策执行的维度上，《条例》重新规范了政法委与各政法单位的关系，在一定程度上限制了政法委的职权。

首先，在个案协调方面，《条例》第12条赋予政法委协调政法单位之间有关重大事项，统一政法单位思想和行动的职责。但一方面，《条例》并未明文规定政法委的协调后果，这与前述1995年28号文件的表述不同。另一方面，《条例》刻意区分了"重大事项"和"重大案件"。政法委的职责只包括协调"重大事项"，而第14条授权政法单位党组（党委）"研究影响国家政治安全和社会稳定的重大事项或重大案件，制定依法处理的原则、政策和措施"。此处的表述意味深长地区分了"重大事项"与"重大案件"。

其次，在请示报告的规定中也出现了同样的表述。《条例》第六章分别规定了请示和报告两种情形，其中关于个案的表述只出现在报告而非请示的事项中。第19条规定中央政法委、中央政法单位党组（党委）向党中央报告"具有全国性影响的重大突发案（事）件重要进展和结果情况"。第20条规定，中央政法单位党组（党委）和省级党委和政法委应向中央政法委报告，"有关地区、部门之间存在分歧，经反复协商仍不能达成一致，需要中央政法委员会协调的重大事项"。也就是说，在请示报告制度中，政法单位党组仅应向上级党组织"报告"重大案（事）件，向同级政法委"请示"重大事项。条例对"重大事项"与"重大案件"的区分，"请示"与"报告"制度的区别可以看作是对政法委个案协调职责的限制甚至一定程度上的否定。当然，正如秦前红教授所指出的，"重大事项"的提法仍过于原则和抽象，具体的落地尚有待观察。[①]

---

① 晓峰：《学者看法：秦前红解读〈中国共产党政法工作条例〉》，https：//mbd. baidu. com/news-page/data/landingsuper？ context = %7B%22nid%22%3A%22news_9828207516283866146%22%7D&n_type = 1&p_from = 3.

最后，在决策执行的维度上，《条例》规定对党中央和上级党组织的决定、决策部署与指示，各有关地方党委、政法委、政法单位党组（党委）必须坚决贯彻执行。政法委作为党委领导和管理政法工作的职能部门，其决定尚不能与一级党组织的决议等同。此外，《条例》第32条也强调了政法委向同级党委的全面述职制度。由此，《条例》虽然确认了政法委对政法工作的领导主体责任，但在具体运作中进一步规范了政法委的职责。

2019年，《条例》的出台可以看作是对党管政法历史经验的制度性重塑。《条例》重申了党中央对政法系统的绝对领导，创造性地阐发了党管政法的"上下左右"关系。具体到政法委的定位与职责，《条例》肯定了政法委作为党委领导和管理政法工作的职能部门的定位，系统清理了政法委的职责，但在决策执行、请示报告、个案协调方面，特别通过区分"重大事项"和"重大案件"保障了政法单位的个案研判权，限制了政法委的个案协调职能。从这个意义上讲，《条例》规范了政法委的职责与运作。

三、党政体制重构中的政法工作

"党管政法"原则及其组织体现的演变与我国党政体制的发展息息相关。2019年《条例》对政法工作、特别是对政法委职责的进一步规范，背后的逻辑正是十八大以来全面深化改革进程中的党政体制重构。在本轮改革中，党政关系呈现出"愈加紧密的发展态势"，归口管理逻辑复兴，党内法规体系化，监察制度改革稳步推进，这些时代变革深刻地影响着政法系统的改革。

（一）党和国家机构改革与归口管理

2018年2月，十九届三中全会通过了《中共中央关于深化党和国家机构改革的决定》（下称《机构改革决定》）和《深化党和国家机构改革方案》，随后全国人大批准了改革方案，由此启动了改革开放以来第八次也是"迄今为止规模最大的一次机构改革"。本次改革首次提出了"党和国家机构"这一重要概念，并在这一概念的统摄下，囊括了党政军群四大体系的所有公共

百年变局与中国政治学的时代化：清华政治学系的探索

机构。① 归口管理逻辑的复兴是本次改革的鲜明特色，而这正是通过厘定党和国家重大工作，并重构党政体制以确保党对重大工作领导的实现。《机构改革决定》列举了十六项事关全局的重大工作领域，包括深化改革、依法治国、经济、农业农村等。根据这些工作领域，党中央设置了几乎一一对应的中央机关，这种对重大工作领域的全覆盖，其广度与深度远超之前的机构改革，体现出党政关系"愈加紧密的发展态势"。②

此外，本次机构改革基于"一类事项原则上由一个部门统筹，一件事情原则上由一个部门负责"的大部制原则，将职能重合交叉的党政部门合署或合并，将工作归口党中央统筹协调，同时对党中央的职能部门，议事协调机构、派出机构、直属事业单位也进行了进一步的整合与重组，系统地梳理了党中央归口管理格局。③ 对原本没有对口领导机构的系统，本次改革新组建的中共中央全面依法治国委员会、中央审计委员会、中央教育工作领导小组等机构实施归口管理制度；对机构重叠职能交叉的机构也进行了撤并调整，例如裁撤中央维护海洋权益工作领导小组，中央机构编制委员会归口中央组织部管理等。值得注意的是，当前对党和国家重要工作的定义与区分，仍不乏一定的职责交叉，例如经济审计工作与纪检监察系统工作，依法治国委与政法委，监察委与政法委等。④ 党内机构之间的交叉与重合对归口管理逻辑的运作提出了新的挑战。

在归口管理逻辑复兴的时代背景下，政法委作为党领导和管理政法系统的职能部门，其定位、组织、职责的进一步梳理与制度化也是题中应有之义。在本次党和国家机构改革中，中央社会治安综合治理委员会及办公室、中央维护稳定工作领导小组及办公室撤销，其职能统一归政法委承担，此外，中央防范

---

① 许耀桐：《党和国家机构改革：若干重要概念术语解析》，载《上海行政学院学报》，2018年第9期，第4—9页。
② 秦前红、陈家勋：《党政机构合署合并改革的若干问题研究》，载《华东政法大学学报》，2018年第4期，第78—87页。
③ 刘鹤：《深化党和国家机构改革是一场深刻变革》，载《人民日报》，2018年3月13日，第6版。
④ 马怀德：《〈国家监察法〉的立法思路和立法重点》，载《环球法律评论》，2017年第2期，第5—16页；秦前红：《国家监察体制改革宪法设计中的若干问题思考》，载《探索》，2017年第6期，第31—39、2页。

和处理邪教问题领导小组及办公室部分职能也划归政法委。这既是对政法委原本运作实践的制度性体现，也是在归口管理逻辑复兴的大前提下，保证党实施集中统一领导，减少多头管理，减少职责分散交叉的意义所在。

（二）党内法规与法治建设

十八大以来，全面推进党内法规体系建设提高到重要战略地位。2013年5月发布的《中国共产党党内法规制定条例》（下称《制定条例》）被认为是第一部党内"立法法"。同年11月，党内首个法规制定工作五年规划纲要诞生，对党内法规制度体系的完善作出部署。党的十八届四中全会决定强调"党内法规与国家法律的衔接与协调"，并明确将党内法规体系纳入中国特色社会主义法治体系。2016年12月中共中央印发《关于加强党内法规制度建设的意见》，提出到建党100周年时，形成比较完善的党内法规制度体系。十八大以来，党内法规制度建设步入快车道，重新制定及修订了180多部重要党内法规，基本建立了党内法规制度体系的"四梁八柱"，总体实现了有规可依。①

近年来，中央相继印发了一系列法规文件，在2019年8月修订了《党内法规制定条例》《党内法规和规范性文件备案规定》，制定《执规责任制规定》，对党内法规工作进行了"全链条的制度规范"。这一系列规范明确定义了党内法规，区别了党内法规与其他党内规范性文件；明确了党内法规的制定事项，特别是"只能由"党内法规作出规定的事项；建构了党章、中央党内法规、部门党内法规（中央纪律检查委员会以及党中央工作机关制定的党内法规）和地方党内法规（省、自治区、直辖市党委制定的党内法规）的位阶，首次明确规定部门党内法规的效力高于地方党内法规；修改了2012年规定，规定不同部委制定的党内法规对同一事项作出的规定相冲突的，提请党中央处理，而非负责法规工作的机构审核。《备案规定》也确立了有件必备、有备必审、有错必纠的原则，确立了政治标准作为备案审查的首要标准，更为重要的

---

① 《加强新时代党内法规制度建设的重要举措——中央办公厅负责人就〈中国共产党党内法规制定条例〉等3部党内法规答记者问》，载《今晚报》，2019年9月16日，第3版。

是，确立了全方位审查的原则与步骤，细化合规性、合法性、合理性、规范性审查的标准。同时，本次修订还创制了执规责任制，意在破解党内法规执行难的问题。① 当然，新的党内法规制定、备案、执行体系的建立，是否能够弥补过去实践中的诸多缺憾，尚待进一步落实。② "党内立法法"体系的建立，与党政体制重构、归口管理逻辑复兴，实现党的集中统一领导的时代逻辑相勾连。党内法规体系化正是为了避免权力的越位与滥用，依法合规对权力进行制约，构建党规和国法等完备的社会主义法治体系。

从这个意义上讲，《条例》正是以党内法规的形式将政法工作纳入党内制度体系中，有助于实现政法工作中权力的自我规训，实现依法治国与依规治党的有机统一。特别是《条例》对党管政法的"上下左右"格局的规定、对"重大事项"和"重大案件"的区分，都彰显了党的领导和法治建设之间的联系，显示出党内法规和国家法律对接的积极性与主动性，体现出党治与法治之间的相互促进关系。

（三）监察体制改革与竞争性代理问题

为建立集中统一、权威高效的监察体系，中央于 2016 年末在北京等三省市试行监察体制改革。十九大后，监察体制改革在全国铺开。这场"事关全局的政治体制改革"对政法系统的运作也产生了重大影响。《监察法》规定，各级监察委员会是行使国家监察职能的专责机关，负责调查职务违法和职务犯罪。2018 年《宪法修正案》和《监察法》都规定了"监察机关办理职务违法和职务犯罪案件，应当与审判机关、检察机关、执法部门互相配合、互相制约"。2018 年《刑事诉讼法》的修订也进一步规定了监察委与检察院、法院等司法机关的衔接问题。然而，诸多学者也著文指出，当前具体的衔接细节上有

---

① 《加强新时代党内法规制度建设的重要举措——中央办公厅负责人就〈中国共产党党内法规制定条例〉等 3 部党内法规答记者问》，载《今晚报》，2019 年 9 月 16 日，第 3 版；参见 2019 年 8 月 30 日中共中央政治局会议修订的《中国共产党党内法规制定条例》；2019 年 8 月 30 日中共中央政治局会议修订的《中国共产党党内法规和规范性文件备案规定》；2019 年 8 月 30 日中共中央政治局会议审议批准，2019 年 9 月 3 日中共中央发布的《中国共产党党内法规执行责任制规定（试行）》。

② 秦前红、苏绍龙：《党内法规与国家法律衔接和协调的基准与路径》，载《法律科学》，2016 年第 5 期，第 21—30 页。

待进一步明确，监察委与检察院、法院在案卷移交、证据对接、强制措施衔接、审查受案和非法证据排除等方面需要加强合作与制约。① 如我们在"小权分散"小节中所探讨的，过去公检法三机关的配合与制约关系造成了政法系统内部运作中的小权分散态势，而小权分散态势又凸显了党的领导的重要性，地方党委、政法委等可以充任居间协调的角色，这构成了政法系统内部小权分散与党管政法之间的组织逻辑。

然而，在一定程度上，监察体制改革挑战了这一组织联系。在职务违法和职务犯罪案件中，由于纪委监委合署办公，而纪委在党内工作机关的位阶一般来说较高，政法委难以继续充任居间协调的角色。② 在实践中，监委调查的案件如果出现需要协调的事由，多数情况下是由纪委监委直接出面，请检察院、法院共同协调。为应对监察体制改革带来的司法衔接问题，各地检察机关也实施了一系列改革措施，如"捕诉合一""提前移送""先行拘留""提交介入"等，在相关案件正式进入司法程序前设置一定的协调程序，而多数协调程序并不涉及政法委的牵头。③ 也就是说，在职务违法和职务犯罪案件中，纪委监委成为党的政策方针的强有力的竞争性代理人。《条例》正是在这种强竞争的态势下，以党内法规高姿态地确认了政法委的领导主体责任，为新时代政法工作的开展奠定了基础。然而，就职务违法和职务犯罪案件中可能出现的协调问题而言，《条例》规定的"上下左右"关系并不能完全涵盖纪委监委与政法委和

---

① 马怀德：《国家监察体制改革的重要意义和主要任务》，载《国家行政学院学报》，2016年第6期，15—21、125页；秦前红：《国家监察体制改革宪法设计中的若干问题思考》，载《探索》，2017年第6期，第31—39、2页；陈光中、邵俊：《我国监察体制改革若干问题思考》，载《中国法学》，2017年第4期，第23—36页；秦前红：《困境、改革与出路：从"三驾马车"到国家监察——我国监察体系的宪制思考》，载《中国法律评论》，2017年第1期，第176—182页；秦前红：《监察体制改革的逻辑与方法》，载《环球法律评论》，2017年第2期，第17—27页。

② 党的纪律检查委员会受同级党代表大会选举并对代表大会报告，其职权由党章专门规定。在《中国共产党工作机关条例（试行）》中，纪律检查机关也被列为党的工作机关。历史上，纪委究竟是一套班子还是一个部门，颇有反复。这种反复也体现在我们的相关访谈中，有受访者也提到了纪委从党章的角度讲是党的领导机关，政法委是党的职能部门。参见《中国共产党章程》（2017年修改）、《中国共产党工作机关条例（试行）》（2017年施行）第3条。参见钱茂章：《我看纪委书记升位》，载《创造》，2004年第6期，第38—39页。

③ 参见马迪、李晓娟：《监察体制改革背景下检察机关开展职务犯罪检察工作的实证研究》，载《中国检察官》，2018年第17期，第46—49页；潘金贵、王志坚：《以审判为中心背景下监察调查与刑事司法的衔接体制研究》，载《社会科学研究》，2018年第6期，第88—97页。

各政法单位间关系,《条例》赋予各级地方党委协调政法工作与其他重大工作间关系,也赋予政法委"完善与纪检监察机关工作衔接和协作配合机制"的职责,目前看来,这些规定尚有失简单,需要在实践中进一步发展。

(四)小权分散新态势与党管政法

监察体制改革给政法系统带来的第二个影响是加剧了系统内小权分散的态势。纪检机关、行政检察机关和检察机关反贪、反渎和预防职务犯罪力量的合署办公,对检察机关的职权与人员编制产生了深刻的冲击和影响。在人员转隶方面,2016—2018年间,全国检察系统反贪、反渎、预防职务犯罪部门共4.5万人转隶到纪检机关,划转编制6.1万个。[①] 在职权调整方面,监察委应有多大程度的调查权和检察机关应保留多少侦查权是改革中最拉锯的问题。[②] 2018年《刑事诉讼法》保留了检察机关直接受理案件的侦查权。[③] 同年12月的《最高人民检察院职能配置、内设机构和人员编制规定》,明确将检察院对14个罪名案件的侦查权划归最高检第五检察厅。[④] 一般认为,检察自侦权范围的极大缩水严重影响了检察机关的权威,因为"我国检察机关之权威,一般多认为源于对职务犯罪的侦查权"。此外,自侦权的极大丧失会使检察院丧失支撑公益诉讼的重要武器。[⑤]

检察机关的回应颇为意味深长。2018年底,最高检完成内设机构改革,共设十个检察厅,创建第九检察厅,负责未成年人检察业务;按照普通犯罪、重大犯罪、职务犯罪、新型犯罪的内在逻辑关系和案件类型设立第一到第四刑事检察厅,实施捕诉合一。特别值得注意的是,最高检把原来由民事行政检察

---

① 钟纪言:《改革开放40年纪委监察事业的创新发展》,载《中国纪检监察报》,2018年12月18日,第3版。

② 秦前红:《国家监察体制改革宪法设计中的若干问题思考》,载《探索》,2017年第6期,第31—39、2页。

③ 参见《中华人民共和国刑事诉讼法》(2018年修正)第19条。

④ 《国新办举行2019年首场新闻发布会最高检领导就内设机构改革答记者问》,载《检察日报》,2019年1月4日,第1版。

⑤ 秦前红:《困境、改革与出路:从"三驾马车"到国家监察——我国监察体系的宪制思考》,载《中国法律评论》,2017年第1期,第176—182页;秦前红:《国家监察体制改革宪法设计中的若干问题思考》,载《探索》,2017年第6期,第31—39、2页。

厅负责的民事检察、行政检察和公益诉讼检察工作分设为第六、七、八检察厅，检察自侦案件与原刑事执行检察厅合并为第五检察厅。通过本次内设机构改革，最高检办案人员由原来的246名扩充到接近300名，同时编制也达到了400余名，在一定程度上弥补了监察改革带来的人员编制上的流失。① 虽然最高检并未公布各检察厅的人员配置，但民事检察与行政检察分设两厅说明在未来的法律监督中检察院在民事和行政抗诉中投入的力量将翻倍。从目前公布的各省检察院内设机构改革的状况来看，地方检察院内设机构改革基本采取了相同的民事、行政、公益诉讼检察业务分立的策略。② 抗诉制度一向是法检两院冲突的焦点，可以预见本次内设改革后法检之间在抗诉方面的冲突与龃龉难免增加。

  检察院的另一项改革措施则遭到法院系统的普遍反对。2018年6月11日，最高人民检察院检察长张军以首席大检察官身份列席最高人民法院审判委员会，这自1949年以来尚属首次。据统计，截至2018年11月，全国31个省级检察院的检察长均已列席高级法院的审委会。③ 这一措施遭遇了学界的激烈批评，甚至有学者建议删除法院组织法的相关规定。④ 有趣的是，2019年6月，福建省高级人民法院审判委员会邀请了该案辩护律师到会陈述辩护意见。对此，福建高院在肯定了检察长列席审委会制度的积极意义的同时，认为在听取检察机关意见时，邀请辩护律师到会陈述意见，目的在于促进审判委员会充分听取控辩双方对案件关键事实的陈述及主张，努力把每一件案件都办成经得起历史和法律检验的铁案。⑤

---

  ① 《国新办举行2019年首场新闻发布会最高检领导就内设机构改革答记者问》，载《检察日报》，2019年1月4日，第1版。

  ② 浙江、甘肃等省采取了类似方案。参见范跃红、龚婵婵：《浙江省检察院内设机构改革工作进入全面实施阶段》，载《中国青年报》，2019年4月3日；朱雅琴：《省检察院机关内设机构改革基本完成》，载《甘肃日报》，2019年4月5日，第2版。

  ③ 王文秋：《检察长列席法院审委会：打破控辩平衡，学界争议难休》，载《新京报》，2018年12月26日，第A14版。

  ④ 顾永忠：《检察长列审委会会议制度应当取消》，载《甘肃政法学院学报》，2017年第4期，第8—15页。

  ⑤ 叶智勤：《福建高院审委会邀请律师列席首次！律师到会陈述辩护意见》，载《福州晚报》，2019年6月6日，第A8版。

百年变局与中国政治学的时代化：清华政治学系的探索

无论是分设民事检察与行政检察厅，还是高层级大规模落实检察长列席审委会制度，在一定程度上都可以看作是职权与编制受到监察制度改革挤压的检察机关进行制度性回应的方式，而无一例外，这种回应都指向了同在政法系统内的法院。监察制度改革增加了政法系统内部小权分散的程度。正如我们在小权分散与党管政法关系小节中所讨论的，当政法系统内小权分散态势紧张时，对政法委的协调功能的需求也会增强。这种加剧的小权分散态势需要制度性的解决方案。但同时，《条例》通过区分"重大事件"和"重要案件"，在相当程度上弱化了政法委的个案协调功能。也就是说，当前的改革态势同时存在加强与弱化政法委个案协调功能的要素。在规范政法工作的大前提下，政法单位之间的协调最终将有赖于十八大以来"以审判为中心"改革的真正落地。从这个角度上讲，《条例》背后的逻辑既是在新时代强化党的集中统一领导，又有规范政法委的职责与作为，从而协调"党治"与"法治"的意涵。①

四、结论

《宪法》修改、《监察法》颁行以及党和国家机构改革的深化，标志着我国党政体制正在进行一次基础性的更凸显中国特色的重构。《条例》以党内法规的方式重申了党对政法工作的绝对领导，这是党管政法历史经验的制度性重塑，也是对政法系统内部"小权分散"碎片化运作和司法实践中狭隘的地方保护主义的有力回应。《条例》通过厘清党中央与地方各级党委、党委政法委和政法单位党组（党委）不同主体对政法工作的领导责任，深刻描绘了"党管政法"的"上下左右"关系，这正是"民主集中制"原则以及由此衍生的"四个服从"关系在政法工作中的具体化。《条例》肯定了党委政法委作为党领导和管理政法工作的职能部门这一定位，明确清理和规范了政法委的职责权限，既以成文法规的形式将政法工作实践加以制度化，包括再次明确党委政法

---

① 陈明明：《双重逻辑交互作用中的党治与法治》，载《学术月刊》，2019年第1期，第68—76页。

委的人事协管权，又在决策执行、请示报告、个案协调等方面，通过区分"重大事项"和"重大案件"，规范和限制了政法委的个案协调职能。

《条例》对政法工作的制度化与规范化，其背后的逻辑正是十八大以来全面深化改革进程中党政体制的调整与重构。本轮党和国家机构改革厘定了各项事关全局的党和国家重大工作，并据此调整了党中央的工作机关，实现了对重大工作领域的全覆盖，昭示着归口管理逻辑的复兴。《条例》的起草与发布也是党内法规系统化在政法工作中的表现。未来政法工作的进一步开展也将受到党规和国法的双重规范。监察体制改革造就了政法工作中的竞争性代理问题，也在一定程度上加剧了政法系统内部"小权分散"态势。《条例》正是在党政统筹的历史节点，以党内法规的形式高姿态地确认了党委政法委对政法工作的领导主体责任，规范了其职责与运行机制，从而为新时代政法工作的推进奠定基础。归口管理理念、政法系统的自我调适与平衡、党规与国法的协调不仅规范了政法工作，对党和国家其他重大工作的推进同样有一定的示范效应。但同时也应该注意到，《条例》对某些事项，特别是党内系统间协调的模糊处理。这说明当前体制改革仍有待进一步建章立制，依托民主集中制这一组织原则，妥善解决党政体制发展与完善过程中衍生出的体制机制性问题。

公共卫生危机中的网民捐助行为：
社会资本、政府信任与渠道选择*

张开平　孟天广

一、引言

在自然灾害和突发公共危机中，民间社会的自发互助形成了政府救助的有力补充。新冠疫情爆发后，由海内外企业、非营利组织和个人构成的社会网络广泛地动员和参与邻里互助、志愿服务，并对受灾地区捐款捐物，发挥了社会机制在公共危机治理中的强大力量。根据中国慈善联合会统计，仅 2020 年 1 至 2 月，全国共收到用于疫情防控的慈善捐赠 257 亿元。其中，互联网平台吸引了 3000 余万人次、总额约 16 亿元捐款。①

围绕人类互助行为的动机，心理学、经济学、社会学和市场营销等学科从不同角度切入，产生了大量理论和经验研究。然而，以新冠疫情为代表的全球公共卫生危机提出了全新的挑战性场景和问题。在个体层面，一方面，疫情的广泛流行将人们置于共同的风险中，使人们更能感知他人的需求并关注彼此的

---

* 本文受到国家社科基金重大项目"基于大数据的智能化社会治理监测、评估与应对策略研究"（项目编号：18ZDA110；主持人：孟天广）、国家社科基金青年项目"基于移动互联网的政府公共关系优化研究"（项目编号：19CZZ038；主持人：张开平）、清华大学春风基金项目"动荡世界的政治心理与信息传播"（项目编号：2020Z99CFW051；主持人：张开平）的资助。

① 孙少龙：《全国支持疫情防控慈善捐赠共计约 257 亿元》http://www.xinhuanet.com/politics/2020-02/28/c_1125641311.htm，新华网，2 月 28 日。

共同利益；另一方面，疫情对个体健康和经济收入构成普遍威胁，并造成极大的焦虑感和不确定性。对他人的帮助不仅意味着分享稀缺资源，有时还意味着更高的传染风险。在这样的宏观环境下，个体面临自危自利自救抑或利他互助合作的两难选择。在社会层面，来自社会内部的互信互利规范，即社会资本，在以往的重大公共危机应对中发挥着巨大作用。然而，新型冠状病毒的高传染性使各国政府纷纷为控制病毒传播而采取隔离措施，鼓励居家、减少聚集。那么，长时间的社交隔离是否会使人们不愿意帮助陌生人，即在疫情防控常态化的社会环境之下，社会资本是否还能发挥作用、促进合作互助？在政治层面，在疫情防控压力之下，政府调动庞大的行政资源进行统一管制，政府及具有政府性质的慈善机构成为接受捐赠和统筹分配资源的主体。在我国，个体捐赠很大程度上通过政府及具有政府性质的慈善机构发挥作用。那么，对政府抗击疫情能力的信任水平是否会影响人们的捐助意愿？

近年来，随着互联网技术的高速发展，我国网民群体不断扩大，网民在拓展社会网络、表达公众诉求、开展舆论监督、参与公共事务等方面发挥日益显著的积极作用。[1] 网络捐赠平台迅速兴起，互联网在募捐中发挥着越来越凸显的重要作用。根据中国互联网信息中心（CNNIC）发布的《中国互联网络发展状况统计报告》，我国网民规模已达9.4亿，以青少年、中年群体为主，20—29岁的网民占比最高，为27.9%。[2] 同时，根据《2019年度中国慈善捐助报告》的数据报告，2019年全国20家互联网募捐平台年度筹资逾54亿元，同比增长68%，"互联网+慈善"成为公益慈善新的增长引擎。以某公益平台发起的公益日活动为例，仅三天便吸引全国4800多万人次，超过17.8亿元的捐赠。[3] 那么，在多种捐赠渠道并存的情况下，人们如何选择捐赠渠道，何种群体倾向于通过互联网平台捐赠？

公共危机之下的捐助行为，既是个体对他人的帮助，也是对公共事务的参

---

[1] 彭兰：《从社区到社会网络——一种互联网研究视野与方法的拓展》，载《国际新闻界》，2009第5期。

[2] 《CNNIC：20—29岁年龄段网民占比最高 网民中学生群体最多》，人民网，http://media.people.com.cn/n1/2018/0820/c14677-30239533.html（2018年8月20日）。

[3] 中国慈善联合会：《2019年我国慈善捐助总额创历史新高》，http://www.charityalliance.org.cn/news/14040.jhtml（2020年9月19日）。

与,还代表了民众对政治动员的回应。在以往研究中,国内对于捐助的研究多聚焦企业,而较少关注网民等群体的个体行为。国外研究则多关注慈善捐赠的个体心理和社会激励机制,而较少关注政治因素,鲜有研究关注重大公共卫生危机之下的捐助困境。围绕近年来我国互联网捐赠平台的崛起,目前尚较缺乏关注人们对于包括互联网平台在内的捐赠渠道选择倾向的相关研究。一方面,以新冠肺炎疫情为代表的重大公共危机为揭示捐助行为背后的一般心理、社会与政治动因提供了重要的观测窗口。另一方面,对网民的捐赠意愿与行为倾向的洞悉有助于理解并进一步推进"互联网+慈善"这一新的捐赠增长引擎的发展。有鉴于此,本文聚焦新冠肺炎疫情所代表的公共卫生危机,研究疫情防控背景之下的网民捐助行为——何种因素促使人们身处疫情却向他人伸出援助之手,尤其是聚焦社会资本和政府信任如何调动网民的互助意愿,通过何种渠道发挥作用?本文首先从心理、社会和政治三重维度考察疫情之下人们的捐赠动机并提出理论假设;接着运用一项在疫情期间开展的全国规模调查数据对研究假设进行检验。鉴于疫情期间开展随机抽样的不可行性和时间滞后性,本研究使用的网络调查数据来源于非概率抽样。该样本为了解重大公共卫生危机期间的网民群体行为,提供了一手的数据,具有重要的学术价值。最后,本文指出公共危机中的个体捐助行为逻辑、社会与政府信任因素影响,并提出应公共卫生危机应对的启示。

二、捐助:心理、社会与政治的三重维度

捐助,包括捐赠(donation)和助人(helping),是人们为帮助他人而采取的捐献时间(志愿服务)、物品、金钱和血液等行为。[①] 心理学理论认为,捐助属于亲社会行为(prosocial behavior)范畴,即"人们为使他人受益而采取的行动,包括帮助、安慰、分享和合作等"。[②] 从进化论视角看,亲社会行

[①] Bendapudi, N., S. N. Singh & V. Bendapudi, "Enhancing Helping Behavior: An Integrative Framework for Promotion Planning." *Journal of Marketing*, 1996, Vol. 60, No. 3.

[②] Batson, D. & A. Powell, "Altruism and Prosocial Behavior." In T. Million & L. J. Melvin (ds.), *Handbook of Psychology*, 2003, Vol. 5, Hoboken, New Jersey: John Wiley & Sons, Inc; Penner, L. A., J. F. Dovidio, J. A. Piliavin & D. A. Schroeder, "Prosocial Behavior: Multilevel Perspectives", *Annual Review of Psychology*, 2005, Vol. 56, No. 1.

为源于哺乳动物照料弱者的本能——人们对他人的痛苦天然地产生同情心（sympathy）和同理心（empathy），从而产生回应其需求的愿望。①

（一）捐助行为的心理与经济学机制

社会心理学理论认为，基于同情心的利他主义是包含捐助在内的亲社会行为最重要的动因。② 研究发现，目睹他人的痛苦能够唤起人们的同情、怜悯、共情等情绪，促使其产生使他人获益的愿望和行为。③ 同时，帮助他人也能够减少人们自身的痛苦，维持其内在价值观和行为的一致性，并生发出内在满足感和幸福。④

相较于心理学对利他主义动机的强调，行为经济学理论则更重视社会规范、社会比较、社会学习和社会压力等外部情境因素的作用。⑤ 基于理性选择视角，经济学理论认为人们付出自身成本而向公共物品捐赠并非出于纯粹利他主义，而是出于其决定所带来的收益。例如"光环效应"（warm glow）指出，人们从捐助行为中能够获取愉悦和满足感等情感收益。⑥ 同时，人们在意他人的评价和看法，希望向社会展示其自身形象并得到他人肯定。研究显示，提高捐赠的公开度和可铭记程度能够大大提高人们的捐赠意愿，体现了捐赠者希望向社会释放某种信号的动机（social signaling motive）。⑦ 社会规范往往认可和

---

① de Waal, F. B. M., "Putting the Altruism Back into Altruism: The Evolution of Empathy", *Annual Review of Psychology*, 2008, Vol. 59, No. 1; Preston, S. D., "The Origins of Altruism in Offspring Care", *Psychological Bulletin*, 2013, Vol. 139, No. 6.

② Batson, D., *Altruism in Humans*, New York, NY: Oxford University Press, 2011.

③ Batson, D., "Prosocial Motivation: Is It Ever Truly Altruistic?", *Advances in Experimental Social Psychology*, 1987, 20; Batson, D., J. Fultz & P. A. Schoenrade, "Adults' Emotional Reactions to the Distress of others, In N. Eisenberg & J. Strayer (eds.), *Cambridge Studies in Social and Emotional Development. Empathy and Its Development*, Cambridge: Cambridge University Press, 1987.

④ Cialdini, R. B., S. L. Brown, B. P. Lewis, C. Luce & S. L. Neuberg, "Reinterpreting the Empathy-Altruism Relationship: When One into One Equals Oneness", *Journal of Personality and Social Psychology*, 1997, Vol. 73, No. 3.

⑤ Bénabou, R. & J. Tirole, "Incentives and Prosocial Behavior", *American Economic Review*, 2006, Vol. 96, No. 5.

⑥ Andreoni, J., "Impure Altruism and Donations to Public Goods: A Theory of Warm-Glow Giving", *The Economic Journal*, 1990, Vol. 100.

⑦ Glazer, A. & K. A. Konrad "A Signaling Explanation for Charity", *American Economic Review*, 1996, Vol. 86, No. 4.

百年变局与中国政治学的时代化:清华政治学系的探索

鼓励亲社会行为,遵从规范的压力驱动人们按照社会期望行动。① 相反,提供激励或惩罚等外部激励则会"挤出"人们的内在动机并减少亲社会行为。② 因此,贝纳布和蒂罗尔认为亲社会行为是内在、外在和声誉因素的集合,并将动机归纳为奖励惩罚、公开度、个人与社会规范及竞争性四个维度。③

从利他主义与理性行为的双重驱动层面出发,新冠疫情所代表的公共卫生危机对个体捐助行为蕴含着多重影响。从社会心理学视角出发,以往研究表明,换位思考(perspective-taking)和对他人的同情心正是利他主义行为的重要来源。④ 疫情的持续扩大使人们普遍面临共同的风险、具备共同的经历,因此个体更能感知他人的困难,对他人的痛苦产生更强的共情和同情心。另一些研究也指出,风险构成一种重要的行为刺激,例如,当个体意识到自己面临环境污染所造成的自身健康风险时,更倾向于参与保护环境。⑤ 在新冠肺炎疫情中,病毒的高传播力增强了命运共同体的连结感,从而可能促使人们超越个人利益,关注共同利益。然而,围绕风险情境下的亲社会行为,以往研究的结论并不一致。扎农等⑥采用虚拟现实模拟突发火灾场景,研究人们在火灾逃生这一极端外部风险中是否愿意冒着生命危险救助他人。在对参与者的大脑核磁共振图像进行分析后,扎农等发现对外部威胁和自身潜在危险更敏感的人倾向于在面对风险时作出自利行为,更不愿意在逃生过程中救助他人;相反,更能换

---

① Batson, D. & A. Powell, "Altruism and Prosocial Behavior", in T. Million & L. J. Melvin (eds.), *Handbook of Psychology*, 2003, Vol. 5, Hoboken, New Jersey: John Wiley & Sons, Inc.

② Frey, B. S. & R. Jegen, "Motivation Crowding Theory", *Journal of Economic Surveys*, 2001, Vol. 15, No. 5; Gneezy, U. & A. Rustichini, "A Fine is a Price", *The Journal of Legal Studies*, 2000a, Vol. 29, No. 1; Gneezy, U. & A. Rustichini, "Pay Enough or Don't Pay at All", *The Quarterly journal of Economics*, 2000b, Vol. 115, No. 3.

③ Bénabou, R. & J. Tirole, "Incentives and Prosocial Behavior", *American Economic Review*, 2006, Vol. 96, No. 5.

④ de Waal, F. B. M., "Putting the Altruism Back into Altruism: The Evolution of Empathy", *Annual Review of Psychology*, 2008, Vol. 59, No. 1.

⑤ Baldassare, M. & C. Katz, "The Personal Threat of Environmental Problems as Predictor of Environmental Practices", *Environment and Behavior*, 1992, Vol. 24, No. 5; Corbett, J. B., "Altruism, Self-Interest, and the Reasonable Person Model of Environmentally Responsible Behavior", *Science Communication*, 2005, Vol. 26, No. 4.

⑥ Zanon, M., G. Novembre, N. Zangrando, L. Chittaro & G. Silani, "Brain Activity and Prosocial Behavior in a Simulated Life-Threatening Situation", *NeuroImage*, 2014, Vol. 98.

位思考的人倾向于作出亲社会行为，更愿意在逃生过程中救助他人。因此，沿着社会心理学逻辑，我们认为，疫情的共同经历可能催生更强的共情能力和对共同命运的关注，使人们更倾向捐赠物资以帮助他人；相反地，疫情带来的外部风险也可能驱使人们做出自利自保的应对行为。

从行为经济学视角出发，新冠肺炎疫情同时为捐赠行为提供了一种显著的社会情境。一方面，疫情使"一方有难，八方支援"的社会规范迅速启动，驱使人们慷慨相助；媒体的"正能量"宣传往往为捐赠带来声誉等激励，捐赠者也往往获得较高的社会认可与媒体曝光度，成为他人学习仿效的对象，从而进一步强化社会规范。另一方面，疫情作为一种巨大的外部风险同时也对个体健康、经济收入构成威胁，人们不同程度地面临资源短缺的局面。不仅如此，疫情中的志愿服务还意味着更多的人员接触和更高的感染风险。因此，疫情的外部风险使人们面临更强烈的自我利益保全（健康、物质、财产等）与利他愿望（捐赠、志愿、助人等）之间的权衡取舍。因此，遵循经济学的理性选择逻辑，我们认为，个体可能感知疫情风险并承受经济损失，倾向于为自身利益保留更多资源；也可能权衡个体理性权衡风险与名誉等社会收益，更倾向于捐赠。

有鉴于此，针对公共卫生危机情境下的捐助行为，本文提出两种对立的假设。

H1a：个体面临的疫情外部风险越高，捐助意愿越强。

H1b：个体面临的疫情外部风险越高，捐助意愿越弱。

（二）社会资本与捐助意愿

捐助行为不仅是个体的亲社会行为，也是对公共事务的参与。不同于心理学和经济学，社会学对于捐助的研究更侧重个体所处的社会纽带和关系网络的影响。社会资本，即社会内部"促进为彼此利益而协同合作的网络、规范和信任"[①]，是影响个体捐助行为的重要因素。内嵌于人际信任和社交网络的互信互惠规

---

① Putnam, R., "Tuning In, Tuning Out: The Strange Disappearance of Social Capital in America", *Political Science and Politics*, 995, Vol. 28, No. 4, p. 67.

百年变局与中国政治学的时代化：清华政治学系的探索

范，能够促进信息共享、调动资源，提高协同水平和效率。① 研究表明，社会资本的各个维度——一般社会信任、社会网络丰富程度以及公共事务参与，均与人们的捐助倾向呈正相关。② 原因在于，频繁的社会交往能够加强个体与社区的连接，提供更多了解他人需求的机会。③ 而频繁的交往所形成的彼此信任和互惠互助也是慈善捐赠所需要的天然品德。④ 同时，个体对他人和社会的信任水平越高，越愿意接受短期的个人损失，帮助他人或关注公共利益。因此，大量研究表明，参与社区事务以及社区内正式和非正式连结的密度，比个体的慷慨程度更能影响人们对募捐和志愿活动的参与。⑤ 基于中国家庭的调查同样发现，邻里社区参与能够显著提升中国家庭捐赠参与。⑥

在自然灾害和公共危机的背景下，社会资本在救援、心理缓冲、物质支持、信息共享和恢复重建方面发挥了巨大力量。研究表明，家庭和邻里的自我救助在第一时间可以为减少伤亡和损失发挥关键作用。⑦ 在灾后重建过程中，具有更强的人际信任、社会网络和公共参与水平的社区往往具有更强的韧性，恢复速度更快。⑧ 原因在于，在人际连接更密切的社区，人们能够获得更多的心理支持和用于恢复经济活动的资源，更好地共享信息；而且彼此原有的信任

---

① Fukuyama, F., "Social Capital, Civil Society and Development", *Third world Quarterly*, 2012, Vol. 22, No. 1; Lin, N., *Social Capital: A Theory of Social Structure and Action*, New York, N. Y.: Cambridge University Press, 2002.

② Wang, L. & E. Graddy, "Social Capital, Volunteering, And Charitable Giving", *Voluntas*, 2008, Vol. 19, No. 1.

③ Schervish, P. G. & J. J. Havens, "Social Participation and Charitable Giving: A Multivariate Analysis", *Voluntas*, 1997, Vol. 8, No. 3.

④ Martin, M. W., *Virtuous Giving: Philanthropy, Voluntary Service, and Caring*, Bloomington, I. N.: Indiana University Press, 1994.

⑤ Schervish, P. G. & J. J. Havens, "Social Participation and Charitable Giving: A Multivariate Analysis", *Voluntas*, 1997, Vol. 8, No. 3.

⑥ 晏艳阳、邓嘉宜、文丹艳：《邻里效应对家庭社会捐赠活动的影响——来自中国家庭追踪调查（CFPS）数据的证据》，载《经济学动态》，2017 年第 2 期。

⑦ Hawkins, R. L. & K. Maurer, "Bonding, Bridging and Linking: How Social Capital Operated in New Orleans Following Hurricane Katrina", *British Journal of Social Work*, 2010, Vol. 40, No. 6; Murphy, B. L., "Locating Social Capital in Resilient Community-Level Emergency Management", *Natural Hazards*, 2007, Vol. 41, No. 2.

⑧ Shaw, R. & Y. Nakagawa, "Social Capital: A Missing Link to Disaster Recovery", *International Journal of Mass Emergencies and Disasters*, 2004, Vol. 22, No. 1.

和依存关系使人们更愿意从事志愿活动和互相帮助。① 然而，伴随着人口损失和灾后迁移安置，自然灾害和公共危机往往对原有社会结构造成冲击和破坏，产生普遍的经济损失，从而降低社会黏性。例如，研究指出，即便在原本社会资本水平较高的村庄，在经历灾害后，人们只会向他人提供很少的物质支持。② 原因在于人们普遍忙于个体灾后修复和诉讼等，无暇参与公共事务或与邻里互动；而只有受损失相对较小、灾后恢复较快的人对参与公共事务表示兴趣。③ 因此，里奇与吉尔（Ritchie & Gill）认为，灾害和公共危机的发生减少社区黏度，使人们丧失对机构的信任，从而减少了人们对社交活动的参与。④

在应对新冠肺炎疫情的过程中，居家隔离与保持社交距离成为减少病毒传播的必要措施，社会活动和面对面的人际交往普遍减少。人们不得不退回家庭等物理空间中，并对陌生人保持警惕和防御，保持距离并进行面部遮蔽。那么，为应对公共卫生危机所采取的增加社交距离等措施是否会影响人们对陌生人的帮助意愿？在防控病毒传播的社会环境之下，社交活动大幅减少，社会资本还能否发挥作用，促进合作互助？以往研究表明，公众对他人的信任水平越高，越有可能参与社区公共事务。⑤ 针对网民群体年轻化的特点，以往研究也发现，社会信任对网民政治参与有促进作用，尤其扩大了大学生群体的参与。⑥ 因此，我们提出第二点假设，即个体捐助行为与其对社会的信任密切相关。此处，我们关注社会资本的核心维度之一——个体对社会的一般信任，原

---

① Aldrich, D., *Building Resilience: Social Capital in Post-Disaster Recovery*, Chicago, I. L.: University of Chicago Press, 2012; Aldrich, D. & M. Meyer, "Social Capital and Community Resilience", *American Behavioral Scientist*, 2015, Vol. 59, No. 2.

② Brouwer, R. & J. Nhassengo, "About Bridges and Bonds: Community Responses to the 2000 Floods in Mabalane District, Mozambique", *Economic Outlook*, 2006, Vol. 30, No. 2.

③ Ritchie, L. A., "Individual Stress, Collective Trauma, And Social Capital in The Wake of The Exxon Valdez Oil Spill", *Sociological Inquiry*, 2012, Vol. 82, No. 2; Takeda, J., K. Tamura & S. Tatsuki, "Life Recovery of 1995 Kobe Earthquake Survivors in Nishinomiya City: A Total-Quality-Management-Based Assessment of Disadvantaged Populations", *Natural Hazards*, 2003, Vol. 29, No. 3.

④ Ritchie, L. A. & D. A. Gill, "Social Capital Theory as An Integrating Theoretical Framework in Technological Disaster Research", *Sociological Spectrum*, 2007, Vol. 27, No. 1.

⑤ Brehm, J. & R. Wendy, "Individual-Level Evidence for the Causes and Consequences of Social Capital", *American Journal of Political Science*, 2016, Vol. 41, No. 3.

⑥ 黄少华、郝强：《社会信任对网络公民参与的影响——以大学生网民为例》，载《兰州大学学报》（社会科学版），2016 年第 44 期。

因在于社会资本作为一种集体层面的表现根植于每个人对他人的态度和参与。[1]

H2：个体对社会的信任水平越高，其捐助意愿越强。

（三）政治信任与捐助意愿

公众参与不仅与社会信任互哺，也与政治信任密切相关。以往研究表明，个体的政治信任水平越高，越热衷于参与公共事务，原因在于人们更相信政治机构的权威和回应性，具有较强的外部效能感，更相信通过正式的政治程序能够影响决策。[2]

政治信任包含对政治家、政府和政治过程的评价，其中，对政府的信任于捐助行为有直接影响。政府因素包括减税等优惠政策、政府透明度和治理能力，是影响捐助行为不可忽略的因素。[3] 研究表明，政府对审计和报告的规定越严格，慈善组织的运作越健康负责。[4] 作为捐助行为最常见的中介机构，慈善机构的信任下降[5]和慈善组织的形象[6]通常显著影响人们的捐助意愿。而政府和慈善机构的表现，包括可信度、效率和服务质量均影响人们对其的捐助意愿。[7]

---

[1] Brehm, J. & R. Wendy, "Individual-Level Evidence for the Causes and Consequences of Social Capital", *American Journal of Political Science*, 2016, Vol. 41, No. 3.

[2] Brehm, J. & R. Wendy, "Individual-Level Evidence for the Causes and Consequences of Social Capital", *American Journal of Political Science*, 2016, Vol. 41, No. 3.

[3] Brooks, A. C. & G. B. Lewis, "Giving, Volunteering and Mistrusting Government", *Journal of Policy Analysis and Management*, 2004, Vol. 20, No. 4; Gazley, B. & J. L. Brudney, "Volunteer Involvement in Local Government after September 11, The Continuing Question of Capacity", *Public Administration Review*, 2005, Vol. 65, No. 2.

[4] Hyndman, N. & D. McMahon, "The Hand of Government in Shaping Accounting and Reporting in The UK Charity Sector", *Public Money and Management*, 2011, Vol. 31, No. 3.

[5] Webb, D. J., C. L. Green & T. G. Brashear, "Development and Validation of Scales to Measure Attitudes Influencing Monetary Donations to Charitable Organizations", *Journal of the Academy of Marketing Science*, 2000, Vol. 28, No. 2.

[6] Bendapudi, N., S. N. Singh & V. Bendapudi, "Enhancing Helping Behavior: An Integrative Framework for Promotion Planning", *Journal of Marketing*, 1996, Vol. 60, No. 3.

[7] 杜兰英、赵芬芬、侯俊东：《基于感知视角的非营利组织服务质量、捐赠效用对个人捐赠意愿影响研究》，载《管理学报》，2012年第9期；Li, S. X., C. C. Eckel, P. J. Grossman & T. L. Brown, "Giving to Government: Voluntary Taxation in the Lab." *Journal of Public Economics*, 2011, 95.

相较于发达国家政府与慈善机构的相对独立关系,我国政府与慈善组织则存在较强的直接关联。慈善组织在登记注册、资金来源、人数规模、业务开展等环节均受业务主管部门的审核和监督。慈善组织的架构也与政府类似,在红十字会和宋庆龄基金会等全国性慈善机构内设有机关党委。慈善组织的领导者也通常与政府具有密切联系,甚至由政府退休官员担任。[①] 此外,政府动员也构成我国慈善组织重要的资金来源渠道。例如,毕向阳等指出,对"希望工程"的捐款依托体制内动员并在工作单位中进行,相较于体制外动员,体制内动员的捐赠次数更多。[②] 故而我国慈善组织的架构和运行具有政府特色,甚至本身便具有官办性质。

在重大公共危机事件期间,公众捐助不仅是个体亲社会行为和对公共事务的参与,也体现了对党和国家动员的响应。尤其在重大自然灾害和公共危机期间,政府往往在动员民间筹资中发挥巨大力量。例如,在 2008 年汶川地震和 2010 年玉树地震发生时,我国社会捐赠绝对数量到达高峰。在新冠肺炎疫情爆发后,政府调动了庞大的行政力量布置防控体系并通过多种渠道动员捐款。在资源统筹和分配方面,地方政府及红十字会等具有政府性质的慈善机构在疫情早期一定程度上替代了慈善组织,实际承担接受捐赠和统筹分配的职责。[③] 鉴于政府及具有政府性质的慈善机构在公共危机时期的捐赠中扮演了动员者、接收者和分配者的实际作用,我们认为,在中国语境下,个体捐助行为与其对政府的评价息息相关。对政府信任水平较低的人更容易担忧政府对慈善机构监管不力,造成善款挪用和贪污、公信力缺失,因而更不信任官方慈善机构,更不愿意捐赠;相反,更相信政府能力和更放心政府的人则更愿意响应号召、参与捐助。因此,我们认为,对政府的信任影响人们的捐助意愿;对政府的信任水平越高,被动员的可能性越大。

此外,政治效能感亦影响个体政治参与。公众越相信自己有能力参与公共

[①] 戴长征、黄金铮:《比较视野下中美慈善组织治理研究》,载《中国行政管理》,2015 年第 2 期。
[②] 毕向阳、晋军、马明洁、何江穗:《单位动员的效力与限度——对我国城市居民"希望工程"捐款行为的社会学分析》,载《社会学研究》,2010 年第 25 期。
[③] 贾西津:《武汉疫情社会捐赠不应被统一调配》,载《中国慈善家杂志》,2010 年 2 月 3 日,https://finance.sina.com.cn/china/2020-02-03/doc-iimxxste8396166.shtml。

事务，越认为自己的行动能够产生实际影响，越倾向于参与。以往研究表明，公众的政治效能感越强，越愿意参与协商等公共事务。① 我们认为，在重大公共危机期间，公众的政治效能感越强，越倾向于相信通过个体的努力能够为抗击疫情作出贡献，因此越愿意参与捐赠。相反，公众的政治效能感越弱，则越不认为个体的努力能够产生影响，则越不愿意参与捐赠。因此，我们提出两个相互关联的假设。

H3a：个体对政府的信任水平越高，其捐助意愿越强。

H3b：个体的政治效能感越高，其捐助意愿越强。

（四）社会信任、政府信任与捐助渠道偏好

我们接下来考察社会资本与政府信任的动员机制和渠道——即当个人有捐助意愿时，会选择通过何种渠道实施捐赠。按照如上社会—政府的维度，我们首先考察社会维度，包括信任程度和渠道可及性因素。在西方社会，慈善组织是最常见的捐助中介。以往研究将帮助他人的意愿和对慈善机构的态度作出区分，指出对慈善机构的信任下降②和慈善组织的形象③显著影响人们的捐助意愿。从渠道可及性而言，个体间、个体与组织之间构成的非正式关系网络为个体提供了捐助渠道。④ 研究指出，与非政府组织、慈善机构的社会关联显著影响慈善捐赠行为。⑤ 正如毕向阳等指出："个人所处的关系脉络并非作为背景而存在，它们通常意味着参与渠道的距离和被动员的可能性。"在社会维度的捐赠渠道中，网络捐赠日益成为一种重要的新

---

① 裴志军：《政治效能感、社会网络与公共协商参与——来自浙江农村的实证研究》，载《社会科学战线》，2015年第11期。

② Webb, D. J., C. L. Green & T. G. Brashear, "Development and Validation of Scales to Measure Attitudes Influencing Monetary Donations to Charitable Organizations", *Journal of the Academy of Marketing Science*, 2000, Vol. 28, No. 2.

③ Bendapudi, N., S. N. Singh & V. Bendapudi, "Enhancing Helping Behavior: An Integrative Framework for Promotion Planning", *Journal of Marketing*, 1996, Vol. 60, No. 3.

④ Wang, L. & E. Graddy, "Social Capital, Volunteering, And Charitable Giving", *Voluntas*, 2008, Vol. 19, No. 1.

⑤ Sokolowski, S. W., "Show Me the Way to the Next Worthy Deed: Towards A Microstructural Theory of Volunteering and Giving", *Voluntas*, 1996, Vol. 7, No. 3.

兴形式。① 网络捐赠依托社交媒体平台；捐赠需求方通过网络平台发布信息，其需求借助社会网络迅速扩散，吸引网民以"众筹"方式提供帮助。相较于传统捐赠渠道，互联网捐赠平台能够在更大程度上发挥社会网络的力量，动员网民参与，提高了同辈间的互助机会。② 例如，一项基于沙特阿拉伯的网络调查发现，80%的志愿献血者从社交媒体平台获取需求信息，其中大部分信息通过亲人和朋友的信息转发获取，而团结互助的愿望构成人们献血的主要原因。③ 由于网络捐赠依赖社交媒体的扩散和人际网络进行动员，我们认为，人们对网络捐赠的选择受其对社会的信任水平相关。人们越倾向于相信社会中的其他人，越愿意通过网络渠道进行捐赠。从政府维度考察，以往研究表明，对政府能力持怀疑态度、认为其腐败且不信任的政府的人倾向于依赖私人慈善捐赠。④ 对政府信任水平较低且政治倾向偏保守的人比政府信任水平较高且政治倾向偏自由的人更倾向通过教会进行慈善捐赠。⑤

因此，捐赠渠道的选择实际体现了不同人群对社会与政府的信任程度、可及性和被动员可能性的差异。我们认为，更信任社会的人与更信任政府的人选择互助参与的渠道和方式不同。更信任社会的人更倾向通过社会资源渠道帮助他人，包括同乡会、同业会、校友会、社交网络平台、甚至通过私人资源直接联系当地。而更信任政府的人更倾向通过政府渠道提供帮助，包括特别党费、疫情严重地区政府、红十字会等。

H4：社会信任与政府信任水平影响人们帮助他人的渠道和方式选择。更信任社会的人更倾向通过包括互联网平台在内的社会资源渠道帮助他人，而更

---

① Saxton, G. D. & L. Wang, "The Social Network Effect: The Determinants of Giving through Social Media", *Nonprofit and Voluntary Sector Quarterly*, 2014, Vol. 43, No. 5; Tugrul, T. O. & E. M. Lee, "Promoting Charitable Donation Campaigns on Social Media." *The Service Industries Journal*, 2018, Vol. 38, No. 3–4.

② Zhong, Z. J. & S. Lin, "The Antecedents and Consequences of Charitable Donation Heterogeneity on SocialMedia", *International Journal of Nonprofit and Voluntary Sector Marketing*, 2018, Vol. 23, No. 1.

③ Alanzi, T. & B. Alsaeed, "Use of Social Media in the Blood Donation Process in Saudi Arabia", *Journal of blood medicine*, 2019, Vol. 10.

④ Brooks, A. C., "The Effects of Public Policy on Private Charity", *Administration and Society*, 2004, Vol. 36, No. 2.

⑤ Brooks, A. C. & G. B. Lewis, "Giving, Volunteering and MistrustingGovernment", *Journal of Policy Analysis and Management*, 2004, Vol. 20, No. 4.

信任政府的人更倾向通过政府渠道帮助他人。

（五）媒体依赖与捐助渠道偏好

大量以往研究表明，信息接触渠道对公众的观点看法、政治信任、社会信任和参与行为等产生重要的影响。① 例如，周葆华发现，突发公共事件中对新闻的关注显著影响人们对公共事件的参与水平。② 媒体选择影响人们的政治信任水平。例如，张云亮等发现，新媒体接触与公众参与社会治理的意愿呈正相关。③ 赛龙发现，相比接触传统网络媒体的受众，依赖社交媒体的人的政治信任水平普遍更低。④ 格罗斯等则发现，"9·11"恐怖主义袭击后，观看电视新闻的人比阅读报纸的受众社会和政治信任水平更高。⑤ 针对网民群体的研究发现，大学生对官方网络媒体的接触对政治信任产生正向影响；⑥ 然而，社交媒体对官方媒体提升政治信任的作用具有明显的"挤迫效应"，接触海外媒体较频繁的网民往往政治信任水平较低。⑦ 因此，我们假设个体的媒介信息接触影响其对政治和社会信任水平，继而对其捐赠方式产生影响。因此我们提出以下假设：

H5：媒体渠道影响人们对政府的信任水平，并进而影响人们对捐助渠道的选择。更依赖社交媒体获取信息的人对政府的信任水平更低，更倾向通过互联

---

① Ceron, A., "Internet, News, and Political Trust: The Difference Between Social Media and Online Media Outlets", *Journal of Computer-Mediated Communication*, 2015, Vol. 20, No. 5; Gross, K., S. Aday & P. R. Brewer, "A Panel Study of Media Effects on Political and Social Trust after September 11, 2001", *Harvard International Journal of Press/Politics*, 2004, Vol. 9, No. 4.

② 周葆华：《突发公共事件中的媒体接触、公众参与与政治效能——以"厦门PX事件"为例的经验研究》，载《开放时代》，2011年第5期。

③ 张云亮、冯珺、季芳芳、柳建坤：《新媒体接触对社会治理参与的影响研究——基于中国社会状况综合调查2013—2017年数据的实证分析》，载《新闻与传播研究》，2020年第27期。

④ Ceron, A., "Internet, News, and Political Trust: The Difference Between Social Media and Online Media Outlets", *Journal of Computer-Mediated Communication*, 2015, Vol. 20, No. 5.

⑤ Gross, K., S. Aday & P. R. Brewer, "A Panel Study of Media Effects on Political and Social Trust after September 11, 2001", *Harvard International Journal of Press/Politics*, 2004, Vol. 9, No. 4.

⑥ 郭二秀、周小李：《高校学生网络媒体接触对其政治信任影响的实证研究》，载《山东青年政治学院学报》，2020年第37期。

⑦ 张明新、刘伟：《互联网的政治性使用与我国公众的政治信任——一项经验性研究》，载《公共管理学报》，2014年第11期。

网等社会渠道进行捐助;而更依赖官方媒体获取信息的人对政府的信任水平更高,更倾向通过政府渠道进行捐助。

最后,我们考察个人特质对公共卫生危机中捐助行为的影响。大量研究表明,除受到利他主义动机、理性行为和社会情境的共同影响,亲社会行为还受到一系列个人特质的影响。[①] 社会经济地位、受教育程度、家庭背景和宗教信仰等均影响人们的捐赠和志愿行为。[②] 例如,有研究指出社会经济地位越高、受教育水平越高的人,越具有可以自由支配的时间和收入,因此更愿意捐赠。然而,捐助是一个多维度的概念,包括捐助意愿和捐助水平。[③] 史密斯等发现,收入水平虽然影响人们的捐赠金额,却不影响人们的捐赠意愿。[④] 虽然低收入群体相比高收入群体社会资源更少、收入更低,也更容易受到外部威胁的影响,然而低收入群体同样热衷于慈善捐赠——出于平等主义价值观和怜悯心,低收入者甚至比高收入群体更加慷慨。[⑤]

三、数据和测量

(一) 数据来源

本文的数据来源于清华大学数据治理研究中心于 2020 年 2 月 3 日至 2 月 9

---

① Bussell, H. & D. Forbes, "Understanding the Volunteer Market: The What, Where, Who and Why of Volunteering", *International Journal of Nonprofit and Voluntary Sector Marketing*, 2002, Vol. 7, No. 3; Schlegelmilch, B. B., A. Love & A. Diamantopoulos, "Responses to Different Charity Appeals: The Impact of Donor Characteristics on The Amount of Donations", *European Journal of Marketing*, 1997, Vol. 31, No. 8; Schokkaert, E., "The Empirical Analysis of Transfer Motives", in Kolm, Serge-Christophe & Jean Mercier Ythier (eds.), *Handbook of the Economics of Giving, Altruism and Reciprocity*, Amsterdam: Elsevier, 2006; Smith, V. H., M. R. Kehoe & M. E. Cremer, "The Private Provision of Public Goods: Altruism and Voluntary Giving", *Journal of Public Economics*, 1995, Vol. 58, No. 1.

② Schervish, P. G. & J. J. Havens, "Social Participation and Charitable Giving: A Multivariate Analysis", *Voluntas*, 1997, Vol. 8, No. 3.

③ Jones, A. & J. Posnett, "Charitable Donations by UK Households: Evidence from the Family Expenditure Survey", Applied Economics, 1991 Schervish, P. G. & J. J. Havens, "Social Participation and Charitable Giving: A Multivariate Analysis", *Voluntas*, 1997, Vol. 23, No. 2.

④ Smith, V. H., M. R. Kehoe & M. E. Cremer, "The Private Provision of Public Goods: Altruism and Voluntary Giving", *Journal of Public Economics*, 1995, Vol. 58, No. 1.

⑤ Piff, P. K., M. W. Kraus, S. Côté, B. H. Cheng & D. Keltner, "Having Less, Giving More: The Influence of Social Class on Prosocial Behavior", *Journal of Personality and Social Psychology*, 2010, Vol. 99, No. 5.

日实施的"数字技术与公共卫生治理现代化问卷调查"。该调查通过"问卷星"在线调查平台进行,旨在了解2020年新冠肺炎疫情期间公众对疫情的认知、态度和行为。① 调查通过新华社、人民网、《财经》、澎湃新闻、今日头条等主流媒体和新媒体平台推广以及在社交媒体滚雪球的方式,共采集了6046位受访人的数据,删除作答时间较短样本和海外样本后最终获得5838份有效样本。调查样本覆盖了全国31个省市区的300多个地级市,除了西藏、青海、宁夏和新疆外,其他省份样本均在50—611之间,各省平均样本数为188人,样本的地域分布与各省份人口规模基本匹配,具有一定的地区代表性。人口年龄结构与我国网民相似,学生群体比例较高,且以中青年群体为主。鉴于调查样本并非来源于随机抽样,所以该数据具有一定的局限性。但考虑到疫情期间开展随机抽样的不可行性和时间滞后性,本文利用的网络调查样本对于了解重大公共卫生危机期间的网民行为仍然具有重要学术价值。本文在表2中也呈现了调查样本的年龄结构分布与中国互联网信息中心(CNNIC)2019年发布的《中国互联网络发展状况统计报告》的比对状况,发现调查样本除在20—29岁年龄段高于CNNIC报告,其他年龄段均与我国网民年龄结构具有较强相似性,本文认为因此该调查可以达到了解网民捐助行为的学术研究目的。

(二)变量测量

我们在此次调查中专门关注了新冠肺炎疫情期间全国网民的捐助意愿和捐助水平。具体而言,调查中通过下列问题分别测量了网民的捐助意愿、捐助水平和捐助渠道偏好。捐助意愿询问人们在疫情期间"多大程度上愿意向武汉地区捐款捐物?",采取从"非常不愿意"到"非常愿意"的1—5李克特量表测量捐助意愿的强度,捐助意愿越强取值越大。根据图1,疫情期间网民的捐助意愿非常高,53.9%的受访人表示非常愿意捐款捐物,比较愿意捐助的人群占到32.4%,仅有3.9%不愿意向武汉地区捐款捐物。捐助水平是衡

---

① 贾哲敏、孟天广:《信息为轴:新冠病毒疫情期间的媒介使用、信息需求及媒介信任度》,载《电子政务》,2020年第5期。

量捐助意愿强度的辅助变量,通过询问受访人"如果您有意愿向疫情严重地区捐款捐物,您愿意捐价值多少金额(如捐献物资,可折现后计算)?"来测量,为连续变量。图2呈现了捐助水平的分布状况,大多数网民的捐助额度较为慷慨,11.3%愿意捐助1000元及以上,12.6%的捐助意愿介于500—1000元,另有47.7%的公众愿意捐助100—500元之间,其中学生群体的捐赠金额在100—200元间居多。仅有约四分之一网民捐助额度在100元以下。

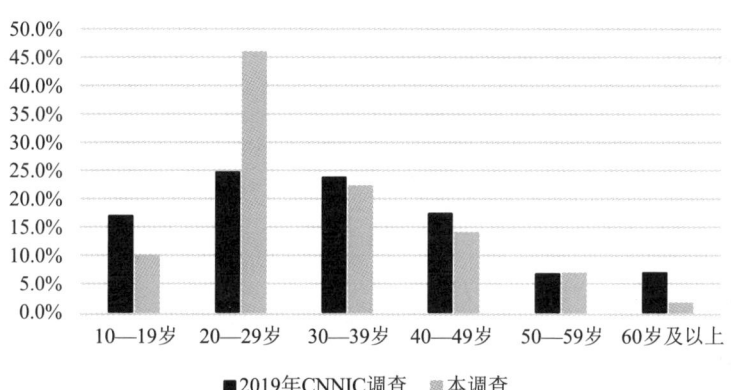

图1 中国网民与本调查样本结构对比

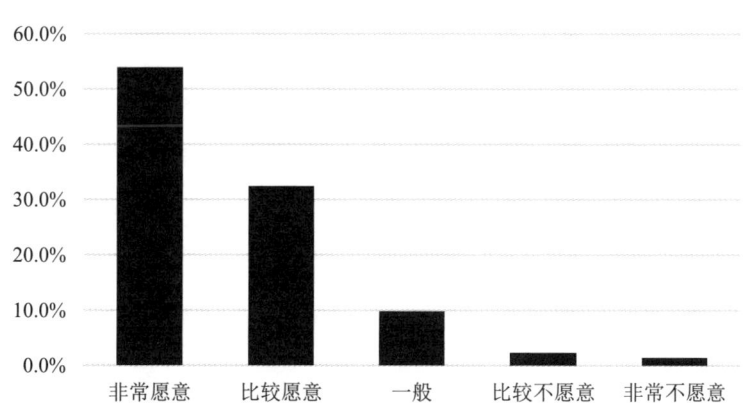

图2 新冠肺炎疫情期间网民捐助意愿的分布

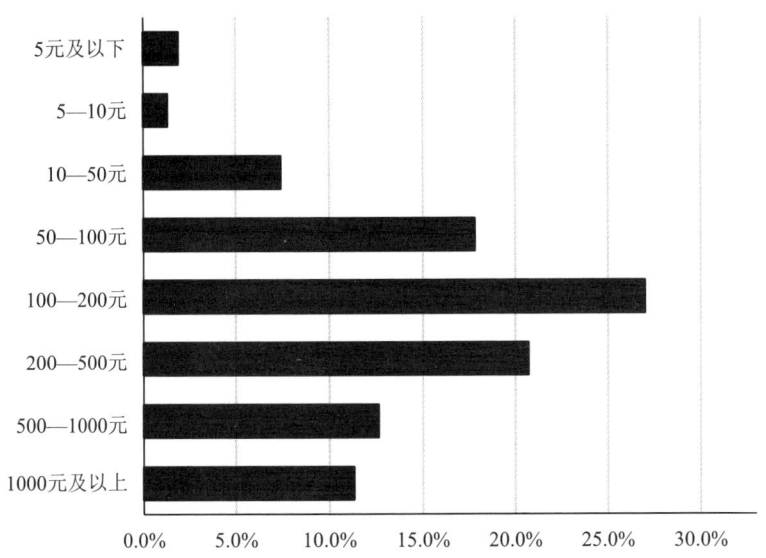

图3 新冠肺炎疫情期间网民捐助水平的分布

我们还测量了捐助渠道选择以反映人们的捐助偏好。具体地,我们以多选题的形式询问了受访人最希望通过哪种途径对疫情严重地区进行捐助,捐助途径选项包括"疫情严重地区及周边市县政府""红十字会等社会慈善组织""向党组织捐献特别党费"的政府渠道,也包括"校友会/同乡会/同业会""水滴筹等平台捐款""直接联系当地医院直接捐助"的社会渠道。根据表1,公众最偏好直接联系当地医院捐助,68.5%的受访人选择了该途径,其次是向疫情严重地区及周边市县政府捐助(37.7%)、校友会/同乡会/同业会(30.7%),另外有17.9%的受访人愿意向党组织捐献特别党费,相对而言向红十字会等社会慈善组织捐款、在水滴筹等平台捐款的偏好较低,分别为10.6%和8.1%。

表1 疫情期间公众的捐助渠道偏好

渠道类型	具体途径	比例(%)
官方渠道	疫情严重地区及周边市县政府	37.7
	红十字会等社会慈善组织	10.6
	向党组织捐献特别党费	17.9

(续表)

渠道类型	具体途径	比例（%）
社会渠道	校友会/同乡会/同业会	30.7
	在水滴筹等平台捐款	8.1
	直接联系当地医院直接捐助	68.5

为了解释捐助意愿和水平的差异，本文的自变量包括个体周围疫情风险、省份疫情风险、个体社会信任、个体政府信任、自我政治效能感和媒体渠道等变量。具体地，个体周围疫情风险是最接近网民个体的社会风险，通过了解受访人"周围是否有新型冠状病毒肺炎确诊病例或疑似病例"来测量，如果受访人的亲属\朋友\同学\同事等、同小区居民和临近小区居民感染或疑似感染新冠病毒即赋值为1；省份疫情风险变量通过对调查期内各省公开发布的平均确诊病例、疑似病例和死亡病例数的平均值提取公因子来测量①。作为社会资本的核心变量之一，个体社会信任采取学界常用的问题"一般来说，您认为大多数人是可以信任的，还是和人相处要越小心越好？"的判断题来测量，如果受访人认为大多数人是可以信任的即赋值为1。个体政府信任反映个体对政府抗疫能力的评价和抗疫效果的预期。调查中曾通过1—5的李克特量表提问"您对我国能够有效地防控此次疫情的信心是非常有信心、比较有信心、一般、不太有信心，还是完全没信心？""我认为政府有能力遏制疫情"。在分析中对上述2道题按照同意程度越高取值越大的方向进行赋值，并对2道题的答案取平均作为个体政府信任来衡量。自我政治效能感衡量人们对自身影响政府能力的感知和评价，在调查中依据既有研究通过1—4（"非常不同意"到"非常同意"）的李克特量表询问受访人对"像我这样的人对政府作为没有发言权、政府官员不太在乎像我这样的人有何想法"两个观点的同意程度。在分析中按照统一程度越高取值越大的方式进行赋值，并将受访人2道题的答案提取公因子来作为自我政治效能感测

---

① 因子分析是一种常用的降维方法，将多个维度凝练成有限个维度。本文假设区分了个体小环境的风险和区域性风险，后者使用省份发布的确诊数、疑似病例和死亡数来测量，这些公开发布的数据可以让居民感知到区域风险强弱，三个观测变量的测量单位一致都是人。平均数无法反映区域间差异，尤其是疫情的空间差异很大，公因子很好地代表了三个维度的地区间差异有区分度。

量；媒体依赖在本次疫情期间成为影响公众参与的重要因素，本次调查采用多选题询问受访人在疫情期间关于疫情的信息是否最主要来自"中央媒体（新华社、央视、人民日报、人民网等）""地方媒体（地方电视台、地方报纸等）""商业媒体（商业网站、互联网客户端、商业微信公众号、视频网站、商业报纸等）""微信朋友圈、微信群、微博、网络论坛等社交媒体""政府官方网站、政务微信、政务微博、政务抖音、政务 APP 等""家人、朋友分享的小道消息""海外网站、媒体（推特、脸书等）""基层政府、村居委会的通知、公告"，进一步通过因子分析提取两个主成分（χ^2 = 3158.46，p = 0.000)，并分别命名为"官方媒体依赖"和"社会媒体依赖"，因子分析结果参见表3。

此外，本文分析参考既有研究在统计控制后识别自变量对捐助意愿和行为的净效应。本文的控制变量包括性别、年龄、受教育程度、职业身份等个体特征变量，还包括疫情知识、自评社会地位等个体层面变量。其中，疫情知识水平评估人们对新冠肺炎病毒及其科学防治的认知水平，通过两组共八道判断题来测量。通过加总两组题个体层面正确回答总数所对应的分值，我们获得个体对新冠肺炎疫情的知识分值。具体而言，第一组题目为"您同意下列关于新型冠状病毒的说法吗？""可以通过飞沫传播""可以通过接触传播""可以通过空气传播""致死率比非典（SARS）高"。第二组题目为"据您所知，以下哪些措施可以有效预防新型冠状肺炎病毒感染？""在手上喷洒75%的酒精消毒液""84 消毒液喷洒空气""使用肥皂和流动的水吸收且搓手时间不低于20秒""用过的口罩放到病毒消毒柜里消毒可继续防护新冠病毒"。自评社会地位通过问题"在我们的社会里，有些人社会地位高，有些人社会地位低。表中的 1 到 10 表示下层至上层的不同程度。请在 1 到 10 的量表标出您所处的位置"来测量，按照自评社会地位越高取值越大的方式赋值。此外，考虑到地区间经济社会发展水平有巨大差异，我们也加入了省份固定效应以控制地区层面不可观测因素的影响与以人均 GDP 为代表地区经济发展水平。表 2 呈现了本文中所涉及的主要变量的描述性统计。

表2 主要变量的描述性统计

变量	百分比（%）	变量	均值	标准差	最小值	最大值
性别		年龄	30.846	0.141	15	89
男性	40.42	自评社会地位	4.626	1.683	1	10
受教育程度		个体周围疫情风险	0.280	0.449	0	1
高中及以下	7.87	省份疫情风险	-0.001	1	-.309	5.296
大学/大专	54.66	个体社会信任	0.703	0.456	0	1
研究生	37.46	政府信任	4.222	0.724	1	5
职业		自我政治效能感	0.027	0.992	-2.359	1.979
政府/干部/公务员	13.49	官方媒体依赖	0.027	0.993	-2.158	1.852
普通职员	10.90	社会媒体依赖	-0.001	0.997	-1.986	2.536
专业技术人员	18.29	疫情知识水平	5.968	1.103	2	8
企业管理层	6.84	人均GDP	60959	4923.7	1313.32	89279.3
工人/体力劳动者	1.91					
商业服务业职工	1.00					
学生	39.27					
其他	8.30					
		样本量：5838				

表3 因子分析旋转成分矩阵

媒介选择	官方媒体依赖	社会媒体依赖
中央媒体（新华社、央视、人民日报、人民网等）	0.384	-0.174
地方媒体（地方电视台、报纸等）	0.392	0.008
政府官方网站、政务微信微博、政务APP等	0.377	-0.047
基层政府、村/居委会的通知公告	0.338	0.069
家人、朋友分享的消息	0.052	0.366
微信朋友圈、微信群、微博、网络论坛等社交媒体	-0.148	0.432
海外网站/媒体（推特、脸书）	-0.025	0.322
特征值	1.760	1.494
方差贡献率	0.220	0.187

四、研究发现

上文阐述了公共危机期间网民进行社会捐助行为的政治与社会成因,这部分在上述研究假设的指导下进行量化分析以检验研究假设。具体而言,我们利用新冠肺炎疫情期间的全国性网络调查所采集的一手数据,分别利用多元线性回归和逻辑斯蒂回归来拟合数据,检验风险感知、社会信任、政府信任以及媒体依赖对捐助意愿、捐助渠道选择的影响机制。

(一) 捐助意愿的社会与政治成因

表4呈现了我们对捐助意愿和捐助水平分别进行多元线性回归分析的结果。为了比较不同自变量对捐助意愿和水平的影响效应,我们定义了4个模型来拟合数据。模型1旨在控制个体和区域层面因素的前提下检验疫情风险感知对捐助意愿的影响,模型2进一步纳入呈现社会机制的若干影响因素——社会信任、社会媒体依赖,模型3则在模型1基础上纳入体现政治因素——政府信任、官方媒体依赖和政治效能感,模型4是包括以上所有自变量的全模型。总体上,本文所关心的自变量有效地解释了人们捐助意愿的差异,模型4的R^2在捐助意愿和水平上分别为10.9%和13.9%。

综合来自捐助意愿和水平两个模型的发现表明,社会风险感知,网民对自身紧密相关的亲友和同小区居民等疫情风险感知,总体上刺激了人们的捐助意愿。相较于周围没有确诊或疑似病例的人,同小区居民和同事朋友间已经存在感染案例的个人更愿意向当时疫情最严重的武汉捐款捐物,并且捐助金额更高。在控制人均GDP水平以后,个人所处的省份疫情越严重,向武汉捐款的金额也越高。这一发现验证了研究假设1a,即自身对疫情感知提升了人们向其他疫情严重地区捐款的意愿;人们感知到自身所处的疫情越严重,向他人捐赠意愿和金额越大。这表明对疫情的切身感受可能增加了人们的同理心,使人们更愿意帮助当时处在疫情最严重地区的遥远的陌生人。①

研究假说2认为个体对社会的信任水平越高，捐助意愿越强。回归分析（表4）显示，相对于认为和人相处要小心谨慎的人，认为社会上的大多数人可以信任的人显著地更愿意向武汉捐款，且捐款金额更高。这表明尽管疫情期间人们对他人在物理距离和心理上均保持警惕，但社会信任仍然是激励人们向社会困难群体捐助的重要成因。②

表4 捐助意愿与水平的社会与政治成因

	捐助意愿				捐助水平			
	(1)	(2)	(3)	(4)	(1)	(2)	(3)	(4)
个体周围疫情风险	0.030 (0.025)	0.037 (0.025)	0.054* (0.025)	0.051* (0.025)	0.212*** (0.044)	0.216*** (0.042)	0.217*** (0.043)	0.216*** (0.042)
省份疫情风险	10.449 (13.029)	11.765 (12.805)	12.624 (12.628)	12.159 (12.537)	36.196 (22.768)	37.222* (12.335)	36.628* (12.668)	37.100* (12.201)
个体社会信任		0.184*** (0.024)		0.148*** (0.024)		0.176*** (0.044)		0.169*** (0.044)
社会媒体依赖		-0.018 (0.011)		0.001 (0.011)		-0.015 (0.024)		-0.013 (0.024)
政府信任			0.250*** (0.016)	0.239*** (0.016)			0.019* (0.037)	-0.010* (0.037)
自我政治效能			0.087*** (0.012)	0.080*** (0.011)			0.100*** (0.022)	0.079*** (0.021)
官方媒体依赖			0.040*** (0.011)	0.041*** (0.011)			0.059* (0.022)	0.053** (0.023)

---

① 关于捐赠的动机，如前文所述，行为经济学视角认为人们捐赠的目的并非出于利他主义，而是出于自身利益权衡的考量。笔者认为这种解释在调查开展的疫情背景下的可能性较小。本调查开展之时武汉正处在封城状态，人们从向武汉地区捐助中获得的直接利益可能并不多；且问卷为匿名填写，受访者的名誉收益也较少，因此推测利他主义心理的影响更大。当然，由于缺乏严格的因果机制设计，我们对于相关性的发现并不直接证实利他主义心理与捐助行为之间的因果关系。

② Brehm, J. & R. Wendy, "Individual-Level Evidence for the Causes and Consequences of Social Capital", *American Journal of Political Science*, 2016, Vol. 41, No. 3.

(续表)

	捐助意愿				捐助水平			
	(1)	(2)	(3)	(4)	(1)	(2)	(3)	(4)
疫情知识水平	0.000 (0.010)	-0.007 (0.010)	-0.000 (0.010)	-0.005 (0.010)	0.074*** (0.017)	0.068*** (0.017)	0.073*** (0.018)	0.068*** (0.018)
年龄	0.006 (0.007)	0.004 (0.007)	-0.006 (0.001)	-0.007 (0.007)	0.072*** (0.016)	0.070*** (0.016)	0.067*** (0.016)	0.066*** (0.016)
年龄^2					-0.001*** (0.000)	-0.001*** (0.000)	-0.001*** (0.000)	-0.001*** (0.000)
男性	-0.165*** (0.023)	-0.143*** (0.023)	-0.148*** (0.022)	-0.147*** (0.022)	-0.090* (0.039)	-0.072* (0.039)	-0.085* (0.039)	-0.071* (0.039)
教育水平(参照类:高中及以下)								
大学/大专	0.001 (0.045)	0.010 (0.044)	0.024 (0.044)	0.025 (0.043)	0.186** (0.080)	0.193** (0.082)	0.197** (0.080)	0.200** (0.082)
研究生	-0.043 (0.049)	-0.025 (0.048)	0.045 (0.048)	0.042 (0.048)	0.287*** (0.091)	0.303*** (0.094)	0.328*** (0.090)	0.328*** (0.092)
自评社会地位	0.009 (0.007)	-0.008 (0.007)	0.007 (0.007)	-0.004 (0.007)	0.082*** (0.014)	0.068*** (0.014)	0.082*** (0.013)	0.070*** (0.014)
职业身份(参照类:其他)								
干部	0.084** (0.040)	0.028 (0.040)	0.026 (0.039)	0.002 (0.039)	0.146* (0.078)	0.102 (0.079)	0.112 (0.078)	0.084 (0.079)
专业技术人员	0.048 (0.038)	0.041 (0.037)	0.053 (0.037)	0.048 (0.036)	0.171*** (0.062)	0.164*** (0.061)	0.173*** (0.062)	0.165*** (0.061)
企业管理层	0.045 (0.050)	0.034 (0.049)	0.011 (0.049)	0.008 (0.048)	0.381*** (0.109)	0.372*** (0.107)	0.364*** (0.108)	0.361*** (0.106)
工人/体力劳动者	0.134 (0.086)	0.124 (0.084)	0.118 (0.083)	0.118 (0.082)	-0.562*** (0.141)	-0.568*** (0.141)	-0.567*** (0.139)	-0.568*** (0.140)
学生	0.111*** (0.039)	0.084** (0.039)	0.077** (0.038)	0.065* (0.038)	-0.267*** (0.075)	-0.288*** (0.076)	-0.284*** (0.074)	-0.297*** (0.075)
Ln(省人均GDP)	-1.552 (1.903)	-1.717 (1.870)	-1.756 (1.844)	-1.768 (1.831)	-4.895** (1.975)	-5.021*** (1.869)	-4.896** (1.912)	-4.960** (1.849)
省份固定效应	Y	Y	Y	Y	Y	Y	Y	Y
常数项	24.115 (24.443)	26.293 (24.022)	25.917 (23.690)	26.213 (23.519)	66.554*** (25.301)	68.209*** (23.949)	66.328*** (24.492)	67.321*** (23.683)
样本量	5,838	5,838	5,838	5,838	5,838	5,838	5,838	5,838
R^2	0.036	0.070	0.095	0.109	0.129	0.136	0.134	0.139

注：括弧中是标准误；*** $p<0.001$，** $p<0.01$，* $p<0.05$。

捐助意愿和捐助水平模型都支持政府信任假设和政治效能感假设。表4显示，网民越信任政府有能力抗击疫情，就越有意愿向武汉等疫情严重地区捐款捐物；作为反映自我感知政治影响力的变量——政治效能感也具备相似效应，即人们越认为自己对政府决策有影响就越愿意捐助困难地区，并且其捐助水平也相应提升。上述发现揭示中国人在进行社会捐助时存在较强的"行政逻辑"，这一方面源于官方慈善组织在整个社会慈善体系中居于主导地位，大量慈善组织由政府运营或监管，因而人们的捐赠意愿依赖于对政府治理能力的信任；另一方面，政府也是社会救助行为的发起者和动员者，因而人们越信任政府应对风险的意愿和能力，也就越愿意为公共危机的解决贡献资源和力量。

我们也考察了网民的媒体依赖对其捐助意愿的影响。根据对捐助意愿的回归分析（表4），人们主要依靠社会还是官方媒体获取疫情信息对其捐助意愿的作用不同，依赖官方媒体则使人们更愿意捐助困难地区和群体，同时愿意捐助的额度也相应地更高。这源于两类媒体在关于疫情防治的议程设置上存在显著区别，官方媒体更多地发布权威信息和正向舆论引导，而社会媒体则聚焦疫情防治的社会反馈和监督作用①，这在两类媒体对武汉红十字会的报道中可以得到印证。

此外，我们也发现本文纳入的诸多控制变量对人们的捐助意愿也发挥着显著影响。女性显著地比男性更愿意捐助、捐助水平也显著更高，这与既有研究发现女性更偏好利他主义行为的结论一致。② 有趣的是，在表4模型中加入性别的交互作用后发现，性别对个体社会信任水平和政府信任的作用具有相反的调节作用。社会信任水平较低的女性相较于社会信任较低的男性显著地更愿意向疫情严重地区捐赠，且捐赠金额更高。而对政府信任的男性比对政府信任的女性更倾向于捐赠，且捐赠金额更高。③ 同时，教育水平显著地影响着捐助水平，教育水平越高的人越偏好捐赠更多的金额，这与高教育者所拥有的财富水

---

① 薛可、孟筱筱、宋锋森：《差异与互补：官方与民间社交媒体的新闻生产对比研究》，载《新闻记者》，2019年第5期。
② Mohs, A. & G. Hübner, "Organ Donation: The Role of Gender in the Attitude-Behavior Relationship", *Journal of Applied Social Psychology*, 2013, Vol. 43.
③ 以上发现为作者分析所得，未呈现在表3的最终模型中。

平高度相关；在不同职业群体中，专业技术人员、企业管理层尽管在捐赠意愿上与其他群体没有显著差异，但其捐助金额显著地高于其他人群，相反，尽管学生具备明显更高的捐赠意愿，但其捐赠水平显著地受到财富水平的限制而低于其他群体。此外，人们对疫情越了解越有意愿提升捐助额度。概言之，受教育水平和职业类型对捐助意愿的影响充分地展示了社会经济地位因素通过资源占有对利他主义行为的影响，这与国际社会的发现具有类似性。[①]

（二）捐助渠道偏好的社会与政治成因

诚然，人们是否愿意在公共危机期间捐助他人非常重要，同样重要乃至更重要的是，人们通过什么渠道捐助困难群体，以及什么因素在塑造人们偏好的捐助渠道。上文已经讨论过，我国社会捐助和慈善体系存在两类捐助渠道：一类是人们通过政府或准政府渠道参与捐助和慈善活动，譬如向党组织、政府部门和官方慈善组织捐款捐物，委托上述官方机构管理和支配慈善资金或物资；第二类是通过社群渠道来捐助他人，譬如人们通过民间团体、互联网众筹平台或医疗机构等非官方渠道来直接帮助受益者，后者尤为强调社群互助的重要性。幸运的是，本次调查测量了人们通过官方或社群渠道捐助的偏好，表5呈现了疫情风险感知、个体社会信任、社会媒体依赖、政府信任、官方媒体依赖和自我政治效能感等因素对捐助渠道偏好的影响效应。

首先来考察疫情风险感知对捐助渠道选择的影响。结果显示，紧邻人们生活场景的同小区居民与亲友疫情风险显著地影响着捐助渠道的选择，但更为遥远的省级疫情风险没有显著影响（表5）。这表明风险感知影响人们利他主义行为的关键机制是微观情境下"可触摸"的社会风险在影响人们的同理心。尤为有趣的是，个体身边的疫情风险对人们选择官方渠道还是社群渠道捐助有迥异影响，更高水平的个体周围疫情风险一方面提升了人们利用校友/同乡/同业会、众筹平台和当地医院等社群渠道的概率，另一方面显著地降低了人们通过红会等慈善组织捐助的可能性。表5结果显示，身边存在疑似或确诊病例的

[①] Furnham, A., L. Treglown, G. Hyde & G. Trickey, "The Bright and Dark Side of Altruism: Demographic, Personality Traits, and Disorders Associated with Altruism", *Journal of Business Ethics*, 2016, Vol. 134, No. 3.

人通过校友/同乡会捐款的概率是那些身边没有疑似或确诊病例的人的 1.29（$e^{0.256}$）倍；而身边存在疑似或确诊病例的人更不愿意通过红十字会等慈善组织捐款，其通过红十字会等慈善组织捐款的概率仅是那些身边没有疑似或确诊病例的人的 72%（$e^{-0.326}$）。这可能是因为微观情境下"可触摸"的社会风险提升了人们对社群合作、社会互惠作为解决公共风险的信赖①，进而引起人们更多通过社群渠道来帮助"弱者"。

表5 捐助渠道偏好的逻辑斯蒂回归分析

	官方渠道			社群渠道		
	疫区当地政府	红会等慈善组织	交特别党费	校友/同乡/同业会	水滴筹等互联网平台	疫区当地医院
个体周围疫情风险	-0.092 (0.065)	-0.326* (0.110)	-0.045 (0.085)	0.256*** (0.067)	-0.111 (0.114)	0.207** (0.069)
省份疫情风险	-10.238 (31.991)	-17.818 (56.229)	3.032 (37.234)	28.881 (37.110)	14.575 (16.379)	52.275 (35.119)
个体社会信任	0.089 (0.064)	0.036 (0.100)	0.012 (0.083)	0.139* (0.068)	-0.022 (0.109)	-0.049 (0.067)
社会媒体依赖	-0.063* (0.029)	-0.031 (0.044)	-0.048 (0.037)	0.183*** (0.032)	0.172*** (0.051)	0.103** (0.030)
政府信任	0.277*** (0.034)	0.264*** (0.056)	0.308*** (0.046)	-0.180*** (0.032)	-0.025 (0.053)	-0.151*** (0.034)
自我政治效能感	0.107** (0.031)	0.098* (0.049)	0.250*** (0.040)	-0.003 (0.033)	-0.085 (0.054)	-0.059 (0.032)
官方媒体依赖	0.154** (0.031)	0.047 (0.048)	0.219*** (0.040)	-0.092** (0.032)	0.006 (0.052)	0.034 (0.031)
疫情知识水平	-0.071** (0.026)	-0.163*** (0.041)	-0.051 (0.033)	0.127*** (0.028)	-0.043 (0.045)	0.101*** (0.027)
年龄	-0.020*** (0.004)	0.005 (0.006)	0.034*** (0.004)	-0.024*** (0.004)	0.004 (0.006)	-0.028*** (0.004)

---

① Wiessner, P., "Risk, Reciprocity and Social Influences on ! Kung San Economics", in Eleanor Leacock & Richard Lee (eds.), *Politics and History in Band Societies*, Cambridge: Cambridge University Press, 1982.

(续表)

	官方渠道			社群渠道		
	疫区当地政府	红会等慈善组织	交特别党费	校友/同乡/同业会	水滴筹等互联网平台	疫区当地医院
男性	−0.119* (0.059)	0.181* (0.091)	0.563*** (0.073)	0.333*** (0.062)	0.134 (0.101)	−0.318*** (0.060)
教育水平(参照类:高中及以下)						
大学/大专	−0.163 (0.110)	−0.760*** (0.135)	0.182 (0.159)	0.269* (0.134)	−0.438*** (0.166)	0.378** (0.112)
研究生	−0.250* (0.118)	−1.184*** (0.159)	0.438** (0.167)	0.786*** (0.139)	−0.613*** (0.183)	0.431*** (0.121)
自评社会地位	0.037* (0.018)	0.033 (0.027)	−0.013 (0.023)	0.021 (0.019)	0.052 (0.030)	−0.022 (0.018)
职业身份(参照:其他)						
干部	0.059 (0.104)	0.232 (0.162)	0.843*** (0.126)	−0.184 (0.120)	−0.427* (0.208)	−0.592*** (0.105)
专业技术人员	0.065 (0.099)	0.193 (0.159)	0.299* (0.129)	0.272** (0.104)	0.003 (0.171)	−0.148 (0.101)
企业管理层	−0.118 (0.135)	−0.336 (0.235)	0.304 (0.162)	0.369** (0.135)	−0.370 (0.251)	−0.104 (0.131)
工人/体力劳动者	0.101 (0.218)	0.360 (0.260)	−0.013 (0.289)	−0.205 (0.300)	−0.220 (0.376)	−0.352 (0.213)
学生	0.341*** (0.090)	0.314* (0.146)	0.525*** (0.126)	0.375*** (0.096)	0.329* (0.157)	−0.281** (0.096)
Ln(省人均GDP)	1.285 (4.675)	2.427 (8.248)	−0.552 (5.455)	−3.702 (5.395)	−1.727 (1.626)	−7.807 (5.182)
省份固定效应	Y	Y	Y	Y	Y	Y
常数项	−16.553 (60.052)	−32.830 (105.912)	3.865 (70.062)	46.590 (69.328)	20.318 (21.693)	101.381 (66.505)
样本量	5,838	5,838	5,838	5,834	5,795	5,838
伪 R^2	0.056	0.073	0.098	0.079	0.027	0.055

注：括弧中是标准误；*** $p<0.001$，** $p<0.01$，* $p<0.05$。

其次，与上述个体周围风险相关的一个发现是，个体对社会信任的感知也显著地提升了人们通过校友/同乡/同业会捐款捐物的可能性，而对官方渠道没有显著影响（见表5）。认为社会上大多数人可以信任的人通过校友/同乡会捐款的概率是那些认为与大多数人相处要小心的人的1.15（$e^{0.139}$）倍。这表明，公共危机期间的社会资本会激发人们对社会团体等互惠组织的信赖和依靠，进而影响着人们的利他行为。相反，我们发现政府信任和自我政治效能感发挥着与社会信任相反的效应，即越认为政府有能力防控疫情、越具有政治效能感的网民更愿意通过向疫区地方政府、官方慈善组织和缴纳特别党费等官方渠道捐助，而越信任政府的网民反倒不愿意向校友/同乡/同业会和疫区当地医院等社群渠道捐助。与我们的假设不同的是，个体对社会的信任水平并未使人们更倾向于通过互联网平台捐赠，可能由于对于人们对互联网募捐平台本身的相信程度存在差异。上述两个方向迥异的发现部分验证了本文提出的条件性研究假设4，凸显了社会信任与政府信任对社会捐助的异质性影响。

关于控制变量对捐助渠道选择的影响，结果（表5）显示教育水平越高的人越愿意捐款给校友/同乡/同业会、当地医院并缴纳特别党费，但越不愿意通过当地政府、官方慈善组织和众筹平台来捐款；在所有职业群体中，干部更愿意缴纳特别党费，但不偏好通过众筹平台捐款或直接捐助医院。专业技术人员偏好向校友/同乡/同业会捐款和缴纳特别党费；而企业管理层偏好向校友/同乡/同业会捐款。

我们在表6中呈现了人们的政府信任水平对媒体依赖影响捐助渠道选择的中介作用。结果显示，网民的信息获取渠道通过影响政府信任水平而影响捐助渠道选择，即政治信任发挥中介作用。越依赖社交媒体获取消息的网民越通常政治信任水平越低，继而更倾向于利用校友/同乡/同业会、互联网众筹平台和疫区当地医院等社群机制"帮助"需要人群，并显著地更不愿意捐助疫区当地政府等官方渠道。相反地，越依赖官方媒体获取疫情资讯的人们越偏好通过捐助疫区当地医院和缴纳特别党费等官方渠道帮助困难地区，而不愿意采取捐款给校友/同乡/同业会等社群机制。有趣的是，人们无论依赖社交媒体还是依赖官方媒体，都更不愿意捐款给红十字会等慈善组织，这一负面效应通过降低的政治信任发生作用。可见疫情期间各类媒体对红十字会普遍的负面报道降低了人们对政府的信任水平进而降低了向红十字会捐赠的意愿。这一发现验证了假设5,即媒体使用偏好通过塑造着公共危机期间网民的政治信任而影响其捐助渠道选择。

表6 政府信任水平对媒介渠道影响捐助渠道偏好的中介作用

	官方渠道			社群渠道		
	疫区当地政府	红会等慈善组织	交特别党费	校友/同乡/同业会	水滴筹等互联网平台	疫区当地医院
社会媒体依赖						
间接影响 (indirect effects)	-0.013*** (0.065)	-0.014*** (0.002)	-0.010*** (0.001)	-0.006*** (0.001)	0.000 (0.001)	0.008*** (0.001)
直接影响 (direct effect)	-0.017*** (0.006)	-0.022*** (0.006)	-0.009 (0.005)	0.043*** (0.006)	0.012*** (0.004)	0.030*** (0.006)
全部影响 (total effect)	-0.029*** (0.006)	-0.036*** (0.006)	-0.019*** (0.005)	0.053*** (0.006)	0.013*** (0.004)	0.038*** (0.006)
官方媒体依赖						
间接影响 (indirect effects)	0.015*** (0.002)	-0.006*** (0.001)	0.012*** (0.001)	-0.014*** (0.002)	-0.001 (0.001)	-0.012*** (0.002)
直接影响 (direct effect)	0.039*** 0.006	-0.008* 0.004	0.032*** (0.005)	-0.022*** (0.006)	0.000 (0.004)	0.006 (0.006)
全部影响 (total effect)	0.054*** 0.006	-0.014*** 0.004	0.044*** (0.005)	-0.036*** (0.006)	-0.001 (0.00)	-0.006 (0.006)

注:参数估计基于 bootstrap(自助抽样);括弧中是标准误;*** $p<0.001$,** $p<0.01$,* $p<0.05$。

五、结论与启示

在重大突发公共危机中,个体捐助与社会组织的参与能够迅速整合资源,为危机应对和灾后恢复提供了重要保障。[①] 然而,以新冠肺炎疫情为代表的全球公共卫生危机对人类合作互助构成了多重挑战。在病毒威胁、收入受损和社交隔离的背景下,社会资本和政治动员如何发挥作用?基于一项疫情期间的全

---

① 陶鹏、薛澜:《论我国政府与社会组织应急管理合作伙伴关系的建构》,载《国家行政学院学报》,2013年第3期。

国性网络调查数据，本文系统考察公共卫生危机背景之下网民捐助行为的社会与政治机制，揭示其如何影响捐助意愿、水平和渠道方式选择。

本研究发现，首先，人们对疫情风险的感知越强，越倾向于向他人捐款捐物。人们身边的亲友及同小区居民周边疫情风险显著提高了人们的捐助意愿。病毒的高传播力增强了命运共同体的连结感，共同的风险和经历催生了更强的同理心和共情。其次，在社会交往减少的疫情防控背景下，个人对一般社会信任的感知仍然能够显著地提高人们的捐助意愿和水平。这表明即便人们对他者保持物理距离的防御和心理的戒备，社会内部既有的信任、规范和网络依然能够促进协同合作。这凸显了社群机制在突发公共危机应对中的重要性。

本研究还发现，网民向疫情严重地区的捐助意愿与其对政府能力的信任水平呈正相关。在我国的疫情防控中，政府行政力量和具有政府性质的官方慈善组织集合了动员、接受和分配捐赠物资的角色。因此，人们的捐赠意愿与其对政府以及官方慈善组织的评价密切相关。这一方面意味着政府能够借助自身政治资本有力地动员资源和力量，另一方面也意味着慈善组织的不规范管理与形象危机将减少公众对政府的信任水平和捐助意愿。

最后，研究发现，在多种捐赠渠道并存的情况下，信息获取习惯显著地影响着网民对政府的信任水平，继而影响人们的捐助渠道选择。这表明媒体使用偏好可能通过议程设置和启发效应塑造着公共危机期间人们的政治信任，进而影响其捐助渠道的选择。社会信任水平越高、越依赖社交媒体获取信息的网民，越倾向于通过校友会/同乡/同业会和疫区当地医院等社群机制帮助他人。网民在信息获取上越依赖社交媒体，越倾向于通过互联网平台捐赠。而越依赖官方媒体获取信息的公众，政府信任水平越高，越倾向于选择特别党费等官方渠道参与捐助。这凸显了在信息获取渠道多元的环境下，社群力量能够与行政力量配合互补，互联网募捐平台能够与传统渠道相结合，更大程度调动公众参与。

由于调查完成于疫情期间，本研究所使用的网络调查数据并非基于随机抽样，是为本研究的不足之处。样本中的学生与受教育程度较高的群体偏多，因此在将本研究的发现推广至一般群体时需要谨慎解读。另外，调查并未直接测量人们的同理心水平,因此无法对捐助心理机制作出因果推断。综上,本研究表明公共危机应对中政府与社会组织协同合作的重要性——政府与社会机制能够调动不同人群的参与,二者缺一不可。政府、社群与市场机制三者互补所形成的"互动式治理"①,将有力推动重大公共危机期间的民间互助。

---

① 顾昕:《走向互动式治理:国家治理体系创新中"国家—市场—社会关系"的变革》,载《学术月刊》,2019年第5期。

策略性服从：我国法院如何推进行政诉讼

于晓虹

《行政诉讼法》已经实施了二十多年，然而行政诉讼的发展却不尽如人意：在经历了初期的快速增长后，自20世纪90年代中期以来，行政诉讼进入了发展平台期。全国法院每年受理的行政诉讼一审案件总量维持在10万件左右，行政诉讼在三大诉讼中所占的比例始终局限在2%以内，而原告胜诉率更是逐年走低。我国行政诉讼举步维艰，困难重重。[①]

然而，近十年来，各级法院依托行政诉讼制度审理了一系列具有深远意义的案件。例如，2002年的蒋韬身高歧视案，2003年的张先著乙肝歧视案以及河南种子案等，甚至在2008年最高人民法院正式废止齐玉苓批复后，地方法院仍然此起彼伏地受理类似案件。[②] 我国法院特别是地方法院在一系列行政案件中展

[①] "行政诉讼发展平台期"特指1990年中期后行政诉讼总体陷入的停滞、波动期，参见应星、徐胤：《"立案政治学"与行政诉讼率的徘徊——华北两市基层法院的对比研究》，载《政法论坛》，2009年第6期，第111—121页；何海波：《困顿的行政诉讼》，载《华东政法大学学报》，2012年第2期，第86—96页；沈德咏：《积极回应人民群众司法需求着力解决行政审判突出问题——在全国法院行政审判工作视频会议上的讲话》，见中华人民共和国最高人民法院行政审判庭编：《行政执法与行政审判》(2012年第4集)，北京：中国法制出版社2012年版，第6—12页。国外学者对行政诉讼的评述参见 Kevin J. O'Brien & Lianjiang Li, "Suing the Local State: Administrative Litigation in Rural China", *The China Journal*, 2004, Vol. 51, pp. 75 - 95; Minxin Pei, "Citizens v. Mandarins: Administrative Litigation in China", *China Quarterly*, 1997, Vol. 152, pp. 832 - 862; Susan Finder, "Like Throwing an Egg Against a Stone? Administrative Litigation in the People's Republic of China", *Journal of Chinese Law*, 1989, Vol. 1, pp. 1 - 28. 2011年全国行政案件达到13万件，创历史新高，但行政诉讼发展是否能突破这一平台期仍有待观察。

[②] 参见周伟：《从身高到基因：中国反歧视的法律发展》，载《清华法学》，2012年第2期，第15—30页；于晓虹：《宪法司法化》，见景跃进、张小劲、余逊达主编：《理解中国政治——关键词的方法》，北京：中国社会科学出版社2012年版，第129—144页。

现出令人惊诧的能动性。这与基于行政诉讼总体情况及历年统计数据而得出的行政诉讼"惨淡经营"的结论形成了悖论。在持续十几年的行政诉讼发展平台期间为何会出现持续的司法能动表现？我们是否需要重估我国行政诉讼的发展状况？具体说来，在过去十多年间，我国法院是如何推动行政诉讼发展的？这一发展路径折射怎样的司法权发展进路？其意义何在？这些是本文试图回答的问题。

本文梳理了最高人民法院历年来与行政诉讼相关的司法文件，并结合2003年以来对地方法院的实证调查来考察我国各级法院推动行政诉讼工作的实践逻辑。本文认为，我国行政诉讼的发展主要来自地方法院在最高人民法院开拓的局面下的自行突围。最高人民法院对行政审判从规范层面与行政层面的双轨推动为地方法院提供了宝贵的"杠杆性手段"，地方法院则在此基础上发展了一系列策略性服从的行为，在适当尊让地方政府的表面下，进行了一系列自利性实践。这些实践包括接受新类型案件、对地方政策的核心性尊让、协调与案结事了、判决方式多样化等。这一过程同样可以被视为困在"条块"关系之间的地方司法权的策略性突围与扩张，这一扩张的特征是地方法院通过行政诉讼的开展更深、更广地涉入地方政治，甚至是部分核心性政策领域。① 这种"中国式"的司法扩张得益于我国特有的条块双重领导体制，地方法院依靠其信息优势，策略性地妙用"条块"式双重权力结构中的权威缝隙并从中得益。但由于在这一过程中对公民权利的弱化保护，我国的法治建设依然道路修远。

一、我国行政诉讼发展：文献及方法论综述

我国行政诉讼经验研究一脉，研究者关注的核心问题之一在于总体性描述行政诉讼的发展，或归纳法院在不同领域所创制的规则。我国学者应星等以

---

① "条块关系"是西方学者李侃如在 *Governing China* 一书中发展的探讨中国政治形态的特殊框架。"条条关系"特指从中央到地方纵向的、工作性质一致的部门体系；而"块块关系"则指在特定行政区划内党委领导下的政治关系。具体到地方法院而言，其面临的"条条关系"是上下级法院之间的关系；而"块块关系"则是指当地党委领导下的几套领导班子之间关系。本文的第三部分将对地方法院的"条块关系"形态做更细致的描述。参见 Kenneth Lieberthal, *Governing China: From Revolution Through Reform*, New York W. W. North & Company, 2004；刘忠：《条条与块块关系下的法院院长产生》，载《环球法律评论》，2012年第1期，第107—125页。

"立案政治学"归纳行政诉讼立案难问题,并以此解释20世纪90年代中期以来行政诉讼率的徘徊。① 我国学者汪庆华则审视行政案件从立案到执行的全过程,将我国行政诉讼归结为多中心的司法,这既是游移于多种原则之间的选择性司法,也是共生于司法与政治中的嵌入式司法。② 我国学者周永坤等则在行政争端解决机制的大框架下,探讨信访、行政复议等其他竞争型解决机制对行政诉讼制度的侵蚀。③ 在规则创制方面,研究者强调以最高人民法院为首的我国法院在受案范围、正当程序、行政裁量、管辖制度等方面的规则性发展。④

这些既往的研究虽然促进了我们对我国行政诉讼实践的理解,却仍有不足之处。首先,既有研究过于强调最高人民法院对行政诉讼的推动,存在着潜在的"上令下达"的假设:最高人民法院的规范性突破会引致地方法院全心全意的遵从。然而,法院系统作为建立在等级制度基础上的科层体系,必然会受到委托—代理关系的制约。⑤ 在现实中,下级法院无视上级法院指令的情况也

---

① 参见应星、汪庆华:《涉法信访、行政诉讼与公民救济行动中的二重理性》,见吴敬琏、江平主编:《洪范评论》(第3卷第1辑),北京:中国政法大学出版社2006年版,第91—221页;应星、徐胤:《"立案政治学"与行政诉讼率的徘徊——华北两市基层法院的对比研究》,载《政法论坛》,2009年第6期,第111—121页。

② 参见汪庆华:《中国行政诉讼:多中心主义的司法》,载《中外法学》,2007年第5期,第513—533页。

③ 周永坤:《信访潮与中国纠纷解决机制的路径选择》,载《暨南学报(哲学社会科学版)》,2006年第1期,第37—47页;程金华:《中国行政纠纷解决的制度选择:以公民需求为视角》,载《中国社会科学》,2009第6期,第144—160页;贺欣:《作为政治控制机制之一的行政法——当代中国行政法的政治学解读》,见汪庆华、应星编:《中国基层行政争议解决机制的经验研究》,上海:上海三联书店2010年版,第81—103页,贺欣:《行政复议对行政诉讼的制度性侵蚀》,汪庆华、应星编:《中国基层行政争议解决机制的经验研究》,上海:上海三联书店2010年版,第179—198页。

④ 参见何海波:《行政诉讼受案范围:一页司法权的实践史(1990—2000)》,见《北大法律评论》编辑委员会编:《北大法律评论》(第4辑第2期),北京:法律出版社2002年版,第569—587页;何海波:《司法判决中的正当程序原则》,载《法学研究》,2009年第1期,第124—146页;余凌云:《对行政机关滥用职权的司法审查——从若干判案看法院审理的偏好与问题》,载《中国法学》,2009年第1期,第24—33页;何才林:《夹缝中的变革——以行政审判管辖权为视角的叙事》,见《北大法律评论》编辑委员会编:《北大法律评论》(第10卷第2辑),北京:法律出版社2009年版,第520—545页。

⑤ 贺欣将行政诉讼解释为委托—代理关系下的政治控制手段,参见贺欣:《作为政治控制机制之一的行政法——当代中国行政法的政治学解读》,见汪庆华、应星编:《中国基层行政争议解决机制的经验研究》,上海:上海三联书店2010年版,第87—88页。上下级法院同样受制于委托—代理关系。Shapiro在其著作中将上诉机制视为上级法院控制下级法院的手段之一。参见 Martin Shapiro, *Courts: A Comparative and Political Analysis*, Chicago: The University of Chicago Press, 1981.

屡见不鲜。在多数情况下，最高人民法院在规范层面的突破仅仅是为地方法院提供了可选择的杠杆性工具，地方法院依据其自身偏好做出策略性选择，并因此在行政诉讼发展上产生出鲜明的地方性差异，这需要更为系统的研究与解释。

其次，学界在描述我国法院制度的弊端时，通常分别探讨"司法行政化"与"司法地方化"[①]问题，亦即法院系统内部运作方式的行政化与法院受外部机关、特别是地方党委政府干预的状况。这些来自法院系统内外的干预被笼统地视为对法院审判活动的不当干涉，用以说明司法独立在我国的缺失。这种通行的论述方式忽略了内外干预之间的冲突以及地方法院由此所获得的操作空间。下文将会说明，在我国特有的双重管理体系中，"条块关系"之间可能存在权威缝隙，这催生了地方法院的策略性自利行为，这些行为又促成了地方行政诉讼的发展及其特色。

就方法论而言，对行政诉讼的经验研究包括案例研究以及基于问卷或面板数据的统计分析，但这仍然存在数据可靠性及选择性偏差问题。[②] 基于个别法院的研究推导的行政诉讼图景难免以偏概全；而基于全国性数据的研究则一方面难以解决数据的可靠性问题[③]，另一方面也必将忽略以非判决方式结案的行

[①] 例如，在2000年年初，最高人民法院提出的关于司法改革的初步方案中，将现行司法体制的三大弊病描述为"司法权力的地方化""审判活动的行政化"和"法官职业的大众化"。参见季卫东：《最高人民法院的角色及其演变》，见许章润主编：《清华法学》（第7辑），清华大学出版社2006年版，第19页。在学界的探讨中，"司法行政化"与"司法地方化"的概念有一定程度的交叉。司法行政化既指代法院系统内部运作的行政化（包括上下级法院关系以及法院内部关系），也指代法院系统外部的机关对法院的干预，特别是地方行政机关、人大等。参见王申：《司法行政化管理与司法独立审判》，载《法学》，2010年第6期，第36页；李传松：《法院审判活动行政化之克服》，载《法学》，2010年第8期，第118页。本文将"司法行政化"主要描述为法院系统内部运作方式的行政化，而以"法院地方化"概念指代法院所受到的外部干预，这种干预通常也以"地方保护主义"概括。参见蒋惠岭：《司法权力地方化之利弊与改革》，载《人民司法》，1998年第2期，第29—31页；刘作翔：《中国司法地方保护主义之批判》，载《法学研究》，2003年第1期，第83—98页。

[②] 参见 Ji Li, "Suing the Leviathan—An Empirical Analysis of the Changing Rate of Administrative Litigation in China", *Journal of Empirical Legal Studies*, 2013, Vol. 10, No. 4, pp. 815–846。He and Su 也在对数据抽样的前提下探讨了谁在法院胜诉的问题。Xin He & Yang Su, "Do the 'Haves' Come out Ahead in Shanghai Courts?", *Journal of Empirical Legal Studies*, 2013, Vol. 10, No. 1, pp. 120–145。

[③] 关于数据可靠性的讨论，参见 Clarke, Donald, "Methodologies for Research in Chinese Law", *Pacific Rim Law and Policy Journal*, 1996。此外，解读行政诉讼质量的核心数据存在不确定性，例如，较低的行政机关败诉率既可以理解为行政诉讼的不力，未能有效监督行政违法行为；也可以理解为行政诉讼的有效：在行政诉讼的压力下，行政违法行为的比率大幅降低而导致了较低的败诉率。参见作者访谈；以及浙江省高级人民法院：《浙江行政案件管辖改革试点的调研报告》，见中华人民共和国最高人民法院行政审判庭编：《行政执法与行政审判》（2012年第3集），北京：中国法制出版社2012年版，第156页。

政案件。最高人民法院在不同场合曾多次强调，行政案件"决不能一判了之"。① 以 2010 年为例，非判决方式结案的案件比例高达 71.8%。② 这正说明要理解我国行政诉讼，必须要深入到行政诉讼的决策过程中，探寻法官在审判全过程中的策略性选择。

本文对我国法院发展行政诉讼的考察主要建立在梳理两套经验材料的基础上：其一是最高人民法院在行政诉讼方面公开发布的相关司法文件，文件来源于全国法院网、《人民法院报》以及《行政执法与行政审判》杂志等；其二则是我们自 2003 年以来对各省法院的走访与调查，主要包括 2005 年至 2006 年我们在四省的集中的田野调查，以及之前与之后的零星考察和持续关注。在历次考察中，我们走访了各级地方法院，访谈了法官、律师、政府或人大的官员以及个别当事人。在这些经验材料的基础上，本文探讨了最高人民法院统一的司法政策之下，行政诉讼发展的地区性差异问题。从这个角度上讲，本文并不是对地区性经验的一揽子讨论，而是立基于地方不同的司法环境，对行政诉讼发展的地方性经验的归纳与总结。

在我们展开论述之前，在方法论层面上有两点要特别强调：首先，在田野调查，特别是比较性的、基于结构性访谈的田野调查中，几乎难以回避资料的片段性问题。③ 本文只能在承认经验材料限制的前提下，从研究者个人视角出发，对行政诉讼发展的地区性差异及其背后的实践逻辑做出谨慎归纳与提取。其次，在文章的分析中，"地方法院"与"地方法官"是交替使用的——本文并不强调法官个人或者单一的典型案例，而更强调同一个法院内部法官的集体行为。换言之，本文是以地方法院而非法官个人为分析单位的。考虑到法院内部的行政化以及以"审委会"为主的一系列集体决策机制，这一假定有着相

---

① 王秀红：《切实贯彻司法为民思想努力开创行政审判工作新局面——在全国法院行政审判工作座谈会上的讲话》，见中华人民共和国最高人民法院行政审判庭编：《行政执法与行政审判》（2003 年第 4 集），北京：法律出版社 2004 年版，第 18—33 页。
② 参见何海波：《困顿的行政诉讼》，载《华东政法大学学报》，2012 年第 2 期，第 86 页。
③ 这种片段性可能来自访谈方法的天然局限，也同样受到文化、制度、常识与参与者性格等多方面因素的限制。

当的现实基础。①

此外,司法权或司法权威是本文的核心概念之一。但囿于篇幅与主题,本文并没有对这一概念本身做细致的分析与探讨,而是借用了Solomon在探讨俄罗斯司法权威时对这一概念所做的讨论,即从管辖权、裁量权与当事人遵从的角度探讨司法权威历时性的变化。②

二、最高人民法院与行政诉讼

学术界与实务界普遍认为,最高人民法院是扩大我国司法权的主导力量。③ 具体到推动行政诉讼发展,其主导性主要表现在两个方面:一是最高人民法院颁行的一系列司法解释,其具体条文通常是超越立法原意的;④ 二是在

---

① 参见学界关于司法行政化与审委会制度的相关研究,例如:王申:《司法行政化管理与司法独立审判》,载《法学》,2010年第6期,第33页;李传松:《法院审判活动行政之克服》,载《法学》,2010年第8期,第118页;贺卫方:《关于审判委员会的几点评论》,见《北大法律评论》编辑委员会编:《北大法律评论》(第1卷第2辑),北京:法律出版社1999年版,第365—374页;周登谅:《审判委员会制度的潜规则研究》,载《政治与法律》,2008年第6期,第20页;洪浩、操旭辉:《基层法院审判委员会功能的实证分析》,载《法学评论》,2011年第5期,第123页。

② 对司法权从学理上进一步阐发当然是有意义且相当宏大的任务,但这并非是本文讨论的核心,本文侧重于从运作化(operationalization)的角度来探讨并衡量司法权。参见 Peter, H. Solomon, Jr., "Judicial Power in Russia: Through the Prism of Administrative Justice", *Law & Society Review*, 2004, Vol. 38, No. 3, pp. 549 - 582。Peerenboom 在2008年探讨中国司法权与司法化时主要用了管辖权(Jurisdiction)的概念。参见 Randall Peerenboom, "More Law, Less Courts: Legalized Governance Judicialization and Dejudicialization in China", http://ssrn.com/abstract=1265147 (2008)。

③ 最高人民法院对司法权的整体性推动,参见季卫东:《最高人民法院的角色及其演化》,见许章润主编:《清华法学》(第7辑),北京:清华大学出版社2006年版,第4—20页。对行政法的推动,参见余凌云:《法院如何发展行政法》,载《中国社会科学》,2008年第1期,第87—99页。关于法院系统内部的认识,在2008年,分管行政审判工作的最高人民法院副院长江必新在行政庭会议上强调:"全国的行政审判寄希望于最高人民法院,寄希望于行政庭的全体同志。"参见江必新:《抓住机遇,加大工作力度,把行政审判工作提高到一个新水平——在最高人民法院行政审判庭全庭会上的讲话》,见中华人民共和国最高人民法院行政审判庭编:《行政执法与行政审判》(2008年第2集),北京:人民法院出版社2008年版,第205页。

④ 如2000年《最高人民法院关于执行〈中华人民共和国行政诉讼法〉若干问题的解释》(以下简称《若干解释》)对受案范围的规定,最高人民法院在管辖方面的创新,以及历次司法解释对行政诉讼判决方式的创新等。参见江必新:《是恢复,不是扩大:谈〈若干解释〉对行政诉讼受案范围的规定》,载《法律适用》,2000年第7期,第16—19页;何海波:《行政诉讼受案范围:一页司法权的实践史(1990—2000)》,见《北大法律评论》编辑委员会编:《北大法律评论》(第4辑第2期),北京:法律出版社2002年版,第87—701页;李广宇:《政府信息公开司法解释对判决方式的创新》,见中华人民共和国最高人民法院行政审判庭编:《行政执法与行政审判》(2011年第6集),北京:中国法制出版社2011年版,第51—57页;何才林:《夹缝中的变革——以行政审判管辖权为视角的叙事》,见《北大法律评论》编辑委员会编:《北大法律评论》(第10卷第2辑),北京:法律出版社2009年版,第520—545页。

最高人民法院通过各种渠道发布的典型案例中所推演出的新法律原则，如正当程序原则等。[①] 然而这一论点在方法论与实践两方面都受到了挑战。首先，从方法论上讲，这一论点过于强调典型性案例的效应，因此存在选择性偏差问题。典型性案例由最高人民法院从各地法院选送的案例中选择并加以剪裁，在缺乏判例制度的现有体制下对地方法院的行为并不产生必然的束缚。基于典型性案例所得出的结论难免过于乐观，有失偏颇。[②] 其次，这一论点很难解释最高人民法院动作频频与行政诉讼成绩平平这一悖论。如何理解最高人民法院的积极作为与行政诉讼发展之间的反差？最高人民法院在行政诉讼发展中的地位与作用究竟如何？这是本节探讨的主要问题。

最高人民法院从规范层面和行政层面双轨推动行政审判工作发展，但同时，在不同时期或政策领域中，最高人民法院又通过行政手段释放出克制性信号，从而为其在行政审判工作中的总体导向增加了不确定性。在规范层面，最高人民法院通过司法解释等规范性文件与指导性案例等手段，逐步建立并发展了我国行政诉讼的几大主题，如诉权保护、协调机制、管辖改革等。在规范层面之外，最高人民法院通过一系列行政手段颁行相关的指示与精神。这些手段包括召开相关会议（工作会议、专题座谈、片会等），绩效考核，评优评先，选择制度创新试点并择优推广等。通常的情况是，最高人民法院以行政性指令提前释放司法政策与司法精神，随后将经受过实验的政策纳入规范框架中去。在这两个层面上，最高人民法院逐步确立了行政审判工作的基本政策与精神。

然而，细究 20 世纪 80 年代以来最高人民法院的各种指示与政策，我们发

[①] 历年来，最高人民法院发布典型案例的渠道有：最高人民法院公报案例，《人民法院报》发布的典型案例，各类最高人民法院参与的案例选编，以及近年来推行的指导性案例制度等。关于典型案例中所蕴含的新法律原则，参见余凌云：《法院如何发展行政法》，载《中国社会科学》，2008 年第 1 期，第 87—99 页；何海波：《司法判决中的正当程序原则》，载《法学研究》，2009 年第 1 期，第 124—146 页。

[②] 参见 Gretchen Helmke, "The Logic of Strategic Defection: Court-Executive Relations in Argentina under Dictatorship and Democracy", *American Political Science Review*, Vol. 96, No. 2, 2002, pp. 291–302。关于最高人民法院对公布典型案例的裁剪，参见何海波：《正当程序原则》一文中对《最高人民法院公报》刊载并剪裁田永案判决书的描述与访谈，何海波：《司法判决中的正当程序原则》，载《法学研究》，2009 年第 1 期，第 124—146 页。

百年变局与中国政治学的时代化：清华政治学系的探索

现最高人民法院对行政审判的总体政策虽然保持了支持与鼓励的基本立场，但在不同时期，最高人民法院又多次释放出克制性信号。例如，在行政诉讼制度发展初期，1990 年郑州工作会议上，最高人民法院确立了"稳定压倒一切"的基本政策，指令地方法院要谨慎受理行政诉讼案件。这一限制性政策曾经束缚了诸多地方法院的行为，后来在 1993 年南宁工作会议中被"积极大胆收案"的新政策替代。最高人民法院也在 2000 年的《若干解释》中正式扩张了行政诉讼的受案范围。① 更为持续的克制性信号是，最高人民法院始终强调应不予受理具有高度政治性的行政争议，这是整个法院系统在受案方面坚持的死线。② 更多临时或局部的克制性信号出现在非常规期间，如非典、抗震救灾、金融危机等时期。③ 在一定程度上，最高人民法院在特殊时期释放出的这些克制性信号，可以视为出于保护地方法院的目的对党政部门核心政策的尊让（关于"核心尊让"的讨论，详见后文），但最高人民法院通过行政手段一再释放类似信号这一行为本身，的确为其在行政诉讼方面的总体性政策增加了不确定性。

---

① 作者访谈；参见江必新：《是恢复，不是扩大：谈〈若干解释〉对行政诉讼受案范围的规定》，载《法律适用》，2000 年第 7 期，第 16—19 页；何海波：《行政诉讼受案范围：一页司法权的实践史（1990—2000）》，见《北大法律评论》编辑委员会编：《北大法律评论》（第 4 辑第 2 期），北京：法律出版社 2002 年版，第 569—587 页。

② 2003 年，江必新在讲话中指出"对于具有高度政治性或政策性、不能或者难以进行合法性判断、由行政机关协调处理更为妥当的行政争议，可以不予受理"。多年来，最高人民法院在不同场合都强调了政治问题这一死线。参见江必新：《牢固树立司法为民思想把行政审判工作提高到一个新的水平——在全国法院行政审判工作座谈会上的讲话》，见中华人民共和国最高人民法院行政审判庭编：《行政执法与行政审判》（2003 年第 4 集），北京：法律出版社 2004 年版，第 1—17 页。

③ 例如在 2003 年非典传染时期，最高人民法院发出通知，指令"对政府及有关部门为防治'非典'而采取的各类具体行为提起的行政诉讼，人民法院应当书面告知暂不予受理。"在 2009 年 3 月 23 日发布的《最高人民法院引发〈关于处理涉及汶川地震相关案件适用法律问题的意见（二）〉的通知（法发【2009】17 号）》中，最高人民法院规定："对于可能影响灾后恢复重建工作顺利进行、群体性以及社会比较敏感的案件，对于有关部门已经协调处理过的案件，要慎重审查立案。"在 2009 年，最高人民法院在文件中要求"在审查非诉执行的审查标准时，要充分考应对金融危机和服务'三保'的特殊需要，不过多纠缠细枝末节，切实保证行政效率和人民群众合法权益的及时救济"。分别参见《最高人民法院关于在防治传染性非典型肺炎期间依法做好人民法院相关审判、执行工作的通知》，[法（2003）72 号]（已失效）；张友连：《公共政策与最高人民法院的角色——以关于汶川、玉树和舟曲的通知为分析对象》，载《法律科学（西南政法大学学报）》，2011 年第 5 期，第 13—20 页；最高人民法院：《最高人民法院关于当前形势下做好行政审判工作的若干意见》，见中华人民共和国最高人民法院行政审判庭编：《行政执法与行政审判》（2009 年第 3 集），北京：人民法院出版社 2010 年版，第 20 页。

显然，最高人民法院在过去二十多年中推动行政审判工作的基本模式是行政与规范的交织，以及推动与克制的轮替，由此形成了行政审判领域的成套"工具包"。地方法院作为行政审判的实际操手，选择性使用最高人民法院提供的工具，并根据其特有的司法环境加以创造，从而发展地方行政诉讼工作。换言之，在缺乏立法框架方面的"大动"之前，发展行政诉讼的"接力棒"在过去十年被传递给了地方法院，地方法院的策略性服从行为建构了地方法院行政诉讼工作的特质，并孕育了行政审判的地方性差异。

三、地方法院与行政诉讼：策略性服从的地方性发展

本节研究的核心问题是地方法院如何发展行政诉讼。在法院系统内或学界认知中，地方法院通常扮演"拖后腿"的角色。2009年，最高人民法院将目前行政诉讼发展不力归咎为"法官自身指导思想问题"。[①] 我国学者何才林指出，在2008年出台的管辖司法解释中，最高人民法院之所以将"若干解释"中规定的"柔性提级管辖"制度更改为"刚性提级管辖"制度，是因为基层法院的表现令人失望。[②] 这种对地方法院相对负面的评价忽略了两个层面的问题：其一，发展行政诉讼是符合地方法院偏好；其二，地方法院在其特有的司法环境下运作，我国改革以来所蕴发的地区差异同样引致了地方法院在策略选择上的差异。理解这些策略性选择，对理解我国行政诉讼的发展至关重要。

我们首先要明确的问题是，发展行政诉讼，做好行政审判工作是符合法院、法院行政庭以及法官个人的偏好的。第一，行政诉讼制度是地方法院权威扩张的有效杠杆。对地方法院而言，由于历史与现实的原因，其在地方政治中的地位始终与"一府两院"的提法不相称。陈端洪曾将行政诉讼的构造解读为一种个人与政府之间的"对峙"，但在权力结构中，行政诉讼实际上创造的是

[①] 江必新：《依法保护当事人诉权努力解决行政诉讼告状难的问题——在全国部分法院行政审判工作座谈会上的讲话》，见中华人民共和国最高人民法院行政审判庭编：《行政执法与行政审判》（2009年第3集），北京：人民法院出版社2010年版，第15页。

[②] 参见何才林：《夹缝中的变革——以行政审判管辖权为视角的叙事》，见《北大法律评论》编辑委员会编：《北大法律评论》（第10卷第2辑），北京：法律出版社2009年版，第520—545页。

百年变局与中国政治学的时代化：清华政治学系的探索

司法权对行政权的一种"对峙"。① 当司法权可以审查行政行为的合法合理性时，其中隐喻的意涵是司法权独立于行政权，而非其附属。第二，发展行政审判工作有助于提高行政庭在法院内部结构中的地位。因其具有变动频繁、难度大的特点，行政诉讼对行政审判人员的政治素质、平衡能力、沟通能力等综合素质都提出了极高的要求，行政审判人员理应是法院顶尖人才之一。② 而由于历史原因，目前我国法院的领导层仍然是以民刑出身人员为主，他们对行政诉讼的工作往往因不了解而不重视。因此，在行政审判庭，"为"与"位"之间的关系更为紧密，行政庭必须"以为争位"，方能保障其在法院中的地位。③ 第三，对于法官个人而言，无论是出自"公心"还是"私利"，做好行政诉讼工作都是符合其偏好的。所谓"公心"是指受过法学教育的法官对社会正义等理想的追求使其愿意维护公民合法权益；而所谓"私利"是指做好行政审判工作带来的直接收益。在现有体系中，法官个人在法院中的经济收入与政治地位都在一定程度上与其完成工作的数量与质量直接相关，体面完成本职工作符合行政庭法官的行为偏好。

本节正是从这个基本前提出发，探讨在不同的司法环境下，地方法院如何在处理行政案件的过程中发展出一系列的创新性实践。通过这些实践，地方法院得以在收案并决案方面获得更大的自由度，从而在案件审判中得到更接近其自身偏好的结果。本文以"策略性服从"统称这些实践，策略性是指在地方法院看似遵从地方政府的表面下，掩藏着地方法院的自利性思考。也正是在这一过程中，地方法院充分利用了最高人民法院创造的种种"杠杆性工具"，接过最高院的接力棒，根据其各异的司法环境，因势利导，逐步推动地方行政审判工作。随着地方法院逐步成为地方政策制定过程中的常态参与者，其在地方

---

① 陈端洪：《对峙——从行政诉讼看中国的宪政出路》，载《中外法学》，1995年第4期，第1—9页。

② 参见江必新：《认真开展"大学习、大讨论"活动加强行政审判和国家赔偿队伍建设——在最高人民法院行政、赔偿委员会办公室开展'大学习、大讨论'活动动员会上的讲话》，见中华人民共和国最高人民法院行政审判庭编：《行政执法与行政审判》（2008年第2集），北京：人民法院出版社2008年版，第210—217页。

③ 作者访谈，关于法院内部权力结构与分庭管理制度，参见刘忠：《论中国法院的分庭管理制度》，载《法治与社会发展》，2009年第5期，第124—135页。

政治中的地位也随之提升。

本节将分别描述地方法院在行政诉讼收案、审理、判决方面的实践：接受新类型案件与核心性尊让、协调与案结事了、判决方式多样化等，并探讨这些实践对发展地方司法权的意义。本节的资料主要来自 2003 年以来本人对四省法院法官的访谈及其他经验材料，如判决书、司法文件等。在论述中，本文也引用了散见于其他文献中的全国其他法院的相关数据，以提供更好的比较视角。

（一）接受新类型案件与核心性尊让

如前所述，在 1993 年的南宁工作会议上，最高人民法院以"积极大胆收案"取代了 1991 年郑州会议的"稳定压倒一切"的提法，标志着鼓励收案司法政策的正式出台，这也是行政诉讼领域最早也最为持续的主导性政策之一。在 2008 年绩效考核政策出台之前，地方法院收案数几乎是最高人民法院为省级法院排名的唯一指标。如何理解并实践这一政策，以及在这一政策精神下能走多远则是地方性事务，取决于地方法院对自身司法环境的感受及其对自身偏好的衡量。在本文考察的四省法院实践中，在立案与收案方面，可以观测到两种相辅相成的做法：一是积极接受新类型案件、拓展司法审查范围；二是在积极收案的同时，维持对地方核心性政策的尊让。这两种做法的直接后果是法院收案范围的边缘性扩张。而这正是在行政诉讼取得系统性发展之前，个别地方法院能主动受理并审判部分争议性案件的原因。

如果以收案数为指标衡量，我们考察的四省法院之间差别较大。H 省法院一贯在收案数上名列前茅，S 省与 A 省大约处在中间位置，而 G 省法院从收案数上讲相对落后。但四省法院，特别是在省内表现出色的法院，都不约而同地倾向于受理新类型案件。也就是说，虽然从绝对意义上而言，各法院的行政诉讼发展水平不一，但他们却在案件受理方面却倾向于同一种选择——主张通过接受新类型案件来扩张法院的审查范围。

H 省 P 市法院一贯是接收新类型案件的标兵。据报道，早在 2003 年，该法院已经审判了七件"全国第一案"。其中"刘国聚诉平顶山煤矿技工学校案"是全国第一例以学校为被告的教育行政案件，在时间上尚早于刊载在最

百年变局与中国政治学的时代化：清华政治学系的探索

高人民法院公报上的田永案两年。在该案中，法院认定"平顶山煤矿技工学校属法律授权的组织"因而是适格的被告，并依法撤销了该校责令原告退学并注销学籍的决定。其他该院审理的新类型案件还包括全国第一例农民负担案件、全国第一例因被告超时限举证而败诉的案件等大量边缘性案件。① 诸多"全国第一案"的受理增长了 P 市法院在行政诉讼方面的声誉，该院行政庭庭长多次受邀在最高人民法院组织的会议及培训上发表其先进经验。值得注意的是，该院在收案方面的自由度一方面来自其作为行政诉讼全国试点法院的认知，也来自于相对开明的上级法院的支持。在访谈中，来自 H 省高院的法官曾表示，他们在行政诉讼收案中掌握的工作原则是，除了纯粹的政治案件外均可受理，当然这一原则并没有公开地大幅宣讲。②

S 省 W 法院同样在本地享有积极受理新类型案件的声誉。③ 2000 年该院受理了张峻霄诉华西医科大学案，并在受理后做了积极安排；最终，由于受到最高人民法院在刘燕文案中的立场影响，W 法院以此案不属于行政诉讼法受案范围为由驳回起诉。④ 体现该院受案开明的还有 2003 年全国第一件物业管理划分案件。在此案中，黄金成等 25 人状告区房地产管理局对小区物业划分不当，损害了业主利益，请求法院判令撤销该行政行为。法院最终撤销了房管局涉案通知，并责令其依法划分物业管理区域。此案被 2005 年的《最高人民法院公报》选用。⑤

从最高人民法院历年公布的行政诉讼数据判断，A 省与 G 省收案数通常居于全国的中下水平，但两省个别法院都曾经进行过收案方面的探索。A 省高院一度推行过"行政诉讼沾边就上"的原则，随后高院法官承认，"他们可能走

---

① 作者访谈；河南省平顶山市中级人民法院：《行政审判工作长期稳定发展的一些做法和体会》，见中华人民共和国最高人民法院行政审判庭编：《行政执法与行政审判》（2003 年第 1 集），北京：法律出版社 2003 年版，第 93—100 页。

② 作者访谈。

③ 作者访谈。

④ 作者访谈。参见李克炎、赖永强：《校方，授不授予博士学位随你说了算?》，载《华西都市报》，2000 年 8 月 1 日；华声报讯：《毕业四年未获学位成都一博士状告母校》，载《华声报》，2000 年 4 月 20 日。

⑤ 作者访谈。参见最高人民法院办公厅：《黄金成等 25 人诉成都市武侯区房管局划分物业管理区域行政纠纷案》，载《最高人民法院公报》，2005 年第 6 期。

得过远",从而对其进行了一定收缩。^① 在 G 省 J 中院,法官表示该院在南宁会议之后放弃了以前在收案方面的消极原则,开始积极受理行政案件,并于 2000 年后开始探索接收新类型案件。到 2005 年,J 中院每年的收案数量大约在 70 件上下,这在 G 省已经算是佼佼者。②

如果把接收新类型案件视为法院司法审查边界的有意识的扩张,那我们必须探究的是,为什么不同发展程度的地方法院不约而同地选择积极受理新类型案件?地方法院在多大程度上能够从中获益?这种地方性司法审查的扩张边界何在?其意义又如何?

首先,积极收案,特别是受理新类型案件,能使地方法院在达到法院系统内考核标准的同时,在更为广泛的范围内涉入地方政治事务。其一,积极收案与来自最高人民法院的政策精神一致,有利于地方法院在绩效考核中争先。在最高人民法院及各省法院的考核体系中,收案数始终占据重要位置。2008 年最高院试行"行政审判工作绩效评估办法",规定受案数与一审案件人口比两个比率共占 10%;而在地方性评估办法中,收案数占的比例更高,例如在山东,收案数的权重高达 35%。③ 其二,扩张性收案意味着对地方性事务在更广层面上的持续性参与。通过接受新类型案件,法院获得了更多与行政机关互动的机会。特别是在中央提出"依法行政"的口号后,诸多地方政府将行政诉讼败诉率纳入干部绩效考核框架中,在这种情况下,法院掌握了更强的与地方政府及其职能部门讨价还价的能力。在 H 省 P 市、L 市等地,地方政府每年会统计职能部门行政诉讼败诉的比率。受访法官均表示,他们因此获得了更多来自政府方面的尊重。④ 此外,扩大受案范围在一定程度上有益于提升法院在民众中的合法性;而在群众路线、司法为民等政策的关照下,民众认可是衡量司

---

① 作者访谈。
② 作者访谈。
③ 各地方法院在绩效考核每个项目上的差别并不大,在这一前提下,提高收案数成为某些地方法院在绩效评估中争先的不二招数。作者访谈。另参见最高人民法院行政审判庭:《行政审判工作绩效评估办法》,2008 年 8 月 18 日;江怀玉、万进福:《行政诉讼简易程序适用绩效评估研究——以静态的制度价值和动态的体系运行为视角》,见中华人民共和国最高人民法院行政审判庭编:《行政执法与行政审判》(2011 年第 4 集),北京:中国法制出版社 2011 年版,第 70 页。
④ 作者访谈。

百年变局与中国政治学的时代化：清华政治学系的探索

法权威的重要一环。

其次，在积极收案的同时，地方法院也谨守两条基本界限。一条是规避政治性问题的铁律。最高人民法院在多个场合反复强调，政治性案件法院不宜受理。① 另一条是由地方法院自己把握的软性指标：对地方核心性政策的尊让。在法院系统的官方话语体系中，这是如何处理行政争议的大局问题，也是法院建构良好的司法环境的重要环节。尽管最高人民法院一再强调所谓"大局"是"党和国家的大局，而不是脱离党和国家大局的其他大局"，但这种辩证的说法实际上将诠释"大局"的主动权交由地方法院把握。②

地方法院把握的结果可能产生两种行为，一是地方法院自行规定不受理特定范围的案件；二是地方法院在受理案件后，于案件处理过程中适当尊让地方的核心性政策，本文称之为"核心尊让"。不同法院对两种行为模式的选择也在一定程度上反映了法院的策略性程度。前者通常会产生类同最高人民法院的限制性指令，甚至是一揽子式的拒绝收案文件。如 2003 年广西高院发出 180 号文件，规定对集资纠纷、土地纠纷等 13 类"涉及面广、敏感性强、社会关注"的案件暂不受理。虽然该文件引发了广泛批评，但据报道，这实际已经成为广西各级法院受理案件的准绳。③ 类似行为在全国其他法院也是屡见不鲜。④

---

① 参见江必新：《是恢复，不是扩大：谈〈若干解释〉对行政诉讼受案范围的规定》，载《法律适用》，2000 年第 7 期，第 16—19 页；另参见赵大光：《夯实基层打牢基础苦练基本功全力推动行政审判工作迈上新台阶》，见中华人民共和国最高人民法院行政审判庭编：《行政执法与行政审判》（2010 年第 2 集），北京：中国法制出版社 2010 年版，第 1 页。

② 参见汪庆华：《中国行政诉讼：多中心主义的司法》，载《中外法学》，2007 年第 5 期，第 513—533 页；王秀红：《切实贯彻司法为民思想努力开创行政审判工作新局面——在全国法院行政审判工作座谈会上的讲话》，见中华人民共和国最高人民法院行政审判庭编：《行政执法与行政审判》（2003 年第 4 集），北京：法律出版社 2004 年版，第 18—33 页；江必新：《以推进三项重点工作为契机努力破解行政案件申诉上访难题》，见中华人民共和国最高人民法院行政审判庭编：《行政执法与行政审判》（2010 年第 3 集），北京：中国法制出版社 2010 年版，第 1 页。在《最高人民法院关于坚决防止土地征收、房屋拆迁强制执行引发恶性事件的紧急通知》（法明传【2011】327 号）中，最高人民法院指出要"坚决反对和抵制以'服务大局'为名、行危害大局之实的一切错误观点和行为"。

③ 参见钱炜：《广西法院不受理 13 类案件，省高院称由国情决定》，http://news.sina.com.cn/c/2004-08-24/14093481688s.shtml，（访问时间：2014 年 7 月 10 日）；罗昌平：《广西法院下文不受理 13 类案件希望政府处理》，http://news.xinhuanet.com/newscenter/2004-08-12/content_1764490.htm，（访问时间：2014 年 7 月 10 日）。

④ 参见江苏省高级人民法院：《江苏宿迁中院发挥审判职能巩固农村税费改革成果》，见中华人民共和国最高人民法院行政审判庭编：《行政执法与行政审判》（2003 年第 7 期），第 261—262 页。该文件规定，对于因"税费改革规定未落实引发的纠纷，一般不予受理"。

更为策略的地方法院则主张在受理案件后的具体审理过程中适当尊让地方性政策。在 H 省法院，法院对地方核心政策的尊让事实上成为法院扩大收案范围的一种工具。在访谈中，法官提到了 2005 年 Z 市的"一枝黄花案"和 X 市的"万人诉讼案"，前者关涉到省级林业部门保护生态安全的紧急行动，后者则有 2000 多当事人，更可能引发连锁反应。① 在两个案件中，法院本着先受理再处理、以宣传行政审判工作的出发点，受理了案件，并在审理后驳回起诉。来自省院的法官评论说，要促进行政诉讼发展，需要法官和法院在具体的案件中宣传自己的工作，如何审判则是另一回事，他们可以立案之后再处理。② 在这两个案件中，最终的处理方式并没有真正触动地方政府的逆鳞。

从 H 省的实践中可以看出，核心尊让的行为与积极接收新类型案件是紧密联系的。实际上，核心尊让是以法院受理案件为前提的，虽然法院尊让的后果是对地方核心政策的执行，但与其说这是法院对地方政府的遵从，不如说这是法院与地方政府之间的一种交换，双方各有所得。地方政府获得了核心政策执行的法律保障，而法院则进一步扩张了法院审查的范围，甚至进入了地方核心政策领域。这种法院对地方事务在更广范围内以及更常态性的审查与涉入意味着司法权的地方性扩张。

地方法院接受新类型案件与尊让地方核心性政策之间的权衡产生了法院的策略性服从行为。在法院看似遵从的表面之下，隐藏着法院自利性的思考。上文提到的悖论——为何在行政诉讼举步维艰的同时，部分地方法院仍积极主动

---

① 在一枝黄花案中，花农陈某种植的 200 多万株一枝黄花被当地林业部门认定为有害生物而被铲除并焚毁。陈某随后出示了由权威机构出具的鉴定书，认定他种植的是中国产的无害黄花。陈某依此将省市区三级林业部门告上法庭，并索赔 16 万。Z 市法院以新类型案件受理了此案，随后驳回了陈某的起诉。根据林业部门的说法，"此案对于深入开展'加拿大一枝黄花'清除工作，防范外来有害生物入侵，保护生态安全具有重要意义。"万人诉讼案是 2007 年 X 市法院受理的一起燃气案件，关涉 2000 多当事人的集体诉讼并可能引发进一步的连锁反应。在受理并公开庭审后，X 市中院认定被诉行政行为是抽象行政行为，不在行政诉讼审查范围内，依法予以驳回。H 省高院在后来的二审中维持了这一决定。参见作者访谈；景永利、张雨：《对质检强制更换燃气表答复不服新乡引发万人诉讼》，http://kbs.cnki.net/forums/27161/ShowThread.aspx，（访问时间：2007 年 6 月 21 日）；王亚南：《老人多交 2 元燃气费用召集 5 万名用户上诉》，http://news.sina.com.cn/s/l/2007-12-28/091414621292.shtml，（访问时间：2007 年 12 月 28 日）。

② 作者访谈。

受理并审查具有改革性质的典型案件——恰可以用地方法院的"策略性服从"行为来解释。众多案件是以"新类型案件"的身份挤进人民法院大门的。H省P市法院在2006年受理了"男女平等案",该案虽然在庭审后以缺乏法律依据为由驳回,法院却在受理后进行了大量的宣传。法院宣传部门主动访问了原告周香华,并将此案作为新类型案件上报给人民法院报;此案在开庭当日也成为我国法院网的头条新闻。① S省W法院在2002年受理了"蒋韬身高歧视案",主审法官认为本案涉及就业歧视这个重大的日常生活问题,应该给予相对人正式的救济手段。囿于来自最高院及上级法院的否定性意见,在最后的判决中,该院特意以技术处理绕过了宪法性思辨。② 同样的,A省W法院在2003年受理了乙肝诉讼案。据当事人回忆,此案的受理最初是作为诉人事部门的新类型案件被法院受理的。③

积极受理新类型案件,但在处理时秉承灵活原则,这两者在地方行政诉讼发展中是相辅相成的。行政诉讼案件通常是相对人最后的武器,一旦原告的高期望值遭遇拒绝或漠视,法院将承担相对人的怒火与怨气,这将极大损害法院的合法性。为解决这个两难困境,地方在实际操作中展现出惊人的创造力。在这方面最成功的地方性创新是行政诉讼的协调机制。

(二)协调与案结事了:从地方创新到最高院政策

行政诉讼的协调机制是在行政诉讼法明令禁止的情况下,地方法院在"强行政"环境下的地方性突围,并最终获得了最高人民法院的认可与推广。出于各种考虑,现行《行政诉讼法》明文禁止行政诉讼的调解,但自20世纪90年代初以来,个别地方法院已大量适用协调机制来解决行政争议,最高人民法院在2003年前后正式背书了这一地方性创新,并在2008年以司法解释的方式确立了行政诉讼的协调机制。在最高人民法院同年发布的"绩效评估办法"中,两个协调相关的指标被纳入考核机制。在最高人民法院的"大调解"

---

① 作者访谈。
② 作者访谈。
③ 作者访谈。

时期，部分法院的行政诉讼调撤率甚至达到了80—90%。①

从地方创新到中央政策，协调机制的演进提出了几个有趣的问题：为什么在法律禁止的情况下，地方法院仍然积极协调行政案件？这一地方创新为何最终得到了最高人民法院的认可乃至强制推广？法院是否能从协调机制中获益，如是，获益机制又是什么？司法权威是否在这一过程中得到提升？本节对四省法院经验的考察显示，法院在行政案件中居中协调，实际上扩张了地方法院在条块双重压力之下的腾挪空间。但这种扩张是以协调的策略性使用为前提的。在最高人民法院司法政策从弹性到强制的转换中，过度强调甚至强制协调反而会进一步压缩地方法院的行动空间。

G省法院是我们考察的最早也最为坚持协调行政案件的。早在20世纪90年代初期，G省法院已经开始协调行政案件。省院法官认为，在G省，特别是在个别经济落后地区，行政机关的权威极大，有时，针对县政府的行政诉讼必须在法院向政府报告后才能开始走法律程序。甚至有些案件受理与否是由当地政法委而非法院决定的。而另一方面，1993年南宁会议后，最高人民法院开始通过开展评优评先工作来鞭策全国法院的行政审判工作。在评选中，受案与决案的基本情况是重要指标。G省在历次排名中名次皆不理想，法院因此陷入了强地方行政权与上级法院要求的两难境地。行政案件的协调机制为陷入"条""块"冲突的G省法院提供了突围的可能。由于行政诉讼法的明令禁止，在此期间，G省高院策略性地保持沉默：既不上报最高人民法院，也不明令通报下级法院，只是在日常请示等实践中潜移默化地影响或者默许地方法院对行政案件的协调。

在2003年重庆工作会议前后，最高人民法院已在司法文件中认可了协调

---

① 2003年10月，江必新在讲话中肯定了协调的必要性，"对于法律政策界限把握不准，可能产生较大负面效应的案件……要多做协调工作。" 2012年，他在文章中指出，"从目前的实践来看，行政案件数量越来越多，且越来越多的案件涉及民事权益的处分，确立调解结案应当是可行的。" 参见江必新：《牢固树立司法为民思想把行政审判工作提高到一个新的水平——在全国法院行政审判工作座谈会上的讲话》，见中华人民共和国最高人民法院行政审判庭编：《行政执法与行政审判》（2003年第4集），北京：法律出版社2004年版，第1—17页；江必新：《完善行政诉讼制度的宏观思考》，见中华人民共和国最高人民法院行政审判庭编：《行政执法与行政审判》，（2012年第3集），北京：中国法制出版社2012年版，第52—66页。值得注意的是，在最新的行政诉讼法修改草案中，行政诉讼的协调并未写入草案，这可能意味着法院系统对大调解机制的重新反思。

行政案件的必要性。最高人民法院先后发出指令，要求在特定案件中多做协调工作。值得强调的是，此时的协调限制在"法律政策界限不清，可能产生较大负面效应"或"群体性行政案件"的有限范围内。① 各省法院随之根据地方特色开展协调工作，并在此过程中产生了显著的地方性差异。在 G 省 D 县，几乎所有的行政案件都要协调；而 Z 市与 L 市法院出于不同的原因，对协调案件却不算热衷。② 总的说来，G 省在行政诉讼协调机制上的先行一步展现了这样一种图景：法院必须依靠行政案件的协调来逐步打开行政诉讼的局面，从而在与地方政府维持良好关系的同时，为权利受到侵害的行政相对人提供某种程度的救济。在 D 县的一起城市规划案件中，行政相对人的房屋被强行拆除却只获赔 4 万元。经过行政庭的协调，原告最终获赔市值 16 万元的两套住房。主审法官评论说，协调在行政赔偿案件中特别有用。在协调机制下，法院可以为相对人争取更多的赔偿金额并保障赔偿的到位速度。③

在 H 省，情况则不同。H 省是行政诉讼大省之一，每年行政诉讼受案数量在全国法院名列前茅。来自 H 省高院的法官在总结本省的行政案件协调工作时认为，他们的协调工作主要针对的是错误理解行政行为或者有强上访倾向的行政相对人。因为如果法院发现行政行为违法，可以直接撤销其行政行为，这类案件是无须协调的。④ 换言之，在 H 省，协调在行政诉讼发展方面只发挥了辅助性功能。但在省内行政诉讼工作排名靠后的 L 地区，法官们同样注重协调。他们强调，在行政诉讼中最为重要的工作是解决问题。为案结事了，他们需要竭力协调。⑤ 在 S 省与 A 省，协调同样是经常性的。在 S 省，即使法院决定要维持行政行为，法官仍然会尝试协调从而为原告争取更有利的结果。⑥ 在 A 省 W 市，受访法官特别强调，他们对多数案件都会协调，因为这有助于推

---

① 参见江必新：《依法保护当事人诉权努力解决行政诉讼告状难的问题——在全国部分法院行政审判工作座谈会上的讲话》，见中华人民共和国最高人民法院行政审判庭编：《行政执法与行政审判》，（2009 年第 3 集），北京：人民法院出版社 2010 年版，第 15 页。
② 作者访谈。
③ 作者访谈。
④ 作者访谈。
⑤ 作者访谈。
⑥ 作者访谈。

进行政法治，建构良好的司法环境，而良好的司法环境对有深远意义的典型案件的审理和判决是有直接推动作用的。①

协调机制为何能够从地方实践走向全国政策？法院在协调过程中的损益如何？法院系统内部的解释通常强调协调可以"案结事了"。在 G 省 W 地区，为协调一件因规划公墓而引发的征地补偿案件，法院同时邀请了来自省院与地方民政部门的负责人到村民静坐现场，感受这一事件给地方稳定带来的威胁。地方官员当场拍板决定，村民可以优先获得在公墓周边经营的许可。基于对将来可能的商业收益的预期，村民最终满意地撤诉了。一场萌芽中的群体性事件得以消弭。② 这一征地补偿案件能够得以案结事了，是因为地方法院成功利用了"条块领导"之间可能的冲突：对上级法院，地方法院强调协调带来的案结事了的效应，由此满足上级在受案率、结案率等硬指标上的要求；而对地方政府，法院则强调协调对地方稳定的促进。协调是法院主导的说服对方让步的平台，而作为协商平台的建构与主持者，地方法院增强了与双方当事人特别是地方政府协商并交易的能力。换言之，与我们在前一节讨论的"接受新类型案件"与"核心尊让"策略相类似，地方法院在协调过程中所获得的，是更深层次地对地方事务的参与，以及更为平等的与地方政府讨价还价的能力。在多个访谈中，受访法官均表示，通过协调并加深与行政机关的互动，他们获得了来自政府部门更大程度的尊重。在某些情况下，协调机制甚至成为地方法院不肯放弃的阵地。在 2012 年宁波法院针对非诉执行的一份调查报告中，宁波法院表达了对最高人民法院主推的"裁执分离"模式的反对，其理由之一正是这将导致"原有的法院主导协调机制的丧失"。③

需要指出的是，法院作为一个行为主体从协调行政诉讼案件中获益有一个基本前提，即协调是一种选择，而非强制。在协调中，地方法院或调或判的选择的不确定性，增加了他们在协调中说服行政机关的筹码，从而赋予其更大的主

---

① 作者访谈。在访谈中，受访法官将乙肝案件描述为一生中难得的（推动政策）机会，而良好的司法环境使得地方法官可以把握机会。

② 作者访谈。

③ 谭星光：《房屋腾空非诉执行中权利保护的实际过程及其对执行方式的影响——宁波地区房屋征收非诉执行模式向〈规定〉靠拢时的思考兼论行政非诉司法审查的要点》，见中华人民共和国最高人民法院行政审判庭编：《行政执法与行政审判》（2012 年第 3 集），北京：中国法制出版社 2012 年版，第 117 页。

动权。地方法院受益于上级法院与地方政府之间的信息不对称并由此获得了空间。调与判之间的不确定性一旦消失,地方法院也就丧失了在协调中的有力筹码,而这正是 2008 年以来大调解机制转向后的情景:行政机关败诉率下滑而上诉率与申诉率高企,"因被告改变行政行为后撤诉"的比率从高峰期的 50% 强下降到不足 10%。① 2011 年最高人民法院做出了行政审判"形势逼人"的判断,并发起了上诉、申诉专项治理活动,一再发文要求地方法院正确理解"解决行政争议新机制"等提法的意涵。② 地方法院在"条"、"块"之间操作空间的减缩,直接导致了法院策略性行为的削弱,乃至行政诉讼发展的停滞甚至后退。

(三) 判决方式多样化

在之前的两节中,我们讨论的是地方法院在"一判了之"之前的策略性选择。行政诉讼法实施二十余年,还有一个有趣的现象,就是判决方式的多样化。③ 行政诉讼法规定了维持、撤销等四种判决方式,而 2000 年《若干解释》以及 2011 年的《最高人民法院关于审理政府信息公开行政案件若干问题的规定》(以下简称《信息公开规定》)中增加了驳回诉讼请求、确认判决、禁令判决等方式。④ 这种多样化既源于最高人民法院在司法解释中的突破,也来自地方法院的实践需求,但更多的是来自最高人民法院对地方法院实践的事后追认。⑤

---

① 赵大光在 2011 年先后用 9:1 和 13:1 来描述这一比例。参见赵大光:《在中国法学会审判理论研究会行政审判理论专业委员会 2010 年会暨'社会管理创新与行政审判'主题论坛上的总结讲话》,见中华人民共和国最高人民法院行政审判庭编:《行政执法与行政审判》(2011 年第 1 集),北京:中国法制出版社 2011 年版,第 11 页。赵大光:《在行政审判案例指导调研工作会上的讲话》,见中华人民共和国最高人民法院行政审判庭编:《行政执法与行政审判》(2011 年第 2 集),北京:中国法制出版社 2011 年版,第 11 页。

② 参见江必新:《拓宽行政审判职能推进社会管理创新——行政审判在社会管理创新中的角色思考》,见中华人民共和国最高人民法院行政审判庭编:《行政执法与行政审判》(2011 年第 2 集),北京:中国法制出版社 2011 年版,第 1 页。

③ 值得注意的是,行政诉讼判决方式的多样化是与整个法院系统益发倾向于以非判决方式结案同时发生的,且后者的影响远大于前者。这也是判决方式多样化的现象未得到系统性讨论的原因。

④ 《行政诉讼法》第 54 条;《若干解释》第 56—58 条。参见李广宇:《政府信息公开司法解释对判决方式的创新》,见中华人民共和国最高人民法院行政审判庭编:《行政执法与行政审判》(2011 年第 6 集),北京:中国法制出版社 2011 年版,第 51—57 页。

⑤ 参见梁凤云:《关于〈行政诉讼法〉修改中完善判决方式的若干建议》,载《法律适用》,2005 年第 8 期,第 10—13 页;吉罗洪:《新司法解释答疑(七)关于判决方式的几个问题》,载《行政法学研究》,2001 年第 04 期,第 1—5 页;何海波:《行政诉讼法》,北京:法律出版社 2011 年版,第 408 页。

本节要讨论的基本问题是，为什么地方法院在推行行政诉讼工作的过程中需要更为多样化的判决方式？① 判决方式的多样化对地方法院的权威有怎样的影响？

应该明确的是，判决方式多样化的直接后果是增加了判决方式之间的相互替代性，这既体现在肯定性判决中，也体现在否定性判决中。首先，在现行框架中，存在三种肯定性判决方式：维持、驳回诉讼请求和确认合法或有效。② 这种替代性特别体现在维持判决与驳回诉讼请求判决之间，2011年出台的《信息公开规定》直接规定了以驳回诉讼请求全面替代维持判决的诉讼路线图，在一定程度预示了行政诉讼法修改的方向。③ 从全国数据的情况来看，在维持判决的比率逐年递减的同时，驳回诉讼请求判决始终维持在8%上下。其次，在现有的否定性判决方式之间存在着多种替代关系，主要是在撤销判决与其他判决方式之间，如撤销并重做与变更判决之间、撤销判决与确认无效以及确认违法判决之间。④ 目前学界的实证研究对确认违法判决的应用做了诸多批

---

① 判决方式多样化的趋势，似乎是行政诉讼相较于民事诉讼与刑事诉讼所特有的现象。实际上，绝大多数讨论判决方式的文章的主题都是行政诉讼案件。何海波认为之所以判决方式多样化，是因为我国的行政法本身不够完善。这与学界主流的判断基本一致。在诸多建议完善行政审判判决方式的论述中，学者们将满足审判实践需要列为增加判决方式的首要原因，特别是驳回诉讼请求判决，与确认违法判决。本节的探讨则更关注判决方式多样化的直接后果，以及基于《若干解释》第58条的情况判决。

② 因为行政赔偿属于特殊的行政诉讼案件，本文对判决方式的讨论基本排除了关于"赔偿"和"不予赔偿"的讨论。

③ 参见江必新：《完善行政诉讼制度的宏观思考》，见中华人民共和国最高人民法院行政审判庭编：《行政执法与行政审判》（2012年第3集），北京：中国法制出版社2012年版，第52页。在文章中，江断言"取消行政诉讼法关于'维持'行政机关行使职权的时机已经成熟"。参见李广宇：《政府信息公开司法解释对判决方式的创新》，见中华人民共和国最高人民法院行政审判庭编：《行政执法与行政审判》（2011年第6集），北京：中国法制出版社2011年版，第51—57页。

④ 但这些判决方式之间的替代性多数来源于法学者们的理论建构。例如变更与撤销并指明重做内容之间，以及以类似的逻辑，变更判决与明确履行内容的判决之间的替代性，在实践中长期存在着对重做判决与履行判决能否包涵特定内容的争议。参见孔繁华：《行政变更判决研究——以比较法为视角》，载《当代法学》，2006年第5期，第151—58页。杨伟东：《履行判决变更判决分析》，载《政法论坛》，2001年第3期，第91—97页；李广宇：《政府信息公开司法解释对判决方式的创新》，见中华人民共和国最高人民法院行政审判庭编：《行政执法与行政审判》（2011年第6集），北京：中国法制出版社2011年版，第51—57页。此外，确认无效与撤销判决之间的理论区别也并未在实践中得到体现。法院一般并不区分重大违法（自始无效）与一般违法，更多的将无效看做是行政违法的一般后果。而且，由于确认判决的不确定性，行政相对人一般选择撤销之诉。参见何海波：《行政诉讼法》，北京：法律出版社2011年版，第426—428页。李静、刘全来：《论部分撤销行政判决》，载《山东社会科学》，2012年第10期，第103—107页。

百年变局与中国政治学的时代化：清华政治学系的探索

判。他们指出，在"城市规划许可"、"城市房屋拆迁"等复杂领域中，确认违法判决得到了大量运用。但由于法院通常并不明确具体的补救措施，这一判决方式实际上成为地方政府强拆行为的"定心丸"。①

如果诸多判决方式之间存在着相互替代性，那么为什么法院、特别是地方法院需要多样化但可替代的判决方式？我国学者黄启辉在近期的研究中指出，地方法院偏向在非对抗性行政争议中适用撤销判决。② 以相似的逻辑，我们可以引申出这样一种假设，即法院倾向于在对抗性强的行政诉讼中适用"策略性"的判决方式。我们可以把部分撤销判决和基于情况判决的确认违法判决看做是策略性的否定性判决，因为这两种判决都在一定程度上做出了妥协性、而非全输全赢式的直接否定性判决。特别是在确认违法判决中，行政相对人表面上胜诉，赢得了"面子"；而败诉的行政机关却获得了"里子"，即真正的实惠。从这个意义上讲，判决方式的增加、特别是策略性判决方式的增加，为地方法院打开了更为宽广的操作空间。

H 省 2002 年至 2005 年拆迁类一审行政案件的处理结果为我们提供了一个有趣的案例。（参见图 1）在这种典型的"对抗性"争议中，我们可以观测到 2002—2003 年与 2004—2005 年 H 省法院否定性判决的明显翻转趋势，在否定性判决总比例明显高于全国同期的前提下，直接否定判决与策略性否定判决之间有一个明显翻转：直接否定性判决从 2002 年的 11.64% 降低到 2005 年的 9.78%（高峰是 2003 年的 18.17%），而策略性否定判决则从 2002 年的 4.75% 上升到 2008 年的 18.48%（高峰是 2004 年的 26.92%）。这一点在我们的访谈中也得到了确认。来自 H 省的法官表示，确认违法是对棘手案件的常

---

① 金成波：《中国情境下的情况判决——经由案例的钩沉》，载《行政法学研究》，2011 年第 1 期，第 82—89 页。郑春燕：《论"基于公益考量"的确认违法判决——以行政拆迁为例》，载《法商研究》，2010 年第 4 期，第 63—69 页。一个有趣的现象是，在大调解时期，最高人民法院在两个类似案件中的处理似乎隐喻了协调对情况判决的替代关系。2010 年在处理青岛燃气争议案件时，最高人民法院没有适用 2004 年周口燃气案中"确认违法"的判决方式，而是主张"法院无论判决确认被诉行为违法，还是驳回原告诉讼请求，同样不能最终解决李沧区十多万居民的供热问题"，因次，最高人民法院主张以协调促进当事人达成了和解协议，使该案得以圆满解决。在法院系统反思大调解政策的现在，这一趋势是否持续，尚有待观察。参见蔡小雪、李德申：《行政诉讼协调中的利益衡量原则之适用》，见中华人民共和国最高人民法院行政审判庭编：《行政执法与行政审判》（2010 年第 2 期），北京：中国法制出版社 2010 年版，第 68—78 页。

② 黄启辉：《行政诉讼一审判状况研究》，载《清华法学》，2013 年第 4 期，第 73—85 页。

见选择。①

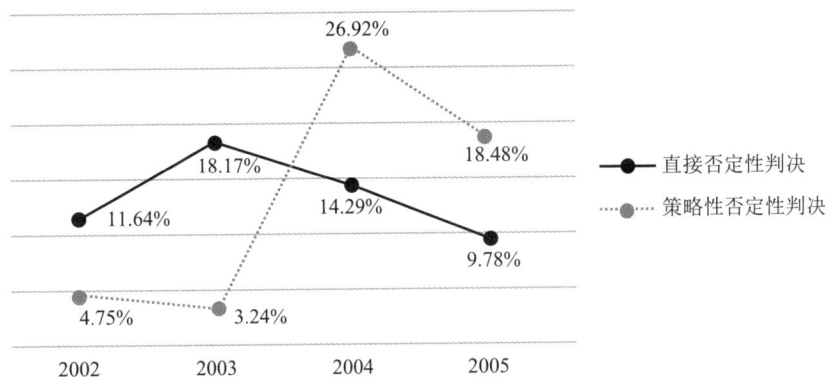

图 1　H 省法院拆迁类行政一审案件否定性判决分布情况（2002—2005）

注：直接否定性判决包括：全部撤销、变更、履行法定职责；策略性否定判决包括：部分撤销，确认违法或无效。

资料来源：H 省访谈。

与立案与协调相类似，判决方式多样化背后的逻辑始终是我国法院在条块双重压力下寻求出路的需要。一方面，虽然行政机关败诉率从未明确列入衡量法院行政审判水平或绩效的标准中，但始终或明或暗地体现在最高人民法院司法政策与学界的考查中。另一方面，人财物受制的地方法院也处在地方政府的压力之下。多样化的判决方式，特别是策略性判决方式的增补，为地方法院两面逢源提供了可能。然而在地方法院通过给予相对人部分胜利，在"面子"与"里子"的权衡中获得更好的制度性发展之余，相对人的实际权益仍未得到完全的保护。

本节探讨了地方法院在推动行政审判工作中的策略性行为：接受新类型案件，核心性尊让，协调与案结事了，判决方式多样化等。② 此外，对众多地方法院而言，忽略程序性审查也是常见的做法。一位来自 G 省 W 法院的法官评论说，如果已经有了足够多的证据撤销行政机关的决定，那就不必再在判决中

---

① 作者访谈。

② 关于非诉执行，参见汪庆华：《中国行政诉讼：多中心主义的司法》，载《中外法学》，2007年第 5 期，第 513—533 页；关于宣传策略，参见作者访谈。另参见四川省高级人民法院行政审判庭：《四川省德阳市政府出台〈德阳市行政机关法定代表人行政诉讼出庭应诉试行办法〉》，见中华人民共和国最高人民法院行政审判庭编：《行政执法与行政审判》（2003 年第 7 期），北京：法律出版社 2003年版，第 257—258 页。

提到可能存在的程序问题，这是出于为行政机关留面子的考虑。必要时，他们会在事后发出司法建议纠正行政机关的程序问题。① 但在实践中，对行政机关的严重程序瑕疵，法院仍可能采取宽松态度，"程序违法"与"程序瑕疵"之间的模糊边界同样在一定程度上反映了地方法院行为的策略性。② 其他常见的法院策略性行为还可能包括宽松审查非诉执行案件以及在宣传地方行政审判工作中着重强调地方政府对法院工作的支持等宣传策略。总体而言，地方法院通过策略性操作，在特定环境限制下，因势利导，利用最高人民法院提供的杠杆性工具，巧妙撬动地方强势的行政机关，逐步扩大司法审查范围，在与行政机关的合作式关系中换取在决案中更高的自主权，在推动行政诉讼的地方性发展的同时，扩张了法院系统在地方政治中的权威。

囿于本文所依赖的片段性证据，本文并不能系统地回答地方法院对策略性行为的选择问题：在何种情况下，地方法院会选择怎样的策略性行为？在一定程度上，地方法院的行为可按照法院能动性的强弱构成一个连续体。更为主动而强势的法院主张以为争位，对行政诉讼与非诉执行案件进行严格审查；而更为弱势消极的法院则强调对行政机关的维护与支持。但绝大多数法院的行为选择将落在这个连续体的中间，他们倾向于以一种或者多种策略性行为逐步打开行政审判工作的局面，不同法院对不同行为的选择在连续体上形成一种参差错落的形态。我们也可以从这个角度审视本文所探讨的四省案例。地区性特征将诱发不同法院策略性行为的选择模式：在相对严峻的司法环境中，G省法院更为推崇协调机制；在地方法律共同体较发达、或司法环境较好的时段与地区，S省与A省的法院都更为偏向接收新类型案件，从而扩张司法审查的边界。H省法院则灵活运用一系列的策略性行为以巩固并发展其本已"名列前茅"的行政审判工作。

四、策略性行为何以产生：条块缝隙间的不确定性

在之前的各节中，我们探讨了在行政诉讼发展过程中，法院系统、特别是

---

① 作者访谈。关于司法建议的策略性写作，可见 Xin He, "Judicial Innovation and Local Poltics: Judicialization of Administrative Governance in East China", *China Journal*, 2013, Vol. 69, pp. 20–42.

② 参见何海波：《行政诉讼法》，北京：法律出版社2011年版，第310—312页。

地方法院的策略性行为对行政审判的推进。一个有待回答的问题是，地方法院的策略性行为何以产生，又在什么情况下成功？本节将在两个层面上探讨这个问题：其一，在我国特有的双重领导体制下，地方法院的"条条领导"（上级法院）与"块块领导"（地方政府）之间可能存在制度缝隙。这种制度缝隙是地方法院策略性行为的前提；其二，地方法院相对于其条块领导而言享有一定的信息优势，而上文探讨的诸多策略性行为事实上增加了审判过程中的不确定性，这进一步强化了地方法院的信息优势。这两个条件使得在条块两个方向上存在的委托—代理关系进一步复杂化，而地方法院从中获益。

我们首先探讨"块块关系"中的地方法院。这里他们应对的主要是与地方政府的关系。在双重领导体制下，法院的人财物实际上掌握在地方政府手中。在人事制度方面，各级法院院长主要受到上级党委指派，而其中地方党委的意见举足轻重，最高人民法院历年来数次试图改革地方法官的晋升体制但收效甚微。[①] 在司法经费体制方面，最高人民法院虽然进行了收支两条线的改革、并逐步加大了中央转移支付的力度，但在实际运作中仍然呈现出"以收定支"、"以收抵支"的模式，法院经费受到地方财政部门的极大牵制。[②] 此外，各级法院也有赖于地方政府的物质支持，如两庭建设用地等。地方法院对地方政府人财物的依赖被认为是司法地方化的渊源，催生了大量地方保护主义现象。

行政诉讼的"对峙"属性使传统上依赖地方政府的法院地位更加尴尬，这也是行政诉讼近三十年来举步维艰的原因。这种对峙不仅是公民个人与行政机关的对峙，更是司法权对行政权更深更广的审查。[③] 也因此，在行政诉讼法

[①] 参见季卫东：《最高人民法院的角色及其演化》，见许章润主编：《清华法学》（第7辑），北京：清华大学出版社2006年版，第4—20页；刘忠：《条条与块块关系下的法院院长产生》，载《环球法律评论》，2012年第1期，第107—125页。

[②] 财政部、最高人民法院在1996年联合发布的《人民法院诉讼费用暂行管理办法》等。参见陈永生：《司法经费与司法公正》，载《中外法学》，2009年第3期，第390—410页。湖北省高级人民法院课题组：《改革与完善人民法院经费保障体制的调研报告》，载《人民司法（应用）》，2009年第9期，第65页。

[③] 参见陈端洪：《对峙——从行政诉讼看中国的宪政出路》，载《中外法学》，1995年第4期，第1—9页；王振宇：《'超越职权'之司法审查标准的运用与发展》，见中华人民共和国最高人民法院行政审判庭编：《行政执法与行政审判》（2010年第3集），北京：中国法制出版社2010年版，第42—52页。王振宇指出，"对事项管辖权的司法审查并不仅仅是明确裁判基准，还具有把行政权力在行政系统内部再分配的功能，这实际上已进入了行政自主范围的敏感腹地"。

百年变局与中国政治学的时代化：清华政治学系的探索

立法前后都伴随着来自行政机关的反击以及规范层面上法院的一再妥协。① 时至今日，行政机关首长应诉仍然可以成为新闻。②

但近年来，来自中央与国务院系统的两重因素为行政诉讼的开展提供了更强的支持。一方面，行政诉讼法的颁行本身被认为是中央控制地方恣行的手段之一。地方政府是我国改革的排头兵，对我国经济发展起了极大的促进作用。③ 但同时随着经济发展，地方政府偏好逐渐偏离中央偏好，地方恣行与腐败丛生。在分税制改革之后，地方政府对预算外资金的渴求以及土地财政所衍生出大量问题，都意味着随着改革的深化，中央所面临的委托代理问题进一步复杂化，中央需要更为有效地控制地方政府。④ 行政诉讼的重要性愈发凸显。⑤ 另一方面，行政系统内部横向与纵向的控制也为行政诉讼的发展提供了可能

---

① 如顾昂然在行政诉讼法二十周年座谈会上谈道，在 1990 年，曾有 2000 多乡村干部提出辞职；变更判决最终被限制在行政处罚显失公正的情境下，也是来自于立法过程中对公安等部门的妥协。实际上，变更判决始终遭受到来自公安、检察等部门的反对。参见顾昂然：《回顾制定情况加深对行政诉讼法重要意义的认识——在纪念行政诉讼法颁行二十周年座谈会上的发言》，见中华人民共和国最高人民法院行政审判庭编：《行政执法与行政审判》（2009 年第 2 集），北京：人民法院出版社 2009 年版，第 12—16 页；杨伟东：《履行判决变更判决分析》，载《政法论坛》，2001 年第 3 期，第 91—97 页；庞友学：《浅析人民法院以显失公正判决变更的三件公安行政诉讼案件》，载《行政法学研究》，1993 年第 3 期，第 79—81 页；王祺国、陈旭昶：《全国首例行政变更判决抗诉案纪实》，载《政府法制》，1994 年第 5 期，第 28—30 页。

② 在 2011 年，江苏省海安县人民法院专门召开工作现场会，推广行政机关负责人出庭应诉机制。参见江苏省海安县人民法院：《大胆探索勇于实践全面推进行政机关负责人出庭出声出效果》，见中华人民共和国最高人民法院行政审判庭编：《行政执法与行政审判》（2011 年第 3 集），北京：中国法制出版社 2011 年版，第 128—131 页。

③ 参见杨瑞龙：《我国制度变迁方式转换的三阶段论——兼论地方政府的制度创新行为》，载《经济研究》，1998 年第 1 期，第 3 页。Gabriella Montinola, Yingyi Qian & Barry R. Weingast, "Federalism, Chinese Style: The Political Basis for Economic Success in China", *World Politics*, 1995, Vol. 48, No. 1, pp. 50 – 81.

④ 参见贺欣：《作为政治控制机制之一的行政法——当代中国行政法的政治学解读》，见汪庆华、应星编：《中国基层行政争议解决机制的经验研究》，上海：上海三联书店 2010 年版，第 81—103 页；刘佳、吴建南、马亮：《地方政府官员晋升与土地财政——基于中国地市级面板数据的实证分析》，载《公共管理学报》，2012 年第 2 期，第 11—23 页；刘剑雄：《中国的政治锦标赛竞争研究》，载《公共管理学报》，2008 年第 3 期，第 24—29 页。

⑤ 行政诉讼规训地方政府的功能同样适用于比较案例。参见 Tamir Moustafa, "Law and Resistance in Authoritarian States: The Judicialization of Politics in Egypt", in Tom Ginsberg & Tamir Moustafa, *Rule by Law: The Politics of Courts in Authoritarian Regimes*, New York Cambridge University Press, 2008, pp. 132 – 155; Tom Ginsburg, "Administrative Law and the Judicial Control of Agents in Authoritarian Regimes", in Tom Ginsberg & Tamir Moustafa, *Rule by Law: The Politics of Courts in Authoritarian Regimes*, New York Cambridge University Press, 2008, pp. 58 – 72。

性。国务院在2000年发出了"依法行政"的号召,并在此后始终强调这一基本原则。① 就地方政治而言,地方领导同样需要有效控制地方职能部门。在各地,行政诉讼败诉率都计入了职能部门考核指标内,这加强了地方法院在行政诉讼中的战略优势。②

其次,"条条关系"中的地方法院应对的主要是上下级法院关系问题。在一般的司法体系中,法院等级以及上诉审的存在是为由法院主导的"争议解决的三方结构"提供进一步的合法性与稳定性,为审判活动中的败诉方提供一个情感宣泄的出口以及相应的社会保护。③ 在我国特定的司法制度内,法院间关系则更为复杂。一方面,地方政府主导法院人财物的基本体制,导致同级政府而非上级法院可能对法院行为产生巨大影响;另一方面,上级法院以规范以及行政手段对下级法院进行领导、监督与规训。我国司法体系中特有的请示制度、错案追究制度、以及近期推行的绩效考核制度等都进一步加强了上级法院对下级法院的影响。④ 来自法院内部的观点认为,近年来"上下级法院关系日益行政化"。⑤ 在某种程度上,司法行政化是为了反击司法地方化。具体到行政诉讼方面,最高人民法院与地方法院频繁互动,在出台司法解释、批复、指导性案件之余,最高人民法院还通过频繁的会议与文件的发布指导地方法院的行政审判工作,2008年以来的绩效考核体制更进一步加强了法院内部的行政化。

与"块块关系"中的地方法院类同的是,在应对上级法院的指导与规训之余,地方法院同样有丰富的策略性操作空间,这种空间主要来自于地方法院的信息优势。在一般的法院系统内部,上诉审通常是上下级法院信息流动的核心机制。在我国语境下,存在着请示制度、统计或报告制度、评优制度、绩效

---

① 参见贺欣:《作为政治控制机制之一的行政法——当代中国行政法的政治学解读》,见汪庆华、应星编:《中国基层行政争议解决机制的经验研究》,上海:上海三联书店2010年版,第81—103页。
② 作者访谈。
③ 参见 Shapiro, Martin, *Courts: A Comparative and Political Analysis*, Chicago: The University of Chicago Press, 1981。
④ 无论是在实务界或者学界,历年来对错案追究制度与请示制度都进行了深刻的反思,最高人民法院也对具体操作做了种种限制,但时至今日,这仍是上下级法院之间强化联系的主要手段之一,甚至为2008年以来的绩效考评体系进一步加强。
⑤ 参见李传松:《法院审判活动行政化之克服》,载《法学》,2010年第8期,第118页。

百年变局与中国政治学的时代化：清华政治学系的探索

考核制度等多样的信息传递渠道。但在实践中，虽然存在多种传递机制，信息传递的主导权还是掌握在下级法院手中，下级法院可以在保持数据一贯的前提下有选择地报告（或不报告）相关信息。前文所提到的 G 省法院在初期试行协调机制时，就有意对上保持了沉默。在访谈中，S 省的法官提到他们有时是通过读报纸才得知下级法院的不当行为。①

我们可以用一个表格来描述地方法院可能面临的"条块关系"中的制度形态。表一以地方政府或上级法院遵循或偏离既定原则为轴（其中行政系统应对的基本原则是依法行政，而法院系统应对的基本原则是依法审判），将地方法院可能面临的条块制度环境划分为四种情景。情景 I 与 IV 显示了地方政府与上级法院同时遵循或偏离基本原则的情况，在这种情况下，地方法院操作空间减弱，将遵循条块领导的一致指示，依法审判或者服从领导需要。而情景 II 与 III 则显示了地方政府与上级法院的不同向行为，一方遵循基本原则，而另一方偏离基本原则。正是在这两种情况下，我们可以观测到地方法院的策略性行为。换言之，在地方法院的"条""块"领导行为不同向时，条块之间的制度缝隙开启，而地方法院有策略性行为空间。在现实中，在不同的时间点或者不同的政策领域，情景 II 与 III 都可能出现。地方政府可能倾向于在地方核心政策中（如涉及地方经济发展或土地财政的事宜）要求地方法院服从；而上级法院也可能在特殊时期，如前文提到的非典防治、抗震救灾等情况下，要求下级法院服从地方需要。

表 1　条块之间的制度缝隙

		地方政府与依法行政	
		遵循	偏离
上级法院与依法审判	遵循	情景 I （法院依法审判）	情景 II （策略性行为＊＊＊）
	偏离	情景 III （策略性行为＊＊＊）	情景 IV （法院服从领导需要）

---

① 作者访谈。

地方法院在制度缝隙中能够策略性行为的前提是，它是同时获取条块信息的唯一主体，换言之，地方法院有相对于其"条块领导"的信息优势。虽然我们普遍认为地方党政通过政法委领导包括法院在内的地方政法机关，但法院内部的各种公文与指令的最完全信息获得者仍然是地方法院。① 而在"条条关系"中，地方法院一方面掌握了向上级汇报信息的主动权，另一方面又掌握了地方具体情况，例如在城市规划案件中对涉案工程的公益性的判断等。

在本文前一节所描述的地方法院在行政审判的立案、协调与判决等各个阶段的策略性行为中，地方法院充分利用了它相对于条块领导的信息优势。在立案阶段，地方法院以上级法院对受案的强调为由说服地方政府认可法院审理，同时保持对地方核心政策的服从；在协调阶段，上级法院的依法审判要求与上级政府维稳的大方向都成为地方法院说服诉讼双方和解的手段；而在案件审理与判决乃至执行过程中，地方法院也充分利用了最高人民法院"创造"的判决方式，以"局部性胜利"的方式处理矛盾冲突尖锐的问题。特别值得指出的是，地方法院自创的诸多策略性行为，如在最高人民法院认可之前的协调，在争议性强的案件中适用情况判决等，实际上都有赖于或者增加了审判过程中的不确定性。不确定性的增加进一步强化了地方法院的信息优势。

如上所述，个别地方法院通过灵活运用一系列策略性服从手段，实际上促成了行政诉讼受案范围的地方性扩张，从而使得地方法院在更广层次上涉入地方性事务。而地方法院在处理案件中体现出的灵活性（或调或判、采用灵活的判决方式），则增强了地方法院与地方政府讨价还价的能力。在发展地方行政审判工作的同时，地方法院作为一个自利的行为者，其权力得到明显扩张，具体表现在管辖权的扩张（受案范围）、裁量权的扩张（调还是判，怎么判）以及来自双方当事人的遵从。

---

① 我国学者侯猛认为，地方政法委可能并不是特别活跃，特别是在地方政法委书记不入常的情况下。参见侯猛：《司法改革背景下的政治治理方式——基层政法委员会制度个案研究》，载《华东政法学院学报》，2003年第5期，第99—106页。

五、代结论：我国行政诉讼与司法权

本文强调了一种由地方法院策略性地利用最高人民法院提供的杠杆性工具或制度空间以推动行政诉讼工作的模式；在这种模式中，地方性操作与理解是主导力量。在行政诉讼发展中体现的这种"上下联动"的策略性行为，提出了一系列关于我国司法制度与司法权的问题：如何理解这一过程中最高人民法院与地方法院的角色及其互动？困在"条块"关系之间的地方法院究竟为谁虏获——地方政府还是上级法院？在我国行政诉讼发展的过程中，司法权的演进路径如何，又如何解释？

首先，本文分别考察了最高人民法院以及地方法院在发展行政诉讼方面的角色与行为，并强调了地方法院在最高院开拓的局面下的自行突围。在这一过程中，最先显现的是最高院对地方法院创新的肯定与推广，这一模式与我国改革的总体思路一致。① 在本文探讨的策略性行为中，协调与确认违法判决都是得到最高院背书的地方创新。此外，在上下级法院的互动中，最高人民法院固然执推动行政诉讼发展之牛耳，然而最高院政策一旦出台，最终的落实与选择权仍然在于地方法院。地方法院对上级政策的理解与选择性适用，孕育了行政诉讼发展的各种面向，在总体上推动了行政诉讼在不同情境下的生长。纵观这一过程，最高院与地方法院各有进退，呈现出一种犬牙交错的形态：在从柔性提级管辖到刚性提级管辖的改革中，最高人民法院显然更为激进；而在发展协调机制、宪法诉讼等方面，地方法院则前赴后继，持续突破。由此孕育出的行政诉讼发展的地方性差异，以及地方法院五花八门的策略性行为，未尝不预示着法治可期的光明图景。

其次，在"条块关系"中，究竟谁能虏获地方法院？学界的普遍看法是，

---

① 从中央与地方的实验创新互动来考察中国改革的路径是近年来中国研究的主流学派之一。参见 Sebastian Heilmann, "Policy Experimentation in China's Economic Rise", *Studies in Comparative International Development*, 2008, No. 1, pp. 1 – 26; Sebastian Heilmann, "Maximum Tinkering under Uncertainty: Unorthodox Lessons from China", *Modern China*, 2009, No. 4, pp. 450 – 462; Sebastian Heilmann & Elizabeth J. Perry, *Mao's Invisible Hand: The Political Foundations of Adaptive Governance in China*, Cambridge, Harvard University Press, 2011.

由于地方法院实际上掌握着法院的人财物，法院将服从地方政府的指令，这正是导致"地方保护主义"的根源所在。在本文所描述的制度发展进程中，来自法院系统内部（"条条"）的规训与创新，既增加了地方法院应对地方政府（"块块"）的筹码，也扩展了地方法院在条块之间的空间。其中，来自最高院与上级法院的强行政性的紧急指令与政策精神，如对诉权保护的强调，对申诉上诉的专项治理，针对法院参与强拆的禁令等，都增加了法院对行政机关讨价还价的余地。[①] 司法行政化一贯为学界所诟病，然则对深陷于"条块关系"中的地方法院而言，上级指令与精神也能在一定程度上为其减压。

此外，法院的策略性行为，一方面增加了他们在案件处理中的空间，即可以先受理后驳回，以确认违法的方式制造"局部性胜利"等；另一方面也增强了行政机关在行政诉讼中所面临的不确定性：是调是判，是直接败诉还是确认违法？这种不确定性的直接操作者是地方法院，受益者同样是地方法院。在条与块的间隙策略性操作的地方法院，可能才是最终的受益者。

最后，行政诉讼的发展在多大程度上影响了我国司法权？20世纪是司法权在全球范围内扩张的世纪。[②] 然而缺乏活跃的宪法审查机制的我国是否能被纳入这一潮流？近一两年有数的几篇探讨我国司法扩张的文献无一例外地聚焦于最高人民法院。[③] 而本文所观测到的却是在我国语境下（特别是在"条块关系"中）司法权依托行政诉讼机制的地方性突进。本文强调的是司法权扩张的地方性与策略性。在这一过程中，地方法院逐渐成为地方政策制定的常态参

[①] 当然，这种余地也可能来自上级行政机关，如国务院主推的"依法行政"等。这主要是由于上下级行政机关之间的委托—代理关系，参见贺欣：《作为政治控制机制之一的行政法——当代中国行政法的政治学解读》，见汪庆华、应星编：《中国基层行政争议解决机制的经验研究》，上海：上海三联书店2010年版，第81—103页。

[②] 参见 C. Tate, Neal & Torbjorn Vallinder, "The Global Expansion of Judicial Power: The Judicialization of Politics", in C. Neal Tate & Torbjorn Vallinder, *The Global Expansion of Judicial Power*, New York: New York Univeristy Press, 1995; Tom Ginsberg & Tamir Moustafa, *Rule by Law: The Politics of Courts in Authoritarian Regimes*, New York Cambridge University Press, 2008。

[③] 参见 Taisu Zhang, "The Pragmatic Court: Reinterpreting the Supreme People's Court of China", *Columbia Journal of Asian Law*, 2012, Vol. 25, No.1, pp. 1–61; Shumei Hou & Ronald Keith, "China's Supreme People's Court within the 'Political-Legal System'", in Bjorn Dresse, *The Judicialization of Politics in Asia*, New York: Routledge, 2012, p. 163.

百年变局与中国政治学的时代化：清华政治学系的探索

与者。① 在个别领域，地方法院攫取了最高人民法院通过自我克制留出的空间，并利用条块间的制度性间隙在地方上扩张其权力。

司法权的地方性扩张也同时受益于行政权的刻意容让。近年来，有些地方政府及其职能部门刻意将部分争议推到法院，以回避尖锐的社会矛盾或利用法院作为国家强力机关的权威完成任务。例如，在非诉执行中，有行政强制权的机关有时也愿意申请法院执行，以"多快好省"地征收罚款。在各地的外嫁女争议中，地方政府也偏爱由法院来处置这些头痛问题。② 在这方面最明显的案例仍然是近年来围绕征地拆迁与补偿问题的博弈，以及地方法院在此问题上的不同回应。司法权自愿而策略性的扩张与行政权的刻意容让构成了地方性司法权扩张的制度空间，贯穿其中的则是各机关的自利性思考。

此外，在这场源自司法能动与行政退让的司法权扩张过程中，同样也伴随着来自法院的基本妥协，包括在事关大局的政策性问题上对行政相对人合法权益的妥协。如本文所描述的，司法权的自我限制是为了策略性地换取长远发展，但对基本权利的妥协以及由此造成的社会不公仍使我们质疑司法扩张与法治建设之间看似必然的联系。总的说来，在行政诉讼发展进程中，虽然我国法院的行为日益策略化，并由此增长了法院在地方层面上与其他机关讨价还价的能力，我国法院仍然远非真正独立情境下的机构。我国法院仍需在后续实践中审慎选择前进道路来确保司法权的持续增长以及法治社会的建设。

---

① 本文谈及的政策制定当时是广义理解上的，包含了法官造法过程。
② 参见 Xin He, "Why did They not Take on the Disputes? Law, Power and Politics in the Decision-making of Chinese Courts", *International Journal of Law in Context*, 2007, No. 3, pp. 203 – 225.

四 研究路径的更新

将政党带进来

——国家与社会关系范畴的反思与重构*

景跃进

国家与社会关系是社会科学研究中广为使用的一个基本范畴。在定格于当今的意义之前,它经历了一个漫长的演化历程,其中含义蝶变幅度之大几乎找不到恰当的词汇来加以形容。① 在一个特定的截面上,不妨将其和"政府与市场"并置起来考察。在逻辑上,两者可以视为是等值的——皆以国家/政府作为中轴,分别对称于市场和社会;② 而且两者回答的问题也是同构的:国家/政府究竟应该干什么?国家/政府究竟干了些什么?——前者是价值维度的关注,后者是经验维度的设问。区别在于,相比于市场,社会具有更大的包容性和多元性。正是这一特点为国家与社会关系范畴的跨学科运用提供了一个宽阔的舞台。

---

* 本文的相关内容曾以不同方式在"第六届中国政治社会学讲习班"(2016年7月20—22日,北京)、"海峡两岸社会科学暑期高级讲习班"(2017年7月17—28日,杭州)和"社会理论与中国社会第18讲"(2019年6月1日,上海大学)宣讲。在此对三个讲座的主办方和邀请人表示衷心的感谢(恕不一一列名)。本文在写作过程中,徐明强、王海东和吴振华三位博士生在资料查找方面提供了热情的帮助,在此一并致谢。

① 国家与社会关系范畴虽然广为人们使用,但国内学者对于这一范畴本身的系统梳理,到目前为止仍相当有限(参见邓正来:《市民社会与国家——学理上的分野与两种架构》,载《中国社会科学季刊》(香港),1993年第2卷总第3期)。在这种情况下,中文翻译作品或许能弥补一些缺憾。参见〔日〕植村邦彦:《何谓"市民社会"——基本概念的变迁史》,赵平等译,南京:南京大学出版社2014年版;〔德〕彼得·瓦格纳:《并非一切坚固的东西都烟消云散了——社会科学的历史与理论一探》,李猛译,北京:北京大学出版社2011年版。

② 以国家/政府为中轴的概念构造,与学术取向的国家中心论/社会中心论不是一回事,应加以明确区别。就逻辑而言,这一概念构造与不同的学术主张——无论是国家中心论,还是社会中心论或市场中心论,皆可相容。

百年变局与中国政治学的时代化：清华政治学系的探索

当然，逻辑上的并列关系在经验研究中可以转化为序列关系。对于当代中国研究来说，政府与市场关系在阶位上要优先于国家与社会关系，因为只有在计划经济向市场经济转型的条件下，我们所要讨论的国家与社会关系才有机会得以登场。由此可以理解，（为何）国内学界对国家与社会关系的关注发生在特定的时间点——20世纪80年代末和90年代初，尤其是作为分水岭的邓小平南方讲话。从那开始，来自政治学、社会学、人类学、公共行政学/公共管理学、法学、历史学等不同学科的学者在国家与社会关系范畴的名义下，讨论民主化、市民社会、公民权利、国家形成、国家能力建设、社会治理、社会运动、政府机构改革、法治建设等诸多议题。

在这些讨论中，大致可区分出两种不同形式的学术实践：一种本文称之为"直通式操作"，认为（默认）国家与社会关系范畴具有放之四海而皆宜的普遍性，秉持拿来主义的立场；与之相对的是"审慎式运用"——主张在使用这一分析范畴的同时保持一种自觉的反思意识，尝试将中国国情的变量考虑进来。当然，这种区分只是一种逻辑上的操作，实际情形很可能是程度不同的混合。大体而言，在社会科学研究中国化/本土化的语境下，国内学者大多承认这一范畴与中国国情相结合的必要性，并提出了诸多修正方案。①

在这些充满智慧的方案中，有一种观点以其特立独行的风格已然呈现，这便是林尚立教授的主张——从政党角度来思考当代中国国家与社会关系（笔者用"将政党带进来"概称这一探索）。自21世纪以来，林尚立教授发表了

---

① 国内学者（以及华裔学者）对国家与社会关系范畴的反思自20世纪八九十年代流行之初即已开始，这些反思基于不同的维度，因而所提出的修正方案也各有特色。系统梳理这些反思实践将是另一篇论文的主题。在此，笔者试举数例：（1）邹谠先生在考察80年代中国改革经验时发现，在政权性质保持不变的情况下，国家与社会关系可以发生深刻的变化。由此对极权主义（totalitarianism）概念进行解构，代之以全能主义（totalism）；（2）邓正来/景跃进用国家与社会的良性互动来替代二元对抗；类似地，王旭用相互赋权（Empowerment）来克服国家与社会之间的二元对立；（3）黄宗智用"第三域"（the third realm）来描述和把握中国国家与社会关系的特点；（4）郁建兴等人在研究温州商会的过程中发现商会独立性并非参与的前提条件，从而提出了"参与性成长"的概念。相关文献可参见邹谠：《中国革命再阐释》，香港：牛津大学出版社2002年版；邓正来、景跃进：《建构中国的市民社会》，载《中国社会科学季刊》（香港）1992年创刊号；Xu Wang, "Mutual Empowerment of State and Society: Its Nature, Condition. and Limits", *Comparative Politics*, April 1999；黄宗智：《国家和社会之间的第三领域》，最初英文发表于《近代中国》（*Modern China*）1993年第2期，中文版收录于〔德〕哈贝马斯等：《社会主义——后冷战时代的思索》，香港：牛津大学出版社1995年；郁建兴、江华、周俊：《在参与中成长的中国公民社会：基于浙江温州商会的研究》，杭州：浙江大学出版社2008年版。

数篇论文,其中下面这段引语比较典型地反映了他的思考进路:"在中国社会,国家与社会的关系不简单是两者之间关系,因为作为领导中国社会发展的核心力量,中国共产党不仅是国家政治生活的领导核心,而且是中国社会的组织核心。所以,在中国,国家与社会关系的变化必然涉及党,该变化是在党、国家和社会三者关系的框架内展开的。"① 基于多年基层政治的经验研究,笔者对这一观点颇为认同,2005 年曾发表《国家、政党与社会:三者维度的关系——从基层实践看中国政治的特点》一文,从一个特定角度对此作出了呼应。②

时至今日,中国共产党对于中国政治研究的重要性已经为越来越多的学者所认知,相关文章和博士论文的数量正在逐年上升,其中有一些已经直接涉及本文的话题。③ 但笔者以为,学界对政党维度的反思尚未给予应有的重视,或与其重要性相比,所得到的关注尚不成比例。导致这一局面可能有不少客观原因,然而反思本身在理论言说方面还有很多空白也是一个很大的成因。为此,本文尝试在既有研究的基础上做一个比较系统的概念分析,以拓展和深化政党维度的反思,并将相关的学术成果整合进新的分析叙事脉络之中。

一、政党的位置:从萨托利开始说起

在国家与社会关系的学术研究中,主张"将政党带进来",究竟意味着什么?④

---

① 林尚立:《社区自治中的政党:对党、国家与社会关系的微观考察——以上海社区为考察对象》,见上海市社科联等:《组织与体制:上海社区发展理论研讨会会议资料汇编》,2002 年,第 45 页。

② 景跃进:《国家、政党与社会:三者维度的关系——从基层实践看中国政治的特点》,载《华中师范大学学报》(人文社会科学版),2005 年第 2 期,第 9—13 页。

③ 例如,张超:《组织嵌入、合法性重构与功能拓展》,清华大学博士论文,2015 年;徐晓全:《基层治理中的国家与社会——山东新泰平安协会的表达》,清华大学博士论文,2016 年。

④ 在某种意义上,"将 X 带进来"(Bringing X in)与"将 X 带回来"(Bringing X back in)的区别不应忽视。20 世纪 80 年代学界出现了"将国家带回来"(Peter B. Evans et al (eds.), *Bringing the State Back in*, Cambridge University Press, 1985)的呼声;21 世纪又有学者主张"将政党带回来"(Kjeld Erik Brodsgaard and Zheng Yongnian eds., *Bringing the Party Back in: How China is Governed*, Eastern Universities Press by Marshall Cavendish, 2004)。从逻辑上说,当人们主张将 X 带回来时,先在地假设了 X 曾经存在,而后来被忽视了或边缘化了。因此只有在社会中心论占主导的语境下,才能理解将国家带回来的呼声(美国学术界的情形);同样道理,只有在以政府或以市民社会和社会运动为中心的语境中,才会主张将政党带回来(海外中国研究的场景)。本文之所以主张"将政党带进来"(而不是"将政党带回来")是因为在国家与社会关系研究中,政党的重要性没有得到学理层面的认真对待。在国家与社会关系范畴原型的出产地,政党被作为市民社会的组成部分来加以处置;在党国体制的相关研究中,存在大量本文所谓的"直通式操作"。

百年变局与中国政治学的时代化：清华政治学系的探索

具体来说，要将政党带到哪里去？是带进社会之中，还是带入国家之内？抑或在国家与社会之外自设一个独立的节点，从而形成政党—国家—社会关系的三元格局？①

这样的思考方式提出了一个重要议题——政党在国家与社会关系中的结构性位置；也捎带提出了一个问题——政党的结构性位置对于我们思考国家与社会关系是否具有特别重要的意义？②

本文的回应是双重肯定，因为无论是议题的设置，还是提问的方式，皆体现了政党维度思考国家与社会关系的切入点，与此同时它也构成了本文写作的逻辑起点。两点合一，将我们的注意力引向比较政治学研究的大师萨托利——其关于政党政治的学术著述为我们的分析奠定了理论基础和知识前提。

在《政党与政党体制》一书中，萨托利相当详尽地讨论了政党制度的不同类型。对于中西比较而言，最基础的也是最重要的区分莫过于该书第一章和第二章标题所制作的分类，亦即作为"部分的政党"与作为"整体的政党"。笔者以为，这一区分对于比较政治学尤其是中国政治研究具有双重意义：第一，它继承了战后比较政治学的学术雄心和分析架构，其研究对象囊括了所有的政党制度/政治体制，力求在普遍与特殊关系的脉络中理解政党政治的复杂性；第二，以"部分"和"整体"作为关键变量，在对照和比较中，揭示了作为"整体的政党"和国家体制之间的特殊联系，从政党学说的角度为"党国体制/政党国家"（party-state system）一词奠定了

---

① 回答这些问题并非一件容易之事，因为每一种回答都是在建构不同的意义系统。在中国国家与社会关系的研究中，之所以主张"将政党带进来"，很大程度上是因为源于西方的国家与社会关系范畴不能"覆盖"中国场景下的经验事件，概念和理论的意义之网出现了漏洞和空白。在这种情况下，笔者以为，对国家与社会关系范畴的深刻反思必须返回概念建构的原生之地，在比较脉络中进行概念的修补/重构工作。

② 严格地说，"政党在国家与社会关系中的位置"与"政党在国家与社会关系范畴中的位置"是两个不同层次的话题。前者是一个指导经验研究的命题，后者是一个概念建构的逻辑问题。它们之间的关系不是一一对应的，前者可以通过实证研究来判别命题的真假，后者虽然不脱离经验但具有相对的独立性，而且对于概念建构而言，判断的标准不是真假，而是适用性程度。本文的讨论集中在概念层面，即使有时会涉及经验维度，那也是为了说明概念建构，而不是分析的主题。

学理基础。①

我们先来考察一下作为参照系的"部分的政党"以及它在国家与社会关系中的位置。"作为部分的政党"在英文表达上具有两个特点：一是复数，特定的政党代表了社会中的特定利益——这是"部分"的真实意义。反过来说，社会利益的多元性和复杂性，在政治代表上体现为多党制——这可以理解为由部分构成了整体（政党体系）。二是"小写"，由于存在彼此竞争的众多政党，每一个政党都是政党体系中的一个（a）。按照这样的思路按图索骥，"部分的政党"在经验领域的体现便是西方的自由民主制。

政党（复数）代表社会的不同利益这一说法，意味着政党具有某种程度的双重性：一方面它是市民社会（civil society）的一个组成部分，现代政党离开了民众便是无本之木、无源之水；另一方面政党又不是一般意义上的社会组织，无论是培养和输送政治人才，还是提出政治纲领和公共政策，它始终围绕着掌握或分享国家权力这一目标而行动。在这个意义上，政党不但是竞争性选举的工具，也是连接国家与市民社会的桥梁。

政党的这种双重性尤其是对国家权力的指向性，使政党不可避免地与国家权力发生制度性的勾连。对于政治学研究而言，这种联系是非常重要的（使政党区别于各种利益集团），然而强调这一点并没有改变一个基本事实：在国家和社会关系的谱系上，政党的结构性位置坐落在市民社会之中。尽管卡特尔政党的演变趋势，在很大程度上改变了传统的国家与市民社会的关系，出现了所谓的"政党国家化"现象。但是，无论发生怎样的变化，政党从来不是，

---

① 笔者一直在关注"党国体制/政党国家"一词的起源问题，但没有找到一个比较满意的解答。萨托利在《政党与政党体制》一书中，为我们提供了一个重要的线索。他提及"一些学者用'党国体制'这个词恰当指出了这个系统所处的位置"。在注释部分，他枚举了 Jan F. Triska 主编的《共产主义政党国家》（Jan F. Triska（ed.），*Communist Party-States*；*Comparative and International Studies*，Indianapolis：Bobbs-Merrill，1969）。为此笔者专门查阅，Jan F. Triska 的说法如下："共产党或者是执政党，亦即在各自国家内成功夺取政权——我们将这样的国家称为共产主义政党国家（communist party-states），或者是非执政党，亦即在夺权斗争中没有取得成功。"（该书英文版第4页）。在这样的表述中，可以看到"党国体制/政党国家"原初是指共产党领导的国家。萨托利将党国体制/政党国家的含义扩展了。参见〔意〕萨托利：《政党与政党制度》，王明进译，北京：商务印书馆2006年版，第70页。由此不难判断，萨托利是在反面意义上使用党国体制/政党国家这一术语的。本文的写作力图祛除该词的价值色彩，在中性意义上来使用，这方面的榜样是韦伯对官僚制一词所做的澄清。

百年变局与中国政治学的时代化：清华政治学系的探索

也不可能是国家机器的组成部分。在这个意义上，政党的卡特尔化并没有从本质上改变作为部分的政党之性质；在与"作为整体的政党"比较时，这一点显示得非常清晰。① 为了便于对照，我们用"政党在社会中"来描述自由民主制条件下政党的结构性位置。

作为一个对比，党国体制中的政党不是代表部分的政治组织，它代表的是整体。中国学者对于这一观点并不陌生，事实上，人们正是从这一角度来理解中共提出的"三个代表"理论的。如果说"作为部分的政党"，其位置在（市民）社会，那么"作为整体的政党"则正好相反。对此萨托利写道："如果一个政党不能单独产生其自身的系统（政党体系），系统在哪里？……考虑到单一政党不能与其他政党相互作用，它有明确界限的、模式化的和自我维持的相互依赖的领域是什么？一些学者用'党国体制'（party-state system）这个词恰当指出了这个系统所处的位置。……用抽象的推理语言来说就是：尽管作为部分的政党正由于这个原因不能把自己等同于国家，作为整体的政党从概念上讲只能把自己等同于国家。两个整体只有倾向一致才能共存。从这个意义上说，单一政党可以被看做是国家的复本（a duplication of the state）。"② 为了区别于

---

① 关于卡特尔政党的研究，参见卡茨（Richard Katz）和梅尔（Peter Mair）的经典论文 "Changing Models of Party Organization and Party Democracy: The Emergence of the Cartel Party", *Party Politics*, 1995, Vol. 1, No. 1, Jan., pp. 5 – 28. 该文收录于 Peter Mair, Party System Change, *Approach and Interpretations*, Oxford: Oxford University Press, 1997（第五章）。中文介绍可参见向文华：《西方卡特尔政党理论研究述评》，载《政治学研究》，2013年第4期，第101—113页。在这篇经典论文中，作者对照了精英型政党、大众型政党、全方位政党和卡特尔政党在国家与社会之间的位置及不同特征，其中卡特尔政党被认为是国家的组成部分。需要指出的是，将卡特尔政党视为国家的组成部分，与政党作为公权力的组成部分是两个不同的概念，如果忽视了这种差别，党国体制这个词就失去了比较政治学的研究意义。

② 〔意大利〕萨托利：《政党与政党体制》，王明进译，北京：商务印书馆2006年版，第70页。如何理解萨托利所谓的"复本"观点？两种不同政治组织（党和国家）的关系如何？萨托利对此似乎没有系统的论述，将他的相关表述提炼一下，大致可归结为以下四点：（1）政党和国家是两个相互维持且相互强化的组织；（2）它们不是完全分离的，所谓"党国一体混合物"；（3）两种关系类型：国家服务于政党，或政党服务于国家；（4）在党国体制中，公共行政大体上只是党务的副产品。参见同书第71—72页。相比之下，鲍尔·刘伊斯（Paul G. Lewis）倾向于强调两者之间的差异："（然而）在这种模型的任何具体情形下，政党和国家的对应从来都不是完美的。只要在一个独特的新型组织中，两者不完全融合各自的身份，政党和国家就有必要保持不同的机构。"参见 Paul G. Lewis, "Party States and State Parties", in Richard S. Katz & William Crotty (eds.), *Handbook of Party Politics*, Sage Publications, 2016, p. 472.

西方的政党政治，本文以"政党在国家中"来表达这一点。

萨托利关于政党位置的叙述为本文的讨论奠定了坚固的基石，沿着他的思路，我们可以在以下两个方面作更为详尽的分析。

第一，在萨托利关于"作为部分的政党"分析的基础上，增添一个新的参数或维度——政党与国家的关系。在适当限定的情况下，它可以用"党政关系"来加以表达。由此形成下表：

表1 西方政党政治中的党政关系

原则/操作 \ 党政关系	党政结合	党政分离
一般原则	Y	N
具体政党	Y	Y

说明：
（1）Y表示成立，N表示不成立。
（2）表中的"党政关系"及"党政结合"/"党政分离"均是在政党政治的意义上使用的，涵盖了不同的政党制度类型和政体类型；自由民主制与党国体制中的"党政关系"是这一普遍类型的不同亚类。

资料来源：作者自制。

表1提醒我们，在西方政党政治中，有必要区分两种不同层面的党政关系：就现代政治是政党政治这一特点而言，政党与国家机器之间存在着密不可分的联系，所谓"党政结合"便是这个意思，在这个意义上，我们可以将现代政府称为"政党政府"。然而，在实行多党制和定期竞争性选举的背景下，特定的执政党与政府的结合并非恒常如故，而是经常变更，所谓铁打的衙门（国家机构），流水的政党。就此而言，政党与政府是可以分离的（所谓"党政分开"）。故而，政党与政府的必然结合与具体政党与政府的必然分离（成为在野党）是两个可以同时为真的命题。

在此基础上，我们要做的第二件事情是，建构一个包容不同政党制度/政体类型的分析框架，以辨析和比较政党在国家与社会关系中的不同位置及其意义。为此，可以将萨托利关于（部分与整体）的政党分类与本文新增添的维度结合起来，形成下面的矩阵（参见表2），其中政党与国家—社会关系可视为外部维度，党政关系可视为内部维度：

百年变局与中国政治学的时代化：清华政治学系的探索

表 2　政党在国家与社会关系中的位置

内部维度＼外部维度	党在国家中（作为整体的政党）	党在社会中（作为部分的政党）
党政结合	A	B
党政分离	C	D

资料来源：作者自制。

表 2 为我们提供了四种具体的类型，其中：

A：政党与国家机构紧密联系在一起，且这一联系是制度化的、长期性的，不存在政党轮替的现象，因而也不存在党政分离的问题；所谓"政党在国家中"便是指这种类型。在经验世界与之匹配的是党国体制；

B：政党虽然居于市民社会，但其生存目标是通过竞争性选举成为执政党，掌握或分享国家权力。尽管如此，政党组织本身不是国家机器的组成部分。在经验意义上，它是西方国家中的执政党；

C：是一个逻辑矛盾，因为政党不可能一方面与国家紧密结合在一起，与此同时又与国家机器相分离。翻译成经验语言，这等于说在党国体制中，执政党变成了在野党；

D：政党在市民社会中，但尚未与国家机器结合在一起，这意味着该政党处于在野地位，或在刚结束的大选中丢失了执政的权力。

上面四种类型在逻辑上穷尽了政党在国家与社会关系中所居位置的可能性。严格地说，在经验世界中只存在三种可能的状态（排除了类型 C）。这一分类为我们在比较视野中思考中国问题提供了一个具有可操作性的分析工具。据此，可以对本节开头所提出的问题进行某种形式的重构：如果说从西方引进的国家与社会关系范畴在经验性上与"部分的政党"联系在一起，那么，当政党的结构性位置从市民社会移向国家，从"作为部分的政党"转向"作为整体的政党"时，这种结构性的位差对作为原型的国家与社会关系范畴产生了哪些影响？这些影响是否重要？是否值得在方法论层面展开讨论？

具体而言，这些设问可以表达为三个相关而递进的子题：

第一，如果政党在国家与社会关系中的结构性位差所产生的影响具有实质性的意义，那么基于西方政治现代化经验的国家与社会关系范畴应该做出怎样的调适，以适应新的政治场域？具体到中国语境，究竟应当如何理解国家与社会二分法中的"国家"？在讨论当代中国国家与社会关系时，我们是否需要为政党的角色留出某个位置？

第二，如若根据本土国情对国家与社会关系范畴做出相应的调适，那么对特殊性的关照是否有可能伤害这一分析范畴的普遍性？由此提出了一个新的问题：如何在深化认识中国政治的同时，拿捏好这一分析范畴的普遍性与特殊性之间的平衡关系？

第三，将"政党带进来"为国家与社会关系范畴增添了新的内涵和向度，这有助于提升范畴的区分度和精准度，与此同时也提高了分析范畴与具体场景的匹配要求。这对研究者的问题意识和经验敏感度提出了更高的标准。在这种情况下，从事具体的经验分析怎样才能做到恰当使用，而不是机械套用？

本文的以下三节将分别围绕上述三个问题而展开。

二、政党位置的变化对国家—社会关系范畴的影响

（一）概念的变化：作为公权力的国家

当政党从市民社会的位置移向国家领域时，一个概念问题产生了：此时我们应当如何来看待"国家"？这一设问的意指可化解为两个层面：首先，学术界是如何看待国家的？其次，将政党带进国家，对国家概念会造成何种影响？

在社会科学研究中，尤其是在中国语境下，国家一词是在两大知识传统中加以运用的：一是在马克思主义脉络内、与阶级斗争联系在一起的国家学说；一是与现代民族国家（建设）联系在一起的国家理论，以马克斯·韦伯的界定为经典范本。两种国家观虽然存在着重大的差别，但分享了一个核心观点：即国家是一种暴力工具，而且是一种具有垄断性或排他性的暴力工具。若用一个最具兼容性同时又最少争议性的关键词来表达这种理解，则非"公权力"莫属，国家就是行使公权力的机器/工具。

在这一意义上，所谓"将政党带进来"（带进国家）意味着政党成为公权

百年变局与中国政治学的时代化：清华政治学系的探索

力的行使主体——这正是"党国体制"一词所包含的意义。如果说学术界对此还存有争议的话，那么对于普通民众而言，这一点可谓毫无疑义。在日常生活中，老百姓并不区分党的机构和国家机构（甚至非国家机构），在他们眼中党委、人大、政府和政协等都是"政府"。①

此处我们可以作一个简单的对照。当政党位置在（市民）社会时，可以得到如下的概念公式：

$$公权力 = 国家 = （广义）政府$$

在这一语境下，国家与政府在用词方面通常是可以彼此替换的。例如"政府与市场"也可以称为"国家与市场"。在治理理论中，国家/政府、市场与社会是三个最为基本的思考单元，在这一用法中，政府与国家具有同一性。

当政党的位置从社会移向国家领域——从复数变成单数，从小写变成大写，并与国家发生体制性联系时，"公权力 = 国家 = （广义）政府"的公式不复有效。所谓"党在国家中"是指党组织作为公权力的构成部分而存在的。② 谁也不会忽视中国政治生活中的这一基本事实：党中央与国务院联合发文是一种常态，而非例外。中文有一个专门的组合词来指称这一现象，叫做"党和国家"。

需要注意的是，在"党和国家"这样的表述中，"国家"的含义已经发生了某种重要的变化，它不是比较政治学一般意义上的国家，因为它不再等值于公权力，而只是公权力的一个组成部分，只有与政党一起才构成一个完整的公

---

① 2017年3月5日，王岐山在参加北京代表团审议时强调，"在中国历史传统中，'政府'历来是广义的，承担着无限责任。党的机关、人大机关、行政机关、政协机关以及法院和检察院，在广大群众眼里都是政府。"（参见《人民日报》2017年3月6日第4版）在从事中国政治分析时，显然有必要区分不同语境下的词汇实践，例如官场话语与学术话语的差别（中央党校李良栋教授曾建议在中国语境下区分理论话语和学术话语，前者是党校系统和宣传系统的表达，与时政的联系非常紧密；后者以高校为主阵地，具有较强的学科意识和知识对话功能）、学术话语与民间话语的区分等。

② 作为一个政治组织，中国共产党具有多层次、跨领域的特征。就国家与社会关系而言，它的核心部分进入国家公权力结构，还有相当的部分处于国家公权力结构之外。严格地说，"政党在国家中"只是它的部分状态，事实上它同时在社会之中。将"党在国家中"与"党在社会中"对置起来，只是为了说明和对照两种不同的政治体制结构。在从事具体的经验分析时，一定要记住现实世界中的故事远比逻辑状态更为丰富而复杂。

权力概念。①

为此，我们需要对公权力（国家）概念进行必要的调适，构建一个立体型的新概念（参见图1）：

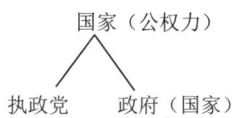

图1　党国体制的公权力概念

资料来源：作者自制。

在这一新的概念结构中，国家这一术语出现了两次，分别居于概念的不同层次。在顶层，国家是一个与公权力等值的普遍性概念；在底层，国家与政党并列（党和国家），是公权力的分享者。为了避免不必要的混淆，我们用"政府"一词来加以替代（党政关系也是中文的通常表达）。需要注意的是，在这一概念图式中，国家与政府是不能相互置换的，前者居于逻辑的高阶位，后者只是公权力的一个组成部分。

（二）国家概念的变化传导到国家与社会关系范畴

在党国体制中，作为公权力的国家概念同时包含了政府与政党两个要素，这一变化为我们理解国家与社会关系提供了新的维度。林尚立在描述改革开放以来中国所经历的变化时，这样写道："在今天的中国社会，党、国家与社会三者关系的变化是社会发展的必然……相对于传统的党、国家与社会关系来

---

① 关于这一点，国内学界有着相当普遍的共识。例如，在分析20世纪50年代中国政治制度时，王振耀指出，"在我国政治生活中，……出现了党和国家两个比较独立的权力系统。"参见王振耀：《党政关系研究论纲》，见聂高民、李逸舟、王仲田编：《党政分开理论探讨》，北京：春秋出版社1987年版，第122页。又如王长江认为，"以党代政体制的根本问题在于，党的领导机构直接作为权力机构行使公权力，同时却缺乏公权力应有的约束。"（参见王长江：《党政关系研究报告》（总报告），见王长江主编：《党政关系研究》，北京：中央党校出版社2015年版，第27页。）关于党国体制公权力结构的表述存在着不同的用词方式。例如，"党和国家"通常是在肯定的意义上来使用的；而"党政不分"或"以党代政"则是在否定或批评的意义上使用的。需要指出的是，在中国语言中尚未有一个概括性的术语来统摄日常政治词汇中的"党和国家"。比较政治学也只能使用联词（政党—国家）。这一事实表明，在西方政治现代化历史经验的基础上提炼的比较政治学概念，尚无法自如地应对中国政治的经验。只要学术界继续使用联词——无论是"党和国家"，还是"政党—国家"（party-state），都表明相关的思考尚未提升到一个更高的认识层次。

百年变局与中国政治学的时代化：清华政治学系的探索

说，变化最为明显的是：原先党、国家与社会三位一体的'一元格局'已被党、国家、社会各自相对独立的'三角关系'所取代"。①

清华大学徐晓全在其博士论文中用下面的图示来展示这一观点：

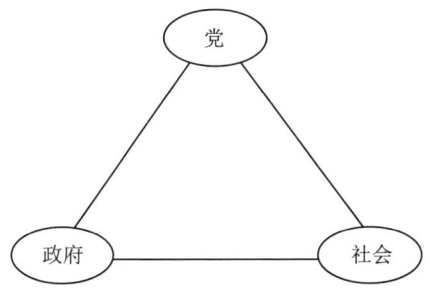

图 2　党—政府—社会三分框架示意图

资料来源：徐晓全，《基层治理中的国家与社会——山东新泰平安协会的表达》，清华大学博士论文，2016 年，第 160 页。

与国家和社会关系不同，政党、政府与社会三分框架要求我们考察三组关系，它们分别是：（1）政府与社会的关系；（2）执政党与社会的关系（党群关系是其中最为重要的部分）；（3）政党与政府关系（党和国家、党政关系）。换言之，在党国体制的场景下，上述三个维度的综合才能充分显示（西方意义上）国家与社会关系的全貌。②

除了丰富国家与社会关系范畴的分析维度之外，政党—政府—社会三分法也有助于我们理解中国政治的一些关键特征。例如，在党国体制的背景下，学界所讨论的"国家自主性"主要体现为政党自主性。在国家公权力结构中，政党是一种能动的因素。这一点对于理解当代中国政治的一些基本关系，诸如政治与法律关系、政治与行政关系、法律与党规关系等，具有非常重要的方法

---

① 林尚立：《社区自治中的政党：对党、国家与社会关系的微观考察——以上海社区为考察对象》，见上海市社科联等：《组织与体制：上海社区发展理论研讨会会议资料汇编》，2002 年，第 52—53 页。

② 这三种关系在逻辑上各具相对的独立性，但并不孤立，彼此之间存在着特定的连接机制。笔者在研究村民自治时，发现"在党政合一体制（西方称之为 PARTY-STATE）下，政党组织被高度科层制化了。在政府的每一层次都有居于权力核心地位的党的机构。由此导致的一个结构性后果是，党政关系与国家社会关系以一种特殊的方式联接在一起，亦即国家与社会关系中渗透着党与国家（政府）的关系以及党与社会的关系。"参见景跃进：《党、国家和社会：三者维度的关系——从基层实践看中国政治的特点》，载《华中师范大学学报》（人文社会科学版），2005 年第 2 期，第 11 页。

论意义。在某种程度上，经常出现的各种不同样式的运动式治理亦可视为党国体制之政治性（能动性）的一种表现方式。①

三、国家与社会关系范畴：争论与重构

政党的结构性位置→政党在国家中→国家概念的重构，沿着这样的叙事逻辑，我们导出了政党、政府与社会的三维框架。这已经叩响了本节主题的柴扉：国家与社会关系范畴应当如何重构？

（一）二分法抑或三分法？

在党国体制中，政党与国家的关系在逻辑上存在两种不同的构思方式。第一种是将政党组织充分纳入国家结构之中。20世纪80年代学界曾有建议，将政治局这一决策核心纳入作为国家最高权力机关的全国人大之中，从而消除中国政治中形式与实质的分离现象。这是一种将党政权力合一的思路。② 在这种情形下，将政党和国家视为同一体并无不当。也就说是，虽然西方自由民主制"政党在社会中"，而党国体制"政党在国家中"，两者看上去是完全不同的，但国家与社会关系二分法可以分别描述这两种不同的极端情形。第二种方式是政党部分进入国家机构，与此同时又在国家机构之外保持自身的相对独立性。从而形成两套相互重叠但又不完全重合的官僚等级组织。③

从现实经验来看，几乎所有的社会主义国家都采取了第二种方式。在这样的情况下，西方意义上的政党，以及西方意义上的国家与社会关系，都面临了概念拉抻（conceptual stretching）的风险：用西方的政党概念来套用中国的执

---

① 与学界流行的观点不同，运动式治理很可能是党国体制生存和发展的一个内在特征，而不完全是韦伯意义上的理性化对象。换言之，运动式治理与常规治理构成了党国体制治理逻辑的两翼。
② 参见王振耀：《党政关系研究论纲》，见聂高民、李逸舟、王仲田编：《党政分开理论探讨》，北京：春秋出版社1987年版，第120—126页。
③ 关于党国体制结构性分析的中文译作，可分别参见〔匈〕玛丽亚·乔纳蒂：《转型：透视匈牙利政党—国家体制》，赖海榕译，长春：吉林人民出版社2003年版；〔匈〕玛丽亚·乔纳蒂：《自我耗竭式演进：政党—国家体制的模型与验证》，北京：中央编译出版社2008年版；李侃如：《治理中国：从革命到改革》，北京：中国社会科学出版社2010年版；〔苏〕阿·阿夫托尔汉诺夫：《苏共野史》（上下卷），晨曦、李萌蓁、关益译，武汉：湖北人民出版社1982年版。关于党政官僚制的研究可参见刘炳辉：《党政科层制：当代中国治体的核心结构》，载《文化纵横》，2019年4月号，第32—43页。

百年变局与中国政治学的时代化：清华政治学系的探索

政党虽不能说风马牛不相及（毕竟在渊源上有某种亲缘关系或家族相似性），但至少难避"张冠李戴"之嫌疑。

由此产生的一个问题是，在研究中国政治时，更准确地说，在运用国家与社会关系范畴从事经验分析时，我们究竟是否应当将政党与国家区分开来？

在这个问题上，存在着两种不同的回答方式。

第一种观点认为，在党国体制下，政党与国家之间的关系是如此紧密，以至于在分析国家与社会关系时，将政党作为一个相对独立的变量来处置既没有必要，也没有意义。换言之，在经验研究中可以将政党和国家作为一个分析单位来处置。[①]

第二种观点与之相反，认为这种做法有所不妥："在国家与社会关系中，……我们可以把党作为政治力量归结到国家的范畴，并由此来分析国家与社会关系，但是问题在于党作为一种组织力量，与社会有着密切的关系。这就意味着中国社会的权力关系与一般国家（包括西方国家）有很大差别。这种差别决定了我们不能像研究其他国家那样，直接用国家与社会的二分法来研究中国问题，要充分考虑到党作为一种特殊的政治力量在国家生活、社会生活以及国家与社会关系中的重要作用。"[②] 因此，虽然党国体制中政党与国家之间存在着紧密的关联，但在进行学术分析时应做适当的区分。[③]

---

① 例如，卡伦·达维莎（Karen Dawisha）认为，虽然苏联党和政府在组织上有区别，但是党对国家的全面渗透是如此之深，在分析国家与社会关系时，将党与国家区分开来是没有意义的。参见其"State and Politics in Developed Socialism: Recent Developments in Soviet Theory", in John A. Hall, Basil Blackwell（ed.），*States in History*, 1986, pp. 220 – 221. 这一观点虽然针对苏联研究，但对于中国政治分析而言，逻辑是相通的。

② 林尚立：《集权与分权：党、国家与社会权力关系及其变化》，载陈明明主编：《革命后社会的政治与现代化》（《复旦政治学评论》第一辑），上海：上海辞书出版社 2002 年版，第 152—153 页。

③ 戴维·海因（DJH）持有不同于卡伦·达维莎（参见注释①）的看法："尽管政党和政府结构在许多层次上交织，但在分析苏联是如何被统治的时候，在政党和政府结构之间进行概念性的区分仍然是完全可能的，并且是有益的。"参见戴维·米勒、韦农·波格丹诺（英文版）主编、邓正来（中文版）主编：《布莱克维尔政治学百科全书》（修订版），北京：中国政法大学出版社 2002 年版，第 562 页。笔者以为，这一分歧的存在将是长期的，而且不可能彻底消弭。在这种情况下，引入相关的历史背景将有助于我们更好地认识这个问题。与苏联的一个重要区别在于，中国成功地在维持党国体制的前提下实现了市场经济的转型。在计划经济时期中国实行的是单位体制，并不存在严格意义上的"社会"领域，"国家与社会关系"这一分析范畴缺少用武之地，区分党和国家也就没有什么意义。从计划经济向市场经济的转型深刻地改变了中国社会，国家与社会关系开始生成并具有越来越重要的意义。在牢固坚持共产党的执政地位的基础上，党国体制的政治、经济和社会的结构方式发生了历史性的深刻巨变，这些变化集中体现于四大关系之中：党政关系、央地关系、政府与市场关系以及国家与社会关系。在经济—社会—政治结构分化的背景下，在方法论上将政党与国家作适当的区分是有益的。

上述两种不同的观点对于党国体制的基本特点并无分歧，分歧发生在如何回答下面的问题：在承认政党作为国家公权力一部分的情况下，是否需要将政党作为一个独立变量来处置？换一种方式来表达，党对国家和社会的全面渗透是否构成了无差别对待的充足理由？抑或相反，恰恰因为如此才构成了区分党与国家的逻辑依据？

笔者以为，任何概念范畴都是人们认识现实世界的分析工具，本身并无好坏之分，只是合适与否，以及相比之下，哪一种概念工具更为适宜。以此作为中国政治研究的衡量标准，笔者倾向于在概念建构中使用三分法，这一选择策略主要基于以下四个方面（兼顾国情与逻辑）的考量：

第一，就历史起源而言，政党与社会关系在时间上要早于国家（政府）与社会关系。在中华人民共和国建立之前，甚至在地方性政权建立之前，党与社会的关系便已存在。在建党之始，中共将发动群众和社会动员作为自己的一项基本工作，如何处置党与社会的关系是取得中国革命成功的一个关键。新中国成立之后，政党与社会关系并没有随着中共成为执政党而消失，相反在国家权力的扶助下得到了进一步的强化。这意味着在学术分析中我们必须将其作为相对独立的因素来处置。①

第二，就政治原理而言，当代中国政治中存在着两种不同的政治关系：一是国家维度的政府与公民关系，主要通过法律和政策工具来进行调节；二是执

---

① 政党的这种特殊性同样也体现在国际关系领域。乔治·莫特尔斯基（George Modelski）指出，如若不理解执政党（共产党），便无法理解它所统治的国家结构；离开了共产党，政党国家就无法存在，而共产党可以在没有国家的情况下独立存在。因此，他认为有必要将共产党作为世界政治中的一个独立变量来加以关注。参见 George Modelski, "The Communist International System", *International Encyclopedia of the Social Sciences*, III, pp. 126 – 132；转引自 Communist Party-States: Comparative and international Studies, BOBBS MERRILL, 1969, pp. 3 – 4。毛泽东也有相似的认知："在 1957 年 11 月 22 日的政治局会议上，毛泽东试图区分国家的外交政策和党的对外关系：'从外交政策和国与国的关系方面来讲，应该建立在和平共处五项原则的基础上，这是正确的。但是，作为国际共产主义运动，一个共产党的对外关系的总路线，就不能只局限于和平共处。因为这里还有社会主义国家之间的相互支持、相互帮助的问题；还有执政的共产党，也就是社会主义国家共产党支持世界革命的问题，声援资本主义国家没有执政的共产党的问题；还有支持殖民地、半殖民地独立运动的问题；还有支持整个国际工人运动的问题。总之，还有一个无产阶级国际主义的问题。所以不能把和平共处作为一个党的对外关系总路线。'"参见吴冷西：《十年论战》，北京：中央文献出版社 1999 年版，第 152 页。转引自章永乐：《万国竞争：康有为与维也纳体系的衰变》，北京：商务印书馆 2017 年版，第 198 页。

政党与人民群众的关系（党群关系），主要体现为领导与被领导的政治关系。这双重关系基于不同的政治原理（集中体现在两种不同的代表理论之中），又紧密地交织在一起。① 无论从哪一方面来看，将政党与社会关系简约为国家与社会关系有可能遮蔽当代中国政治中最为重要的变量。

第三，就经验分析而言，在考察政治体制的复杂关系和运作机制时，政党、政府与社会三分法为我们提供了更多的分析维度，有助于打开被折叠的现实。若将政党与国家（政府）作为同一物来处置，则有可能丢失许多非常有价值的信息。打个比喻，如果采用国家与社会关系的分析框架，你得到的结论或许是 A，但如果同时考察政党、政府与社会三维关系，你得出的结论很可能不是 A，而是 A1 甚或是 B。

第四，就逻辑关系而言，国家与社会二分法与政党、政府和社会三分法并非全然对立。两者皆致力于考察国家公权力与社会的关系，所谓本自同根生，差异主要体现在经验维度——由于公权力的构成不同而导致关系形态的变化。从政党政治的发展来看，党国体制是后来者，政党、政府与社会三分法是针对它的特殊情形而建构的。然而有趣的是，三分法的逻辑空间却要比二分法来得宽广，也更有回旋余地。例如，当政党以国家/政府的名义，且政党与社会关系和政府与社会关系高度一致时，在经验分析时便可将三分法简化为二分法。但是反向过程并不存在，亦即二分法在逻辑上无法包容三分法。

综上所述，不难发现，政党、政府与社会三分法更适合于分析党国体制条件下的国家与社会关系，有助于我们更好地认识和把握中国政治现象的复杂性和特殊性。

（二）比较视野下的重构

从"国家与社会关系二分法"向"政党、政府与社会关系三分法"的转换，提出了一个学术问题：国家与社会关系二分法还是一个普遍性分析范畴吗？如果说政党、政府与社会三分法只适合于分析党国体制，那是否意味着国

---

① 参见景跃进：《代表理论与中国政治——一个比较视野下的考察》，载《社会科学研究》，2007 年第 3 期，第 16—21 页；景跃进：《中国村庄治理结构的演化及理论思考》，载《华中师范大学学报》（人文社会科学版），2018 年第 5 期，第 9 页。

家与社会二分法只适合于分析实行多党制的国度？

从方法论上说，从原有的概念中分离出一种亚类型具有双重的意义或后果：第一，它确立了一个新的分类标准，以克服原有概念的缺失；第二，在发现新亚类之特殊性的同时，它也将原先概念所具有的普遍性（部分地）沉降为特殊性。换言之，新发现的亚类与原先得到确认的类别在逻辑上是同等的。在这种情况下，我们就需要对普遍性进行某种程度的重构，以包容新的亚类带来的丰富性/特殊性。

具体到本文的分析场景，对中国特殊性的强调不是否定普遍性的理由，否则我们只是以新的二元对立替代老的二元对立；表现上看起来很热闹，但两种做法在思维方式上是一致的，或至少是同构的。恰当的回应方式是基于特殊性，重构普遍性。换言之，任何对特殊性的强调必须在普遍性的视野下进行；而且也只有在承认普遍性的前提下，特殊性才能得到充分地理解。任何将特殊性和普遍性割裂开来的做法都不是正确的思考方式。

因此，尽管政党、政府与社会关系三分法的提出具有非常重要的认识论意义，但它只完成了概念调适任务的百分之五十；接下来我们需要做的工作是，在比较政治学的知识脉络中重构具有普遍性意义的分析范畴（参见下图）。

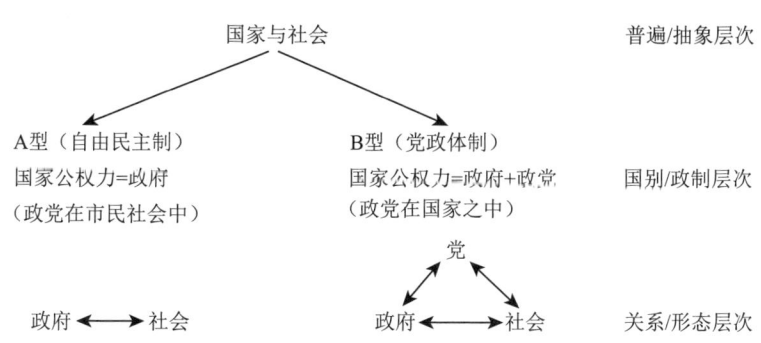

图3 国家与社会关系的概念等级

资料来源：作者自制。

图3表明，经由重构之后的国家与社会关系是一个复合的立体结构。顶层是表达普遍性的层次，属于穹概念（overarching concept）的范畴，是对丰富多

彩的经验现象的高度概括和抽象。① 第二层是中介变量，提醒人们在这个世界上存在着不同政治制度、政体类型/政党制度，作为公权力的国家有着不同的构成要素。概念图式的最底层集中展示国家与社会关系的具体形态，经验世界的多样性/特殊性在此得到了充分的表达。

经过重构之后的国家与社会关系分析范畴具有两个特征：（1）国家与社会关系范畴已经脱离了它的原型意义，其普遍性建立在更为广泛的包容性基础之上；（2）比较恰当地表达了国家与社会关系分析范畴在普遍性与特殊性关系问题上的辩证立场，既能避免用西方的国家与社会关系分析范畴硬套中国的经验世界，也能避免在追求本土化和特殊性的过程中牺牲比较政治学知识的普遍性。

四、在经验分析中如何将政党作为独立变量来处置？

至此，本文已回答了三个问题中的前面两个，它们偏向于概念和理论分析。现在我们来回答最后一个问题，一个与经验研究有关的操作性问题：是否在任何时候以及在所有的经验研究中，都需要将政党作为一个独立变量来处置？笔者给出的回答是否定的。因为政党、政府与社会三分法只是提供了一个逻辑性的分析范畴，至于在具体的经验研究中应当如何使用，则需要具体情况具体分析，这里并不存在一个标准的操作手册。

尽管如此，如若我们对于党国体制的组织和结构有一个基本的了解，对于经验分析中的策略选择还是有帮助和启发的。

本文第一节中的表2（政党在国家与社会关系中的位置）从内外两个维度对政党制度/政治体制进行分类。这一逻辑可以延伸或拓展到党国体制的分析之中。大致而言，在政党—政府—社会三维关系中，政府与社会、政党与社会

---

① 关于穷概念的讨论参见 David Collier and Steven Levitsky, "Democracy: Conceptual Hierarchies in Comparative Research", in David Collier and John Gerring (eds.), *Concept & Method in the Social Science*; *The Tradition of Giovanni*, London: Routledge, 2009。中文译文可参见高奇琦、景跃进编：《比较政治中的概念问题》，北京：中央编译出版社2014年，第129—151页（译为"统御性概念"）。

可视为一种外部关系，而政党与政府是公权力的内部关系。①

在外部关系方面，党国体制的历史起源方式意味着政党与社会的关系是直接的，而政府与社会关系可以看做是政党与社会关系的一种间接方式。用萨托利的话来说，"在党国体制中，公共行政大体上只是党务的副产品。"② 在很大程度上，党国体制中政党执政的灵活性在于，它既可以通过政府渠道来治理社会，也可以对社会发挥直接的影响。与此同时，渗透于整个社会的基层党组织，虽非国家公权力的组成部分，却是执政党和政府的施政工具，它们在各自范围内发挥着政治领导、组织动员和落实政策的作用。③

在内部维度方面，政党既可以在政府系统之外独立存在，亦可内嵌于政府系统之中。所谓"既可分，又可合"。需要指出的是，无论是探索"党政分开"，还是强调"党政融合"，两者皆存在某种结构性的限度：一方面，党国体制无法实行百分之百的党政分开，另一方面，也无法实现完全的党政融合，它只能在脱离两极的居中状态里移动。因此，在20世纪80年代，政治体制改革的重心放在"党政分开"的情况下，政党与国家机构之间也从未彻底分离过。中共十九大明确否定了"党政分开"的思路，但党和国家机构改革方案并没有也不可能将政党和国家机构全部合二为一。④

基于上述分析，同时根据研究的需要，表3设置了两个区分维度：一是政党组织的设置情况，具体分为三种类型（设置在社会之中，设置在政府之中，

---

① 当然，所谓的内外关系只是为了分析的需要而作出的逻辑区分。在实际的政治生活中，所谓的内外之别是相对的，而且两者的边界也不是清晰的，因为在政治—经济—社会的构造方式上，整体性和关联性是党国体制的一个基本特点。参见邹谠：《中国革命再阐释》，香港：牛津大学出版社2002年版；以及邹谠：《二十世纪中国政治——从宏观历史与微观行动角度》，香港：牛津大学出版社1994年版。

② 〔意〕萨托利：《政党与政党体制》，王明进译，北京：商务印书馆2006年版，第71页。

③ 党国体制是一个由不同原则和机制构成的复合体，存在着双重官僚制和多元治理逻辑。在市场化和全球化的背景下，执政党拥有政府和政党两只手来治理社会，可根据不同场景下的差异性需要来制定规则。

④ 改革开放以来的历程表明，党政关系是党国体制最为重要的结构性变量。这一点可以从两个方面来理解：第一，党政关系可以体现为不同的形态：诸如党组织在国家机构之外的独立设置、在国家机构内部设置党的组织（党组）、党的机构与政府机构合署办公、在党政组织分设的场景下实行领导职务的一肩挑，等等；第二，从时间维度来看，如何处置党政关系是社会主义国家面临的普遍性难题，建国七十多年来，党政关系已经历了数度变革。这方面的研究已积累了海量的中文资料，一个简要的说明可参见王长江等：《党政关系研究》，北京：中央党校出版社2015年版。

独立设置);二是党政关系的状态(分开与融合),由此得到政党、政府与社会关系的若干种逻辑类型。

表3 党国体制中政党、政府与社会关系的逻辑类型

组织设置 党政关系	党与政府		党与社会
	外设	内设	
党政分开	A1	A2	B
党政融合	C1	C2	D

资料来源:作者自制。

对于上表提供的六种类型,可做一个简要的说明:

A1:党组织在政府/国家机构之外独立设置。例如,各级党委与政府的分设;执政党的最高决策机构在组织结构上处于国家正式或法定机构之外,并对后者实施政治领导。

A2:党组织设置在国家机构之内(不同层次和功能领域的党组),其中行政首脑与党组领导分设;

B:这类的情形比较复杂,因为"社会"是一个具有很大包容性的词汇。其中最为重要的是两个,一是在各种类型的社会组织(包括厂商企业)中成立党组织,发挥政治领导作用;一是在实行居民自治的城乡社区,党组织领导与社区主任分设;

C1:党的职能机构与政府机构合署办公,实行"一套人马,两块牌子";

C2:政府机构内设的党组与政府机构领导人一肩挑,亦即党组书记兼行政首长;

D:党组织与社区自治组织领导人一肩挑(党支书兼社区主任)。

上述六种类型的区分是逻辑的,经验世界的丰富性肯定会突破这个分类框架,但对于我们所要讨论的问题来说,这一分类已经足够了。它所具有的分析意义大致可归结为以下几个方面:

第一,党政关系的形态具有非常重要的意义。在政党组织与政府组织的关系趋于分离时,政党作为独立的分析变量的可能性趋于上升。如果政党与政府在组织上高度分离,通常情况下,政党发挥作用的方式需要进行独立的考察。

反之，当政党组织与政府组织的关系趋于紧密时，政党成为独立分析变量的可能性趋于下降。可见，政党与政府关系的紧密程度与政党作为独立分析变量的可能性之间大致呈现一种反向关系。

第二，在党组织内设于政府机构的情况下，政党作为独立变量是一个小概率事件。大量的公共管理研究可归入这一类型。

第三，在政党组织与政府组织相重叠（合署办公）的情况下，政党作为独立的分析变量呈现为二元极值：或趋于百分百，或趋于零。在这种情况下，分析单位究竟是选择政党，还是选择政府，取决于提问的方式和研究的语境。

第四，在社区建设和基层治理方面，政党因素是否需要独立考量取决于具体的经验场景。如果政党发挥作用的方式是内嵌的，构成了政府活动的一个内生环节，则政党变量不需要加以单独处置。在许多场景下，党和政府是联合行动体，在基层治理中尤其如此，所谓"上面千条线，下面一根针"；"上面分系统，下面当总统"。在这种情况下，党与社会关系、政府与社会关系趋于"合二为一"。但是，如果政党发挥的作用是独立的，或构成了一个重要的外部环节，则政党的变量需要独立处置。例如，一些地方作为公权力构成部分的基层党组织（街道和乡镇）直接创办社会组织，形成了所谓的"PONGOs"。[1]

由此可见，政党、政府与社会三分法是指导经验研究的分析性工具，而不是用来套经验事实的罩子。如果说三分法是对二分法的一种逻辑精致，那么它

---

[1] 上海等地出现了由街道/社区党组织直接创办社会组织的做法，如上海普陀区长寿路街道的民间组织服务中心，以及上海静安区的"白领驿家"等民间组织。蓝梦琳（Patricia M. Thornton）将这种类型的组织称为"党办非政府组织"（Party-organized non-government organizations，简称PONGOs）。参见 Patricia M. Thornton, "The Advance of the Party: Transformation or Takeover of Urban Grassroots Society?", in *The China Quarterly*, 213, March 2013, pp. 1 – 18. 张超认为，在这种新型的党与社会的关系中，党不仅仅是社会组织发育的推动者而且是社会组织的直接创建者，党与社会组织不再是相互分立与独立的关系，而是相互融合和嵌入的关系。参见张超：《组织嵌入、合法性重构与功能拓展》，清华大学博士论文，2015年（导论，第9页）。这些经验事实为我们理解20字方针——"党委领导、政府负责、社会协同、公众参与、法治保障"提供了新的认识。在某种意义上，党国体制不可能出现或存在西方意义上（以独立性和对抗性为基本特征）的"市民社会"。所谓社会建设的发展前景并不是"市民社会"，而是党国体制的一个特定功能领域。在"国家治理体系和治理能力现代化"的语境下，建构具有中国特色的国家与社会关系、央地关系、政府与市场关系，它们是一个整体工程的不同组成部分，而且相互影响。

对研究者提出的相应挑战是，如何提高对中国政治现象的观察力和敏感度。

五、小结

从学术演化的角度看，国家与社会关系分析范畴形成于西方社会，从黑格尔、马克思关于市民社会的讨论，到韦伯对国家概念的经典界定大致勾勒了这一现代范畴的起源脉络。在某种意义上，现代意义上的政党政治（尤其是"作为整体的政党"）的登台，在时间上要晚于国家与社会关系分析范畴。当竞争性选举的游戏从上层精英扩展到普通民众时，（作为部分的）政党政治便与民主政治不可分割地联系在一起。政党的功能在于连接市民社会与国家，由此在理论上形成了政党在国家与社会关系中的位置问题。

在比较政治学中，为这一研究奠定知识基础的是萨托利。他关于政党体系的研究及其分类为本文的叙述既提供了学术灵感，又充当了写作向导。这也是为何笔者将萨托利的研究作为逻辑起点的缘由。

考诸历史轨迹，政党在国家与社会关系中的位置是历史演化的。理查德·卡茨（Katz）和彼得·迈尔（Peter Mair）关于卡特尔政党的研究揭示了西方政党从市民社会向国家领域移动的基本趋势。这种变化是非常重要的，但需要指出的是，西方政党向国家领域的移动与政党作为国家公权力的组成部分是两个完全不同的概念。"作为部分的政党"所呈现出的"政党国家化"趋势可以看做是同一政党制度类型的内部演化，而从"作为部分的政党"到"作为整体的政党"的变化，则是不同政党制度/政治体制的质的变化。

正是在这个意义上，党国体制的出现带来了一个全新的现象：作为整体代表的政党嵌入于国家权力结构之中，与此同时又没有脱根于社会。这一事实带来了两层递进的变化：首先，作为公权力的国家概念在外延方面增添了新的要素；其次，国家公权力的概念变化传导到国家与社会关系分析范畴。

这两重变化对于中国政治研究具有非常重要的认识论意义。对政党位差及其后果和意义的思考，将有助于研究者理解和把握当代中国国家与社会关系的特殊性和复杂性。当公权力既包含国家又包含政党的情况下，简单地套用西方原型意义上的"国家与社会关系"分析范畴会遭遇诸多的不适。在这种情况下，为避免概念拉抻，更重要的是避免扭曲现实，有必要基于中国的政治现实对国家与社会关系范畴进行某种程度的修正和重构。

既有的研究和本文的努力集中体现在以下两个方面：

第一，在党国体制中，党对国家的全面渗透是一个基本事实，但是这一事实本身并不构成在逻辑上和概念上将党归入国家范畴的理由；（因为）即使在全面渗透的背景下，党依然保持了自身在组织上、功能上的相对独立性。这种相对独立性生成了国家与社会关系中的一个重要维度，由此主张"将政党带进来"，将国家与社会关系二分法发展为政党、政府与社会关系三分法。原先国家与社会的单维关系扩展为三维关系，亦即政党与社会关系、政府与社会关系以及政党与政府关系。

第二，在比较政治学的脉络下，将国家与社会关系发展为一个具有三层结构的分析范畴。新的概念结构为我们思考国家与社会关系范畴的普遍性和特殊性提供了新的想象空间。西方意义上的国家（政府）与社会关系与党国体制中的政党、政府与社会关系都可以视为这一新建构的、具有普遍性的国家与社会关系范畴中的两个亚类型。这样的处理方式不但可以较好地平衡特殊性与普遍性之间的关系，也有助于中国学界和西方学术界的对话与沟通。①

调适后的国家与社会关系范畴为人们从事经验研究提供了更多的分析性选择。为了避免选择的困惑，本文辨析了政党、政府与社会三维关系的若干具体类型，试图提供一个参考性的策略方案。当然，在作具体研究时，是否需要将政党作为一个独立变量来处置，取决于特定的分析场景。因此，笔者愿以下句来结束本文："将政党带进来"是一种方法论意义上的学术主张，它带来了概念范畴的一场"革命"，但并不提供现成的操作工具；（因此）具体情况具体分析是学术研究的活的灵魂，也是科学探索活动的精髓。

---

① 在这个意义上，任何关于"社会科学中国化/本土化"的陈述，必定包含两个相关的理论建构环节：(1) 能够说明中国场景的话语工具；(2) 将这一话语工具（理论与概念）与西方社会科学的理论与概念整合起来，重构具有普遍性的理论命题/分析概念。

论计算社会科学的缘起、发展与创新范式

张小劲　孟天广

大数据时代的到来,既向传统的学科分野及其方法论范式提出了挑战,又为新学科发展及其方法论突破准备了条件。"计算社会科学"概括了社会科学在大数据时代所呈现出的新发展、新路径和新范式。计算社会科学以"计算"为核心,通过将研究对象充分数字化、网络化延伸了人类器官的感知功能,拓宽了思维视野,有利于多学科协同发展和知识创新,已经显现出独特魅力。本文将系统阐述计算社会科学的缘起,并探讨学科发展从"分化"走向"整合"的多学科进路等特征、范式转换以及关键性方法论创新。

一、计算社会科学的缘起

尽管计算社会科学这一新名词容易夸大其与传统社会科学的联系。然而,计算社会科学正是在对传统社会科学之继承和发展的过程中逐步形成的,亦立基于社会科学各学科长久以来的计算传统及其知识沉淀,包括质性分析和量化分析等方法论的知识积累。回顾计算社会科学的起源史有助于我们深刻把握计算社会科学的主要特征。

(一)计算社会科学的"史前史":社会研究与计算技术的学科发展

倘以 Lazer 等人发表《计算社会科学》一文划界,那么,从 18 世纪末到

21 世纪初这一漫长时段的社会科学发展历程可看作是计算社会科学的"史前史"阶段。从计算社会科学的发展脉络来看,这一"史前史"阶段的意义在于,它从基础理论、专业知识、技术方法上为计算社会科学的诞生奠定了坚实的基石。更确切地讲,社会科学自脱离"社会哲学"而成为日益壮大的学科门类统称以来,其追寻自然科学的模式以探求社会规律的学术努力始终未曾中断。社会科学早期大师涂尔干就开始广泛使用统计学思维和大量数据分析探究自杀之社会规律。尤其值得注意的是,17 世纪中叶政治算术(Political Arithmetick)学派在英国创立,威廉·配第明确提出要用"数字、重量和尺度的词汇"来描述英国的社会经济状况,这也标志着现代统计学的诞生。同期在德国形成了所谓的"国势学派",这个学派所使用的"statistik"一词,后来英译为 statistics,即成为"统计学"的冠名。统计学的发展史,无疑凸显了统计学之于治国理政、社会分析等社会科学应用的时代贡献。美国著名学者斯蒂格勒认为,统计学史的首要论题是概念性问题,涉及经济学、政治学和社会学等学科对于社会统计数据的解读。统计学从最初收集、汇编数据而为行政管理服务,最终发展成为有一整套原理和研究方法的独立学科,而那些具有深刻洞识的理论往往是从一些非常简单实际的问题中发展起来并赢得共识的,进而影响了其他学科。[①] 总之,统计学发展史的考察充分说明社会科学研究具有深远的计算传统。

(二)计算社会科学的"前身":定量社会科学的发展

计算社会科学固然是计算机和信息技术的发展进入大数据时代的产物,但就学科发展脉络而言,计算社会科学无疑与定量社会科学(Quantitative Social Sciences)有着深厚的渊源。按照哈佛大学定量社会科学研究所主任、著名方法论学者加里·金(Gary King)的解释,定量社会科学不仅是指长期以来社会科学发展历程中相对于质化研究而言的量化研究方法,而且是经历了近十年的突破发展而引发当代社会科学转型的一股浪潮。他认为"我们的确正在起航。不过,在庞大的新数据来源的支持下,量化的前进步伐将会踏遍学术、商

---

① 参见 C. R. 劳:《统计与真理》,北京:科学出版社 2004 年版。

百年变局与中国政治学的时代化:清华政治学系的探索

业和政府领域。没有一个领域不被触及。"①

定量社会科学从经济学起源,在半个世纪之内逐步扩展到社会科学各领域,极大地推动了社会科学方法论及理论知识的发展。经济学无疑是在定量社会科学道路上起步最早而且走得最远的学科。早在1926年,挪威经济学家弗里希(R. Frisch)便仿照"生物计量学"一词提出了"计量经济学"(Econometrics);1930年国际计量经济学学会成立,并在三年后创办了《计量经济学》杂志。计量经济学突破了经济学以往大多只能进行定性研究的局限,以数学方法和数理统计学为方法论基础,对于经济问题展开定量分析。保罗·萨缪尔森的《经济分析基础》更加全面地对数学方法在经济学的应用作出了系统性的说明,从而使经济学从以往的自然语言表达和图解式分析解脱出来而转变为用现代数理经济分析方法进行分析和表达,由此创立的"数理经济学"成为经济学中的显学。伴随着经济学研究方法的成熟以及研究范围的扩展,包括政治学、社会学、教育学、新闻传播学等学科在内的社会科学主流学科均受到了深刻而持续的影响。

心理学在定量社会科学的发展史上占据了独特的地位。心理学行为主义学派创始人约翰·华生撰写了《行为主义者心目中的心理学》《行为主义》等系列著作,广泛宣传他的行为主义观点。这些著作不仅系统论述了行为主义心理学,而且扩展论述了行为主义社会科学的理论基础。在他看来,社会科学研究的对象不是意识而是行为,因而社会科学应当关注行为与环境之间的关系,社会科学的研究方法必须抛弃传统的内省法,而代之以自然科学常用的实验法和观察法。在行为主义心理学的影响下,整个社会科学发生了"行为主义革命"。在这一波次的学科转型中,政治学、社会学和教育学首当其冲,接续发生了方法论意义上的创新。在政治学领域,"行为主义革命"既反对传统政治哲学研究中抽象思辨和演绎的方法,也反对旧制度主义的静态描述,主张将政治科学研究的对象锁定到实际存在的、可观察到的政治行为;为此,又强调政治数据的收集和整理,并要求在进行价值中立的同时,在现象和数据允许的范围内使用统计学、形式模型、计算机模拟等开展研究,从而达到对政治行为的

---

① 郭晓科:《大数据》,北京:清华大学出版社2013年版。

解释、预测和控制。

基于社会科学研究范式的上述转型，巴比于1975年出版了《社会研究方法》一书，集成了当时已经达成相当共识的社会科学方法论知识，对于定量社会科学作出系统化的论说。时隔近20年之后，加里·金、罗伯特·基欧汉和悉尼·维巴合著的《社会科学中的研究设计》试图超越量化研究与质性研究的长期对立与冲突，通过对社会科学实证推论层次上的论述而建构出适用于整个社会科学的研究架构。至此，定量社会科学的发展达到了成熟形态，并且伴随着计算机技术和信息技术的发展而进入了新的发展阶段。正是在回顾这一时期定量社会科学的发展历程时，加里·金认为定量社会科学至今影响的范围广泛，重塑了世界500强公司的经营策略；建立新兴产业；大幅度提高人类的表现能力；改变医药、人际网络、政治宣传、公共卫生、立法、治安、经济、运动、公共政策、商业与项目评估等。① 定量社会科学走向主流地位和逻辑统合的发展趋势为计算社会科学奠定了坚实的方法论和技术基础。

（三）计算社会科学的创生：新兴学科本体论的探讨

20世纪后半叶以来，社会科学发展的趋势正是研究者自发地使用海量数据开展以纯理论或应用为目的的研究。早在1972年，兰德公司就建立了"兰德恐怖主义年鉴"数据库，为美国政府提供政策咨询。在预测系统方面，基于QJMA方法的TNDM模型也在20世纪70年代诞生并扩展应用②。这些都属于计算社会科学的早期探索。2009年，拉泽尔等人第一次正式提出了计算社会科学的概念，概括了计算社会科学的出现及其发展，强调了网络科学研究在其中所扮演的角色和数字化媒体所提供的机遇。此后，有关计算社会科学的研究得到了学术界广泛关注，并且产生了大量的研究成果。

早在拉泽尔之前，关于科学发展进入全新阶段的讨论即已初显端倪。著名学者、1998年图灵奖得主、关系数据库的鼻祖Jim Gray早在2006年就发表了

---

① King Gary, "Restructuring the Social Sciences: Reflections from Harvard's Institution for Quantitative Social Science", *Political Science & Politics*, 2013, No. 1.
② 吴江、张小劲：《大数据国际政治研究的回顾与展望》，载《华中师范大学学报（人文社会科学版）》，2016年第7期。

题为《第四范式：数据密集型科学发现》的公开演讲。Gary 认为，人类科学发展先后经历了四种"范式"：早起科学以记录和描述自然现象为主，可称为"实验科学"即第一范式，其典型案例如钻木取火；文艺复兴以来，科学家们开始利用模型归纳总结过去记录的现象，发展出"理论科学"即第二范式，其典型案例如牛顿三定律、相对论等；过去数十年间，计算机的出现，催生了"计算科学"即第三范式，可以对复杂现象进行模拟仿真，推演出越来越多复杂的现象，其典型案例如模拟核试验；而大数据时代科学的发展趋势是随着数据量的高速增长，计算机将不仅仅能做模拟仿真，还能对海量数据进行分析总结，进而发现规律，称为所谓的"数据密集型科学"即第四范式。Gary 关于第四范式的论说给世人留下了极其深刻的启发，事实表明大数据、人工智能等技术革新无一不印证了 Gary 的预言。

由英国 eScience 计划前首席科学家 Tony Hey 等人编著的《第四种范式》一书于 2009 年正式出版。在 Gary 首倡的"第四种范式"框架下，此书进一步论述了数据驱动型科学研究的发展动态，系统介绍了地球与环境科学、生命与健康科学、数字信息基础设施和数字化学术信息交流等方面基于海量数据的科研活动、过程、方法和基础设施，生动揭示了在海量数据和无处不在网络上发展起来的与实验科学、理论推演、计算机仿真这三种科研范式相辅相成的科学研究第四范式——数据密集型科学；强调在未来的科学研究和技术应用方面，要更多地利用数据，要在科研领域发展并推广数据采集、数据存储、数据传输、云计算、数据可视化、科研信息搜索等方面的技术；要促进数据和科研成果的分享和更加广泛的使用，因此，要促进研究者之间的新型合作，这将是一种大规模的、跨学科的、高频率的合作。

二、计算社会科学的发展：从分化到跨学科

2009 年拉泽尔等人发表《计算社会科学》，标志着计算社会科学的诞生。计算社会科学是以大数据及其相关技术的应用为背景的。在这里，"大数据"可以从两个层面加以定义。狭义的"大数据"是指体量异常庞大、结构复杂，以至于传统数据处理方法难以应对的数据集。人们通常用"5V"或"6C"来

加以概括。而广义的"大数据"则不仅指海量数据,还包括获取、传输、存储、挖掘、分析和应用海量数据的一系列方法、技术和模式,后者通常被称为"大数据分析学"(Big Data Analytics)。

2012 年,由来自意大利国家科研委员会的 R. Conte 领衔,来自欧美国家的 14 位学者又在《欧洲物理学刊——专刊》(第 1 期)发表了《计算社会科学宣言》。这篇《宣言》从时代机遇、技术发展、方法创新、当下挑战和预期影响等五个方面全景式地说明了计算社会科学发展现状及其未来的前景。《宣言》强调,当下时代社会科学将经历一个巨大的范式转变。与实验方法相结合的计算方法,将使社会科学更接近于建立理论、经验事实和研究之间的良好连接。同时,计算社会科学的影响还将更加广泛,其提供的新方法会适用于任何以大数据为资料的研究,因此,计算社会科学可以通过大数据分析模拟研究改善管理,增进政策决策与评估的科学性,从而推动经济的增长。还将在有关社会项目中发挥主导作用,因为计算社会科学可以对全球范围内的社会进程进行建模和模拟,进而充分理解与今日世界相关联的、极其复杂的远距离间的相互关系,并用于支持政策制定者的决策,使他们可以有效识别社会发展的最佳路径。最后,计算社会科学的开放性还将极大地提高公民在这一决策过程中的参与程度。这些发展将会开启一个更安全、更可持续和更公平的全球社会。概言之,从 Gary 的《第四范式》,经由 Lazer 等人的《计算社会科学》,再到 Conte 等人的《计算社会科学宣言》,这些研究成果对计算社会科学给出了高屋建瓴般的论说。

与这些全景式的论证相媲美的是,有关社会科学分支学科的"计算化"进路的探索早在 20 世纪已开启,并为计算社会科学的构建奠定了领域基础。在对于计算机技术有着特殊敏感性的经济学领域,早在 1996 年就出版了《计算经济学手册》,对应用计算机技术开展经济学研究进行了集中评价。2006 年和 2014 年,《计算经济学手册》又先后推出了第二卷和第三卷,持续跟踪计算经济学的前沿发展动态。而 1988 年创刊的《经济管理中的计算机科学》在 2000 年后正式改名为《计算经济学》,涉及宏观经济学、微观经济学、决策理论、预测理论等方面的发展状况。在政治学领域,尽管尚未有"计算政治学"的统一用语,但政治学量化研究在竞选、议会政治、政治传播等领域较早引入机器学习、非结构化数据挖掘和大规模社会实验等研究方法。例如,奥地利人工智能研究所所长 Trappl 领衔于 2005 年出版了《为和平编码:国际争端解决与干预的计算机辅助方法》,从统计建模技术介绍了计算社会科学方法在基于案例之上的辅助决策、冲突预测、打击犯罪、危机预警等方面的应用。在社会学领域,长期从事社会模拟的 Michael W. Macy 于 2002 年发表《从要素到行动者:计算社会学与行为者模型化》,首次提出"计算社会学"概念。[1] 计算社会学是广泛应用计算机技术研究、认知和理解社会现象的社会学分支,包括计算机模拟、人工智能、复杂统计方法、社会网络分析技术等在内的多种手段和工具,通过对多样化社会互动的基础建模方式而提出并检验了关于复杂社会进程的多种理论发现。

此外,计算社会科学还广泛应用于更多的跨学科研究,包括"计算新闻学""计算语言学""计算犯罪学""计量分类学"以及"计算创新"等范畴,均有极其重要的研究进展。同样,在人文学科领域,包括"计算史学""计算法学"等分支学科,长期的研究积累加之以现代计算技术的辅助,也产出了大量令人瞩目的研究成果。2016 年,R. Michael Alvarez 编著的《计算社会科学:发现与预测》全面回顾和概括了计算社会科学的发展状况,发现计算社会科学拥有丰富的工具箱,并广泛应用于社交媒体、抗争运动、议会表决、新型政党组建、政府治理以及社会营销学等领域。

三、计算社会科学的多学科进路:数据驱动与算法驱动

在当前的大数据背景下,计算社会科学更多地是以"大数据 +"的形式出现,因而相应产生了大数据社会学、大数据政治学等学科领域。但在具体的分支学科领域,"计算化"的发展和成熟程度存在着明显的差异,这既与分支学科的历史积累有关,又与学科知识的实际应用偏好有关。然而,值得注意的是,

---

[1] Macy, Michael W., Willer Robert, "From Factors to Actors: Computational Sociology and Agent-Based Modeling", *Annual Review of Sociology*, 2002, No. 28.

作为计算社会科学的分支，它们的知识发展同样受到"双重驱动"的关键影响。一是"数据驱动"，即学科在何种程度上利用了本领域产生的数据；二是"算法驱动"，即学科在何种程度上发展了适合自身需要的算法和模型。就此而论，具体的学科领域之于相关社会生活领域的宽狭大小、相关社会生活领域的"数字化生存"程度高低以及数据生成能力的大小和数据密集程度的高低，作为外部主体的体量会严重限定具体学科受到"数据驱动"的压力大小。而具体的学科领域在其前期发展所积累的量化知识总量、计算能力的高低乃至于与其他计算学科的共享融合水平，作为主体的内生变量会严重影响其"算法驱动"的强度。

大数据经济学则既受益于数据驱动又归功于算法驱动，其主要分支包括大数据宏观经济研究、大数据金融学、大数据经济心理学等。刘涛雄等认为，大数据时代极大地拓宽了信息来源，提高了获取信息的时效性，而新数据的非结构化特征对宏观经济分析的技术和方法提出了新要求①。在大数据语境下，数据噪声会影响数据质量，因而宏观经济数据挖掘变得十分重要，这就要改进数据挖掘技术，加强对非结构化和半结构化数据的挖掘。实时、快速、海量的数据为更加准确的宏观经济预测提供了可能。此外，机器学习与宏观经济分析方法的结合可以有效解决"维数灾难"，提高宏观经济分析的准确性。大数据影响着政府经济政策制定和评估的变革，进而提升政策的时效性和服务效率。刘志洋、汤珂认为，大数据时代信息产生和传递的速度空前加快，如互联网上的大量信息是实时的，移动互联网和物联网使每个人随时随地都可能制造数据，这导致经济模型可以充分利用数据的实时性，提高分析或预测的时效性，为经济预警和政策制定提供最快速的资料和依据②。简言之，大数据带来经济分析的方法论变革，随着信息量的极大拓展和处理信息能力的提高，经济分析可能从样本统计时代走向总体普查时代。此外，复杂经济系统中，充分利用多元要素之间的相关关系对于经济预测、政策制定与评估的作用，为经济分析提供了新机遇。

大数据政治学主要应用大数据分析学和海量数据资源探究新信息时代的政

---

① 刘涛雄、徐晓飞：《互联网搜索行为能帮助我们预测宏观经济吗?》，载《经济研究》，2015年第12期。

② 刘志洋、汤珂：《互联网金融的风险本质与风险管理》，载《探索与争鸣》，2014年第11期。

百年变局与中国政治学的时代化：清华政治学系的探索

治现象。大数据将政治场域从物理空间扩展到虚拟空间，为政府、公民、企业等行为主体创造新的互动空间和模式，重塑各主体间的关系模式①。大数据在政治领域的影响力主要通过两种机制来体现：一方面，大数据作为一种创新制度推动着更开放、更高效和更智能的治理制度②的建设，为政治行为和政策过程创造了新型平台；另一方面，大数据所生产并传播的丰富信息突破了传统政治信息传播和发挥影响的时间和空间限制，信息日益成为政治表达、政治互动、政策决策与制度运行的关键要素，进而推动着治理制度及其现实运作的变化。此外，大数据政治学对数据分析学的依赖取决于政治学研究的方法传统，与政治学量化传统不同，大数据为政治学研究提供了诸如文本、图片、视频等定性研究素材，而数据分析学作为嫁接定性研究和定量研究的桥梁，为定性资料的定量分析、定量分析的定性阐释提供了可行性。大数据方法一定程度上可以穿透政治现象的复杂性和特殊性，为中国政治的研究者带来深刻而丰富的洞见，并为其理论提供更强大的说服力。

计算社会科学是一门数据驱动的、以数据密集化为特征的交叉学科，其研究和应用的范围十分广泛。其发展大致受到四种相互区别的议题的共同作用：一是传统议题与新兴议题。计算社会科学一方面着眼于利用新数据新技术来应对人类世界出现的新问题新挑战；另一方面又致力于以全新方式和全新视角重构和解读社会学研究的经典概念，包括阶层/阶级、社会流动、社会观念等。二是主体性与群体性。计算社会科学的灵活性和适应性有助于从点到面地对人与群体的互动展开研究，既着眼于个人行为属性分析的基础性地位，又强调社会关系、社会网络及群体特征分析的宏观架构。三是外部条件性与内部动力性。计算社会科学一方面强调社会生活中信息规律和制度演变等外部条件的探讨，如由信息内容分布的解析到话题发现和言论传播；另一方面又关注此类外部条件与人类个体心灵之间相互作用、相互影响的关系。四是独立性与交互性：计算社会科学一方面通过对范式和话语体系的重构来为以往社会学研究中

---

① 孟天广、郭凤林：《大数据政治学：新信息时代的政治现象及其路径探析》，载《国外理论动态》，2015年第1期。
② 孟天广、李锋：《网络空间的政治互动：公民诉求与政府回应性——基于全国性网络问政平台的大数据分析》，载《清华大学学报（哲学社会科学版）》，2015年第3期。

的模糊概念"划界",另一方面由强调不同概念及不同概念所代表的社会现实之间的交互性,着重探讨个体的倾向性、可信度和影响力等属性对外界条件的响应模式、传导机理和交互适应性,以及关系网络演变。

相较于传统心理学,大数据心理学具有新的研究对象和研究范式。心理学长期关注心理过程和行为,传统心理学采用大量的行为实验来探究心理现象。大数据时代数据就是行为,即大数据记录的信息实际上就是普遍化的人类行为,而且被数据记录的行为具有自愿化特征,是自然发生的,反映人自觉自愿的行为①。与传统数据相比,大数据的产生并非有意采集或生产,大多是自觉自愿的真实社会实践记录。这与传统实验研究采取现金激励或课程激励等方式招募被试存在重要区别,然而却更接近社会现实。在研究范式方面,心理学强调研究的可重复性、可比较性和标准化,而大数据的行为数据为可复制、可比较地开展研究提供了数据和算法条件。此外,与大数据相关的新兴技术的快速发展与应用(如物联网、云计算、可穿戴设备、人工智能、增强/虚拟现实等)催生了新的管理和商业模式、新兴产业,为社会经济生活注入了新活力,极大地丰富和拓展了大数据在管理科学、法学、传播学、人文学科等领域的创新应用,为学术界、产业界以及政府部门的知识需求和交流带来新模式。

四、大数据时代社会科学研究的范式转换

社会科学的范式发展经历了宏大理论时期、行为主义时期、后行为主义时期和计算社会科学时期。早期的社会科学以宏大理论的提出和对社会现象的结构化—反思化分析为主,其典型代表即是帕森斯的社会结构理论。宏大理论提供丰富视角的同时也因其"理论垄断"性质而引发了学界的不满,以假设—检验为主要研究模式的行为主义范式日渐发展起来。行为主义的壮大得益于知识需求、量化方法和本体论三个因素。在知识需求方面,20世纪上半叶意识形态的分化、阶级和种族冲突、经济政治制度的变革、国际格局的深刻调整,

---

① 喻丰、彭凯平、郑先隽:《大数据背景下的心理学:中国心理学的学科体系重构及特征》,载《科学通报》,2015年第5期。

百年变局与中国政治学的时代化:清华政治学系的探索

引发了社会对社会知识的高度关注,譬如美国为适应冷战需要而对相关研究注入了强大推动力,而同期量化方法和社会科学本体论的发展为社会现象或行为的科学化研究提供了方法论支撑。后行为主义是在行为主义与后现代主义为代表的新理论论争的过程中产生的。它一方面承认行为主义的固有缺陷,另一方面又反对后现代主义等所主张的反科学主义、反客观主义和反叙事主义的态度。后行为主义在学科范式上对行为主义的改良并非是革命性的。

从科学哲学的角度看,计算科学的发展历程向我们呈现了一个科学范式发生转化的生动例证。近年来学界讨论计算社会科学革命的声音不断增加。库恩认为任何科学的发展都要经过一个相同的历程:前科学—常规科学—危机—革命—新的常规科学—新的危机—新的革命,这个过程循环往复不断进行,推动科学不断进步。在常规科学阶段,为科学家共同体所公认并用以指导其研究工作的统摄性理论框架或科学研究视角形成,科学共同体中的科学家运用相同的范式去解决该领域中的科学难题。当常规科学发展到一定时候,科学家会遇到既有范式无法解决的反常问题,使得人们开始对范式失去信心,于是"危机"出现。在这种情况下,为了解决反常问题,有人会提出新的范式。如果新的范式被科学家共同体广泛接受,科学革命便发生。因此,所谓科学革命,就是一种新的科学范式取代原有范式的过程。一般而言,一种新的范式不可能立即取代原有的范式,总要经过或长或短时间的争论乃至斗争。

计算社会科学是建立在社会科学量化分析的本体论和多元化技术积累基础上的。计算社会科学尽管更为强调数据、模型、算法等"计算"维度,但它确实可被视为行为主义与后现代主义为代表的新理论的某种妥协和融合。首先,计算社会科学承认个体或群体层面的人类行为具有某些用行为主义的研究范式难以觉察并加以研究的因素,但其处理方法,则是将此类因素分为潜变量和显变量,尽管有些因素确实是难以直接测量和观察的,但它们可被视为影响行为的潜变量,并因此可以用其作为其外在表征的显变量来呈现和测量。其次,计算社会科学承认人类行为的复杂性,认为抽象模型和变量不足以反映社会现象,但处理方法则是将大量变量纳入分析中,变量的丰富性及变量间的复杂关系无疑超出了任何人类研究者进行纯粹定性研究的研究能力。从这个意义上讲,尽管人们将计算科学与"数据驱动""计算"等概念联系在一起,但是计算社会科学的学科范式确实是各种范式相互竞争、相互启发、相互融合的结果。物质生产形态的变化、科学技术条件的进步及知识创新范式的转换是社会科学范式转换的重要成因。因为上述三者既影响人类社会的组织和生活方式,更影响解释或理解人类社会的基本假设和研究范式[①]。计算社会科学是社会科学定性—定量传统、相关—因果传统、社会科学与自然科学竞争与融合的产物,而技术进步、学科间融合、新数据分析技术的应用、新的商业和组织环境正在加速推动这种范式转换。现有研究逐步表明,计算社会科学会引发社会科学的一场革命,即社会科学的计算路径有潜力为社会科学共同体接受,从而成为一种在社会科学研究中有竞争力的研究范式。

社会科学的发展史已经证明,一门新兴学科的兴起是多种条件共同作用的结果。具体到计算社会科学而言,实际就是社会科学知识、现实经济社会发展需要、数据收集及分析技术、网络与计算基础设施、算法模型等方面发展共同促成的产物。计算社会科学的发展史已经显示,不同要素之间不仅具有外在联系,而且也具有内在联系,往往一种要素并不会"等待"其他要素的改变以形成新学科,而是会主动促成其他要素的改变。计算社会科学使用海量数据为基础,服务于日益兴盛的社会经济需求,而与海量数据分析相应的并行计算、多元算法和硬件条件几乎是在很短的时间内完成整合的。近两年来,计算社会科学的发展逐步使新学科的形成成为现实,这种学科创新将体现为围绕着数据驱动和算法驱动采取不同融合方式而形成的一系列"问题解决性、应用导向"研究领域。当然,大数据时代,熟悉计算技术的社会科学家能够以前所未有的工具和手段借助自然科学的"实验—理论—验证"的范式研究社会现象,这是社会科学当代发展的必然。然而,个体行动者的个体差异、相互交往和网络关系的异常复杂且日益加剧,数据获取和处理的困难,以及研究对象的数据隐私及其伦理接点,加上计算思维在社会科学研究中的应用还处在初始起步阶段,观念的滞后、理论的零散、方向的模糊、多学科背景的综合人才极度缺乏、原有学科框架的知识制约,也会成为计算社会科学发展的障碍。因此,计算社会科学的发展仍需要有更多志同道合者的共同努力。

---

① 李强:《大数据社会科学》,载《清华大学学报(哲学社会科学版)》,2015年第3期。

计算社会科学与研究范式之争：理论的终结？

苏毓淞　刘江锐

一、前言

大数据的涌现掀起了各个学科迭进式的波动；大数据分析倚重的计算机科学渗入了其他学科，形成一个协同发展的趋势。相较于生物和物理等其他学科领域，大数据驱动的社会科学则要出现得晚一些。[①] 2009 年，以大卫·拉泽尔（David Lazer）为首的十五位学者联合署名在著名期刊《科学》（Science）上发表了题为《计算社会科学》（Computational Social Science）的文章[②]，标志着"计算社会科学"这一新型交叉学科的诞生。文章最重要的观点就是：人类各样的行为在电子化时代都留下了记录，这些数据中蕴含的关于个人和群体行为的规律足以改变我们对个人生活、组织机构乃至整个社会的认知。随着计算能力的发展到足以应对传统定量社会科学研究难以分析的大量人类社会数据，计算社会科学应运而生。

自《计算社会科学》以来，越来越多的科学家进入社会科学领域，关于社会网络分析和大数据的文章在顶级科学期刊和计算机科学会议中纷纷崭露头

[①] Javier Borge-Holthoefer, Yamir Moreno and Taha Yasseri, "Editorial: At the Crossroads: Lessons and Challenges in Computational Social Science", *Frontiers in Physics*, 2016, Vol. 4.

[②] David Lazer (et al.), "Computational Social Science", *Science*, 2009, Vol. 323, No. 5915, pp. 721 – 723.

角,各项科研经费也开始向大数据研究领域倾斜。国内外顶级学术机构也纷纷通过支持计算社会科学发展的方式呈现这一学术前沿现象。①

然而,从学科发展的历史来看,大数据的涌现仅仅是重启了计算社会科学,而非创造了新的学科。早于2009年就有学者提出"计算社会科学"一词,基于数据进行推论的计算社会科学研究,也不是21世纪才有的新现象。②直至近十年计算能力的大幅跨越和数据的大量出现成为一个现象级的领域后,拉泽尔等人相当于乘势重启并重新定义了计算社会科学③:对来自数字环境数据的计算分析,界定了人类一直在努力用计算和数据理解社会行为的新阶段。因此,我们现在熟知的计算社会科学概念是对计算社会科学的大数据解释,它意旨我们可以获得足够的大数据以直接还原复杂的社会运行规律。

大数据重新定义的计算社会科学对社会科学最显著的影响是引发了社会科学研究方法范式之争。争辩主要围绕着究竟社会科学研究应该固守理论指导研究范式,还是应该转向数据驱动研究范式?本文将从三个面向递进式说明我们的主张,两个范式的关系并非互斥而是互补:首先,说明大数据重启计算社会科学的过程中,计算机科学和社会科学两个学科融合产生的影响;其次,在这次学科融合中,计算机科学的导入如何引发社会科学研究范式之争;最后,在沿袭既往两组研究范式对话的背景下,计算社会科学的发展如何提高了数据驱动和理论指导产生交集的可能性。

---

① 国外如斯坦福大学、康奈尔大学、哈佛大学、芝加哥大学、杜克大学、西北大学等高校都成立了计算社会科学相关学术机构;美国计算社会科学学会(Computational Social Science Society of the Americas)年会制度自2011年起持续至今,致力于推动更好的计算社会科学研究,截至2020年,年度计算社会科学国际会议(Annual International Conference on Computational Social Science)已经举办6届。国内如清华大学(计算社会科学平台)、北京大学(计算社会科学研究中心)等少数高校成立了相关研究机构。

② 例如,托马斯·谢林(Thomas Schelling)1978年的著作《微观动机与宏观行为》利用博弈论推演现实中的各种博弈可能性,即是基于计算数据的方式检验研究假设,详见韩军徽、李正风:《计算社会科学的方法论挑战》,载《自然辩证法研究》,2018年第4期,第14—19页;之后的社会科学研究还出现了基于主体建模(Agent-Based Model)或复杂社会系统的模拟,关注一系列规则集的组合和作用是否足以生成现实世界,详见黄璜:《社会科学研究中"基于主体建模"方法评述》,载《国外社会科学》,2010年第5期,第40—47页。

③ 拉泽尔等人重新定义当代计算社会科学分析为使用较少的模拟方法,即便模拟依然是计算社会科学重要的分析工具,参见Rosaria Conte and Mario Paolucci, "On Agent-Based Modeling and Computational Social Science", *Frontiers in Psychology*, 2014, Vol. 5, p. 668.

百年变局与中国政治学的时代化：清华政治学系的探索

二、计算社会科学与研究范式之争：重启与融合

计算社会科学这一提法本身可能造成学科理解上的误会。从字面上来看，既可以理解为"计算式"社会科学，强调以定量算法为研究方法的社会科学研究，也可以理解为计算机科学与社会科学的集合。无论何者，它都揭示了一个需要学科交叉实现知识积累的领域。而计算社会科学概念背后的学科交融性就直接地体现了数据驱动和理论驱动研究范式的碰撞。我们似乎可以容易理解计算机科学在科学分析上的工具性价值，有数据则大有可为。然而，社会科学尽管长期努力通过"假设—验证—结论"的基本程序（基于理论提供的假设是其出发点）来证明自己的"科学性"，鉴于社会科学长期以来以有限的工具应对研究对象的复杂性①，解释力或多或少被质疑、被争议是社会科学发展历史中绝不新鲜的命题。因此，有必要认知到社会科学在大数据所带来的计算社会科学背景下接近"硬科学"的可能性。②

学界既有的一些相关概念可以帮助我们更好地理解计算社会科学。③ 比如社会计算（social computing）④，这个相近的概念有三个向度的内涵：第一，计算可以促进对社会世界的理解，人们的线上和线下行为留下的数字痕迹可以被收集用以分析，甚至发现有意义的模型；第二，社会本身就是在自我计算中演化，计算也可以作为呈现着的社会中各种互动的逻辑的一种比喻；第三，社会和计算是相互统一、相互促进的，用基于社会的方法和理念指导计算，也可以用计算的方法去理解社会。社会计算基于社会系统本身的复杂特质。它假定复杂社会系统有一系列自组织行为、演进、自己计算方案和自适应系统过程，有

---

① David Lazer, "Social Science, Today", *Science*, 2018, Vol. 359, No. 6371, p. 42.
② Andrew Bartlett (et al.), "The Locus of Legitimate Interpretation in Big Data Sciences: Lessons for Computational Social Science from-omic Biology and High-Energy Physics", *Big Data and Society*, 2018, Vol. 5, No. 1, pp. 1–15.
③ 丁波涛：《计算社会科学相关概念的比较与辨析》，载《情报资料工作》，2018 年第 6 期，第 60—67 页。
④ 孟小峰、李勇、祝建华：《社会计算：大数据时代的机遇与挑战》，载《计算机研究与发展》，2013 年第 12 期，第 2483—2491 页。

多种紧密耦合于一起的组成部分,有很多可以计算的现象,比如集体理解(理念)和行动。所有的社会行动都关乎复杂计算(比如动物的集群行动,人在社会网络中的活动和选择、更新对彼此的评价,都是一系列过程中计算的结果)。通过深度的计算机学习可以观察出社会中各类计算过程的模型,观察到更复杂的网络,发现创造性(抑或是颠覆性)的科学内容,探索未知领域的"邻近可能性(Adjacent Possible)"[1],推动创新。类似地,计算社会科学是用计算机生成一些没有计算机便不能接触到的数据、模式并检验一些假设,它也会用到社会计算使用的工具[2],以技术更好地理解社会,它蕴涵着基于计算能力对研究设计、方法和理论标准的改变。

然而,虽然大量学术文章和机构开始出现,很少有研究关注到激励计算社会科学发展的"大"问题——比如金融系统的系统性风险、如何分析复杂组织、传染病和社会运动等的动态。这些都是社会科学本身关心的对理解世界和促进世界发展有极大裨益但是社会科学表现并不十分好的重要议题。邓肯·沃茨(Duncan Watts)指出,解决复杂社会问题的分析往往需要互补应用多种研究路径——统计模型和模拟、社会和经济理论、实验室实验、调查、民族志田野调查、历史和档案分析,以及实践经验——而现实是,任何一个研究人员对这其中很多路径都难以全面熟悉。[3]

社会科学对人类社会发展的贡献之所以不像自然科学这么明显和高效,与社会科学本身的特质有很大关系。社会科学所面临的理论问题的复杂性,获取相关观测数据的困难,以及实验性地操纵大型社会组织的难点,使得社会科学研究的进展相对于物理、工程和生物科学等学科来说进展缓慢。社会科学关心的社会现象更多地意指个人在群体、团体、组织、市场、阶级甚至整个社会中活动的集合,这所有要素通过信息和网络彼此互动并随着时间而变化。比如公司稳定的属性和文化不会因为某个特定的员工的变化而改变。但是,即使各种

---

[1] Steven Johnson, "The Genius of the Tinkerer", *The Wall Street Journal*, 2010, September 25.
[2] Winter Mason, Jennifer W. Vaughan and Hanna Wallach, "Computational Social Science and Social Computing", *Machine Learning*, 2014, Vol. 95, No. 3, pp. 257–260.
[3] Duncan Watts, "Computational Social Science: Exciting Progress and Future Challenges", *The Bridge on Frontiers of Engineering*, 2013, Vol. 43, No. 4, p. 6.

百年变局与中国政治学的时代化：清华政治学系的探索

成员和背景一直保持一致，股市或者政治制度也可能会在一瞬间意外崩溃。再比如，一个政府的决定可能主要取决于少数政治精英的个人利益，而在其他情况下，这些少数精英的行为可能受到他们所属政治文化的强烈约束。而且，在许多社会科学家所关心的问题中，个人、公司、政府、社会团体等的行动都可能起重要作用。这些不同类型的参与者不仅有不同的规模（企业由个人组成，市场由企业和个人组成），而且还可能以重要的方式相互作用，所以这类问题需要同时考虑跨多个规模的事件、参与者和动力。并且，很多情况下要收集数亿甚至数万人的观测数据去了解各种动态模式和特征也很困难。再者，由于仅从观察数据很难推断因果机制，进而还需要进行实验研究。但是实验设计也会遭遇各种困难。例如，要观测一个具有特定结构的组织的表现的这类实验设计显然不可能在物理实验室中实现。① 也就是说，社会现实中很多现象的因果分配是很困难的一件事，甚至长期以来整个社会科学的知识积累都是为实现更好地识别因果机制的缓慢发展过程。鉴于社会现象不可避免地具有多尺度性、复杂性和突发性，诸多理论难以充分解释现实的社会行为和变化也就不足为奇。

幸运的是，社会数据革命和计算能力的发展的汇合及时地给社会科学更加接近"硬科学"提供了机遇。② 数据的爆炸式增长及其对学者们驾驭数据的能力的要求不是以社会科学学者的意志为转移的。过去几十年的计算革命不仅极大地提高了计算机本身的效率，而且大大提高了现在可以分析的社会数据的规模和范围，塑造着一个促进社会科学更加计算化的领域，进而有可能彻底改变传统的社会科学③，让社会科学发挥出"硬科学"级别的作用。然而，事在人为，我们可以想象，在大数据和计算能力带动社会科学的背景下，一些计算机科学家从事社会科学相关研究并不一定出于"应该做"的冲动，能够处理关于人类行为的大数据并不一定意味着对于社会科学的研究问题有洞察力和问题意识，而仅仅是出于他们计算能力。社会科学家依然要扮演重要的角色，计算

---

① Duncan Watts, "Computational Social Science: Exciting Progress and Future Challenges", *The Bridge on Frontiers of Engineering*, 2013, Vol. 43, No. 4, p. 6.

② Rosaria Conte (et al.), "Manifesto of Computational Social Science", *European Physical Journal-Special Topics*, 2012, Vol. 214, No. 1, pp. 325–346.

③ Sebastian Benthall, "Philosophy of Computational Social Science", *Cosmos and History: The Journal of Natural and Social Philosophy*, 2016, Vol. 12, No. 2, pp. 13–30.

科学家和社会科学家之间应该而且会因为研究需要不得不加强联系。①

在计算社会科学这个概念中,"社会科学"这个词强调的就是把社会科学的理论带入计算过程(从数据挖掘到构建模型等)中,理论指导计算,计算证实、证伪或启发理论。② 如果研究对象是人们日常生活中的真实数据,在社会科学家对各种社会科学议题的理论积淀和了解深度之外,学者还必须考虑到隐私、公平性、责任性、透明度、偏见、包容性等,计算机科学家不一定像社会科学家接受过更多相关的学术训练。以经济学、社会学、政治学等元科学为大类的社会科学经历了多年的发展,已逐渐演进到学科之间互相促进、合作共赢的阶段,学科的划分使得知识专业化,而知识的真正增长需要对现实世界的日益精准的认知及反思,当学者有意识用复杂的、综合的、跨领域的视角看待现实世界时,才能尽可能立体地看到世界的多面性。所以,计算社会科学的发展不仅需要一个社群让社会科学家与计算机科学家对话,也要使社会科学相互之间对话,既要打破外部的阻碍,也要破除内部的阻碍,互相协助推动科学研究深化。③

三、计算社会科学的价值

计算社会科学由大数据和丰富算法共同驱动而出现、发展④,并基于二者呈现其价值,包含着对复杂的、典型的、大规模的(有时是模拟的)人类行为数据的计算方法的开发和应用。它在科学研究发展脉络中的前身包括对空间数据的研究,社会网络,以及对文本和图像的编码。传统的定性或定量社会科学关注的是一个个的案例和一列列的变量,通常假设观察对象之间的独立性,

---

① Jim Giles, "Computational Social Science: Making the Links", *Nature*, 2012, No. 7412, pp. 448–450.
② 罗家德、刘济帆、杨鲲昊、傅晓明:《论社会学理论导引的大数据研究——人数据、理论与预测模型的三角对话》,载《社会学研究》,2018年第5期,第117—138、244—245页。
③ 韩军徽、李正风:《计算社会科学:涵义、特点与前景——对美国计算社会科学专家的访谈》,载《科学学研究》,2018年第10期,第1729—1736、1743页。
④ 张小劲、孟天广:《论计算社会科学的缘起、发展与创新范式》,载《理论探索》,2017年第6期,第33—38页。

百年变局与中国政治学的时代化：清华政治学系的探索

而计算社会科学的分析对象则包括语言、位置和运动、网络、图像和视频，应用统计模型捕捉数据中的各种依赖关系。①

分析大数据，比如针对线上行为的分析，就需要对相关行为的数据化。而人工智能（artificial intelligence）的发展为学术研究提供着日益升级的算法、模型等科学分析工具包，意味着可以使用自然语言处理（NLP）、机器学习（machine learning）、机器视觉（machine vision）、信号分析（signal processing）等人工智能方式，实现对网络、文本、图片、音频、视频、社会行为轨迹等海量资料的数据化生成、结构化处理和计算。在社会分析中涉及高维度建模（high dimensional modeling）时，需要对数据降维，从而就需要用到诸如深度学习（deep learning）、LASSO、随机森林（random forest）、集成学习（ensemble learning）等模型或算法方案，使数据编码工作更便捷②，使大量的离散数据可以更高效地被分析。比如运用机器学习对《人民日报》1951年至2018年的文本（社会科学中有大量类似的非结构化文本数据）分析预测中国的政策变化③，还有根据多年大量新闻文本分析《新闻联播》的宣传模式④，这些是人类自身的阅读能力无法在短期可以完成的工作。高性能计算还意味着，可以使用并行计算方式（parallel high performance computing）和云存储解决方案（cloud-based storage solutions），开展大规模的模拟和网络分析，这可能会改变科学思考的方式，推进"贝叶斯革命（Bayesian revolution）"，甚至颠覆既有理论以为对的解释。

作为计算社会科学要素的大数据，像所有数据都会受到的质疑一样：（大）数据可靠吗？⑤ 不可否认，数据不可能完全可靠，人们对数据大小的衡

---

① David Lazer（et al.），"Computational Social Science: Obstacles and Opportunities"，2020，*Science*，Vol. 369，No. 6507，pp. 1060–1062.

② Nan-Chen Chen（et al.），"Using Machine Learning to Support Qualitative Coding in Social Science: Shifting the Focus to Ambiguity"，*ACM Transactions on Interactive Intelligent Systems*，2018，Vol. 8，No. 2，pp. 1–20.

③ Weifeng Zhong and Julian TszKin Chan，"Reading China: Predicting Policy Change with Machine Learning"，*AEI Economics Working Paper Series*，2018.

④ 邵梓捷、张小劲、孟天广：《政治传播视角下〈新闻联播〉的宣传模式分析》，载《清华大学学报》（哲学社会科学版），2015年第3期，第30—42页。

⑤ Dhavan V. Shah，Joseph N. Cappella and W. Russell Neuman，"Big Data, Digital Media, and Computational Social Science: Possibilities and Perils"，*The ANNALS of the American Academy of Political and Social Science*，2015，Vol. 659，No. 1，pp. 6–13.

量标准也会变化。新获得的大数据可能证伪之前一些数据证明的结论,在未来可能有更全面的数据推翻之前大数据提供的结论。但是如果选择相信数据不会说谎,就是选择相信数据在一定情况下的实证价值,这对大数据而言亦如是。有时候大数据提供的解释并不有效,比如可能依然在一些情况下要处理数据的代表性等一系列问题。① 因此使用大数据意味着同时要使用匹配的使用说明。当关心罕见但有很大影响力的议题时,比如病毒事件引发集体行动、社会网络中意见的传播、新颖的行为和表达方式如何在系统中得到扩大,小数据相当于没有数据,比如在社交媒体和手机上的数据便是如此,仅仅少部分或者一个人的数据对于分析重要的社会现象没有帮助。

进一步而言,计算社会科学带来哪些实质性转变?

计算社会科学会改变学者们把收集和分析数据看成两个分离过程的思维定式。学者可能告别在总体中选取部分的随机抽样等方式收集数据的过程,可以接触到其他被传统抽样方式忽略的部分。大数据本身就是机会,而这种机会是因为数据本身有了新特点——"所见即所得",亦即马修·萨尔加尼克(Matthew Salganik)所谓之"发现的数据(found data)"和"设计的数据(design data)"之间的区别②。社会科学家一般习惯于使用为研究目的通过抽样等方式而收集的数据,即"设计的数据"。"发现的数据",即大数据常常是各种自然的社会活动呈现的数据。计算社会科学中的研究更多使用"发现的数据"或者不是最初为研究目的而创建的数据来完成。一些研究使用推特(Twitter)、微博和微信③等社交媒体来源的面板数据的方式在挑战调查研究中已经确立的概率抽样方法④,后者在过去几十年里一直占据着主导地位,而新的方法有可能在开创调查研究方法的新时代。比如,有研究通过分析数百万册亚马逊图书

---

① 唐文方:《大数据与小数据:社会科学研究方法的探讨》,载《中山大学学报(社会科学版)》,2015年第6期,第141—146页。

② Matthew J. Salganik, *Bit by Bit: Social Research in the Digital Age*, Princeton: Princeton University Press, 2017, pp. 116 – 118.

③ 孟天广、郑思尧:《信息、传播与影响:网络治理中的政府新媒体——结合大数据与小数据分析的探索》,载《公共行政评论》,2017年第1期,第29—52、205—206页。

④ Rodrigo Zamith and Seth C. Lewis, "Content Analysis and the Algorithmic Coder: What Computational Social Science Means for Traditional Modes of Media Analysis", *The ANNALS of the American Academy of Political and Social Science*, 2015, Vol. 659, No. 1, pp. 307 – 318.

的消费者购买记录这类人类自发活动产生的"发现的数据",分析购买不同学科书籍与不同政治意识形态倾向(保守或自由)之间的联系。研究发现自由倾向的人偏好基础科学的图书,而保守倾向的人更偏好应用科学的图书等类型化特征。[1] 计算社会科学的新颖之处就在于,它蕴含着由世界的根本变化所驱动的从模拟世界到数字世界的根本性转变。

它还可能改变学者一般认为实验设计是算法设计的观念。在实验设计中,研究可能不再受时空限制,可以获得优化后的样本,从而在方法论上升级人类认知世界的方式。比如可以利用网络来创建"虚拟实验室",用于搭建宏观社会科学实验的受控环境,将心理学实验室中已经建立的行为实验模型,放到网上并进行放大。以往类似研究依赖于志愿者,但该领域一个重要发展是利用众包网站(亚马逊的 Mechanical Turk)招募被试者,这与行为科学中从大学生群体中招募被试者的长期传统类似。众包虚拟实验室的重要进展是解决了同步性问题,确保 N 个实验对象同时到达并在实验期间保持参与,从而实现了网络化实验设计。另一个优点是,设计、启动和执行实验的时间比历史上可行的时间短得多,而且成本更低。最后,通过缩小假设检验周期(分析一组实验结果和运行下一组实验之间的延迟),从数年或数月到数天甚至数小时,众包虚拟实验室实验可以极大地扩展可研究条件的范围。[2] 这种情况下,实验室实验和实地实验之间的界限就变得模糊起来。[3]

理论在分析过程中的角色被弱化。在小数据时代,学者们常常通过花很多人力、物力、财力做调查、焦点小组等形式获取小数据[4],而常用的定量方法通过检验由各种各样假设支撑的各种理论来最大化基于小数据对现实的洞察力和解释力。换句话说,在模型使用方面,在分析小数据时就需要强模型

---

[1] Feng Shi (et al.), "Millions of Online Book Co-Purchases Reveal Partisan Differences in the Consumption of Science", *Nature Human Behaviour*, 2017, Vol. 1, No. 4, pp. 1–9.

[2] Christoph Bartneck (et al.), "Comparing the Similarity of Responses Received from Studies in Amazon's Mechanical Turk to Studies Conducted Online and with Direct Recruitment", *PLOS ONE*, 2015, Vol. 10, No. 4, pp. 1–23.

[3] Ray M. Chang, Robert J. Kauffman and Young Ok Kwon, "Understanding the Paradigm Shift to Computational Social Science in the Presence of Big Data", *Decision Support Systems*, 2014, Vol. 63, pp. 67–80.

[4] 唐文方:《大数据与小数据:社会科学研究方法的探讨》,载《中山大学学报(社会科学版)》,2015 年第 6 期,第 141—146 页。

（strong model）用以保证分析的合理性，即需要有很多假设的模型来保证所获的小数据可以提供理论性很强的解释。然而，在计算社会科学背景下，大数据是学者们的关键分析对象，学者们往往通过减少假设、削弱理论、直接增加新解释或者新理论来追求最贴近现实、最广泛的研究发现，① 也可以基于大数据归纳出扎根理论，在一组数据中发现一些模式并用之检验其他数据中的模式。② 也就是说，大数据鼓励使用弱模型（weak model），它客观上提供了更广的模型选择空间，更重要的是，给出更多关于相关性的启示，从而更好为预测提供支持。从让研究思考得更广泛、去发掘分析社会行为方式更多的可能性的角度而言，固定的、预先设定的假设在小数据时代有很强的意义，但在大数据面前就没有意义了。③

在学术分析遵循的推论原则上，以往推论时往往遵循"必要非充分条件"，人们采取干预的方式来发现因果机制，解释某些因素很重要或者就是原因，这种方式带来的解释往往是局部的，或者至少其解释范围的扩大很有难度。社会科学为证明其科学性，尤其重视解释中的因果推断。④ 但实际上，对因果机制的追求也会造成一些混乱情况。如果想解释所有情况，不可能依赖一个机制。每一个动态、动力和过程都可能改变所有情况。例如关于集体行动动因的两种解释路径存在的冲突：有学者假设观察同伴行为的顺序不会改变他们从每个同伴推断而来的信息。⑤ 另有学者非常明确地假设顺序是至关重要的：关键参与者 i 从前一个参与者 j 采取行

---

① Monica Lee and John L. Martin, "Surfeit and Surface", *Big Data and Society*, 2015, Vol. 2, No. 2, pp. 1 – 3.

② Timothy R. Hannigan (et al.), "Topic Modeling in Management Research: Rendering New Theory from Textual Data", *Academy of Management Annals*, 2019, Vol. 13, No. 2, pp. 586 – 632; Laura K. Nelson, "Computational Grounded Theory: A Methodological Framework", *Sociological Methods and Research*, 2020, Vol. 49, No. 1, pp. 3 – 42.

③ Donghyun Kang and James Evans, "Against Method: Exploding the Boundary between Qualitative and Quantitative Studies of Science", *Quantitative Science Studies*, 2020, Vol. 1, No. 3, pp. 930 – 944.

④ 孟天广：《政治科学视角下的大数据方法与因果推论》，载《政治学研究》，2018 年第 3 期，第 29—38 页。

⑤ Mark Granovetter, "Threshold Models of Collective Behavior", *American Journal of Sociology*, 1978, Vol. 83, No. 1, pp. 1420.

百年变局与中国政治学的时代化：清华政治学系的探索

为 X 推断出的信息取决于是否有第三个参与者 k 已经采取了相同的行为。[①] 两种解释似乎都适用于解释人的行为，但这却造成混乱的标准，不是一个等式，而是两个相互竞争的等式共存。现在则转变为"充分非必要条件"原则，这一新标准鼓励学者用数据建模来解释更广程度的现象。如果关心"充分"程度和更广泛地解释社会现象，新的转变会是从发掘因果机制到发现、预测。在因果推断中，常用一些变量解释另一些变量，现在转变为发掘更直观的相关性。如果只关心因果推断，实际只关心如何最小化模型中的偏差，如果关心预测，则是平衡地去减小误差和方差。既然可以基于大数据进行"充分"解释，那就有了从"必要"的角度进入被分析对象中发掘因果机制的更大空间。一些政治和公共政策分析已经基于"充分"的大数据在选举舞弊、民意调查、政府回应性和治理能力等方面开展有益探索。[②] 因此，计算社会科学对相关性的探寻时绝不是要逃避对因果机制的追求，既有的因果分析路径是基于人们可以获得的模型认知和解释世界，应该跳出思维定式，放下对大数据的戒备心态，积极利用大数据去探索未知的情况，去发现一些对发掘因果机制有价值的理论假设。换句话说，通过大数据挖掘相关性，不是忽略因果推断，而是不断推进发掘因果机制的可能。

缘于新兴大数据提供的机遇且基于数据驱动的研究范式，计算社会科学正在引发数据观念、研究设计、模型选择和推论原则等方面的实质性影响，然而，从知识积累的角度而言，我们期待一个具有合成（synthetic）特征的计算社会科学。从如今流行的计算社会科学概念来说，它是方才 10 余年的新兴领域，更是一种追求更加直接地认知客观社会世界的理念，它允许包含既可以相互竞争的又可以相互结合的解释来帮助人类理解复杂的世界。如果需要充分地解释现象，则

[①] Sushil Bikhchandani, David Hirshleifer and Ivo Welch, "A Theory of Fads, Fashion, Custom, and Cultural Change as Informational Cascades", *Journal of Political Economy*, 1992, Vol. 100, No. 5, pp. 992 – 1026.

[②] 孟天广、张小劲：《大数据驱动与政府治理能力提升——理论框架与模式创新》，载《北京航空航天大学学报（社会科学版）》，2018 年第 1 期，第 18—25 页；孟天广、李锋：《网络空间的政治互动：公民诉求与政府回应性——基于全国性网络问政平台的大数据分析》，载《清华大学学报（哲学社会科学版）》，2015 年第 3 期，第 17—29 页；R. Michael Alvarez, *Computational Social Science: Discovery and Prediction*, New York: Cambridge University Press, 2016.

必须要问一些符合世界复杂程度的问题，并组合不同的解释形成解释的数据库。对于大数据的研究越来越和政策、商业、服务等相关，越和"充分"度有关，它在慢慢调整社会科学标准，扩大社会科学理论发展空间，以促成更好的社会科学。更新的社会科学研究设计要纳入多学科思维和方法，而好的计算社会科学不能只是人类社会行为数据和计算机科学的融合[1]，而一定是社会科学和计算机科学的融合[2]，如此计算社会科学才能发挥它的价值。在计算社会科学时代，当思考社会科学问题，解释和预测可能同样重要，这意味着也要探索新的计算机技术如何挖掘因果机制，而不仅是预测。目前，传统上更容易进行数据挖掘和预测性分析的人工智能技术也被学者用以更好地进行因果推断。[3] 总之，如托马斯·库恩（Thomas Kuhn）所谓之科学革命中的范式转移是一个多阶段的甚至是反复的过程[4]，所有的转变都是过程，计算社会科学正持续带来社会科学解释和预测能力的阶段性转变，它最终会带来多大深度和广度的巨变值得期待。

四、走出研究范式之争

大数据的涌现带来了计算社会科学的发展以及相关新的研究方法融入社会科学研究之中，带来研究范式的变革，这是冲击也是重启。此次学科融合带来的以数据驱动为主的研究范式，似乎给社会科学以理论指导为主的研究范式敲响丧钟。数据驱动和理论驱动在定量研究中总是存在一定的张力，计算社会科学下大数据甚至会将这种张力扩大化，因为大数据不可避免地被怀疑只是数量级别大，而数据质量并不高，单纯通过对文本、图像、视频数据的分析无法探讨重要的时空变量、人口学变量、制度环境变量等之间的因果关系，最终甚至

---

[1] Claudio Cioffi-Revilla, "Bigger Computational Social Science: Data, Theories, Models, and Simulations-Not Just Big Data", *SSRN*, 2016.

[2] Hanna Wallach, "Computational Social Science ≠ Computer Science + Social Data", *Communications of the ACM*, 2018, Vol. 61, No. 3, pp. 42–44.

[3] 参见陈硕、王宣艺：《机器学习在社会科学中的应用：回顾及展望》，复旦大学经济学院工作论文，2018；Ajay Agrawal, Joshua Gans and Avi Goldfarb, *The Economics of Artificial Intelligence: An Agenda*, Chicago: University of Chicago Press, 2019.

[4] 参见〔美〕托马斯·库恩：《科学革命的结构》，金吾伦、胡新和译，北京：北京大学出版社2003年版。

百年变局与中国政治学的时代化：清华政治学系的探索

可能导致理论建构上的乏力。不过，我们更应认识到，计算社会科学冲击社会科学研究所带来的范式转换可以被视为上帝之手（大数据研究）与研究者视角（传统研究）的再次竞合。而这样的竞合，并非空前未见；过去类似的对话例如，非参数模型（预测导向）与参数模型（理论驱动）的交锋，贝叶斯学派（弱模型）和频率学派（强模型）的争论。这次的竞合可以视为过去方法论对话的延续与再启动。不同以往的是，过去的争论是在小数据的基础上，不同方法的选择，此次的竞合则是在大数据的基础上，探索方法融合的可能性。

首先，"大"数据为预测模型结果的可信度提供了有力支撑，而以理论为导向的社会科学研究则为研究者在"浩瀚"数据海中提供了探索的路径；其次，以大数据为基础的数据挖掘研究可以发现变量间多样互联的可能性，让社会科学研究理论的触手可以跳脱理论极简化的框架。这种大数据、理论与预测算法的三角对话集合了跨学科的信息，增加了学科之间的对话和结合，打破了学科之间的严格边界。计算社会科学发展带来的这次争论看似重启了过去理论指导与数据驱动研究范式之间的相互倾轧，实际上提供了社会科学研究者不管是在分析路径或是研究方法更多的选择空间，相信在未来理论与数据驱动的混合研究方法下，计算社会科学会探索更多新颖议题，验证、修正和发展既有的社会科学理论。

不过，从发展视角来看，我们也需要意识到，一切科学进步都需要更好的客观科学发展条件和资源的支持，只有当资源优化配置到计算社会科学时，当学术资源与知识需求合理协调时，计算社会科学才有可能最大限度地呈现其价值。计算社会科学领域在过去的十年里突飞猛进，成千上万的论文使用了过去研究无法使用甚至无法想象的观测数据、实验设计和大规模模拟，以求更加直接、更大限度地认知客观世界。世界各地支持计算社会科学的机构、跨学科研讨会和暑期学校也有了实质性的增长。但该领域在一些重要方面也存在不足，许多要素——包括教学方法、数据基础设施和数据共享机制，乃至相应的健全的研究伦理、法律、管理指导——仍处于萌芽状态，需要学者们的积极协调和学术资源的重组。①

---

① David Lazer（et al.），"Computational Social Science: Obstacles and Opportunities", *Science*, 2020, Vol. 369, No. 6507, pp. 1060 – 1062.

五 研究方法的拓展

政治科学视角下的大数据方法与因果推论*

孟天广

一、引言

21世纪以来,人类社会进入科技突破和治理演进的新时代,世界各国在技术革新的驱动下纷纷开展了一系列制度改革,推动着国家和国际治理的发展。这为政治科学及时应用创新方法探讨新议题提出了迫切要求。国内外政治学家认为,政治学的前沿发展正在经历探究政治现象背后之因果关系的变革[①],而这一变革的推进源于过去半个世纪以来政治科学理论与方法的长期积累,更源自人类社会对政治学知识生产之内容、质量和价值的重新定义[②]。简言之,政治学迫切需要生产兼具规范性和经验性、描述性(相关性)与因果性、解释性与预测性的政治学理论和知识体系[③],为人类社会的治理进步提供

---

* 本文为国家社会科学基金青年项目"治理能力视域下政府质量评估体系及提升路径研究"(15CZZ036)、北京市社会科学基金一般项目"大数据时代网络舆论引导机制及效果研究"(16ZGB005)的阶段性成果。受到清华大学社会科学学院和数据研究院合作计划支持。

① King G., Keohane R. O., Verba S., *Designing Social Inquiry: Scientific Inference in Qualitative Research*, Princeton, New Jersey: Princeton University Press, 1994, p. 3. 宁骚:《我国政治学研究的新方向》,载《新视野》,1999年第5期,第13—14页。

② Gerring J., "The Mechanismic Worldview: Thinking Inside the Box", in *British Journal of Political Science*, 2008, Vol. 38, No. 1, pp. 161–179. 孟天广:《从因果效应到因果机制:实验政治学的中国路径》,载《探索》,2017年第5期,第30—38页。

③ 张桂琳:《多重因果路径分析述评》,载《政治学研究》,2008年第5期,第91—98页。Henry Brady, "Causation and Explanation in Social Science", in Janet Box-Steffensmeier, Henry Brady and David Collier (eds), *The Oxford Handbook of Political Methodology*, Oxford: Oxford University Press, 2008, pp. 217–270。唐世平:《超越定性与定量之争》,载《公共行政评论》,2015年第4期,第45—62页。

百年变局与中国政治学的时代化：清华政治学系的探索

更为坚实、可行和有效的知识贡献。政治学（乃至整个社会科学）的发展始终与科技进步紧密联系，科技进步为政治学研究创造着新议程，提供了新方法，更直接介入政治过程推动着国家或社会治理的理论与实践进展。作为互联网、ICT技术和机器学习技术革新的重要成果，大数据无论是作为新兴研究方法，还是作为新议题，都对政治科学的理论和方法更新产生了重大影响，为大数据时代政治学知识的生产和积累提供了创新途径，《政治分析》还专门刊出"政治科学中的大数据方法"网络专刊。[1]

尽管对政治科学研究的使命有着不同理解，金、基欧汉和维巴（1994）在其经典著作《社会科学中的研究设计》中尝试着对"科学研究"提出四项基本要求：以（描述性和因果性）推论为研究目的；采用公开的研究程序；结论是不确定性的；科学研究的要核是关于方法的。[2] 此后，大量政治科学家围绕政治科学的知识贡献、研究议题和方法展开了激烈辩论，但几乎所有学者均认为政治科学研究的目标应该是探索有关政治现象的描述性或因果性知识[3]，为人类社会提供政治现象"是什么？为什么？怎么样？"的系统性知识。其中，"因果性（Causality）"更被视为社会科学研究的"圣杯"[4]。探究因果关系并非仅为了满足理解社会现象的好奇心，更重要的是通过科学研究促进知识积累，为改善或干预人类社会提供知识库。政治科学对因果性知识的追求使得研究者对政治现象（制度、组织、行为等）开展定性、定量或实验式的"科学化"研究，探求政治现象背后的特定概念、变量或因素间的因果关系，尤为重视中观和微观层面的因果关联及相应的因果机制。

作为新兴研究方法，大数据方法传统上被认为是数据驱动的知识发现过程[5]。

---

[1] 孟天广、郭凤林：《大数据政治学：新信息时代的政治现象及其探析路径》，载《国外理论动态》，2015年第1期，第46—56页。

[2] King G., Keohane R. O., Verba S., *Designing Social Inquiry: Scientific Inference in Qualitative Research*, Princeton, New Jersey: Princeton University Press, 1994, pp. 7-9.

[3] Gerring J., "The Mechanismic Worldview: Thinking Inside the Box", in *British Journal of Political Science*, 2008, Vol. 38, No. 1, pp. 161-179.

[4] 左才：《政治学研究中的因果关系：四种不同的理解视角》，载《国外理论动态》，2017年第1期，第24—31页。

[5] Lazer D., Pentland A., Adamic L., et al., "Computational Social Science", *Science*, 2009, Vol. 323, No. 5915, pp. 721-723.

大数据方法是用一系列算法从海量非结构化数据中发现反映社会现象的特定模式、特定关系或特定趋势，其目标是运用机器学习把非结构化的、高维的、海量的数据，转化为结构化的、可被理解的社会知识，因此被视为探索性（相关性）分析而非因果性分析方法。譬如 Jim Gray 在第四范式中强调大数据方法利用相关关系即可建立预测模型，满足政府、企业等知识消费者预测社会行为的知识需求，精准指导社会或经济干预。[1] 因此，有学者认为大数据方法是"数据驱动"而非"理论驱动"，大数据方法在描述性（相关性）研究中具有优势，有助于对社会现象"是什么"做出更为全面、精准、实时的呈现，但在因果性（解释性）研究中却表现乏力[2]。然而，伴随着大数据方法在方法论层面日益成熟[3]，方法技术层面日益多元化，大数据方法与传统社科研究方法的深入融合，大数据方法推进因果推论的方法功能逐步完善[4]，在因果推论的数据采集、数据管理、概念（变量）测量、探索性（相关性）分析、因果性和预测性分析等各个环节均呈现出创新性，形成了大数据与统计方法相结合、大数据与小数据相结合、大数据与实验研究相结合、大数据模拟研究等多种生产和检验因果性理论或知识的方法路径。

二、因果推论框架下大数据方法的方法论功能

人类探求因果关系的努力自古有之，东西方哲学家老子、苏格拉底等都提出探究原因与结果之联系的命题。进入近代社会，科学研究从神学和哲学体系

---

[1] Gary Jim, "eScience-The Revolution is Starting", in Hey Tony (ed.), *The Fourth Paradigm: Data-Intensive Scientific Discovery*, Microsoft Research, 2009.

[2] Clark W. R., Golder M., "Big Data, Causal Inference, and Formal Theory: Contradictory Trends in Political Science?", in *Political Science & Politics*, 2015, Vol. 48, No. 1, pp. 65 – 70.

[3] Grimmer J., "We Are All Social Scientists Now: How Big Data, Machine Learning, and Causal Inference Work Together", in *Political Science & Politics*, 2015, Vol. 48, No. 1, pp. 80 – 83. Monroe B. L., Pan J., Roberts M. E., et al. "No! Formal Theory, Causal Inference, and Big Data Are Not Contradictory Trends in Political Science", in *Political Science & Politics*, 2015, Vol. 48, No. 1, pp. 71 – 74.

[4] Gary King, Jennifer Pan, and Margaret E. Roberts, "How Censorship in China Allows Government Criticismbut Silences Collective Expression", in *American Political Science Review*, 2013, Vol. 107, No. 2, pp. 326 – 343. 刘涛雄、尹德才：《大数据时代与社会科学研究范式变革》，载《理论探索》，2017 年第 6 期，第 27—32 页。

百年变局与中国政治学的时代化：清华政治学系的探索

中独立出来，因果性成为科学知识的终极目标。尽管学者们在不同意义上使用因果、原因、结果等概念，但科学研究普遍相信"凡事必有因"，而因果性（Causality）即是（社会）规律，掌握因果关系即可以预测未来。学术界关于因果关系已经形成多元化理解，布雷迪总结了政治科学构建因果关系的四种逻辑传统：依据充分条件来定义因果关系的休谟传统；反事实逻辑；实验（科学）逻辑；因果机制逻辑。[①] 对因果关系的上述理解为政治科学研究创造了巨大空间，为采取多元化路径对政治现象的竞争性解释（理论猜想）的检验提供了方法论依据。

因果性的识别与判定（因果推论）是一项系统工程，要求研究者利用规范程序采集经验资料、定义和测量抽象概念（变量）、探索原因与结果的关联模式、识别因果关系的效应（方向）与机制（过程）。在因果推论视角下，大数据方法具有哪些方法论功能？（1）数据采集。帮助研究者获取既有方法无法采集或处理的海量数据，为政治科学研究提供新素材和新问题。（2）数据管理和挖掘。帮助研究者有效地管理海量的非结构化数据，比如利用数据库技术和自然语言过程对非结构化数据进行数据清洗、检索和实体识别等，为数据挖掘和统计建模做好准备。（3）测量方法。大数据方法（数据挖掘）作为概念（变量）测量的工具。数据挖掘可以将高维、复杂和非结构化数据转化为低维的结构化数据，其本质就是测量模型。以文本数据为例，对非结构化文本资料进行挖掘所获得的诸如主题、聚类或情感，就是将文本资料结构化的过程。这与传统因子分析、项目反映理论等测量方法类似。（4）描述性（探索性）推论。大数据方法可以利用分类、聚类等方法分析对政治现象开展描述性分析，为理解政治现象或行为的状态、分布或趋势变化积累描述性知识，作为因果推论的前期准备。（5）相关性推论。基于数据挖掘考察政治现象之间的相关关系。以文本数据为例，譬如利用大数据方法在识别主题和情感倾向之后，通过可视化或者相关系数以理解不同主题之间、主题与情感之间的相关关系，或者比较不同群体之间在主题偏好、情感倾向或行为模式上的差

---

① Henry Brady, "Causation and Explanation in Social Science", in Janet Box-Steffensmeier, Henry Brady and David Collier (eds.), *The Oxford Handbook of Political Methodology*, Oxford: Oxford University Press, 2008, pp. 217 – 270.

异。(6) 因果推论。基于以上方法所测量的概念（变量）、相关关系，利用大数据方法与传统统计方法、小数据方法、实验方法、定性方法等相结合，构建、检验并解释政治现象间的因果关联。① (7) 预测性分析。考虑到社会科学日益兴起的预测性取向，通过大数据方法利用回归模型、决策树、神经网络等各类机器学习算法，在复杂社会系统中实时预测政治倾向、政府开支、政府决策等特定现象或趋势。② 目前政治科学研究越来越多地进行预测研究以响应政府或社会政策干预的需求，而大数据基于多主体、海量数据、时效性（时间序列）数据和多模态数据，可以有效地提升预测研究的效度和效率。与此同时，大数据方法基于可视化方式呈现相关或因果关系，这在促进知识传播方面很具优势。

伴随着大数据方法的应用，社会科学界逐步形成计算社会科学这一新兴学科，以充分利用社会现象的数字化记录，借助数据分析、模拟计算和社会实验以发现社会规律。③ 计算社会科学汇集了社会科学应用大数据方法探求因果性知识的新范式，其促进因果推论的方法进展包括：(1) 算法智能化趋势。计算社会科学为算法带来革命性进步。然而，在算法变得更准确和高效的同时，其复杂程度也不断增加，其开发和应用过程的智能化趋势逐步呈现。一些高度复杂的元算法可在研究者指明研究需要和标准的前提下，根据既有案例和算法库自行推荐和部署适用的算法。(2) 大数据模拟技术的广泛使用。社会科学中模拟技术的使用有赖于社会系统参数的规模化、精确化、动态化收集。目前，既有的数据收集、参数处理和数据建模手段尚难以满足此类要求。然而，随着计算社会科学的不断发展，大数据模拟研究将日益强化。(3) 移动互联网和 VR/AR 等虚拟现实技术在社会科学实验领域的广泛使用。社会科学长期

---

① Nagler J., Tucker J. A., "Drawing Inferences and Testing Theories with Big Data", in *Political Science & Politics*, 2015, Vol. 48, No. 1, pp. 84 – 88.

② Konstantin Kashin, Gary King and Samir Soneji, "Explaining Systematic Bias and Nontransparency in US Social Security Administration Forecasts", in *Political Analysis*, 2015, Vol. 23, No. 3, pp. 336 – 362; Gary King, Benjamin Schneer and Ariel White, "How the News Media Activate Public Expression and Influence National Agendas", in *Science*, 2017, Vol. 358, No. 6364, pp. 776 – 780.

③ 张小劲、孟天广：《论计算社会科学的缘起、发展与创新范式》，载《理论探索》，2017 年第 6 期，第 33—38 页。Pietsch W., "The Causal Nature of Modeling with Big Data", in *Philosophy & Technology*, 2016, Vol. 29, No. 2, pp. 137 – 171.

使用实验法检验因果联系。但既有实验技术受到实验干预施加、控制实验环境等限制而不得不受制于有限的物质条件。基于大数据的实验方法将对实验的灵活性、即时性、丰富性、动态性和微观性提出更高要求。譬如，VR/AR 技术有助于研究者通过设定虚拟实验环境来便利地开展实验研究。(4) 社会科学知识生产与扩散模式的网络化趋势。新的智能研究工具、新的知识发布方式，以及计算设施的标准化、规模化建设，驱动着"众包式"、"自助式"、"平台式"知识生产模式，譬如众智"立宪"①、比较政党"众包"研究②等，也扩大了社科知识的潜在受众③，在与受众互动中积累社科知识。

三、因果推论框架下大数据方法的创新

作为新兴研究方法，大数据方法从采集数据资料、创新分析方法、改造社科研究模式和再造学术—社会互动关系四个维度深刻地影响着研究范式、议题和方法的变革，推动着描述性或因果性理论和知识的生产。

第一，大数据方法的最直接贡献是为社科研究提供更全面、客观和内涵丰富的研究素材④。这体现在如下方面：(1) 数据模态多元化。目前，社会科学研究中不仅可以处理结构化数据，而且越来越多地处理非结构化数据，而后者在传统社科研究中由于技术能力局限而被丢弃。(2) "全量数据"而不是"样本数据"。大数据可以获得一个接近总量或全量的数据，相比抽样数据具有很大优势。如对某社会现象的观测可获取数万或数亿量级的数据量，会使研究者对该现象的理解更为全面和充分。(3) "真实数据"而不是"设计的数据"。与传统的社会科学研究方法相比，大数据会获得更加真实和客观的行为数据⑤。传统定

---

① Susan Burgess, "Occupy the Social Contract! Participatory Democracy and Iceland's Crowd-Sourced Constitution", in *New Political Science*, 2013, Vol. 35, No. 3, pp. 417 – 431.

② Benoit K., Conway D., Lauderdale B. E., et al., "Crowd-sourced Text Analysis: Reproducible and Agile Production of Political Data", in *American Political Science Review*, 2016, Vol. 110, No. 2, pp. 278 – 295.

③ Williamson V., "On the Ethics of Crowdsourced Research", in *Political Science & Politics*, 2016, Vol. 49, No. 1, pp. 77 – 81.

④ Mcfarland D. A., Lewis K., Goldberg A., "Sociology in the Era of Big Data: The Ascent of Forensic Social Science", in *American Sociologist*, 2016, Vol. 47, No. 1, pp. 12 – 35.

⑤ Shmueli G., "Research Dilemmas with Behavioral Big Data", in *Big Data*, 2017, Vol. 5, No. 2, pp. 98 – 119.

量或定性研究所使用的数据采集方式强调人为设计，在理论先行和研究设计基础上的有目的、有选择、有裁剪地采集研究素材，这一定程度上妨碍了社科研究理解"社会真实"的努力。大数据方法所获取的是社会主体的原始行为记录，如网络行为痕迹、或地理位置移动痕迹等，是不被设计的、可信的、来自于人们真实的行为记录。[①]（4）"大样本数据"为小概率事件分析提供可能。传统方法很难对社会中"小概率事件"进行系统研究，如政治科学研究社会运动、极端性政治行为或意识形态，通过抽样调查很难获得大量"小概率事件"的有效样本，因而无法做深入系统的经验分析。大数据方法可以通过扩大总样本规模而使得"小概率事件"的观测值达到一定量级开展分析。（5）数据蕴含丰富的时空维度信息（Spatial and Time Dynamics）。[②] 大数据方法蕴含丰富的时空信息，通过数据融合将虚拟网络空间与现实物理（地理）空间整合起来形成"厚数据"，有助于对社会现象在时空上的演变趋势或异质性特征的理解，发展时间或空间政治学理论。

第二，大数据方法对政治科学研究方法的创新。（1）为研究者提供了更为丰富的方法工具箱，提升了政治科学对非结构化和结构化数据分析的综合能力[③]。大数据方法提供了从数据抓取、数据清洗、检索分析、自然语言过程处理、分类或聚类分析、主题模型、情感分析、视频/影像分析、文本分析、社会网络分析、空间模型等研究方法，丰富了社科学者的工具箱。（2）机器学习的广泛使用不仅提升了社科研究的效率，更为海量数据分析提供了有监督机器学习、无监督机器学习等模式选择，而机器学习所贡献的潜在狄利克雷分布（LDA）、决策树、朴素贝叶斯等新算法有效地推动了社科方法创新，而且基于机器学习的新兴回归模型如岭回归（Ridge Regression）、拉索回归（Lasso Re-

---

[①] Lazer D., Pentland A., Adamic L., et al., "Computational Social Science", in *Science*, 2009, Vol. 323, No. 5915, pp. 721-723.

[②] Marc T. Ratkovic and Kevin H. Eng, "Finding Jumps in Otherwise Smooth Curves: Identifying Critical Events in PoliticalProcesses", in *Political Analysis*, 2010, Vol. 18, No. 1, pp. 57-77.

[③] Monroe B. L., "The Five vs of Big Data Political Science Introduction to the Virtual Issue on Big Data in Political Science", in *Political Analysis*, 2013, Vol. 21, No. 5, pp. 1-9; Gary King, "Preface: Big Data is Not About the Data!", in R. Michael Alvarez (ed.), *Computational Social Science: Discovery and Prediction*, Cambridge: Cambridge University Press, 2016.

gression）促进了统计方法。（3）为传统的定性—定量方法分野搭建了一个桥梁①。大数据方法可以让人们有能力对非结构化数据（即定性资料）进行规范化、系统化地分析，即定性资料的定量化分析；同时也可以让研究者对定量分析结果开展定性化解读或诠释。

第三，大数据方法还影响着社会科学研究模式的转变。（1）相比调查或实验研究等，大数据方法采集数据（素材）的成本通常更低，但其产生的信息量却更大、时效性也更强。譬如，全国性调查研究的经济成本可能达到年均上百万，且由于人力、物力的巨大消耗，实施周期通常为一年或两年。而大数据方法获取数据并不需要如此巨额成本，其运用计算机在线不间断进行数据采集，数据记录的测量误差更低。（2）驱动了政治科学对于强时效性知识的探索。大数据方法自动采集和存储时效性数据，允许研究者通过对及时性数据的分析来研究突发性事件（干预）对社会行为或偏好的短期、中长期影响，这对于分析和评估制度、政策或社会干预的影响，探究社会或经济波动的政治过程和后果，挖掘基于互联网的政治传播、信息扩散等因素对制度运行、政治行为的影响至关重要。（3）推动着社科研究的跨学科趋势，这表现为数据采集平台化、算法开发普及化和社科研究（跨学科）问题导向三种趋势的持续互动和合作。

第四，大数据方法与互联网的无缝对接再造着学术影响的模式。传统上社会科学所产生的知识对政策或社会的影响比较有限，非专业领域人士无兴趣也无专业素养来接受或传播社科知识。然而，进入大数据时代，学术界与外部环境的互动模式日益频繁，突出表现为社科知识的平民化扩散、日益强化的政策或社会影响力。基于大数据方法的很多研究在与互联网的无缝对接条件下，以可视化呈现向社会各界推介或传播专业性社科知识，降低了知识接受的专业门槛，对社科知识的普及具有很大贡献。② 传统上专业的模型和复杂的术语以可

---

① Sliva A., Neal Reilly S., "A Big Data Methodology for Bridging Quantitative and Qualitative Political Science Research", in *Social Science Electronic Publishing*, 2014; Delyser D., Sui D., "Crossing the Qualitative-Quantitative Divide II: Inventive Approaches to Big Data, Mobile Methods, and Rhythmanalysis", in *Progress in Human Geography*, 2013, Vol. 37, No. 2, pp. 293–305.

② Mcfarland D. A., Lewis K., Goldberg A., "Sociology in the Era of Big Data: The Ascent of Forensic Social Science", in *American Sociologist*, 2016, Vol. 47, No. 1, pp. 12–35.

视化方式呈现，将专业化社科知识的受众扩大到社会各界，进而产生政策和社会影响力[1]。因而，在这一新兴时代，社科研究与社会影响之间的互动模式产生了重大变革，研究者通过专业化研究对政策制定和实施提供了依据、产生了影响，企业亦希望借助于学术研究，能够对社会实践产生积极影响，这是新的时代环境所产生的知识需求。

四、大数据方法推动因果推论的方法路径

在大数据时代的背景下，社科研究者如何探索因果性命题仍然是重要议题。伴随着大数据方法在社科领域应用的逐步深入，大数据方法正日益走出探索性或相关性分析的窠巢，逐步构建出若干因果推论的方法路径。[2] 简言之，基于大数据方法开展因果推论不仅是可行的，而且应该是社科研究追求的目标。经过近年来大数据方法与传统社科研究方法的深入融合，逐步形成了基于大数据方法进行因果推论的四个方法路径。

（一）大数据方法与统计分析的结合

大数据因果推论的第一个路径是将大数据方法和传统统计分析相结合，使得二者互补性地实现因果推论的研究目标。大数据方法发挥着海量非结构性数据获取、概念（变量）测量、探索性分析等功能，将高维、非结构化数据降维、结构化，帮助研究者回答"是什么（What）"描述性推论的问题，加深对研究对象之状态、分布、变化趋势的全面理解。此外，大数据方法还借助可视化、相关分析等方法开展社会现象的比较研究或社会现象间相关关系的探索等。定量分析则扮演着素材深加工的作用，利用各种线性或非线性统计模型在解决统计控制、内生性或选择性偏差等问题的情境下开展因果推论，回答"为什么（Why）""怎么样（How）"等问题。

---

[1] Gary King, Benjamin Schneer and Ariel White, "How the News Media Activate Public Expression and Influence National Agendas", in *Science*, 2017, Vol. 358, No. 6364, pp. 776–780.

[2] Titiunik R., "Can Big Data Solve the Fundamental Problem of Causal Inference?", in *Political Science & Politics*, 2015, Vol. 48, No. 1, pp. 75–79.

百年变局与中国政治学的时代化：清华政治学系的探索

简单地概括，大数据方法与定量方法的结合可以视为测量模型和结构模型的结合。测量模型的目标是有效地测量理论上定义的概念（变量），而结构模型的目标是在统计控制意义上检验概念（变量）间关系。大数据方法帮助研究者基于海量数据测量抽象概念①，而定量分析解决研究者关于概念（变量）间因果关系的检验或解释②。大数据方法所测量的概念（变量）既可以作为因变量、自变量或者混淆变量。以文本数据为例，大数据方法利用聚类分析、主题模型、情感分析等数据分析学从海量文本资料中自动挖掘出研究者关心的诸如文本主题或情感偏好等变量，然后利用统计模型估计文本主题与情感间的因果联系，或者考察文本之外的其他变量对上述变量的影响。③ 大数据方法与定量分析的结合除了常用的两步法之外，Roberts 等（2014）提出结构主题模型（Structural Topic Model）将上述两步进行有机整合，将测量模型和结构模型同时进行估计，既挖掘非结构化数据中蕴含的潜在概念，又有效地估计不同变量与元数据（Meta Data）的因果联系④。该方法被应用于比较政治和美国政治研究。当非结构化数据成为同时影响原因（自变量）和结果（因变量）的混淆变量时，即原因对结果的影响存在方法论上的内生性或选择性偏差时，研究者可以借鉴传统量化分析基于反事实框架开展因果推论。

大数据方法与时空模型的结合可以视为一种特例。伴随着移动互联网、可穿戴设备、导航类应用的普及，近来依托于时空信息将虚拟空间数据与现实物理空间数据进行融合的趋势日趋凸显，提供了将大数据方法与时空模型整合的新机遇。考虑到社科理论的时空特性，时空因素在理论构建上作用甚大，更对理论的可推广性有重要影响。基于融合数据，研究者可以使用诸如时间序列模型、面板模型、空间模型等计量方法对大数据资料进行因果性分析，寻找经济

---

① Bond R., Messing S., "Quantifying Social Media's Political Space: Estimating Ideology from Public Revealed Preferences on Facebook", in *American Political Science Review*, 2015, Vol. 109, No. 1, pp. 62–78.

② 孟天广、李锋：《网络空间的政治互动：公民诉求与政府回应性——基于全国性网络问政平台的大数据分析》，载《清华大学学报（哲学社会科学版）》，2015 年第 3 期，第 17—29 页。

③ Su Z., Meng T., "Selective Responsiveness: Online Public Demands and Government Responsiveness in Authoritarian China", in *Social Science Research*, 2016, Vol. 59, pp. 52–67.

④ Roberts M. E., Stewart B. M., Tingley D., et al., "Structural Topic Models for Open-Ended Survey Responses", in *American Journal of Political Science*, 2014, Vol. 58, No. 4, pp. 1064–1082.

波动、科技进步与政治发展的动态关系，挖掘社会现象之间的时间或空间依赖模式。

（二）大数据方法与小数据分析的结合

第二个路径是将大数据方法与小数据分析有效结合。该方法目前在社科界较为流行，将大数据（接近"总体数据"）与小数据（抽样数据）相结合，大数据方法在总体层面描述社会现象的特征、变化趋势和相关关系；然后在大数据中随机抽取小数据开展深度（结构化）调查，以小数据分析探究因果关系。大数据方法的优势在于利用海量数据的一系列特征，如通过全样本、高密度数据流或关联性数据来产生对社会现象更全面、精准和可预测的观察和分析。[1] 小数据分析的优势是在大数据中随机抽取样本进行深度调查，采集承载更多具有理论价值的更深、更厚数据。简言之，就是用小数据做因果分析，用大数据做描述或者相关的分析。当然小数据分析也包括基于特定案例或比较案例的定性研究。

大数据方法与小数据分析并非互相排斥，而是存在互补与结合的发展前景。伴随着方法论讨论的逐步深入，越来越多的学者主张在社科研究中结合大数据和小数据分析[2]。二者结合具有三方面方法论价值：（1）功能互补性，大数据的优势在于描述性分析，而小数据方法借助统计分析或逻辑演绎在解释性分析上具有优势。[3]（2）二者方法论路径虽然迥异，大数据是数据驱动，利用数据挖掘技术来获知数据中存在的模式，小数据分析是理论驱动，重在利用统计推论或逻辑推理来构建和检验理论。新一代社科研究完全可以同时从理论驱动和数据驱动两个角度展开[4]，将数据挖掘与理论洞见更紧密地结合起来，提

---

[1] Lynch, C., "Big Data: How Do Your Data Grow?", in *Nature*, 2008, Vol. 455, No. 7209, pp. 28–29.

[2] Grimmer, J., "We are All Social Scientists Now: How Big Data, Machine Learning, and Causal Inference Work Together", in *Political Science & Politics*, 2015, Vol. 48, No. 1, pp. 80–83; 唐文方：《大数据与小数据：社会科学研究方法的探讨》，载《中山大学学报（社会科学版）》，2015年第6期，第141—146页。

[3] Lazer D., Pentland A., Adamic L., et al., "Computational Social Science", in *Science*, 2009, Vol. 323, No. 5915, pp. 721–723.

[4] Langley, A., "Strategies for Theorizing from Process Data", in *Academy of Management Review*, 1999, Vol. 24, No. 4, pp. 691–710.

升研究效率和理论稳健性;(3)技术方法互补和融合①。小数据分析为大数据方法提供知识输入,如基于小数据的先验知识、训练集为大数据方法提供数据挖掘规则或参数,以提升大数据方法效率和效度。因此,大数据与小数据分析结合可以同时推进描述性和因果性知识的积累。

大数据和小数据分析相结合开展因果推论时存在四种可能组合:(1)大数据方法在因果推论中作为研究背景,仅承担描述性推论或相关性分析的功能,因果推论主要依赖小数据分析;(2)将大数据方法纳入因果模型,以大数据挖掘所得变量加总(Aggregating)得到宏观层面之因素(变量),然后将之作为宏观因素(变量)纳入解释模型,应用多水平模型来考察特定宏观因素对个体行为或偏好的影响;(3)第三种结合将大数据挖掘所得变量视为制度、政策或社会干预变量,以研究干预对个体行为或偏好的影响;(4)无论将大数据挖掘所得变量作为情景变量还是干预变量,还可以将该变量与个体变量进行交互分析,以探讨特定情景或干预变量在不同社会群体中的异质性影响,加深对复杂因果关系的理解。

(三)大数据方法与实验研究的结合

大数据方法与实验分析的融合是另一种行之有效的路径。实验研究被认为是探索因果关系、挖掘因果机制的金标。大数据方法的蓬勃发展为实验研究的拓展创造了新条件。二者的融合本质上反映了观察性和实验性研究融合的趋势,不仅充分利用了大数据方法具备全量数据、时效性强和数据类型多元的优势,更丰富了实验研究的工具箱。大数据方法为自然实验、现场实验和调查实验提供了良好的应用场景,二者结合有两种典型路径:一是大数据方法发挥观察性研究的功能,通过海量数据的采集和挖掘,获得对研究对象之状态、特征或模式的描述性或相关关系的理解,进而设计实验检验变量间因果联系,从而提升研究的广度和深度。譬如金等②结合参与式观察和现场实验探讨了网络舆

---

① 孟天广、郑思尧:《信息、传播与影响:网络治理中的政府新媒体——结合大数据与小数据分析的探索》,载《公共行政评论》,2017年第1期,第29—52页。

② Gary King, Jennifer Pan and Margaret E. Roberts, "Reverse-engineering Censorship in China: Randomized Experimentation and Participant Observation", in *Science*, 2014, Vol. 345, No. 6199, pp. 125 – 127.

情监管的逻辑，通过两种研究方法的交叉验证得出一致结论从而强化了其理论主张的稳健性。

第二种路径将大数据方法直接应用于实验设计，拓展实验设计及操作化干预（原因）、随机化分配干预、控制威胁内部和外部效度之因素、测量和识别实验效应（结果）的工具箱。结合日益普及的互联网和廉价化的通信设备，随机化分配干预变得更为便捷，譬如在平板电脑、智能手机中安排实验软件较传统方法更为有效；实验研究的干预施加（暴露）更具多样性，大数据方法可以通过文字、图像、视频、网络关系等非结构化信息向被试者施加干预，采取多元方式测量实验结果，如记录被试者对特定问题的答案、文本（言论）、行为和音像资料等；大数据方法推动了在线实验的兴起，即通过对海量网络用户开展大规模实验，既保障实验结果的外部效度，又保障实验场景的现实性，还记录着实验干预的短期和长期效应[1]。譬如 Bond 等在 2010 年对 6100 万 Facebook 用户实施了政治动员的随机控制实验，来比较线上竞选动员和面对面竞选动员对投票行为的影响。[2]

（四）大数据模拟研究

计算机发明以来，社会和行为科学家开始采取计算机模拟或仿真（Simulation）方法研究社会与政治行为。模拟方法是在虚拟空间模拟真实世界过程、行为或系统运行以生产社会知识的过程[3]。模拟方法首先要求研究者建立关于真实世界的数学（理论）模型，然后编制计算机程序，在给定参数和环境的条件下开展模拟分析，来检验理论模型或寻求特定公共问题的最优解决方案。模拟（仿真）方法充分利用了强大的计算能力和精致的数学建模，特别适用于探讨复杂系统中若干独立、互动性行为者（Agent）之间的互动过程及策略选择。

近年来，一些学者利用模拟方法探讨政治学经典问题，在涉及社会选择、

---

[1] Moore, Ryan T. and Sally A. Moore, "Blocking for Sequential Political Experiments", in *Political Analysis*, 2013, Vol. 21, No. 4, pp. 507–523.

[2] Bond R. M., Fariss C. J., Jones J. J., et al., "A 61-million-person Experiment in Social Influence and Political Mobilization", in *Nature*, 2012, Vol. 489, No. 7415, pp. 295–298.

[3] J. Banks, J. Carson, B. Nelson, D. Nicol., *Discrete-Event System Simulation*, Prentice Hall, 2001.

集体行动、国际政治等领域取得了成果。根据约翰逊的总结,模拟方法在政治学中包括社会选择理论、微观模型、国际决策模拟、囚徒困境,以及更为广义的基于主体建模(Agent-Based Model)。① 基于主体建模和多主体建模(Multi-Agents Model)是常用模拟方法,尤其适用于模拟复杂社会中行为主体间的合作、冲突等议题。该方法认为社会系统由独立且频繁互动的行为主体构成,每个主体遵循一定规则和目标与其他主体互动。通过行为模拟分析,研究者可以揭示影响个体或群体行为的关键社会政治因素,利用真实世界数据来预测未知行为。尽管模拟方法在政治学中甚具潜力,然而也存在若干重要局限,譬如理论建模的困境、交叉学科知识、海量数据处理、参数优化和对计算能力的高要求等。

大数据方法为模拟研究的兴盛创造了优良条件。这主要表现在大数据技术为开展大规模模拟提供了超级计算能力②,利用机器学习高效、实时地挖掘真实世界数据和模拟数据,为海量数据处理和参数优化提供了新技术③,譬如计算能力的爆发式增长为复杂随机系统的优化提供了可能;计算社会科学为模拟研究提供了跨学科知识体系和研究队伍,人工智能丰富了数学建模、参数优化和模拟演化等一系列智能化技术,深度学习有助于概念建模和模式发现等阶段。④ 此外,大数据在数据处理上的高速率特性为开展动态模拟提供了强大工具,而数据分析学促使研究者在真实世界中系统地检验模拟过程和预测结果,不仅丰富了模拟方法的工具包,更扩大了模拟研究的应用前景。

五、讨论与结论

现阶段政治科学引入大数据方法很具积极意义。大数据方法为政治学研究

---

① Johnson P. E., "Simulation Modeling in Political Science", in *American Behavioral Scientist*, 1999, Vol. 42, No. 10, pp. 1509 – 1530.
② Suleiman R., Troitzsch K. G., Gilbert N., *Tools and Techniques for Social Science Simulation*, Physica-Verlag HD, 2000.
③ Conte R., Paolucci M., "On Agent-based Modeling and Computational Social Science", in *Frontiers in Psychology*, 2014, Vol. 5, No. 4, p. 668.
④ Tolk A., "The Next Generation of Modeling & Simulation: Integrating Big Data and Deep Learning", in *Conference on Summer Computer Simulation. Society for Computer Simulation International*, 2015.

便捷地提供海量数据,将半结构化、非结构化数据纳入分析;数据科学所擅长的数据采集、数据管理和机器学习等数据分析学为社科研究方法提供了新输入;为社会科学与计算科学、信息科学等跨学科研究奠定了基础。[1] 当然,大数据方法也存在一系列限制因果推论的因素,如数据测量面临信度和效度问题,强调相关性而不是因果性的研究取向等。因而,全面认识大数据方法推动因果推论的努力,我们也有必要了解大数据方法应用中诸如数据偏差、数据质量、机器学习效度低、学术伦理等挑战。

学术界对大数据方法的关切集中在以下四方面:一、数据代表性和数据质量。大数据所采集的数据主要来自互联网,只有连接互联网的群体才会在大数据中得以体现。因而,大数据所谓"全量数据"本质上是有偏数据,未上网群体难以被观测。大数据中不同社会个体存在不平等呈现的问题。网络空间更活跃或占用网络资源越丰富的人群会产生更多信息,因而有被高估的可能。此外,网络空间的伪信息(人造数据)越来越多,譬如虚假信息、谣言以及机器人数据等广泛存在,也威胁着大数据的质量。[2] 二、大数据亦遭受来自方法层面的批评。机器学习尽管更具效率,但其测量信度和效度均值得关注。信度反映测量方法的质量,测量的结果是否相对稳定,效度是测量工具在多大程度上反映了概念的真实含义。拉泽尔等在《科学》发文批评了谷歌流行病预测过程存在的测量信度和效度问题,由于谷歌的测量算法不断调整且缺乏开放性,因而很难评估其信度和效度。[3] 大数据方法尽管重视采集客观数字痕迹以探讨真实社会行为,避免了选择性使用材料,然而,数字化行为记录大多反映人们的外显特征或行为,而影响行为之更深层次的价值观或心理因素难以被大数据方法获取。三、大数据方法还面临可行性的批评。当前,数据开放的程度仍比较低,且数据获取和分析需要专门学习网络爬虫、机器学习等编程技术,具有较高的技术壁垒,由此造成很多研究者使用大数据方法的技术障碍。大数

---

[1] Lazer D., Pentland A., Adamic L., et al., "Computational Social Science", in *Science*, 2009, Vol. 323, No. 5915, pp. 721 – 723.

[2] Saha B., Srivastava D., "Data Quality: The Other Face of Big Data", in *IEEE*, 2014, pp. 1294 – 1297.

[3] Lazer D., Kennedy R., King G., et al., "Big Data. The Parable of Google Flu: Traps in Big Data Analysis", in *Science*, 2014, Vol. 343, No. 6176, pp. 1203 – 1205.

百年变局与中国政治学的时代化：清华政治学系的探索

据方法还迫切要求算法公开以促进学术对话。大数据方法对处理海量数据的数据存储、管理和计算能力等硬件设备要求比较高。四、大数据方法还面临学术伦理挑战。大数据时代，便捷的数据获取及分析引起社会对个人隐私保护之边界和限度的关注，数据权利已经成为公民权利的重要内涵。个体的数字化存在或网络痕迹应给予合法保护和匿名化使用，否则将涉及对个人隐私的侵犯。[①]此外，大数据使大规模社会实验成为可能，尽管此类研究具有重要创新，但在现实社会开展大规模社会实验面临着学术伦理的限制。以上问题都迫切需要学术共同体探索应对策略。

尽管大数据方法存在以上局限或挑战，学术界正在将"数据驱动"与"理论驱动"融合，且日益强化着实现因果推论的方法论价值。作为新兴研究方法，大数据方法一方面在利用机器学习从海量、高维、非结构化数据中探索出反映社会现象的特定模式、关系或趋势上具备优势，另一方面又与传统定量或定性方法、实验设计、模拟方法相结合，在"理论驱动"指导下推动着因果性（解释性）研究在更大规模数据、更具时效性、更多样数据类型、更强学界—社会互动语境下得以推进。概言之，伴随着大数据方法在方法论层面日益成熟，方法技术层面日益多元化，大数据方法推进因果推论的功能逐步完善，在因果推论的数据获取、管理、概念测量、探索性分析、因果性分析和预测性分析等各环节均呈现出创新性。社会科学界逐步形成计算社会科学这一新兴学科，以充分利用社会现象或行为的数字化记录，借助数据分析、模拟计算和社会实验以发现社会规律，形成大数据方法与统计方法、小数据分析、实验研究和模拟方法相结合的多种生产和检验因果性知识的方法路径。

---

① Tene O., "Privacy in the Age of Big Data: A Time for Big Decisions", in *Stanford Law Review Online*, 2012, Vol. 20, No. 1, p. 63.

实验方法及其在美国政治研究的应用*

张开平　汤　峰

对因果关系的探究贯穿着人类求知的历史。早在古希腊时期，柏拉图便提出对自然的探寻即是寻求每个事物原因的观点。[①] 到了近代，大卫·休谟（David Hume）更断言，因果关系是唯一能将个人的经验拓展至未来其他事物的理性。[②] 因果推理是人类理解世界的基本方式，蕴含着人类对现象与事件寻求解释，并对未来作出预测的努力。不过，直到近代自然科学诞生后，因果推断（causal inference）才逐渐由哲学思辨的传统转变为依靠实验进行操作的分析范式。实验法因采用随机分配和程序控制能实证地检验事物间的因果联系，成为物理学、化学、生物学、医学等学科最重要的研究方法。

相比自然科学，实验方法在社会科学领域较早被心理学和经济学采纳，而政治学对实验方法的重视和运用起步较晚。例如，直至20世纪初，时任美国政治学协会主席的劳伦斯·洛威尔（Lawrence Lowell）仍认为，"政治学属于观察型的研究，而非实验科学。"[③] 在传统上，政治学的研究往往采用田野调

---

* 本文是国家社会科学基金青年项目《基于移动互联网的政府公众关系优化研究》（19CZZ038）的成果之一，亦得到2019年清华大学研究生教育教学改革项目《实验政治学的前沿方法及应用》（201905J018）的资助。衷心感谢《美国研究》匿名专家的审稿意见及赵梅研究员的悉心建议，疏漏之处文责自负。

[①] Robert G. Turnbull, "Aristotle's Debt to the Natural Philosophy of the Phaedo", *The Philosophical Quarterly*, 1958, Vol. 8, No. 31, pp. 131 – 143.

[②] David Hume, *An Enquiry Concerning Human Understanding*, Upper Saddle: Prentice Hall, 1995.

[③] James N. Druckman (et al.), *Experimentation in Political Science*, *Cambridge Handbook of Experimental Political Science*, Cambridge: Cambridge University Press, 2011, p. 3.

百年变局与中国政治学的时代化:清华政治学系的探索

查、案例研究、问卷调查以及统计分析等方法,使用观察性数据来描述现象和揭示规律。然而基于观察性数据借助回归分析进行所谓的"因果推论"在本质上仅能发现相关关系,但"相关"并不等于"因果"。事实上,观察性研究普遍存在自我选择、遗漏变量以及反向因果等问题,成为实现因果推断难以逾越的鸿沟。① 实验法克服了政治学以往利用观察性数据进行因果推论面临的困境,因而逐渐得到学界重视。自20世纪中叶起,美国社会科学各领域掀起的行为主义革命成为政治学实验研究发展的分水岭。② 尤其是20世纪70年代后,实验研究成果如雨后春笋般在政治学期刊涌现,专门的实验研究期刊亦创办,政治学领域的实验室纷纷建立。

时至今日,因果推断已成为社会科学研究者追求的"圣杯"。③ 实验方法因有效地解决了"无法观测"的潜在结果难题,成为因果推论的"黄金标准"(Gold Standard)。④ 毋庸置疑,政治学在研究方法上向实验方法的转向体现了该学科对因果推断和实证研究的重视。因而,实验法如今已成为美国政治研究不可或缺的方法论工具。

本文拟从实验方法的基本逻辑与类型出发,对美国政治科学中的实验研究进行系统梳理。在篇章布局上,将首先详尽地介绍实验研究的理论基础,接着阐明其基本内涵、发展历史与类型,最后,结合美国场景下的具体研究成果对实验应用加以说明,并通过文献计量分析呈现了美国实验研究的最新进展。本研究试图厘清实验方法的理论脉络,介绍美国实验政治学的发展状况,既能丰富学界对美国政治学研究的相关认识,又力争对国内未来研究有所启迪,以期能为相关学科在方法论意义上有所基础性知识贮备的贡献。

---

① Adam Przeworski, "Is the Science of Comparative Politics Possible?", in Carles Boix & Susan C. Stokes (eds.), *The Oxford Handbook of Comparative Politics*, New York: Oxford University Press, 2009, pp. 147 - 171.

② David A. Bositis and Douglas Steinel, "A Synoptic History and Typology of Experimental Research in Political Science," *Political Behavior*, 1987, Vol. 9, No. 3, pp. 263 - 284.

③ Robert O. Keohane, "Political Science as a Vocation," *Political Science & Politics*, 2009, Vol. 42, No. 2, pp. 359 - 363.

④ Paul W. Holland, "Statistical and Causal Inference," *Journal of the American Statistical Association*, 1986, Vol. 81, No. 396, pp. 945 - 960.

一、实验探寻因果关系的理论逻辑

所谓"实验",根据美国纽约大学政治学教授丽贝卡·莫顿(Rebecca Morton)的定义,即"研究者通过主动操纵数据的生成过程的相关因素,从而介入到数据的生成过程(data generating process)的方法。"① 实验法通过人为的干预来构建可比较的情境,认为"没有操纵就没有因果"(no causation without manipulation)。② 实验研究是进行因果推论最常用的具体方法,而潜在结果模型成为当代因果推论最重要的理论基础。因而,在政治科学领域,运用实验法来探究因果问题的一系列设计正是在潜在结果模型的指导下进行的。实际上,实验探寻因果关系的相关理论源远流长。

从思想脉络来看,人类对因果律(causality)的探索可追溯至古希腊时期。亚里士多德最早将因果理论(theory of causation)引入学术研究。在《物理学》和《形而上学》中,他将科学知识与主观信念区分开来,认为前者乃是对原因的知晓并通过证明做出的科学解释。③ 亚里士多德强调,"只有了解事物的原因,才可认为真正了解该事物",④ 并提出以质料、形式、动力和目的"四因说"解释自然变化。托马斯·阿奎纳(Thomas Aquina)则将中世纪天主教神学思想与亚里士多德的理论结合,为近代早期的因果之辩奠定了基础。⑤ 休谟无疑是近代以来对因果律进行系统论述的标志性人物。在《人性论》(*A Treatise of Human Nature*)以及《人类理解研究》(*An Enquiry con-*

---

① Rebecca Morton&Kenneth Williams, *Experimental Political Science and the Study of Causality: From Nature to the Lab*, New York: Cambridge University Press, 2010, p. 42.

② Donald Rubin, "Statistics and Causal Inference: Comment: Which Ifs Have Causal Answers", *Journal of the American Statistical Association*, 1986, Vol. 81, No. 396, pp. 961 – 962.

③ Andrea Falcon, "Aristotle on Causality," in Edward N. Zalta (ed.), *The Stanford Encyclopedia of Philosophy* (Spring 2019 Edition), available at: https://plato.stanford.edu/archives/spr2019/entries/aristotle-causality/ 2020.1.5.

④ "Knowledge Is the Object of Our Inquiry, and Men Do Not Think They Know A Thing Till They Grasped the 'Why' of It", *Physics* 194b, 18. 转引自 Evans G. Melbourne, "Causality and Explanation in the Logic of Aristotle", *Philosophy and Phenomenological Research*, 1959, Vol. 19, No. 4, pp. 466 – 485.

⑤ Bernhard Blankenhorn, "The Instrumental Causality of the Sacraments: Thomas Aquinas and Louis-Marie Chauvet", *Nova et vetera*, 2006, Vol. 4, No. 2, pp. 255 – 294.

百年变局与中国政治学的时代化：清华政治学系的探索

cerning Human Understanding)中，他将原因定义为"事物后跟着另一个事物，所有类似于第一个对象的事物后面也会跟着类似第二个对象的事物。换言之，若第一个事物不发生，那么后面事物（即第二个对象）也不存在。"① 在休谟看来，因果关系包含三重含义②：一是因果事件在时空上有毗连性（contiguity）；二是具有时间的顺序性（succession），即原因发生在结果前；三是原因与结果之间存在必然联系（necessary connection），即二者总是不可分离、相伴而生。在休谟之后，约翰·密尔（John Mill）提出了因果归纳的方法，包括求同法、求异法、求同求异并用法、剩余法以及共变法，被称为"密尔逻辑"③。

从亚里士多德到休谟、密尔等哲人对因果律的哲学思辨为后世因果推论提供了重要的思想源泉，然而亦存在局限。例如，他们对因果关系的思考往往假定原因和结果为充要条件，因而将非必要和非充分原因排斥在外，且难以解释导致事件（结果）发生的组合原因。④ 同时，相关社会事件一旦发生"事实"就只有一个，无法对同一时空条件下的原因与事实重现。到了20世纪70年代，美国哲学家大卫·刘易斯（David Lewis）转变了"如果原因不发生，那么结果也不会发生"的休谟主义思维，将其发展为反事实分析（counterfactual analysis of causation），⑤ 使因果推论从哲学思辨转变为可操作的分析框架。根据"反事实"理论，界定两个事物的因果关系无须同时观测到原因 X 与结果 Y 的（相继）发生；相反，如果在一个各方面都相似的情境下，X 没有发生，Y 就没有发生，那么便可界定二者间的因果关联。然而，在现实中寻找一个各方面特征都相似且 X 没有发生的"反事实"存在并不容易实现，且 X 没有发生常伴随着其他因素的变化。因而，很难界定若 X 没有发生，结果有何不同。

---

① David Lewis, "Causation", *The Journal of Philosophy*, 1974, Vol. 70, No. 17, pp. 556 – 567.
② David Hume, *A Treatise of Human Nature*, New York: Barnes and Noble, 2005 /1739, pp. 61 – 65.
③ John Mill, *A System of Logic, Ratiocinative and Inductive: Being a Connected View of Evidence, and the Methods of Scientific Investigation*, New York: Harper & Brothers, 1882, pp. 478 – 502；宁莉娜：《论穆勒逻辑的思想内涵及当代价值》，载《哲学研究》，2015 年第12 期，第95—99 页；刘邦凡、何向东：《认知科学视域下的归纳逻辑研究述评》，载《逻辑学研究》，2014 年第1 期，第100—117 页。
④ Henry E. Brady, "Causation and Explanation in Social Science", *The Oxford Handbook of Political Science*, New York: Oxford University Press, 2009.
⑤ David Lewis, "Causation", *The Journal of Philosophy*, 1974, Vol. 70, No. 17, pp. 556 – 567.

有鉴于此，反事实框架未能受到社会科学领域的重视，社会科学则使用另一套术语阐释因果推论，对"反事实"思想进行重新表达。由著名统计学家唐纳德·鲁宾（Donald Rubin）提出的"潜在结果模型"（potential outcome model）目前成为社会科学领域因果推论最重要的理论模型。将随机实验与潜在结果有机结合，为实验探寻因果关系提供了重要的理论指导。

"潜在结果"的概念最早源于波兰数学家和统计学家耶日·纽曼（Jerzy Neyman），[①] 20世纪80年代由鲁宾系统论证，因此潜在结果模型也被称为"鲁宾因果模型"（Rubin Causal Model）。[②]"鲁宾因果模型"的基本思想是，因果关系（causal effect）的界定需要通过比较两个平行的世界，即某个体接受了实验干预与其没有接受该干预下的潜在结果之间的差异。[③] 然而，正如美国统计学家保罗·贺兰（Paul Holland）所指出，"我们无法同时观察到同一个单元接受干预与不接受干预的两种状态。"[④] 潜在结果模型与随机实验的结合有效地解决了"无法观察"的潜在结果问题。其基本逻辑是，实验干预是随机分配的，对照组与实验组之间在可观测和非可观测的特点上均没有系统性差异，因而具有相同的期望。因此，对照组与实验组可充当彼此假如未曾接受或假如接受了干预的"潜在结果"。[⑤] 平均干预效应（average treatment effect）便是对照组与实验组的期望之差，即可由样本均值之差估算而来。随机分配机制剔除了不可观测的相关因素的干扰，从而解决了"因果推论的根

---

① Jerzy Neyman, "On the Application of Probability Theory to Agricultural Experiments. Essay on Principles. Section 9", Roczniki Nauk RolniczychTom X [in Polish]; translated in *Statistical Science*, 1990, Vol. 5, No. 4, pp. 465 – 480.

② 苏毓淞：《倾向值匹配法的概述与应用：从统计关联到因果推论》，重庆：重庆大学出版社2017年版，第5页；Stephen L. Morgan & Christopher Winship, *Counterfactuals and Causal Inference: Methods and Principles for Social Research*, New York: Cambridge University Press, 2007, pp. 3 – 23.

③ Guido W. Imbens & Donald Rubin, *Causal Inference in Statistics, Social, and Biomedical Sciences*, New York: Cambridge University Press, 2015, pp. 3 – 5.

④ Paul W. Holland, "Statistical and Causal Inference", *Journal of the American Statistical Association*, 1986, Vol. 81, No. 396, pp. 945 – 960.

⑤ 一些学者将潜在结果等同反事实，鲁宾却并不赞同源于哲学家刘易斯的"反事实"概念，其更倾向使用"潜在结果"。因为在其看来，只有在施加干预下才能将相关结果称为"反事实"，若将所有潜在结果称为"反事实"的话则会与诸如先天并不存在、无法观察到的值混淆。只有干预分配发生，潜在结果才能变为"反事实"。

本难题"。① 简言之,实验研究探寻因果的基本逻辑是:通过随机分配和程序控制,因果关系便可通过对两种状态的比较而得出,即一种施加某种干预的状态和另一种没有施加相应干预的状态。②

二、实验探寻因果关系的历史脉络

实验方法运用于因果推断诞生于近代自然科学的产生之后。英国唯物主义哲学家弗朗西斯·培根(Francis Bacon)率先将实验法运用于研究,奠定了现代科学实验的方法论基础。③ 此后,物理学、医学、生物学、农学等学科大量使用实验法进行科学研究。例如,在18世纪,苏格兰海军外科医生詹姆斯·林德(James Lind)将类似症状的12位血友病患者分为不同的组,分别给予不同的饮食方案进行干预,最后发现橙子与柠檬是海上治疗血友病的最有效方法。④ 然而,在早期生物医学领域的实验研究并未重视随机分配机制,相关研究均假定样本按照医学标准是完全相同的。后来的学者试图对干预机制进行改进,具有代表性的便是统计学家罗纳德·费雪(Ronald Fisher)。在《实验设计》(*The Design of Experiments*)等论著中,他大力主张随机分配,对实验方法的完善具有标志性意义。⑤ 随机分配引入到实验法,有力地消除了过去实验研究中存在的不同研究组中的系统性差异。某种程度而言,随机分配亦构成了科学研究中实验与非实验研究的分水岭,随机实验成为后来实验研究的基本

---

① "潜在结果模型"进行因果推断有若干假设前提,包括"稳定的单元处理值假设"(SUTVA),即无论采取什么分配机制以及其他单元受到怎样的干预,将干预 Z 施加给任何单元 i 产生的 Y 值都是相同的。换言之,未接受干预的单元并不会因为另一个单元接受干预而受到任何影响,即同侪效应(peer effect)和溢出效应(spill-over effect)都不会出现。另一个重要假设是"干预分配机制的可忽略性"(Exclusion Restriction),即分配机制只与干预本身有关,与其他任何因素都无关。另外还包括干预实施的非零效果(nonzero causal effects of assignment on treatment)和单调性(monotonicity)等假设前提。

② James N. Druckman, pp. 15 – 26.

③ Schildknect Christiane, "Experiments with Metaphors: On the Connection between Scientific Method and Literary form in Francis Bacon," in Zdravko Radman (ed.), *From a Metaphorical Point of View: A Multi-disciplinary Approach to the Cognitive Content of Metaphor*, Berlin: Walter de Gruyter, 1995, pp. 27 – 50, 160.

④ Merrill Ray, *Introduction to Epidemiology*, Toronto: Jones & Bartlett Publishers, 2017, 7th Edition, pp. 19 – 20.

⑤ Joan Box, "R. A. Fisher and the Design of Experiments, 1922 – 1926", *The American Statistician*, 1980, Vol. 34, No. 1, pp. 1 – 7.

形式。

在社会科学领域,心理学最早出现了实验研究(见表1)。德国心理学家威廉·冯特(Wilhelm Wundt)转变了心理学原有的研究范式,将实验研究引入到心理学的学科研究中。他在1879年建立了世界上第一个正式的心理学实验室,标志着实验心理学的开端。[①] 在经济学领域,纽曼与费雪于20世纪20、30年代首次运用了随机分配机制完成农业实验,开创了实验经济学的先河。[②] 按照经济学界的主流观点,美国经济学家爱德华·张伯伦(Edward Chamberlin)于1948年在哈佛大学的课堂上对于供给与需求的实验博弈(experimental gaming)标志着实验经济学的真正开始。而真正较早将实验法系统化使其成为经济学领域中重要研究方法的则是美国经济学家弗农·史密斯(Vernon Smith)。[③] 1962年,他发表在《政治经济学杂志》上的《比较市场行为的实验研究》[④] 一文成为实验经济学的代表作之一。

表1 社会科学中不同学科实验研究的历史分布

学科	开创时间	代表人物	国籍	标志意义
心理学	1879	威廉·冯特	德国	世界上第一个心理学实验室
经济学	1948	爱德华·张伯伦	美国	实验经济学开端
	1962	弗农·史密斯	美国	发表实验经济学的代表作
政治学	1926	哈罗德·戈斯内尔	美国	最早发表实验研究论文
	1956	萨缪尔·艾德斯威尔德	美国	首个随机实验研究

资料来源:笔者自制

相较于心理学和经济学,政治学的实验研究发展较晚。根据莫顿和肯尼斯·威廉姆斯(Kenneth Williams)的统计,在1926—2000年期间,使用实

---

① George Mandler, *A History of Modern Experimental Psychology: from James and Wundt to Cognitive Science*, Cambridge: MIT press, 2007, pp. 40 – 41.

② Steven D. Levitt & John List, "Field Experiments in Economics: the Past, the Present, and the Future", *European Economic Review*, 2009, Vol. 53, No. 1, pp. 1 – 18.

③ Philippe Fontaine & Robert Leonard, *The Experiment in the History of Economics*, New York: Routledge, 2005, pp. 5, 14.

④ Vernon L. Smith, "An Experimental Study of Competitive Market Behavior", *Journal of Political Economy*, 1962, Vol. 70, No. 2, pp. 111 – 137.

百年变局与中国政治学的时代化:清华政治学系的探索

验方法发表在社会科学领域权威期刊上的政治学研究仅有 105 篇。① 另一项研究则发现,1950—1992 年间只有 58 篇实验类研究文章发表在政治学的顶级期刊上。② 政治学领域首个实验研究诞生在 20 世纪 20 年代。③ 1926 年,美国政治学者哈罗德·戈斯内尔(Harold Gosnell)通过收集芝加哥地区不同社区内选民的背景信息,将社区进一步分为街区,进而分别施加不同的干预(如给选民寄送督促投票信),研究其对选民投票的影响。④ 尽管戈斯内尔当时的研究还缺乏随机分配机制,但它仍是政治科学领域第一次有迹可循的实验研究尝试。1935 年,美国学者乔治·哈特曼(George Hartmann)在宾夕法尼亚州的艾伦敦(Allentown)同样对选民的投票行为进行研究,其通过散发为美国社会党(the Socialist Party)理性呼吁的传单,开展了一项对照实验研究。⑤ 不过,政治科学领域真正出现随机实地实验(Randomized Field Experiment)则是在 20 世纪 50 年代。

进入 20 世纪 50 年代后,美国政治科学领域开始掀起行为主义革命,推动了实验研究的发展。正如乔治华盛顿大学的大卫·博西蒂斯(David Bositis)和道格拉斯·斯坦内尔(Douglas Steinel)所言,"行为主义革命是政治科学中实验发展的分水岭。"⑥ 1956 年,密歇根大学的萨缪尔·艾德斯威尔德(Samuel Eldersveld)发表在《美国政治学评论》(*American Political Science Review*)的文章,在政治学领域首次运用了随机实验的方法对密歇根州 1953—1954 年

---

① Rebecca Morton & Kenneth Williams, p. 1.
② Kathleen McGraw & Valerie Hoekstra, "Experimentation in Political Science: Historical Trends and Future Directions", in M. Delli Carpini et al. (eds.), *Research in Micropolitics*, Conn.: JAI Press, 1994, pp. 3 – 30.
③ Donald Green & Alan Gerber, "The Underprovision of Experiments in Political Science", *The Annals of the American Academy of Political and Social Science*, 2003, Vol. 589, No. 1, pp. 94 – 112.
④ Harold F. Gosnell, "An Experiment in the Stimulation of Voting", *American Political Science Review*, 1926, Vol. 20, No. 4, pp. 869 – 874.
⑤ George W. Hartmann, "Field Experiment on the Comparative Effectiveness of 'Emotional' and 'Rational' Political Leaflets in Determining Election Results", *Journal of Abnormal Psychology*, 1936, 1937, Vol. 31, pp. 99 – 114. 转引自 Donald Green & Alan Gerber, "The Underprovision of Experiments in Political Science," *The Annuals of the American Academy of Political and Social Science*, 2003, Vol. 589, No. 1, pp. 94 – 112.
⑥ David A. Bositis & Douglas Steinel, pp. 263 – 284.

的投票动员进行了比较研究。① 20 世纪 50、60 年代,关于博弈论评估的实验研究文章开始大量涌现,特别是在国际关系领域的研究中。1957 年,热衷于用实验方法研究博弈理论的期刊《冲突解决杂志》(Journal of Conflict Resolution)创建,该刊在 1959 年发表了本刊的第一篇实验研究文章。到了 20 世纪 70 年代,实验研究在政治学领域进一步发展,一些政治学学者甚至创办了实验政治领域的专门期刊《政治学的实验研究》(Experimental Study of Politics)。之后,政治科学的实验研究室也在纽约州立大学石溪分校以及加州大学洛杉矶分校等纷纷建立,推动了政治心理学这一新兴学科的产生。在 20 世纪 70、80 年代,政治经济学家进行实验研究的相关成果如雨后春笋般出现。② 加州理工学院也在这一时期建立了世界上第一个政治科学与经济学研究的实验室,许多实验政治学的研究者们在此得到培训。③ 实验方法率先在政治经济学、政治心理学、政治传播学等交叉领域蓬勃发展。④ 自此,美国政治科学领域诸如投票行为、政治信任、公共物品的供给、政治动员、媒介效果、国际关系、公众民意、信息政治、协商民主、领导人决策偏好等议题催生了大量的实验研究。

三、实验研究的类型与美国政治研究的应用

尽管存在实践上的操作困难以及伦理挑战,作为社会科学领域中较为前沿的研究方法,实验方法目前在美国政治研究中仍取得了可圈可点的发展,已发展出多种类型。按照实验的标准化程度,可将其分为实验研究和准实验研究(Quasi-Experiment)。而根据发生的场所及干预的形式等因素,可将实验研究进一步区分为实验室实验(Laboratory Experiment)、实地实验(Field Experi-

---

① Samuel J. Eldersveld, "Experimental Propaganda Techniques and Voting Behavior", *American Political Science Review*, 1956, Vol. 50, No. 1, pp. 154 – 165.

② 例如:H. Jon Rosenbaum, "Project Rondon, a Brazilian Experiment in Economic and Political Development", *American Journal of Economics and Sociology*, 1971, Vol. 30, No. 2, pp. 187 – 202; Rolla Edward Park et al., "Charging for Local Telephone cCalls: How Household Characteristics Affect the Distribution of Calls in the GTE Illinois Experiment", *Journal of Econometrics*, 1983, Vol. 22, No. 3, pp. 339 – 364.

③ Rebecca Morton&Kenneth Williams, pp. 1, 5 – 8.

④ James N. Druckman et al. (eds.), *Cambridge Handbook of Experimental Political Science*, New York: Cambridge University Press, 2011.

ment)、调查实验（Survey Experiment）以及自然实验（Natural Experiment）。①

(一) 实验室实验

政治科学领域中的实验室实验与自然科学领域的实验研究非常相似，顾名思义，即在实验室中对变量进行干预操纵和程序控制。实验室实验的突出优势在于将人们置于特定情境下观察其实际行为，从而规避传统调查方法的自我汇报偏差等问题。实验室实验的另一突出优势是能够将假定的原因变量从其他因素中分离出来单独检验，并能进一步检验中介效应、调节变量等因果机制，从而进行理论构建。此外，由于经常使用学生样本，实验室实验的成本也较低。与心理学、经济学等学科一样，按照对实验情境的设计分为单因素设计（single-factor design）与多因素设计（two-factor, three-factor design）。其中最为常用是析因设计（factorial design），即由两个或多个因素的不同层次（level）交叉组合形成实验条件。按照对被试的处理方式又可分为组间设计（between-subjects design）和重复测量设计（within-subjects design）。

受心理学的影响，实验室实验在政治学较早地出现在政治传播领域。20世纪80年代，耶鲁大学的仙托·艾英戈（Shanto Iyengar）和密歇根大学的唐纳德·金德（Donald Kinder）率先开展了一系列实验研究，检验竞选广告中包括负面广告、语调、框架、种族暗示以及党派暗示等因素对民意的影响。② 通过实验方法，研究者将糅合在竞选宣传中的信息、信源、渠道因素拆分开来进行实证检验，并克服了媒体信息接触与政治态度存在内生性及自我汇报偏差等问题。实验室实验还广泛应用于个人与集体决策行为研究。例如，芝加哥大学的凯斯·桑斯坦（Cass Sunstein）围绕群体极化问题开展了一系列实验研究，发现来自对立党派的人讨论诸如控枪、反堕胎等争议性问题时容易发生意见极化。③ 在一项最新的关于美国司法审判及国际组织的投票制度研究中，研究者

---

① James N. Druckman et al., pp. 3 – 12.
② Shanto Iyengar & Donald R. Kinder, *News that Matters: Television and American Opinion*, Chicago: University of Chicago Press, 2010.
③ David Schkade, Cass R. Sunstein & Reid Hastie. "What Happened on Deliberation Day", *California Law Review*, 2007, Vol. 95, pp. 915 – 940.

采用实验方法检验投票制度对投票结果的影响。该实验由18位学生受试者参与,由计算机程序随机将受试对象分在不同的组进行相应的游戏。实验一共进行48次,且每位受试者仅能参加一次。研究发现,具有否决权的多数决定规则(majority rule with veto power)优于一致同意规则(unanimity rule),更有助于减轻信息积聚的问题。① 在政治经济学领域,围绕经济流动性与宏观经济周期对再分配政策的偏好影响问题,以往的研究很少将经济流动性与宏观经济周期同时考虑,有关两者分别对再分配政策影响的结论甚至是相反的。一项研究将经济流动性与宏观经济周期统一起来,并借助"再分配的实验游戏"进行分析。实验由10名受试者在电脑前参与,受试者随机分配到两组。每次受试者完成一项任务,即接受未来关于收入转移的可能信息(由研究者严格控制),然后对税率投票,接着再执行相同任务。研究发现,相对收入转移会增加个人的利己行为,而绝对收入的转移则导致更多的集体驱动行为。因而,预期的绝对收入和相对收入的变化对再分配政策偏好的影响是相反的。② 此外,在国际关系领域,利用实验室实验研究的内容还有威胁感知、外交政策认识中的性别差异、领导人的声望以及对战争支持等。③

然而,实验室实验的可推广性,亦称"外部效应",是其不可否认的"阿克琉斯之踵"。实验室精心控制的人造环境往往与真实情景相去甚远,其发现的结论多大程度上能够推广至真实场景常受到质疑。不少学者指出,人们在实验室里的行为不仅受到经济利益的驱动,还会受诸如道德和伦理的考量、研究者对行为测量的性质与范围、个体决策的自我选择以及博弈的初始禀赋等因素的影响,这使得实验室环境与现实世界存在诸多差别。④ 另一个困扰实验室实验的问题是样本偏差,即基于学生样本的结论多大程度上能够推广至普通公

---

① Laurent Bouton et al., "Unanimous Rules in the Laboratory", *Games and Economic Behavior*, 2017, Vol. 102, No. 2, pp. 179–198.

② Vittorio Mérola & Agnar Freyr Helgason, "Are We in the Same Boat or Not? The Opposite Effects of Absolute and Relative Income Shifts on Redistributive Preferences", *The Journal of Politics*, 2016, Vol. 78, No. 4, pp. 1107–1123.

③ Susan D. Hyde, "Experiments in International Relations: Lab, Survey, and Field", *Annual Review of Political Science*, 2015, Vol. 18, pp. 403–424.

④ Steven D. Levitt & John A, "What Do Laboratory Experiments Measuring Social Preferences Reveal about the Real World?", *Journal of Economic Perspectives*, 2007, Vol. 21. No. 2, pp. 153–174.

众。有鉴于此，学者们不断探索在更具代表性、更广人群中做实验，因此催生了实地实验、问卷实验等类型。

（二）实地实验

实地实验①指的是在真实环境下进行的随机研究，它将实验室实验与田野工作（fieldwork）两种方法有机结合起来。其产生源于社会科学领域对实验室实验可推广性的反思。实地实验同样包含随机机制，即个人、群体、机构或国家被随机分配至干预组和对照组以保证每个观察接受干预的概率相同。与实验室实验不同的是，实地实验试图尽可能接近地模拟一个因果过程发生的条件，其目的是增强实验结果的可推广性。② 甚至在某些情况下，受试者并不知道自己是实验的参与者，这就使研究者更能直接观测人们的真实行为，也就减小了自我汇报偏差。实地试验结合了实验室实验的内部效度和田野场景的外部效度，在实验室和自然发生的数据间架起了桥梁。③

相对而言，实地实验在美国政治学领域的研究成果更为丰富。根据国际权威的综合性文献数据库 Web of Science 引文索引数据库检索显示，近五年来（2015—2019 年）美国政治学领域发表主题为"实地实验"的社会科学引文索引期刊（Social Science Citation Index, SSCI）论文就达到 267 篇，研究议题涵盖政治态度、立法行为、选举投票、政治参与、社交媒体、社会治理以及族群与身份政治等。艾伦·格伯（Alan Gerber）和唐纳德·格林（Donald Green）对选举动员的大型实验是实地实验的经典研究。他们将近三万选民随机分配至 16 组，分别采用电话、人际拉票和邮件拉票，来检验其动员效果。④ 随着互联网和社交媒体在美国政治中扮演愈来愈关键的角色，网络为实地实验提供了宽

---

① 中文世界的一些研究者也有将 Field Experiment 翻译为田野实验，不过这一译法容易与人类学中的田野调查相混淆。

② Alan S. Gerber & Donald P. Green, "Field Experiments and Natural Experiments", in Box-Steffensmeier J. M. et al. (eds.), *The Oxford Handbook of Political Methodology*, Oxford: Oxford University Press, 2008, pp. 358–359.

③ John A. List, "Field Experiments: A Bridge Between Lab and Naturally Occurring Data", *The BE Journal of Economic Analysis & Policy*, March 2007, Vol. 5, No. 2.

④ Alan S. Gerber & Donald P. Green, "The Effects of Canvassing, Telephone Calls, and Direct Mail on Voter Turnout: A Field Experiment", *American political science review*, 2000, Vol. 94, No. 3, pp. 653–663.

广而真实的场景和议题。例如，美国加州大学圣地亚哥分校的罗伯特·邦德（Robert Bond）等通过 Facebook 开展针对 6100 万名选民的实地实验，研究社交网络对投票动员的扩散作用。研究者将选举前所有登录 Facebook 的用户随机分为三组并采用实际投票结果确认其投票行为，结果表明，网络动员显著影响了用户的政治表达、信息获取和真实的投票行为；且用户间的社交联系越强，这种影响越强。① 相似地，围绕"网络广告对美国选举中的投票率是否有影响"这一问题，研究者在得克萨斯州的达拉斯市进行了实地实验。该研究与《达拉斯晨报》（The Dallas Morning News）合作，通过在报社网站投放涉及实验干预的广告，然后由广告代理公司利用网络跟踪器（cookie）定向向个人发送有针对性的选举广告，而选举的投票率根据公开数据衡量。研究发现，信息与投票提醒广告相配合是一种有效的手段，但仅限于竞争激烈地区的选民，网络广告的效果与真人电话动员的效果相当。② 再比如，围绕非盈利组织接受政府资助是否影响慈善捐款的问题，一项基于 Facebook 的实地实验发现，获得政府支持对于非盈利组织获得更多的社会捐款并没有影响，即非盈利组织向公众传递政府支持的信息时既不会增加也不会减少其获得的捐款。③ 此外，一项新近研究通过在社交网络上开展投票游戏研究信息流动对集体决策的影响，发现社交网络的影响力结构能够使原本势均力敌的竞争偏向一方，而一小部分偏激分子和虚假账号的存在即可改变社交网络的影响力结构，作者将该现象称为"信息选区划分"（information gerrymandering）。④

此外，种族歧视问题一直以来是美国社会科学领域关注的重要内容。近来"种族身份是否影响美国民众公共服务的获得"这一问题得到学界讨论。基于对政府经济适用房申请响应的实地实验的研究发现，美国公共住房部门官员对

---

① Robert. M. Bond et al., "A 61-million-person Experiment in Social Influence and Political Mobilization", *Nature*, 2012, Vol. 489, No. 7415, pp. 295 – 298.

② Katherine Haenschen & Jay Jennings, "Mobilizing Millennial Voters with Targeted Internet Advertisements: A Field Experiment", *Political Communication*, 2019, Vol. 36, No. 3, pp. 1 – 19.

③ Sebastian Jilke et al., "Using Large-Scale Social Media Experiments in Public Administration: Assessing Charitable Consequences of Government Funding of Nonprofits", *Journal of Public Administration Research and Theory*, 2019, Vol. 29, No. 4, pp. 627 – 639.

④ Alexander J. Stewart et al., "Information Gerrymandering and Undemocratic Decisions", *Nature*, 2019, Vol. 573, No. 7772, pp. 117 – 121.

黑人与白人的回应率是相同的,这与以往的调查结论相反,不过,研究发现官员在公共服务提供上对拉美裔民众存在一定程度的歧视。① 而一项基于纽约城市地区 700 多位房东的实地实验研究则发现,尽管美国政府推动反歧视的宣传活动,然而种族歧视现象仍然存在。政府反歧视的信息宣传可以减少对拉美裔民众的歧视,但并不能减少对黑人的歧视。②

不可否认,实地实验将实验场景拓展至田野,也容易因此而损失对实验干预的精准控制,从而影响其内部效度。在实践中,研究者常面临难以招募参与者、不服从、样本污染或中途退出等挑战。③ 同时,实地试验常面临一部分人得不到援助等伦理难题,并可能对参与者和社会带来难以预料的潜在负面影响。相较于实验室实验,实地实验的成本也更加高昂。

(三)调查实验

与实地实验在田野中潜入实验相似,调查实验在大规模问卷调查中嵌入实验,将政治学最常用的问卷调查与实验研究结合起来。参与者也不再局限于学生便利样本,而拓展至具有代表意义的一般人群。调查实验的出现既推动了民意调查的发展,也拓展了实验研究的应用领域,具有较好的研究优势。调查实验通常将调查问卷分为几个版本,并把受试单元随机分配到实验组和控制组,分别对不同的问卷作答。比较常见的类型包括框架实验(framing experiment)、列表实验(list experimen)和认可实验(endorsement experiment)等。

框架实验通过改变问题的措辞与顺序来研究影响民意的因素。例如,围绕移民问题这一美国社会科学研究中经久不衰的话题,美国麻省理工学院的延斯·海因穆勒(Jens Hainmueller)和哈佛大学的迈克尔·希斯克斯(Michael Hiscox)在对美国公众对移民政策的态度研究中采用了 A/B 两个版本的问卷,

---

① Katherine Levine Einstein & David M. Glick, "Does Race Affect Access to Government Services? An Experiment Exploring Street-level Bureaucrats and Access to Public Housing", *American Journal of Political Science*, 2017, Vol. 61, No. 1, pp. 100 – 116.

② Albert H. Fang et al., "Can the Government Deter Discrimination? Evidence from A Randomized Intervention in New York City", *The Journal of Politics*, 2019。Vol. 81, No. 1, pp. 127 – 141.

③ Rose McDermott, "Internal and external validity", in James N. Druckman et al. (eds.), *Cambridge Handbook of Experimental Political Science*, Cambridge: Cambridge University Press, 2011.

分别在调查中询问"美国是否应该允许其他国家的高技能/低技能移民到美国。"① 结果发现,美国人因担忧劳动力市场竞争而反对移民的假说并不成立,即无论自身技能水平高低,人们都更欢迎高技能移民。而担心移民造成公共财政负担的假说亦不成立,即无论自身经济水平如何,人们普遍反对低技术移民。因此研究者认为,自身经济利益无法解释移民态度。

列举实验(List Experiments)是另一个重要的方法,它能够有效避免传统问卷调查中遇到的诸如社会期望偏差、敏感问题测量等难题,减少了无应答率和社会期望偏差,因此常用于了解人们对"敏感问题"(如种族偏见)的真实态度。② 美国伊利诺伊州香槟分校的詹姆斯·库克林斯基(James Kuklinski)等研究者在调查问卷中询问"下面我会提供一系列可能是人感到愤怒的事,请告诉我其中几件使你感到愤怒。你不必告诉我哪些,只需要告诉我数量即可。"而实验组问卷比对照组多了一项,即"为黑人平权",因此人群中对"为黑人平权"感到愤怒的比例可以通过计算实验组与对照组平均数之差获得。③ 一项最近的研究则在面向立法机构职员的调查中嵌入列举实验来研究其代表性。研究发现,立法机构职员对选民意见的理解存在系统性偏差,那些在信息渠道上主要依赖保守派和利益集团的职员对民意的认知尤为偏颇。④ 与列举实验相似,认可实验也常被用于测量受访者对敏感问题的回答,亦可用于测量信源可信度。在认可实验中,受访者通常被随机分配回答不同版本的问卷,其中实验组的问题相较于对照组提供了信源信息,因此比照两组回答差别即可得出人们对信源的态度。例如,普林斯顿大学的格雷姆·布莱尔(Graeme Blair)等同时采用列举实验和认可实验来了解阿富汗民众对国际维和部队的态度。在认可实验部分,对照组仅询问民众对阿富汗监狱系统进行大规模改革这

---

① Jens Hainmueller & Michael J. Hiscox, "Attitudes toward Highly Skilled and Low-skilled Immigration: Evidence from a Survey Experiment", *American Political Science Review*, 2010, Vol. 104, No. 1, pp. 61 – 84.

② 任莉颖:《用问卷做调查:调查—实验法的概论与操作》,重庆:重庆大学出版社2018年版,第13—32页。

③ James H. Kuklinski et al., "Racial Attitudes and the 'New South'", *The Journal of Politics*, 1997, Vol. 59, No. 2, pp. 323 – 349.

④ Hertel-Fernandez A. et al., "Legislative Staff and Representation in Congress", *American Political Science Review*, 2019, Vol. 113, No. 1, pp. 1 – 18.

一提议的看法，而实验组的问题则明确指出这项提议由国际维和部队提出。研究发现，列举实验与认可实验得出的结果高度相似。① 在美国公众的选举问题上，一项最新的研究则使用联合选择实验（conjoint experiment），发现当选民无法依赖党派标签进行选择时，他们常常会考虑候选人的经验。但不同党派的选民对于经验的着重点不同，共和党选民更看重工作经验，而民主党选民更看重候选人的政治经验。②

（四）自然实验

鉴于社会科学领域的实验研究面临着可操作性和伦理等诸多问题的挑战，当政府或其他机构进行某些政策干预或偶发事件发生时，就提供了天然的实验场景。与其他实验类型不同，研究者并不主动施加干预，而是通过寻找和利用已经或正在发生的政策干预或自然事件来进行因果推断，而未发生改变的单元或时段便可模拟控制组。③ 根据"潜在结果模型"，干预效应便是通过比较干预前和干预后的实验组结果与未处理前和未处理后的控制组结果的差异进行。④ 严格来说，自然实验属于观察型研究，缺乏随机分配机制，因此往往需要借助统计方法来模拟构建具有可比性的对照组和实验组，以克服内生性等问题。目前，常见的统计方法包括倾向值匹配法（propensity score matching, PSM）、双重差分法（difference-in-difference, DID）、工具变量法（instrumental variables, IV）以及断点回归等（regression discontinuity, RD），这些方法广泛应用于经济学、教育学、政治学等社会科学领域。

例如，美国政治学领域持续关注公民的受教育程度与政治参与之间的关系。以往的研究认为两者高度相关，然而二者的因果关系备受质疑。一项研究

---

① Graeme Blair, Kosuke Imai & Jason Lyall, "Comparing and Combining List and Endorsement Experiments: Evidence from Afghanistan", *American Journal of Political Science*, 2014, Vol. 58, No. 4, pp. 1043 – 1063.

② Patricia A. Kirkland & Alexander Coppock, "Candidate Choice Without Party Labels", *Political Behavior*, 2018, Vol. 40, No. 3, pp. 571 – 591.

③ James N. Druckman et al. , p. 22.

④ Glenn W. Harrison and John A. List, "Field experiments", *Journal of Economic Literature*, 2004, Vol. 42, No. 4, pp. 1009 – 1055.

便借助 20 世纪早期美国洛克菲勒卫生委员会（Rockefeller Sanitary Commission）开展的"反钩虫运动"（Anti-hookworm Campaign）进行了自然实验。因卫生运动消灭了大量的钩虫，有力地推动了美国南部适龄儿童入学，因而获得了教育程度提高的外源性变量，使得可以对受教育程度与政治参与的关系进行因果检验。通过工具变量以及匹配的方法，研究发现公众教育程度的提高对政治参与有显著积极影响，结论为以往的发现做出了因果解释。[①] 再如，借助美国"征兵抽签号码"（Draft Lottery Number）这一工具变量进行的自然实验，研究者探究了服兵役对政治态度的影响，[②] 以及国家政策如何影响公众的政治参与等问题。[③] 哥伦比亚大学的亚历山大·科波克（Alexander Coppock）和唐纳德·格林（Donald Green）利用"断点回归"（RD）探究了美国选举中的投票行为是否形成习惯[④]；美国宾州州立大学的卢克·基尔（Luke Keele）等人则借助"地理断点回归"（RDD）研究竞选广告对美国选举中投票率的影响。[⑤]

表 2　不同类型的实验研究比较

维度 \ 标准	随机分配			
	是（随机控制实验）			否（准实验）
具体类型	实验室实验	实地实验	调查实验	自然实验
人为干预	高	较高	较高	无
内部效度	高	较高	较高	\
外部效度	低	较高	较高	高

资料来源：笔者自制

[①] John A. Henderson, "Hookworm Eradication as A natural Experiment for Schooling and Voting in the American South", *Political Behavior*, 2018, Vol. 40, No. 2, pp. 467–494.

[②] Robert S. Erikson & Laura Stoker, "Caught in the Draft: The Effects of Vietnam Draft Lottery Status on Political Attitudes", *American Political Science Review*, 2011, Vol. 105, No. 2, pp. 221–237.

[③] Davenport T. C., "Policy-Induced Risk and Responsive Participation: The Effect of a Son's Conscription Risk on the Voting Behavior of His Parents", *American Journal of Political Science*, 2015, Vol. 59, No. 1, pp. 225–241.

[④] Alexander Coppock & Donald P. Green, "Is Voting Habit Forming? New Evidence from Experiments and Regression Discontinuities", *American Journal of Political Science*, 2016, Vol. 60, No. 4, pp. 1044–1062.

[⑤] Luke J. Keele & Rocío Titiunik, "Geographic Boundaries as Regression Discontinuities", *Political Analysis*, 2015, Vol. 23, No. 1, pp. 127–155.

不可否认,在社会科学的相关研究中,还存在其他实验类型的提法,比如"思想实验""政策实验""社会实验"等。随着互联网技术的发展,还出现了网络实验这类新形式,现今美国政治科学方法论领域的研究者对网络实验的讨论越来越多。[1] 不过,在实验类型的划分上,上述四种类型最为常见、也最为基础。然而,对实验研究的类型学(Taxonomy)划分只是一种相对意义上的理想状况,这种实验类型的划分并不充分,并且四种类型的实验各有利弊(见表2)。例如,实验室实验的内部效度最高,但是其外部效度差;实地实验兼具外部效度和内部效度,不过其成本较高;而自然实验的外部效度最高,最为接近实际,且可以规避相关伦理难题,不过其内部效度难以保障。因而,在具体研究中,研究者往往采用并结合多种方法。[2]

四、实验方法在美国政治研究中的进展

如上所述,美国政治学领域诞生了一系列前沿的实验研究成果,尤其是在2000年以后,实验研究的成果更是迅速涌现。从时间、空间等维度上,美国政治学实验研究的分布呈现了何种特点,趋势如何?此外,美国的实验研究往往分布在哪些议题上,实验研究的发展态势如何?

通过在 Web of Science 引文索引数据库检索发表在社会科学引文索引期刊上的文章发现,在1998—2019年期间,标题中含有"实验"(experiment)的文章高达12803篇。其中,美国贡献了5300余篇(论文类成果达到4415篇),占比超过40%,这些文章涉及政治、外交、公共管理、社会、经济发展等不同方面。从时间分布上看,在2006年后,社会科学领域的实验文章发表一直呈迅速上升趋势(见图1)。从学科属性而言,经济学产生的实验研究成果最多,高达3000余篇,而政治科学领域相对较少,为800余篇。

---

[1] John J. Horton et al., "The Online Laboratory: Conducting Experiments in a Real Labor Market", *Experimental Economics*, 2011, Vol. 14, No. 3, pp. 399 – 425; Adam J. Berinsky et al., "Evaluating Online Labor Markets for Experimental Research: Amazon. com's Mechanical Turk", *Political Analysis*, 2012, Vol. 20, No. 3, pp. 351 – 368; Jonathan Mummolo & Erik Peterson, "Demand effects in Survey Experiments: An Empirical Assessment", *American Political Science Review*, 2019, Vol. 113, No. 2, pp. 517 – 529.

[2] Glenn W. Harrison & John A. List, pp. 1009 – 1055.

· 实验方法及其在美国政治研究的应用 ·

图1 社会科学引文索引期刊发表实验研究的论文（1998—2019年）

资料来源：笔者根据 Web of Science 引文索引数据库检索资料自制，截止时间 2020 年 1 月。

进一步对1998年以来发表实验成果的美国科研机构分析发现，加州大学系统是美国发表实验研究成果最多的机构，达到547篇；哈佛大学紧随其后，为336篇。① 近20年来，美国社会科学领域发表实验研究成果最多的学者是芝加哥大学经济学教授约翰·李斯特（John List），其实验研究数量高达53篇，哥伦比亚政治学系教授唐纳德·格林次之，达到38篇（见表3）。

表3 美国社会科学领域实验研究发表最多的学者（1998—2019年） 单位：篇

序号	学者	数量	学科	任职机构
1	约翰·李斯特	53	经济学	芝加哥大学
2	唐纳德·格林	38	政治学	哥伦比亚大学
3	鲁道夫·奈加（Rodolfo Nayga）	25	农业经济学	阿肯色大学
4	加里·查尼斯（Gary Charness）	24	经济学	加州大学芭芭拉分校
5	艾伦·格伯（Alan Gerber）	24	政治学	耶鲁大学
6	杰森·拉斯科（Jayson Lusk）	22	农业经济学	普渡大学
7	格伦·哈里森（Glenn Harrison）	17	经济学	佐治亚州立大学

---

① 检索范围为1998—2019年，标题中含有"实验"（experiment）。

百年变局与中国政治学的时代化：清华政治学系的探索

（续表）

序号	学者	数量	学科	任职机构
8	迪恩·卡尔兰（Dean Karlan）	17	经济学	西北大学
9	约翰·布里奇（John Bridges）	16	公共卫生	约翰·霍普金斯大学
10	大卫·尼克森（David Nickerson）	16	政治学	天普大学

资料来源：笔者根据 Web of Science 引文索引数据库检索资料自制，截止时间 2020 年 1 月。

因本文侧重点为美国政治，故而介绍的相关实验研究进展将进一步聚焦在政治学上。除了传统的政治学，还涉及政治学与其他学科的交叉领域，例如政治经济学、政治心理学、政治传播学以及政治社会学等学科内容。根据 Web of Science 引文索引数据库的索引资料显示，在最近 20 年间美国发表的社会科学引文索引期刊论文中，标题含有"实验"的政治学类研究论文达到 422 篇，超过全球社会科学引文索引收录的实验政治学论文数量的 50%，仅从数量上便可窥见美国政治学界对实验方法的推崇。美国政治学学科排名前列的大学在实验研究发表数量上均相当可观，耶鲁大学、哥伦比亚大学、斯坦福大学、芝加哥大学等政治学重镇的实验研究发表数量名列前茅。

表 4　美国政治学实验研究论文发表前列的学者和机构分布（1998—2019 年）　单位：篇

序号	学者	数量	机构	数量
1	唐纳德·格林	34	耶鲁大学	65
2	艾伦·格伯	20	加州大学系统	47
3	大卫·尼克森	13	哥伦比亚大学	35
4	科苏基·伊迈（Kosuke Imai）	9	宾夕法尼亚联邦高等教育系统	25
5	丹尼尔·巴特勒（Daniel Butler）	8	斯坦福大学	23
5	考斯塔斯·潘纳古普鲁斯（Costas Panagopoulos）	8	普林斯顿大学	21

资料来源：笔者根据 Web of Science 引文索引数据库检索资料自制，截止时间 2020 年 1 月。

我们进一步将政治学领域的实验研究成果聚焦在三本影响力较大的国际权威期刊上，即《美国政治学评论》《美国政治学期刊》（American Journal of Political Science）以及《政治学期刊》（The Journal of Politics）。借助 Web of Science 引文索引数据库检索，2000 年以来发表在这三大期刊上主题中含有"实验"的论文达到492篇；从趋势上看，主流期刊发表的实验成果不断呈上升趋势。在2000年政治学权威期刊发表的主题为"实验"文章仅七篇，而2019年达到66篇。这表明美国政治学前沿对实验方法的热衷（详见图2）。

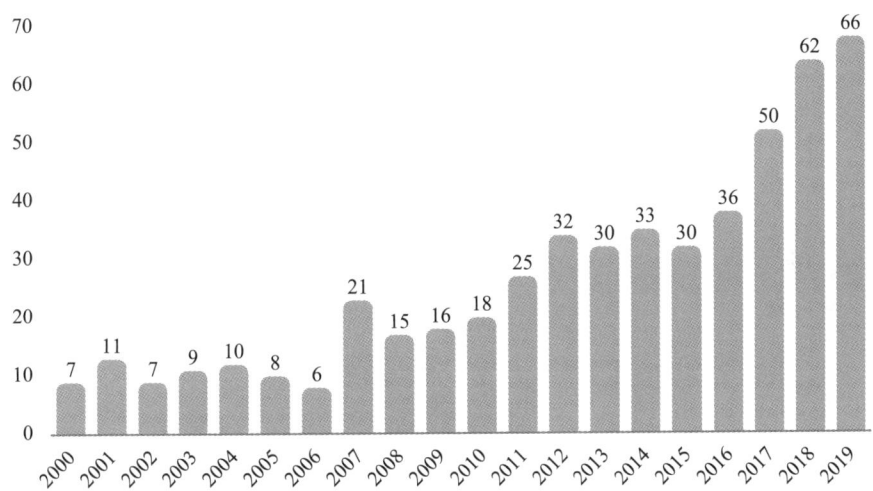

图2　三本政治学国际权威期刊实验研究论文的发表分布（2000—2019年）单位：篇

资料来源：笔者根据Web of Science引文索引数据库检索资料自制，截止时间2020年1月。

借助文献计量学可视化分析软件Citespace（"引文空间"）对这些研究论文的议题进一步分析显示，最高频的关键词分别为：选举（51次），态度、影响、实地实验（均为47次），信息（45次），政治（42次），政策（35次），支持（33次），民意（31次）以及绩效（26次）。在关键词分析的基础上进行聚类分析，则呈现出相应实验研究的主题类别。结果表明，首先，公众民意等政治态度议题在实验研究中占据首位，例如政治家是否受公共舆论影响、[①]移民威胁背景下群体同理心（group empathy）对民众态度的影响等。[②] 其次，

---

① David E. Broockman & Daniel M. Butler, "The Causal Effects of Elite Position-Taking on Voter Attitudes: Field Experiments with Elite Communication", *American Journal of Political Science*, 2017, Vol. 61, No. 1, pp. 208 – 221.

② Cigdem V. Sirin et al., "Group Empathy Theory: The Effect of Group Empathy on US Intergroup Attitudes and Behavior in the Context of Immigration Threats", *The Journal of Politics*, 2016, Vol. 78, No. 3, pp. 893 – 908.

百年变局与中国政治学的时代化：清华政治学系的探索

相关文章涉及最多的主题是政治组织①、少数族裔问题②、州议员以及选民的个体行为③等话题（见图3）。从议题分布看，美国实验研究涵盖内容广泛，并且呈现跨学科趋势。在实验类型上，政治学三大国际权威期刊上发表的实验论文中，实地实验出现的频率最高，达到113次，调查实验出现62次，自然实验出现35次，实验室实验仅为14次（数据源包含标题、摘要及关键词），这在一定程度上反映出实地实验在当前美国政治学研究中占据主导地位。

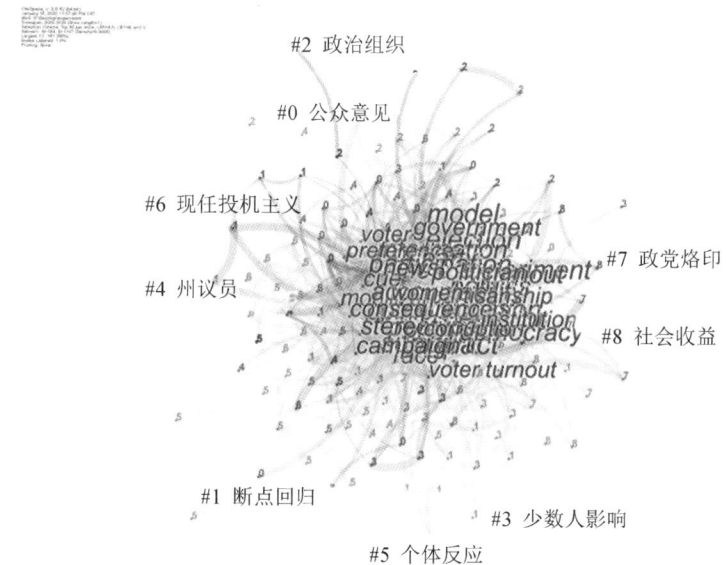

图3 三本政治学国际权威期刊实验研究的关键词聚类分布图

五、结语

实验方法因其在因果机制推断和实证检验理论所呈现出的优势，已成为社

---

① Alan M. Jacobs and Scott J. Matthews, "Policy Attitudes in Institutional Context: Rules, Uncertainty, and the Mass Politics of Public Investment", *American Journal of Political Science*, 2017, Vol. 61, No. 1, pp. 194 – 207.

② David Doherty et al., "Do Local Party Chairs Think Women and Minority Candidates Can Win? Evidence from a Conjoint Experiment", *The Journal of Politics*, 2019, Vol. 81, No. 4, pp. 1282 – 1297.

③ 例如，Adam Zelizer, "Is Position-taking Contagious? Evidence of Cue-taking from Two Field Experiments in a State Legislature", *American Political Science Review*, 2019, Vol. 113. No. 2, pp. 340 – 352; Doherty D. et al., "Are Voting Norms Conditional? How Electoral Context and Peer Behavior Shape the Social Returns to Voting", *The Journal of Politics*, 2017, Vol. 79. No. 3, pp. 1095 – 1100.

会科学各领域不可或缺的方法论工具。随机实验与潜在结果理论模型相结合，能够有效地解决传统的观察性研究中存在的因果倒置、混淆变量等问题，成为因果推断的黄金标准。本文梳理了实验的概念、基本逻辑、发展历史、类型与应用，并呈现其在美国政治研究的最新发展趋势。本文认为，随着实验方法在政治学的飞速发展，美国政治诸领域例如选举与投票、公共民意、媒介效果、决策、种族与身份认同、认知与选择偏好、政府回应性等产生了大量前沿研究。实验类型亦从传统的实验室实验发育出问卷实验、田野实验、自然实验等多种类型。其中，实地实验的应用中最为广泛，而借助网络进行实验将成为政治学研究的未来趋势。实验已成为美国政治研究的核心方法之一，其应用领域不断扩展，方法日臻完善，并呈现出学科融合的大趋势。

诚然，实验方法亦存在实验伦理、可操作性、研究费用等方面的挑战，不同类型的实验方法亦面临内部效度与外部效度等的权衡取舍。因此，实验方法与传统方法诸如田野调查、案例研究、形式建模、调查与统计的结合与互补蔚为重要。借助多元方法，研究者能够建立发现现象、描述现象、揭示相关规律、检验因果机制、建构理论并不断完善理论的完整链条，使理论既具有一般普适性又具有科学有效性，既具有丰富的个案又具有数据的佐证。实验方法与新兴方法诸如大数据的结合，亦能使研究者从海量真实数据中发现规律，继而通过实验方法检验理论。随着互联网与社交媒体的飞速发展，网络平台为大数据的自动汇集与实验研究的主动开展提供了丰富而真实的场景。

总之，美国政治不断涌现的新现象为实验研究提供了丰富的研究议题，不断催化包括实验在内的方法论的持续革新。实验方法的发展方兴未艾，它与其他方法和其他学科诸如心理学、经济学、公共管理、计算科学、神经科学的创新结合为研究者提供了广阔的空间，将不断推动社会科学向前发展。

统计分析方法与美国政治学研究

苏毓淞　刘江锐

一直以来，美国政治学研究领域中对于定量与定性分析方法在研究中的作用争论不休。无论将"美国政治学"视为西方政治学的研究领域，① 抑或是将其等同于西方政治学，这两大研究范式倾轧的普遍存在，深刻地影响了美国政治学学科的发展。总体来看，定量分析方法确实在美国政治学领域中逐渐占据了主导地位。"定量霸权"不是虚名，定量分析方法让学者们在学术成果发表和谋求教职方面都具有一定的优势。② 以定量分析为基本特性的领域已经形成，即"政治学方法论"③，对美国政治的研究是诸多重要的政治学理论的发源。许多从事美国研究的学者强调"美国例外论"（American Exceptionalism），强调美国文化与其他文化的显著差异或者说其作为个案的重要价值，而这种"例外"在政治学方法论的路径选择上与其他西方国家也有显著区别。④

定量分析方法大致可分为统计分析（计量分析）和形式建模（formal modelling）两种方法，本文将聚焦前者，基于对美国政治学发展演进中重要的研

---

① 一般来说，政治学在美国高校分为美国政治、国际关系、比较政治、政治哲学、政治学方法论等不同研究领域。

② 葛传红：《西方政治学界对于"定量霸权"的反思与批判》，载《国际政治研究》，2019 年第 1 期，第 117—141 页。

③ Margaret E. Roberts, "What Is Political Methodology?", *PS: Political Science & Politics*, 2018, Vol. 51, No. 3, pp. 597–601; Nathaniel L. Beck, "Political Methodology: A Welcoming Discipline", *Journal of the American Statistical Association*, 2000, Vol. 95, No. 450, pp. 651–654.

④ Michael S. Lewis-Beck and Éric Bélanger, "Quantitative Methods in Political Science: Research in France and the United States", *French Politics*, 2015, Vol. 13, No. 2, pp. 175–184.

究方法相关文献的考察，梳理统计分析方法或者说定量分析范式成为美国政治学研究特色的发展历程，以及一些推动统计分析方法在美国政治学研究中得以应用与发展的重要学者的贡献，进而从统计分析方法的视角出发，运用典型的研究案例，从数据可视化、多层次模型（multilevel modelling）、贝叶斯分析方法（Bayesian Analysis）、因果推论等具体分析方法切入，结合统计分析方法面对政治学议题存在的问题与学者们在更新统计分析方法上的进展，描绘统计分析方法与政治学的碰撞如何数度重新定义美国政治学研究发展的主轴，并结合当下兴起的大数据分析潮流，展望未来统计分析方法在美国政治学研究中的地位。本文试图跳出探讨定性与定量之争的思维定式，旨在对统计分析方法本身在美国政治学中的发展过程提供一个跨越历史、涵盖主要研究方法的概览，以期对统计分析方法在美国政治学研究中的作用进行探讨。

一、从借用到创新：政治学方法论的涅槃重生

美国政治学研究开始使用统计分析方法的具体时间难以考证，但是根据该学科的旗舰期刊《美国政治科学评论》（American Political Science Review）发表的论文溯源，至少在20世纪初，美国政治学研究论文中已有初步的统计分析应用——尽管这类论文的发表量非常有限。此后数十年，统计分析方法在美国政治学研究中的发展缓步向前，偶有后撤。[1]

在20世纪的大部分时间里，美国政治学研究之所以能够成功抵御甚至阻止统计分析方法应用的蔓延，主要原因在于当时的统计硬件与软件大幅滞后于统计前沿理论的发展。如果以"刻蚀"来评价统计分析方法对于当前美国政治学研究的影响[2]，那么20世纪早期的政治学人仅能使用基础的统计分析方法，大部分实证研究甚至局限于定性分析方法，以统计为主的定量分析方法一度只是附庸。

---

[1] Stuart A. Rice, "Some Applications of Statistical Method to Political Research", *American Political Science Review*, 1926, Vol. 20, No. 2, pp. 313–329.

[2] 这里借用半导体制程中"刻蚀"（etching）技术一词，表达统计分析方法对于美国政治学研究的影响是不可逆的，这种深刻影响是逐层（分阶段）改造造成的。

百年变局与中国政治学的时代化：清华政治学系的探索

20世纪70年代，美国政治学研究领域中开始出现大量的数据采集，数据的积累为统计分析提供了发展的原动力，但是量的增加并未明显地带来质的提升。美国国家科学基金会（National Science Foundation，NSF）支持的美国国家选举研究（American National Election Studies，ANES），为美国政治学研究的一大重点——选举研究——提供了诸多数据基础，美国政治学研究开始大量使用统计分析方法。在定量分析得到应用的同时，方法论研究在这一时期变得越来越重要。20世纪60年代中期以后，政治学期刊上关于方法论的文章数量迅速增加。到20世纪70年代中期，《美国政治科学评论》一直是方法论研究成果的主要发表渠道。由美国明尼苏达大学政治学教授约翰·沙利文（John Sullivan）和威廉姆斯学院政治学教授乔治·马库斯（George Marcus）编辑的《政治学方法论》（Political Methodology）于1974年创刊，为政治学统计分析研究的成果提供了发表的平台。然而，在这个时期的大部分时间里，不存在政治学方法论这一领域。这个时期的美国政治学人大多借用其他社会科学（如经济学、心理学、社会学）的统计分析方法。这种间接的统计分析方法移植，囿于缺乏对方法与实际相结合的认识及反思，造成统计分析方法的引进出现水土不服的情况，导致不少统计分析方法应用错误的案例。[①]

20世纪80年代是统计分析方法对美国政治学研究真正意义上的"大举进攻"时期。[②] 不论从研究问题的广度、方法应用的深度来看，还是从相关论文的发表量来看，这一时期都可谓是美国政治学研究进展的关键节点，将该领域带向了一条以定量分析为主的路径。随着统计分析方法势如破竹地推进，一场

[①] John E. Jackson, "Issues, Party Choices, and Presidential Votes", *American Journal of Political Science*, 1975, Vol. 19, No. 2, pp. 161 – 185; Douglas A. Hibbs, "Problems of Statistical Estimation and Causal Inference in Time-Series Regression Models", *Sociological Methodology*, 1973, Vol. 5, pp. 252 – 308; Herbert M. Kritzer, "Analyzing Contingency Tables by Weighted Least Squares: An Alternative to the Goodman Approach", *Political Methodology*, 1978, Vol. 5, No. 3, pp. 277 – 326; Herbert M. Kritzer, "An Introduction to Multivariate Contingency Table Analysis", *American Journal of Political Science*, 1978, Vol. 22, No. 1, pp. 187 – 226.

[②] Nathaniel Beck, "Estimating Dynamic Models Is Not Merely a Matter of Technique", *Political Methodology*, 1985, Vol. 11, No. 1/2, pp. 71 – 89; John R. Freeman, "Systematic Sampling, Temporal Aggregation, and the Study of Political Relationships", *Political Analysis*, 1989, Vol. 1, pp. 61 – 98; James A. Stimson, "Regression in Space and Time: A Statistical Essay", *American Journal of Political Science*, 1985, Vol. 29, No. 4, pp. 914 – 947.

无法逆转的征途，于焉而始。① 不过，如果没有一些重要人物、事件的出现，统计分析方法在美国政治学研究中就不会有今天的地位。

美国政治学人喜好深究因果，这份偏执注定了他们终将掀起统计分析方法在政治学应用上的革命。这也在一定程度上区分了政治学科与其他社会科学学科。具体来说，美国政治学应用定量分析的学者们通过学会和期刊，努力为新的研究范式开拓空间，提升地位。1983 年，以哈佛大学定量社会研究中心主任加里·金（Gary King）教授为代表的一群政治学者，共同倡议成立了推广定量分析方法的学人组织——政治学方法论学会（Society of Political Methodology, PolMeth）。1989 年，以刊登定量分析方法研究与创新成果为主的期刊——《政治分析》（Political Analysis）首刊发行。此后，美国政治学人在数据可视化②、多层次模型③、贝叶斯方法④、因果推论⑤等统计分析方法上屡屡提出新的见解与方法创新，摆脱了长期以来借用其他学科的统计分析方法的窘境；政治学方法论也逐渐在美国高校政治学专业科系成为主要研究领域之一。至此，政治学方法论的发展在一个世纪的跌宕起伏后，涅槃重生。

20 世纪 90 年代，积极使用统计分析方法的定量分析路径导向的学者们（下文称定量学者）稳步推进定量研究范式在美国政治研究中的影响。1994 年出版的《社会科学中的研究设计》（Designing Social Inquiry: Scientific Inference in Qualitative Research）一书试图将定量研究与定性研究二者相弥合，列出了进行定性研究的指导方针，论证了定性和定量研究的本质都是社会研究，指出它

---

① Gary King, "On Political Methodology", *Political Analysis*, 1990, Vol. 2, pp. 1 – 29.

② Edward R. Tufte, *The Visual Display of Quantitative Information*, Cheshire: Graphics Press, 1983.

③ Marco R. Steenbergen and Bradford S. Jones, "Modeling Multilevel Data Structures", *American Journal of Political Science*, 2002, Vol. 46, No. 1, pp. 218 – 237; Daniel Stegmueller, "How Many Countries for Multilevel Modeling? A Comparison of Frequentist and Bayesian Approaches", *American Journal of Political Science*, 2013, Vol. 57, No. 3, pp. 748 – 761.

④ Larry M. Bartels, "Specification Uncertainty and Model Averaging", *American Journal of Political Science*, 1997, Vol. 41, No. 2, pp. 641 – 674; Daniel E. Ho et al., "Matching as Nonparametric Preprocessing for Reducing Model Dependence in Parametric Causal Inference", *Political Analysis*, 2007, Vol. 15, No. 3, pp. 199 – 236; Jacob M. Montgomery and Brendan Nyhan, "Bayesian Model Averaging: Theoretical Developments and Practical Applications", *Political Analysis*, 2010, Vol. 18, No. 2, pp. 245 – 270.

⑤ Bear F. Braumoeller et al., "Flexible Causal Inference for Political Science", *Political Analysis*, 2018, Vol. 26, No. 1, pp. 54 – 71; Matthew Blackwell, "A Framework for Dynamic Causal Inference in Political Science", *American Journal of Political Science*, 2013, Vol. 57, No. 2, pp. 504 – 520.

们具有相同的"推理逻辑"。① 同时,定量学者开始了分析方法的创新。20世纪90年代,定性学者强调自身的研究特质的不可替代性,批评定量学者们专注于方法和技术上的细节问题,忽略了政治学者应该关心的实际的重要政治议题。不过,定性分析路径的反扑没有明显效果。而今,《社会科学中的研究设计》已成为美国高校政治学专业的必读教科书,这在某种程度上意味着定量研究范式在美国政治学学生培养体系中的地位。此外,政治学方法论学会的持续发展也意味着这个领域的稳步推进。学者们开始有意识地构建更加多元、包容的学术共同体。以"方法论视野"(Visions of Methodology, VIM)论坛为例,它支持政治学方法论研究领域中的女性学者参与其中。除了提供一个分享学术工作的论坛外,它还为研究和教学提供了构建学术网络和共享专业指导的机会。

定量学者也面对一定的新情势。21世纪以来,随着计算机科学的发展和人类社会行为的数据留痕的剧增,以及这些数据的分析价值的凸显,大数据时代来临。它奠定了定量研究方法或者说数据驱动的研究方法在美国政治学研究中的主导地位,但也在一定程度上扫除了定量学者的优势,因为既往的模型和统计分析方法不一定能在大数据背景下为他们抢占到优先的学术地位。机器学习等计算机手段因其强大的数据处理能力,挑战着统计分析者在预处理分析对象即数据方面的优势,使得诸多常用的模型与统计分析方法难以在数据驱动的时代抢得先机,常规调查数据的结果必然要与大数据分析的结果或相互检验或彼此补充。甚至可以说,各种统计分析方法的应用还不根深蒂固,诸多分析方法还处在学者的持续争论中,大数据时代和新的分析手段可能将过去定量分析的优势一扫而空。

二、引领统计分析方法运用的美国政治学人

美国政治学人的投入让许多前沿的统计分析方法在社会科学研究中取得突破性进展。诸多统计分析方法在政治学的应用和发展之所以主要由政治学者推

---

① Gary King, Robert O. Keohane and Sidney Verba, *Designing Social Inquiry: Scientific Inference in Qualitative Research*, Princeton: Princeton University Press, 1994.

动,很大程度上是因为政治学者喜欢问"为什么",即为何这么做?原因是什么?学者乐于深挖现象背后的逻辑并进行合理论证——这就引出了对于厘清逻辑的需要,即什么因素导致什么现象?什么因素和什么现象有明显的关系?或者说,到底是"鸡生蛋"还是"蛋生鸡"?政治科学学者们对因果的深究推动了统计分析方法的进步。

至于为什么政治学人在不断创新?这是因为在现实的政治问题中,不乏统计模型设计中忽视或者高估、低估的要素。美国政治的复杂性一直引发着学者们深耕。比如,美国政治中的选举问题就牵涉美国政治的方方面面,学者们需要用各种高阶方法解决相关的数据分析问题。也可以说,政治议题的复杂性在一定程度上催生了美国政治学者对开发和创新统计分析方法的投入。

许多美国政治学人在推动统计分析方法成为美国政治学研究的主流方法的过程中功不可没。本文选择兼顾代际差异,以透视统计分析方法在美国政治学研究领域的演进轨迹,但限于篇幅,不在此一一列举重要人物的学术贡献,仅介绍以下几位主要学者及其贡献。

耶鲁大学政治学、计算机科学和统计学教授爱德华·塔夫提(Edward Tufte)可以被称为美国政治学研究中的数据可视化之父。他跨界政治学与统计学,在数据可视化方面的影响力已经超越了学科的限制,其四本专著更被数据科学家们奉为圭臬。[①] 在推进统计分析方法应用于美国政治学研究的过程中,他最大的贡献是在早期统计分析手段不足以支持更复杂、更进阶的分析时,提出应多利用并列图形的可视化手段帮助政治学者识别数据中呈现的多元信息,并有意识地利用复杂的图形代替复杂的建模。[②] 比如,针对多结构数据,用图形呈现各州选民支持民主党还是共和党,以便轻松地识别在大量数据背后,民众对不同党派支持度的具体差异。

纽约大学政治学教授亚当·舍沃斯基(Adam Pzeworksi)提倡以变量分析

[①] Edward R. Tufte, *The Visual Display of Quantitative Information*, Cheshire: Graphics Press, 1983; Edward R. Tufte, *Envisioning Information*, Cheshire: Graphics Press, 1990; Edward R. Tufte, *Visual Explanations: Images and Quantities, Evidence and Narrative*, Cheshire: Graphics Press, 1997; Edward R. Tufte, *Beautiful Evidence*, Cheshire: Graphics Press, 2006.

[②] Edward R. Tufte, "Improving Data Analysis in Political Science", *World Politics*, 1969, Vol. 21, No. 4, pp. 641–654.

百年变局与中国政治学的时代化：清华政治学系的探索

取代案例分析方法，倡导政治学者用变量思维将政治学研究对象与其他变量的关系清晰化。他以关注经济发展与民主化的关系闻名，研究领域横跨经济学和政治学两大学科，把经济学计量方法大量运用于政治学研究中。比如，他将马尔科夫转换模型（Markov Switching Model）用于政体转型研究①，该模型解决了前期因变量与当期因变量高度相关，使得在进行回归分析时会违反残差项互为独立的假设，亦即在时间序列横截面数据中二元因变量存在序相关（serial correlation）问题。

普林斯顿大学政治学教授克里斯托弗·艾肯（Christopher Achen）是政治学方法论学会首任主席。他积极把回归分析方法引入政治学研究中。《解读与运用回归》（Interpreting and Using Regression）一书介绍了美国政治学研究如何应用统计分析方法中的回归分析，有助于学者们应对多元变量情况下，当单个自变量解释因变量时不知如何控制其他自变量的问题。②此外，他还关注选择性偏差（selection bias）和生态谬误（ecological fallacy）等问题。他指出，在政治学研究中，研究者在样本选择上容易出现各种偏差；研究者在推论分析时，也容易混淆研究的分析层次，以全概偏——即生态谬误。

纽约大学政治学教授纳撒尼尔·贝克（Nathaniel Beck）开发了估计时间序列和面板数据的统计量——面板校正标准误（panel corrected standard errors）。随着美国政治学研究数据的积累，会形成诸多时间序列数据。比如，跨较长时段分析美国多年的选举调查数据，必然要处理较大的样本量，而一般的回归分析可能会忽略面板之间的相关性，即时间段的前后影响，这就需要恰当的时间序列分析方法。如果说有政治学者在研究方法上有典型创新，则非纳撒尼尔·贝克莫属。

加里·金教授在政治学方法论方面的影响相当广泛。20世纪90年代他与人合著的《社会科学中的研究设计》一书旨在推动定性研究方法的规范化，该书确定统计分析的因果推论原理为分析政治问题的法则。③他的另一部著作

---

① Adam Przeworski, Michael E. Alvarez, Jose Cheibub and Fernando Limongi, *Democracy and Development*, New York: Cambridge University Press, 2000.
② Christopher H. Achen, *Interpreting and Using Regression*, Beverly Hills: Sage Publications, 1982.
③ 美国学界经常以本书三位作者姓氏首字母KKV简称该书。

《统一政治学方法论》(*Unifying Political Methodology*) 对定量研究方法也起到类似的作用。① 他将"生态推论"(ecological inference) 方法用于从总体数据中推断个人行为，回应了克里斯托弗·艾肯当初对生态谬误问题的提醒。他的"辅测定锚法"(anchoring vignettes) 有助于实现跨文化调查的可比性，减少调查问卷在测量不同国家地区的不同的人对某一概念的理解时存在的误差。② 他的短文《复制，复制》(Replication, Replication) 更是开启了政治学领域的数据共享运动。③ 他指导的"哈佛数据库"(Harvard Dataverse) 项目极大地带动了政治学领域的研究数据公开与共享。学者们可以将发表的使用统计分析方法的论文的数据和代码上传至数据库（https：//dataverse.harvard.edu），以供其他学者检验、学习和寻求合作。

哥伦比亚大学统计学与政治学教授安德鲁·格尔曼（Andrew Gelman）也是横跨政治学与统计学界的学者。他擅长贝叶斯分析方法和多层次分析模型的应用。统计学专业背景及数十年数据分析的经验，使得他对于数据具有异于常人的敏锐度，许多政治学方法论学者经常向他咨询数据分析上的问题。他常常在博客（andrewgelman.com）中发表短文，讨论社会科学统计实践中的问题和趋势。他的工作让记者和公众更容易理解统计数据分析在政治科学中的应用。比如《红州、蓝州、富州、穷州：为什么美国人如此投票》(*Red State, Blue State, Rich State, Poor State：Why Americans Vote the Way They Do*) 一书，改变了美国人关于党派投票模式的政治迷思，改变了学者们对选举和美国政治的思考方式，并通过大量使用数据可视化手段，使统计数据中多层次的信息对公众具有更广的可理解性。④《贝叶斯数据分析》(*Bayesian Data Analysis*) 是当代学习及应用贝叶斯理论及方法的必读教科书。⑤

---

① Gary King, *Unifying Political Methodology：The Likelihood Theory of Statistical Inference*, Ann Arbor: University of Michigan Press, 1998.

② Gary King and Jonathan Wand, "Comparing Incomparable Survey Responses: Evaluating and Selecting Anchoring Vignettes", *Political Analysis*, 2007, Vol. 15, No. 1, pp. 46 – 66.

③ Gary King, "Replication, Replication", *PS：Political Science and Politics*, 1995, Vol. 28, No. 3, pp. 444.

④ Andrew Gelman, *Red State, Blue State, Rich State, Poor State：Why Americans Vote the Way They Do*, Princeton: Princeton University Press, 2008.

⑤ Andrew Gelman, *Bayesian Data Analysis*, New York: CRC Press, 1994.

百年变局与中国政治学的时代化:清华政治学系的探索

美利坚大学政治学、数学与统计学教授杰夫·吉尔(Jeff Gill)是横跨政治学、数学、统计学和高阶统计分析方法的集大成者,美国政治学顶级刊物《政治分析》主编。他致力于发展贝叶斯多层次模型(Bayesian Hierarchical Model)和贝叶斯非参数模型(Bayesian Nonparametric Model),在统计计算特别是马尔科夫链蒙特卡罗(MCMC)工具方面,有着深厚的专业知识。社会科学或医学科学中最复杂的贝叶斯模型需要复杂的、精密的计算工具,以有效地估计分析者感兴趣的参数。杰夫·吉尔是这些统计和计算技术的专家,利用它们为生物医学和社会科学的深入研究做出了突出贡献。

以上学者几乎皆跨越了统计分析方法植入美国政治学研究的全过程,属于经历重重变迁的老一代重要定量学者。对比新一代和老一代学者们在学术训练上的差异,有利于理解美国政治学领域中统计分析方法的地位,由此管窥政治学定量方法学术训练的变化和美国政治学者的时代特征。

政治学方法论学会第一任会长克里斯托弗·艾肯的学术成长道路,可以说是统计分析方法训练在政治学领域中早期运用与发展演进的"活化石"。在他攻读博士学位的20世纪60—70年代,全美只有屈指可数的政治学系有统计和数据分析方面的专家任教。1968年,克里斯托弗·艾肯在耶鲁大学选修了一门由经济学系老师讲授的面向政治学系本科生的研究方法课程。老师的观点远远超前于当时的时代,至今都适用于政治学统计分析中,但对于严谨的推论的追求在当时并没有市场。在计量经济学理论的指导下进行实证研究,根据数据特点和研究需要进行创新,是二十几岁的克里斯托弗·艾肯所做的工作。当他于1972年寻求教职时,没有政治学方法论领域的职位。在那个年代,运用统计分析方法的政治学文章凡是用到回归分析,就会被视为关于"方法论"的论文。克里斯托弗·艾肯有幸在罗切斯特大学找到教职后,于1975年开始讲授有关贝叶斯推论的课程,之后使用贝叶斯分析方法的文章在《美国政治科学期刊》(American Journal of Political Science)上得以发表。碍于分析软件有限,且当时相对艰深的贝叶斯统计分析路径难以普遍化,克里斯托弗·艾肯讲授的课程持续时间不长。在一段时间之后,美国政治学中统计分析方法的发展才逐渐步入正轨。①

在新一代美国政治学者中,哈佛大学政治学教授今井耕介(Imai Kosuke)较具有代表性。今井耕介于 2003 年从哈佛大学获得政治学博士学位,他的研究领域属于政治学方法论,他专注于发展统计分析方法及其在社会科学研究中的应用,曾任普林斯顿大学统计与机器学习项目创始主任。不难想象,由他这一批学者所训练的新一代政治学学者们,必然会在统计分析技术和计算机技术方面拥有所长。目前在美国政治学博士就业市场中,在政治学方法论上有所造诣者,比如统计分析能力佳、会软件编程语言甚至能开发软件分析包进行研究方法创新者,受到更多青睐。可见,统计分析方法深深嵌入美国政治学,随着一代代学者的复合型发展,这种嵌入将持续深入下去。

三、美国政治学研究中统计分析方法的关键问题与应对

统计分析方法的运用与数据及其特征密切相关。统计分析方法得以施展的基础是数据,没有数据,一切统计分析方法都是空壳;反言之,没有合适的统计分析方法进行处理,从数据中获取的信息可能存在谬误。在过去一个世纪中,美国政治学界对统计分析方法的运用,围绕着如何正确解码数据中的信息而展开,具体体现在以下四个方面。

(一)数据信息呈现方式

美国政治学者以表格的方式呈现数据信息的偏好持续到 21 世纪初。时任哥伦比亚大学政治学博士候选人的乔纳森·卡斯特莱茨(Jonathan Kastellec)和爱德华多·莱昂尼(Eduardo Leoni)统计 2006 年社会科学五大类顶级期刊中的论文后发现,超过 60% 的数据信息采用了表格的呈现方式,其中大约

---

① "Newsletter of the Political Methodology Section, American Political Science Association", *The Political Methodologist*, 2004, Vol. 12, No. 2, pp. 2 – 4.

百年变局与中国政治学的时代化：清华政治学系的探索

90%是被用以呈现统计分析结果。① 尽管政治学可视化专家爱德华·塔夫提早在20世纪80年代就不断呼吁和提倡以数据可视化的方式呈现复杂的政治数据，但囿于一般绘图软件费用昂贵、不易操作和出版发表范式的固化，美国政治学界一直未能将数据可视化广泛应用。

21世纪初，美国政治学界出现了研究成果发表范式的改革。② 学者们接续爱德华·塔夫提所倡议的主张，认为数据可视化可以更具体地展示以数值表形式存在的政治学定量数据，因为图表展示不仅方便对数据中包含的信息进行可视化和分析，而且使人们对其呈现的结果有相对更强的印象，因为对大多数人来说，视觉记忆比语言或听觉记忆更持久。

数据可视化改变政治学研究成果发表范式的关键步骤之一，当属安德鲁·格尔曼推动使用"秘密武器"（secret weapon）取代表格，呈现回归分析（regression analysis）结果。他建议学者使用下图呈现系数的点估计（point estimates）（实心点）和系数的标准误（standard errors）构成的95%置信区间（confidence intervals）（图中横线），③ 这个图形有别于传统表格呈现的方式，可以让读者直观且迅速地发现那些变量具有统计显著性（statistical significance）。以下图的回归结果为例，已婚和拉美裔两个变量的95%置信区间皆横跨0值参照虚线，说明这些变量的系数估计值很大概率（95%）与0值无差异。④ 这意味着该变量对于因变量的影响为零，即不具统计显著性。

---

① Jonathan P. Kastellec and Eduardo L. Leoni, "Using Graphs Instead of Tables in Political Science", *Perspectives on Politics*, 2007, Vol. 5, No. 4, pp. 755 – 771.

② Gary King, Michael Tomz and Jason Wittenberg, "Making the Most of Statistical Analyses: Improving Interpretation and Presentation", *American Journal of Political Science*, 2000, Vol. 44, No. 2, pp. 347 – 361; M. D. Ward, "The Development and Application of Spatial Analysis for Political Methodology", *Political Geography*, 2002, Vol. 21, No. 2, pp. 155 – 158.

③ 95%置信区间是指某个统计量出现在某个总体参数中的可能性是95%，亦即正确做出某个推断的概率为95%（或者说，推断出现错误的可能性是5%）。图中横线构成的95%置信区间是系数点估计正负1.96系数标准误所得。

④ 这里说明的是假定系数估计值为一个正态分布，均值为点估计，1.96倍标准误即涵盖了95%这个分布的区域，如果这个区域中包含零，即说明了如果对于这个分布进行抽样，有很大概率（95%）会抽中零，那么这个系数估计值本质上与零无差异，即不具有统计显著性。

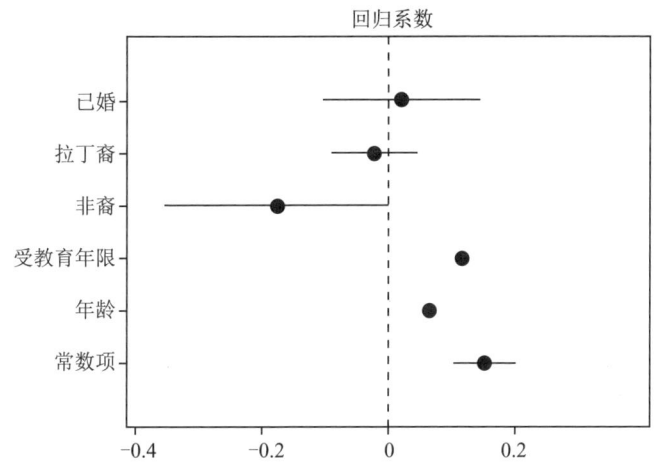

图 1 安德鲁·格尔曼的"秘密武器"

资料来源：笔者使用 R 软件模拟图中数据与制图。

安德鲁·格尔曼对"秘密武器"的成功推广，与其推广使用多层次回归模型估计美国选举数据高度相关。随着政治学者开始大量使用多层次回归模型进行数据分析，期刊论文版面无法继续使用表格的方式呈现大量的参数估计值。以美国 51 个州十年的选举模型估计为例，最为朴素的多层次回归模型需要呈现至少 51（州）笔参数估计值，稍微复杂的模型至少需要呈现 51(州) × 10(年) = 510 笔参数估计值。因此，研究人员必须思考如何使用数据可视化的方式更有效率地呈现大量的参数估计值。在实际需求的推动下，加上开放源代码的 R 软件普及应用，使得花费在绘图软件上的成本降低，数据可视化在 21 世纪第一个十年广泛地为政治学者所采用，并成功地改变了包含统计分析的研究成果的发表范式。

（二）数据多元多层结构

政治学研究所使用的数据，一般来说在结构上多元多层。例如美国政治学研究常用的美国全国选举调查数据，包含了数十年、数次选举、51 个州、不同地区等多层结构，大量多元的变量，如性别、宗教、教育程度、候选人支持度、政府满意度、政治信任度、政治价值观等，皆属于定类变量。分析如此多元多层的数据，依赖的是进阶的统计分析方法和模型，然而进阶统计分析方法

百年变局与中国政治学的时代化：清华政治学系的探索

和模型的学习成本高，配套的软件和软件包不普及。美国政治学者投入了大量精力研究这一分析方法上的问题。

自 1994 年加里·金等人所著的《社会科学中的研究设计》一书问世以来，书中倡议使用大样本进行数据分析的理念让越来越多的美国政治学者思考在原有数据结构上加入时间和地理维度，以扩大研究数据的样本量。以美国总统选举中选民投票研究为例，假设分析以州为基本分析单元，则样本量仅为 51 州；如果考虑自 1940 年代来的 20 次选举（时间维度扩容），则样本量增至 51（州）× 20（年）= 1020 个；再考虑以州以下行政区域为基本分析单元（地理维度扩容），美国共有 3142 个郡，则样本量可增至 51（州）× 20（年）× 3142（郡）= 3204840 个。

在数据中加入时间这个维度，即成为时间序列数据，是多层数据结构的一类。当时任教于麻省理工学院的政治学者道格拉斯·希布斯（Douglas Hibbs）于 1973 年首度将 AR（1）模型运用到对总统候选人支持度的分析中①，其模型原理是使用因变量的滞后一阶（即变量的前期观测值）解决时间序列数据自相关的问题。② 该方法虽然在很大程度上解决了序相关的问题，但由于时间序列数据中的因变量与其滞后一阶往往高度相关，因此使用滞后一阶变量估计因变量后，模型余下的方差（variance）往往不足以支撑理论上具有意义的自变量对因变量存在统计意义上的解释力。直至 20 世纪末，美国政治学研究仍未能很好地解决序相关的问题，因为序相关系数属于不能识别的参数。2010 年，时任普林斯顿大学政治系助理教授（现为北京大学国际关系学院教授）庞珣运用贝叶斯分析方法，对于自相关系数 AR（p）进行建模估计，解决了序相关系数识别问题。③

如果在时间维度之外再考虑地区或国别等地理因素，多层结构的数据便构

---

① Douglas A. Hibbs, "Problems of Statistical Estimation and Causal Inference in Time-Series Regression Models", *Sociological Methodology*, 1973, Vol. 5, pp. 252–308.
② 使用因变量的滞后一阶解决时间序列数据序相关问题的数学表达式即：$y_t = \rho y_{t-1}$，其中 ρ 是序相关系数，y_{t-1} 是 y_t 的滞后一阶。
③ Pang Xun, "Modeling Heterogeneity and Serial Correlation in Binary Time-Series Cross-Sectional Data: A Bayesian Multilevel Model with AR (p) Errors", *Political Analysis*, 2010, Vol. 18, No. 4, pp. 470–498.

成了政治学者（尤其是国际关系研究学者）常用的时间序列横截面数据（time series cross sectional data）。1995年，纳撒尼尔·贝克等人在研究发达国家的政治制度与社会福利支出的关系时，研发出面板校准标准误统计量，以便在处理时间序列横截面数据进行普通最小二乘法（ordinary least squares）回归分析时，调整低估的系数标准误。① 相较于其他计量经济学的方法而言，该方法容易应用，因此广受学者青睐。但是该方法对于数据质量的要求较高，即要求平衡的面板数据结构（例如，每一个州需要相同的且连续不断地时间观测值）。使用面板校准标准误的研究一旦忽略这一要求，极易产生谬误。

时任耶鲁大学政治学系（现为哥伦比亚大学政治学系）教授唐纳德·格林（Donald Green）等人使用固定效应（fixed effect）模型重新检验过去50年美国政治学者发表的关于国际关系的研究结果后发现，多数研究结果都是错误的。② 以往使用时间序列横截面数据的国际关系研究，忽略了数据结构多层的事实，而采用全池化（pooled）回归分析（纳撒尼尔·贝克等人开发的面板校准标准误也属于采用全池化回归的分析步骤），导致所得系数和标准误产生偏差。唐纳德·格林等人的研究结果发表后，纳撒尼尔·贝克等人随即著文反击，称在国际关系研究中使用固定效应模型进行分析会顾此失彼，运用固定效应模型所产生的其他统计问题甚至更为严重。③ 纳撒尼尔·贝克等人在文末指出，随机系数效应（random effect）模型是更为合适的分析方法之一。

21世纪初，美国政治学者围绕如何建模以估计时间序列横截面数据争论不休。有鉴于此，《政治分析》于2007年出版专刊，讨论各种统计分析方法企图解决的使用时间序列横截面数据所面临的三大问题，即面板异质性（heteroskedasticity）、时间自相关（temporal correlation）以及序相关。其中，以安德鲁·格尔曼为首的几位政治学者提出，贝叶斯多层次回归模型在分析时间序列横截面数据时，其原理是对数据多层结构分别建模估计，并使用贝叶斯先验

---

① Nathaniel Beck and Jonathan N. Katz, "What to Do (and Not to Do) with Time-Series Cross-Section Data", *American Political Science Review*, 1995, Vol. 89, No. 3, pp. 634–647.

② Donald P. Green, Soo Yeon Kim and David H. Yoon, "Dirty Pool", *International Organization*, 2001, Vol. 55, No. 2, pp. 441–68.

③ Nathaniel Beck and Jonathan N. Katz, "Throwing out the Baby with the Bath Water: A Comment on Green, Kim, and Yoon", *International Organization*, 2001, Vol. 55, No. 2, pp. 487–495.

解决参数无法识别的问题,是当前分析该类型数据最优的统计分析方法。①

(三) 统计参数识别问题

由于受到统计参数识别问题的局限,美国政治学界自 20 世纪 70 年代以来引入的几个重要进阶统计分析方法和模型在运用层面进展缓慢。除了上文提及的时间序列分析中序相关系数无法识别的问题外,内生性问题（endogeneity）所使用的联立方程（simultaneous equations）中的回归系数、定类变量回归模型中的潜变量（latent variable）、多层次回归模型中的超参数（hyperparameters）②,都存在参数识别的问题。

内生性问题是指解释变量和被解释变量相互作用,相互影响,互为因果。以描述数学方程的方式表达,即在联立方程中（数个回归模型）的一些变量既可以在其中几个方程的右边项成为解释变量,又可以其他方程的左边项成为因变量。因此,这些回归模型中的一个或多个解释变量会与回归的随机扰动项（random error,或称残差项）相关,从而违反了普通最小二乘法回归的基本假设,导致所估计的回归系数有偏差。此外,在不借助其他统计手段的情况下,该联立方程有无穷解（不存在唯一解）,亦即回归系数这个统计量无法识别。③

内生性问题普遍存在于政治学研究之中,但一直到哥伦比亚大学政治学教授罗伯特·埃里克森（Robert Erikson）关于"在任优势"（incumbency advantage）④ 的论文发表,才正式走入美国政治学研究的视野。罗伯特·埃里克森

---

① Boris Shor, Joseph Bafumi, Luke Keele and David Park, "A Bayesian Multilevel Modeling Approach to Time-Series Cross-Sectional Data", *Political Analysis*, 2007, Vol. 15, No. 2, pp. 165 – 81.
② 参数是根据数据估计所得的变量,超参数则是用来确定模型种类的参数。因此,超参数不同,模型就会不同。超参数不可识别是因为超参数是研究者主观或根据经验所设定的变量,它没有固定的数值,不同的研究者根据其自身经验和知识,可能会选择使用不同的超参数。
③ 假设 X 和 Y 存在内生性,在二元一次联立方程中,X 和 Y 同时存在于方程的左边和右边项,将其中一个方程代入另一个方程求解,当未知数大于已知方程数时,该联立方程存在无穷解。使用含滞后一阶因变量的回归方程模型解决时间序列数据存在序相关问题时,回归方程的左边项（y_t）和右边项（y_{t-1}）同时使用了因变量（y）,可以被视为内生性问题的一类,其序相关系数 $\rho = \frac{y_t}{y_{t-1}}$ 亦无法识别。
④ Robert S. Erikson, "The Advantage of Incumbency in Congressional Elections", *Polity*, 1971, Vol. 3, No. 3, pp. 395 – 405.

教授重点研究了候选人背景因素作为自变量如何影响作为因变量的选举获胜机率。他指出，美国选举研究在分析候选人获胜因素时，忽略了自变量和因变量互为因果的问题：候选人在前期国会选举中当选代议员后，因为在任优势，往往可以在下次竞选时连任成功。这在分析纷繁复杂、往往有多种因素作用于政治现象的现实政治时难以避免。从统计分析本身的角度而言，两个变量建立因果联系的前提之一是时间的先后顺序，即解释变量在先，被解释变量在后，否则很容易犯因果倒置的错误。

密歇根大学政治学教授约翰·杰克逊（John Jackson）[①] 首度使用结构方程模型解决美国选举研究中的内生性问题，假设了人们的议题立场、对政党立场的评价及其政党认同之间的高度相互关联对于投票决定具有内生性，从而对选举过程中各议题所起的作用以及人们对各政党在不同议题上的立场的评价作出了新的解释。之后，应对内生性问题的分析方法进展到使用工具变量来解释，比如以募兵抽签制度为工具变量，分析参与越南战争对美国人健康和收入的影响。[②]

工具变量解决内生性问题的原理是：使用工具变量估计存在内生性的解释变量，并用这个估计值置换该解释变量为新的解释变量，最后使用新的解释变量与因变量进行回归，得到不具内生性问题的回归系数估计值。工具变量虽然可以解决内生性问题，但是工具变量分析方法存在信度（reliability）和效度（validity）的问题。选择合适的工具变量必须保证两个条件：第一，工具变量和关键的解释变量必须存在一定程度的相关性；第二，工具变量和因变量之间不能存在过高的相关性。后者即排他约束假设（exclusion restriction assumption），也是工具变量方法中最为重要的假设。简言之，这两个条件假定因变量仅受到解释变量的直接影响，而不会受到工具变量的影响。

现实中要找到同时满足这两个条件的工具变量并不容易，因为与关键解释变量高度相关的工具变量（数学上可以将其视为等同于该解释变量的变量），

[①] John E. Jackson, "Issues, Party Choices, and Presidential Votes", *American Journal of Political Science*, 1975, Vol. 19, No. 2, pp. 161–185.

[②] Joshua D. Angrist, "Lifetime Earnings and the Vietnam Era Draft Lottery: Evidence from Social Security Administrative Records", *American Economic Review*, 1990, Vol. 80, No. 3, pp. 313–336.

百年变局与中国政治学的时代化:清华政治学系的探索

很大概率上会与因变量高度相关(因为解释变量与因变量高度相关)。2001年,唐纳德·格林等人统计了1985年以来发表在美国政治学三大期刊上的论文,发现超过80%的学者选择不说明在其研究中排他约束假设是否被满足,或者仅依赖既有的理论或过去的相关研究结果进行间接的佐证;只有10%左右的论文选择使用实验方法或者回归检验的方式证明排他约束假设被满足。① 这种选择性忽视深刻地反映出美国政治学界的研究需要更严谨、更科学地对待研究中的变量存在内生性的问题。

美国选举研究引入的复杂统计模型也存在参数无法识别的问题,进而影响到相关方法的广泛应用。加州理工学院政治学教授迈克尔·阿瓦雷兹(Michael Alvarez)和纽约大学政治学教授乔纳森·纳格勒(Jonathan Nagler)在1994年至1998年间发表了一系列论文,分析美国选民投票的抉择。有别于其他仅仅分析两党竞争场景下选民投票抉择的研究,他们采用多项概率回归模型(multinomial probit regression model)估计美国选民如何在超过三个分属不同政党的总统候选人之间做出投票抉择。② 阿瓦雷兹等人撰写此文时,尚未有合适的软件可以操作多项概率回归模型,必须自行编程处理。这个应用层面的限制阻碍了多项概率回归模型在美国政治学研究中的广泛应用。多项概率回归模型从潜变量模型推导而出,基本假设是选民投票抉择(y)可以映射成为一个连续型的潜变量(y^*),当这个潜变量积累到一定阈值时,就会发生选择的改变。处理多项概率回归模型时会遭遇余数参数不可识别的问题,为了解决这个问题,必须进行一连串的参数转换,计算上非常复杂。1999年,密歇根大学政治学与统计学教授凯文·奎因(Kevin Quinn)等人使用贝叶斯方法处理多项概率回归模型,解决了处理该模型在计算上的复杂性,③ 加之今井

---

① Allison J. Sovey and Donald P. Green, "Instrumental Variables Estimation in Political Science: A Readers' Guide", *American Journal of Political Science*, 2011, Vol. 55, pp. 188 – 200.

② Michael Alvarez and Jonathan Nagler, "Economics, Issues and the Perot Candidacy: Voter Choice in the 1992 Presidential Election", *American Journal of Political Science*, 1995, Vol. 39, No. 3, pp. 714 – 744; Michael Alvarez and Jonathan Nagler, "When Politics and Models Collide: Estimating Models of Multiparty Elections", *American Journal of Political Science*, 1998, Vol. 42, No. 1, pp. 55 – 96.

③ Kevin M. Quinn, Andrew D. Martin and Andrew B. Whitford, "Voter Choice in Multi-Party Democracies: A Test of Competing Theories and Models", *American Journal of Political Science*, 1999, Vol. 43, No. 4, pp. 1231 – 1247.

耕介开发出 R 软件多项概率回归模型包,才降低了应用多项概率回归模型的门槛。①

如果说进阶统计模型中参数识别问题阻碍了美国政治学研究统计分析方法的应用,作为解决之道的贝叶斯方法则给美国政治学研究带来了方法上的跳跃。随着贝叶斯方法的使用,许多进阶模型中的难点被克服,美国政治学界开始探索将这些方法应用于各项研究的更多可能性。例如,范德堡大学政治学教授乔舒亚·克林顿(Joshua Clinton)和宾夕法尼亚大学政治学教授约翰·拉宾斯基(John Lapinski)使用项目反应理论(item response theory)模型,重新检视了 1887 年至 1994 年美国国会各个法案立法的重要性。这有别于过去类似研究仅依赖个别学者构建的单一数据库分析,并且,结合贝叶斯方法还利于解决项目反应理论模型参数无法识别的问题。他们成功地合并了几个数据库,作出更为客观的法案立法评价。② 又如,哥伦比亚大学政治学系教授杰弗里·拉克斯(Jeffrey Lax)和哥伦比亚大学政治学系副教授贾斯汀·菲利普斯(Justin Phillips)使用多层次回归模型以及事后加权的手段,通过自变量间复杂的交叉效应分析美国各州对支持同性恋的公众舆论的政策回应性,也是得益于贝叶斯方法的使用。通过解决大量的模型参数设定问题,他们得以获得对于政策回应性更为精确的估计值。③

贝叶斯方法迟迟未能在美国政治学界广为应用的原因,主要是该方法的数学运算复杂,对计算机运算硬件的要求更高。贝叶斯方法真正得到广泛应用是在 1990 年后,肇因于学者们突破了数学运算上的难题,以及计算机硬件升级,相应的计算机软件和统计套件(如 WinBUGS、OpenBUGS、JAGS、R2WinBUGS、

---

① Imai Kosuke and David van Dyk, "A Bayesian Analysis of the Multinomial Probit Model Using the Data Augmentation", *Journal of Econometrics*, 2005, Vol. 124, No. 2, pp. 311 – 334; Imai Kosuke and David van Dyk, "MNP: R Package for Fitting the Multinomial Probit Model", *Journal of Statistical Software*, 2005, Vol. 14, No. 3, pp. 1 – 32.

② Joshua D. Clintonand John S. Lapinski, "Measuring Legislative Accomplishment, 1877 – 1994", *American Journal of Political Science*, 2006, Vol. 50, No. 1, pp. 232 – 249.

③ Jeffrey R. Lax and Justin H. Phillips, "Gay Rights in the States: Public Opinion and Policy Responsiveness", *American Political Science Review*, 2009, Vol. 103, No. 3, pp. 367 – 386.

R2jags、rjags、MCMCpac 等）也如雨后春笋般出现。① 值得注意的是，投入这些软件开发的不少是政治学者。其中安德鲁·格尔曼和杰夫·吉尔是推广贝叶斯方法在政治学研究中应用的重要学者，两人分别撰写的贝叶斯方法教科书成为高校贝叶斯方法课程的必读教材。②

美国政治学者在论文发表和教学上青睐贝叶斯方法的原因在于先验（prior）的使用，即它与既有学科的研究方法和原理相通，但它也因此备受争议。贝叶斯方法中的先验是指研究者先于演算前掌握的对某个未知参数的既有知识。通常这个知识可以是过往的研究结论，也可以是相关研究专家的推论和猜测。结合先验分析的方式与社会科学学者在做研究时梳理并参考既有研究文献获得知识的习惯不谋而合。但是批评贝叶斯方法的学者则认为先验的使用过于主观，会污染和影响客观的科学研究。③

（四）统计显著性问题

2018 年，美国政治学顶级期刊《政治分析》在其网页的来稿须知中宣告，今后投稿该刊的论文中应用回归分析的表格不再需要汇报 p 值来证实其分析的统计显著性。该刊由此成为所有学科中第一个向 p 值这个统计量发难的期刊。美国统计学会（American Statistical Association，ASA）曾在 2016 年发文，针对于统计

---

① David J. Lunn, Andrew Thomas, Nicky Best and David Spiegelhalter, "WinBUGS: A Bayesian Modelling Framework: Concepts, Structure, and Extensibility", *Statistics and Computing*, 2005, Vol. 10, No. 4, pp. 325 – 337; David J. Lunn, David Spiegelhalter, Andrew Thomas and Nicky Best, "The BUGS Project: Evolution, Critique and Future Directions", *Statistics in Medicine*, 2009, Vol. 28, No. 4, pp. 3049 – 3067; Sibylle Sturtz, Uwe Ligges and Andrew Gelman, "R2WinBUGS: A Package for Running WinBUGS from R", *Journal of Statistical Software*, Vol. 12, No. 3, pp. 1 – 16; Yu-Sung Su and Masanao Yajima, R2jags: A Package for Running Jags from R. R package version 0. 02 – 17, 2011; Martyn Plummer, rjags: Bayesian graphical models using MCMC. R package version 3 – 5, 2011; Andrew D. Martin, Kevin M. Quinn and Jong Hee Park, "MCMCpack: Markov Chain Monte Carlo in R", *Journal of Statistical Software*, 2011, Vol. 42, No. 9, pp. 1 – 21.

② Andrew Gelman, *Bayesian Data Analysis*, New York: CRC Press, 1994; Jeff Gill, *Bayesian Methods for A Social and Behavioral Sciences Approach*, New York: CRC Press, 2002.

③ 关于使用先验正当与否的辩论，参见 Andrew Gelman, *Bayesian Data Analysis*, New York: CRC Press, 1994; Jeff Gill, *Bayesian Methods for A Social and Behavioral Sciences Approach*, New York: CRC Press, 2002.

分析中 p 值代表统计显著性的合理性和合法性进行检讨。① 近年来，各学科期刊逐渐掀起对统计分析应用 p 值的反思，要求使用更为严格的 p 值标准，甚至应该废除以 p 值为统计显著性的参考统计量。② 值得注意的是，早在其他学科之前，政治学界已对于 p 值开启了在其他学科鲜见的的改革。究其原因，除了政治学人骨子里有对问题深究到底的精神外，也与几位重要的政治学方法论方面的学者有关。他们可以说是推动 p 值革命的重要先锋，其中安德鲁·格尔曼和杰夫·吉尔更是早于 2018 年以前就发表了一系列论文，检讨 p 值应用的合法性。③ 他们都是贝叶斯统计学派的应用者。在应用贝叶斯方法的学者看来，由于 p 值可以通过给定的强先验获得，所以它作为统计显著性的唯一参考标准不足为证。④

结　语

纵观具有鲜明特色的统计分析方法在美国政治学中的演进历程，自 20 世纪 80 年代起，统计分析方法开始在美国政治学研究中发挥越来越大的作用。如今，凡是提及美国的政治学研究，几乎所有研究主题下都存在含有数据和图表的学术论文。但需要注意的是，就整个政治学研究方法而言，依然存在诸多争论尚待时间沉淀。⑤ 学者应该理性地看待统计分析方法，在考虑到其优点和

---

① Ronald L. Wasserstein and Nicole A. Lazar, "The ASA Statement on p-Values: Context, Process, and Purpose", *The American Statistician*, 2016, Vol. 70, No. 2, pp. 129 – 133.

② Daniel J. Benjamin, James O. Berger, Magnus Johannesson, et al., "Redefine Statistical Significance", *Nature Human Behaviour*, 2018, Vol. 2, pp. 6 – 10; Daniel Lakens, Federico G. Adolfi, Casper J. Albers, et al., "Justify Your Alpha", *Nature Human Behavior*, 2018, Vol. 2, pp. 168 – 171; Valentin Amrhein, Sander Greenland and Blake McShane, "Scientists Rise up against Statistical Significance", *Nature*, 2019, Vol. 567, No. 7748, pp. 305 – 307.

③ Andrew Gelman and Hal Stern, "The Difference Between 'Significant' and 'Not Significant' Is Not Itself Statistically Significant", *American Statistician*, 2006, Vol. 60, No. 4, pp. 328 – 311; Jeff Gill, "The Insignificance of Null Hypothesis Significance Testing", *Political Research Quarterly*, 1999, Vol. 52, No. 3, pp. 647 – 674.

④ 从贝叶斯定理出发，只要给定回归系数一个大于且不等于 0 的均匀分布（uniform distribution）；此等强先验（strong prior）会使得回归系数的后验分布（posterior distribution）的 95% 置信区间绝对大于 0，亦即回归系数在 95% 置信水平上具有统计显著性。

⑤ Luis Ricardo Fraga, Terri E. Givens and Dianne M. Pinderhughes, *Political Science in the 21st Century: Report of the Task Force on Political Science in the 21st Century*, Washington: American Political Science Association, 2011, pp. 8 – 20.

百年变局与中国政治学的时代化：清华政治学系的探索

可能存在的缺陷的同时，将统计分析方法运用到研究中。

一方面，统计分析方法服务于审慎的因果推论，以清晰的数据呈现对变量之间关系的分析结果，展现一个变量在多大程度上影响到另一个变量，以避免"一刀切"的结论，为现实的政治分析乃至政策制定提供参考；而且，鉴于几乎不可能在政治现实中拥有如实验室般的理想环境来进行研究，需要使用统计分析方法控制一些变量，并在模型里包含可能对变量关系有所贡献的变量，以得到近乎如自然科学实验室般的理想条件。这有助于证明变量之间的关系，对于孜孜不倦地追求政治研究科学化的美国政治学者而言必不可少。

另一方面，政治学中的统计分析必然面对数据多元多层结构特性、统计参数识别问题和统计显著性问题的限制，这就需要学者的学术自觉与审慎。统计分析的数据结果诚然提供了研究的透明性和分析的可靠性，但事在人为，一个重要前提是，使用统计分析方法的学者要有足够的知识，能合理地处理数据并使用模型。而且，学者们必须小心"垃圾进，垃圾出"（garbage in, garbage out）。也就是说，如果在分析中加入了错误的或者有问题的数据，则无法得到正确的结论。特别重要的是，统计分析方法产生的结果需要经得起复制（replication）的检验，而可复制性的前提是研究者愿意共享数据。研究的可复制性在近年来越来越受到重视，但依然面临学者共享意愿的桎梏。渥太华大学政治学副教授丹尼尔·施托克梅尔（Daniel Stockemer）等人对三份政治行为主义导向的刊物进行分析后发现，许多作者仍然不愿意公开分享他们的数据，只有略多于一半的作者表示愿意共享数据，并且其中大约有25%的文章没有提供整理好的数据或代码，使研究结果无法得到复制和再检验。[①]

如今，统计分析方法在美国政治学界的应用方兴未艾。同时，大数据时代已然来临，一些美国政治学者的注意力开始转移到机器学习、人工智能上。2009年，以美国东北大学政治学、计算机科学与信息科学教授大卫·拉泽尔（David Lazer）为首的15位学者联合署名在著名期刊《科学》（*Science*）上发

---

① Daniel Stockemer, Tobias Lentz and Sebastian Koehler, "Data Access, Transparency, and Replication: New Insights from the Political Behavior Literature", *PS: Political Science & Politics*, 2018, Vol. 51, No. 4, pp. 799–803.

表的《计算社会科学》一文,① 被普遍认为标志着计算社会科学这一新型交叉学科的诞生。这篇文章明确指出人们身边已经出现新的数据机遇,其最大的特点就是大数据的涌现。数据是一切统计分析的基础,没有数据则难有学术先机。美国政治学研究也受到这股风潮的影响,大量政治学者投身于对大数据的研究和相关方法的学习。

对于定量学者而言,大数据是机遇,但也可能是挑战。定量导向的美国政治学研究必然基于数据,数据的可获取性和特征会调动定量导向性学者敏感的学术神经,新数据和新方法的出现足以让学者们兴奋起来。新获得的大数据可能进一步验证或证伪过去小数据的研究发现,而未来更多、更全面的数据可能又会推翻立足于大数据的分析结论,抑或为之辩护。早期政治学统计分析方法的应用借用统计学、经济学等学科的分析模型对有限的、可获取的数据进行处理,而今在大数据浪潮下,数据分析亟待运用计算机学科的知识应对纯人工或普通统计分析技术难以突破的技术壁垒。可以预见的是,新一代美国政治学者会越来越擅长于计算机分析技术,甚至优秀的政治学者可能像优秀的计算机科学学者一样优秀,涌现出复合型学者。从学术竞争性发展的角度看,仅擅长统计分析的学者必须直面和深谙善于大数据分析的学者们所具备的数据优势。当然,前者的统计分析能力依然不可或缺,对政治现象或者说变量之间关系的科学而合理的解释,是处理数据必然要面对的命题。

如前所述,统计分析这一鲜明特色是美国政治学研究追求科学性的体现。政治科学为证明其科学性,尤其重视对政治行为和现象解释的因果推论,统计分析方法本身是为更好的因果推论服务,因果推论的论述与定量分析密不可分。相较于大数据时代,以往的因果推论原则往往致力于满足"必要非充分性条件",而今则转变为满足"充分非必要条件"。定量学者在其擅长的因果推论中,常用一些变量解释另一些变量,采取干预的方式来发现因果机制(causal mechanism),解释某些变量很重要或者就是被解释变量的原因。在统计分析方法中,本文前述的数据信息呈现方式、数据多元多层结构、统计参数

---

① David Lazer et al., "Computational Social Science", *Science*, 2009, Vol. 323, No. 5915, pp. 721 – 723.

识别、统计显著性等方面的问题亦尚未完全解决，学者们一直围绕相关问题开展持续的研究，或者在分析方法上形成学术自觉，在研究成果中说明研究结论成立的各项前提假设。建立在诸多前提假设基础上的种种因果机制，似乎都适用于解释特定的政治现象，但这种解释往往是局部的，或者说其解释范围的扩大很有难度，因为在选择变量或建立假设时或多或少地有所选择或忽视。每一个政治要素和过程都可能改变所有情况。如果学者想尽可能多地解释政治现象，就不能仅依赖一个因果机制。如今大数据提供了发掘多种变量间更直观的相关性的机遇，这一机遇鼓励学者用数据建模去解释更广泛的现象，去关注那些可能被忽视的有价值的变量。

可以预见的是，数据将层出不穷，统计分析方法在美国政治学研究中的地位也将依然稳固。然而，如果被数据绑架，为统计分析而统计分析，一味地追求没有合理研究设计支撑的因果推论，那么可能会看到越来越多统计分析方法与数据合谋"撒谎"的荒唐现象。归根结底，严谨的研究设计仍然是政治学里发掘变量间关联及作用机制的黄金准则。

实验室实验：政治学研究的一种有效方法？

胡　悦

一、引言

政治科学发展至今，始终伴随着对研究范式科学性的探索和对研究方法的革新。进入 21 世纪以来，政治科学研究呈现了明显的由相关性研究向因果性研究转向的趋势。① 政治学者们愈发不满足于仅对各政治、经济、社会要素间的关系强弱进行确认，而逐渐投身于对变量间的因果效应以及机制的探讨之中。② 诸如时间序列分析、断点回归、双重差分法等各种研究方法也得到快速传播和广泛应用。其中，实验法这一源于自然科学的因果推断方法，因其设计逻辑明确、科学性强，尤为引人注目。迄今为止，已有至少五本著作专门介绍和讨论实验方法在政治学实证研究领域的应用。过去五年中（2016—2020），政治学三大国际顶期（*American Political Science Review*（APSR）、*American Journal of Politics* 以及 *Journal of Politics*）上发表的研究和使用实验方法的文章也已多达 268 篇。③

---

① John Gerring, "The Mechanismic Worldview: Thinking Inside the Box", in *British Journal of Political Science*, 2008, Vol. 38, No. 1, pp. 161 – 179.
② 孟天广：《从因果效应到因果机制：实验政治学的中国路径》，载《探索》，2017 年第 5 期。
③ "Publications Involving Experiment in Three Top Journals in Political Science (2016)", 2021. http://apps.webofknowledge.com/Search.do?product=UA&SID=5B9kVwacMqSxRCXGNL7&searchmode=General Search&prID=e3dc2304 – 585f – 4ff1 – 8212 – eda2220cecf1.

百年变局与中国政治学的时代化:清华政治学系的探索

与此同时,国内研究者对实验方法也表现出了极大热情,涌现了大量方法论引介和应用文章。① 但有趣的是,现有文章多集中于调查实验(survey experiment)和田野实验(field experiment)这两种实验法派生模式;而对实验法的根本模式——实验室实验(laboratory experiment)的讨论和应用却不多见。究其原因,至少部分是对实验室实验的一些认识谬误所致。特别是,很多教科书和介绍者认为,实验室实验"虽然内部效度高,但外部效度低",无法真实反映政治现实、得出对政治实践有借鉴意义的结论。② 殊不知,实验室实验的外部效度并非一定低于其他方法,同样也并不是只要做实验就能保证高内部效度。

针对这一固有谬误,本文系统讨论在实验室中进行政治学研究的基本逻辑和原则,正本清源,展示实验室实验在政治实证领域的应用潜力。文章着重讨论了两个基本问题:第一,实验室政治研究是如何实现对政治现象或因素的因果推断的?第二,研究者应如何正确理解实验室实验的效度优势并在设计中加以应用?本文提出,根据科学研究效度理论,对于实验室实验"内高外低"的认识并不全面。虽然实验室实验确有其局限性,但只要精心设计、妥善实施,仍将能为因果推断研究提供强有力支持,是值得在政治科学乃至整个社会科学领域进行推广的重要方法,在中国政治的实证研究中更是具有广泛的应用空间。同时,本文也提出,方法论学者也应在对实验室实验优势和局限清晰认识基础上,不断与数据科学、大数据技术等前沿方法相结合,以扩大实验室实验的应用领域,推动其对研究实际政治问题贡献。

二、实验逻辑与政治学实验室实验

实验是建立在目标人群(target population)遵循"反事实"(counterfactu-

---

① 孟天广:《从因果效应到因果机制:实验政治学的中国路径》,载《探索》,2017 年第 5 期;臧雷振:《争论中的政治学实验方法及其发展前景》,载《社会科学》,2016 年第 11 期;邵梓捷、季程远:《政治传播中的认知框架效应分析:基于中国的一项调查实验》,载《上海行政学院学报》,2018 年第 1 期;郭凤林、严洁:《网络议程设置与政治参与:基于一项调查实验》,载《清华大学学报(哲学社会科学版)》,2016 年第 4 期;苏毓淞、孟天广:《社会组织参与国际气候变化谈判基于北京市的调查实验》,载《清华大学学报(哲学社会科学版)》,2016 年第 4 期。

② John Gerring, "The Mechanismic Worldview: Thinking Inside the Box", in *British Journal of Political Science*, 2008, Vol. 38, No. 1, pp. 161 – 179.

al)的逻辑之上的因果推断方法。实验室实验则是将该实验逻辑在特定范围（实验室）内进行实现的一种研究设计模式。理解实验逻辑是理解和应用实验方法以及实验室实验模式的重要前提和基础。

（一）实验逻辑

实验逻辑是在自然科学研究中常见的研究设计逻辑。Jerzy Splawa-Neyman 和 Donald Rubin 将其进行数学规范化，提出了因果推断的重要理论 Neyman-Rubin Causality Theory（或 Rubin Causality Model，RCM）。[1] 这一逻辑后为社会科学所接受，成为对社会政治现象进行因果关系研究的基础性理论。RCM 将作用因素（或干预因素，treatment variable）对于个体 i 的因果效应定义为该因素存在时发生的结果 Y_{1i} 与它不存在时可能发生但实际并未发生的结果（即反事实结果）Y_{0i} 之间的差异 δ_i，即

$$\delta_i = Y_{1i} - Y_{0i}。$$

然而，这一定义在实证层面不是自足的，需要依靠特殊的假定才能实现。这是因为在实际观察中，干预因素只有存在或不存中的一种形式。相应的，研究者也就不可能同时观察到 Y_{0i} 和 Y_{1i}。在这种情况下，对于单一个体的因果效应 δ_i 是无法被直接观测到的。因此研究者只能谋求在群体层次上对因果效应进行估测。而若想这种估测在统计学上可行，就需要引入对个体因果效应的强假定——Rubin 称之为"个体处理稳定性假定"（Stable Unit Treatment Value Assumption，SUTVA）。[2] SUTVA 规定干预因素对群体内个体作用的针对性和同质性。此假定之强，在于它对观测因果效应的对象和环境都有严格的限制：[3] 首先，它要求作用因素具有针对性；只会改变于单一个体，而与其他个体也受到（或没受到）作用无关。其次，这种作用对于每个个体的影响又需是同一性质

---

[1] Donald B. Rubin, "Inference and Missing Data", in *Biometrika*, 1976, Vol. 63, No. 3, pp. 581 – 592.

[2] Donald B. Rubin, "Randomization Analysis of Experimental Data: The Fisher Randomization Test Comment", in *Journal of the American Statistical Association*, 1980, Vol. 75, No. 371, pp. 591 – 593.

[3] James J. Heckman, "The Scientific Model of Causality", in *Sociological Methodology*, 2005, Vol. 35, No. 1, pp. 1 – 97.

的，差别仅是个体受影响的大小而已。唯有这样才能合理运用统计学通过对多个受干预个体的观察来估测群体效果，并与未受干预群体进行比较。另外，SUTVA 要求干预因素的作用的方式必须是严格一致的。譬如要估测信息对选民决策的影响，如果选民获得信息方式存在差异性（比如，有的是道听途说听来的，有的是看报纸读来的），那么其结果则可能不是同一种因果效应导致的结果，也就不能放在一起估测因果效应。再者，作用因素的存在与否也必须是可被观察到的。只有同时获得因素存在和不存在时的数据，才能进行比较，进而推断该因素的因果效应存在与否、大小以及方向为何。最后，干预因素的作用必须在实验对象（subjects，也称实验被试）决策和行为结果之前，而不是同时或之后的。譬如在测量信息对选民的投票意愿的因果关系时，如果选民在不断接收信息的过程中就已经决定了是否投票，而非获得所有信息后才做出决定，那么研究者则无法根据 RCM 就信息对选民意愿的因果效应做出推断。[1]

这些严格限制确保了因果效应的可观察性，但也令这种因果推断很难通过传统的社会科学研究方式加以完美实现。因为即使在所谓的"自然实验"（即以特定时间点为界限比较在出现特定现象前后个体思想或行为的差别，多用于政策研究）中，也很难保证作用因素对单一个体的作用不会影响到同一目标人群中的其他成员。[2] 而在实验逻辑基础上发展的实验论证（experimental reasoning）方法则更好地兼顾了这些限制。其中，又以实验室实验最大限度地满足了 SUTVA 假定，兼顾了因果推断的准确性和可操作性。

（二）实验室实验

实验室实验是实验逻辑在实证研究中最流行的三种应用形式之一。另外两种是田野实验和调查实验。相比田野实验和调查实验将被试放置于其生活的自然环境中，实验室实验对实验场地和时间有更严格的控制，通常是在独立的实

---

[1] Rebecca B. Morton, Kenneth C. Williams, *Experimental Political Science and the Study of Causality: From Nature to the Lab*, Cambridge: Cambridge University Press, 2010, p. 71.

[2] Jasjeet S. Sekhon, "The Varying Role of Voter Information across Democratic Societies", in APSA Political Methodology Section Working Paper, No. 4965149, 2004.

验室中进行实验。而且整个实验过程都要求在研究者的全程监控和指导下完成。在这一点上,实验室实验更接近自然科学的实验模式。当然,在实际操作中,这三种实验方法并非界限分明。社会科学研究中的实验室实验往往并不需要专门的实验室;教室、活动室或其他独立空间都可以成为实验场所。而对被试个人信息及实验效果的收集也常使用问卷调查的方式进行。因此,实验室实验与其他两种实验方式的区别表面上是实验场所的空间和时间,但本质是研究者上对待时空所含信息的理解和态度上。① 在田野和调查实验中,研究者刻意将被试者放置熟悉的环境中以期望他们的反应更接近于其现实生活中的反应。而实验室实验则着重在控制环境及其他非实验要素的影响,以求最大限度地排除干扰因素,实现对目标因素因果效果的准确测量。

实验室实验在设计上可能千差万别,在被试的选择以及干预过程的设定上也没有固定程式。但多数实验室实验仍然遵循着一些基本的设计原则:② 首先,研究者必须首先明确实验的目标人群以及核心干预因素,然后据此决定被试的来源和对其进行的干预模式。另外,研究设计必须充分考虑对可观察的干扰变量的控制,并通过随机分配控制组和实验组等方法对不可见干扰变量和难以控制的可见干扰变量进行进一步的剔除。这里需要强调,随机分配在实验室实验中扮演非常重要的角色,但也并非排除干扰变量的万灵药。这一点将在后文对实验室实验效度的讨论中加以详述。最后,研究者需要对控制组和实验组在接受干预因素影响前后的态度和行为表现进行比对,并根据统计原则进行跨组比较(及获得 $Y_{i1} - Y_{i0}$ 的群体期望值),据此判断干预因素与行为态度之间的因果关系是否存在。③

(三) 实验室中的政治学研究

实验对于政治学研究并不是新方法。它的应用最早可以追溯到 1926 年

---

① Glenn W. Harrison, John A. List, "Field Experiment", in *Journal of Economic Literature*, 2004, Vol. 42, No. 4, pp. 1009 – 1055.

② Rebecca B. Morton and Kenneth C. Williams, *Experimental Political Science and the Study of Causality: From Nature to the Lab*, Cambridge: Cambridge University Press, 2010, p. 41.

③ 很多政治学实验室实验中,控制组由于没有受到任何干预因素影响,因此常常被假定其行为态度是没有变化的,进而省略前后比对的步骤而只进行跨组比较。

百年变局与中国政治学的时代化：清华政治学系的探索

Harold Gosnell 对芝加哥市长选举研究。① 但实验方法，尤其是实验室实验，被学界普遍重视则要到 20 世纪 50 年代。彼时行为主义革命风起云涌，实验政治学也迎来了第一个分水岭。一方面实验研究成果开始出现在 APSR、Journal of Conflict Resolution 等主流政治学刊物上。实验室实验也开始被政治学者用于对公共产品分配和国家间博弈等方面的研究中。② 但另一方面，仍相当一部分学者仍坚持认为实验室实验"过于依赖人工设计，而且被试人群不足以代表任何目标人群"，故而不应在政治学研究中使用。③ 这种对实验室实验和实验政治学的排斥直到 20 世纪 70 年代才随着政治心理学的兴起而有所缓和。1970 年，著名的 Experimental Study of Politics 创刊。在随后的几十年中，基于实验室实验方法的政治学研究进入稳步发展阶段，并被广泛应用于对选举行为、领导人的公众认可度、政治传播等诸多领域的研究中。

从研究方法角度，当前的实验政治学已经形成三种独特的模式：政治心理学模式、政治经济学模式以及统计学模式。④ 其中，实验室实验在政治心理学和政治经济学模式的研究中应用较多。（统计学模式的实验研究由于往往基于概率统计理论，对被试样本规模和成分都有要求，因此常常采取调查或田野实验的形式。）⑤ 政治心理学实验多用于考察特定因素对个体态度或决策的因果效应。其通常模式是将实验对象集中到一个封闭独立的实验场所，在随机分配控制和实验组后，通过精心筛选和制作的干预信息（如政治新闻或候选人背景材料等）将被试者带入一个想象情境（hypothetical situation）中，并要求其

---

① Rose McDermott, "Experimental Methods in Political Science", in *Annual Review of Political Science*, 2002, Vol. 10, No. 1, pp. 31 – 61.

② David A Bositis, Douglas Steinel, "A Synoptic History and Typology of Experimental Research in Political Science", in *Political Behavior*, 1987, Vol. 9, No. 3, pp. 263 – 284.

③ Shanto Iyengar, "Laboratory Experiments in Political Science", in James N. Druckman etc., *Handbook of Experimental Political Science*, Cambridge: Cambridge University Press, 2011, pp. 73 – 88.

④ Rebecca B. Morton, Kenneth C. Williams, *Experimental Political Science and the Study of Causality: From Nature to the Lab*, Cambridge: Cambridge University Press, 2010, p. 41.

⑤ 苏毓淞、孟天广：《社会组织参与国际气候变化谈判基于北京市的调查实验》，载《清华大学学报（哲学社会科学版）》，2016 年第 4 期；邵梓捷、季程远：《政治传播中的认知框架效应分析：基于中国的一项调查实验》，载《上海行政学院学报》，2018 年第 1 期；Alan S. Gerber, Donald P. Green, Christopher W. Larimer, "Social Pressure and Voter Turnout: Evidence from a Large-Scale Field Experiment", in *American Political Science Review*, 2008, Vol. 102, No. 1, pp. 33 – 48.

在这一情景中做出特定判断或决策（比如是否支持某项政策或某个候选人）。研究者再通过对控制组和实验组决策对比结果考察干预信息是否对被试者行为决策造成影响。Stephen Ansolabehere 和 Shanto Iyengar 对于负面政治新闻的研究即是这种应用的一个典型案例。[①] 研究者在 1990 年美国加利福尼亚州州长选举期间给实验组和控制组同时播放了一条关于候选人对是否同意允许在加利福尼亚进行近海石油开采的新闻（近海石油开采会为本地带来环境隐患）。研究者通过严格控制实验室环境，保证被试者不会相互干扰，且实验组和控制组接受干预信息的视听背景都是相同的。唯一的不同之处在于给控制组新闻中包含的正面词汇，"表示同意""保护"等，在给实验组的新闻中被替换为了负面词汇，如"表示反对""摧毁"等。在两组同时接收信息后，被试被要求报告其是否参与该次州长选举投票。通过对两组的比较，研究者发现实验组更加不愿参与投票，因而佐证了负面新闻在政治传播中的反动员效应（demobilizing effect）理论。

政治心理学实验通常是对单一因素对被试的心理影响的考察，其设计也通常不涉及场景变化或被试的多次选择情况。相比之下，政治经济学模式实验则对个体间的互动以及多次选择策略更感兴趣。另外，政治经济学实验也较少使用模拟现实的想象情景或人为信息，而是根据形式模型及其数理推论进行实验设计。比如在 Anna Bassi 等关于选民身份与投票倾向的研究中，首先对选民身份比例对投票影响进行了形式模型推演，然后依此将 60 名被试者分成 12 组进行投票游戏，对形式模型的每一种可能结果进行验证。[②] 实验中，被试者被给予一种选民身份。该身份都对应一个代表此身份的候选人。被试被告知其参与实验获得的奖励将与选举结果密切相关。在整个实验中，每组被试成员的身份、互动形式以及最终奖励完全根据之前形式模型中涉及的条件进行部署，甚至对被试者是否知道同伴身份的信息公开程度也做了区分。同时被试者也完全了解他们进行的所谓投票并不需要借助任何现实投票的经验，也不会对政治现

[①] Stephen Ansolabehere, Shanto Iyengar, *Going Negative: How Political Advertisements Shrink and Polarize the Electorate*, Cambridge: The Free Press, 1995, pp. 215–234.

[②] Anna Bassi, Rebecca Morton and Kenneth Williams, "The Effects of Identities, Incentives, and Information on Voting", in *The Journal of Politics*, 2011, Vol. 73, No. 2, pp. 558–571.

百年变局与中国政治学的时代化：清华政治学系的探索

实有任何影响。

除了典型的设计模式，使用实验室实验的研究议题也具有明显的特点。当前实验室政治学的主战场仍然是政治行为领域——尤其是对选举行为的研究。除了上面提到的例子，Diana Mutz 通过政治心理学实验探讨了政治信息的全面性对选民倾向的因果效用；Sugato Dasgupta 和 Kenneth Williams 通过政治经济学实验研究了民意测验对选民选择候选人的影响，皆为实验室实验在政治学应用的典型范例。① 其他例子还包括 Jeffery Mondak 及其同事在 1996—2006 间通过一系列政治心理学实验对候选人资质对选民投票行为的影响进行了系统的考察等等。②

除了政治行为研究领域，随着认可度的提高以及方法的进步，实验室实验也被逐渐应用于更广泛的领域和议题中。国际关系学已认可了运用政治经济学的实验模式，通过对个体和组别互动来研究国家间的博弈关系，譬如 Morton Deutsch 通过互动实验对三种军备竞赛策略的考察以及 Francis Beer 及其同事对和平条约及战争博弈的研究等。③ 政治心理学实验也在国际关系研究中得以应用，如 Nehemia Geva、Alex Mints 及其同事运用实验对民主和评论、对外政策决策的研究等等。④ 同样，在比较政治学中既有如 Donna Bahry、Alphone van de Kragt 等相当一部分学者，结合博弈论和政治经济实验，对公共产品分配过

---

① Diana Mutz, "Effects of 'In-Your-Face' Television Discourse on Perceptions of a Legitimate Opposition", in *American Political Science Review*, 2007, Vol. 101, No. 4, pp. 621–635; Sugato Dasgupta and Kenneth Williams, "A Principal-Agent Model of Elections with Novice Incumbents: Some Experimental Results", in *Journal of Theoretical Politics*, 2002, Vol. 14, No. 4, pp. 409–438.

② Damarys Canache, Jeffery Mondak and Ernesto Cabrera, "Voters and the Personal Vote: A Counterfactual Simulation", in *Political Research Quarterly*, 2000, Vol. 53, No. 3, pp. 663–676; Jeffery Mondak and Robert Huckfeldt, "The Accessibility and Utility of Candidate Character in Electoral Decision Making", in *Electoral Studies*, 2006, Vol. 25, No. 1, pp. 20–34.

③ Francis Beer, Grant Sinclair and Alice Healy, "Peace Agreement, Intractable Conflict, Escalation Trajectory: A Psychological Laboratory Experiment", in *International Studies Quarterly*, 1995, Vol. 39, No. 3, pp. 297–312; Francis Beer, Alice Healy and Grant Sinclair, "War Cues and Foreign Policy Acts", in *American Political Science Review*, 1987, Vol. 81, No. 3, pp. 701–715.

④ Alex Mintz and Nehemia Geva, "Why Don't Democracies Fight Each Other? An Experimental Study", in *Journal of Conflict Resolution*, 1993, Vol. 37, No. 3, pp. 484–503; Nehemia Geva, James Mayhar and Mark Skorick, "The Cognitive Calculus of Foreign Policy Decision Making: An Experimental Assessment", in *Journal of Conflict Resolution*, 2000, Vol. 44, No. 4, pp. 447–471.

程及影响因素进行研究，也有 Efrén Pérez 等学者通过政治心理学实验对语言政治、性别议题等进行探讨。①

三、效度最大化？实验设计规范与谬误

实验室实验在政治学领域流行发展的趋势日益明显，并成为推进该领域因果关系研究的重要手段和力量。然而，对于这一方法的质疑也从未停止过。② 相对一些政治学方法论者将实验方法视为因果推断的"理想模型"，也有诸多批评者认为，在规定时间、封闭实验室内进行的对一个方便样本进行的实验研究并不能为人类社会中持续进行的复杂政治决策和行为提供可靠证据。③ 简言之，实验室实验在政治研究的效度是可疑的。④

（一）什么是研究效度

长期以来，包括政治学家在内的社会科学学者通过效度（validity）这一概念来衡量特定实证分析方法是否能为验证理论推断提供可信证据。多数学者认可 Donald Campbel 对于效度定义：一种实证研究设计或方法的效度是指对基于该设计或方法作出的知识推断与真实具有的近似性（approximate truth）程度，即我们能在多大程度上相信实证推断是能够反应人类社会的真实规律的。⑤ 政治科学家又往往将效度区分为"内部效度"（internal validity）和"外部效度"（external validity）。其中，内部效度是指基于实证研究的知识推断与

---

① Donna Bahry and Rick Wilson, "Confusion or Fairness in the Field? Rejections in the Ultimatum Game under the Strategy Method", in *Journal of Economic Behavior & Organization*, 2006, Vol. 60, No. 1, pp. 37 – 54; Pérez Efrén and Tavits Margit, "Language Shapes People's Time Perspective and Support for Future-Oriented Policies, in *American Journal of Political Science*, 2017, Vol. 61, No. 3, pp. 715 – 727.
② Shanto Iyengar, "Laboratory Experiments in Political Science", pp. 73 – 88.
③ Rogers Smith, "Should We Make Political Science More of a Science or More about Politics?", in *PS: Political Science & Politics*, 2002, Vol. 35, No. 2, pp. 199 – 201.
④ 对于实验方法的另一个主要质疑来自对实验伦理的担忧。（Abigail Panter and Sonya Sterba, *Handbook of Ethics in Quantitative Methodology*, Oxford: Taylor & Francis, 2011.）但由于这方面更多地涉及研究道德而非研究方法，非本文主要关注点，在此暂不讨论。
⑤ Donald Campbell, "Factors Relevant to the Validity of Experiments in Social Settings", in *Psychological Bulletin*, 1957, Vol. 54, No. 4, p. 297.

目标人群的真实态度或行为规律的近似程度。而外部效度则指实证推断多大程度上能适用于目标人群以外的其他人群。Campbel 后又将内部效度细化为三个部分：建构效度（constructive validity）、因果效度（causal validity）和统计效度（statistical validity）。①

建构效度涉及实证推断的概括性，旨在评价一种研究设计是否能合理且有针对性地评鉴目标理论。因果效度，类似于经济学中的"识别问题"（identification problem），用以考察实证设计是否能有效排除干扰因素，为确定目标因素的因果效应或机制提供准确证据。最后，统计效度指是否在实证层面上，研究的核心因果因素间具有显著且稳定的统计关系。

对于统计效度的最常见检验方式是可以通过对同目标人群样本的重复检验。效度是一个整体概念。上述分类只是为了方便研究者从不同侧面考察研究设计的可靠程度。因此，各种效度间不是孤立存在的。比如，建构效度高，研究设计与理论相切合，在统计层面上，因果变量的关系才能稳定，统计效度才能高。而统计效度又与设计是否有效地控制了干扰变量，达到了高因果效度紧密相关。另外，内部效度是外部效度的前提，没有对目标群体的合理估测就不存在拓延到目标群体以外群体的意义。

（二）实验室实验的效度评价

对实验室实验效度最常见的评价是，它具有"很高的内部效度，但外部效度很低"。② 这种论断将高内部效度归功于实验设计对干扰变量的控制（如通过随机分配等），而将低外部效度归咎于被试样本的非代表性以及实验室环境与现实环境的明显差异。但如果根据效度定义和分类做仔细考量，就会发现上述论断是不全面的，甚至会具有误导性。

首先，并不是使用了实验室实验就一定能得到高内部效度。2015 年前后

---

① Thomas Cook, Donald Campbell and Arles Day, *Quasi-Experimentation: Design & Analysis Issues for Field Settings*, Boston: Houghton Mifflin Boston, 1979, p. 96.

② Arthur Schram, "Artificiality: The Tension between Internal and External Validity in Economic Experiments", in *Journal of Economic Methodology*, 2005, Vol. 12, No. 2, pp. 225 – 237; Martel Garcia and Leonard Wantchekon, "Theory, External Validity, and Experimental Inference: Some Conjectures", in *The Annals of the American Academy of Political and Social Science*, 2010, Vol. 628, No. 1, pp. 132 – 147.

爆发的可重复性危机就是实验室实验内部效度"失守"的集中体现。在社会科学领域，实验方法在心理学和经济学的应用最为广泛，实验设计也相对规范。但2015至2016年的一系列重复实验揭露大量发表在权威学术期刊上的心理学和经济学实验不可复制。一项对心理学三大顶级期刊上100篇原创实验的研究发现，60%以上的重复实验结果与原作不符。① 另一项对于67篇来自十三家顶级经济学期刊的研究也暴露出一半以上的实验经济学研究没有经受住重复实验的检验。② 这些不可复制的实验基本都采用了随机分配和其他常规实验设计。但研究表明，其结果无法在目标人群中重现——换言之，它们并不具备内部效度（尤其是统计效度）。同样现象在政治学研究中也存在。譬如，Kosuke Imai就复制了Alan Gerber和Donald Green关于不同模式政治动员对鼓动选民投票的著名实验，并得出了新的结果。③

同时，随机分配也不是排除所有干扰变量的万灵药。根据Kari Morgan和Donald Rubin的测算，在一个实验室实验中，如果假定研究现象处干预因素外仅又与十个干扰因素相关（这在错综复杂的社会政治现象中几乎是不可能的），那么，单纯依靠随机分配，控制组和实验组间在干扰因素上仍存在显著差异（即没有排除干扰变量影响）的可能性超过40%。④ 换言之，有四成以上的可能该随机分配实验会出现明显的不平衡（imbalance）问题，进而直接影响实验结果的可靠性。

政治科学方法论学家建议，研究者除了保证常规实验流程（如随机分配），还应综合使用各种设计手段来保障实验设计的内部效度。而当前实验方法的发展与实践也极大丰富了实现这一目标的工具箱。譬如，设计者可以通过计算机成像技术、脑部核磁共振、脑电图等高科技技术加强对因果效应观测的精准度，将可

---

① Open Science Collaboration, "Estimating the Reproducibility of Psychological Science", in *Science*, 2015, Vol. 349, No. 6251, p. 4716.

② Andrew Chang and Phillip Li, "Is Economics Research Replicable? Sixty Published Papers from Thirteen Journals Say 'Usually Not'", in *Finance and Economics Discussion Series*, 2015, pp. 1 – 25.

③ Kosuke Imai, "Do Get-Out-the-Vote Calls Reduce Turnout? The Importance of Statistical Methods for Field Experiments", in *American Political Science Review*, 2005, Vol. 99, No. 2, pp. 283 – 300.

④ 显著差异指标设为的 $\alpha = 0.05$，那么差异出现的系数即是全部概率减去十个因素都不出现差异的概率，$1 - (1 - 0.05)^{10} \approx 40.13$。Kari Morgan and Donald Rubin, "Rerandomization to Improve Covariate Balance in Experiments", in *The Annals of Statistics*, 2012, Vol. 40, No. 2, pp. 1263 – 1282..

百年变局与中国政治学的时代化：清华政治学系的探索

见的干扰因素的影响进一步降低，进而提高因果和统计效度。① 对不可见因素，研究者则可采用行为心理学方法，使用或阶段性使用物质和金钱奖励、选择特定实验时间和环境，以及眼动仪及其他阈下直觉测量等手段加以控制和排除。② 至于建构效度，Rebecca Morton 指出基于形式模型设计实验，将理论和逻辑假设性因素（包括上文提及的 SUTVA 假定）纳入实验过程中，避免了理论与实证间的脱节。③ 这种实验模式不仅提高了实验的建构效度，也是超越了传统 RCT 因果推断的假定局限，推进研究重心由因果效果向因果机制转变。④

实验室实验的内部效度如果没有缜密的设计和技术保障，不一定就会高。同样，它的外部效度也不是自然即低。实验室实验最常受诟病的两种"外部效度低"的问题有两种。一种是对被试者来源的担忧。很多实验室实验的施用对象都是学生。批评者认为，学生是整个社会群体的一小部分，他们本质上只是个方便样本。基于这样的样本得出的推断不能作为对国民全体政治态度和行为特征的有效证据。⑤ 因此，被试样本的局限一直是实验室政治学研究必须面对的问题。然而，如果该问题的本质仅是学生样本的代表性不足的话，那么这仍然是对目标群体推断效度的考量——这不是外部效度问题，而是内部效度问题。同时，方法论学者已对这一样本局限能导致多大的结果偏差进行了各种比对研究。研究发现，至少在某些议题上，学生样本的影响并不如想象的那么严重。譬如 Martijn Egas 和 Arno Riedl 对比了学生样本和网上样本在一个公共产品博弈中的表现，发现二者表现极为相似。⑥ Cindy Kam 等分别在学校以及本地代表性样本中构建实验被试，发现两组被试除了年龄和性别，在其他方面都

---

① Rose Mcdermott, "Experimental Methods in Political Science", pp. 31–61.
② Marco Battaglini, Rebecca Morton and Thomas Palfrey, "Information Aggregation and Strategic Abstention in Large Laboratory Elections", in *American Economic Review*, 2008, Vol. 98, No. 2, pp. 194–200; Charles Taber, Damon Cann and Simona Kucsova, "The Motivated Processing of Political Arguments", in *Political Behavior*, 2009, Vol. 31, No. 2, pp. 137–155.
③ Rebecca Morton and Kenneth Williams, *Experimental Political Science and the Study of Causality: From Nature to the Lab*, p. 71.
④ 孟天广：《从因果效应到因果机制：实验政治学的中国路径》，载《探索》，2017 年第 5 期。
⑤ Shanto Iyengar, "Laboratory Experiments in Political Science", pp. 73–88.
⑥ Martijn Egas and Arno Riedl, "The Economics of Altruistic Punishment and the Maintenance of Cooperation", in *Proceedings of the Royal Society of London B: Biological Sciences*, 2008, Vol. 275, No. 1637, pp. 871–878.

没有显著差异①。当然,这不是说实验设计者就可以罔顾方便样本所带来的风险。但研究者应将这一局限与学生样本所带来的研究可能和研究效益共同考虑,寻找其中的平衡点。另外,技术的进步业已允许研究者将实验投放到更广泛人群。譬如 Lee Sigelman 等对民选官员的领导力实验、James Habyarimana 等在乌干达坎帕拉进行的族群视角下的公共产品分配实验,以及 Charles Bellemare 等在荷兰的最后通牒博弈实验等都是在具有代表性样本的被试中进行的。②

另一种对实验室实验的外部效度的质疑来自对所谓实验效应(experimental effects)或者说实验者效应(experimenter effects)的担忧。批评者认为实验室是完全人工构建的非现实环境。③ 在多数情况下,被试者清楚知道自己是实验对象以及何时开始和结束实验。这一点会影响其在实验中的选择和决策,进而做出与现实中不同的表现。然而,由于这种现象不一定设计目标人群以外的人群,因此实际上也不是一个严格意义上的外部效度问题,而应是一个生态效度(ecological validity)问题。生态效度与内部和外部效度虽然都被称为效度,但具有本质的不同。它并不关注实证推断与真实规律的联系,而考察的是研究环境与实际环境的相似程度,因此也常被称为"现世实在主义"(mundane realism)、"情景近似性"(contextual congruence)或"实验的田野性"(fieldness of an experiment)④。

实验的生态效度高并不一定代表着基于它的论断能够拓展到目标人群以外的群体,但由于对现实的模拟程度时常与实验的准确性和普适性密切相关,因此也得到实验设计者和方法论学者的普遍关注。这实际上直接催生了调查实验和田野实验这两种在被试者自然生活环境中进行实验的方法。而就实验室实验而言,生态效度低也不是无法打破的梦魇。大量的实验室社会科学研究已经探

---

① Cindy Kam, Jennifer Wilking and Elizabeth Zechmeister, "Beyond the 'Narrow Data Base': Another Convenience Sample for Experimental Research", in *Political Behavior*, 2007, Vol. 29, No. 4, pp. 415 – 440.

② Lee Sigelman, Carol Sigelman and Barbara Walkosz, "The Public and the Paradox of Leadership: An Experimental Analysis", in *American Journal of Political Science*, 1992, Vol. 36, No. 2, pp. 366 – 385; James Habyarimana, Macartan Humphreys and Daniel Posner, "Why Does Ethnic Diversity Undermine Public Goods Provision?", in *American Political Science Review*, 2007, Vol. 101, No. 4, pp. 709 – 725; Charles Bellemare, Sabine Kröger and Van Soest, "Measuring Inequity Aversion in a Heterogeneous Population Using Experimental Decisions and Subjective Probabilities", in *Econometrica*, 2008, Vol. 76, No. 4, pp. 815 – 839.

③ Shanto Iyengar, "Laboratory Experiments in Political Science", pp. 73 – 88.

④ Glenn Harrison and John List, "Field Experiment", pp. 1009 – 1055.

百年变局与中国政治学的时代化：清华政治学系的探索

索出至少五种行之有效的方法提高研究的生态效度：

第一，掩盖实验目的。研究者通过不向被试者透露实验目的和具体流程的方法以避免被试者根据干预因素或实验起止时间改变自己的选择策略和行为方式。第二，使用现实例子作为干预变量。实验设计者可以运用生活中的实际信息或事件作为实验的刺激元素。这样有助于被试者在测试过程中更好地反映自己在现实生活中的经验。很多政治心理学实验都已采用这种方法。第三，模拟现实环境。虽然实验室实验对实验环境有严格限制，但仍允许研究者将现实中常见但与实验无关的信息和条件加入实验流程，便于被试者更好地带入情景和调动自己的真实感受。譬如，在关于政治新闻的研究中，研究者除了播放政治新闻还可以夹杂进如经济新闻、本地时事等其他新闻类型，使被试者更加贴近平时接受新闻信息时的媒体氛围。① 第四，物质刺激。研究者通过给予物质刺激来调动被试者更加积极地参与到实验过程中去，并有更强的意愿来遵守实验设计者给出的指令。当然，这种方法也是根据实验目的酌情实施。心理学家已经发现物质刺激对于完成有困难的任务往往更有效；对简单的判断和任务，物质刺激反而没有必要，有时甚至会产生反作用。②

最后，非自然环境或许正是某些研究所需要的。譬如前文提到的 Anna Bassi 等对于选民身份与投票意愿的研究中，被试者的选民身份就没有参照现实或进行随机分配，而是根据形式模型的条件进行了人为划分，从而实现了对不同特征群体内选民行为规律的全面考察。③ 因此正如诺贝尔经济学奖获得者 Vernon Smith 指出的，实验中所有加入和省略的变量都可以是干预因素的一部分。④ 研究者在实验设计过程中应充分考虑和利用它们对实验结果的综合作用。

无论对于被试样本的拓展还是生态效度的提升，都有助于增加实验设计

---

① Stephen Ansolabehere and Shanto Iyengar, *Going Negative: How Political Advertisements Shrink and Polarize the Electorate*, pp. 215–234.

② James Heyman and Dan Ariely, "Effort for Payment: A Tale of Two Markets", in *Psychological Science*, 2004, Vol. 15, No. 11, pp. 787–793.

③ Anna Bassi, Rebecca Morton and Kenneth Williams, "The Effects of Identities, Incentives, and Information on Voting, pp. 558–571.

④ Vernon Smith, "Constructivist and Ecological Rationality in Economics", in *American Economic Review*, 2003, Vol. 93, No. 3, pp. 465–508.

的内、外效度。而单就外部效度而言,其关注的是研究推断能否超越目标人群,因此,对它的考察和增益也将永远是经验性而非结论性的。只要研究的目标人群和样本不是人类全体,外部效度问题就将永远存在。而这一问题同样不只是实验室实验研究的难题,而是对于所有类型的社会科学实证研究都存在的挑战。容易被忽略的一点是,由于实验室实验的所要求的样本量小、研究时间短而且结果明确,它往往比其他研究方式更容易提升外部效度。譬如前文涉及 Ansolabehere 和 Iyengar 在加利福尼亚进行的政治传播实验。[1] 研究者后将该实验结果和美国总统选举、各州参众议员和州长选举等多种观察结果进行比对印证,将基于一州目标人群的判断推广到对全国政治生态的认识。Benedikt Herrmann 更是将同一组实验推广到 16 个不同国家,超越了经济、政治、文化界限,获得了更广泛人群中内公共产品分配规律的实证证据。[2] 此外,Alvin Wang 和 Florian Jentsch 以及 John Zelenski 等分别跨时间对被试反应进行了比较。[3] Ignacio Esponda 和 Emanuel Vespa 甚至跨越了研究单元,发现个体层次和群体层次在同一选举实验中的决策机制差异。[4] 这些研究都在不同范围和维度对实验室实验的外部有效性进行了拓展。

四、结论:效度视角下的政治学实验研究

本文对实验室实验的原理、应用以及在政治科学研究中的效度进行了讨论。实验室实验是一种成熟的因果推断方法,相比其他传统实证研究方法更为贴合因果效果和因果机制的理论逻辑。所谓实验室实验"内部效度高、外部

---

[1] Stephen Ansolabehere and Shanto Iyengar, *Going Negative: How Political Advertisements Shrink and Polarize the Electorate*, pp. 215 – 234.

[2] Benedikt Herrmann, Christian Thöni and Simon Gächter, "Antisocial Punishment across Societies", in *Science*, 2008, Vol. 319, No. 5868, pp. 1362 – 1367.

[3] Alvin Wang and Florian Jentsch, "Point-of-Time Effects across the Semester: Is There a Sampling Bias?", in *The Journal of Psychology*, 1998, Vol. 132, No. 2, pp. 211 – 219; John Zelenski, Cheryl Rusting and Randy Larsen, "Consistency in the Time of Experiment Participation and Personality Correlates: A Methodological Note", in *Personality and Individual Differences*, 2003, Vol. 34, No. 4, pp. 547 – 558.

[4] Ignacio Esponda and Emanuel Vespa, "Hypothetical Thinking and Information Extraction in the Laboratory", in *American Economic Journal: Microeconomics*, 2014, Vol. 6, No. 4, pp. 180 – 202.

百年变局与中国政治学的时代化:清华政治学系的探索

效度低"的论断有失全面。当然,它也并非完美的因果推断工具。其内部和外部效度都需要研究者通过精心设计和实施加以维护,并与具体的研究方向和主题相结合。然而,作为研究者,不应因实验被试的样本特性和研究环境的特殊要求而忽视或贬低这种方法在政治学实证研究中的作用和价值。在政治科学方法论学者和实验研究者的共同努力下,实验室实验方法也将不断进步,突破原有局限,为更广泛的政治研究领域做出贡献。

目前,国内政治学者对实验方法已有了相当的了解,但在应用层面相对偏重于调查和田野实验。实验室实验仍有待进一步应用和发展。本文从以下四个方面探讨实验室实验与中国政治研究的结合路径:第一,借鉴国际经验,推动中国特色的政治行为学研究。实验室实验在政治学界最大的应用领域是政治行为研究。大量政治参与和政治经济学实验为该方法在此类议题中的应用积累了丰富的素材和经验。而对于当前的中国,新时代政府治理和社会治理也面临着诸多新局面、新趋势、新挑战。多样化的政治互动与交流已成为重要的时代特征。我国的主要矛盾也已发生转向;城乡、区域、阶层、群体间的不平衡、不充分的发展成为施政者关心的核心问题。如何理解这种不平衡的内在机制?什么因素才是影响公民政治参与、疏解社会矛盾的关键?结合中国公民特征的实验室内群体决策实验和政治传播实验将为了解这些问题内部的因果关系和作用机制提供帮助。实验室政治学还将为发展当代中国复杂社会、经济、政治条件下公民的政治参与动因和规律、党内民主和政府制度建设,以及公共产品的有效供给和合理分配等诸多方面理论提供可靠的实证基础。

第二,运用政治心理学实验,深入了解复杂社会经济环境下的国民心态。知识和态度是驱动人类参与政治互动、选择政治行为策略的原动力。以政治心理学为基础的实验室实验为了解两者之间的因果联系提供一条有效途径。情绪控制和信息接触实验可以有效地用于检测特定形态的语言与非语言表达形式对人类行为的影响。中国社会正处于高社会资本、高政治信任、高政治能动性与激烈的社会政治互动并存的状态。① 人民政治心态复杂,且容易受到外来因素

---

① Wenfang Tang, *Populist Authoritarianism: Chinese Political Culture and Regime Sustainability*, Oxford: Oxford University Press, 2016, pp. 152 – 166.

影响。作为高回应型政府,及时有效引导人民政治心态,疏导社会矛盾和过激舆论是巩固稳定发展局面的重要任务。通过政治心理学实验,研究者能有效测量不同政治交流方式对民众态度与行为产生的变化,进而对政府与民众、政府与政府,以及民众与民众间的交流机制有更为深入的了解。

第三,与前沿科技、大数据的跨学科结合。Shanto Iyengar 和 Rose McDermott 在对实验政治学发展前景的展望中不约而同地提到,与先进技术的结合是实验室实验发展的必然趋势。① 前沿基因科学、生物学、医学技术为测量和理解人类情感与意识提供了新的技术和视角。研究者可以通过核磁共振图谱、眼动仪等仪器手段精确把握人们在接受干预因素的生理反应和直觉感受。它们与政治实验的结合将为了解个体与社会政治环境互动提供了新的微观桥梁。这是非实验室环境很难实现的研究领域。此外,近年来大数据研究在我国日趋兴盛,越来越多的大学和研究机构拥有了搜集、挖掘和处理地区乃至全国范围内的大数据的能力。这就为更好地对把握实验对象的状态、特点和行为模式创造了条件,从被试样本层面提升实验研究的内部、外部以及生态效度②。利用日趋普及的通讯交流和信息获取设备,也使在更大范围内实施更为复杂的实验设计成为可能。

第四,因地制宜,推进实验室实验方法及应用。改革开放以来,实证研究在我国政治科学领域获得长足发展。随着研究的深入,越来越多的学者开始有意识地将实证研究引向对政治现象内在因果性的探索。包括实验室实验在内的实验研究方法则成为了他们手中的利器。部分大学还建立起了专门的社会科学实验室研究平台和机构,为实施精准的政治学实验提供稳定的资金和技术支持、封闭独立的实验室环境以及专业的执行团队和配套设施。在这种条件下,实现诸如实验与对照组的完全随机分配(complete randomization)、区块随机分配(block randomization)、随机分组的再随机分配(rerandomization),乃至形式模型实验路径(formal modeling approach)等多种技术手段都非难事,为政治学实验室实验的内部效度提供了可靠保障。另一方面,中国多样的区域社

---

① Shanto Iyengar, "Laboratory Experiments in Political Science", pp. 73 – 88; Rose Mcdermott, "Experimental Methods in Political Science", pp. 31 – 61.
② 孟天广:《从因果效应到因果机制:实验政治学的中国路径》,载《探索》,2017 年第 5 期。

会经济特征和地方政策又为进行分条件、多点重复实验提供了丰富的被试资源。稍加利用即可实现对实验外部效度的多角度检验和有效增益。这些都为在中国实现内外效度"双高"的政治学实验室实验提供了独有的条件,也为中国方法论学者尝试新实验设计和应用技术,以中国政治实验研究带动政治科学方法整体进步创造了必要的物质基础。

总之,中国的社会和学术进步从物质、技术和理论多角度为实验室实验的广泛应用创造了条件。中国蓬勃发展而日趋复杂的社会、经济、政治环境又为运用实验室实验进行社会科学研究提供了独特的机遇和舞台。以实验室实验为代表的因果推断研究将对全面推动中国政治学实证研究以及将中国特色的政治学理论、实证研究与世界接轨作出自己的贡献。当然,倡导实验室实验并不意味着摒弃调查和田野实验以及其他实证和理论研究模式。实验室实验本身具有的局限性也需要与其他研究方式相配合,才能最终实现对中国政治以及人类政治生活中的普遍规律的全面而系统的认识。

编后记

2016年，为了纪念清华大学政治学系创办90周年，全系同仁精选自己满意之作，合力编辑出版了《理解政治：全球视野与中国关怀》（中央编译出版社出版）一书，向学界较为全面地展示了政治学系2009年重组后取得的成绩。

2022年，是政治学系所在的清华社会科学学院创建10周年。过去几年，政治学系在人员构成、学术研究、人才培养等方面，又取得了新的进展。全系同仁经认真讨论，一致认为，应该选代表之作，合集出版，共同祝贺社科学院十年华诞，回报学界对本系的关爱。

过去十年，政治学发展的内外部环境发生了巨大变化。政治学是一门以研究政治现象、探寻政治规律、崇尚公共价值为使命的学科。因此，与社会科学的其他门类相比，更直接更深刻地感受到巨变产生的冲击、形成的约束、提出的挑战，更需要自觉自省、自立自强。整个学科要锚定核心议题，调整研究议程、丰富研究路径、升级研究方法、更新知识体系，以回应时代之变、时代之问、社会之期、国家之需，展现政治学作为一门人类最古老学科的时代价值，发挥为实现共同美好生活愿景提供所需知识的不可替代性。

清华政治学系重组以来，一直积极倡导中国政治学研究的时代化，并努力践行。中国政治学研究的时代化，有两种基本路径。一种是"开新"的路径，要把新的研究议题、新的研究对象、新的研究议程、新的研究方法等纳入学科建设的视野，形成体现时代风格的政治学研究格局，引领学术发展的政治学研究气质、不断开拓符合时代需要的新的分支学科，使政治学始终在社会科学诸门类中站在时代的前列。在这方面，清华政治学系过去几年做了诸多的努力，

百年变局与中国政治学的时代化：清华政治学系的探索

比如我们对数字技术与国家治理关系、对中国的城市化与政治发展等重要议题的关注、对协商民主、数字民主、政治话语等重要问题的研究，对大数据研究方法、实验研究方法等的深度应用，对信息政治学、传播政治学、话语政治学、司法政治学、语言政治学等新学科的构建。

另一种路径是"复兴"，即对中外政治学中的经典理论、重要议题、基本概念等，进行再检讨、再阐释，以及再拓展。中国政治学从恢复到发展，很大程度上是依循这个路径推进的，由此形成了基于本土政治发展所需的多样化的理论资源、话语资源和概念资源。清华政治学系多位同仁都曾深入参与到20世纪90年代以来中国政治学界对经典问题的讨论中。比如对国家—社会关系理论、现代国家理论、"治理"理论等的引介和应用；对基层治理议题、"政治秩序"议题、"民主路径"议题、"国家能力"议题等的讨论和拓展；以及对包括"党政体制""群众路线"等概念的清理和辨析。通过这些学术实践，与学界同仁共同推动了中国政治学的本土化，为中国的政治实践供给了所需的知识和理论，展现了政治学在国家发展中的不可替代价值。

中国政治学研究的时代化，始终是以中国为本的，是在中国场景下展开的，因此对于中国政治观念、理论和实践的理解、研究、阐发，应该和必须是中国政治学时代化的根底、出发点和落脚点。这种认识和立场，于清华大学政治学在20世纪初创办之时就已经明确。清华文科课程委员会在1927年对政治、经济、历史和教育心理等四个系课程设置的改进建议即是："清华大学的文科，其职务不只在灌输学生以欧美的智识。大学文科的教员，应与学生一同研究中国的问题，使中国的社会科学，将来有独立的希望。"政治学前辈陈之迈更明确提出："我们讲政治，最要紧的便是要讲实际的政治，不能专讲原则政治。我们不能只问政治应该如何，或外国的政治如何故中国的政治便应该如何。我们必须先问中国的政治究竟如何，然后根据这种事实谋事实所能容许的改进改善。"近一个世纪后，2012年景跃进、张小劲等在为《理解中国政治：关键词的方法》一书撰写的编者说明中提出，随着中国改革步伐的前进，中国政治研究将拥有越来越丰富的经验素材，更具挑战性的议题，这是一种以前不曾出现过的全新局面，需要政治学同仁共同关注。

中国政治学的时代化，始终面临着如何更好地处理学术研究和政治话语关系这个中国独有的问题。因此，政治学人更应该保持学术研究的自觉自省，增强自我更新能力，这样才能保持学术的自主，在国家和社会发展中发挥更大的作用。因此，中国政治学界，尤其要关注政治话语的变化，理解其变化的原因和意义，挖掘其对社会的回应机理。如果我们不能够理解官方理论的发展脉络，同时我们也不能够很好地去回应社会需求的时候，中国政治学研究的发展道路会越走越窄。

对于中国政治学来说，国际化是时代化的应有维度。用英文发表论文著作，参加或举办国际学术会议，只是国际化的形式。国际化的核心，是能够利用中国丰富鲜活的政治实践、深厚连续的政治传统以及快速、复合变革的国情特点等特有条件，提炼出可以被国际同行接受和使用的核心概念、发展出重要议题的研究议程，构建出能够揭示反映时代本质特征的理论判断，从而为讲好中国故事提供学理支撑。清华政治学系的国际化进展，已经得到国内外学界的认可。过去几年，多位同仁在高质量英文期刊发表了多篇基于中国经验和实践的论文。这些英文论文，我们会择机单独编辑出版。

基于此，本书以百年变局为时代背景，以清华政治学系在推动中国政治学研究时代化中所做的尝试和努力为主线，精选全系同仁过去几年的中文代表性作品，按照"巨变的时代""传统的再认识""经典议题的再检验""研究路径的更新""研究方法的拓展"等主题分类编排，以尽可能地全景式展现清华政治学系的探索路径。

本书的顺利编辑出版，得益于中央编译出版社社长、总编郗卫东先生，副社长张远航先生的鼎力支持，责任编辑李媛媛的细致高效工作，我们的同事周雅蕊、郭静的协调联络。在此，我们表示由衷感谢。通过本书的编辑出版，我们再一次深刻地感受到，在这个巨变的时代，共同体对于知识人的意义。

编　者

2022年秋于清华园明斋